Career **Management**
for the
Creative Person

프로는 세상을

탓하지 않는다

예영커뮤니케이션의 출판 이념

 모든 인간은 하나님의 형상을 닮은 존엄한 존재입니다. 전 세계의 모든 사람들은 인종, 민족, 피부색, 문화, 언어에 관계 없이 존귀합니다. 예영커뮤니케이션은 이러한 정신에 근거해 모든 인간이 존귀한 삶을 사는 데 필요한 지식과 문화를 예수 그리스도의 사랑으로 보급함으로써 우리가 속한 사회에 기여하고자 합니다.

도모생애교육신서 ⑩

프로는 세상을
탓하지 않는다

지은이 | 리 실버
옮긴이 | 이영주
초판 1쇄 찍은날 | 2004년 5월 6일
초판 1쇄 펴낸날 | 2004년 5월 12일
펴낸이 | 김승태
출판본부장 | 김춘태
편집 | 동국전산
표지 | 최설란
등록번호 | 제2-1349호(1992. 3. 31)
펴낸곳 | 예영커뮤니케이션
　　　　110-616 서울시 광화문 우체국 사서함 1661
　　　　출판유통사업부 T. (02)766-7912 F. (02)766-8934 E-mail: jeyoungsales@chol.com
　　　　출판사업부 T. (02)766-8931 F. (02)766-8934 E-mail: jeyoungedit@chol.com
　　　　E-mail: jeyoung@chol.com
　　　　홈페이지 www. jeyoung.com

ISBN 89-8350-667-9   03320

값 25,000원

Career Management
for the
Creative Person

당신의 몸값을 올려 주는 창조적 경영 관리 핸드북

프로는 세상을

탓하지 않는다

리 실버 지음 | 이영주 옮김

예영커뮤니케이션

Member of the
Evangelical Christian
Publishers Association

예영커뮤니케이션은
복음주의기독출판협회(ECPA)의 국제 회원사로서 기독교 출판을 통하여
세계복음화를 위한 지상 명령의 실현을 위해 동참하고 있습니다.

이 책은
"왜 당신은 진짜 직업을 가지지 않습니까?"라는 질문을 받았을 때
"절대로 불가능한 일입니다!"라고 대답했던
사람 모두를 위한 것이다.

프로는 세상을 탓하지 않는다

'멘쉐스(Mensches)'는 이디시어(語, Yiddish)로 '다른 사람들을 도와주면서 사는 마음이 넓은 사람'을 뜻하는 말이다. 이렇게 남을 돌보면서 자신이 가진 것을 나누는 사람들은 당신의 인생이 조금이라도 나아지도록 도와주려고 하늘이 보내 준 천사들과 같은 사람들이다. 이런 사람들에게 칭찬을 많이 하여 당신이 고마워하고 있다는 것을 보여 주는 것은 언제나 좋은 일이다. 아무리 그들이 당신을 위해 했던 모든 노력에 대해 보답을 거의 원하지 않았더라도 말이다. 운 좋게도 나에게 도움을 주기 위해서 나의 인생에 개입했던 이 마음 넓은 사람들이 있다.

나의 대리인 토니 로포폴로(Toni Lopopolo)는 지난 몇 년간 사심 없이 나의 커리어를 훌륭하게 관리해 주었다. 비록 그녀가 내 수입의 15%를 받지만 말이다. 나의 편집자 패트릭 쉬한(Patrick Sheehan), 알렉시아 브루(Alexia Brue), 제시카 슐트(Jessica Schulte)도 멘쉐스(Mensches)들이다. 그들은 자신들이 하겠다고 한 것을 반드시 해 주었을 뿐 아니라 제시간에 해 주었고, 또 뭐 해 줄 일이 없는지 내게 물어보았다. 나는 작가들로부터 그들의 편집자들에 관한 끔찍한 이야기를 수없이 많이 들었다. 나의 경우는 편집자와의 관계가 러브 스토리가 되었다는 사실이 너무 기쁘다.

나의 저술 파트너 베스 해그만(Beth Hagman)은 여섯 권의 책을 쓰던 지난 몇 년간 생각이 가는 대로 글을 쓰는 나의 글쓰기 스타일을 간결하고 논리적인 문체로 바꾸는 창조적인 방법을 찾아 주었다. 한 마디 덧붙이자면 그녀는 어떤 불평도 하지 않았다.

나의 멘토 해리엇 셰츠터(Harriet Schechter)는 내가 아는 누구보다도 더 멘쉬(Mensch)로서의 삶을 충실히 살아가는 사람이다. 내가 이전에 썼던 책 『창조적인 사람을 위한 시간 관리』(Time Management for the Creative Person)를 스리 리버스 프레스(Three Rivers Press)에 소개해 준 사람도 바로 해리엇이었다. 이 행동 하나가 나의 인생을 바꾸었다. 그렇지만 그녀가 나를 위해 해 준 일은 이것이 전부가 아니었다. 그녀는 나의 다른 책들을 홍보하고 선전하는 것도 도와주었다!

때때로 멘쉬(Mensch)가 된다는 것은 희생을 의미한다. 나의 사랑스러운 아내 안드레아(Andrea)는 책을 쓰는 과정에 참여하는 것을 좋아한다. 때때로 작가들에게 정말 필요한 것은 다른 사람과의 접촉을 끊었을 때에만 가질 수 있는 고독이기는 하지만 말이다. 그래서 책을 마무리할 때에는 몇 주 동안 호텔에 틀어박혀 있는 것이 내 습관이 되어 버렸다. 비록 그녀는 자신이 나에게 방해가 되지 않는다고 주장하기는 하지만, 만일 여러분이 나의 아내가 얼마나 미인인지를 보게 된다면 내가 왜 혼자서 일해야만 하는지 알게 될 것이다.

책을 쓰는 것은 가능한 모든 방법으로 다른 사람을 도와주려고 하는 멘쉬(Mensch)에게 있어서 자연스러운 방법이다. 바로 이런 방법을 통해 나 이전에 창조적인 예술계에서 커리어를 쌓는 법에 관한 최고의 책들을 썼던 훌륭한 작가들이 배출되었다. 이런 작가들로는 줄리아 카메론(Julia Cameron), 사크(SARK), 리처드 볼레스(Richard Bolles), 앤 라모트(Anne Lamott), 캐럴 로이드(Carol

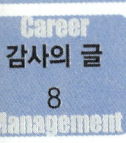
Lloyd), 로렌스 볼트(Laurence Bolt), 캐럴 미첼(Caroll Michels), 바바라 윈터(Barbara Winter), 캐롤 아이클베리(Carol Eikleberry), 에릭 마이젤(Eric Maisel)과 린다 버젤(Linda Buzzell)이 있다.(작가들 이름을 모두 보려면 참고 문헌을 참조하시오.)

보통 멘쉬는 모든 사람들과 자신의 형제에게도 감사를 한다. 그러니 멘쉬로서의 내 커리어를 나의 형제 마크와 스코트, 그리고 나의 가족들과 친구들의 끊임없는 지원에 감사하는 것으로 시작할까 한다.

감사를 해야 할 사람들로는 레이첼 페이스(Rachel Pace: 스타들의 홍보 전문가), 매리-엘렌 드러몬드(Mary-Ellen Drummond: 별에 도달할 수 있는 방법을 가르쳐 준 사람), 수잔 거제타(Susan Guzzetta: 자신의 우뇌 세계에서 스타인 사람), 그리고 나의 인생이라는 연극에서 조연을 맡아 준 다른 사람들이 있다. 나의 연극에 엑스트라는 없다. 모든 사람들은 역할이 있으며 모두 영화배우조합(SAG: Screen Actors Guild) 회원이며 모두 좋은 보수를 받는다.

고맙습니다!

프로는 세상을 탓하지 않는다

머리말

인생은 살아지는 것이다. 만일 당신 스스로만 유지해야만 한다면, 흥미 있는 일을 추구할 수 있는 방법을 찾는 것보다 더 피비린내 나는 삶을 살아야만 할 것이다.

| 캐더린 헵번(Katharine Hepburn)

"이빨 요정이나 산타클로스, 부활절 토끼 같은 것은 없다. 그리고 완벽한 커리어와 같은 것도 확실히 없다."

많은 사람들은 실제로 이렇게 생각한다. 이는 아주 슬픈 일이다. 왜냐하면 세상에는 창조적인 사람들이 자신이 받은 재능을 사용할 수 있도록 해 주고 그들의 노력에 좋은 보상을 받도록 해 주는 보람되고 도전적이며 인생을 충만하게 해 주는 커리어가 아주 많기 때문이다. 최고가 아닌 것에 만족해 버린 사람들은 간단히 말해서 아직은 자신에게 맞는 직업을 찾지 못한 것뿐이다.

실상을 보면 대부분의 사람들은 자신의 직업을 싫어한다. 그들은 차라리 다른 어떤 것—다른 것이라면 어떤 것이라도 하려고 한다. 하지만 그럴 필요는 없다. 내가 당신에게 이제 남은 평생 중에 하루도 일할 필요가 없다고 한다면 어떨까? 그럼 관심이 생길까? 당신이 자신에게 안성맞춤인 커리어를 찾게 되면 그 일은 더 이상 일로 느껴지지 않는다. 당신은 매일 아침 일어나 당신의 일을 하는 것에 흥분하게 된다. 당신의 재능, 기술, 성격, 일하는 스타일과 완벽하게 들어맞는 이 일은 황금보다도 더 소중한 만족감과 열정, 열망을 안겨 준다. 이 모든 것이 당신에게도 일어날 수 있다. 당신이 이 책을 읽고 법칙들을 적용하기만 한다면 말이다.

문제는 창조적인 기술이란 다른 분야와는 많이 다르다는 데 있다. 앞으로 나아가기 위해 당신은 가끔 정상까지 지그재그로 가야 할 때도 있다. 지금부터 세상의 기회들을 잘 이용하기 위해 언제 방향을 전환해야 할지 보여 주도록 하겠다.

자신의 커리어에서 만족을 찾는다는 것은 보물찾기와 굉장히 비슷하다. 지도를 가지고 당신은 스스로를 찾는 모험의 여정을 떠난다. 문제는 지도에 'X' 표가 되어 있는 지점에 도착했다고 해도 금이든 보물 항아리가 거기에 있는 것이 아니라는 것이다. 땅 속에 묻혀 있는 보물은 바로 당신 자신 안에 있다. 커리어에 관해서는 '거기'라는 것이 없기 때문에 금 또는 목표를 추구하는 것만으로도 보람 있다. 커리어엔 오로지 찾기만 있다. 찾기를 즐기는 것이 바로 성공이라는 말의 의미다.

창조적인 사람에게 지금은 기회의 시대이다. 혁신과 아이디어는 금이다. 비웃음과 관료주의는 독창적이고 창조적인 사람에 대한 존경과 보상으로 바뀌었다. 업무 환경과 직업 시장은 변화하고 있으며 당신에게 더 유리하게 달라지고 있다. 이런 흥미진진한 미래에 대해 당신은 준비되어 있는가? 이 책은 당신을 성공할 수 있는 곳으로 데려다 줄 것이다. 부모님, 선생님, 상사들이 문제점이라고 보는 것들, 즉 감성적임, 습관적인 지각, 짧은 집중 시간, 불순응 등은 사실 보람되고 흥미 있는 창조적 커리어를 쌓는 데 숨겨진 자산이 될 수 있다. 직관, 감정, 다양한 생각, 몽상,

혼란 속에서 성공하기, 상황을 넓게 보는 자세, 독창성, 개방적인 마음, 그리고 상황을 즐겁게 여길 수 있는 능력은 우뇌적인 상황에서는 미덕이라고 할 수 있다.

그렇지만 창조적인 예술계에서 커리어를 쌓는다는 게 말처럼 쉬운 일은 아니다. 당신은 엄청난 거부 반응에 맞설 수 있어야 한다. 이는 창조적인 사람의 일상생활의 일부분이다.

또한 당신이 이 사회에 그다지 맞지 않는다는 이상한 느낌이 들기도 한다. 사실 당신은 이 사회에 그다지 맞지는 않는다. 하나님 감사합니다. 판에 박히지 않은 아이디어를 가진 판에 박히지 않은 사람인 당신은 종종 미성숙하고 변덕스러우며 즉흥적이고 대하기 어려우며, 산만하고 책임감이 없고 비이성적이다.

확실한 것은 많은 창조적인 사람들이 그래 왔듯이, 당신은 자신의 훌륭한 면을 나타내면서도 회사에서나 자신의 사업에서나 잘 해 나갈 수 있다는 것이다. 당신이 어떤 것을 선택하든지, 이 책은 당신이 자신의 모습을 이용하고, 세상이 돌아가는 방식을 간과하지 않으면서도 전뇌(全腦)적인 접근 방식을 사용하여 당신의 커리어를 관리해 가는 것을 도와줄 것이다.

당신이 스스로 돕도록 도와준다

커리어와 같은 것은 없다. 당신에게 있는 것은 단지 현재 순간들뿐이다.

| 웨인 W. 다이어(Wayne W. Dyer)

이제 계속 앞으로 나아갈 때이자 올라갈 때다. 그리고 새로운 사명을 갖고 나갈 때이다. 이 책은 당신이 자신의 운명을 책임지는 것에 관한 것으로, 어떤 멍청이도 해고 통지서를 가지고 당신의 운명을 좌지우지할 수 없도록 하기 위한 것이다.

대부분의 커리어에 관한 책들은 창조적인 세계에서 커리어의 문제점과 함정을 아주 자세한 설명을 해 주고 있다. 그러나 그런 책들에는 "내가 도 대체 어떻게 해야만 하는 것일까?"에 관한 부분은 부족하다. 나는 실제적인 방법을 제시해 줄 수 있는 책을 만들기로 결정했다. 도움이 되는 내용은 많고 문제점들에 대한 설명은 적게 하는 책으로 만들기로 하였다. 당신은 이미 이런 문제점들을 알고 있다. 이미 이런 문제들을 매일 다루고 있지 않은가. 그러니 이제 이 문제들에 정면으로 부딪히자. 나는 설명은 덜하는 대신 실제적이고 적용 가능한 힌트들과 기술을 되도록 많이 소개 하도록 하겠다.

항상 새로운 커리어들이 생겨나고 있다. 인터넷은 더 많은 콘텐츠를 필 요로 한다. 텔레비전 채널이 늘어난다는 것은 프로그램이 더 많이 필요하 다는 것이며, 연예 산업에 더 많은 일이 생겨난다는 것을 의미한다. 그 어 느 때보다도 스스로 사업을 시작하고 기업가로서의 길, 또는 프리랜서로 서 성공하는 길을 걷기에 좋은 시기이다. 바로 당신이 창조적인 사람으로 서 빛날 수 있는 시대인 것이다. 미래는 밝다. 최근의 경향들은 당신이 좋 아하는 일의 방식에—자기 의존, 정상까지 지그재그로 가기, 급속한 변 화, 다중 작업(multitasking), 혼돈, 적응력, 직관, 훈련과 유지 같은 것들—유리 하다.

이 책은 당신의 커리어가 딱 들어맞는 곳을 찾는 방법, 그리고 자신이 사 랑하는 일을 해서 생계를 유지하는 방법을 보여 줄 것이다. 당신은 우뇌 중 심 사람들이 직면하는 도전들을 극복하는 방법과 자신의 본성과 창조력이 자신에게 도움이 되도록 하는 방법을 배우게 될 것이다. 포화 상태인 시장에 서도 자신과 자신의 작품을 시장에 판매하는 방법, 치열한 전장에서 살아남 고 번성하는 방법, 자신의 상사인 다른 사람을 위해 일하는 방법, '프리랜 서'에서 '자유(free)'를 얻어내는 방법, 너무 많은 절차를 거치지 않고 정상에 오르는 방법, 그리고 당신의 직업과 완벽한 조화를 이룰 수 있는 천부적인 능력을 찾아내는 방법을 배우게 될 것이다.

이 책의 원서 제목에는 '경력 관리'라는 말이 포함되어 있다. 그러나 실상 이 책은 '생활 매니지먼트'에 대한 것이다. 당신의 커리어와 당신의 생활 사이엔 직접적이고 부인할 수 없는 상관관계가 있다. 이는 생계를 위해 어떤 일을 하느냐보다는 어떤 것을 하면서 살아갈 수 있는가에 관한 것이다. 일에서 즐거움과 충만함을 찾게 되면 당신의 나머지 생활에도 영향을 미치게 된다. 이것 없이는 건강이 나빠질 것이며 당신의 창조력도 고통 받고 당신의 예술도 고통 받고 또 당신 주변의 모든 사람도 고통 받게 될 것이다. 이런 식으로 살 필요는 없지 않은가?

당신은 다른 사람들이 당신의 길에 방해물을 설치하도록 내버려 두어서는 안 되며, "대부분의 사업은 첫해에 망해." "경쟁이 너무 치열해." "직장이 없어." "너는 경험과 재능이 충분하지 않아." "대리인도 없잖아." "영화배우 조합원 3%만 생계 유지가 가능할 만큼 돈을 벌어."와 같은 말로 당신의 머릿속을 채우지 못하게 해야 한다. 이렇듯이 미래에 대한 확신도 없고 현실을 잘 알지도 못하는 사람들이 당신에게 왜 당신이 성공할 수 없는지 이야기하는 것은 얼토당토않은 것이다. 당신이 그들의 말을 믿는다면 이는 더욱 심각하다. 아무도 당신의 꿈을 업신여기지 못하도록 해야 한다.

이 책은 비록 내가 당신의 분야―목수나 작곡가, 화가나 시인, 음악가나 마술가, 디자이너나 DJ, 작가나 배우―를 특별히 언급하지는 않지만, 인생의 모든 분야에서 일하는 창조적인 사람을 위한 것이다. 그렇다고 이 책이 멋진 직업에만 적용된다는 의미는 아니다. 당신의 창조력이 어떤 형태로 표출되든지 당신은 이 책의 내용을 적용할 수 있다.

"너는 이 일로 먹고 살 수 없어."라고 당신에게 말하는 모든 사람에겐 재미있다고 생각했던 것을 들려주고, 보수를 받지 않고도 할 수 있는 일을 보람된 프리랜스 커리어로 바꾸는 방법을 찾아낸 수백 명의 창조적인 사람들에 관한 이야기를 들려줄 것이다.

자신의 생활 관리하기

세상에 성공이란 단 하나이다. 자신만의 방식으로 자신의 인생을 보낼 수 있는 것.

| 크리스토퍼 몰리(Christopher Morley)

자신이 어른이 되었을 때 무엇이 되고 싶은지를 아는 사람은 거의 없다. 그리고 심지어 성인이 되기를 원하는 창조적인 사람은 더욱 없다. 아마도 여러 가지 형태의 일과 직업을 경험해 보기 전까지는 진정한 욕구를 찾지 못할 수도 있다. 당신의 놀랄 만한 상상력을 사용하여 머릿속으로 시험 주행을 해보는 것이 발전성 없는 직업에 시간을 허비하는 것보다 훨씬 낫지 않은가? 여기에서 당신이 공을 들여야 하는 중요한 일 중 하나는 자신이 하기를 원하고 지금 당장 하고 싶은 일을 찾고, 거기에 맞지 않는 커리어는 제외시키는 것이다. 이제 창조적인 표현과 재정적인 안정을 가져올 선택을 해야 하는 것이다. 문제는 창조적인 커리어들은 판에 박히지 않은 것들이고 어떤 경우엔 완전히 미지의 것이기도 하다는 점이다. 당신이 할 수 있는 일들이 백만 가지나 있다는 사실을 보면 도전해 볼 만하다.

어떤 커리어에서든 성공의 관건은 바로 명확성이다. 자신이 누구인지, 자신이 원하는 것이 무엇인지에 관해 명확하게 아는 것이 바로 이 책의 첫 부분에서 다루는 내용이다. 그리고 나서 당신이 원하는 것을 얻는 방법에 대해서 아주 상세히 설명하고 있다. 이 일은 어려운 일이다. 그렇지만 당신 자신을 다시 개발할 수 있는 기회가 된다. 이 기회가 그냥 지나가도록 내버려 두어서는 안 된다.

프로는 세상을 탓하지 않는다

차 례

성공하는 사람에게는 남다른 것이 있다
-우뇌 중심의 장점은 무엇인가-

세상이 나를 그냥 내버려 두었으면 좋겠어.

| 매치박스 트웬티(Matchbox 20; 얼터너티브 그룹)

　　　　　창조적인 사람은 무한한 성공의 가능성을 가지고 있다. 금전적인 측면만이 아니라 창조적으로 생각할 자유를 가진다는 점에서 그렇다. 최고의 출연료를 받는 연예인들이나 고액 연봉의 벤처 사업가들을 살펴보라. 그들은 어떤 사회적 틀에는 적응하지 못한 사람들이지만 오히려 그런 점들을 장점으로 활용한 사람들이기도 하다. 애플컴퓨터의 창업자 스티브 잡스(Steve Jobs)가 뇌리에 떠오른다. 당신 역시 당신만의 방법으로 당신이 원하는 때에 당신 자신의 목표를 달성할 수 있다. 우선 창조적인 사람들에 대한 고정 관념의 수렁에서 벗어나야 한다. 당신이 가진 장점과 단점에 맞닥뜨리는 것을 두려워해선 안 된다. 좌뇌 중심의 논리적이고 직선적이며, 융통성도 없고 지루하고 비생산적인 것은 말할 것

도 없는 기존의 경영 방식이 당신에게 효과가 없다는 사실을 깨달아야 한다. 재미도 없을 뿐만 아니라 비록 조금 재미가 있다 해도 이 방식을 사용하지 말아야 한다. 그렇다면 결론은 간단하다. 신속하지도, 재미도 없는 방식이나 융통성도 없고 쉽지도 않은 방식을 선택할 가능성을 줄여야 한다. 당신이 창조한 방식, 당신을 위해서만이 아니라 당신이 일하기에 효과적인 시스템을 추구해야 한다.

당신은 훨씬 더 훌륭해질 수도 있었다

우리는 우리 자신에 대한 진실을 우리 자신으로부터 영원히 감출 수 없다.

| 존 매케인(John McCain: 미국 상원의원)

창조적인 사람들은 성취, 창조, 목표 달성에 대해 만족할 줄 모르는 욕구를 가진다. 그들은 남에게서 자신을 인정받고, 다른 사람들이 그들의 의견을 경청하며, 그들에게 찬사를 보내고, 다른 사람들에게서 상을 받기를 원한다. 그들은 변화를 원하고 중심이 되는 일을 창조하며 돈 벌 방법이 무엇인지 알기를 원한다. 자신들이 원하는 것이 무엇인지 모르는 많은 사람들은 사실 너무 많은 것을 너무 빨리 가지기를 원한다.

성공의 관건은 가장 중요한 것에 집중하는 방법을 배우는 것이다. 너무 많은 일을 동시에 하려는 것이 비생산적이긴 하지만 평생 한 분야에만 집중하는 것도 좋을 것은 없다. 인생 각 분야에서 최고의 목표를 선택하는 것은 관심의 대상을 축소 또는 집중하고 또 대상이 된 것을 확장(균형)시키는 방법 중 하나이다.

당신 자신이 어떤 사람인지, 당신이 인생에서 원하는 것은 무엇인지 자세히 생각해 보라. 주변의 모든 것이 괜찮은 편이고, 적당한 직업을 가지고 있고 나쁘지 않은 생활을 하고 있는 것은 때때로 가장 큰 비극이 될 수도 있다. 시간을 내어 자신을 한번 찾아보라. 인생을 살아가면서 방향을 잃지 않고 당신이 원하는 성공과 행복을 가져다줄 결정을 할 수 있도록 지금 자신을 살펴보라.

우리는 모두 창조적인 인간으로 태어난다. 우리의 선천적 창조성이 얼마나 많이 남을지는 유치원부터 대학까지 우리가 어떤 일을 겪는가에 달려 있다. 교육 제도와 미국주식회사(Corporate America)가 아무리 창조성을 짓밟으려고 해도, 일부는 그 좁은 틈으로 빠져 나와 자신의 창조력을 유지하기도 한다. 당신도 아직 안전한 것은 아니다. 세계 인구의 98%가 좌뇌형의 생활을 하고 있는데다가 사회는 조직적이고, 현상 유지에 급급한 좌뇌에겐 상을 주고, 혼돈을 일으키고, 창조력이며, 혁신적인 우뇌에게는 징계하는 경향이 있기 때문이다.

창조적인 사고를 하지 않으면 창조력의 발달이 저해될 수 있다. 재능은 없어지지 않지만 그 재능을 사용할 기술은 쇠퇴하기 마련이다. 그러나 어떤 일도 창조적으로 수행할 수는 있다. 창조적인 커리어는 예술계에만 국한된 것은 아니며 사업에서도 많은 창조성을 발휘할 수 있다. 사업가들은 살아남기 위해서라도 창조적이라야 하고, 직원 관리도 창조적이며, 마케팅은 당연히 어느 정도는 창조력이 요구되는 업무이고, 심지어 유통 또한 우뇌적인 업무가 될 수 있다. 어떤 직업을 흥미롭고 재미있으며 활기 넘치게 만드는 것은 얼마나 창조적으로 접근하느냐에 달려 있다.

적성 검사 기관인 존슨연구재단의 연구원들은 커리어에 있어서 자신의 창조적 재능을 무시하는 사람들은 중년 무렵, 또는 그보다 훨씬 빨리 좌절하고 불행해진다는 사실을 발견했다. 만족은 당신이 가지고 있는 최고의 재능과 능력을 찾고 개발하여 자신이 하고 있는 일에 사용하는 데서 온다.

우뇌

보통 사람들이란 당신이 잘 알지 못하는 사람들일 뿐이다.

| 오스카 와일드(Oscar Wilde)

성공하는 사람에게는 남다른 것이 있다

창조력과 창조적인 커리어는 전뇌적인 접근 방식, 즉 세부 사항에 초점을 맞추고, 계산적 측면을 주도하는 뇌의 좌반구와 총괄적인 이해와 예술적 측면을 주도하는 우반구의 상호 작용을 필요로 한다. 우뇌는 아이디어를 생각해 내고 좌뇌는 이를 실행한다. 우뇌 활동이 너무 많으면 실행되는 일이 없고 좌뇌 활동이 너무 많으면 인생이 단조롭고 지루하게 된다.

우뇌 중심적인 사람으로서 당신은 확실히 독특하고 멋진 사람이다. 지금까지 당신과 같은 사람은 없었다. 그리고 양이 아니라 다른 것을 복제할 수 있을 때까지는 앞으로도 당신과 같은 사람은 없을 것이다. 이 사실을 잠시 생각해 보라. 자기 의심, 죄의식, 공포, 후회, 왜곡된 믿음 아래에 이 세상 어느 것보다 행복하고 성공적이며 충만한 삶을 살 가치가 있는 보석과 같은 당신이 존재하고 있다. 당신은 도전적이며 보람 있는 커리어를 가지고 있다. 장갑처럼 자신에게 꼭 맞고, 너무 즐거워서 무료 봉사를 해서라도 할 수 있는 것이지만 다른 사람들에겐 너무도 소중한 일이라 급여도 높은 그런 커리어를 가지고 있다. 당신은 이 우주상에서 자신의 자리를 찾았고, 가지고 있는 재능과 창조력으로 이 세상에 공헌하고 있다. 안 될 게 무엇이 있겠는가?

일단 당신이 스스로를 이해하고 자신을 즐기면서 할 일이 무엇인지 알게 되면, 당신은 천부적인 능력과 성향을 거스르지 않고 오히려 이용해서 일할 수 있게 된다. 이렇게 되면 인생은 훨씬 수월해진다. 이것이 바로 당신에게만 있는 독특한 것이고 당신에게 가장 잘 맞는 것이다. 이 장에 있는 질문들을 그냥 흘려버리지 마라. 시간을 내어 자신이 어떤 사람인지, 무엇을 원하는지, 원하는 것을 하기 위해 가장 좋은 방법이 무엇인지 심사숙고해 보라. 나는 자신을 알려면 길을 잃어봐야 한다고 항상 말해 왔다. 복잡하고 바쁜 일상에서 벗어나 새로운 가능성을 향해 자신을 열기 위해 사색의 시간이 필요하다.

지금 자신이 하고 있는 일을 진정으로 사랑하는가? 월요일에 신나게 일하러 가는가? 퇴근할 때 행복한가? 이 질문들 중 어느 하나라도 "아니오"

라고 대답했다면 더 나은 길을 찾아보아야 한다.

　나는 두 가지 이유에서 내가 이 책을 쓰기로 선택한 것이 시기적절했다고 말할 수 있다. 첫째, 내가 전형적인 창조적 유형의 사람이라는 것이다. 나는 발명왕 에디슨이 가지고 있는 특허보다도 더 많이 자신을 개발해 왔다. 내가 걸어온 커리어의 길은 곧은 직선 도로라기보다 구불구불한 도로였다. 나는 화가, 음악가, 작가, 트레이너이자 사업가로 일하고 있다. 두 번째 이유는, 내가 일하는 분야에서 나의 천부적인 능력과 기술을 사용할 수 있는 방법을 찾았다는 것이다. 그 결과 나는 행복과 성공을 동시에 얻었다. 그리고 비록 구불구불하기는 하지만 나는 내게 가장 잘 맞는 길을 가고 있다. 그럼 이제 당신에 대해 이야기해 보자.

■ 당신은 '우뇌적인' 생각을 하고 있는가?

　다음의 설문은 천성적인 경향–좌뇌 중심, 우뇌 중심, 전뇌 중심–을 나타내 준다. 정직하게 재빨리 답하라. 답을 곰곰이 생각하거나 출제자의 의도가 무엇인지 알아내려고 하지 말아야 한다. 이 설문은 정해진 '정답'이 있는 것이 아니다.

1. 감정적인 면에서 볼 때,
　　a. 나는 나의 감정을 다른 사람에게 확실하게 말할 수 있다.
　　b. 나의 감정을 그림이나 음악으로 더 잘 표현할 수 있다.

2. 나는 항상
　　a. 훌륭한 회계사 감이라는 말을 들었다.
　　b. 천부적인 예술가라는 소리를 들었다.

3. 성공이란
　　a. 연봉 액수의 많고 적음에 아주 관련이 많다.
　　b. 버는 돈과는 별로 상관이 없다.

4. 내가 아이디어를 어떻게 생각해 냈는지 설명할 때,

    a. 다른 사람들이 이해할 수 있는 용어로 설명할 수 있다.

    b. 내가 다른 별에서 온 외계인처럼 느껴진다.

5. 한 가지 프로젝트를 수행하고 있을 때,

    a. 완전히 끝낼 때까지 만족할 수 없다.

    b. 과정을 즐긴다.

6. 아름다운 여름날이다. 이런 아름다운 날에도 일을 해야만 한다면, 나는

    a. 우선 일을 빨리 끝내고 해변으로 간다.

    b. 일단 해변에 가고 일은 나중에 해결한다.

7. 큰 프로젝트를 맡게 되었을 때, 나는

    a. 세세한 것을 잘 본다.

    b. 전체적인 큰 그림을 잘 본다.

8. 상사가 나를 난처하게 만들 때,

    a. 나의 뜻을 이야기하고 내 말은 내 뜻 그대로이다.

    b. 상사가 듣기 원하는 말을 해 준다.

9. 음료수 냉각기에 대해서 농담을 할 때, 나는

    a. 짐 배커(Jim Bakker, 유명한 TV 설교목사)와 비교된다.

    b. 짐 캐리(Jim Carrey)와 비교된다.

10. 동시에 여러 개의 미완의 프로젝트가 진행중일 때, 나는

    a. 마음이 답답하다.

    b. 자극된다.

11. 사무실을 꾸밀 때,

    a. 일단 사무실에 가장 적합한 가구 배치를 하고 계속 사용한다.

    b. 최소한 6개월에 한 번씩 가구 배치를 바꾼다.

12. 나에게 있어서 다중 작업(multitasking)이란,

    a. 한 번에 두 가지 일을 하는 것이다.

b. 낙서를 끄적이면서 전화 통화를 하고, 이메일을 보내고, 책상에 쌓여 있는 일거리 중에서 파일을 찾고, 라디오를 듣고, 동료에게 얼굴을 찡그려 보이고, 우편물 정리를 모두 동시에 하는 것이다.

13. 사무실에서 열리는 파티에 무언가를 가져와야 한다. 그럼 나는

a. 일회용 접시를 가져온다.

b. 꼭 한번 해 보고 싶었던 요리를 해서 가져간다.

14. 나의 성격은

a. 스포크(Spock: 스타트랙에 등장하는 외계인으로 논리적이다)와 닮았다.

b. 커크(Kirk: 스타트랙 우주선의 선장으로 직관적이다)와 닮았다.

15. 퇴근 후

a. 집에 돌아가거나 같은 부서 동료와 함께 회식을 한다.

b. 다른 부서 사람들이 모임을 하는 장소로 간다.

16. 나는 말하기 전에,

a. 할 말을 한 번 생각해 보고 머리로 할 말을 고른다.

b. 머릿속에 떠오르는 말을 그냥 이야기한다.

17. 중요한 회의에 늦었는데 친한 친구가 애인과 헤어졌다면서 전화를 했다.

a. 친구에게 회의에 가야 한다고 이야기하고 회의가 끝나자마자 전화하겠다고 한다.

b. 회의는 무슨 회의, 소중한 친구가 지금 내가 필요하다는데….

18. 문제의 해결책을 찾으려고 할 때,

a. 일단 논리적인 관점에서 일을 분석한다.

b. 해답을 찾는 데 나의 '직감'에 의존한다.

19. 나의 승용차는

a. 실용적이고 안전한 차이다.

b. 멋진 스타일에 힘도 좋은 차이다.

20. 내가 가장 잘 기억하는 것은

a. 사람들의 이름이다.

b. 사람들의 얼굴이다.

21. 내 인생에서 위기가 닥쳐올 때마다,
　　a. 나는 나 자신 속으로 숨어서 속으로 끙끙대면서 문제를 해결하려고 한다.
　　b. 다른 사람들에게 문제에 대해 이야기한다.

22. 결정을 내려야 할 때,
　　a. 나는 현실에 집중하곤 한다.
　　b. 나는 가능성에 집중하곤 한다.

23. 내 생일에 사무실 동료들이 나에게 깜짝 파티를 열어 주었다. 그럼 나는
　　a. 당황된다.(나는 놀라는 것을 별로 좋아하지 않는데다가 다른 사람들이 내 나이가 몇인지 아는 것도 싫다.)
　　b. 신난다.(깜짝 놀라는 것이 너무 좋다. 아마 내 나이가 몇인지 이야기하면 아무도 믿지 못할 것이다.)

24. 휴가가 어땠는지 누군가가 묻는다면,
　　a. 나는 내가 갔던 장소를 이야기해 주고 싼 비행기표를 어떻게 구했는지 자랑한다.(예상 소요 시간 3분)
　　b. 일상생활에서 떠나 있어서 얼마나 좋았는지 자세히 설명해 주고 여행지에서 본 것들과 새롭게 만난 사람들, 재미있었던 일을 모두 자세히 이야기한다.(예상 소요 시간 3시간)

25. 나는 글씨를 쓸 때,
　　a. 오른손을 사용한다.
　　b. 왼손을 사용한다.

26. 나는 선천적으로
　　a. 배우는 것을 더 잘한다.
　　b. 가르치는 것을 더 잘한다.

27. 2년간 지속되는 프로젝트가 있다. 내가 선택할 프로젝트는?
　　a. 회사의 과거 및 미래 이익 창출 부문 분석 프로젝트
　　b. 회사의 마케팅 자료 마련

28. 예비 고객이나 고용주를 만날 때,

a. 이야기할 질문을 리스트로 작성한다.

b. 만난 사람들로부터 힌트를 얻어서 머릿속에서 생각나는 이야기를 한다.

29. 새로운 소프트웨어 프로그램을 배울 때,

a. 일단 사용 설명서를 읽어 본 다음 시작한다.

b. 설명서는 무슨? 프로그램을 해 보면서 알아낸다.

30. 나는

a. 순수한 의지력만으로 일을 이룰 수 있다고 믿는다.

b. 일을 이루게 하는 어떤 우주의 힘이 있다고 믿는다.

31. 나와 정말로 연관이 된 예비 고객이나 고용주를 막 만났다. 헤어질 때 나는

a. 악수를 한다.

b. 포옹을 한다.

32. 근무 시간을 선택한다면,

a. 오전 6시부터 일을 시작한다.

b. 오후 6시부터 일을 시작한다.

33. 나의 일과를 영화와 비교한다면?

a. 사랑의 블랙홀(원제 Groundhog Day: 변화가 거의 없음)

b. 에이스 벤츄라(날마다 계속되는 모험)

34. 조간 신문이 배달되었다. 내가 가장 먼저 보는 곳은?

a. 경제면

b. 만화

35. 동료와 점심을 먹으러 나가 있는 동안 급한 전화를 받았다. 동료에게 나 대신 주문을 해 달라고 부탁을 하였다. 동료는

a. 내가 항상 같은 음식을 먹기 때문에 무엇을 주문해야 할지 정확하게 안다.

b. 내가 항상 새로운 메뉴를 시도해 보기 때문에 무엇을 주문해야 할지 잘 모른다.

36. 오전 10시에 회의 일정이 잡혀 있다면,

　a. 나는 9시 45분쯤 사무실에 도착한다. 나는 시간을 잘 지키기로 유명하다.

　b. 회의에 마지막으로 나타나는 사람이 되지 않으려고 노력한다. 하지만 차가 그렇
　　게 막힐 줄 내가 어떻게 알았겠느냐구요?

37. 다이어리를 잃어버렸다. 나는

　a. 완전히 망했다. 나의 모든 생활이 다이어리에 있는데….

　b. 완전히 망했다. 내가 분명히 어제 다시 전화해 달라고 한 고객 이름과 번호를 적
　　은 작은 자주색 종이를 거기에 넣어 놓은 것 같은데…. (뭐 할 수 없지.)

38. 나에게 '정돈'이라는 뜻은,

　a. 해야 할 일을 모두 적은 후에 우선적으로 해야 할 일을 정하는 것이다.

　b. 포스트잇에 이것저것 적은 다음 대충 순서를 맞춰서 벽에 붙여 놓는 것이다.

39. 일을 하고 있는데 전화가 울리면, 나는

　a. 이런 귀찮은 전화는 그냥 울리게 놔둔다.

　b. 쉴 시간을 주는 반가운 전화다. 바로 받는다.

40. 나의 상사는 자주

　a. 내가 악착같이 일만 한다고 이야기한다.

　b. 내가 늘 공상 속에 산다고 이야기한다.

41. 내가 어떤 것을 잘 배우는 때는,

　a. 무엇을 할지 이야기해 줄 때이다.

　b. 무엇을 할지 보여 줄 때이다.

**42. 게임 쇼에 나갔다. 지금까지 10,000달러를 땄는데 마지막 문제에 내가 지금까지 딴 돈을
모두 걸고 맞추면 금액의 두 배를 따게 되고 문제를 틀리면 모두 잃는다. 이때 나는**

　a. 지금까지 딴 돈만 가지고 마지막 문제는 포기한다.

　b. 돈을 모두 건다.

43. 책상을 치우기로 하면 나는

　a. 조금씩 끝날 때까지 계속 치운다.

　b. 서랍에 있는 모든 물건을 다 꺼낸 다음 할 수 있는 만큼 정리를 한 다음 나머지는

다시 서랍에 쓸어 넣는다.

44. 승진 제의를 받았는데 그 자리가 홍콩에서 2년간 근무해야 하는 자리라면 나는

　　a. 제의를 거절한다. 나는 중국어를 못 하니까.

　　b. 제의를 받자마자 중국어 교재를 주문한다.

45. 막 출근을 하려 한다.

　　a. 나는 열쇠가 어디 있는지 정확히 알고 있다.

　　b. 열쇠가 나타날 때까지 소탕 작전을 벌인다.(냉장고에 들어 있을 줄이야.)

46. 인터넷에 접속할 때 나는

　　a. 접속할 목적과 계획이 있다. 접속했다가 목적 달성 후 다시 로그아웃한다.

　　b. 일종의 나의 의식의 흐름에 따른다. 눈에 띄는 것이 있으면 둘러본다.

47. 프로젝트를 위한 조사를 할 때,

　　a. 내가 처음부터 끝까지 통독할 수 있는 양만큼의 책과 자료를 찾는다.

　　b. 어디에서 자료를 찾는 것이 가장 좋은지 다른 사람에게 물어보고 자료들을 대충 훑어본다.

48. 무의식중에 동료의 마음을 상하게 했다면 나는

　　a. 아무 말도 안 한다. 일단 변호사와 상담하고 모든 일이 잊혀지기만을 기다린다.

　　b. 동료와 마주 앉아서 계속 사과의 말을 하면서 동료의 기분에 대해 이야기한다.

49. 내가 해야 할 일들을 모두 기억해야 할 때,

　　a. 아주 사소한 것까지 모두 리스트로 만든다.

　　b. 질문이 뭐라구요?

50. 내 사무실과 책상은

　　a. 아무나 들어와도 무엇이 어디에 있는지 금방 찾아낼 수 있게 정리되어 있다.

　　b. 내 사무실과 책상이 어떻게 정리되어 있는지 알아내려고 하는 사람이 참 불쌍하다.

위의 설문에서 a문항은 0점이고 b문항은 1점이다. 총점이 15점 이하인 사람은 이 책을 친구에게 선물하려고 산 것이 분명한 사람이다. 이 설문에 답한 것도 그냥 심심해서 해 본 것일 것이다. 왜냐 하면 이런 사람들은 아주 심각한 좌뇌 중심적 사람이기 때문이다. 총점이 16점에서 35점 사이인 사람은 균형이 잘 잡힌 사람으로 전뇌적인 접근 방식을 가졌거나 기독교 계통 학교에서 교육받은 우뇌 중심 사람이다. 이런 사람들은 약간 긴장을 푸는 방법을 배운다면 훨씬 더 발전할 수 있다. 총점이 35점 이상인 사람들은 우뇌 중심 사람이라고 간주해도 좋다. 이런 사람들은 우뇌 중심 사람으로서의 축복과 저주를 동시에 갖고 살아가는 사람들이다. 만약 설문에 답하는 중에 주어진 문항 외에 자신만의 대답이 따로 생각난 문항이 한 문제라도 있다면 별표를 준다. 이런 사람이야말로 진정한 우뇌 중심의 사람, 독립적인 사색가, 독창적인 사람이다. 이 설문의 결과가 당신의 커리어에 어떤 의미를 가지는지 알려면 30페이지로 넘어가 보자.

프로에게 묻는다

매릴리 츠데넥(MARILEE ZDENEK)

매릴리 츠데넥은 작가/연사/창조력 컨설턴트로 『우뇌 경험』(The Right-Brain Experience)을 집필하였으며 1970년부터 창조성에 관한 주제로 세미나를 하고 있다.

창조적인 사람들이 공통적으로 가진 명백한 특징들이 있습니까?

저는 창조적인 사람들이 자신 내부에서부터 독특하고 예측 불가능한 사람들이라고 봅니다. 그렇기 때문에 그들 간의 공통분모를 찾는 것은 어려워요. 그렇지만 창조적인 사람들 중에 성공한 사람들과 성공하지 못한 사람들 간의 차이점은 찾을 수 있습니다. 창조적인 사람들 중 성공하지 못한 사람들은 정확한 답을 찾는 데 의견의 일치를 이루지 못합니다. 그런 사람들은 재능이 빼어난 사람들이지만 그 재능을 펼치지 못하게 하는 무언가를 가지고 있습니다.

창조적인 사람들이 자신들을 망설이게 하는 두려움에 대해서 이야기하는 것을 자주 들었습니다만,

그렇습니다. 그것은 실패에 대한 두려움일 수도 있고 심지어는 성공에 대한 두려움일 수 있습니다. 아니면 조직이나 책임, 계획 실행과 같은 기능을 제공하는 좌뇌를 사용하지 못하기 때문일 수도 있습니다. 극단적인 우뇌적 성향을 보이는 매우 창조적인 사람들은 자신들의 성향에 대해 지나친 자만심을 가질 수 있습니다. 그러나 많은 경우 그런 사람들은 문제 처리 방법을 바꾸거나 일정표 짜기, 재무 관련 업무, 마케팅 등의 사업 관련 업무 같은 좌뇌 중심 활동을 함으로써 많은 도움을 얻을 수 있습니다. 즉, 그런 사람들은 자신들이 성공하는 데 좌뇌가 중요한 역할을 한다는 것을 인정해야 합니다. 첫번째로 노력해야 할 부분은 자신들의 약점, 즉 좌뇌를 개발하는 것입니다.

어떤 사람들은 좌뇌 중심 활동에 도대체 익숙해지지 않는다고 합니다. 그럼 어떻게 해야 합니까?

자신의 장점과 단점을 적어 보는 것입니다. 그리고 잘 하지 못하는 것과 하고 싶지 않은 일을 생각해 봅니다. 어느 날 제 회계사가 "제발 부탁이니 장부에 손대지 말아 주세요."라고 하더군요. 그래서 장부에 부기를 기록할 사람을 고용했죠. 이제 저는 영수증을 모두 상자에 넣어 버리고 영수증을 기록하는 일은 그 일을 정말로 즐기고 잘하는 사람이 처리하게 합니다. 이런 식으로 일을 처리하면 기분도 좋고 자유롭게 지낼 수 있지요.

좌뇌적 책임감과 우뇌적 충동성의 균형을 어떻게 유지하십니까?

천성적으로 저는 매순간 하고 싶은 일을 하는 경향이 있습니다. 그런 면에서는 영혼이 자유로운 사람이라고 할 수 있죠. 그렇지만 저는 성공을 원하기 때문에 충동적인 면을 자제하려고 애쓰고 있습니다. 저는 원래 할 일을 모두 적어 두거나 하는 사람은 아닙니다. 하지만 목록 만드는 일이 효과가 있다고 생각되면 그렇게 합니다. 예를 들면, 금요일마다 저는 컴퓨터를 끈 다음 눈을 감고 한 주 동안 이뤄낸 일들에 대해 이것저것 생각해 봅니다. 그러고 나서 다음 주에 할 일을 써봅니다. 처음에는 총괄적인 것을, 그 다음에는 마감일이나 약속과 같은 세부 사항을 씁니다.

먼지 하나 없이 깨끗한 근무 환경이 창조력 발휘에는 비생산적이라고 생각하십니까?

가장 견디기 어려운 일은 딸이 제 책상을 정리하려고 하는 것이에요. 정말 미칠 것 같아요. 책상이 어질러져 있어야만 하고 저에게는 이것이 정말 중요해요. 창조적인 활동을 위해서 필요한 자유 중 일부라고 할 수 있습니다. 제 성격 중에 유아적인 부분이라고 할 수 있죠.

성공하는 사람에게는 남다른 것이 있다

우뇌 중심 사람들의 장점

내가 원하는 것은 즐겁게 사는 것뿐인데, 내 느낌엔 나만 그런 게 아니야.

| 셰릴 크로우(Sheryl Crow: 가수)

많은 연구 보고서에 의하면 창조적인 사람은 변호사나 의사들보다 좀 더 지적이며 시험에서 높은 점수를 기록한다고 한다. 자신의 우뇌나 좌뇌만을 사용하는 사람은 없지만 대부분의 창조력은 우뇌에-창조력의 근원-현저히 의존하고 있다. 그 때문에 다음에 제시되는 주장들 중 많은 부분이 당신에게 적용될 것이다. 두뇌의 양반구를 동일하게 사용하는 전뇌 중심의 사람들조차도 종종 논리적이고 안정적인 영향을 주는 좌뇌에 의해 억눌려 왔던 자신들의 특성을 일부 발견할 것이다.

우뇌 중심 사람들은 일반적으로 연관되지 않은 두 가지 일을 비교하고 결합할 수 있다. | 창조적인 사고는 일반적인 범위에 한정되지 않으며 그래서 다른 사람에게는 명확하게 보이지 않는 사물간의 관계를 볼 수 있다.

우뇌 중심 사람들은 추상적인 개념을 이해하며 이를 구체적인 용어로 표현할 수 있다. | 가장 복잡한 일들조차도 단순하게 정리하는 데 뛰어난 사람이 누구였는지 아는가? 바로 아인슈타인이다. 그는 자신의 상대성 원리에 대해 이렇게 설명한다.

"뜨거운 난로 위에 1분 동안 손을 얹고 있어 보십시오. 아마 한 시간처럼 느껴질 것입니다. 예쁜 아가씨 앞에 한 시간 동안 앉아 있어 보십시오. 아마 1분처럼 느껴질 것입니다. 이것이 바로 상대성입니다."

나조차도 이 설명이 이해가 된다.

우뇌 중심 사람은 예술 감상 능력이 뛰어나다. | 창조적인 사람이 항상 예술을 '창작' 할 것이라고 생각하지만 그것은 사실이 아니다. 예술을 음미할 줄 아는 사람들을 위한 커리어들도 존재한다.

우뇌 중심 사람들은 풍성하고 선명한 기억력을 가지는 경향이 있다. | 우뇌 중

심 사람은 얼굴과 장소는 잘 기억하지만 이름이나 직함은 별로 잘 기억하지 못한다. 그들은 기억 속에 단어보다는 이미지를 더 잘 유지하기 때문이다. 그들은 영화를 보면 테마나 장면은 기억하지만 배우나 감독의 이름은 기억하지 못한다. 우뇌는 느낌-좋은 느낌과 나쁜 느낌-을 기억한다. 스티븐 스필버그는 부모님의 이혼으로 인한 정신적 충격과 어린이로서 자신이 겪은 고통을 끌어내어 외계인과 소년의 이야기를 그려냈다.

창조적인 사람들은 개척 정신을 가지고 있다. | 이 개척 정신은 다른 사람들에게서 쏟아지는, 혹은 다른 사람들에게 하게 되는 비난은 상관하지 않고 독특한 방식으로 일을 처리하는 데 필요한 것이다. 그들은 아무도 가보지 못한 곳에 가기를 열망한다. 위대한 미지의 세상은 안전하고 안정된 생활보다 더 흥미롭고 영감을 불러일으킨다. 아무것도 준비되지 않은 상태의 일에 참여하게 되면 사람들은 열중하게 된다. 창조적인 프로세스의 초기 단계는 마술과도 같다. 모든 것이 가능하고 현실과는 아직 멀리 떨어진 상태이기 때문이다. 후에 좌뇌가 관여하면서 모든 즐거움을 망쳐 버린다.

우뇌 중심 사람들은 자연을 향유하며 어느 곳에서나 아름다움을 발견하는 능력이 있다. | 창조적인 사람들은 꽃을 보면 반드시 향기를 맡아야 하고 아름다운 생명들과 항상 같이하기를 원한다. 그들의 초민감성 감각들은 창조력을 자극시킨다. 막 깎은 잔디 냄새를 맡거나 고갱의 작품을 보거나 손가락 사이에 찰흙이 느껴질 때, 그리고 베이스 현이 퉁겨지는 소리를 들을 때 나의 창조력은 그 날개를 편다. 음악을 들을 때 나는 드러머로서 라이드 심벌즈, 하이햇 심벌즈, 크래쉬 그리고 스플래쉬 심벌즈를 구분할 수 있다. 나는 아내에게 이렇게 묻는다.

"저 연주에서 드러머가 심벌즈 가장자리를 어떻게 쳤는지 들었지?"

그럼 나의 아내는 그저 나를 멍하니 바라보기만 한다.

창조적인 사람들은 자신의 주위 환경에 반응한다. | 주위 환경과 주파수가 일치한다는 것은 축복인 동시에 저주이기도 하다. 나는 이러한 감각들을

모아서 이를 다시 나의 작품에 사용한다. 그러나 불행히도 나의 주변 환경에 대한 민감성은 창조적인 흐름을 방해하기도 하고 심지어는 나를 우울, 불안, 초조한 상태로 이끌기도 한다.

창조적임은 때때로 군중 속의 고독을 의미하기도 한다. | '일반인들'과 직관과 영감에 대해 이야기하기 시작할 때면 그 사람들은 마치 나를 외계인처럼 쳐다보면서 그만 말하고 스포츠 중계나 보라고 말하곤 한다.

우뇌 중심 사람들은 도전을 환영한다. | 이런 사람들은 큰 그림을 볼 수 있으며 총체적인 수준에서 문제를 해결해 나갈 수 있다. 그들은 새롭고 보다 나은 해결책을 찾는 데 사실이나 수치보다는 그들의 직관을 사용한다.

우뇌 중심 사람들은 유행에 관계할 수도 있지만 주로 유행을 시작하는 사람들이다. | 그들은 유행을 선도하는 사람들이지 따르는 사람들이 아니다. 그들의 생각은 유연하고 열정적이며 비상하다. 그들의 생각이나 아끼는 프로젝트를 성취하고자 할 때에는 그들은 치열해지기도 한다.

우뇌 중심 사람들은 개방적이며 선입견을 좀처럼 가지지 않는다. | 창조적인 사람들은 높은 윤리 도덕적 기준을 가지는 경우가 많다. 흑백 논리가 지배하는 세계에서 회색적인 사고방식을 가진 사람들은 한 가지 질문에 한 개 이상의 답들을 생각해 내곤 한다.

성공적인 아이디어 개발자는 머리에 떠오른 아이디어를 간직하다 나중에 그 아이디어를 사용하는 어떤 방법을 찾아낸다. | 나는 멋진 아이디어로 가득 차 있는 노트와 아이디어 캐처를 가지고 있다. 그 모든 아이디어를 다 시도해 보는 데 시간이 모자랄 정도이다.

창조적인 사람들은 자신들의 기술에 대한 생각으로 머리가 꽉 차 있으며 자신의 기술과 능력을 개발한다. | 나는 훌륭한 일을 하고 싶다. 그리고 훌륭한 일을 해야만 한다. 비록 그 일이 압박적인 조직(출판 과정)에 대해 나의 방식을 관철시키기 위한 투쟁을 의미한다 할지라도, 잠 한숨 못 자고 손가락이 뻣뻣하게 굳고 나의 머리가 완전히 비어 버리는 것을 의미한다 할지라도 해야만 한다.

단점은 그렇게 나쁜 것만은 아니다

예술가들에게 있어서 첫번째 문제는 살아남는 것이다.

| 필립 글래스(Philip Glass: 미니멀리즘을 추구하는 음악가)

브레인스토밍 시간에 오래 생각하지 않고 말하는 것은 무방하다. 그런데 우뇌 중심 사람들은 언제까지가 브레인스토밍 시간이고 언제부터 실제 생활이 시작되는지를 종종 잊는 경우가 있다. 처음으로 떠오르는 생각을 바로 말하는 것은 사람들의 심기를 불편하게 만든다. 특히 다른 사람이 입고 있는 옷이 뚱뚱해 보인다는 말이라도 할 때면 더욱 그렇다.

"그게 아니구…. 부티나 보인단 말이야."

하지만 때는 이미 늦었다.

우뇌 중심 사람들은 대부분의 다른 사람들이 느끼는 것보다 사물을 좀 더 깊이 있게 느낀다. | 그러한 느낌들을 다른 사람들과 대화로 나누려고 하면 다른 사람들은 입을 다물게 된다. 이런 이유 때문에 창조적인 사람들이 예술 작품을 창조하고 그것을 통해 자신들의 느낌을 표현하는 것이다. 그러므로 아마도 이 특성은 아주 나쁜 것만은 아닐 것이다.

우뇌 중심 사람들은 충동적이다. | '오늘을 위해 산다'는 식의 태도와 '순간을 즐긴다'는 식의 태도는 그들 내면의 예술가 기질에 적합한 것이다. 그러나 성공하기 위해서는 미래에 대해 어느 정도 생각을 해야만 한다. 일단 놀고 나중에 값을 치르겠다는 생각은 그런 생활을 오래 지속하게 하는 결과를 초래할 수 있다.

생각이 자유롭게 확장되는 성향이 있는 사람들은 종종 주제에서 벗어나 옆길로 새고 산만한 사람으로 자주 오해받는다. | 영감을 받지 않았거나 흥미가 없는데도 집중하는 것은 어려운 일이다. 창조성을 이용한 사업을 하는 데 있어 그 사업에 집중하는 것에는 많은 훈련이 요구된다. 창조적인 사람들은 일단 자신이 사랑하는 일을 찾으면 어느 누구보다도 열심히 일할 수 있

성공하는 사람에게는 남다른 것이 있다

다. 다만 그들은 계산이나 세금 문제, 정해진 근무 시간이나 고객 관리 같은 일을 사랑하는 법을 배우는 것이 어려운 것뿐이다.

창조적인 사람들은 일의 단계를 갑자기 뛰어넘거나 큰 그림을 본다. | 그렇기 때문에, 단계를 밟아 나가고자 하거나 사물을 흑백 논리로 보는 사람들을 잃게 된다. 때때로 이것 때문에 창조적인 사람들은 화를 내기도 한다. 우뇌 중심 사람들은 시간을 다투는 일을 처리하는 데 많은 시간을 보내곤 한다.

우뇌 중심 사람들에게 있어서 모든 놀이는 목적이 있다. 바로 재미다. | 이러한 태도는 때로 그들을 미숙하게 보인다. 좌뇌 중심 사람들은 놀이에 있어서도 규칙, 목적, 계획 세우기를 좋아하고 더욱이 놀이를 하는 데도 이유가 있어야 한다. 어느 날 일찍 집에 돌아온 아내가 내가 땅에서 장난감 트럭을 가지고 놀고 있는 것을 발견했을 때 나는 너무 당황스러웠다. 그렇지만 아내는 바로 이렇게 장난치고 놀았기 때문에 내가 창조적이 됐다는 사실을 알아차렸다. 나는 더 이상 아이디어가 생각나지 않을 때, 생각 속의 벽을 깨야만 했다. 물론 효과가 있었다.

우뇌 중심 사람들은 모자라는 듯한 경향이 있다. | 정리가 안 된 사람이라는 의미가 아니고 단지 완벽주의자인 좌뇌 중심 사람들의 방식으로 정리를 하지 않는다는 의미다. 많은 창조적인 사람들은 말끔하게 정돈하는 것이 시간 낭비라고 생각한다.

우뇌 중심 사람들은 특히 "조금 있으면 내가 어떤 사람인지 알게 될 거야." 신드롬에 너무 약하다. | 그들은 자신들의 일에는 자신을 가질 수 있지만 자기 자신에 대한 자신감은 없다. 불안감이 그들을 지배하곤 한다. 내가 알고 있는 대부분의 창조적인 사람들은 자신의 재능이 전능한 존재로부터 받은 선물이며 언제라도 뺏길 수 있다고 믿는다. 하지만 나는 그러한 재능이야말로 어느 누구도 절대로 빼앗아 갈 수 없는 것이라고 믿고 있다.

알코올 중독, 약물 중독, 우울증, 교만 – 이 모든 것은 우뇌 중심 사람들에게 정말로 위험한 것들이다. | 가수 크리스 크리스토퍼슨(Kris Kristofferson)은 이렇게 말했다.

"나는 진정한 예술가들은 모두 자기 파괴적이라고 생각합니다. 물론 모든 사람이 자신의 몫을 한다는 것은 사실이지만요."

비록 우뇌 중심 사람들이 꼭 자기파괴적이진 않더라도 그들은 너무 제멋대로인 경향이 있고 이러한 경향은 비슷한 결과를 초래할 수 있다.

우뇌 중심 사람들은 높은 이상 때문에 완고하게 될 수 있다. | 많은 우뇌 중심 사람들은 사업 세계의 많은 요구들 때문에 괴로워한다. 언젠가 지미 버펫 (Jimmy Buffet)이 레코드 계약을 하려고 할 때, 레코드사 사장이 그에게 연주를 부탁했다. 그는 "선장과 아이"(The Captain and the Kid)를 연주했다. 그 사장은 지미 버펫에게 물었다.

"그 곡이 참 좋습니다. 그런데 왜 선장이 끝에 죽어야 하지요? 끝부분을 바꿀 수 없겠습니까?"

이 말을 듣자 버펫은 그대로 방을 나가 버렸다.

창조적인 사람들은 종종 세상의 어두운 면을 노출시킨다. | 많은 사람들이 기분 장애(mood disorder)를 가지고 있으며 심지어 보다 심각한 정신적 문제를 가지고 있기도 하다.

우뇌 중심 사람들은 집중 기간이 짧다. | 즉 멀티태스킹(다중 작업)이 창조적인 사람의 두 번째 본성이라는 의미이다. 우뇌 중심 사람들은 종종 꾸물댄다. 꾸물거림은 집중 기간은 짧고 관심 영역이 넓은 사람들이 가지고 있는 공통점이다. 나는 많은 프로젝트를 한 번에 진행시키면서 지루해지거나 녹초가 되면 언제든지 일을 바꾸어 가며 일하는 것을 좋아한다.

우뇌 중심 사람들은 다른 사람들로부터 일하는 방법을 지시 받는 것을 좋아하지 않는다. | 그렇지만 만약 당신이 그들에게 무엇을 원하는지 이야기하고 스스로 처리하도록 둔다면 그들은 매우 현명하게 일을 처리한다. 지금까지 보아 왔듯이 소위 모든 부정적인 특성은 또한 긍정적인 측면을 가지고 있다.

소외된 느낌? 좌뇌!

당신은 바보 같은 일들을 하게 될 것이다. 하지만 바보 같은 일도 열정적으로 하라.

| 콜레트(Colette)

두뇌의 각 반구는 정보를 처리한다. 그러나 양쪽 반구들은 다른 방식으로 정보를 처리한다. 사람은 항상 두뇌의 양쪽 모두 사용한다. 우뇌 중심 사람과 좌뇌 중심 사람은 편의상 사용하는 용어이다. 이것은 어느 부분을 강조하느냐에 달려 있다. 좌뇌는 시간을 기록하고 정리하며 직선적인 사고를 한다. 이 때문에 어떠한 일을 제시간에 성사시킬 수 있다. 어떤 일이 끝날 때까지 그 일에 대해 대단한 열정을 가지고 활기차면서도 끈기 있게 집중하는 것에는 좌뇌 중심 사고가 많이 요구된다.

좌뇌는 논리적이며 말끔하고 질서 정연한 머릿속의 편집자나 비평가와 같은 역할을 한다. 이러한 특성 때문에 사실 부아가 치밀어 오르기도 한다. 그러나 우리는 우뇌가 처리하지 않는 모든 일들을—여기에는 시간 관리도 포함 된다—처리하는데 이렇게 심각할 정도로 목에서부터 단추를 채운 것과 같이 단정하고 정돈된 좌뇌의 특성이 필요하다. 그러나 좌뇌는 다소 강박적일 수 있다. 좌뇌는 같은 일은 항상 같은 방식으로 처리하려고 할 것이기 때문이다.

우뇌는 당신을 완벽하게 정돈된 체계 속에서 길을 잃게 할 수 있는 반면 좌뇌는 세부 사항들에 너무 매몰되어 길을 잃게 할 수 있다. 나는 글을 쓰는 중에 어떤 생각을 완전하게 표현하는데 딱 맞는 어구를 찾으려고 한 시간씩 소비하기도 한다. 만일 나의 좌뇌가 나를 지치게 만들면 나는 이렇게 세세한 것들을 나 대신 처리해 줄 사람을 고용한다. 물론 비용이 많이 들겠지만 우뇌를(서류 작업을 너무 많이 하게 되면 못 견디는 우뇌) 건강하게 유지하는 것이 나에게는 더욱 중요하다.

하지만 좌뇌는 당신의 적이 아니다. 좌뇌는 당신이 가고자 하는 곳으로 이끌어 줄 것이다. 그것도 시간이나 정력을 낭비하지 않고 도달할 수 있도록 해 준다. 좌뇌는 목표 설계가, 행동 영웅, 그리고 근육질이라고 표현할 수 있다.

무엇이 무엇?

어떤 쪽 두뇌가 어떤 일을 하는지 쉽게 기억할 수 있도록 하기 위해 좌뇌(left brain)는 논리적(Logical)인 두뇌이고, 우뇌(right brain)는 예술적(R-tistic)인 두뇌라고 기억해 두자.

프로에게 묻는다

브라이언 트레이시(Brian Tracy)

브라이언 트레이시는 국제적으로 명성 있는 비즈니스 컨설턴트, 베스트셀러 작가이자 연사이다.

창조적인 사람들과 함께 일할 때 어떤 특성을 발견하셨습니까?

제 생각으로는 창조적인 사람에는 두 가지 유형이 있습니다. 창조적인 척하는 사람들과 정말로 창조적인 사람들입니다. 창조적인 척하는 사람들은 집중 기간이 짧습니다. 이런 사람들은 매우 흔하죠. 그들은 진짜 훌륭한 아이디어를 아주 많이 생각해 내지만 그 아이디어를 실행으로 옮기는 사람은 극히 드뭅니다. 두 번째 유형의 사람들 또한 매우 창조적인 부분은 갖고 있을 뿐 아니라 매우 체계적이고 자제력도 있습니다. 이러한 성격적 특성은 아주 놀라운 것입니다.

그러면 자제력, 집중, 그리고 계획의 실행이 중요하다는 말씀이십니까?

역사상 대부분의 위대한 천재들은 대부분 극도로 자제력이 있는 사람들이었습니다. 그들은 오로지 한 군데 집중하는 능력과 오랜 기간 동안(거의 극단적으로 오랫동안) 한 가지 문제에 집중할 수 있는 능력을 개발하였습니다. 창조적인 사람들에게 있어서 다른 문제에 눈을 돌리는 것은 가장 큰 도전입니다. 왜냐 하면 문제들이 여기저기 흩어져 있으면 널려 있을 때는 아무것도 끝내지 못하기 때문입니다. 더 많은 것을 성취할수록 더욱 동기부여가 되고 영감과 자극을 받게 되어 평범한 수준에서 매우 창조적인 수준으로 발전하게 됩니다.

그러면 창조적인 사람들은 이러한 특성을 타고 난다고 할 수 있을까요?
아니면 그 반대입니까?

중요한 것은 창조적인 사람일수록 주변을 어지르는 사람이라고 말해서 사람을 안심시
키거나 마음 편하게 만들어선 안 된다는 것입니다. 충동성은 그저 통제력이 부족한 것
에 대한 핑계가 되곤 합니다. 저는 정말 창조적인 사람들은 정돈되어 있지 않다는 통념
을 없애고 싶습니다. 실제로는 정돈을 하는 사람들이지요. 창조적인 사람들은 정돈을 하
기 때문에 충동적일 수도 있는 것입니다. 진정한 창조력이란 자제력과 집중을 요하는
과정입니다. 창조적인 사람이 자신의 무한한 집중 능력을 통제하고 자신이 하고 있는
과제에만 그 능력의 빛을 비출 수 있다면 남의 반도 안 되는 시간 안에 아주 **훌륭한** 결
과를 얻을 수 있습니다.

우뇌 중심 사람에게 안성맞춤: 창조적인 커리어

어떤 사람에게 옳은 길은 다른 사람에게는 틀린 길이다.

| M. 스코트 펙(M. Scott Peck, 정신과 의사,
「아직도 가야 할 길」(The Road Less Traveled)의 저자)

"트루먼 쇼"(The Truman Show)라는 영화를 보면 주인공은 자신도 모르게 텔레
비전 프로듀서에 의해 인공적으로 창조된 세계에 살고 있다. 모든 것이
완벽한 세상이다. 트루먼은 매일 행복한 일상을 보낸다. 그러나 그는 어
느 날 갑자기 불안해진다. 직업이 싫어지고 자신의 단조로운 삶이 지겨워
진 것이다. 그는 탈출을 해야겠다고 생각하고 삶을 걸고 실제 세상으로
탈출한다.

우뇌 중심 사고방식으로 살아가는 사람이 좌뇌 중심의 세계에서 생활
하고 일하는 것은 쉽지 않은 일이다. 주택 부금, 자동차 할부금, 노후 연
금이나 수당 같은 것들은 우뇌 중심 사람을 트루먼화(化)시키기 쉽다. 당신

자신의 본성, 본능, 재능에 역행하는 것은 당신이 삶을 살아가는 데 있어서 최악의 선택이라고 할 수 있다. 이렇게 살게 되면 결국 위궤양이나 우울증, 가슴 깊은 곳에 쌓인 울화와 같은 증상이 생기게 된다.

당신이 즐기면서도 잘할 수 있는, 딱 들어맞는 커리어를 찾는 것이 아주 중요하다. 즉 한번 도전해 보는 것이다. 당신을 행복하게 해 줄 수 있고 맞춘 것처럼 딱 맞는, 당신이 가진 재능을 다 펼쳐 보일 수 있는 직업을 찾아야 한다.

청바지뿐 아니라 커리어에서도 딱 맞는 것이란 사람마다 모두 다르다. 어떤 사람들은 헐렁한 힙합 청바지를 좋아하고, 어떤 사람들은 몸에 붙는 스타일을 좋아한다. 개인적인 취향인 것이다. 나의 신조는 청바지를 살 때 절대로 어머니를 대신 보내지 않는다는 것이다. 커리어에서도 마찬가지이다. 스타일도 변하고 사이즈도 변하게 마련이라 바지를 살 때는 직접 입어 보고 싶은 것이다. 당신에게 어떤 일이 맞을지 아는 사람은 당신뿐이다.

어떤 우뇌 중심 사람들에게 있어서 네트워킹이란 성질을 괴팍하게 만드는 말일 수 있다. 하지만 다른 사람들에게는 끊임없는 영감의 원천이 되기도 한다. 창조적인 유명 인사들 중 은둔 생활을 갈망하는 사람들이 많이 있다. 반대자도 없고, 정신 산만하게 하는 것도 없고, 전화도 없고, 도움이 필요한 사람도 없다.

창조적인 사람들은 자신들의 직위가 요구하는 것보다 더 많은 일을 한다. 그렇게 할 수밖에 없기 때문이다. 이런 사람들은 교육 받고 경험하며 지금과 다른 일을 하는 데서 오는 신나는 기분을 원하기 때문에 직위에 따르는 엄격한 한계에 머무르지 않는 것이다. 이런 이유 때문에 창조적인 사람들은 기업 문화와 충돌하는 경우가 생길 수 있다. 그러나 다재다능함이 필요할 뿐 아니라 다재다능함에 대해 상까지 주는 작은 업체에서는 이러한 태도는 매우 이상적이다.

창조적인 커리어를 얻기란 아무리 훌륭한 재능을 가진 사람들에게도 결코 식은 죽 먹기가 아니다. 청중들은 변덕스럽고 거래를 마무리 짓기는

어려우며 봉급은 항상 일한 만큼에 미치지 못한다. 당신이 원하는 것이 무엇인지 명확히 파악해야만 한다. 그리고 당신은 그것을 너무나 원하기에 열심히 일해야 한다. 여러분은 할 수 있다.

거의 완벽에 가까운 직업

상상력이 풍부한 사람들은 성공에는 별로 관심이 없고 자기 표현에 더 관심이 있다. 그들은 의사나 변호사와 같은 평범한 직업보다는 발명가나 연예인과 같이 흔하지 않은 직업을 선택한다.

| 레오나 타일러(Leona Tyler, 상담심리학자)

어떤 직업도 완벽하지는 않다. 직업을 택하는 요령은 당신이 감내할 만

 실천 사항

현재의 직업에서 참아 낼 수 있는 일들을 리스트로 만들어라. 그리고 나서 각각의 옆에 그 대가로 얻는 것, 즉 그 일들을 기꺼이 참아 내게 만드는 일을 적어라. 리스트를 천천히 살펴보라. 지금 얻고 있는 혜택보다 미래에 얻을 수 있는 혜택이 더 많은가? 부정적인 면이 긍정적인 면보다 많은가? 아니면 적절하게 균형을 이루고 있는가? 그럼 그 대가는?

우리는 대부분 참아 낼 수 있는 것들을 무의식적으로 선택하곤 한다. 때때로 틀린 선택을 하기도 하며 이런 잘못된 선택은 당신의 정신과 미래에 피해를 준다. 다시 한 번 작성한 리스트를 보고 선택을 해 보자. 삶을 살아가면서 당신은 좋아하지 않는 것들을 참아 내야 한다. 하지만 모든 것을 참을 필요는 없다는 사실을 생각해 보자. 참을 수 없는 것들을 골라 보라. 그런 것들을 거부해야 할 때를 두려워하지는 마라.

큼의 불완전성을 가진 직업을 찾는 것이다. 흥미진진한 프로젝트에 참여하기 위해서, 혹은 최고의 건강 복지 혜택을 받기 위해 기꺼이 9시부터 5시까지 일할 수 있을 것이다. 존경하고 선망하는 인물들과 일할 기회를 얻기 위해 거대한 관료 조직에서 버틸 수도 있다. 자랑스러워할 만큼 만족감을 주는 일을 하는 대가로 쓸데없이 흠만 잡고, 소심하고, 속 좁고 빈 수레만 요란한 상사와 잘 지낼 수도 있다.

최선을 다하기 위한 동기

일할 때가 바로 내가 쉬는 때이다. 아무것도 하지 않거나 방문한 사람들을 접대하는 것은 나를 피곤하게 만든다.

| 파블로 피카소(Pablo Picasso)

그 누구도 당신에게 동기를 부여할 수 없다. 어떤 일을 성취하기 위해서는 당신 자신이 동기 부여를 해야만 한다. 어떤 커리어에서도 보스는 당신 자신이다. 몇 주 동안 계속해서 일할 기분이 안 난다고 해도 아무도 당신에게 뭐라고 하지 않는다. 그렇지만 항상 여기에는 대가가 따른다.

창조적인 사람은 편안한 환경에서 일을 잘한다. 그러한 환경이라 함은 격의 없는 회사 분위기, 사원들이 굳게 뭉친 소기업 또는 아무도 없는 아늑한 곳에 혼자 있는 것이라 할 수 있다. 어디에서 일하건 당신에게는 자유, 개성, 그리고 자신을 억압하지 않는 것이 매우 중요한 문제이다.

제도에 순응하지 않는 사람이란 사물을 다르게 보는 것에만 국한되지 않는다. 이러한 특성은 옷 입는 스타일이나 머리 모양, 일하는 시간 등에서 종종 명확히 나타난다. 나의 경우를 보면 나는 대부분의 사람이 일어나는 시간에 잠자러 간다. 나는 내가 올빼미와 같은 생활을 하는 것을 너무 좋아한다. 새벽 두 시에 데니스(Denny's) 레스토랑에서 만나는 사람들이 너무 편안하다.

많은 창조적인 사람들은 기본적인 생리가 약간 다르다. 예를 들어 다른 사람들과는 다른 시간에 배가 고프고 수면 패턴이 다르고 일반적으로 사람들이 노곤해지는 시간에 힘이 넘쳐나기도 한다. 어쨌든 당신의 신체 리듬에 맞추는 것은 이득이 된다. 업무 환경이나 업무 시간을 선천적인 신체 리듬에 맞출수록 더욱 편안해질 것이다. 당신의 신체 리듬을 무시하고 일하는 것은 도움이 되지 않는다.

일단 한 번 궤도에 오르면 당신은 에너지가 끊임없이 솟아오르는 것을 발견하게 될 것이다. 흥미를 가지게 되면 놀랄 정도로 오랫동안 집중해 일하고 많은 아이디어를 생각해 낼 수 있다. 반대로 흥미가 없으면 집중하는 것이 거의 불가능할 뿐 아니라 마치 전기 콘센트가 빠진 전자 제품과 같은 느낌을 받게 된다. 만약 내가 의약품을 팔도록 부탁 받는다면, 요즘 내 이웃 중 많은 사람이 이 일로 먹고 사는 듯하기는 하지만, 아마도 나는 정말 문제가 심각할 것이다. 난 의사들에게 의약품을 팔고 나서 오후 내내 골프 치러 다니는 것과 같은 일에는 절대로 열중할 수가 없다. 난 그 일을 해서 얼마를 받게 될지도 관심이 없다. 내가 원하는 것은 무언가를 창조하는 일이다. 돈을 보다 적게 벌지도 모르고 더 긴 시간을 일해야 할지도 모르고 네트워킹이나 서류 정리, 사람들에게 연락하는 일 따위에 더 많은 힘을 써야 할지도 모르지만 이런 모든 일들은 내가 살아가는 세상에 무언가 긍정적인 기여를 할 수 있는 기회를 얻게 된다는 점에서 가치 있는 일이다.

창조적인 사람들은 지속적으로 외부로부터 정보와 자극이 필요하다. 그래서 거대하고 안정적인 기업에서도 창조 관련 부서에는 장난감들이 널려 있고, 벽면은 재미난 것들로 가득하며 분위기는 흥겹고 즐겁다. 말끔하게 정돈된 사무실에 안주하지 마라. 당신은 그런 곳에선 일할 수 없다.

어떤 라이프 스타일은 우뇌 중심 사람들의 마음을 끈다. 그런 라이프 스타일이란 실험, 교환, 다수의 직책, 열정, 흥분과 자극, 다양성, 시각적 정보, 감정과 정, 관계와 표현과 같은 요소를 가지고 있다. 창조적인 사람에게는 자기 표현, 자유, 업무의 융통성뿐 아니라 배움과 성장 과정에도 진정한 가치 부여를 한다.

현대와 같은 속도 지향의 세계에서 장인(匠人)이 된다는 것은 어려운 일이다. 속도는 창조력을 해친다. 대량 생산은 상업주의와 획일성에 영합해서 예술성과 독창성을 해친다. 하지만 종종 성공이란 많은 사람들의 마음을 끌고 대량 생산할 수 있는 아이디어를 생각해 내는 것과 동일시되곤 한다. 이런 이유 때문에 당신에게 동기를 주는 것과 당신에게 성공이란 무엇을 의미하는지 이해하는 것이 너무나도 중요하다. 예를 들면, 당신은 '퀸 빅토리아 피시 앤 칩스'(Queen Victoria's Fish & Chips) 전국 체인점에 설치될 스테인드 글래스를 제작하는 것보다 이웃에 있는 빅토리아 시대 양식의 집 창문에 끼울 스테인드 글래스를 제작하는 데서 더 행복을 느낄 수 있다. 비록 두 작업 모두 스테인드 글래스 창을 제작하는 일이기는 하지만 두 가지 작업과 관련된 돈이나 당신이 상대해야 하는 사람들, 개인적인 역량을 발휘할 수 있는 범위는 매우 다르다.

내 친구 중 하나는 셰익스피어학 이론으로 학위를 받은 후 대출 받은 학자금 상환과 생계 유지를 위해 자신이 절대로 하지 않겠다고 맹세했던 두 가지 일을-가르치는 일과 대기업에 들어가는 일-해야만 했다. 현실은 이렇게 서글픈 것이다. 그래서 그는 자신의 이상과 약간 타협하여 할리우드에 있는 대기업에서 컨설턴트로 일했고 영화 산업에 대한 강의도 하였다. 그 친구는 열심히 일하였고 대출금도 갚고 자신의 현실과 이상간의 균형도 이룰 수 있었다.

샐러리맨에서 탈출한 작가들

빠져 나오고 싶어 못 견딜 만큼 비창조적인 커리어에 빠져 허우적대는 창조적인 사람들이 많이 있다. 그러나 어떤 사람들은 자유를 향해 탈출해서 크게 성공하기도 했다.

톰 클랜시(Tom Clancy) : 군사 분석가에서 베스트셀러 소설가로 변신

존 그리샴(John Grisham) : 변호사에서 최고의 베스트셀러 작가로 변신

데이비드 발두치(David Balducci) : 작가에서 시나리오 작가로 변신(작품: 『앱솔루트 파워』)

조셉 왐바우(Joseph Wambaugh) : 경찰에서 경찰드라마 작가로 변신

마이클 크릭튼(Michael Crichton) : 연구원에서 작가, 프로듀서 겸 감독으로 변신

리처드 폴 에반스(Richard Paul Evans) : 광고업계 간부에서 작가로 변신 (작품: 『크리스마스 박스』)

로빈 쿡(Robin Cook) : 내과의에서 의학 스릴러 작가로 변신(작품: 『코마』)

정반대 성격끼리 등 돌리기

만일 우리가 같은 사람이었다면 다르지 않았겠지요.

| 아담 핸프트(Adam Hanft)

연구 조사에 의하면, 창조적인 사람들은 다른 창조적인 사람들과 같이 일하는 것을 좋아한다고 한다. 그러나 너무도 자주 당신은 성격이 정반대인 사람과 일을 해야만 한다. 더욱 나쁜 것은 상사가 좌뇌 중심 사람인 경우가 많다는 점이다. 이런 상황에 처하게 되면 아트 버크왈드(Art Buchwald)가 한 말을 기억하라.

"사람들은 책임자는 바보라고 생각한다. 그렇지만 책임자는 항상 존경스런 대우를 받는다."

사실 우리는 좌뇌 중심 사람들이 우리를 필요로 하는 것과 마찬가지로 그들이 필요하다. 왜냐 하면 회계 장부를 정리해 줄 회계사나 저작권을 보호해 줄 변호사가 없다면 당신은 머지않아 파산하고 말 것이기 때문이다. 그렇지 않으면 숫자를 가지고 씨름하거나 깨알만한 글자들을 직접 읽어야 한다. 그러나 이것은 바로 당신의 가장 가치 있는 자산, 즉 창조력을

낭비하는 일이 된다. 물론 창조적인 회계와 같은 일도 있다. 그렇지만 자신의 특성에 역행하는 일을 하거나 하기 싫어하는 일 또는 잘 못 하는 일을 적게 하면 할수록 당신이 즐거운 일을 할 수 있는 시간은 더욱 많아지게 된다. 당신이 망가뜨린 것을 고치고 어질러 놓은 것을 정리하고, 당신이 빚더미에 올라앉지 않도록 계약을 처리하는 데 좌뇌 중심 사람이 필요하다. 즉 그들이 당신을 필요로 하는 만큼 당신도 그들이 필요한 것이다.

이런 좌뇌 중심 사람들은 꽉 막히고 보수적일지 모르지만 그들은 자신들의 방식에는 아주 똑똑하다. 당신은 비창조적인 사람들이 큰 그림은 보지 못하고 자신들의 본능을 믿지 못해 안전 중심으로 일을 처리하면서 모험이 마치 독감 바이러스라도 되는 양 피하는 데 대해 비판할 수도 있다. 하지만 그들은 당신이 자신을 바라보는 것과는 다른 관점으로 당신을 바라본다. 그들은 당신을 통제가 불가능한 자유분방한 낙천가로 본다. 어쩔 수 없는 골칫거리인 것이다. 그들은 당신을 감정적이며 방어적이고 심하게 민감한 사람으로 본다. 그들이 당신을 심하게 나무라는 것도 무리가 아니다.

그들과 우리가 다른 세상에 사는 것처럼 보일지 모르지만 실제로는 모든 것이 잘 어울려 있다. 우리는 아이디어와 혁신적인 것을 생각해 내고 그들은 제품을 만들어 낸다. 우리는 예술을 하고 그들은 예산과 비용을 분석한다. 우리는 미학적인 접근 방식을 취하고 그들은 의심을 가지고 모든 일에 접근한다. 우리는 일에 영혼을 불어넣어 뭔가 의미 있는 것을 창조하기를 원하지만 그들은 솔(Sol)이라는 이름의 사내에게 물건을 팔고 물건을 홍보해서 의미 있는 돈을 벌고자 한다.

만약 당신이 그들과 함께 일한다면 마술과 같은 일을 할 수 있다. 그들은 당신의 아이디어를 실현시키고 그것을 대중에게 홍보할 방법을 찾아낼 수 있다. 만약 그들은 돈에 자극받고 당신은 디자인에 의해 자극받는다면? 둘 사이의 균형은 대부분 그렇게 나쁘지는 않다. 당신에겐 일 자체가 보상이지만 그렇다고 다른 사람들이 당신을 인정해 주는지의 여부에 완전히 초연할 수 있는 것은 아니다. 이는 일들이 결실을 맺는 것을—종종 당신의 검소한 친구들의 도움이 필요한 일이다—보는 데서 온다. 만일 좀 더 많은 예산과 좋은 기기, 수많은 최첨단 장난감들을 마련할 수 있다면 동기 부여가 꽤 많이 될 것이다. 하지만 여기엔 돈이 든다. 그것도 꽤 많은 돈, 당신의 다른 반 쪽이 마련한 돈이 필요하다.

좌뇌 중심 사람과 우뇌 중심 사람은 모두 자신의 강점을 이용할 때 최선을 다한다. 세상은 대자연이 우리에게 던지는 계속적인 도전에 대응하기 위해 약간 비뚤어진 관점을 가지고 있는, 인습에서 벗어난 사람을 필요로 한다. 그러므로 만약 사람들이 당신을 오해한다면 포기하지 말고 그들과 대화하려고 노력해 보라.

양극단: 반대 스타일과 반대하는 스타일

좌뇌 중심 사람	우뇌 중심 사람
한 단계 한 단계씩, 제일 확실하다.	일이 마지막까지 왔을 때 그때 한다.
일방통행	다양성이란 인생의 양념과도 같은 것
인생은 골치 아프다.	인생은 여정이다.
규칙 제조기	규칙 위반자
펠릭스 운거*	오스카 매디슨**
이윤 있게 일하기	아름답게 일하기
벌레의 관점(좁은 관점)	새의 관점(넓은 관점)
수술실처럼 정리된 사무실	유치원 교실과 같이 어지러운 사무실
PC	Mac
칼라 주변에 고리가 있음	코걸이
속박	해방

지금 당장 하자!	똑바로 하자.
한발 앞에 한발	여기저기 뛰어다니기
뛰기	정처 없이 걸어다니기
부지런히 돈 벌기	공상하기
승합차 (카니발)	스포츠카 (투스카니)
복잡한 계산하기	규칙적으로 그림 그리기
해야 할 일 목록	되고 싶은 것 목록
후회하기보다 안전한 것이 낫다.	안전한 것은 유감스럽다.

* 텔레비전 쇼 "The Odd Couple"의 등장인물로 결벽증에 가까운 성격의 소유자

** "The Odd Couple"의 구속 받기 싫어하고 자기 마음대로 하는 자유주의자

창조적인 삶

초록색 몸을 가지고 사는 것은 쉬운 일은 아니다.

| 개구리 커미트(Kermit the Frog, "Sesame Street"에 등장하는 개구리 캐릭터)

단정적인 사람들은 당신을 산만하고 게으른 사람, 굼벵이, 괴짜, 자기 중심적인 사람, 빈정대는 사람, 참을성 없는 사람이라고 하면서 당신의 짧은 집중력에 불평을 할지도 모른다. 가장 확실한 것에도 대가가 따르기 마련이며 어떤 사람들은 당신에 대한 이러한 비난을 믿기 시작한다. 그렇게 내버려 둬서는 안 된다. 맞서서 대항해야 한다. 당신은 성인 인구의 2%밖에 안 되는 사람들 중 하나이며 매우 특별한 사람이라는 사실을 기억하자. 당신을 비난하는 사람들보다 당신은 더 넓은 세상을 바라볼 수 있다는 것을 기억하고 꿋꿋이 나아가라.

판에 박힌 세상에서 판에 박히지 않은 사람으로 살아간다는 것은 창조적인 사람으로서 느낄 수 있는 기쁨에 대해 지불하는 적은 비용이라고 할

수 있다. 이 사실을 명예 훈장처럼 생각하라. 바로 당신은 선택 받은 사람이다. 역사상 혁신가들은 계속해서 비평가들의 공격을 받아 왔다. 이러한 것은 바로 두려움과 질투 때문이었다. 그들은 당신이 가진 것을 결코 가질 수 없다. 그들은 결코 당신이 이룰 수 있는 바를 이룰 수 없다.

나는 주류에 따르려고 노력했었다. 경제학을 전공했으니 말이다. 경제학! 하지만 결코 나에게 맞는 학문이 아니었다. 공급이 어쩌고 하는 문제를 가지고 씨름했지만 결과는 처참했다. 결국 내가 부모님의 기대를 저버리고 예술학교에 입학했을 때 모든 것이 갑자기 분명해졌다. 나는 경제학에서 배운 것들을 확실히 사용하기는 했다. 내가 성공적으로 소매업을 시작하는 데 많은 도움이 되었다. 업종은 바로 서핑 보드 판매업이었다.

자신을 '인생의 학생' 으로 묘사한 쥬얼(Jewel)은 인기 차트의 상위를 차지한 인기 있는 뮤지션 이상의 평가를 받는 사람이다. 그녀는 시집을 출판했고 연기에 도전했으며 자신이 세운 재단의 일에도 관여하고 있다.

"나는 내 음악을 절대로 당연하게 여기지 않을 겁니다. 하지만 할 일이 많이 있죠. 저는 매우 힘든 도전을 받지 않으면 바로 지루해집니다. 다른 분야의 일을 할 때는 항상 실패할 위험이 크지요. 하지만 저는 위험을 택하겠어요. 이런 일들이 제가 잠드는 것을 방지해 주죠."

창조적인 커리어의 길을 걷는 것에는 많은 위험이 따른다. 위험을 감수하지 않으면 그 보상도 없다. 다행한 일은 우뇌 중심 사람들은 압박을 버틸 수 있는 성격이라는 것이다. 그렇지 않으면 다른 옵션은 집에 앉아 다른 사람들이 꿈을 이루며 사는 것을 TV에서 지켜보는 것이다. 이것은 어려운 선택은 아니지만 당신이 결정해야만 하는 선택이다.

화가 반 고흐는 평생에 한 점의 그림밖에 팔지 못했다. 하지만 그는 포기하지 않았다. 그는 가난해서 동생에게 얹혀 살다가 죽었지만 그림 그리기를 멈추지 않았다. 위험을 감수한다는 것은 가진 것을 잃을 수도 있다는 것을 의미한다. 보장된 것은 아무것도 없다.

창조적인 예술 활동을 하려면 성공에 대한 타오르는 갈망, 가슴속에 타오르는 불꽃이 있어야만 한다. 가능성이 어떠하든, 다른 사람들이 어떻게 이야기하든 상관없이 당신은 견디어 낼 것이라는 사실을 믿어야만 한다. 당신은 필요한 일은 다 할 것이다. 사업에 관련된 업무, 네트워킹, 장부 정리, 계획과 소소한 업무도 배울 것이다. 다른 사람들의 거부, 불황, 강박 관념으로부터 다시 일어날 것이다. 왜냐 하면 실망스러운 일, 상황의 부침, 비평가들은 어디에나 있기 때문이다. 당신이 한 일 모두가 걸작처럼 여겨지지는 않을 것이다. 또는 심지어는 호평도 받지 않을 것이다. 어떤 면에서 이것은 좋은 일이다. 당신은 계속해서 향상시키려고 노력할 것이기 때문이다.

나와 생각이 같은 사람들

나는 인간의 두뇌가 신체 부위 중에 가장 매혹적인 부분이라고 생각해 왔다. 그렇지만 내가 바로 알아차린 것은 이 사실을 나에게 알려 주는 누군가를 찾고 있었다는 것이다.

| 에모 필립스(Emo Philips, 영국의 코미디언)

사람들은 왜 내가 이 일을 하는지, 왜 내가 그런 구역질나는 이야기들을 쓰는지 궁금해한다. 나는 그들에게 내가 소년의 심장을 가지고 있으며 내 책상 위에 있는 병 안에 그것을 넣어 두고 있다고 말하곤 한다.

| 스티븐 킹(Stephen King)

나는 연극하는 사람들이 좀 더 개방적이고 수용적인 사람들이라고 생각하며 이들에게는 규칙이 별로 없다고 생각한다. 나는 규칙이 많은 곳에서 결코 잘 지내지 못한다.

| 매트 키슬러(Matt Keeslar)가 *Us* 잡지 인터뷰에서

창조적으로 생각하기 위해 멈추는 것은 살기 위해 멈추는 것과 거의 다르지 않다.

| 벤 프랭클린(Ben Franklin)

인류에게 올 수 있는 가장 슬픈 경험 중 하나는 흰머리에 주름진 얼굴로 비생산적인 커리어에서 거의 은퇴할 즈음에 자신이 평생 동안 쓸 수 있는 자신의 아주 작은

일부만을 사용해 왔다는 사실을 깨닫는 것이다.

| V.W. 버로우스(V.W. Burrows)

생각을 바꿔라. 그러면 세상을 바꾼다.

| 스튜어트 B. 존슨(Stwart B. Johnson)

창조적인 정신은 좀처럼 지루하게 느껴지지 않는다.

| 고든 A. 매클레오드(Gordon A. Macleod)

왼쪽이 괜찮을 때

독창성에 준비를 더해 일을 하면 기적이 일어난다.

| 봅 리처드(Bob Richards)

우리는 오른손잡이가 제대로 된 사람이라고 여겨지는 세상에서 살고 있다. 겨우 인구의 10%만이 왼손잡이이지만 창조적인 사람들 중에는 왼손잡이가 많다. 이런 작은 차이점 때문에 수세기 동안 왼손잡이에 대한 차별과 억압이 있어 왔다. 왼쪽은 일상적으로 약하고, 가치 없고, 이상하고, 불길하고, 모자라는 것으로 여겨져 왔다. 나는 여기에 독립적이고, 재치 있고, 총명하고, 직관적이고, 혁신적이고, 재능 있고, 아주 창조적이라고 덧붙이고 싶다. 하지만 불행하게도 나는 웹스터 대사전이 아니다. 왼손잡이는 중세에는 서출이거나 마녀의 표시라고 인식되기도 했다.

왼손잡이들이 좀 더 창조적인 것은 그들이 두뇌의 창조적인 부분과 밀접하게 관련되어 있기 때문일 것이다. 그리고 현실에 순응하도록 억압 받았기 때문에 반항하는 정말로 독특한 성격을 갖게 되었을 수도 있다. 그들이 가진 많은 특성들 중에 소외, 따돌림, 다른 사람으로부터 낙인찍히는 것에 대처하는 능력은 왼손잡이들이 성격적으로 오른손잡이보다 많은 강점을 갖는 데 큰 도움이 되었을 것이다.

퀴즈: 다음의 인물들 중 누가 왼손잡이일까요?

빌 게이츠(Bill Gates)

제리 사인펠드(Jerry Seinfeld, 미국 출신 유명한 코미디언)

필 콜린즈(Phil Collins)

피터 벤클리(Peter Benchley, 『조스』(Jaws)를 쓴 작가)

레오나르도 다빈치(Leonardo da Vinci)

마릴린 먼로(Marilyn Monroe)

콜 포터(Cole Porter, 미국의 유명 작곡가)

케네스 베이비페이스 에드몬즈(Kenneth Babyface Edmonds, 미국의 가수 겸 프로
듀서)

벤 프랭클린(Ben Franklin)

지미 핸드릭스(Jimi Handrix)

미켈란젤로(Michelangelo)

폴 매카트니(Paul McCartney)

루디 발리(Rudy Vallee, 미국의 라디오 진행자)

캐리 그랜트(Cary Grant)

개구리 커미트(Kermit the Frog)

(**정답** ❘ 양손잡이였던 레오나르도 다빈치와 왼손잡이이지만 사람이 아닌 개구리 커미트를
제외하고 모두가 왼손잡이였다. 하지만 개구리 커미트를 만든 짐 헨슨(Jim Henson)은 왼손잡이
였다.)

이런 명단은 몇 장이고 쓸 수 있다. 하지만 결론은, 만약 당신이 왼손잡
이라면 좋은 여건 속에 있다는 것이다.

당신은 성공에 필요한 모든 것을 갖고 있다

사람이 가지고 있는 가장 위대한 능력은 선택하는 능력이다.

| J. 마틴 코(J. Martin Kohe)

여러분 중 얼마나 많은 사람이 록그룹 트위스티드 시스터(Twisted Sister)를 기억하고 있는가? 아마도 잊어버린 사람들이 더 많을 것이다. 이 밴드는 MTV에서 뮤직비디오가 막 생겨나기 시작했던 초창기에 활동했던 그룹 중 하나이다. 그 밴드의 노래 중에 보수적인 아버지가 십대의 아들에게 "도대체 뭐가 되고 싶은 거냐?"라고 소리치는 것으로 시작하는 노래가 있다. 그럼 그 아들은 자기의 전자기타의 전선을 내려치고, 아버지를 창문 밖으로 날려 보내면서 이렇게 소리친다.

"록(rock)을 하고 싶어요!"

겨우 레고 장난감을 가지고 놀고 있던 나에게 다가와서 자라서 무엇이 되고 싶은지 물어보던 그 선의를 가진 사람들에게 나도 그렇게 했다면 좋앉을 것이라고 생각한다. 내가 자라서 무엇이 되고 싶은지 내가 어떻게 알았겠는가? 그 사람들은 나에게 말했다.

"공학도가 어때? 레고 장난감으로 뭘 만드는 것을 좋아하니까 말이다."

이런 멍청한 말을 하곤 했다. 공학도라고? 말도 안 되는 소리. 우스운 것은 내가 방에서 피터 프램턴(Peter Frampton)의 1976년도 출시 앨범 "Frampton Comes Alive"를 들으며 기타 치는 흉내를 내곤 한 것이 기억난다. 난 이렇게 록 스타 흉내를 내면서 몇 시간이고 놀았다. 그렇다고 해서 내가 결국 싱어송 라이터가 되진 않았다. 연사이자 저술가가 되었으니까.

누군가 내게 "모든 일은 그 이유가 있게 마련입니다."라고 말한다면 나는 이렇게 묻고 싶다.

"그렇군요. 그런데 그게 당신의 이유입니까?"

인생이란 우연이 아니다. 조심스러운 선택과 지속적인 계획을 통해서 당신은 당신에게 일어날 일을 통제할 수 있다. 이런 이야기는 지루하게 들릴지도 모른다. 그렇지만 아니다. 우리는 당신의 미래에 대해서 이야기하고 있는 것이다. 미래에 대처하는 최선의 방법은 바로 미래를 발명하는 것이다!

"스타트렉"에서 "그렇게 만들어라.(Make it so.)"라고 하는 것처럼 일어나기를 원하는 일이 무엇인지 알아내려고 하는 것보다 더 흥미진진한 일이 있겠는가? 목적 없이 배회하는 삶을 산다면 어떤 목적지에도 이를 수 없다. 주위의 사건이나 환경에 반응하여 여기저기 튕겨 다니면서 산다면 그것은 당신이 다음으로 갈 곳에 대한 조절 능력을 포기하는 것이다. 이렇게 사는 것은 이상적인 삶이 아니다. 이런 삶은 스트레스일 뿐이고 답답하고 전혀 창조적이지도 않은 삶이다.

나는 우리들 각자가 존재의 이유, 즉 목적을 가지고 태어난다고 믿는다. 하지만 불행히도 그 목적이 무엇인지 쉽게 알아낼 수 있는 설명서나 힌트는 어디에도 없다. 일단 그 목적을 알아내기만 하면 인생은 너무너무 쉬워지고 더 좋아진다. 즉 당신은 목적에 따라 산다는 의미가 된다. 좀 더 자세히 이야기하면 올바른 일을 올바른 환경에서 올바른 사람들과 힘을 합해 당신의 자질과 능력을 이용하여 당신 자신뿐만 아니라 다른 사람들에게도 혜택이 돌아갈 수 있도록 살아간다는 의미이다. 이 목적은 당신이 사랑할 사람과 당신을 걱정해 주는 사람들을 가지는 것만을 의미하는 게 아니라 당신 삶의 모든 분야에 해당된다.

당신에게는 길을 찾을 나침반과, 목적지를 밝혀 주는 북극성(당신의 사명 또는 목적), 당신이 가고 있는 곳(목표)까지 최선의 항로(아니면 좋은 경치가 당신에게 어필한다면 가장 경치 좋은 경로)를 찾게 해 주는 지도가 필요하다. 멀리 떨어진 경로를 택해서 새로운 섬을 탐험하고, 먼 곳에 있는 섬에서 흥미로운 사람들을 만날 수도 있다. 하지만 되돌아오기 위해서는 항상 북극성이 있어야만 한다. 바로 당신의 목적이 이런 역할을 하는 것이다.

프로에게 묻는다

스코트 크레이머(SCOTT KRAMER)

스코트 크레이머는 유명 골프 잡지 편집인 겸 저술가이며 얼마 전 골프 관련 웹진을 시작하였다.

골프에 대한 열정과 작가로서의 기술을 결합하는 것이 당신에게 기쁨을 줍니까?

제 생각으로는 사람들은 취미를 직업으로 바꾸는 것이 심적으로 당연히 쉽다고 자연스럽게 생각합니다. 그렇지만 실상은 그렇지 않습니다. 물론 저는 골프와 저술에 열정을 가지고 있습니다. 그리고 이 두 가지를 결합해서 남부럽지 않은 생활을 유지할 수 있다는 것을 알기 때문에 더없이 행복합니다. 그렇지만 여기에는 몇 가지 나쁜 점이 있습니다. 믿거나 말거나, 저는 이전보다 골프를 많이 치지 못합니다. 그렇지만 이제는 제가 골프를 치러 갈 때는 이전에는 비싸서 엄두도 못 내던 골프 코스에서 골프를 할 수 있죠.

지금 하고 있는 일에서 가장 즐거운 점은 무엇입니까?

자유가 최고죠. 회사는 동부에 위치해 있는데 저는 서부에서 일할 수 있는 것은 행운입니다. 그렇기 때문에 제 시간은 저만의 시간입니다. 제 일들이 일정에 맞게 진행되고 있는 한 제 상사는 제가 어떤 무슨 일을 하면서 시간을 보내든 상관하지 않습니다.

창조력을 키울 수 있는 것도 그에 못지 않게 좋은 점이죠. 저는 아무것도 없는 상태에서 어떤 것을 창조하는 것을 좋아합니다. 저술은 저로 하여금 빈 캔버스(또는 컴퓨터 스크린)를 저의 생각과 관념으로 채울 수 있도록 해 줍니다. 이 점이 아주 만족스럽습니다.

저술가들이 자신이 꿈꾸던 직업에 다가갈 수 있는 가장 효과적인 방법은 무엇입니까?

저는 프리랜서 작가로 일하는 것이 여러 잡지의 최고 편집자들과 긴밀한 관계를 맺을 수 있는 가장 좋은 길이라고 생각합니다. 편집자들과의 좋은 관계가 맺어지면 결국에는 이로 인해 일을 얻게 됩니다. 사실, 일단 편집자들이 당신과 당신의 작품에 익숙해지면 실제로 일자리가 생겨나기 전에 그 일자리에 대해서 당신에게 이야기해서 때에 맞춰 당신이 이력서와 포트폴리오를 준비해 놓을 수 있도록 해 줍니다. 제가 일을 얻게 된 방법을 말씀드리겠습니다. 저는 편집자를 찾는 신문 광고를 볼 때마다 자기소개서를 보냈습니다. 그 소개서에 편집자 직책에는 자격이 모자라지만 그 잡지사가 "기사를 쓰는 데 일손이 부족한 것 같다."고 씁니다. 이런 소개서에는 분명히 연락이 다시 옵니다.

컴퓨터 프로그래머에서 저술가가 되면서 급여가 줄어들었는데 후회는 없습니까?

저는 절대로 뒤돌아보거나 실수를 했다고 후회하지 않습니다. 내가 갈 내 커리어의 길을 바꾸었을 때 급료가 50% 이상 줄었습니다. 하지만 당시 저는 집세를 내는 것 외에는 다른 재정적인 책임이 거의 없었습니다. 게다가 저는 하루 종일 소프트웨어 코드를 작성하는 데 싫증 나 있었습니다. 반대로 이야기를 쓰는 것은 내가 아직까지 가지고 있던 건강을 지키기 위한 탈출과도 같은 것이었습니다. 돈을 가지고 있다는 것은 제 인생에서 언제나 항상 중요한 것이었지만 저는 제 편집자로서의 제 급여가 5년 후에는 오를 것이라고 확신하고 있었고 균형 있는 시각을 얻기 위해 보다 큰 그림을 그려 본 것입니다. 사실상 저는 매년 프리랜서로 일해서 얼마의 돈을 벌겠다는 목표를 세웠습니다. 5년 후 저는 제가 일찍이 내던져 버렸던 프로그래머 직업을 가진 친구와 저의 월급이 같다는 것을 발견했습니다. 게다가 저는 훨씬 더 행복했습니다. 다행히도 저는 한 번도 제가 배고픈 작가라고 생각해 본 일이 없습니다. 앞으로도 안 그랬으면 좋겠습니다.

당신이 걸은 길을 따르고자 하는 사람들에게 해 주고 싶은 충고는 무엇입니까?

자신과 자신의 글 쓰는 능력을 믿고 틈새를 공략하라는 것입니다. 그러면 결국 잡지사들과 회사들이 당신을 특정 분야에서 권위를 가지고 있는 사람이라고 여겨서 당신을 찾기 시작할 것입니다. 거기서부터 자신의 꿈을 이루어 가는 것입니다.

믿으세요 – 당신이 결정권을 가지고 있습니다

당신의 행복을 따르세요.

| 조지프 캠벨(Joseph Campbell)

인생에서 무엇을 추구해야 할지 확실하지 않을 때는 나락으로 떨어지는 기분을 느낄 수도 있다. 어떤 사람들은 힘껏 땅바닥을 향해 돌진하는 것을 짜릿하게 생각하기도 한다. 심지어 어떤 사람들은 땅바닥에 떨어져 완전히 납작한 오징어처럼 되는 것을 막아 줄 낙하산 같은 것이 없다는 것을 모르는 것처럼 보일 때도 있다. 처음에는 계획이나 목적 없이 인생을 살아가는 것이 재미있고 짜릿할 수 있다. 많은 낭만적인 이야기들이 이런 방랑자 같은 사람들의 삶에서 흘러나왔다. 하지만 잊지 말아야 할 점은 이러한 이야기들을 지어낸 작가들은 모두 직접 자신의 이야기를 쓰고 이 이야기를 출판사에 팔 만큼 자신을 제어할 줄 알았던 사람들이라는 것이다.

당신의 삶에 결정권을 가진다는 것은 당신이 원하는 것, 나아가는 곳을 당신이 안다는 것을 의미한다. 즉 매일 아침 일어나서 이렇게 말할 수 있는 것을 의미한다.

"오늘 세계 최고로 일을 잘해야지. 난 내 일이 너무 좋아."

만일 당신이 이렇게 스스로에게 말할 수 있다면 인생의 다른 것들은 저절로 제자리를 찾을 것이다.

어떤 사람들은 자신이 무엇을 원하는지 일찍 알게 된다. 캄보디아 출신의 베스트셀러 작가인 조지 칼린(George Carlin)은 십대 시절 길거리에서 지나가는 행인들에게 15분짜리 연기를 했다. 그는 이웃 사람들의 모습을 흉내내고 그들에 관한 이야기를 지어내곤 했다.

"저는 모든 사람에게 '내가 자라면 배우나 코미디언이 되고 싶어요.' 라고 말하곤 했습니다."

그의 어머니는 작은 녹음기를 그에게 사주었고 그는 녹음기에 토막극이나 콩트를 녹음하곤 했다. 아마 그의 '텔레비전에서 말할 수 없는 7개의 단어' 가 여기에서 온 것일 것이다.

여성 토크쇼 진행자 로지 오도넬(Rosie O'Donnell) 또한 어린 시절에 야망을 가지고 있었다. 1학년 때 로지는 자기 공책에 사인하는 연습을 하곤 했다.

"내가 아이였을 때 '나는 이 정도 성공할 거야.' 라고 공상하곤 했어요. 꿈을 갖고 그 꿈을 위해 살아야죠."

이들은 결과적으로 운이 좋은 사람들이었다. 그리고 우리 대부분은 우리가 원하는 것을 찾기 위해 한동안 모든 힘을 다해 노력한다. 이런 노력까지는 괜찮다. 이 과정을 즐기면 되니까. 보물을 찾기 위한 항해라고 생각하면 된다. 자신이 어떤 사람인지 아는 것은 아주 좋은 일이다.

길을 잃었다는 것을 모를 때 자신을 찾는 법

흥미와 기술이 어떤 직업을 선택해야 할지 알려 준다. 다른 요소들보다 당신의 기술이 당신이 일할 직업을 찾는 데 도움을 준다.

| 캐럴 아이클베리(Carol Eikleberry)

창조적인 면에 있어서 당신에게 알맞은 자리를 찾기 전에 당신은 우선 자신과, 자신의 강점과 약점, 진정 원하는 것, 성공에 대한 개인적인 정의를 알아야 할 필요가 있다. 다음 질문들은 당신 자신을 다양한 각도에서 생각해 볼 수 있도록 마련된 것들이다. 질문에 빠르게 대답하라. 마음에 가장 먼저 떠오르는 것을(좌뇌가 생각할 시간을 주지 말고) 답으로 써라. 질문이나 답을 분석하려고 하지 말고 솔직하게 답을 써라. 당신 외에는 아무도 이 답들을 볼 필요가 없다. 그럼 이제 시작하자.

개인적인 면

- 계절 중 가장 좋아하는 계절은?

- 좋아하는 취미는?

- 일에서 벗어나 쉬러 가는 곳은 어디인가? 그럼 가장 최근에 그곳에 다녀온 때는 언제인가?

- 제일 잘 맞는 분위기는? 제일 싫어하는 분위기는?

- 자신 성격 중 가장 좋은 면은? 가장 나쁜 면은? 당신의 배우자/제일 친한 친구는 이 질문에 대해 어떤 대답을 할까?

- 자신의 성격 중 가장 고치고 싶은 한 가지는?

- 친구들의 명단을 적어 보고 모든 친구들이 공통적으로 갖고 있는 특성을 찾아보아라. 다음에는 자신이 정말 싫어하는 사람들의 명단을 적어 보아라. 이 사람들이 공통적으로 갖고 있는 특성은 무엇인가?

- 당신은 시골 쥐인가 도시 쥐인가? 한가한 라이프스타일을 더 좋아하는가, 아니면 정신없이 바쁘게 돌아가는 라이프스타일을 더 좋아하는가?

- 다른 사람과 경쟁하는 것과 자기 자신과 경쟁하는 것 중 어느 것이 더 편안한가?

- 안전과 안정, 안절부절과 위험 – 어느 쪽이 보다 당신에게 가까운가?

- 건강하고 부유함, 건강하고 현명함 – 어느 쪽이 되고 싶은가?

■ 직업적인 면

• 직업적으로 여행을 더 하고 싶은가, 또는 덜 하고 싶은가?

• 어디로 가고 싶은가? 어떤 교통수단을 이용하겠는가? 자동차, 배, 아니면 비행기?

• 직장에서 연설을 더하고 싶은가, 또는 덜 하고 싶은가?

• 연봉을 얼마나 받아야 성공했다고 느끼는가?

• 손을 사용하는 일이 좋은가, 머리를 쓰는 일이 좋은가? 실내에서 일하는 것이 좋은
  가, 실외에서 일하는 것이 좋은가? 사람들과 일하는 것이 좋은가, 물건들을 다루는
  것이 좋은가? (둘 다 좋다는 대답은 할 수 없다. 차이가 별로 없더라도 어느 쪽이 더
  좋은지만 대답하라.)

• 어려운 사람을 대하는 것과 어려운 문제를 다루는 것 중 어느 쪽이 더 힘든가?

• 당신을 지루하게 하는 것은 무엇인가?

• 당신의 직무 내용 설명서(job description)에서 당신이 무언가를 지울 수 있다면 어떤 것을
  지우겠는가?

• 책임자의 위치에 있는 것을 좋아하는가, 아니면 막후 인물의 위치에 있는 것이 좋
  은가?

• 당신의 직업에 대해 가장 좋아하는 점은?

• 다른 사람의 직업을 가질 수 있다면 어떤 사람의 직업을 택하겠는가?

• 가장 바람직하지 않다고 생각하는 직업은 무엇인가?

• 하루 중 언제 일하는 것을 좋아하는가? 아침, 낮 아니면 밤? 그러면 하루 중 언제
  일하기 싫어하는가? 일주일 중 쉬고 싶은 요일은? 자신에게 가장 이상적인 업무 스
  케줄은?

• 직장에 가져갈 수 없는 것들 중에서 가져가고 싶은 것은 무엇인가? 아기, 강아지,
  스테레오?

• 혼자서 일하는 것이 더 좋은가, 함께 일하는 것이 좋은가? 하루 중 몇 시간 정도를
  사람을 대하는 데 사용하고 싶은가? 그리고 하루 중 얼마나 혼자서 시간을 보내고
  싶은가?

• 한 번에 해결할 수 있는 프로젝트는 몇 개인가?

- 미친 듯 계속해서 일하다가 그 후에 휴식을 갖는 게 좋은가, 아니면 적당한 속도로 할 일의 양을 정하는 것이 좋은가?
- 일하고 싶은 환경을 가장 잘 설명한 것은 무엇인가? 집, 실험실, 스튜디오, 야외, 사무실, 길, 세트장, 고층 빌딩, 사무실 앞, 아니면 다른 상황? 대도시 또는 작은 마을, 아니면 소도시, 또는 큰 마을?
- 개념을 다루는 것이 좋은가, 프로젝트를 다루는 것이 좋은가? 어느 쪽이 더 만족스러운가? 과정인가 아니면 제품인가?
- 즐기면서 할 수 있다고 생각하는 직업들을 적어 보라.
- 자신이 할 수 없고, 하지 않을 직업들을 적어 보라.
- 가장 많이 사용하는 기술은?
- 자신이 가장 쉽게 얻게 되는 과제나 재능은?
- 항상 하기에 힘이 드는 것을 적어 보라.
- 함께 일하기에 가장 좋은 사람은 어떤 사람인가?
- 빠른 속도로 일하는 것이 좋은가, 아니면 자신의 업무 추진 속도에 맞춰 일하는 것이 좋은가?
- 매일매일 다른 것이 좋은가, 아니면 늘 반복되고 편안한 일상에 빠져드는 것이 좋은가?
- 어떤 것이 당신에게 더 많은 동기 부여를 하는가? 돈인가, 사명인가?

■ 문장을 완성하시오.

문장 완성하기를 해 보라. 직감을 사용하고 자신의 마음을 따르라.

- 나는 _____에 집중하는 것이 전혀 어렵지 않다.
- 나에게 완벽한 하루란 _____이다.
- 옷을 입고 할 수 있는 제일 재미있는 일은 _____이다.
- 일하기에 완벽한 차림새란 _____이다.
- 내 꿈은 _____하는 것이다.

- 나는 항상 _____하는 것을 원해 왔다.
- 나는 _____를 고대하고 있다.
- 나는 좀 더 자주 _____를 할 수 있었으면 좋겠다.
- 나는 내가 _____에 재능이 있다는 것을 알고 있다.
- 나는 내가 _____일 때 기분이 좋다.

■ 정직하게 대답하라.

- 이것은 나를 흥분시킨다:
- 이것은 나를 깊이 감동시킨다:
- 이것은 내가 가장 소중하게 생각하는 것이다:
- 이것은 최고의 나를 끌어낼 수 있는 것이다:
- 이 사람은 내가 제일 만나고 싶은 사람이다:
- 이것은 내가 속한 사회에서 제일 바꾸고 싶은 한 가지이다:
- 이것은 다른 사람에게 봉사하는 데 내가 제일 잘할 수 있는 것이다:
- 이것은 내가 무료로 봉사할 수 있는 일이다:
- 이것은 가장 열정적으로 느끼는 것이다:
- 이것은 나에게 가장 성가신 일이다:
- 이것은 내가 영원히 계속 공부할 수 있는 과목이다:
- 이것은 내가 가장 칭찬받는 일이다:
- 이것은 나를 가장 많이 웃음 짓게 만드는 것이다:
- 이것은 나에게 가장 많은 즐거움을 주는 활동이다:
- 이때는 내가 인생에서 가장 좋다고 느꼈던 때이다:
- 이것은 내가 시간 가는지도 모르고 하는 일이다:
- 이 말은 지금까지 내가 다른 사람들로부터 들은 말 중 가장 좋은 말이다:
- 이것은 다른 사람들이 나에게 가장 많이 도움을 청하는 일이다:
- 이것은 내가 매일매일, 그리고 하루 종일이라도 할 수 있는 일이다:

예쁘게 포장하기!

당신이 인생에서 얻은 최초의 운은 유전자 조합이다. 어떤 유전자를 얻었든 그것을 계속 가지고 있어야 한다. 중요한 것은 자신이 가진 것들 중에서 강점을 발견하고 그것을 더욱 강하게 하는 것이다.

| 조지 칼린(George Carlin)

사람들은 일평생을 자신의 강점에 거슬러 일하면서 보낸다. 이것은 물의 흐름을 거슬러서 수영하는 것과 마찬가지이다. 물의 흐름에 순응하듯이 하나님께서 당신에게 주신 것을 사용해야 한다. 최고의 성공 기회는 당신의 재능을 사용할 수 있는 직업을 택하여 가장 즐겁게 그 일을 하는 것이다. 너무나도 많은 사람들은 급료를 받는다면 그게 직업이라고 생각한다. 그리고 직업이란 즐거움의 반대말이라고 생각한다. 이것이 바로 사람들이 휴가를 가는 이유이다. 즉 당신은 일년 중 50주 동안 인생을 유보하고 있다가 인생의 모든 즐거움을 그 소중한 두 주간의 휴가에 모두 쑤셔 넣는 것이다. 이것은 또 사람들이 병가를 내는 이유이기도 하다. 왜냐하면 이렇게 사는 것이 인생이라고 생각하는 순간 병이 나기 때문이다.

만일 당신이 하는 일을 즐겁게 하고, 당신이 잘 하는 일을 하게 되면 당신은 좀 더 강해지고 행복해질 것이다. 그럼 휴가는 금상첨화가 된다.

당연히 당신은 아인슈타인이 아니다. 아, 당신은 당신이다. 그리고 당신을 다른 사람과 비교해서 좋을 게 하나도 없다. 당신 자신의 특별한 은사, 재능, 능력을 믿어라. 그리고 그것들을 인생을 충만하게 하는 데만 쓸 게 아니라 생계를 유지하는 데에도 사용하라.

실천 사항

- 자신이 가진 최고의 기술이나 능력을 표현하는 열 개의 형용사를 적는다. 자신을 훌륭하게 만드는 것은 무엇인가? 이제 글씨를 쓰는 손 반대쪽 손으로 다른 Top 10 명단을 적어 보라.

- Top 10 기술의 명단을 적어라. 이제 그 기술 중에서 누군가가 당신에게 돈을 지불하는 것은 어떤 기술인가? 이러한 기술들을 이용해서 생계를 어떻게 유지할 것인가?

- 시장성 있는 기술을 늘리기 위해서 무엇을 할 수 있을까? 훈련, 연습, 실제 경험, 아니면 새로운 장비 이용법 배우기? 지금 가지고 있는 재능을 향상시키기 위해서 기꺼이 할 수 있는 일 한 가지는 무엇인가?

- 당신의 재능을 단어장 한 장에 한 가지씩 모두 적어라. 그리고 그 카드를 섞은 후 가장 사용하고 싶은 기술의 순대로 늘어놓아라. 그 결과를 적고 나서 다시 카드를 섞고 가장 시장성 있는 기술의 순대로 다시 늘어놓아라. 그 결과를 기록하고 마지막으로 가장 하고 싶은 일의 순으로 카드를 늘어놓아라. 세 가지 결과를 비교해 보라.

- 가장 자연스럽게 할 수 있는 일은 무엇인가? 그것만 해서 생계를 유지할 수 있는가? 이미 다른 사람이 그 일을 성공적인 커리어로서 기초를 다져 놓았는가?

내면의 지침 시험하기

음악은 내가 가장 하고 싶은 일이다. 내가 낡은 옷을 입든지, 오두막에 살든지, 배를 굶든지 상관없다. 나는 그저 음악을 연주하고 싶을 뿐이다.

| 조지 민웰(George Meanwell)

당신은 내면의 지침(만일 관심을 기울이고 있었다면)을 가지고 있다. 내면의 지침이란

마음속의 작은 목소리이다. 좀처럼 큰 소리를 내지는 않지만 많은 지혜를 가지고 있다. 이것은 형사 콜롬보가 표현한 바와 같다.

"마음속에 어떤 감정이 솟아났는데 이것을 무시했을 때마다 나는 항상 후회했다."

그럼 다음의 질문에 답을 하면서 내면의 지침을 작동시켜 보라. 대답을 1-2초 이상 생각하지 마라. 직관을 사용하는 것이다. 당신의 좌뇌(논리적인 뇌)가 당신의 실제 대답을 검열할 기회를 줘서는 안 된다. 디즈니사의 애니메이션 "피노키오"에 등장하는 귀뚜라미 지미(Jimmy Cricket)가 말한 것과 같이, "양심을 따르라."

여기에서 정확할 필요는 없다. 이 연습은 단지 일반적인 방향을 결정하거나 당신 경력에서 하고 싶은 것은 무엇인지, 가고자 하는 방향은 어딘지에 대한 근원적인 능력을 결정하기 위한 것이다. 그리고 당신을 편안한 상태로 만들어 자신의 내면의 지침으로부터 오는 메시지를 알아들을 수 있도록 도와준다. 질문에 대한 답은 단어일 수도 있고 기호나 꿈, 비전 또는 아이디어일 수 있다. 이것들을 일정한 양식에 따라 종이나 컴퓨터에 기록한다. 나중에 이 답들을 살펴볼 수 있어야 한다. 대답에 관심을 가지고 그 대답들이 이상해 보여도 절대로 무시하면 안 된다.

그럼 시작해 보자.

- 때때로 자신의 커리어나 인생에서 원하지 않는 것을 알아내는 것은 자신이 원하는 것을 알아내는 것보다 쉽고 또 그만큼 중요한 것이다. 이를 염두에 두고 커리어에 있어서 흥미를 잃게 하는 것들의 명단을 적어 보라.
- 같은 맥락에서 어떤 인생 경로를 피하려고 노력해 왔는가?(때때로 이 경로가 당신이 추구해야만 하는 경로일 경우도 있다.)
- 아무리 많은 돈을 주어도 절대로 하지 않을 일은 무엇인가?
- 인생에 있어서 꼭 해야 할 것이 나타났는데 무시하기로 마음먹은 적이 있는가? 무엇 때문에 그렇게 하기로 결정했는가?

- 자신만의 직무 내용 설명서를 만들어 보라. (자신에게 한정시키지 말고 위험성에 대해서 생각하지도 말고 마음껏 공상하고 즐겨라.)

- 만일 당신이 100살까지(주름도 없고 요실금도 없이) 산다는 것을 알고 있다면 어떤 것을 다르게 하겠는가?(우리는 커리어와 교육에 대해서 이야기하고 있는 중이다.) 만일 당신의 삶이 6개월밖에 남지 않았다면, 어떤 것을 다르게 하겠는가? 어떤 것을 평상시와 똑같이 하겠는가?

- 가장 소중하다고 생각하는 성격이나 재능은 무엇인가?

- 당신의 창조성을 어떻게 표현하는가? 어떤 형태로 표현하는가?

- 가장 후회하는 일은 무엇인가?

- 살아가며 지키고 싶은 규칙은 무엇인가?

- 자신의 인생에서 잃어버린 것은 무엇인가?

- 다음 문장을 완성하라: "성공한 사람이란 _____한 사람이다."

- 가장 존경하는 사람은 누구인가? 그 이유는?

- 어린이였을 때를 돌아보고 가장 즐겁게 했던 일을 생각해 보라. 오래된 스크랩북이나 사진첩을 보거나 알아낸 것에 관해 부모님과 이야기한다. (내가 아이였을 때 동네 도서관에서 가장 책을 많이 읽은 어린이로 뽑힌 것은 우연이었을까? 나는 동네에서 가장 많은 책을 읽었다. 나는 이 사실을 어머니의 스크랩북을 살펴보다가 발견했다. 또 손가락으로 그림 그리는 피카소였던 것 같다. 옛날의 성적표를 보니 거의 모든 성적표에 내가 몽상가라고 쓰여 있었다.)

- 인생에서 당신의 역할이 무엇이라고 보는가?

- 가장 중요하게 생각하는 이념은 무엇인가?

- 지지하는 것은 무엇인가?

- 어떻게 자신을 남과 다르게 만드는가?

- 당신이 중요하고 가치 있는 사람이라는 느낌을 주는 일은 무엇인가?

- 커리어에서 만나고 싶거나 함께 일하고 싶은 사람은 어떤 사람인가?

과거의 삶

내가 얼마나 멋진 인생을 살아왔던가! 내가 조금만 더 일찍 이 사실을 깨달았더라면!

| 콜레트(Colette)

자, 지금까지 당신이 해 왔던 모든 것은 과거의 삶이다. 당신이 셜리 맥클레인(Shirley MacLaine)이 되어야 한다고 하는 것은 아니다. 하지만 당신의 과거의 삶을 현실과 동떨어진 세상에 있는 것처럼, 다른 차원에서 살펴보자. 어떤 것들이 효과가 있었고 어떤 것들이 효과가 없었는가? 당신이 성공하는 데 도움이 된 것들은 무엇인가? 과거의 착오에서 배운 교훈은 무엇인가? 이런 식으로 자신이 걸어온 길을 되돌아본다면 미래에 어떤 것을 해야 효과가 있을지 힌트를 찾을 수 있다.

"항상 했던 것을 계속한다면 항상 얻었던 결과를 계속 얻게 된다."

이 속담은 아기를 목욕물 속에 첨벙 담가 버리라는 이야기는 아니다. 항상 효과가 있었던 일을 계속하라. 하지만 자신의 인생과 커리어를 냉정한 시각으로 바라봐야 한다. 좋아하지 않는 분야를 정직하게 살펴보라. 비난받을 일은 걱정하지 말고 어디서 잘못되었는지, 그리고 어떻게 하면 바른 길로 다시 갈 수 있을지 찾아보라.

당신은 성공에 필요한 모든 것을 갖고 있다

- 자신의 인생에 대한 이야기를 시작(회고해 본다)에서 끝(자신이 매우 늙고 원하는 것을 모두 이루었다고 가정하고)까지 써 보라.
- 어떤 일을 했을 때 "절대로 이 일은 다시 하지 않을 거야."라고 자신에게(그리고 다른 사람들에게) 말하는가?(술에 만취했다거나 하는 따위의 일에 대해서 이야기하는 것이 아니다.)
- 자신이 기억하는 일 중 가장 바보 같았던 일 다섯 가지를 적어 보라. 그리고 과거에 잘했던 일을 다섯 가지 적어 보라. 두 가지 목록 중 더 빨리 다섯 가지 모두 생각나는 것은 어떤 목록인가? 어떤 목록이 훨씬 생각해 내기 쉬운가?

- 과거의 삶을 돌아보고 자신에게 다음 질문을 해 보라: 내가 했었으면 했던 일인데 하지 않은 것은 무엇인가? 항상 하고자 했던 일인데 하지 못했던 일을 무엇인가?

- 어린 시절, 10대 시절, 성인 시절에서 가장 강하게 남아 있는 기억은 각각 무엇인가? 세 가지 기억을 찬찬히 살펴보라. 공통점은 무엇인가? 상황은 어땠고 관련된 사람은 누구였으며 당신이 하고 있던 과제는 무엇이고 그 주변 상황과 시기는 어떠했는가?

- 가장 보람 있었던 인생의 경험(대가를 받았든, 안 받았든)을 적어 보라. 아직도 이러한 활동을 하고 있는가? 하지 않는다면 그 이유는? 이러한 일들을 어떻게 삶에 다시 가져올 수 있겠는가?

- 가진 모든 것, 자신의 모든 면에 감사하는 것은 중요하다. 자신이 가진 것에 감사하면 할수록 인생을 더욱 사랑하게 된다. 인생에서 감사하게 생각하는 모든 것들을 적어 보라. 작은 것들부터 시작해 보라. 건강, 살고 있는 곳, 자동차, 예금통장, 당신을 사랑하는 사람들 등등.

- 자신을 연예인 두 사람을 섞어 놓은 사람으로 표현해 보라. 나의 경우는 지미 버펫 (Jimmy Buffet)과 "쇼생크 탈출"의 주연 배우 토니 로빈스(Tony Robbins)의 짬뽕이다. 내 친구 베스는 델라 스트리트(Della Street)와 우피 골드버그(Whoopi Goldberg)의 짬뽕이다.

- 자신의 자서전을 써 보거나 자신이 과거에 성취한 것들을 모아 보거나 비디오로 찍어 보라.

- 자신의 두뇌를 그려 보라. 외형을 의미하는 것이 아니다. 물론 이것도 재미있겠지만 내부를 그려 보라는 것이다. 내 두뇌는 아주 큰 대뇌피질과 상대적으로 줄어든 척수로 이루어져 있다. (진짜 운동 좀 해야겠다.) 그리고 음악과 대중 연설 부분이 좀 부풀어 있고, 쓰기 능력 부분에는 마구 갈등하고 있는 뉴런으로 가득 차 있다. (번개와 천둥이 치는 것으로 표현하였다.)

- 완벽한 모습을 한 당신을 그려 보라. 될 수 있는 한 자세하게 그려라. 그림을 그리고 얼마동안 그림에 대해 생각해 보라. 그러고 나서 그림을 자주 볼 수 있는 곳에 붙여 두라. 이 그림이 바로 당신이 미래에 살고자 하는 삶이며 당신이 가고자 하는 곳이다.

- 오늘의 생활의 단편을 그려 보라. 생계를 유지하려고 지금 하고 있는 일을 당신은

좋아하는가? 행복한가? 자신의 재능을 사용하고 있는가? 무엇인가 창조적인 일을 하고 있는가? 평일 아침에 즐겁게 일어나는가? 집에 있는 것이 편안한가?

• 충분한 돈이 있는가? 미래의 목표를 가지고 있는가?

위의 질문에 답하는 것은 어려운 일이다. 그리고 많은 사람들은 커리어 전문가나 상담사의 도움을 필요로 하기도 한다. 그러나 도움을 받든 아니든 성직하게 답해야 한다. 그리고 꿈을 명확하게 뜯어보는 방법을 배워야 한다. 이것만이 그 꿈들을 실현시키는 유일한 방법이기 때문이다.

프로에게 묻는다

조 오브라이언(JOE OBRIEN)

조 오브라이언은 미네소타 주 로체스터 KROC-AM 1340 방송국의 운영 담당자이자 토크쇼 진행자이다. 11년 전에 결혼해서 슬하에 다섯 살 난 딸을 두고 있다.

자신의 토크쇼를 직접 진행하시니까 어떻습니까?

토크쇼는 제 직업에서 즐거운 부분이죠. 스튜디오에서 방송하지 않을 때는 저는 열한 명의 직원을 관리해야 하고 모든 프로그램, 홍보와 라디오 방송국 운영을 책임지고 있습니다. 여기에는 청취자들의 불만 사항과 제안 사항을 접수하고 답변하는 일과 영업부와 함께 영업과 경영에도 참여하는 일이 포함됩니다.

보통 오전 8시 이전에 사무실에 도착하고 한 시간 반 정도 토크쇼를 직접 준비합니다. 이메일과 응답기에 남겨진 메시지를 확인하고 인터넷 검색을 하고 신문을 네 종류 이상 살펴봅니다. 그리고 보도부와 이야기하고 그날의 토크쇼를 위해 메모를 준비합니다. 보통 방송국에서는 아침에 이런 일 외에도 급한 일이 한두 건씩 일어납니다.

오전 9시 30분에서 오후 1시까지 쇼를 진행합니다. 쇼가 끝나면 이제 경영 관련 업무를 해야 하는 시간입니다. 홍보 문건을 작성하고 아나운서와 프로그램 일정을 짜고 영업

부와 함께 일을 합니다. 또 저는 라디오 방송국을 대표하기 때문에 각종 위원회나 이사회에 참여하여 활동하고 각종 회의와 행사에 참석합니다. 뉴스 속보 시간에는 하던 일을 모두 멈추고 사태가 어떻게 진행되는지 살펴야 합니다. 한마디로 아주 바쁜 생활을 합니다. 하지만 같은 일이 절대로 반복되는 날이 없습니다. 절대로 지루해지지 않습니다.

하고 있는 일에서 가장 좋은 점은 무엇입니까?

제 일은 창조력을 키우는 데 아주 좋은 창조력의 창구입니다. 직업에 만족하고 있습니다. 왜냐 하면 때때로 방송에서 어떤 일을 하거나 이야기하는 것이 결국 사람들을 긍정적인 방향으로 움직이는 결과를 가져오기 때문입니다. 저는 제 직업이 어떤 것이든 세상을 변화시키는 일을 하고 싶어했습니다. 저는 때때로 그런 일을 하고 있습니다.

방송 분야에 뛰어들고자 하는 사람들에게 주고 싶은 충고는 무엇입니까? 방송인들은 어떤 식으로 채용되고 커리어를 쌓습니까?

이 업계에서 최고가 되는 데 정해진 방법은 없습니다. 자신이 한 일의 결과에 따라 모든 것이 결정되는 업계라고 말할 수 있습니다. 제 충고요? 무엇이든 가능한 방법을 써서 방송국에 들어가십시오. 만약 처음에 청소를 해야 한다면 그렇게 하십시오. 그리고 스튜디오에 들어갈 수 있는 방법을 찾아야 합니다. 이른 새벽이나 밤늦게 일해야 하거나 급료가 적거나 단지 단추만 누르는 일이거나 별로 입을 열 기회가 없는 일이라도 기꺼이 하십시오. 이 업계는 밑바닥부터 시작해야 하는 업계입니다. 일자리보다 그 일자리를 얻고 싶어하는 사람이 훨씬 많습니다.

항상 배우고, 독서하고, 듣고, 보고, 관찰하는 자세가 필요합니다. 이 일에 열정도 있어야 합니다. 단순한 재능만으로는 오래 버틸 수 없습니다. 저는 저보다 훨씬 더 재능 있는 사람들이 자기 계발을 게을리 하고 최선을 다하지 않아서 이 업계에서 떨어져 나간 것을 많이 보았습니다.

마지막으로 방송계가 아주 좁은 세계라는 것을 알아두어야 합니다. 이 업계 사람들과 사귀고 좋은 관계를 유지해야 합니다. 절대로 최악의 상황까지 가서는 안 됩니다. 놀라운 일은 이 업계에서 지나간 것들도 다시 돌아온다는 것입니다. 이 업계에서는 항상 같은 사람들과 계속해서 부딪히게 됩니다.

자신의 가치관을 시각화하기

창조적인 사람으로서 다른 대부분의 사람들과 비교해서 당신은 당신의 일과 생활을 잘 구분하지 못할 수 있다. 어떤 직업을 선택할지 고려할 때 자신의 가치를 무시할 수 없는 것이다. 당신의 가치, 인간으로서의 당신이 얼마나 소중한 존재인지가 직업을 선택하는 데 고려되어야 하고, 이 가치가 당신에게 맞는 직업을 당신에게 알려 주어야만 한다. 만일 당신이 성공이 무엇을 의미하는지 모른다면 결코 성공할 수 없다. 그리고 당신이 자신의 가치 체계를 인생의 각 단계에서 적용시키지 않는다면 결코 성공할 수 없다.

사용하지 않은 재능은 그냥 낭비가 아니라 독과 같은 것이다. 재능을 사용하지 않으면 그 증상은 권태, 피로, 스트레스, 우울, 부러움으로 나타난다. 자신에게 이러한 증상을 발견하였다면 자신의 내면을 살펴볼 때라는 뜻이다. 당신은 당신이 해야 하는 일을 하지 않고 있는 것이다. 일단 이 사실을 알았다고 하자. 그럼 무엇을 해야만 하는가? 다음의 문제들을 풀어 보면 아마도 무슨 일을 해야 하는지 알아내는 데 도움이 될 것이다.

1. 재능 지도를 만들어라. 어렸을 때를 되돌아보는 것으로 시작해서 5세, 10세, 15세, 20세와 같이 시기를 기준으로 재능을 시각적인 지도나 연대표로 구성해 보라. 인생의 각 단계나 나이, 그리고 그 시기의 당신의 재능을 대표할 만한 사진, 그림이나 키워드를 사용하라.

2. 가치 나무를 만들어라. 나무 밑동을 그리고 사방으로 가지를 그려라. 나무 몸통에 자신에 대한 최고의 믿음과 인생이 어때야 한다고 믿는 것을 써라. 즉 가장 최우선의 가치를 써라. 그리고 가지에는 자신의 나머지 가치들을 써라. 각 가지에는 열매를, 그리고 이런 가치들이 어떻게 나타나는지 써라. 예를 들어 나무 몸통에 '자유'를 핵심 가치로 적었다고 하자. 그리고 가지에는 '능력' '존경' 또는 '친구' '가족'을 쓴다. '존경'이라는 가지 아래의 열매에는 '명성' '돈' '정직' '성실' 등과 같은 단어를 쓰게 될 것이다.

가치 도표

인생 각각의 분야에서 당신이 믿는 것을 모두 합치십시오.

| 메릴 스트립(Meryl Streep)

자기 자신에 대한 인식은 당신이 나아갈 인생의 방향, 즉 당신에게 행복과 마음의 평화를 가져오는 인생의 방향이나 자신이 정말로 마음 깊은 곳에서부터 원하는 인생의 방향을 선택하는 가장 첫 단계이다. 일단 이 방향을 알아내면 그 방향으로 나아가는 가장 큰 단계를 지난 셈이 된다. 다음의 연습에서 당신은 인생의 각 분야에서 최고의 가치를 찾아내고 당신이 누구인지, 당신이 가장 중요하게 생각하는 것이 무엇인지 보다 명확하게 이해하게 된다.

자신이 하고 있는 행동이나 목표가 자신의 가치에 역행할 때 내적인 갈등에 시달릴 수 있다. 이를 '인지적 불협화(cognitive dissonance)'라고 표현한다고 들었다. 즉 옳게 느껴지지 않는 방식으로 행동하는 것이다. 만일 당신이 건강한 신체를 가치 있게 생각하는데 돼지처럼 먹어대고 매일 술을 마신다든지, 좋은 부모가 되고자 하면서 출장이 잦은 직업을 갖는다든지, 성실에 가치를 두는데 거짓말과 속임수를 쓴다든지, 결혼에 가치를 두는데 너무 바빠서 사람을 사귈 시간이 없거나 일만 한다든지, 창조성을 중시하는데 어떤 것을 창조할 시간이 전혀 없다든지 하면 당신은 불안하고 안절부절 못하고 갈등과 불편함, 화와 분노를 느낄 것이다.

다음의 가치들 중에서 없어도 되는 것을 지워 보라.

아이들	권력	충성심	건강
커리어	위신	성실	체력
자유	내면의 평화	영성	존경
인정	질서	신뢰	명성
재정적 안정	교육	우수성	균형

우정	가족	다른 사람 돕기	여행
모험	진정한 사랑	친절함	직업적 안정
도전	재미	독립	가정
창조성	취미	이익	상
성실	자유 시간	지위	평온
기쁨	행복	부	기타: _____

이 목록을 다시 한 번 살펴보고 가능한 한 많이 지우도록 하라.

이제 마음을 굳게 먹고 가장 중요한 열개의 가치로 좁혀 나가라.

이틀 지나서 다시 목록을 보고 이를 다섯 개로 줄이고 그것들을 적어보라.

이제 자기가 원한다고 생각하는 커리어에 대해 자신이 적은 가치 목록을 살펴보고 둘 사이의 갈등이 없는지 확인하라. 만약 갈등이 있다면 당신이 해야 하는 일의 종류에 대해 다시 생각해 보라.

더 좋은 세상을 만들기 위해 자신의 재능을 일에 적용하라

당신이 다른 사람들이 원하는 것을 충분히 얻을 수 있도록 도와주기만 한다면 당신이 인생에서 원하는 모든 것을 얻을 수 있다.

| 지그 지글러(Zig Ziglar)

예술가이자 환경운동가인 와이랜드(Wyland)는 고래의 멸종 위기에 대한 관심과 대중의 인식을 높이기 위해 건물 옆면이나 벽에 실제 크기의 해양 생물 벽화를 그리는 일로 자신의 커리어를 시작했다. 반응은 기대 이상으로 좋았고, 10년 후 와이랜드는 자신의 그림과 조각을 판매해서 큰 성공을 거두는 동시에 해양 생물과 생태계 보호의 중요성에 대해 사람들의 인식을 높이는 데 힘썼다.

여러 번의 수상 경력이 있는 작곡가 존 벨처(John Beltzer)는 만성 질환이나 불치병으로 앓고 있는 아이들을 위해 그들만의 노래를 작곡해 주었다. 그런데 이 모든 것은 그의 여자 친구가 그를 차면서 틀어졌다. 그들이 함께 하기로 했던 녹음 계약을 그녀가 가로챘던 것이다. 그는 신용카드로 11,000달러를 현금 서비스 받아 부모님 집의 지하실을 녹음 스튜디오로 개조했다. 그는 주변의 병원에 연락을 해서 다섯 살 된 암 환자 어린이가 좋아하는 것에 대한 노래를 녹음하기 시작했다. 이 노래는 두 사람의 삶을 모두 변화시켰다. 그는 잡지 《퍼레이드》(Parade)와의 인터뷰에서 이렇게 말했다.

"너무나도 귀여운 목소리로 그 소녀가 나에게 노래를 만들어 주어서 고맙다고 하더군요. 전화를 끊고 나서 30분 동안 울었습니다. 바로 그때가 결정적인 순간이었습니다. 몇 년 동안 음반회사에 제가 만든 테이프를 계속해서 보냈지만 특별한 일이 일어나지 않았습니다. 바로 그 소녀의 목소리가 내가 계속해서 이 일을 할 힘을 얻기 위해 필요한 것이었습니다."

조 몽고메리(Joe Montgomery)는 네 살 난 뇌성마비 환자인 아들이 휠체어에서 고군분투하는 것을 보았을 때, 자신이 보다 나은 휠체어를 만들 수 있을 것이라는 사실을 알아차렸다. 자신의 아들에게서 영감을 받은 이 사업가는 맞춤식 스포츠 휠체어 모델을 개발하였다. 그의 회사, 캐넌데일 프로덕츠(Cannondale Products)는 1억 6천 300만 달러 이상의 매출을 올렸다.

텔레비전 광고 프로듀서인 도로시 밸시스 톰슨(Dorothy Balsis Thompson)은 자신이 걷던 커리어에서 벗어나서 자신이 모은 돈으로 장애인 훈련 프로그램(Streetlights Production Assistance Program)을 창설하였다. 여기에서는 장애인을 연예업계의 초급 단계의 직종에 맞게 훈련시키는 일을 한다. 이 프로그램을 졸업한 사람들 중에는 고등학교 중퇴자, 정부 보조금 수혜자, 전직 깡패들도 있었다. 그녀는 자신이 업계에서 가지고 있던 영향력을 이용해서 그들에게 직업을 구해 주었다.

1990년 8월, 나의 친한 친구인 루스 클램퍼트(Ruth Klampert)는 암 진단을 받고 화학 요법과 방사능 치료를 6개월간 받아야 한다는 진단을 받았다. 치료를 받자마자 머리카락이 빠지기 시작했다. 낮 동안에는 가발을 쓰고 있었지만 밤에는 가발이나 터번을 쓰면 불편해서 잠을 잘 수가 없었고 가발을 벗으면 너무 추웠다. 꿈속에서 그녀는 환자들을 위한 특별한 모자(Slumbercap)에 대한 아이디어를 얻었다. 편안하고 따뜻하면서 환자들이 추위에 떨지 않고 편안하게 잠잘 수 있도록 해 주는 모자를 만들어 낸 것이다. 환사들은 밤에는 낮보다 자신의 모습이 덜 노출되고 상처도 덜 받는 것처럼 느낀다. 루스는 의료 잡지 《카핑》(Coping)에 광고와 무료 전화번호를 게재했고, 곧 주문 전화를 한 암 환자들에게 상담을 해 주기 시작했다. 게다가 그녀는 많은 모자를 무료로 주었다. 비록 이 사업이 이윤이 많은 사업은 아니었지만 인생을 풍요롭게 해 주는 사업이었다.

영혼

당신의 보물의 집은 자신 안에 있다. 그 집에는 당신에게 필요한 것이 모두 있다.

| 휘 하이(Hui Hai)

언젠가 예술학교 동창을 우연히 만났는데 그는 웹 사이트 디자인으로 많은 돈을 벌고 있었다. 그는 성공에 관한 모든 외형적인 면-고급 승용차, 롤렉스시계, 명품 옷-을 갖추고 있었다. 하지만 나는 뭔가 빠졌거나 잘못됐다는 느낌이 들었다. 내가 그의 고객이 누구인지, 어디에서 그의 작품을 볼 수 있는지 물을 때마다 그는 화제를 다른 곳으로 돌렸다. 마침내 그는 포기하고 자신이 성인용 웹 사이트를 디자인했다는 사실을 인정했다. 물론 그 일이 법적으로 아무런 문제가 없고 돈도 많이 벌 수 있는 일이었지만 그 내용이 그를 괴롭혔다. 그는 아주 신앙심이 깊은 사람이었고 그가 디자인한 일은 바로 그의 믿음에 완전히 반하는 것이어서 스트레스로 원형 탈모증과 불면증에 시달렸다. 그리고 그는 부끄러워서 다른 사

람들에게 자신이 하고 있는 일을 말할 수 없었다.

- 당신이 이 분야에 많은 시간을 들이지 않으면 죄 의식을 느끼는가?
- 당신 자신의 가치 체계가 자신에게 의미하는 것을 세 단어로 표현한다면?

주식회사 당신?

보통 사람들이 아무런 선입견 없이 일을 시작했지만 그들이 해내는 걸 보면 놀랍기 그지없다.

| 찰스 케터링(Charles Kettering)

"당신의 재능과 세상의 요구가 일치하는 곳에 바로 당신의 직업이 있다."라고 아리스토텔레스는 말했다. 스스로 사업을 시작할 때에도 같은 말을 할 수 있다. 자신에게 가장 알맞은 틈을 찾아 그 틈을 프리랜서 일로 메우는 일은 우뇌 중심 사람이 할 수 있는 가장 좋은 길로 여겨지기도 한다. 그렇지만 그렇게 하는 데에도 단점은 있다. 처음에는 좋은 생각이라고 여겨졌던 것이 나중에는 악몽처럼 변하기도 하기 때문이다. 내가 날아오를 수 있는 유일한 방법이라고 생각하는 것이 다른 사람에게 말도 안 되는 소리로 들릴 수도 있다.

자기 사업을 하는 데는 특별한 요소가 필요하다. 첫번째, 그리고 가장 중요한 것은 바로 노력이다. 성공에 이르는 지름길이나 쉬운 길은 없다. 물론 필수적인 요소가 있을 수 있지만 확실한 것은 당신이 사업을 스스로 하는 것이 더 좋은지, 월급봉투를 받는 것이 보다 당신의 스타일에 가까운지를 알아보기 위해 아래의 테스트를 해 보자.

자신에게 적용되는 성격에 표시하라.

■ 나는

__ 적응을 잘 한다

__ 모험적이다

__ 협력자이다

__ 자신감이 있다

__ 창조적이다

__ 헌신적이다

__ 절제력이 있다

__ 열정적이다

__ 안정적이다

__ 집중력이 있다

__ 목적 지향적이다

__ 열심히 일한다

__ 한 번에 여러 가지 일을 병행할 수 있다

__ 협상자이다

__ 정돈되어 있다

__ 끈기 있다

__ 문제 해결사이다

__ 연설가이다

__ 아는 것이 많다

__ 쾌활하다

__ 위험을 감수하는 사람이다

__ 솔선수범하는 사람이다

__ 기술이 있다

__ 강한 의지력이 있다

__ 영업 사원이다

__ 재능이 있다

■ 내가 좋아하는 것은

__ 어떤 일을 담당하는 것이다

__ 나 자신의 운명을 통제하는 것이다

__ 아무것도 없는 곳에서 무엇을 이루는 것이다

__ 혼자서 일하는 것이다

__ 네트워킹이다

__ 배우기이다

__ 글쓰기이다

__ 전화로 수다 떠는 것이다

__ 여러 가지 프로젝트를 동시에 하는 것이다

__ 실험하는 것이다

■ 내가 원하는 것은

__ 집에서 일하는 것이다

__ 내가 일할 프로젝트를 고르고 선택하는 것이다

__ 기업 문화에서 벗어나는 것이다

__ 화려한 스포트라이트를 받는 것이다

__ 극도의 압박을 받으며 일하는 것이다

__ 나 자신의 행복을 책임지는 것이다

__ 여행하는 것이다

__ 나의 운명을 통제하는 것이다

■ 나는

__ 프리랜서라서 수입이 들쑥날쑥해 살아남기 위해 예산 계획을 세울 수 있다.

__ 나의 만족을 뒤로 미룰 수 있다

__ 내 시간 관리를 잘 할 수 있다

__ 나 자신을 설명할 때 부끄러움을 느끼지 않을 수 있다

__ 급료를 아주 적게 또는 급료 없이 오랫동안 일할 수 있다

__ 까다로운 고객에게서 주문을 받고 그들을 다룰 수 있다.

__ 거절에 잘 대처할 수 있다

__ 생각은 크게 하고 시작은 작게 할 수 있다

__ 필요한 경우에는 나를 희생할 수 있다

__ 다른 사람이 내 일에 고마워하지 않아도 견딜 수 있다

__ 매우 자립적일 수 있다

__ 기업 생활이 주는 혜택 없이도 살 수 있다

__ 육감으로 일을 진행할 수 있다

■ 나에게는

__ 저축한 돈이 조금 있다

__ 더 많은 돈을 마련할 능력이 있다

__ 내 가족들로부터 지원이 있다

__ 사람들로 하여금 내 일에 대해 돈을 지불하게 하는 기술이나 서비스가 있다

__ 홈 오피스로 사용할 공간이 있다

__ 사업을 시작할 기본적인 장비가 있다

__ 내 분야에서 일한 경험이 있다

__ 두려움이 전혀 없다

당신은 성공에 필요한 모든 것을 갖고 있다

이 특성 중 대부분에 표시를 했다면 심각하게 사업 시작을 고려해 봐야한다. 당신에게는 새로운 가능성의 세계가 열릴 것이다. 만약 이 특성들 중 절반 이하의 특성에 표시하였다면 사업을 시작하기 전에 아주 주의 깊게 생각해 보아야 한다. 이 경우 당신은 다른 사람이 월급 명세서를 포함한 청구서를 처리하게 하면서 사업을 운영하는 것을 더 좋아할 것이기 때

문이다. 내가 자영업을 선호한다고 밝혔지만 그런 결정을 나 말고 다른 사람에게는 내리지 않았다. 중요한 것은 정직해야 한다는 것과 필자인 나나 다른 사람이 아닌 당신 자신을 기쁘게 해야 한다는 점이다. 그리고 자신에 대해 얻은 지식을 가지고 스스로 자신의 일에 적용해야 한다.

자신의 삶의 주도권을 쥐어라(아니면 다른 사람이 주도권을 가져갈 것이다)

당신이 오늘, 내일, 이번 주, 이번 달, 올해에 하는 일은 아주 큰 그림의 일부에 지나지 않는다. 당신은 주도권을 갖고 있는지에 관계없이 자신의 삶과 시간, 자신의 미래를 통제한다. 당신은 성공하지 못할 수도 있다. 당신은 좋거나 나쁘거나 자신이 집중했던 것을 얻을 것이며, 당신이 세운 목표는 당신이 집중해야 할 긍정적인 이유들을 가져온다.

다음은 당신이 원하는 것, 가치, 그리고 목표를 명확히 하는 것이 얼마나 자신의 인생을 바꿀 수 있는지에 대한 예이다.

변신

26세의 신디는 결혼한 지 막 2년이 되었고 도시에 있는 큰 홍보 대행사에서 일한 지도 2년이 되었다. 그녀는 직장에서 남편을 만났다. 남편은 회사를 떠나 자기 사업을 시작했다. 그들이 결혼한 후 신디는 남편 소유의 교외에 있는 침실 네 개의 집으로 이사했다. 그녀는 여전히 침실 두 개의 콘도를 도시에 소유하고 있으며 친구에게 임대를 하고 있다.

나는 신디를 대중 연설 훈련을 위한 모임(Toastmasters)에서 처음 만났다. 그 모임에서 그녀는 자신의 직업이 자아를 실현시켜 주지 못하고 동기 부여도 되지 않으며 자기가 원하는 일을 할 만큼 시간이 충분하지 않아서 개인적으로나 직업적으로나 너무 불행하다고 털어놓았다. 왜냐 하면 자신이 해야만 한다고 느끼는 일들을 하느라 너무 바쁘기 때문이었다.

　나는 그녀에게 자신이 가장 중요하게 생각하는 가치 5가지를 적으라고 했다. 그녀는 자신이 가치 있게 여기는 것들이 자신이 대부분의 시간을 보내는 일들과 너무 관련이 없음을 발견하고 놀랐다.

■ 신디의 5대 가치

1. 결혼(그녀와 남편은 함께 뜻깊은 시간을 거의 함께하지 못한다.)
2. 만족스러운 커리어(그녀의 직업은 창조성을 제한하면서 근무 시간은 길다.)
3. 자유 시간(그녀는 남들의 도움 요청에 '아니오.' 라고 대답하지 못하고 지나치게 일을 한다.)
4. 재정적 안정성(남편이 시작한 사업 때문에 저축한 것을 다 써 버렸고 빚까지 생겼다.)
5. 체력(운동할 시간이 없다.)

■ 신디가 대부분의 시간을 보내는 곳

1. 출퇴근
2. 클럽과 위원회의 회합(신디는 몇몇 모임에서 매우 활발히 활동한다.)
3. 쇼핑(그녀는 집안 살림과 자신을 위한 쇼핑을 혼자서 한다.)
4. 청소(그녀는 집을 먼지 하나 없이 깨끗하게 청소한다.)
5. 텔레비전 시청

■ 신디의 변화

1. 신디는 회사에서 부서를 바꾸고 카피라이터가 되었다. 그녀는 이 일이 좀 더 도전적이고 창조적이며 자아를 실현시켜 주고 있다는 것을 발견하였다. 또한 그녀의 새로운 직책은 근무 시간도 짧고 일주일에 이틀은 집에서 일하는 것이 가능했다. 즉 출퇴근 시간이 줄어들었다. 그녀는 남편과 함께할 수 있는 시간이 많아졌고, 같은

직장이어서 회사에서 제공하는 건강 보험 혜택과 연금 혜택을 계속 받을 수 있었다.

2. 그녀는 자신이 속해 있던 일곱 개의 위원회와 모임 중 두 개만 남기고 모두 탈퇴하였다. 그 중 하나는 그녀가 임대하고 있는 콘도의 소유자 연합회로 신디는 연합회 이사였다. 또한 나머지 두 개의 모임에서도 자신의 역할을 줄였다.

3. 나는 그녀에게 카탈로그로 쇼핑할 것을 권했다. 나는 아내의 '빅토리아의 비밀' (Victoria's Secret) 카탈로그를 빌려주면서 한번 해 보라고 했다. 그녀는 이제 쇼핑하는 데 시간이나 돈을 덜 쓴다. 비록 그녀는 여전히 쇼핑몰에 가기를 좋아하지만 요즘에는 가는 횟수가 점점 줄어들고 있다. 그녀가 좋아하는 상점은 또한 쇼핑 상담원 무료 서비스를 제공하는데 이 상담원은 신디와 그녀의 남편의 물건의 취향과 사이즈에 맞는 물품을 찾아 준다. 식료품 같은 기본 생필품의 경우, 그녀는 남편과 함께 쇼핑을 하거나 번갈아서 하고 있다.

4. 그녀는 여전히 깔끔하게 집을 청소하는 것을 중요하게 여긴다. 그렇지만 그녀는 자신의 기준을 약간 낮추었다. 그리고 한 달에 한 번 대청소를 위해 파출부를 고용한다. 그녀는 자신이 깨끗한 집을 좋아하지만 직접 하는 것을 그다지 즐기지는 않는다는 사실을 알았다. 그리고 그녀의 남편은 자신이 깔끔하게 다듬어진 잔디를 좋아한다는 사실을 알았지만 직접 잔디를 깎는 것보다는 흔들침대에서 한가하게 지내는 것을 더 좋아한다는 사실을 알았기 때문에 이웃집 소년을 잔디깎기 아르바이트 생으로 고용했다.

5. 그녀 남편의 사업은 이제 막 궤도에 오르기 시작했지만 아직도 그들의 저축을 메우기에는 부족했다. 나는 신디에게 콘도를 임대하느니 차라리 팔아버리는 게 어떠냐고 물었다. 그녀는 자신이 콘도를 판다면 그녀가 친구를 길거리로 쫓아내는 게 아니냐는 느낌이 든다고 했다. 나는 친구에게 상황을 설명하고 어떤 일이 일어날지 지켜보라고 신디를 설득했다. 사실 그녀의 친구는 신디에게 충격을 주고 싶지 않아서 남자친구의 집으로 이사 가고 싶다는 말을 못 했던 것이다. 신디는 콘도를 매물로 내놓았고 상당한 이윤을 남기고 팔았다. 그녀는 저축액이 다시 많아지자 안심이 되었다.

6. 나는 신디의 텔레비전 시청 시간에 대해서도 몇 가지 제안을 하였다. 신디는 직접 어떤 프로그램이 좋은지 살펴보았는데 놀랍게도 모든 프로그램이 마음에 들었다. 신디는 이제 《TV 가이드》에서 보고 싶은 프로그램에 동그라미를 치고 연속극은 녹

화해 놓은 것을 운동용 자전거를 타면서 본다. 그녀는 또한 독서도 하고 남편과 카라테 도장에도 다니기 시작했다. 두 부부는 해질 무렵 새로 들인 강아지와 함께 해변가를 걸으면서 시간을 함께 보내기도 한다.

7. 나는 신디가 극도로 민감하고 불행했던, 그리고 자신도 인정했듯 약간 과체중이었던 상태에서 인생을 정말로 즐기는, 따뜻하고 친절한 사람으로 바뀌는 것을 보았다. 그녀와 그녀의 남편은 이제 2세를 계획하고 있으며 얼마 전에는 신혼여행 후 처음으로 함께 파리로 여행도 다녀왔다.

해야 할 일과 하지 말아야 할 일

당신은 모든 것을 가질 수 있습니다. 다만 그 모든 것을 동시에 가질 수 없을 뿐입니다.

| 오프라 윈프리(Oprah Winfrey)

인생에서 당신이 원하는 것은 무엇이든 얻을 수 있다. 다만 원하는 모든 것을 가질 수 없을 뿐이다. 다 얻는다 해도 모두 어디에 두겠는가? 많은 것들이 당신의 눈을 사로잡지만 당신의 마음을 사로잡는 것은 극히 소수이다. 여기에서 우리가 알아내려고 하는 것이 바로 그것이다.

대학을 졸업하고 나는 아버지의 회사에서 일할 것인지 아니면 내 사업을 시작할 것인지 선택의 기로에 서 있었다. 물론 아주 어려운 선택이었다. 결정하기가 너무 어려워서 나는 동전을 던졌다. 동전을 던진 결과는 아버지 회사에서 일하는 것이었다. 그래서 나는 동전을 다시 던졌다. 케니 로저스(Kenny Rogers)는 언젠가 이런 말을 했다.

"더 좋은 것을 얻기 위해서는 좋은 것을 기꺼이 포기해야만 합니다."

모든 중요한 문제들 중 커리어와 관련된 결정은 가장 어려운 결정이면서 당신 삶의 질에 가장 많은 영향을 끼치는 결정이다. 아무리 이것을 반박하고 싶어도 당신은 대부분의 삶을 일하는 데 보내고, 어느 정도는 당신이 무엇을 하는가에 의해 당신이 구분되며, 또 그에 연결되게 된다. 좀 더 좋은 결정을 하기 위해 당신은 자신에게서 시작해야 한다. 당신의 감정은 무엇인가? 무엇이 당신에게 가장 좋은가? 아무리 이기적으로 들리더라도, 결정은 당신에게 가장 좋은 것이어야만 한다. 이 점이 최우선적이며 가장 중요하다.

이 커리어에 관한 결정이 당신이 좋아하는 것들을 얼마나 갖게 해 줄지, 당신의 재능을 얼마나 활용하게 할지, 또는 활용하지 못하게 할지, 그 직업이 자신을 얼마나 창조적으로 표현할 수 있도록 해 줄지를 생각해 보라. 이는 당신의 행복에 있어서 매우 중요한 요소이다. 위에 든 모든 것들을 똑같이 얻을 수 있도록 해 줄 때 당신이 가장 창조적으로 일할 수 있고, 당신이 중요하다고 생각하는 재능을 통해 남들에게서 칭찬을 받도록 해 주는 일을 선택해야 한다.

마지막으로 자신의 느낌을 따르라. 어떤 방향이 옳다고 느껴지는가? 어떤 것이 당신에게 가장 큰 기쁨을 가져오고 감정적인 만족을 가져다주는가? 조용하고 평화로운 곳으로 가서(혼자서) 자신의 직관을 들여다보도록 하라.

스티븐 코비(Stephen Covey)는 "마음의 끝에서부터 시작하라."고 말했다. 만일 당신에게 사명과 모든 것에 우선하는 목적이 있을 때 결정은 훨씬 간단해진다. 만일 그렇더라도 산만한 사색가의 경우에는 결정이 쉽지만은 않다. 직관을 이용해서 충고를 얻으려 해도 종종 조급해지거나 참을성이 없어지는 수가 있다. 이때 좌뇌의 도움을 약간 받는 것이 좋을 때가 있다.

근시안적인 결정은 나중에 내 발등을 찍을 수 있다. 당신은 "때가 되서 필요하면 그때 다리를 건너지."라고 말할 수 있지만 아마도 그때가 되면 건널 다리가 없다는 사실을 발견할 것이다. 그 다리는 잘못된 결정으로 인해서 이미 무너졌기 때문이다. 사이즈가 맞는지 옷을 입어 보듯이 이것저것 해 보는 것이 재미는 있을 것이다. 하지만 목적지 없이 길을 걸어가는 것은 당신의 성공을 제한하는 일이다. 나는 당신이 어디엔가에 도착하기를 원한다고 생각한다. 만약 당신의 목표가 단순히 아주 다양한 경험을 얻는 것이라면 내가 쓸 데 없는 참견을 한 것으로 생각하라.

하지만 내가 여기서 이야기하는 목표란, 지금 당신에게 잘 맞는 가장 좋은 커리어를 결정하는 것이다.

나는 토니 로빈스(Tony Robbins)에게서 처음으로 우리의 모든 선택이란 고통을 피하기 위한 것이거나 기쁨을 얻기 위한 것이라는 말을 들었다. 고통을 피하려는 열망이 가장 훌륭한 동기 부여이다. 그러므로 당신이 당신의 고통이나 기쁨에 연결시킨 것들이 당신의 운명을 형성하는 것이다. 대부분의 사람들이 생각하고 있는 고통을 피하는 방법은 아무것도 하지 않거나 되는 대로 모든 것을 해 보는 것이다. 그렇지만 이러한 접근 방식은 모두 장기적으로 효과가 없다.

만약 당신이 목표를 설정하거나 결정하는 데 도움이 필요하다면 다음의 힌트를 시도해 보라.

다른 사람에게 의견을 구하라. | 특히 당신과 같은 일을 경험했던 사람, 당신이 존경하는 사람, 그런 상황에서 벗어났고 이성적으로 충고를 줄 수 있는 사람에게 의견을 구하라. 여러 가지 관점의 의견들을 들어라. 의견을 구하는 것을 두려워하지 마라.

"만약에~"라는 시나리오를 상상해 보라. | 그리고 내가 선택할 수 있는 각각의 경우의 부수적인 사건들과 결과를 생각해 보라. 이렇게 앞을 내다보는 생각을 하게 되면 마음의 끝에서 시작할 수 있게 된다. 그리고 다시 지금으로 돌아와서 해야 할 일을 하면 된다.

좌뇌적인 접근 방식을 취하라. | 그리고 조건부로 취할 수 있는 것들을 조사해 보라. 정보란 아주 좋은 것이다.

집중하라. | 해충을 잡을 때 살충제를 뿌려서 잡는 것과 같이 아무 목표 없는 접근 방식 대신 잡고자 하는 목표에 시선을 집중해서 초점을 맞추어라.

리처드 라이더(Richard Leider)는 그의 저서 『목표의 힘』(The Power of Purpose)에서 간

단하면서도 명쾌하게 좋은 커리어를 결정하는 공식을 밝혔다. 그 공식이란 (T+P+E)×V이다. T는 재능(talent)을 나타낸다. 재능은 커리어를 선택할 때 가장 먼저 고려할 사항이다. P는 열정(passion) 또는 목적(purpose)을 나타낸다. E는 환경(environment)을 나타내는데 환경이란 당신의 가치와 기질뿐 아니라 스타일이 모두 맞물려 있는 것이다. V는 비전(vision)을 나타낸다. 삶의 다른 부분들과 일이 어떻게 조화를 이룰 것인가? 여기에는 당신이 살고 싶어하는 곳, 당신의 관계 등이 포함된다. 그러한 요소들이 모두 정연하게 자리가 잡혔을 때 당신이 믿음을 가진 것에 대해 자신의 재능을 사용하여 당신에게 가장 좋은 환경에서 최고의 성과를 이루어낼 수 있다.

프로에게 묻는다

펀 고린(FERN GORIN)

펀 고린은 M.F.C.C.(Master of Family and Child Counseling:가족 및 아동 상담학 석사)로 캘리포니아 주 샌디에이고에 위치한 인생목적연구소(Life Purpose Institute)의 설립자이자 소장이다.

내가 원하는 것이 무엇인지 모를 때는 어떻게 해야 합니까?

첫번째이자 가장 중요한 단계는 완전하게 자신에 대해 탐구를 하는 것입니다. 당신은 자신을 독특한 개인으로서 당신이 어떤 사람인지를 알고자 할 것입니다. 그리고 당신의 이상적인 커리어에서 진정으로 원하는 것을 알고자 할 것입니다. 좋아하는 일, 당신이 받은 능력, 재능, 흥미, 선천적인 능력과 중요한 성격적 특성을 파악하십시오. 그리고 당신에게 이상적인 직업에는 어떤 특성이 있어야 하는지 생각해 보십시오.

처음에는 중요한 요소들의 리스트를 만드는 것으로 시작할 수 있습니다. 당신에게 중요하고 필수적인 요소들을 적어 보는 것입니다. 예를 들면 창조성, 유동적인 스케줄, 사람 돕기, 미학적으로 아름다운 환경, 글쓰기에 대한 사랑, 내 사업 시작하기 등과 같은 것들입니다. 가능한 한 구체적으로 쓰십시오. 만일 창조적이기를 원한다면 어떻게 창조적이기를 원합니까? 창조적으로 되는 데는 적어도 60가지 방법은 있을 것입니다. 어떻게 사람들을 돕고 싶습니까? 세상을 변화시키는 데는 적어도 101가지 방법은 있습니다.

다음 단계는 자신을 위해 맞춤 양복과 같은 커리어를 만드는 것입니다. 대부분의 사람들은 특정한 직업의 틀에 자신을 맞추려고 하거나 자신에게 익숙한 직업이나 사업을 찾습니다. 이에 대한 대안으로는 일단 자기 탐구 과정을 거친 후에 자신에게 맞는 커리어를 디자인하는 것입니다.

무엇을 원하는지, 주요한 요소는 무엇인지를 고려하여 자신을 위해 커리어를 디자인하십시오. 기본적인 커리어 옵션과 창조적인 대안을 모두 포함해서 가능한 모든 조건 옵션을 살펴봅니다. 기본적인 커리어 옵션은 12,007가지가 있고, 창조적인 대안은 수천 가지가 있습니다. 새로운 사업을 시작하는 것이 좋은가, 새로운 직업을 갖는 것이 좋은가, 아니면 현재의 직업이나 사업을 계속하는 것이 좋은가? 당신이 꼭 맞는 것을 찾을 때까지 모든 조건 옵션을 살펴보고 저울질하십시오.

창조적인 사람들이 자신의 재능을 이용해서 어떻게 돈을 벌 수 있을까요?

모든 열정, 흥미, 재능과 관련해서 돈을 벌 수 있는 방법은 수백 가지가 있습니다. 저는 수많은 고객들과 즐겁게 일해 왔는데 각각의 개개인이 얼마나 독특한지, 그리고 각각의 개인들이 선택할 수 있는 조건 옵션이 얼마나 많은지를 보면 정말 놀랍기 그지없습니다. 창조적인 사람들은 자신의 틀을 벗어나 생각하고 끊임없이 자신의 재능으로 할 수 있는 것을 찾고, 디자인해서 창조해야 합니다.

예를 들어 제 고객 중에는 예술을 사랑하고 자신의 사업을 하고 싶어하면서도 많은 수입을 원하는 분들이 있습니다. 자신의 작품을 포스터나 카드, 티셔츠, 머그잔, 아동용 벽지로 제작한 고객도 있었고, 토속 예술품 판매상, 유명한 모래 조각가, 미술 치료사, 웹 디자이너, 창조성 센터 관장, 광고 예술가, 삽화가 같은 고객들도 있습니다.

자신의 관심사를 결합할 수 있는 방법은 수백 가지나 됩니다. 글쓰기와 자연, 동물, 창조적인 모험, 다른 문화권의 사람들과의 사귀는 것을 좋아하던 한 고객은 세계적으로 유명한 동물원 잡지의 보조 편집인이 되었고, 전 세계의 동물원으로 배포되는 국제적인 정보지를 만들기 시작하였습니다. 일단 브레인스토밍을 한 후에 여러 가능성을 생각해 봅니다. 만약 생각이 나지 않으면 당신의 아이디어를 지도해 주고 새로운 아이디어를 제시해 줄 수 있는 전문가의 도움을 구하십시오.

최선의 선택, 즉 완벽한 커리어를 찾았다는 것을 어떻게 압니까?

최선의 선택이란 당신이 하기 좋아하는 일과 관련되어 있고, 당신의 개인적, 재정적 요구 사항을 충족시키면서 당신의 근본적인 가치관과 일맥상통하는 것입니다. 자신의 인생의 목적을 찾은 사람들은 자신이 옳은 것을 하고 있다는 느낌, 기쁨, 내면의 평화와 깊은 충만감을 느낍니다.

만일 여전히 의문이 생기고 계속 불안정한 느낌이 든다면 아직도 생각해 보아야 할 문제가 있다는 것입니다. 그런 사람들은 아마도 제가 이제 이야기하는 문제들 중 한두 가지를 가지고 있을 것입니다.

그런 사람들은 자신을 위해 가장 만족을 주는 커리어를 디자인하거나 창조하지 않았을 것입니다. 다른 가능성을 찾아봐야 할 필요가 있습니다.

그렇지 않으면 자신들이 궁극적으로 바라는 목표에 도달하기 위한 과정을 시작해야 합니다. 그들이 자신들의 창조적인 재능을 개발하고 이를 홍보하는 동안 거쳐야 할 과정이 있을 것입니다. 그렇지만 이런 과정들은 항상 편안하고 즐거운 것만은 아닙니다.

때로 해결해야 할 내면의 갈등이 있을 수도 있습니다. 예를 들어 마음의 한 구석은 실제적인 직업을 원하지만 다른 한쪽은 자유와 창조성을 원할 수 있습니다.

이러한 문제들을 해결하게 되면 평화를 느끼게 되고 커리어 선택에 대한 갈등이 해결될 것입니다.

너무 많은 것들에 관심이 있을 때 한 가지만을 선택합니까, 아니면 서너 가지를 선택합니까?

당신은 여러 가지 선택을 할 수 있습니다. 그 중 한 가지는 자신이 가진 관심거리들과도 관련이 있고 자신의 다른 면들과도 관련이 있는 한 가지 길을 선택할 수 있습니다. 고객들과 일을 할 때 저는 우산, 즉 고객이 집중할 수 있게 해 주고 그 아래에서 많은 것들을 할 수 있도록 해 주는 우산과 같은 커리어를 디자인하곤 합니다. 제 고객 중 한 사람은 굿치어(Good Cheer)라는 상표의 카드도 만들고, 건강용품과 지압도 합니다. 이 세 가지를 모두 하면서 높은 수입을 올리고 있습니다. 한 가지를 선택하든, 세 가지 아니면 열 가지를 선택하든 관건은 당신이 한 번에 얼마나 많은 일을 할 수 있는지, 그러면서도 자신이 하는 일을 즐기고 자신이 원하는 결과를 내면서도 생활의 균형을 잡을 수 있는지에 달려 있습니다.

3

목표가 분명하면 길이 보인다

내가 싫어하는 일을 하다가 실패하느니 차라리 내가 좋아하는 일을 하다가 실패하는 것이 낫다.

| 조지 번즈(George Burns)

내가 사람들에게 자신들의 목표가 뭔지를 물으면 그들은 이렇게 되묻는다.

"누구요, 나요?"

"그래요, 당신의 목표 말입니다. 목표가 있습니까? 있다구요? 좋아요. 그럼 올해의 목표를 이야기해 보세요. 언제냐구요? 지금이요!"

"음. 올해는 돈을 더 많이 벌고 싶어요."

"좋아요. 그럼 내가 당신에게 1달러를 준다면 그 목표가 달성되겠군요. 좀 더 많은 돈을 벌었으니까."

성공한 사람들에게 그들의 목표를 이야기해 달라고 부탁하면 이런 식으로 이야기를 한다.

"올해 말까지 책 계약을 해서 저술로 10만 달러 수입을 올릴 것입니다."

이 목표는 긍정적이며(올릴 것입니다), 매우 구체적이고(저술로 10만 달러 수입), 기한이 명시되어 있다(올해 말까지).

짝짝짝! 구체적이고 기한이 있는 목표가 바로 성공의 열쇠이다.

창조적인 사람은 목표를 설정하는 것이 너무 딱딱하고 단순하다고 여겨 목표 설정을 하지 않거나 과소평가할 수 있다. 아니면 계획을 세우고 자신의 꿈을 성취하기 위해 한 발짝씩 나아갈 수도 있다. 간단히 말하자면, 가는 곳이 어디인지 알지 못하면 그곳에 도착할 수 없다는 것이다.

구체적이고 의미 있는 목표란 움직일 여유도 없는 빡빡한 과정을 뜻하는 것이 아니다. 그것은 단지 바로 지금 당신이 원하는 것이라는 의미이다. 자신을 얽어맬 것이라는 걱정은 하지 않아도 된다. 앞으로 나아가면서 언제든지 조절이 가능하다. 목표가 있다는 것은 당신이 자신의 인생에 주도권을 가진다는 의미이다. 자신에게 진정한 문제가 무엇인지 생각해 보았다는 의미이며 개발할 수 있는 새로운 가능성에 대한 안목을 가지고 있다는 의미이다. 즉 자신의 인생에서 원하는 것을 정확하게 알지 못하거나 그것을 명확하게 제시하지 못한다면 그냥 시간을 낭비하는 것이다. 성공에 대해 별로 진지하지 않으면, 솔직히 말하자면 결코 아무것도 이룰 수 없다.

목표를 가진다는 것은 당신에게 힘을 준다. 자신이 원하는 것에 대한 명확한 시각을 가지고 있으면 부정적인 요소는 사라지고 긍정적인 것들, 아이디어, 그리고 당신이 목표를 이루도록 도와줄 사람들이 모이게 된다. 목표 설정은 당신이 가능하다고 생각하는 것 이상으로 이룰 수 있는 용기를 준다. 목표 설정은 당신의 초점과 관점을 명확하게 해서 당신이 막다른 골목을 헤매느라 힘을 낭비하는 일이 없도록 해 준다.

오프라 윈프리(Oprah Winfrey)를 아는 사람들은 토크 쇼 사회자, 배우, 기업

프로는 세상을 탓하지 않는다

가, 작가와 같은 다양한 직업을 가진 그녀가 성공을 이룬 열쇠는 그녀가 목표를 세우고 그 목표를 분명하고 명확하게 제시한 것이었다고 말하곤 한다. 그녀는 목표 설정 후 그것을 이루기 위해 쉬지 않고 노력했다. 오프라가 방송 제작사를 소유한 최초의 흑인 여성이라는 사실을 알고 있는가? 그녀는 그러한 노력과 다른 노력들을 통해 자신의 가치를 5억 달러에 달하도록 올려놓았다. 그녀는 또한 사람들을 즐겁게 하는 동시에 그들의 삶을 더 좋게 만들 수 있도록 도우려는 사명감을 가지고 있다.

토머스 에디슨(Thomas Edison)은 1주일 단위로 자신의 목표를 세웠다. 그는 자신이 매주 특허 사무소에 가져갈 발명품의 숫자를 정해 자신에게 도전 과제를 던졌다. 이러한 자기 도전이 위대한 발명가를 탄생시켰던 것이다. 그런 발명들이 당신에게 어떤 일을 해 줄 수 있을까? 어둠 속에 빛을 밝혀 주지 않겠는가!

릭 앨런(Rick Allen)은 자동차 사고로 한 쪽 팔을 잃었다. 사고 전 그는 디프 레퍼드(Def Leppard)라는 밴드의 드러머였다. 이 끔찍하고 비극적인 팔 절단 사건 후에도 그는 여전히 드러머로 밴드에서 연주를 했다. 밴드로 돌아가겠다는 목표를 세우고 의지력으로 그 목표를 이룬 것이 바로 그가 회복하게 된 열쇠였다. 한번 생각해 보자. 한 쪽 팔밖에 없는 릭 앨런이 전문 드러머로 연주를 하고 있는 것을 보면 당신이 어떤 핑계를 둘러대든 서투른 변명일 뿐이다.

당신 꿈이 불가능한 것처럼 보인다고 해서 그 꿈을 목표로 세우는 데 구애받을 필요는 없다. 만일 어떤 사람이 "난 영화 보는 것을 좋아해요. 이것을 내 커리어로 만들려면 어떻게 해야 할까요?"라고 말했다고 하자. 무슨 허황된 생각이냐고 생각할지도 모른다. 그럼 영화 평론가 로저 에버트(Roger Ebert)는 어떤가?

목표가 분명하면 길이 보인다

목표가 없으면 어떻게 될까?

나는 내가 대단한 사람이 되길 원한다는 것을 항상 알고 있었다. 단지 좀 더 구체적으로 생각했어야만 했다.

| 릴리 톰린(Lily Tomlin)

많은 창조적인 사람들은 그들이 어떤 사람인지, 그들이 인생에서 무엇을 원하는지, 어디로 가고 있는지 또는 자신들의 열정이 무엇인지 등에 대해 잘 알지 못하는 경우가 많다. 자신들이 선택할 수 있는 여지를 제한하는 것이 두려운 나머지 그들은 인생을 살면서 타협을 하거나 계획하지 않은 일을 계속한다. 그들은 자신의 인생에서 통제력을 잃고 무력해져서 멈출 수가 없다. 그런 사람들은 인생에서 이것저것을 하며 구불구불한 행로를 걷게 된다. 이들은 "이봐요, 즐거우면 그만 아닙니까?"라고 말할지도 모른다. 그렇지만 마음 깊은 곳에서 그들은 후회를 한다. 모두 다 쥐려고 했지만 결국 빈손이기 때문이다.

■ 방향이 없다

「이상한 나라의 앨리스」에서 앨리스는 고양이에게 "내가 여기서 어떤 길로 가야 할지 얘기해 주겠니?"라고 묻는다. 고양이는 "어디로 가고 싶어하느냐에 달려 있지."라고 대답한다. 만일 당신이 원하는 것을 알지 못하면 잘못된 방향으로 가느라 많은 시간과 힘을 낭비하게 된다. 동시에 당신의 커리어와 인생은 완전히 다른 경로로 가게 된다.

■ 강요된 타협

한 남자가 타로카드 점을 치는 점쟁이를 찾아갔다. 자신 있는 목소리로 점쟁이는 "45세까지 돈도 없고 불행하게 살 것입니다,"라고 말했다. "그 다음에는요?"라고 남자가 한 가닥 희망을 잡는 심정으로 물었다. 점쟁이는 "그렇게 사는 데 익숙해지지요."라고 대답했다. 당신은 어느 날 아침 일어나 당신의 인생이 타협과 계획에 없던 사건들의 연속이었다는 사실을 알아차리게 될 것이다. 그 결과 당신이 좋아하지 않거나 자신에게 적합하지도 않은 직업을 가지고 살면서 직업을 바꿀 엄두도 못 내게 된다.

■ 개발되지 않은 재능

목표가 없으면 인생의 흐름에 쉽게 갇혀 버리고 끊임없이 사소한 일들의 흐름에 쓸려 다니게 된다. 그렇게 되면 항상 주변에서 일어난 일을 해결할 틈과 창조성을 발휘할 시간을 찾으려고 갈등하다 마치 항상 물의 흐름을 거슬러서 노를 젓는 것과 같이 살게 된다. 일단 본궤도에서 벗어나면 다시 돌아가는 길을 찾기가 매우 어려울 수 있다.

■ 지루함

사명감, 열정, 자신의 재능을 발휘할 목적과 창조성이 없다는 것은 많은 사람들의 삶에 있어서 가장 많이 부족한 점들이다. 이것들이 없으면 인생은 지루하고 공허하며 평범한 것이 된다. 아카데미상을 수상한 배우 조지 샌더스(George Sanders: 출연작 "이브의 모든것")는 재능이 뛰어난 배우일 뿐 아니라 작가, 화가, 음악가이자 언어학자이다. 그는 재능과 명성, 부와 다른 사람들로부터 받는 존경 등 모든 것을 가지고 있다. 그런데 왜 그는 자살했을까? 그는 유서에서 지루해졌다고 썼다. 그는 자신이 성취하고 싶어하는 의미 있는 것이 없어서 지루해졌던 것이다.

■ 무기력함/냉소적인 태도

달리는 차 안에서 보면 바깥 경치가 휙 지나치듯이 보이는 것처럼 나는 사람들이 자신의 인생에 대해 이야기하는 것을 들은 적이 있다. 그들은 무기력함을 느낄 뿐만 아니라 자신들이 성공하지 못한 것이나 시간이나 행복, 돈이 없는 것에 대한 모든 이유를 남에게 돌린다. 정부를 탓하고, 경제 상황을 탓하고, 평론가를 탓하고, 교통 상황을 탓하고, 국제 경쟁을 탓하고 끊임없이 불평을 한다. 당신 자신의 성공과 행복, 시간에 대해 자신이 책임을 지지 않는 한 당신은 여전히 피해자일 수밖에 없다.

■ 가치관의 갈등

만일 당신의 가치관과 성취한 결과 사이에 일관성이 없을 때 당신의 성공은 공허한

목표가 분명하면 길이 보인다

성공일 뿐이다. 최악의 경우에는 당신은 우울해지고 화가 나거나 분개하게 된다. 만일 당신이 정직함을 중시하면 원하는 것을 얻기 위해 거짓말을 하거나 속임수를 쓰지 못할 것이다. 만일 부모 역할을 하는 것이 당신의 최고 우선 가치라면 오랜 시간 동안 자녀들을 떠나 있어야 하는 직업은 생각도 하지 말아야 한다. 당신이 사업을 시작하기를 원하는데 사업을 시작할 자본금을 낭비하고 있다면 다시 한 번 곰곰이 자신의 가치관을 생각해 봐야 할 것이다. 이런 경우 아마 당신은 당신이 가지고 있어야 한다고 생각하는 가치관에 대해 입으로만 떠들고 있는지도 모른다. 아니면 당신의 자기 파괴적인 행동이 의식 속 좀 더 깊은 곳에 뿌리를 가지고 있을지도 모른다.

■ 후회

당신은 흥미 있거나 재미 있어 보이는 일들을 이리저리 바꿔 가면서 인생을 살고 있는가? 이렇게 몇 해를 보내다 보면 당신은 자신이 아무것도 한 것이 없음을 알게 된다. 그렇게 되면 결국 당신은 불행하고 공허하며 실패한 삶을 산 것이 된다. 그 이유는 바로 당신이 목표 없이 살아왔기 때문이다.

나는 이렇게 지그재그인 삶, 매일매일 되는 대로 사는 삶을 많이 보아 왔다. 집안끼리 잘 알고 지내던 친구인 테디(Teddy)는 아주 창조적인 사람으로 상상력과 재능, 지성을 모두 가지고 있었다. 그러나 그는 대학을 중퇴한 후 결혼을 했고, 이혼 후에 사업을 시작했지만 파산해 버렸다. 이러는 사이에 그는 몇 가지 기계를 발명했지만 제대로 끝낸 것은 아무것도 없고 전혀 다른 분야에서 백 가지 내외의 직업을 전전했다. 이제 55세가 된 그는 다 찌그러진 트레일러에서 살면서 세차장에서 일하며 거의 무일푼 상태다. 그의 행동 양식을 보면 새로운 아이디어나 새로운 직업, 새로운 사업에 너무 흥분하지만 곧 싫증을 내고 결국 실패하는 것이다. 만약 그가 시작한 일이 즉시 만족을 주지 않으면 그는 흥미를 빠르게 잃어버리고 다른 새로운 것으로 옮겨갔다. 그는 아직도 자신을 행복하게 만드는 것이나 자신이 원하는 것이 무엇인지 모른다. 그는 항상 홈런과 고득점을 원한다. 그렇지만 안타 하나도 제대로 쳐 보지 못했다. 바로 이 사람이 수많은 재능을 가진 똑똑한 사람이지만 인생을 낭비한 사람이다.

내 인생에서 가장 불행했던 순간이 두 번 있었는데 되돌아보면 모두 나에게 목표가 없었던 때였다. 첫번째는 고등학교 때로 내가 첫번째 인생의 목표를 세우기 전이었고, 두 번째 순간은 그 전에 세웠던 목표를 달성한 후에 새로운 목표를 아직 세우지 않았던 때였다. 그 당시의 기억에서 가장 많이 떠오르는 것은 내가 어떤 일에도 전혀 의욕이 없었다는 것이다.

목표가 없었을 때 내 인생이 어떻게 됐을지 간략하게 설명하자면, 남부 캘리포니아에서 자라난 나는 다른 많은 친구들과 마찬가지로 해변을 어슬렁거렸다. 나는 실로 해변의 건달이었다. 나의 젊은 시절은 서핑하기에 가장 알맞은 파도를 찾아 끝없이 헤맨 여름날들의 연속이었다. 매일 아침 일어나 서핑복과 수건, 서핑보드를 싸 들고 해변으로 가서 나와 내 친구들은 오전 내내 서핑을 하고 오후에는 태양 아래서 뒹굴었다. 직업도 없고 책임감도 없었으며 내 행동을 바꾸지 않는 한 미래도 없었다. 비록 즐거운 시간을 보냈고 그 시절에 대한 좋은 기억들을 많이 만들었지만 나는 깊은 죄의식을 느꼈던 것도 기억한다.

나는 인생의 첫번째 목표를 세운 후 내 인생의 방향을 전환했다. 얄궂게도 일찍 목표를 세우는 데는 성공했지만 나는 바로 목표를 잃었다. 나는 마우이 섬에 살고 있었고(내 초기 목표 중 하나였다), 작은 사업도 하고 있었으며 카파울라 베이 호텔(Kapaula Bay Hotel)에서도 일하고 있었다. 솔직히 말하건대 내 생활은 아주 좋은 것이었다. 이렇게 낙원에서 살고 있기는 했지만 나는 더 많은 것을 원했다. 어느 흐린 날 한적한 해변에서 홀로 하루를 보내고 난 후 나는 남은 인생에서 하고 싶은 일을 모두 적었다. 그러자 나는 다시 흥분이 일며 힘이 솟는 것을 느꼈다. 마치 내 인생에 해가 다시 비치기 시작한 것과 같았다. 그 이후로 나는 다시는 목표를 잃지 않았다.

목표가 있다면?

만일 당신이 인생에서 원하는 것을 정말로 알고 있다면 놀랍게도 그것을 이룰 수 있는 기회가 어떻게든 찾아온다.

| 존 고다드(John Goddard)

목표가 있다면 인생을 살며 새와 같이 넓은 시각을 가지게 된다. 즉 전체를 볼 수 있는 것이다. 비행기나 열기구를 타고 하늘 높이 올라가 아래를 내려다본다고 생각해 보라. 모든 것이 아주 작지만 아주 명확하게 보

일 것이다. 하찮은 세부적인 일과 자기 의심에서 벗어나게 된다. 이러한 관점을 가지면 적절한 일을 적절한 시간에 적절한 이유로 인해 적절한 방식으로 할 수 있게 된다.

■ 동시 다발성

목표를 설정하고 행동 방향을 선택하게 되면 예상치 못한 일들이 일어나게 된다. 우주의 보이지 않는 힘이 "그거야!"라고 말하기 시작한다. 내게 도움을 줄 사람들과 자원들이 인생에 나타나게 된다. 이 모든 일은 명확하게 목표를 제시하면서 시작된다. 바로 당신이 이해하는 목표, 당신이 다른 사람을 이해시킬 수 있는 목표 말이다. 만일 당신이 목표에 대해 진지한 열정을 가지고 있으면 훨씬 더 도움이 된다. 사람들이 당신의 열정과 책임감을 알아채기 때문이다. 그들은 도움을 주기를 원하고 당신의 즐거움에 참여하기를 원하기 때문에 돈, 시간, 그리고 연줄을 제공한다.

내가 가장 좋아하는 이야기 중 하나는 여배우 프랜 드레셔(Fran Drescher)에 관한 이야기이다. 그녀가 "내니"(The Nanny)로 스타가 되기 전 파리에서 비행기로 집에 가는 길에 CBS 스튜디오 중역의 옆 자리에 앉게 되었다. 그녀와 남편은 텔레비전 시트콤에 대한 아이디어를 가지고 있었기 때문에 대서양을 건너는 내내 그녀는 아이디어를 중역에게 열심히 설명했다. 비행기가 착륙하였을 때 그녀는 계약을 하게 되었다. 바로 이것이 동시 다발성이다. 비록 그때 그녀에게 아직 윤곽이 잡힌 아이디어와 목표가 없었다 해도 그녀는 성공하고 시트콤이 히트했을 수도 있다. 그녀는 충분한 재능이 있고 시트콤에 대한 아이디어도 괜찮은 것이었으니까. 하지만 누가 알겠는가? 분명히 지금보다는 더 오래 걸렸을 것이다.

■ 당신의 정신 상태가 당신을 돕는다

당신에게 목표가 있다면 당신의 정신은 도움이 될 만한 정보와 기회를 찾으려고 할 것이다. 차를 샀는데 주변 모든 사람이 같은 모델의 차를 몰고 있는 것을 갑작스레 발견한 적이 있는가? 왜 이전에는 그 사실을 몰랐을까? 당신의 두뇌는 과부하를 피하기 위해 당신의 생존이나 성공에 필수적이지 않은 정보는 걸러낸다. 당신의 목표가 무엇인지 알게 되면 당신의 정신은 정한 목표에 따라 당신이 인식해야 할 것을 선택한다.

그렇게 되면 당신의 생활은 빠르게 변하게 된다. 섬광처럼 번뜩이는 아이디어를 얻을 수도 있다. 실제로 두뇌는 외부에서 들어오는 모든 정보를 처리하고 그것을 당신의 목표나 목적과 혼합한다. 그렇게 되면 유레카!

■ 인생을 좀 더 즐긴다(목표를 위해서 헌신하는 삶에 대한 이야기가 아니다)

당신의 목표는 당신이 진정한 삶을 살게 해 준다. 현재를 즐기면서도 미래를 바라볼 수 있게 되는 것이다. 이것은 마치 당신이 다시 아이로 돌아가는 것과 같다. 자신의 꿈을 이루려고 의미 있는 목표를 추구하는 사람들은 아침에 신나게 기대에 가득 차 일어난다. 당신도 이렇게 살고 싶지 않은가? 빨리 내일이 돌아왔으면 하고 기다리고, 계속해서 자극받고 호기심이 생기며 다른 사람을 만나고 싶어지고 자신이 하는 일에 열정적이 된다. 이때가 당신이 진정한 성취를 향해 나아가고 있는 때이다.

당신이 인생을 즐기며 재미있게 지낼 수 있는 능력은 목표와 밀접하게 관련되어 있다. 당신이 무엇을 원하는지, 무엇에 가치를 두는지, 무엇이 당신을 행복하게 하는지 알게 되면 결정이 쉬워지고 스트레스가 줄어든다. 방향을 잃은 인생은 되돌아보기가 그다지 유쾌하지 않다.

■ 동기

영화 "꿈의 구장"(*Field of Dreams*)에서 케빈 코스트너(*Kevin Costner*)가 연기한 주인공은 그에게 방향을 제시하는 계시의 목소리를 듣는다.

"네가 그것을 지으면 그가 돌아올 것이다."

"그의 고통을 덜어 주어라."

그가 옥수수 밭을 모두 베어 버리고 야구장을 지었을 때 다른 사람들은 모두 그가 미쳤다고 생각했다. 하지만 그는 사람들의 생각은 아랑곳하지 않았고 결국 마지막에는 보상을 받게 된다.

우리는 모두 우리를 움직이는 어떤 것, 우리가 즐겁게 할 수 있는 어떤 것, 그리고 우리가 잘 할 수 있는 어떤 것이 필요하다. 우리는 우리가 쓸모 있다고 느껴야 한다. 우리는 다른 사람을 도와야 하고 우리 자신보다 더 큰 어떤 이념에 속해야만 한다. 우리는 아주 작은 범위에서라면 세상을 더 좋게 만들 수 있다는 것은 알고 있다.

급변하는 사회에서 사람들은 자신들의 운명을 통제해야 할 필요를 절실하게 느끼고 있다. 정신과 의사들은 이러한 상황에 대해 아주 잘 알고 있다. 목표를 가지는 것이 바로 그렇게 할 수 있는 방법이다.

 실천 사항

지금까지의 인생 지도를 그려라. 보물 지도 형태이어도 되고 블루마블 게임판이나 도로 지도 같아도 된다. 시간에 따라 만든 지도이거나 계절에 따르거나 지그재그처럼 생긴 지도이어도 된다. 태어나서부터 바로 지금까지 모든 것을 기록하라. 독창적으로 그림도 그리고, 글씨 쓰는 쪽 반대편 손을 사용하라.

후회스러운 일에 대해 이야기하자는 것이 아니다. 그저 다음에 어디로 나아갈지 힌트를 얻기 위해 지금까지 걸어온 길을 돌아보는 것이다.

만일 한 단계 더 나아가고 싶다면 지도를 하나 더 그려라. 이번 지도는 미래에 관한 지도이다. 어디로 가고 싶은지 당신은 알고 있는가?

다음 단계

의미 있는 인생이란 중대한 목표뿐 아니라 그와 관련된 성취를 포함한 연속적인 과정이다. 한 개인의 행동은 목표가 무엇이든 그 개인에게 중요한 목표에 의해 의미 있게 된다. 이렇게 삶의 의미와 행복에 대한 개념은 서로 뒤섞여 있다.

| 어빙 싱어 박사(Dr. Irving Singer)

자신의 목표와 목적을 가장 극적으로 성취한 존 고다드(John Goddard)는 한 번도 자신의 꿈에 대해 말하는 것을 두려워해 본 적이 없다. 겨우 15세였을 때 그는 벌써 살면서 하고 싶은 일을 127가지나 적은 목록을 만들었

프로는 세상을 탓하지 않는다

다. 할 수 있는 일이 아니고 하고 싶은 일 말이다. 그 목록엔 꽤 엉뚱한 목표도 있었다. 에베레스트 산 오르기, 수단의 원주민 종족 연구, 1마일을 5분에 주파하기, 책 쓰기 등이 그것들이다. 중년이 되었을 때 그는 세계에서 가장 유명한 탐험가가 되었다. 그는 자신의 목록에 있던 목표 중 105가지를 이루었고 계속 자신의 목표를 목록에 추가하여 아주 많은 흥미로운 일들을 했다.

■ 소원 목록 1

일단 준비가 되면 그것을 밖으로 내보내야 한다. 미래에 무엇이 되고 싶은가? 무엇을 하고 싶은가? 무엇을 가지고 싶은가? 무엇을 나누고 싶은가? 이것들을 어떻게 얻을지는 걱정할 필요가 없다. 그저 10분 정도 생각할 시간을 가지고 마음속에 떠오르는 것을 모두 적는다. 내년에 하고 싶은 것, 5년 후에 하고 싶은 것, 10년 후에 하고 싶은 것 같은 것들을 적어도 된다. 중요한 것은 상상의 날개를 펼 수 있도록 하는 것이다. 자신이 원하는 것에 대해 말하는 것을 두려워하지 마라.

■ 소원 목록 2

이제 똑같은 일을 글씨 쓰는 쪽 반대 손으로 반복한다. 논리적인 두뇌를 개입시키지 말고 하고 싶은 일의 목록을 평소에 글씨를 쓰지 않는 손으로 쓴다. 두 가지의 리스트는 놀랍게도 다르게 나타난다.

■ 그림그리기

목록을 작성하는 것이 적성에 맞지 않으면 자신의 잠정적인 목표를 그림으로 그린다. 그림의 예술성은 상관할 필요가 없고 자신이 무엇을 할지, 무엇을 가질지, 무엇이 될지에 대해 얼마나 많은 상상을 하느냐에 집중한다. 나중에 그림을 다시 봤을 때 알아볼 수 있도록 기호를 사용한다.

■ 글쓰기

만약 글 쓰는 것이 가장 편하게 느껴지면 10분 동안 쉬지 않고 다음과 같은 주제에 대해 글을 써 본다.

"나는 축복 받아서 실패하지 않는다. 내가 미래에 하고 싶고, 되고 싶고, 가지고 싶고, 창조하고 싶고, 공헌하고 싶은 것은 이런 것들이다."

 실천 사항 ━━━━━━━━━━━━━━━━━

"왜?"라고 질문해 보라. 왜 유명해지고 싶은가? 왜 책을 출판하고 싶은가? 왜 혼자서 일하고 싶은가? 왜 주연 역할을 따내고 싶은가? 자신의 동기를 찾아본다. 그러면 정말 자신의 것이 아닌 목표를 추려낼 수 있고(나는 아버지와 할아버지, 삼촌들이 모두 의사였기 때문에 의사가 되고 싶다), 실제적이지 않은 목표를 제거하고(나는 네 발 달린 켈트족 근위병이 되고 싶다), 정말로 자신이 원하는 것을 소리 내어 말할 수 있는 용기를 기르는 데 도움이 된다. [나는 멕 라이언(Meg Ryan)이 나를 쫓아다니기를 바란다.]

사랑이냐 돈이냐

시장조사연구소(Market Research Institute)에서 미국인들을 대상으로 10만 달러 복권에 당첨되면 무엇을 할지 조사한 바 있다. 8만 7천 달러 이상을 자녀 교육, 노후 자금, 노부모 봉양에 쓰겠다고 사람들은 대답을 했다. 나머지는 새 집이나 새 자동차, 평소에 꿈꾸던 여행 등에 나눠 쓰겠다는 대답이었다.

아주 흥미로운 대답이다. 다른 연구 조사를 보면 겨우 25%의 미국인들만이 돈이 많은 것이 곧 성공이라고 대답했다. 성공에 중요한 요소로 행복한 결혼, 자신의 직업에서의 유능함, 자신의 생활에 만족하고 자신의 생활을 통제하는 것이라고 대답했다.

나는 우리가 하도록 되어 있는 일—즉 자신이 좋아하고 잘하는 일—을 할 때 우리가 자격이 있다고 믿으며, 돈을 원하고 그 돈을 기꺼이 받으려 하는 한, 돈은 그냥 따라온다고 믿는다. 그렇지만 창의적이고 우뇌 중심 사람들은 보통 돈 때문에 움직이지 않으며 관리도 잘 못 할 뿐더러 돈에 대해 우스꽝스러운 믿음을 가지고 있다. 예를 들면, 진정한 예술을 위해서는 배를 곯아야만 하고, 실속 있는 수입을 얻어선 안 되며, 정직해야 하고, 자신의 이상을 유지해야만 하며, 작품의 대가로 돈을 받는 것은 어떤 경우든 자신의 독립성을 팔아버리고 포기하는 것이나 다름없다고 믿는 예술가들이 있다.

하지만 사실에 부딪혀 보자. 정말로 돈은 자유를 살 수 있다. (돈을 완전히 무시해도 자유를 얻을 수 있을 것이다.) 나는 돈을 벌었지만 갈등했다. 왜냐 하면 돈은 나를 행복하게 해 주지 못했기 때문이다. 단지 완전히 새로운 도전을 만들어 냈을 뿐이다. 하지만 내가 파산했을 때 나는 돈이 없다는 것도 답은 아니라는 것을 알았다. 해결책은 내면의 행복을 가지는 것이었다. 그래야 자신의 부를 즐길 수 있다.

강연 약속을 하기보다 친구들과 휴가를 떠나고 싶던 때가 있었다. 그때 나는 키 웨스트(Key West)에 갔다. 나의 더 훌륭한 판단력을 따르지 않고 연수 계약을 맺은 적도 있었다. 증권 브로커들을 대상으로 한 것이었는데 내가 증권 브로커들과 '어떤 공통점이 있겠는가? 아무것도 없다. 그래서 결국 그 일은 재앙과 같았다. 만약 내가 과거로 돌아간다면 아무리 많은 돈을 줘도 그런 일은 맡지 않을 것이다.

나의 친구 중에 재정 설계사로 일하면서 수백만 달러를 버는 친구가 있다. 수백만 달러는 아닐 수도 있지만 어쨌든 아주 많은 돈을 버는 친구다. 그는 자신의 열정을 추구하기 위해 아주 많은 돈을 포기하고서야 마침내 행복해졌다. 당신은 이러한 일을 할 준비가 되어 있는가? 그는 잔디 깎는 정원사가 되고 싶었다. 야외에서 자신의 손으로 직접 일하여 얻은 그 노동의 열매를 직접 보면서 갖게 된 보람이 그에게는 다른 인생에서 벌었던 것보다 훨씬 중요한 것이었다. 그는 금융업계에 있는 자신의 친구들 모두

가 신선한 공기를 맡으며 좋아하는 일을 할 수 있는 자유를 가진 그를 부러워한다고 말한다. 그는 어느 때보다도 더 행복했다.

나는 괴테가 이에 대해 아주 어울리는 말을 했다고 생각한다.

"인생에 축복을 가져오는 것은 우리가 좋아하는 일을 하는 것이 아니라 우리가 해야만 하는 일을 좋아하는 것이다."

그는 돈에 대해서는 한 마디도 언급하지 않았다. 그렇지만 당신이 길거리에서 노숙하기가(아니면 부모님 집에 얹혀살기가) 싫다면 목표 설정 과정에서 돈에 대해 생각해 봐야 한다. 다음의 질문에 대답을 하면 그 길을 찾을 것이다.

- 단순히 편하게 사는 것이 아니라 풍족하게 사는 데 필요한 연봉 액수는 구체적으로 얼마인가?
- 매달 생활에 최소한 필요한 최소의 금액은 얼마인가?
- 자신이 성공했다고 느낄 수 있는 금액은 어느 정도인가?
- 신용카드 현금 서비스나 학자금 융자를 갚기 위해 무엇을 하고 있는가?
- 소비를 줄일 수 있는 부분은 어디인가?
- 다른 소득원은 무엇이 있는가?
- 아르바이트는 괜찮은가?
- 돈을 벌기 위해서 하고 싶지 않은 일은 무엇인가?
- 돈에 대한 어떤 부정적인 생각이 당신을 주저하게 만드는가?
- 월수입을 두 배로 늘리려면 어떻게 해야 하는가? 그럴 만한 가치가 있는 일인가?
- 파산하면 어떤 느낌이 들겠는가?
- 당신이 원하는 때 원하는 것을 살 수 있을 뿐 아니라 만약을 대비한 저축까지 있다면 어떤 느낌이 들겠는가?
- 당신의 꿈을 실현시키기 위해 필요한 액수는 정확하게 얼마인가?

웨인 다이어(Wayne Dyer) 박사는 무명의 교수로 살아가는 것에 만족하지 못했다. 그래서 그는 『당신의 일탈 지대』(Your Erroneous Zones)을 썼다. 그 책이 출판된 후 그는 수백 권을 사서 차에 싣고 그 책을 베스트셀러로 만들겠다는 목표를 가지고 출발했다. 6개월 후 그는 2만 8천 마일을 여행하였고, 미국 48개 주를 돌았으며, 스스로 1만 5천 권에서 1만 6천 권의 책을 서점에 배달하였다. 그는 또한 지역 매체에 홍보할 수단을 찾았으며, 8백여 회가 넘는 인터뷰를 하였다. 목표와 그에 따른 행동으로 그의 책은 베스트셀러 1위가 되었고, 다이어 박사는 인정받는 작가가 되었다.

당신의 사명은 무엇인가?

내 목표는 나 자신의 기준과 예술적 성실성에 타협하지 않고 음악으로 생계를 유지하는 것이었다. 그리고 나는 지난 이십 년간 그렇게 할 수 있었다.

| 마이클 프랭크스(Michael Franks)

당신의 사명, 당신이 받아들여야만 하는 것은 당신의 인생과 커리어의 기반이 되는 최우선적인 원칙이다. 사명은 당신을 흔들리게 하거나 제한하지 않고 당신의 인생에 명확성과 초점을 부여한다.

사명 선언서(mission statement)는 다른 사람을 감동시키기 위해서 쓰는 것이 아니라 당신 자신에게 영감을 주기 위해 쓰는 것이다. 여기에는 당신의 내면적 욕망과 가치관뿐만 아니라 인생의 방향이 반영된다. 이는 매우 강력한 수단이며 조급하게 작성해서는 안 되는 것이다. 일단 당신이 되고 싶은 것, 하고 싶은 것, 가지고 싶은 것 모두와 다른 사람들에게 어떻게 봉사할 것인가를 써 보는 것이 좋다. 그리고 나서 반복되는 것을 삭제하고 한 문장이나 두 문장이 될 때까지 손질해 나가도록 한다. 그리고 나서 이를 외우고 내면화하며 삶에 적용한다.

당신의 사명 선언서는 내면의 목표, 당신을 즐겁게 하기 위해 필요한 것, 당신의 가장 깊은 욕망과 꿈들을 포함해야 한다. 또한 여기에는 외면의 목표, 어떻게 다른 사람들에게 봉사할 것인가도 포함되어야 한다. 이

외면의 목표는 내면의 목표에 도달함으로써 돈을 버는 방법을 나타내기 때문에 중요하다. 사명 선언서에는 롤렉스 시계, 포르셰 스포츠카, 말리부 해변의 저택이나 최고급 레스토랑의 가장 좋은 테이블과 같이 당신이 갖기 바라는 것들을 명시할 필요는 없다. 하지만 다음의 빈칸을 채워 보라:

나는 _____(장소)에서 _____(일)을 하며 _____로서 알려지고 싶다.

이 진술서를 작성하면 당신이 가장 좋아하는 것에 당신을 집중시키는 데 도움이 된다. 괜찮은 것이나 좋은 것, 혹은 더 좋은 것이 아니라 당신이 최상의 것에 집중하게 해 주는 것이다. 또한 매일, 매년 당신이 계속해서 집중할 수 있도록 해 준다.

좌우명 선택하기

이것이 바로 내가 하는 일이다. 나는 작가이다.

| 제임스 미케너(James Michener)

사명 선언서를 작성하는 것이 어려운가? 올해의 주제만 정해 보는 것은 어떨까? 올해는 특별한 일을 해 보는 한 해로 만들어 보라. 나의 동료 중 한 사람이 나에게 해 준 이야기가 있다.

"최대한 효율적으로 만들고 집중한 다음 홈런을 치는 거죠."

그녀는 자신이 전체적인 그림을 보는 시각을 잃었다고 느꼈고, 올해 자신의 장기적인 목표를 향한 실질적인 진전이 있기를 기대했다.

또 다른 동료의 목표는 "돈이 없으면 그냥 NO라고 한다."였다. 그는 자신이 자원 봉사와 비영리 활동을 한도 이상으로 너무 많이 해서 자신의 사업이 손해 보고 있다고 느꼈다. 그는 자신이 수익성 있는 사업을 유지한다면 좀 더 좋은 일을 많이 할 수 있을 것이라고 생각했다.

■ **주제의 예:**

"나는 올해 무엇보다도 글쓰기에 집중할 것이다."

"나는 올해 내가 하는 모든 일에서 좀 더 용기 있게 행동할 것이다."

"나는 올해 내 생활에서 육체적으로나 정신적으로 모든 부산한 일들을 없앨 것이다."

"나는 올해 나의 예술적 자유를 위해서 싸우고 아울러 내가 하고자 하는 작품을 만들 것이다."

"나는 내 생활에서 산만해지지 않고 오직 내 일에 심중하는 데 더 힘쓸 것이다."

"나는 올해 내가 시작한 것을 끝내겠다."

"나는 오늘 내 예술의 사업적인 측면에 집중할 것이다."

"올해는 성장과 학업의 해이다."

"올해는 일을 실현시키는 해이다."

대안: 신조

사람들은 삶의 방식에 목말라한다. 그들은 존재 방식이나 세상을 향해 행동하는 방식을 찾고 있다.

| 샘 셰파드(Sam Shepard)

당신은 무엇을 의미하는가? 사명 선언서와 비슷하지만 덜 행동 지향적인 자신의 신조를 가지고 있는 것은 매우 유용하다. 신조란 당신 개인의 가치관과 행동 규범을 서술하는 것이다.

샌프란시스코에서 활동하고 있는 예술가 사크(Sark)의 예를 들면 그의 신조는 다음과 같다.

자유롭게 살기

달팽이를 관찰하는 방법 배우기

불가능한 정원을 가꾸기

'예' 라고 쓰인 작은 표지판을 만들어 집안 곳곳에 붙여 놓기

자유와 불확실성으로 친구를 사귀기

꿈을 기다리기

영화 보면서 울기

책임을 거부하기

일할 때 잠옷 입기

낮잠 자기

벽에 낙서하기

그녀는 인생의 신조라고 그녀가 부르는 것과 어느 곳에나 창의성을 발휘하는 것에 매일 집중하고 있다.

처음 그리고 목표

많은 사람들에게 미래에 대해 생각할 시간은 기껏 주말과 휴가 기간밖에 없다. 월요일 아침에 일하러 가야 한다는 두려움에 나머지 시간을 보낸다. 당신이 당연히 받아야 할 만족을 가져다줄 목표를 설정하라.

| 찰스 슐츠(Charles Schulz, 만화 「스누피」의 작가)

자, 그럼 이제 당신이 사명 선언서를 정했거나 적어도 목표나 신조를 정했다고 가정하겠다. 그것이 바로 당신의 목표이다. 이제 그것을 글로 적는다. 적은 것을 큰소리로 읽는다. 그리고 다른 사람에게 이야기한다.

한번 생각해 보라. 얼마나 간절히 이것을 원하는가? 당신이 원하는 것에 대해 주의를 기울여야 한다.

왜 그것을 원하는가? 만일 동기를 세울 수 있다면 그를 실행하기 위한 수단과 기회는 절로 생길 것이다.

범위를 축소하고 구체적으로 생각하라.

스스로에게 정직하라. 접시돌리기를 할 때 몇 개까지 한꺼번에 돌릴 수 있는가? 창조적인 사람들 중 많은 사람들은 여러 가지 일을 할 수 있고 또 하기를 원한다. 아마도 당신은 모든 일을 한 번에 할 수 있을 것이다. 아니면 일부는 지금하고 일부는 나중에 할 수 있을 것이다. 만일 당신이 한 가지 일에서 최고가 되기를 원한다면 한 가지에만 집중하고 다른 것들은 무시해야 한다. 당신의 스타일은 어떠한가? 당신이 아주 잠시 동안만이라도 기꺼이 포기할 수 있는 것은 무엇인가?

『할리우드에서 성공하는 법』(How to Make It in Hollywood)을 쓴 작가 린다 버젤(Linda Buzzell)은 한 번에 열 가지 일을 하려는 경향에 대해 완벽하게 설명했다. 그녀는 인생을 버너가 다섯 개가 있는 가스레인지 위에 냄비가 각각 하나씩 올려져 있는 상태라고 가정해 보라고 제안했다. 버너는 앞쪽에 두 개, 뒤쪽에 세 개가 있다. 머릿속에 그림이 떠오르는가? 이제 만약 당신이 뒤쪽에 있는 냄비를 앞쪽으로 옮기려면 앞쪽에 있는 냄비 하나를 뒤쪽으로 옮겨야 한다. 만약 당신이 새로운 냄비를 레인지 위에 올리려고 하면 원래 있던 냄비 하나를 내려놓아야 한다. 당신의 인생 목표도 마찬가지이다. 목표는 다섯 가지나 여섯 가지라도 가질 수 있다. 하지만 앞쪽 버너에는 두 개나 세 개만 올려놓도록 해야 한다. 앞쪽에 있는 냄비들이 바로 당신의 주된 목표가 된다. 당신의 정력과 노력을 집중해야 하는 주된 목표다.

또박또박 말하기

나는 재미있어 보이는 일은 무조건 하지만 결코 실제적이고 의미 있는 목표를 정하고 일을 추진하지 못하는 상당히 산만한 사람이었다. 나는 재미있어 보이는 일들을 하느라고 많은 시간을 낭비했지만 보람은 없었다. 이 모든 것은 내가 사명 선언서를 쓰면서 바뀌었다. 이 일은 내가 그때까지 했던 일 중 가장 잘한 일이었다. 이제 나는 나의 사명에 근거하여 결정을 한다. 또한 사명 선언서는 내가 나의 커리어뿐 아니라 정신적, 영적 그리고 인간관계에 있어서의 목표에까지 관심을 기울이도록 해 준다.

| 캐런 오코너(Karen O' connor)

자신의 목표를 써 가는 방법에는 올바르다거나 틀리다거나 하는 것은 없다. 당신이 그 일을 한다는 사실, 그리고 자신의 목표가 의미하는 것이 무엇인지 당신이 이해하고 기억할 수 있는 형식으로 쓴다는 사실이 중요한 것이다. 회사들은 회사의 목표를 사명 선언서 형식으로 쓴다. 회사의 목적과 어떻게 그 목적을 이룰 것인가를 나타내는 한 문장의 간단명료한 문장으로 나타내는 것이다.

이를 목표라 부르건 철학이라 부르건 또는 사명선언서라 부르건 이 문장을 작성하는 데 도움이 될 몇 가지 지침이 있다. 다음은 몇 가지 예이다.

■ 긍정적인 문장으로 목표를 작성한다

"나는 …될 것이다, 할 것이다, 가질 것이다."와 같은 문장은 당신이 목표를 성취할 수 있다는 믿음을 강화시켜 준다. 예를 들면 "나는 출판 제안서를 쓸 것이다."와 같은 문장을 쓴다.

■ 기한을 정한다

기한은 긴장감을 만들어 내고 당신으로 하여금 행동을 하도록 고무시킨다. 예를 들면 이렇다.

"나는 올해 6월까지 출판 제안서를 완성할 것이다."

■ 구체적으로 쓴다

당신의 목표는 명확하고 상세하며 초점이 있어야 한다. 당신이 성취하고자 하는 것에 어떤 의심도 들지 않도록 해야 한다. 만일 "나는 올해 6월까지 출판 제안서를 완성할 것이다."라고 썼다면 이는 초고 완성을 의미하는 것인가, 최종 완성본을 의미하는 것인가, 아니면 대행사나 출판사에 제안서를 보내는 것까지를 의미하는가? 구체적으로 써야 한다.

"나는 내 출판 제안서를 완성해서 세 사람에게 감수와 비평을 받은 후 교정하고 완성해서 대행사에 보낼 것이다. 그리고 이를 6월까지 끝마칠 것이다."

측정 가능하게 만든다.

당신이 목표를 달성했다는 것을 인정할 만한 기준이 있어야 한다. 만약 당신의 목표가 날씬해지는 것이라면 이것은 무슨 의미인가? 몸무게 몇 킬로그램을 의미하는가? 옷의 사이즈인가? 아니면 허리둘레 사이즈인가? 만일 당신의 목표가 출판 제안서라면 그 최종 목표는 제안서를 대행사 딤딩자 책싱 위로 보내는 깃인가, 아니면 서점 진열장에 당신의 책을 진열하는 것인가?

■ 행동 중심적으로 쓰기

당신의 목표는 행동을 요구하고 결과를 낳는 것이어야 한다. 작가에게 좋을 만한 목표를 예로 들어 보자.

"나는 11월 1일까지 내 책을 완성해서 대리인의 손에 넘길 때까지 1주일에 6일, 최소 하루 3시간을 컴퓨터 앞에서 작업을 할 것이고, 1주일에 세 시간은 도서관에서 자료 조사를 하며, 1주일에 세 시간은 앞으로 거래할 가능성이 있는 대행사(agent), 편집자, 출판사 및 다른 사업 관계자들(멘토, 파트너, 재정 관련 담당자 등)과 연락을 하는 데 보낼 것이다."

그렇지만 이것을 꼭 당신이 직접 할 필요는 없다. 명함집을 정리하려는 목표는 이렇게 표현될 수 있다.

"나는 비서를 시켜서 6월까지 자주 연락하는 전화번호와 내가 지난 한 해 동안 받은 명함을 모두 정리해서 전화번호를 주소록에 기록하고 변경되었거나 필요 없는 전화번호는 삭제하도록 하겠다."

■ 목표는 오직 당신에게 달려 있다

당신의 목표가 다른 사람을 바꿀 수 있는 당신의 능력에 따라 결정되어서는 안 된다. 만일 당신의 목표가 "나는 상사가 나를 좋아하도록 만들어서 승진을 하겠다."라면 이 목표를 성취하기란 어려운 일일 것이다. 대신 이런 목표를 세울 수 있다.

"나는 꾸준히 내 직책에 요구되는 것보다 많은 일을 하고, 새로운 기술을 배워 회사 내에서 나의 가치를 높이고 올해 말까지는 '이달의 우수사원상' 을 수상하여 승진할 것이다."

만일 당신의 목표가 오직 당신에게만 달려 있다면 그 목표를 성취하기 위해 노력하는 것이 그만큼 중요한지를 확인해야 한다. 만일 필요한 전화번호를 찾는 데 문제가 없거나 114 전화 수수료를 내는 것에 개의치 않는다면 굳이 명함집이나 주소록을 정리하는 데 시간과 노력을 허비할 필요가 없는 것이다.

잡초 제거 시간

자신이 목표를 어떻게 성취할 것인지 걱정하지 마라. 그것을 당신보다 위대한 힘이 처리하도록 내버려 두어라. 당신이 어디로 가고 있는지만 알면 된다. 그러면 답은 저절로 나타난다.

| 도로테아 브란트(Dorothea Brandt)

프로는 세상을 탓하지 않는다

이제 다음에 명시된 것들 중 하나라도 포함된 것이 있는 목표는 삭제한다.

1. 당신의 목표는 정말 당신을 위한 것이 아니고, 다른 사람을 감동시키거나 만족시키기 위해 그냥 적은 목표이다.
2. 당신을 더 행복하고 더 건강하고 더 부유하고 더 현명하며 더 창조적으로 만들지 못하는 목표이다.
3. 당신이 즐겨 하는 행동이나 잘하는 행동과 관련된 것이 아니다. 아마도 이 목표를 추구하는 것이 즐겁지 않을 것이다.
4. 불법적이고 비윤리적이며 비도덕적어서 다른 사람을 해칠 수 있고 당신의 평판에 해가 될 수 있는 것이다.
5. 당신이 그 목표를 생각하거나 다른 사람에게 이야기할 때 전혀 흥분되지도 않고 영감이 떠오르지도 않는다.
6. 그 목표는 당신이 이미 가지고 있는 자원, 학력, 기술이나 능력과 조금도 관련이

없다.

7. 그 목표를 명확하게 서술할 수 없다.

8. 그 목표에 도달하기 위해 기꺼이 대가를 지불할 생각이 없다.

당신이 볼 수 있다면 할 수도 있다

미래는 '아마' 라고 불린다.

| 테네시 윌리엄스(Tennessee Williams)

목표를 시각화하는 당신의 능력은 그 목표에 도달하기 위한 긴 행로로 당신을 데려다 준다. 보이지 않으면 과녁을 맞힐 수 없다. 목표는 어떤 모습인가? 자신의 앞날을 비추어 보라. 자신의 목표를 모두 실현시켰다고 생각하고 자신이 어떻게 살고 있는지 상상해 본다. 이러한 행동은 당신의 욕망을 더욱 강화시킨다. 당신이 볼 수 있으면 그것을 믿게 된다. 한번 도전해 보라.

- 모든 것이 완벽했던 날을 생각해 보라. 어디에 있었는지, 누구와 있었는지, 감정은 어땠는지, 색깔, 이미지, 소리, 냄새는 어땠는지 무엇을 하고 있었는지 자세하게 묘사해 보라.

- 미래로 테이프를 빨리 돌려라. 당신은 원하는 모든 것을 가지고 있다. 당신의 완벽한 인생에서 하루를 보내 보라. 어디에 살고 있는가? 주변을 묘사해 보라. 당신의 집은 어떤가? 마음속에서 당신의 집을 돌아보라. 자세하게 묘사해 보라. 당신의 통장을 열어 보라. 잔고가 얼마나 되는가? 어떤 일을 하고 있는가? 자신이 무엇을 하는지, 어디에서 일하는지 설명해 보라. 그날까지 가장 큰 업적은 무엇인가? 당신의 사무실은 어떤 모습인가?

- 이제 현재에 대해서 생각해 보라. 아침에 일어나자마자 하는 일은 무엇인가? 오전 시간은 어떻게 보내는가? 점심시간에는? 저녁에는? 당신이 본 것을 그려 보거나 본 것을 상세하게 설명하는 글을 써 보라.

시각화는 다양한 상황에서 효과가 있는 기술이다. 운동선수들은 경기 중이나 경주에 참여하고 있을 때 그 경기가 있기 훨씬 전부터 마음속으로 계속 시각화를 한다. 시각화는 가장 좋은 결과를 창조할 수 있는 기회를 가져다준다. 당신의 미래를 시각화하는 것은 마치 영화 예고편을 보는 것과 같다. 오직 시각화하는 것만이 당신을 미래의 주연으로 만든다. 자신의 미래를 예견해 보라.

완벽한 커리어를 가지고 있는 자신을 그려 보라. 2장에서 제시된 질문들은 이러한 이미지를 그리는 데 도움을 주기 위한 것들이다. 세부 사항도 모두 그리고 마음속에서 그림이 분명해질 때까지 계속해서 그려 보라. 다음의 질문들도 도움이 될 것이다.

- 하루 종일 무엇을 하는가?
- 어디에서 일하는가? 실내, 실외, 아니면 집에서?
- 근무 시작 시간은 몇 시인가? 그러면 몇 시에 일어나야 하는가?
- 소기업인가 대기업인가? 당신은 상사인가 직원인가?
- 근무할 때 어떤 옷을 입는가?
- 하루에 몇 시간 근무하는가?
- 누구와 함께 근무하는가? 혼자서 일하는가?
- 당신이 참석한 회의에는 누가 참석하는가?
- 당신이 수행하는 주된 업무는?
- 어떤 기술을 가장 많이 사용하는가?
- 당신이 사용하는 도구는 무엇인가?
- 다른 사람들에게 어떤 대접을 받는가?
- 봉급은 얼마인가?
- 봉급 외에 다른 혜택은 무엇이 있는가?

이제 당신의 완벽한 커리어가 마음속에 분명히 그려졌으면 다음의 질문에 답해 보라.

- 바로 당신이 하고 싶어하는 일을 하고 있는 사람은 누구인가?
- 어떤 회사나 커리어가 이 특성에 가장 잘 맞는가?

한번 생각해 보라. 이런 간단한 활동을 통해 당신의 인생에 새로운 방향이 제시될 수도 있다.

첫발 내딛기

목표(goal)의 처음 두 글자는 '가다(go)'이다. 그러니 사이드 브레이크를 내리고 당신의 목표 기어를 넣은 다음 제일 중요한 첫걸음을 시작하라. "스타워즈, 제국의 역습"에서 제다이 스승인 요다는 루크 스카이워커에게 우주의 위대한 힘(force)을 느끼는 방법을 설명하려고 한다. 쉰 목소리로 요다는 제자에게 이렇게 말한다.

"해 보는 것이란 없다. 단지 하는 것만 있을 뿐이다."

어느 정도까지는 명확하게 제시된 목표만 가지고 있어도 그 목표에 도달하는 데 도움이 된다. 하지만 당신이 약간의 노력을 쏟는다면 더욱 멀리 있는 목표에 도달할 수 있다. 다음은 목표에 도달하기 위한 첫걸음의 예이다. 일단 당신이 시작하기만 하면 즉시 가속도를 낼 수 있다. 시작이 가장 어려운 일이다.

목표	첫걸음
춤, 요리, 스쿠버다이빙 배우기	학원에 등록한다.
집 청소, 집 정리	파티를 열 날짜를 정하고 초대장을 보낸다.
몸무게 5 킬로그램 줄이기	커피에 보통 우유 대신 탈지우유를 넣는다.
직업 바꾸기	이력서를 새로 쓴다.
더 좋은 남편 되기	오늘 아내에게 꽃을 보낸다. 요리한다.
더 좋은 상사 되기	일을 잘한 직원을 칭찬한다.

목표가 분명하면 길이 보인다

태도 향상시키기	사람을 만날 때마다 미소 짓는다.
세상을 변화시키기	재활용품 휴지통을 사고 분리수거를 한다.
더 좋은 몸매 만들기	같이 운동할 파트너를 찾아 일주일에 세 번 만나서 운동한다.

하루에 10분씩 당신의 목표에 투자해 본다. 오랜 기간에 걸쳐 조금씩 조금씩 그 투자가 쌓일 것이다. 한걸음 한걸음씩 나아간다. 식은 죽 먹기다.

한 번에 한 가지 목표에만 힘쓸 필요도 없다. 목표를 바꾸어 가면서 노력한다. 목표들을 설정하면 당신이 무엇을 하든 결국 목표 중 하나를 향해서 나아가는 것이다.

핑계, 핑계

얼마나 많은 사람들이 그것을 할 수 없다고 말하는지, 얼마나 많은 사람들이 이전에 그 일을 시도해 봤는지는 중요하지 않다. 중요한 것은 당신이 무엇을 하든 당신에게는 첫번째 시도라는 것이다.

| 월리 "페이머스" 에이모스(Wally "Famous" Amos, Famous Amos라는 과자 회사의 창설자)

자신의 능력을 제한적인 핑계는 많은 작가들이 자신의 목표에 도달하는 것을 방해했다. 많은 사람들, 아주 많은 사람들이 사실상 책을 쓰고자 하는 목표를 가지고 있다. 나는 항상 이런 이야기들을 들어 왔다. 그러나 그들 중 극히 일부만이 책을 쓴다. 책 쓰기는 '손에 잡히지 않는 목표'로 남게 되는 것이다. 내 생각에는 이런 경우가 실제로 글을 쓰기라도 한 사람보다는 "글을 썼었더라면"이라고 바라는 사람들에게 더 많이 나타나는 것 같다. 유령 작가가 옆에서 글을 대신 써 주지 않는 한 책이 저절로 만들어지는 것은 아니기 때문이다. 더욱이 많은 사람들에게 있어 그들의 목표는 책을 판매하는 것이다. 책을 팔기 위해서는 우선 책을 써야 한다. (아니면 적어도 제안서라도 써야 한다.) 종이를 꺼내서 한 페이지 한 페이

지씩 써야 하는 것이다. 그래야만 무엇이라도 이루게 되는 것이다. 이 일은 긍정적인 태도를 가지고도 충분히 어려운 일이다.

내 이름도 쓸 줄 모르기 때문에 난 할 수 없어.	맞춤법 검사 프로그램을 사거나 편집자를 고용한다.
벌써 너무 많은 책이 출판되었기 때문에 난 할 수 없어.	항상 책 한 권을 더 출판할 여유는 있는 법.
나는 대행사가 없기 때문에 할 수 없어.	스스로 출판하면 된다.
실패할지도 모르기 때문에 난 할 수 없어.	이보다 최악의 경우가 어디 있겠는가?
지금 직업을 관둬야 하기 때문에 난 할 수 없어.	글쓰기는 아르바이트로 하면 된다.
너무 늙었기 때문에 난 할 수 없어.	아예 안 하는 것보다 늦게라도 시작하는 것이 낫다.
평론가들이 혹평을 할지도 모르기 때문에 난 할 수 없어.	어떤 혹평도 당신을 죽이지는 않으며 이러한 것들은 당신을 단련시킨다.
무엇을 써야 할지 모르기 때문에 난 할 수 없어.	자신이 알고 있는 것을 쓴다.
나는 '아이디어 창고' 같은 사람이 아니기 때문에 할 수 없어.	바퀴를 다시 발명해야 할 필요는 없다.
컴퓨터가 없기 때문에 난 할 수 없어.	타자기도 괜찮다.
시작할 수 없기 때문에 난 할 수 없어.	작가 모임에 참여한다.
책 홍보 여행을 가게 되면 누가 내 고양이를 돌보지? 그렇기 때문에 난 할 수 없어.	해결책을 찾아보아라! 전화 인터뷰를 하면 된다.

[힌트] 자신이 하는 말에서 "할 수 없어."라는 말을 빼고 그 자리에 "할 거야."라는 말을 넣는다.

목표가 분명하면 길이 보인다

마감 시한

마감 시한이 없어도, 아무것도 못하지는 않았을 것이다.

| 듀크 엘링턴(Duke Ellington)

지미 버펫(Jimmy Buffet)은 미시시피대학에서 신문방송학을 전공하고 있을 때 처음 비행기 조종술에 접했다. 처음에는 가난이, 그 후에는 음악가와 작가로서의 성공적인 커리어가 비행기 조종사 면허증을 따려는 목표에 방해가 되었다.

"몇 년 전 사십 살을 바라보면서 나는 사십 살까지 비행기 조종사 면허증을 따겠다고 맹세했던 것을 기억했죠. 여러 번 나는 비행기 조종 교습을 받으려고 했지만 내가 스스로 정한 기한이 다가올 때까지 끝내지 못했고 그제야 심각하게 생각했습니다."

내가 책을 쓸 때, 출판사에서는 몇 페이지짜리 책을 쓸 것인지, 기한이 언제인지를 정해 주는데 이것이 나에게는 많은 도움이 된다. 내가 얼마나 일을 해야 하는지, 언제까지 일을 끝내야 하는지를 알기 때문이다. 만약 책이 300페이지 길이여야 하고 마감일까지 100일이 남아 있다면 매일 3페이지씩 써야 하는 것이다.

기한은 또한 모닝콜과 같은 역할을 한다. 긴박한 느낌을 줄 뿐 아니라 행동을 하도록 해 주기 때문이다. 내가 아는 많은 창조적인 사람들은 기한이 없다면 아무 일도 하지 않는다. 기한이 다가오면 그들은 미친 듯이 일한다.

목표도 마찬가지이다. 기한이 없다면 당신의 목표들은 여전히 도달할 수 없는 곳에 남아 있을 것이다. 기한을 정하면 목표에 이르기 위한 길을 찾는 데 도움이 되는 동기가 당신에게 더욱 많이 생기게 된다.

실천 사항

시간의 선상에서 현재 나이를 찾아라. 다음, 자신이 생각하는 원숙한 나이를 정하라. 또는 은퇴하고 싶은 나이나 다른 중요한 시기를 정하라. 그럼 이제 그 나이까지 남은 시간을 계산하라. 남은 시간 동안 당신이 무엇보다도 이루고 싶은 일 한 가지는 무엇인가?

0 18 21 25 30 35 40 45 50 55 60 65 70 75

초점이 맞지 않음

몇 년 전, 나는 훌륭한 사람들(Ward Cleaver)은 하루 종일 자신들의 최고로 중요한 일에 효과적으로 집중하고 절대로 집중력을 잃지 않으며 휴식도 취하지 않고 자신을 즐겁게 하는 일도 하지 않는다고 믿었었다. 이런 생각은 아마도 내가 『부지런하기 위해 떠나라』(Leave It to Beaver)를 보고 갖게 된 것 같다. 만일 내가 땡땡이를 쳤다면 나는 훌륭한 사람이 아니었을 것이다.

| 리처드 브로디(Richard Brodie)

창조적이고 발명을 잘하고 상상력이 풍부한 사람들 중 많은 사람들은 한 번에 집중할 수 없기 때문에 고생을 한다. 이런 사람들 중 성공한 사람들은 대부분 바로 이 결점을 장점으로 활용했다. 토크쇼 사회자 제이 레노(Jay Leno)는 자신이 집중력이 너무 짧은 것으로 악명 높았다고 말했다. 그렇지만 그는 빠르게 돌아가는 머리와 재빠른 재치를 무대와 인터뷰에서 자신의 장점으로 활용했다. 짐 캐리(Jim Carrey)는 수업 시간에 과제를 재빨리 해치웠기 때문에 다른 학생들보다 먼저 과제를 끝마쳤다. 이 놀라운 재능을 모두 어디에 쓸 줄 몰랐기 때문에 그는 수업 시간에 약간 혼란스럽게

행동했다. 오늘날 그의 혼란스러운 행동은 그를 백만장자로 만들었다. 데이비드 리 로스(David Lee Roth)는 어린 시절에 지나치게 활동적이어서 부모님은 그를 정신과 의사에게 데리고 갔다. 하지만 반 할렌(Van Halen)이 무대 위에서 로스의 재능 덕을 보았다는 사실을 부인할 사람은 아무도 없을 것이다.

반면 집중력이 중요할 때에는 집중력을 키울 수 있는 방법을 배울 수 있다. 빌 게이츠(Bill Gates)는 쉽게 지루함을 느끼는 것으로 알려져 있다. 그렇지만 그는 도전할 만한 것이라고 여겨지거나 자신이 관심을 가지는 것에는 아주 긴 시간 동안 집중할 수 있다.

영화 "터커"(Tucker: The Man and His Dream)의 시작 장면에서 제프 브리지스(Jeff Bridges)가 연기한 터커는 자신의 차와 맞바꾼 열두 마리의 달마시안을 데리고 집으로 온다. 그의 아내와 아이들은 이 이상한 행동에 당황하지 않는다. 실화에 근거한 이 영화 내내 터커는 단지 그가 '미래의 자동차'를 설계할 때만 빼고는 어느 모로 보나 즉흥적이고 충동적이며 산만한 발명가로 나온다. 그는 수많은 장애에도 불구하고 미래의 자동차를 만들겠다는 그의 꿈에 집중했고 그 꿈을 따라 차를 만들어 낸다.

집중하는 것은 쉬운 일이 아니다. 어느 순간에나 당신이 선택의 기로에 서는 경우는 무한하다. 문제는 당신은 자신만의 강점과 약점에 근거해서 선택을 한다는 것이다. 그리고 때때로 당신의 약점이 결정을 내리는 요소가 되기도 한다. 시나리오 작가 릭 래미지(Rick Ramage)는 어렸을 때 비행기 조종사가 되는 데 관심이 있었다. 그는 다시 한 번 생각했다.

"나는 공상을 많이 했지요."

그가 인정했다.

"공상하는 것은 작가에게는 좋지만 비행기 조종사에게는 별로 좋지 않지요."

당신의 목표에 집중하는 데 도움이 되는 몇 가지 기술이 있다.

항상 보이는 곳에 두라. | 자신의 목표를 큰 종이에 적어서 책상 앞에 붙여 두라. 목표에 대한 그림을 그려서 당신이 많은 시간을 보내는 곳이면 화장실이건 부엌이건 텔레비전 위건 어느 곳에나 걸어 두라. 목표를 적은 흔들거리는 장난감을 만들어 자동차 백미러에 붙여 놓아라. 암기용 단어 카드에 목표를 적어서 어디에 가든 가지고 다녀라. 지갑을 열 때마다 잘 보이도록 색깔이 있는 카드면 더 좋다.

'목표 게시판'을 만들라. | 여기에 자신의 목표를 나타내는 그림이나 사진들을 붙여 두라. 당신이 목표를 향해 노력하는 동안 지속적으로 그림을 덧붙인다.

목표를 게임으로 만들라. | 목표를 이루어나가는 각 단계마다 점수를 매기고 목표를 달성하는 데 필요한 점수의 합계를 내라. 자신이 얻은 점수를 계산해서 목표 도달 점수의 25%, 50%, 75% 등 일정한 점수에 도달하면 자신에게 상을 준다. 미리 상을 정해 놓고 그 점수에 해당하는 상의 사진을 붙여 놓는다. 점수가 올라갈수록 더 좋은 상을 주는 것이 좋다.

긍정적으로 생각하라. | 당신의 목표에 집중할 수 있도록 매일 매일 확신에 찬 구호를 외쳐라. "나는 할 수 있다! 나는 할 수 있다! 아무것도 내가…_(자신의 목표)을 못하게 막을 수 없다!" 이 구호를 조용하고 편안한 상태일 때 세 번씩 외쳐라. 예를 들어 교통 체증에 걸려 있는 상태가 아니라 아침에 일어나자마자 잠자리에서 일어나기 전과 같은 상태에서 외쳐라. 구호를 외치다 보면 믿게 된다.

목표를 같이 할 파트너를 찾아라. | 자신이 목표를 향해 행동하고 성취하는데 도움을 줄 사람을 찾아라. 헬스클럽에서 운동을 같이 할 파트너가 있다면 좀 더 자주 운동하러 가게 된다는 사실을 알고 있는가? 파트너가 실망하는 것을 원하지 않기 때문이다. 그럼 당신 자신도 실망하지 않게 된다.

당신의 목표에 대해 다른 사람들에게 이야기하라. | 모든 사람에게 이야기하라. 열정적으로 이야기하라. 그들이 당신에게 끽소리 못 하도록 하라.

목표를 향해 노력하는 다른 사람들과 어울려라. | 그리고 자신들이 하는 일에 대해 긍정적으로 생각하며 즐거워하는 사람들과 어울려라.

좋은 생각이지만…

1993년 갤럽의 조사에 의하면, 사람들의 새해 3대 결심은 다음과 같다.

1. 재정 상태 개선
2. 금연
3. 체중 줄이기

그리고 다음은 새해 결심을 깨는 3대 이유이다.

1. 의지력의 부족
2. 흥미를 잃음
3. 목표를 너무 높이 설정함

목표를 세우지 않는 핑계, 그리고 그것들이 말도 안 되는 이유

이 장에서 설명한 과정들을 아직 시작하지 못했다면 자신이 다음에 제시하는 핑계들 중 한 가지를 대고 있다는 사실을 발견할 것이다. 창조적인 사람들이기에 우리는 적어 놓지 못한 목표에 대해 꽤 영리하게 합리화를 시키곤 한다. 그렇지만 모두 다 말도 안 되는 것들이다.

"벌써 목표가 있어요."

좋다. 그럼 그 목표들을 글로 적었는가? 또박또박 명확하게 이야기할 수 있는가? 진정한 목표는 글로 적힌 것이다. 그래서 우리가 목표를 검토할 수 있고 개조할 수 있고 기억할 수 있으며 그 목표가 우리들의 일상적인 행동과 결정을 이끌어 줄 수 있는 것이다.

어렸을 때 척 기븐스(Chuck Givens)는 인생에서 이루고자 하는 181가지의 목표를 적었다. 제일 앞에 적은 목표는 히트송을 만들고 자신의 녹음 스튜디오를 가지는 것이었다. 22세 때, 그의 노래 "Hang On, Sloopy"는 음악 순위에서 1위를 차지했고, 저작권 사용료로 녹음 스튜디오를 열었다. 오늘까지 기븐스는 자신이 원래 작성했던 목표 목록에서 160가지를 달성하였다.

"나는 매년 1월에 새해 결심을 합니다. 그리고 2월이 되면 나는 항상 옛날의 모습으로 돌아갑니다. 목표 세우기는 나에게 별로 효과가 없어요."

목표와 결심에는 큰 차이가 있다. 전자는 효과가 있지만 후자는 그렇지 않다. 결심이란 종종 비현실적이고 충동적이다. 당신은 처음에는 결심에 관심을 기울이지만 여기에는 실질적인 약속이 없기 때문에 곧 낙담하고 관심을 잃는 것이다. 반면에 글로 써 놓은 목표는 영혼에 대한 탐색을 진지하게 하도록 하는 과정을 갖게 한다. 자신이 진정으로 하고 싶어하는 것을 할 때 당신은 그 일을 끝까지 할 수 있게 된다.

"목표를 세우는 것은 너무 힘들고 복잡한데다가 귀찮아요."

이 핑계는 결국 목표를 세우는 방법을 모른다는 이야기다. 이 장에 있는 단계를 밟아 가다 보면 당신은 자신에 대해 많은 것을 배울 것이며, 인생의 경로를 계획하는 것이든 단순히 몸무게 5킬로그램을 줄이는 일이든 당신이 해야 할 일을 하는 데 도움이 되는 기술을 개발하기 시작하게 된다.

"지금의 생활을 하는 데도 너무 바빠요. 게다가 미래에 무슨 일이 일어날지 알 수 없잖아요."

오늘을 위해 산다. 우리는 모두 내일 죽을지도 모르니까. 아니다. 틀렸다. 미국에서 여성의 평균 수명은 79세이고, 남성의 평균 수명은 72세이다. 목표가 있건 없건 아직 살 날이 많이 남았다는 이야기이다. 자신의 목표를 글로 쓰는 것은 마음에 평화, 생각의 명확성 그리고 미래에 대한 희망을 가져온다. 목표는 당신에게 동기를 주고 당신의 매일의 결정을 이끌

목표가 분명하면 길이 보인다

어 당신이 예측할 수 없는 미래를 최대한 이용할 수 있도록 해 준다.

"목표를 글로 쓰는 것은 나를 지루하게 만들고 또 예측할 수 있게 만들어요. 그리고 나의 창조성을 억압하죠."

좋다. 그러니까 목표를 연필로 쓰라는 것이다. 원할 때마다 목표를 고치거나 세련되게 만든다. 그렇지만 일단 종이에 먼저 써 놓아라. 그렇지 않으면 쉽게 지루해지고 답답하게 되며 억압 받는 느낌을 받게 될 테니까. 바로 당신이 가장 피하고 싶은 상태가 되는 것이다. 목표를 콘크리트 처럼 단단하게 세울 필요는 없다. 하지만 만약 목표가 모래성과 같다면 파도에 쓸려버릴 것이다. 실제적인 목표를 설정하는 데는 자기 자신에 대한 지식이 필요하다. 그리고 자기 자신에 대한 지식은 그것만으로도 보다 나은 인생의 경로를 계획하는 데 도움이 될 수 있다.

"목표를 세울 시간이 없어요."

목표 세우는 것을 최우선 과제로 삼아라. 작은 것이라도 지금 할 수 있는 것을 하라. 그런 작은 과정들이 나중에 어떻게 쌓이는지를 보면 아마도 깜짝 놀랄 것이다. 너무 바쁘다는 것은 바로 당신이 천천히 나아가는 것에, 자신을 들여다보고 자라서 무엇을 할 것인지 결정을 내리는 것에 두려움을 가지고 있다는 사실을 나타내는 증상이다. 당신의 인생은 끊임없는 세부 사항과 생각 없는 사소한 일들로 인해서 낭비되고 있는 것이다.

"목표를 글로 쓴다고요? 에이, 그런 심각한 일을 한다는 말입니까? 나는 그런 대단한 일을 할 준비가 되어 있는지 잘 모르겠는데요."

"나는 목표 세우기에 너무 늙었어요/너무 어려요."

이런 핑계는 두려움 때문에 나타난다. 실패에 대한 두려움, 성공에 대한 두려움, 변화에 대한 두려움, 그리고 약속에 대한 두려움이 그것들이다. 만일 두려움이 당신을 방해하도록 방치한다면 항상 안전한 일만 할 것이고, 쓰고 싶다던 책은 쓰지도 못하고서 사업을 시작하거나, 자신이 그린 그림으로 전시회를 하는 따위의 일은 절대로 하지 못하거나 할 것이다. 그러면 분노, 좌절감, 우울증 그리고 동기 부족과 같은 감정이 생기게 된다. 해답은 작은 단계부터 시작하는 것이다. 목표를 세운다는 것은 당신이 준비도 되지 않았지만 완전히 환골탈태의 변화를 이루는 것을 의미하는 것은 아니다. 당신은 현재의 직업을 관둘 필요도 없고 단지 당신이 원하는 것을 향해 첫 발을 내딛기만 하면 된다. 그렇지 않으면 아무것도 이룰 수 없다.

"내가 더 많은 것을 위해 노력을 한다면 다른 사람들이 어떻게 생각할까요?"
"내가 더 할 수 있다는 것은 알지만 지금 가진 것에 만족해요."

낮은 자존감은 당신이 행복하거나 성공할 자격이 없다는 마음 깊은 곳의 느낌이다. 왜 당신은 자신이 원하는 것을 모두 가져서는 안 되는가? 다른 사람들만큼 당신도 그럴 자격이 있다. 다른 사람들이 당신에게 중요한 선택을 강요하도록 만들지 말아야 한다.

한 대학 교수는 졸업을 앞둔 4학년 학생들에게 기말고사에서 3가지 세트의 질문을 했다. 첫번째 그룹 문제가 가장 어렵고 배점도 높은 것이었고, 두 번째, 세 번째 그룹의 질문은 좀 더 쉬운 대신 점수도 적었다. 학생들은 한 세트에서만 질문을 고를 수 있었다. 좀 더 쉬운 그룹에서 질문을 택한 학생들이 자신들의 시험지를 돌려받았을 때 답을 정확하게 썼음에도 불구하고 낮은 점수를 받은 사실에 대해 어이없어했다. 그들은 교수에게 그가 원했던 것이 무엇이었는지 물었다. 교수는 미소 지으면서 이렇게 말했다. "교과서에 대한 지식을 시험한 것이 아니라 자네들의 목표를 시험한 것일세."

"하고 싶은 것이 너무 많아서 한 가지만 선택하고 싶지는 않아요."

단 한 가지만 선택할 필요는 없다. 몇 가지 목표를 가지거나 가장 중요한 목표, 사명, 비전을 한 가지 가지고 그것을 뒷받침할 몇 가지 목표를 가질 수도 있다.

나는 예술학교에 다니면서 숙제도 하고, 작은 소매상점을 운영하면서 상품 계획, 광고, 홍보를 관리하면서 심지어는 구매도 일부 담당하였으며, 다른 회사의 아르바이트 판매 사원으로도 일하고(내 담당 구역에 하와이가 포함되어 있었기 때문에 계속 머물러 있었다.), 경찰서의 D.A.R.E. 프로그램의 대변인으로 자원 봉사를 하면서(내가 세상에 나의 재능을 돌려주는 방법이다.) 동시에 이 모든 것에 대한 관심을 유지하려고 노력했던 것이 기억난다. 나는 분명히 집중하지 못했고 당연히 목표도 없었다. 그 결과 몇 가지 일에서는 이류밖에 되지 않았고 나머지 일에서는 아주 지독했다. 나는 결국 아주 구체적인 목표를 세웠고 나의 길을 밝혔으며 내가 집중하기로 선택한 것들에서 성공을 이루었다.

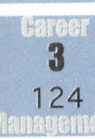
프로는 세상을 탓하지 않는다

4

직업 선택은 인생 최대의 모험이다

인생의 기쁨은 우리에게 작은 만족을 주는 아주 소소하고 아주 흔해 보이는 승리들
로 이루어진 것이다.

| 빌리 조엘(Billy Joel)

어떤 사람이 커리어를 계획하는 데 쓰는 시간보
다 휴가 계획을 세우는 데 더 많은 시간을 보냈다. 왜 그럴까?

당신이 휴가 계획을 어떻게 세우는지 생각해 보라. 일단 이런 생각으로
시작할 것이다.

"아, 나는 열대 지방에(역사 유적이 있는 곳에, 또는 교육적인 곳에 또는 흥미진진한 곳에) 가고 싶어."

그리고 나서 남반구인지 북반구인지를 결정하고, 그 다음에는 나라, 그
리고 머물고 싶은 장소의 유형(야영장 또는 리조트), 그리고 머물 장소, 그리고 어떻
게, 언제 그곳에 갈 것인지 점차 범위를 좁혀 나간다. 일단 예약을 하면
그곳에 가서 무엇을 할 것인지 생각한다.

커리어를 계획하는 것도 이것과 같다. 목표를 설정하고 당신이 원하는 곳까지 한 단계씩 선택의 범위를 좁혀 나가는 것이다. 아직까지 이런 과정을 거친 적이 없다면 이제 막 시작한 것이나 다름없다. 목표 설정이 자신을 제한한다고 생각하지 마라. 단지 휴가라고 생각하자. 앞으로 몇 년 동안 세계 일주를 한다고 생각하라. 계획 없이는 아무 곳에도 갈 수 없다. 커리어가 당신에게 찾아올 것이라고 생각할 수 있다. 만약 그렇다면, 당신은 나보다도 더 좋은 여행사를 이용한 것이다.

인생은 예술

예술이란 아무것도 없는 가운데서 무엇인가를 만들어 내고 그것을 파는 것이다.

| 프랭크 자파(Frank Zappa)

프로는 세상을 탓하지 않는다

당신 주변의 모든 것이 혼란스러워 보이는 시기가 있다. 심각한 위기에 빠져 있고 다음에 무엇을 해야 할지도 모르고, 아무것도 확실치가 않을 것이다. 이런 불확실성에서 벗어나기 위해 아니면 적어도 정리하기 위해 휴가가 필요하다고 생각할 것이다. 해결할 수 있는 길은 이러한 불확실성에서 벗어나 예측 가능한 상태로 돌아가려면 당신의 인생을 조종하고 그 주도권을 다시 가져야 한다는 것이다. 휴가가 필요한 것이 아니다. 당신은 사명감과 계획이 필요한 것이다. 이것들은 당신이 혼란을 완전히 벗어나 좀 더 스트레스를 덜 받고 더욱 강해진 모습으로 나아가는 데 도움이 될 것이다.

아주 극단적인 우뇌 중심 사람도 그들의 인생에서 어느 정도 조직이 필요하다. 그러나 창조적인 사람들은 전통적인 계획 세우기가 너무 조직적이고 제한적이라는 생각 때문에 거부하곤 한다. 꼭 그렇지만은 않다. 3장에서 당신은 자신의 비전을 분명히 하고 목표를 세웠다. 일단 목표가 있으면 그 목표 달성을 도와줄 계획이 필요하다. 이 계획이란 지도와도 같은 것이다. 어떤 절차를 밟아야 하는지, 그리고 어떤 순서로 해야 하는지를 보여 주는 발자국과도 같은 것이고, 당신이 경로를 벗어났을 때 알려주는 이정표와도 같은 것이며, 인생의 여정을 위한 권고 사항의 목록이고, 당신이 목적지에 빨리 도착할 수 있도록 도와주는 여행 가이드와 같은 것이다.

바로 여기서 지금이 시작할 때이다. 당신의 목표는 당신이 좋아하는 일을 하면서 생계를 유지하는 것이다. 일단 목표에 도달하게 되면 관광도할 수 있고 여기저기 돌아다니며 즐거운 시간을 보낼 수도 있다. 새로운 목표 지점에서 이제 새로운 다른 곳으로 떠날 결정을 할 수도 있다. 과정은 매번 같다. 목적지를 정하고 그곳에 어떻게 도달할 것인지를 연구해서 떠나는 것이다.

알고 계십니까?

잡지 《워킹우먼》(Working Woman)이 실시한 조사에 따르면, "자신들이 가지고 싶어 했던 직업을 가지고 있는 사람은 단지 8%뿐이다."

흉년

다음에 나오는 고생담은 – 자신이 어떤 곳으로도 가고 있지 않고 이미 모든 것을 포기했다고 느끼는 때조차 – 커리어 계획을 가지고 그 계획을 지켜나가고 있는 것이 당신에게 어떻게 도움이 되는지를 보여 준다. 포기하지 말고 버텨라. 당신이 진정 원하기만 한다면 성공할 수 있다.

내가 몇 년 전 샌디에이고방송국에서 일하고 있을 때 나는 '스피릿(The

Spirit'이라는 클럽의 주인과 아주 가깝게 지냈었다. 그 클럽은 바닷가에 있는 분홍색 인테리어의 작은 클럽이었는데 이곳에서 많은 음악 밴드들이 그들의 커리어를 시작했었다. 어느 날 방송국의 한 DJ가 그날 밤 나오는 밴드의 연주는 들을 만하다고 내게 얘기해 주었다. 내가 그곳에 도착했을 때 주차장은 거의 비어 있었다. 클럽 안엔 손님이 겨우 열 명 남짓했다. 그렇지만 그 밴드는 아무도 오지 않아도 상관없다는 듯 보였다. 그들은 락 음악을 연주하고 있었기 때문이다. 그 밴드는 바로 REM이었다.!

펄 잼(Pearl Jam)의 싱어송 라이터 에디 베더(Eddie Vedder)는 '바카널(The Bacchanal)'이라는 클럽에서 매니저로 일하면서 아르바이트로 주유소에서 심야 근무를 했다. 그의 말로는 작곡하는 데 필요한 평화와 고요를 이 시간에 얻었다고 한다. 그의 관심은 오로지 음악과 서핑이었다. 그는 지역 신문 기자에게 이렇게 말했다.

"음악에 관련 있는 일이라면 무슨 일이든 할 수 있어요. 급료가 없어도 상관없습니다."

그렇지만 그들은 그에게 사례를 하였다!

1978년 봄, 에미 그랜트(Amy Grant)는 자신의 첫 앨범을 발매하였다. 그해 여름, 고등학교를 졸업하고 그녀는 어머니와 함께 첫번째 앨범 홍보 투어를 떠났다. 그녀의 첫번째 목적지는 캘리포니아 남부의 한 서점 겸 레코드점이었다. 그녀의 매니저는 멋진 초청장을 1,200장이나 보냈고 많은 인파가 몰려올 것으로 기대하고 있었다. 에미는 90분 동안 사인회와 노래를 몇 곡 부르기로 되어 있었다. 그렇지만 한 사람도 나타나지 않았다. 그러나 그녀는 노래를 불렀다. 그 자리에 있던 단 한 사람의 관객, 상점 매니저를 위해서 노래를 했다. 그녀의 어머니마저도 자리를 떴는데도 말이다! 그녀는 후에 캘리포니아 남부 지역을 순회했고 그때는 그녀를 보기 위해 표를 사가지고 온 관객이 2만 명을 넘었다.

어느 가수는 건축가가 자신이 열망하는 것이 아니라는 이유로 텍사스 공대를 중퇴하였다. 그에게 기쁨을 주는 것은 바로 노래하는 것이었기 때문이다. 모든 사람들은 그가 실수하는 것이라고 하였다. 놀이공원에서조차도 그를 가수로 고용하지 않았다. 대신 그는 놀이공원의 놀이 기구 담당 직원으로 채용되었다. 그렇지만, 존 덴버(John Denver)는 결국 가수가 되었다.

콜롬비아레코드사의 청소부로 일하고 있던 젊은 싱어송 라이터는 자니 캐시(Johnny Cash)의 관심을 끌려고 노력했다. 그는 자신의 노래 견본 테이프를 자니 캐시의 아내인 준 카터(June Carter)에게 슬며시 전해 주었다. 캐시가 아무런 반응이 없자 답답해진 젊은 가수는 어느 일요일 캐시의 집 앞마당에 헬리콥터를 타고 내려와 손에 테이프를 들고 용감하게 외쳤다.

"언젠가 내 노래를 듣게 될 것입니다."

이 사건에 딱 맞는 노래 "일요일 아침의 착륙"(Sunday Morning Coming Down)은 크리스 크리스토퍼슨(Kris Kristofferson)의 첫번째 히트곡이 되었다. 26개의 레코드사에서 퇴짜를 맞은 이 젊은 싱어송 라이터는 마침내 계약을 하게 되었다. 그의 데뷔 앨범은 고작 324장만이 팔렸고 그 레코드사는 그 가수의 다음 앨범을 놓쳤다. 그는 다른 레코드 계약에 성공하기에 충분한 명성을 쌓기 위해 계속해서 곡을 쓰고 연주 했다. 1977년 그의 노래 "Margaritaville"은 곧이어 "Grateful Dead's Deadheads"와 경쟁하게 되었고 결국 25년이나 계속된 커리어의 시발점이 되었다.

히트 앨범이 하나라도 있다는 것은 대단한 업적인데, 여러 장의 히트 앨범이 있다는 것은 놀라운 일이다. 여러분들이 이름을 기억하지 못할지도 모르지만 그래미상을 수상한 이 가수의 노래는 입에 익을 것이다. 영화 "투씨"(Tootsie)에 삽입된 "On and On" "Save It for a Rainy Day" "It Must Be You"와 같은 노래들이다. 흥미로운 것은 스티븐 비숍(Stephen Bishop)이 샌디에이고에 있는 크로퍼드(Crawford)고등학교 재학 당시 그는 음악 성적이 D였다. 그가 지역 라디오 작곡 대회에 자신이 작곡한 노래를 출품했을 때 그 노래는 예선 탈락을 했다. 그 노래는 나중에 히트송이 되었다. 그의 밴드는 '밴드들의 전투(Battle of the Bands)'라는 경연대회에서 입선했다. 그래서 그는 로스앤젤레스로 이사했다. 7년간의 고생 끝에 그는 마침내 주목을 끌게 되었다. 그의 이야기를 여기에서 한 이유는 그의 노래 중 하나의 제목을 당신에게 이야기하고 싶어서이다. "당신 없이 나는 너무 불쌍해요. 당신이 여기에 같이 있는 것 같군요."("I'm so Miserable Without You, It's Almost Like Having You Here.") 와우!

실천 사항

자신의 인생에서 가장 중요한 전환점이었던 때를 두 가지 생각해 보라. 각각에 대한 키워드를 적어 보라. 그 당시 어떤 느낌이었는가? 결과는 어떻게 되었는가? 어떻게 계획을 세웠는가?

프로는 세상을 탓하지 않는다

이봐요, 설명서에 이것은 없었잖아요

인생이란 기나긴 해고의 과정일 뿐이다.

| 새뮤얼 버틀러(Samuel Butler)

당신이 다음 단계로 나아가기 전에 창조적인 커리어, 그리고 커리어 전반에 관한 환상에 맞닥뜨려 자세히 관찰하는 것이 도움이 된다. 멀리서 보면 꽤 매력적으로 보이던 것들도 일단 눈앞에서 보면 광고에서 떠드는 것과 같은 물건이 아니라는 사실을 알게 된다. 사람들이 휴가지의 모든 것이 너무 멋지다고 써서 보낸 엽서도 현실과 다른 것과 마찬가지이다. 실상은 날씨는 폭풍이 치고 사람들은 무례하기 짝이 없는데 말이다. 미리 경계하는 것은 미리 무장하는 것이다. 이 말은 "당신이 당할 일을 알면 대략적인 내용을 알기 전에 깊이 빠지는 경우를 줄일 수 있다."라는 말의 구식 표현이다.

환상: 당신의 커리어는 당신의 인생이다.

실상: 평균적으로 사람은 은퇴하기 전까지 평생 5~7회 커리어를 바꾼다. 그리고 창조적인 사람들은 5~7년마다 5~7회 커리어를 바꾼다. 창조적인 예술 세계에서 직업을 이것저것 바꾸는 것은 괜찮다. 사실 미래에는 직업이 프로젝트에서 프로젝트로 옮겨지는 것이 될 것이다. 비록 당신이 평생 동안 한 회사에서 한 직업에 계속 종사하고 싶어도(만일 이렇다면 당신은 정말 우뇌 중심 사람이 맞는가?) 너 이상 그렇게 사는 것이 가능하지 않다. 이야기 끝.

환상: 회사가 커리어를 제공한다.

실상: 사람들이 커리어를 창조한다.

환상: 당신은 우편 수발실에서 중역실까지 회사의 승진 사다리를 오른다.

실상: 기존의 커리어 계획은 오늘날 쓸모가 없다. 낡은 규칙들은 더 이상 사용되지 않고 한때 선명하게 보였던 길은 이제 잡초가 우거지거나 비에 쓸려 가 버렸다. 당신 자신의 길을 만들어야 한다.

직업 선택은 인생 최대의 모험이다

환상: 화려한 분야와 멋진 직함이 바로 그것이다.

실상: 제작 보조. 멋지지 않은가? 만일 영화 제작에 대해서 조금이라도 아는 것이 있다면 이것이 잔심부름하는 사람을 미화한 직함이라는 것을 알 것이다. 직책은 더 이상 큰 의미가 없다. 경영자들은 드디어 멋진 직함이 얇은 월급봉투를 보상해 준다는 사실을 알게 된 것이다. 심지어는 청소원조차 산업 유지 엔지니어가 되었으니 말이다. 내 말은 높은 보수를 추구하고 고용주들이 원하는 것이 무엇이든 당신을 부르도록 만들라는 것이다.

환상: 일은 필요악이다.

실상: 만일 당신이 이상적인 커리어를 찾게 되면, 더 이상 일을 하지 않아도 된다. 일처럼 느껴지지 않을 것이기 때문이다. 이것이 완전한 현실화이다.

환상: 인기 있는 직업과 연관된 길을 선택한다. 그래야 직업을 확실히 잡을 수 있으니까.

실상: 유행이나 인기 있는 것에 자신을 한정시키지 마라. 자신의 열정, 자신의 호기심을 따르라. 전문가들은 당신의 부모나 친구들보다 당신에 대해 더 잘 알지 못한다. 당신도 그 사실을 알 것이다. 그러니 목을 길게 빼고 찾아라.

환상: 일단 하나를 찾으면 내 인생은 그걸로 완성이다.

실상: 창조적인 커리어란 롤러코스터와 같은 것이다. 열심히 일하고 인간관계를 만들면서 당신의 의무를 다하는 것과 같이 느리게 꾸준히 오르는 길이 있다. 재미는 없다. 당신이 일단 정상에 오른 후 바닥에 떨어지기 전에 발아래의 광경을 즐길 수 있는 시간이 단지 몇 초밖에 되지 않는다. 올라갔던 속도보다 10배나 빨리 떨어지는 것이다. 때때로 이렇게 빠르게 내려오는 것이 당신의 선택일 수도 있지만 아닐 때도 있다. 하지만 여기서의 추진력이 다음 언덕을 오르게 해 주고 정상에서 다시 떨어지고 다시 오르게 하는 것이다. 요점은 창조적인 예술은 당신이 꾸준하게 오르막만 오르게 해 주는 것은 아니라는 점이다. 하지만 다른 직업과는 달리, 이런 커리어는 짜릿함을 아주 많이 주기도 한다.

환상: 나는 내 첫번째 직업으로 내 인생을 시작하고자 한다.

실상: 만일 인생을 시작하기 위한 직업을 기다리고 있다면 이제 그만 기다려야 한다. 먼저 인생이 있어야 한다. 당신이 누구인지, 무엇이 되고 싶은지에 대한 생각이 있어야 한다. 그리고 직업을 찾는 것이다. 대부분의 사람들은 보통 두 번째 직업을 좀 더 오래 지속하는 경향이 있다. 왜냐 하면 두 번째 직업을 가질 때까지 그들이 진정으로 원하는 것이 무엇인지를 알아낼 시간을 가지기 때문이다.

환상: 직업을 바꾸면 모든 것이 괜찮아질 것이다.

실상: "어디에 가든 당신이 거기에 있다"라는 속담이 떠오른다. 당신에게 맞는 커리어가 인생을 훨씬 더 좋게 만든다는 데는 의심의 여지가 없지만 당신을 더 좋게 만들지는 않는다. 커리어는 오직 외형만 변화시킨다. 만일 당신의 지금 위치 때

프로는 세상을 탓하지 않는다

문에 불행하다면 다른 상황으로 뛰어들기 전에 생각하는 시간을 가져야 한다.

환상: 가장 재능 있는 사람들이 앞서간다.

실상: 재능은 당신을 어느 정도까지밖에 이끌어 주지 못한다. 당신의 커리어를 사업으로 여기는 비전, 계획 그리고 의지 등이 바로 앞서 가는 데 필요한 것이다. 1973년 지미 버펫은 자신의 기타 연주를 흠잡는 벨보이에게 이렇게 말했다.

"당신은 훌륭한 연주자이고 나는 그만큼 훌륭한 연주자는 아닙니다. 하지만 나는 시인이며 사업가입니다. 그리고 언젠가 나는 부유하고 유명해질 것입니다. 당신은 계속 벨보이로 남아 있겠지요."

그리고 결국에는 그렇게 되었다.

환상: 어떤 사람들은 행운의 기회를 모두 가진 것 같다.

실상: 당신이 자신의 운을 만드는 것이다. 이 모든 행운의 기회 뒤에는 많은 조사, 준비와 계획이 있었던 것이다. 적절한 시간에 적절한 때에 있다는 것은 기회가 생겼을 때 당신 자신이 준비가 되어 적절한 자리에 있거나, 그곳으로 가도록 하는 것, 그리고 기회가 왔을 때 기회를 움켜쥘 수 있는 마음가짐을 가지는 것을 의미한다. 많은 사람들은 복권에 당첨될 확률이 없다고 주장한다. 그래서 그들은 복권을 사지 않는다. 그럼 그들이 절대로 복권에 당첨되지 않을 것이기 때문에 불운한가? 아니면 그들이 기회를 잡지 않기 때문에 불운한가? 기회란 사방에 있는 것이다. 그러나 자신이 무엇을 원하는지에 대한 뚜렷한 비전 없이는 당신 자신에게 온 많은 행운의 기회를 그냥 지나쳐 버릴 수 있다.

환상: 기업가들은 타고나는 것이지 만들어지는 것이 아니다.

실상: 사실이다. 모든 사람이 자신의 사업을 할 수 있는 재능을 타고나는 것은 아니다. 사업을 하기 위해서는 특정한 성격을 가지고 있어야 한다. 그렇지만 창조적인 사람들은 성공적인 비즈니스맨이 되는 데 필요한 특성을 많이 가지고 있다. 또한 극복해야 할 특성 몇 가지, 예를 들면 섬세한 일에 대한 알레르기 반응 등을 가지고 있다.

직업 선택은 인생 최대의 모험이다

환상: 내가 열심히 일한다면 모두 잘될 것이다.

실상: 군대에서는 병사들이 참호를 파게 하고 줄지어 원형으로 행진하도록 시킨다. 이는 매우 힘든 일들이다. 이 일로 병사들이 얻는 것은 무엇인가? 손과 발에 못이 박히고 무좀만 생길 뿐이다. 창조적인 예술을 하는 데에는 열심히 일하는 것이 필요하다. 그렇지만 현명하게 일하는 것과 아이디어가 솟아나도록 시간을 가지는 것 또한 매우 필요하다.

환상: 예술 분야에서 성공하려면 대학에서 같은 전공을 해야만 한다.

실상: 대학 졸업장이 해는 되지 않지만(아인슈타인은 졸업장이 해가 된다고 믿었다.) 예술을 함으로써 예술가가 되는 것이다. 어떤 것을 실제로 창조하는 동시에 자신의 기술을 개발하고 포트폴리오와 인간관계를 만들어 나가는 것이 가장 좋은 학습 방법이다. 당신이 학교에 가려 한다면 당신이 살고자 하는 삶의 실제 현실에 대비하면서 예술학교나 음악학교를 고려해야 한다. 자유주의 예술 학교나 높은 학위는 시간 낭비일 뿐이다. 만일 당신이 교직을 원하지 않는다면 말이다.

환상: 창조적인 예술 분야에는 일할 직업이 그렇게 충분하지 않다.

실상: 당신에게 필요한 것은 오직 한 가지 직업이다. 패배자적 태도를 가지면 안 된다. 그렇다면 당신은 이미 패자나 다름없다. 어떤 사람들은 책을 계약하고, 음반 계약을 하고 자신의 소프트웨어 아이디어를 판다. 당신이라고 왜 못 하겠는가?

환상: 연예 산업은 멋지다. 그러니 그 분야에서 어떤 직업이라도 잡아라.

실상: 작가, 프로듀서, 감독, 배우 같은 최상위권의 사람들은 분명히 어떤 혜택들을 받는다. 그렇지만 대부분 열심히 일해야 하고 오랫동안 일하고, 많이 기다려야 하며, 지방 촬영이나 해외촬영 때는 정말로 가족들과 수주간 또는 수개월간 떨어져 있어야 하고, 직업도 불안정하다. 그들은 영화 제작 스태프들 같은 하위 수준의 다른 사람들과 마찬가지로 단지 직업일 뿐이다. 모든 사람이 칸영화제에 가거나 아카데미상을 받는 것은 아니다.

환상: 진정한 예술가란 배가 고프다. 적어도 그들은 어느 정도의 고결함이 있다.

실상: 어떤 예술 형식은 당신이 아무리 많은 대가를 치른다 하더라도 돈을 별로 벌지 못하는 것들이 있다. 그러나 당신의 예술로 돈을 번다는 것은 당신의 작품이 모두 매진된다는 것을 의미하는 것은 아니다. 그 의미는 당신이 좋아하는 일을 팔 수 있는 시장을 찾을 만큼 당신이 현명하다는 것을 의미한다.

환상: 당신이 사랑하는 것을 하라. 그럼 돈은 따라올 것이다.

실상: 이 문제가 그렇게 단순한 것이라면 사람들이 모두 성공해야 하는 것 아닌가? 여기에 숨어 있는 진짜 메시지는 당신이 사랑하는 것을 업으로 삼는 것이 훨씬 더 즐거운 일이라는 것이다. 그러한 요소들의 결과로서 돈이 당신을 찾아오는 것이다. 제발 죽기 전에 찾아와야 할 텐데….

환상: 큰 재산을 벌려면 유명해져야 한다.

실상: 어느 정도의 유명세를 가지고 있는 사람은 누구라도 당신에게 유명세가 밥 먹여 주는 것은 아니라고 말해 줄 것이다. 당신의 동료들에게 존경받거나 당신의 관중들에게 사랑받는 것은 멋진 일이다. 그렇지만 당신이 듣지도 못한 사람들 중에 조용히 백만장자가 된 사람들이 아주 많이 있다. 유명세가 목표는 아니다. 유명세란 당신의 훌륭한 일에 대해 때때로 따라오는 부산물일 뿐이다.

환상: 상사가 있는 직업이 싫다면 혼자서 일해야 한다.

실상: 사실이다. 당신에게 고객, 파트너, 출판인, 대리인, 팬 등이 더 이상 필요 없는 한은 말이다. 프리랜서들의 고객들은 실제 상사들보다 당신에게 일은 더 많이 시키면서 돈은 덜 주려고 한다. 당신의 다른 고객, 다른 약속, 현금 문제 또는 그들이 제시한 기한이 당신이 수년 만에 처음으로 가려고 하던 휴가 일정 중간 이라는 사실을 그들은 상관하지 않는다.

환상: 다른 사람들을 위해서 일할 때는 당신은 단지 직원, 노동자일 뿐이다.

실상: "당신은 제 상사가 아니잖아요!"라는 말을 얼마 전 2학년짜리 학생에게서 들었

다. 당신의 상사는 다른 사람이 아닌 바로 당신이다. 기업가적인 정신 상태는 당신이 어디에서 일하건, 누구를 위해 일하건 당신이 진보하도록 도움을 준다.

환상: 당신은 가장 높은 자리에서부터 시작할 수 없다.

실상: 사실, 그럴 수 있다. 자신의 사업을 시작하면 당신은 소유주, 상사, CEO가 되는 것이다. 당신은 또한 심부름꾼, 홍보 담당자, 병 닦기도 되는 것이다. 첫걸음을 내딛을 직업은 필요하다. 이것들을 이용하라. 배울 수 있는 기회를 이용해야 한다.

환상: 돈을 많이 벌수록 더 행복해진다.

실상: 돈을 많이 벌수록, 돈을 더 많이 번다. 돈이란 돈만의 문제를 만들어 낸다. 행복은 완전히 다른 것이다.

환상: 직업 안정성이라는 것은 이제 어디에도 없다.

실상: 당신의 직업 안정성은 바로 당신의 재능과 기술이다. 당신의 경험 위에 새로운 기술을 개발하고 중요한 인맥을 만들어라. 기꺼이 자신을 변화시키고 적응시키며 배우고 재개발해야 한다. 문제 해결사, 솔선수범하는 사람, 혁신적이고 생산적인 사람이 되어야 한다. 그러면 당신은 생존할 뿐만 아니라 성공할 것이다.

환상: 다시 시작하기에는 너무 늦었다.

실상: 자신의 열정을 찾거나 추구하는 데 결코 너무 늦은 때란 없다. '저 언덕 너머' 라는 말은 그 너머에 올라야 할 다른 언덕이 있다는 것을 의미할 뿐이다.

환상: 변화할 준비가 되었을 때 새로운 직업을 찾기 시작하라.

실상: 항상 기회를 찾아야 한다. 이력서를 최신 상태로 업 데이트하고 항상 손닿는 곳에 두어라.

환상: 직업이란 결혼과 같은 것이다.

실상: 직업이란 연애에 좀 더 가깝다.

환상: 무엇이 나에게 오든지 그것에 정착해야 한다.
실상: 당신이 원하는 것, 그것 역시 당신을 원한다. 당신이 정착해야만 할 때는 그곳을 나갈 의사가 없거나 당신의 삶이 불안정함에 직면할 때뿐이다.

환상: 일단 내가 학사 학위를 받으면 나의 직업 훈련은 완료되는 것이다.
실상: 지속적인 훈련과 교육은 매우 중요하다. 이것들만이 모든 직업 안정성의 보증수표이다. 항상 최신 기술을 습득하라.

환상: 아르바이트 직업은 웨이터, 택시 운전사 같은 것이어야 한다.
실상: 몇 가지 이유에서 이러한 직업들이 창조적인 사람들에게 좋은 아르바이트 거리이지만 자신의 분야에서 시간제 일자리나 견습직을 찾는 것이 훨씬 더 좋다. 그렇게 되면 그 분야를 속속들이 배울 수 있고, 좋은 인맥을 만들게 되며, 기회가 생기면 제일 먼저 알 수 있기 때문이다.

환상: 모든 사람이 당신의 아이디어를 훔치려고 한다.
실상: 극히 소수의 사람만이 당신의 아이디어를 훔칠 의도, 능력, 기술 또는 악의를 가지고 있다. 이러한 두려움 때문에 주저하면 안 된다. 자신과 자신의 아이디어를 보호하기 위해 할 수 있는 일을 하라. 그리고 세상에 나가서 소문을 퍼뜨려라. 어떤 일이 일어나도록 해 보라.

환상: 당신은 성공하기 위해서는 대리인, 출판 계약, 음반 계약이 필요하다.
실상: 당신의 작품을 세상에 내보이는데 화랑, 출판사, 레코드 스튜디오 외에도 길이 많다. 모든 일을 스스로 해 보라.

환상: 임시직은 일시적인 것이다.
실상: 사람들이 생각하는 것보다 더 많은 경우에 임시직이 정규직으로 이어진다. 만

직업 선택은 인생 최대의 모험이다

일 당신이 그 일을 임시적인 직업처럼 대하지 않으면 당신도 임시 직원처럼 대우 받지 않을 것이다. 그러면 당신은 마침내 자신이 꿈꾸던 직업에 안착하게 될 것이다.

환상: 자신의 꿈이 무엇인지 당신이 깨닫게 되면 모든 사람들이 당신을 지원해 줄 것이다.

실상: 슬픈 일은 당신을 지지하기보다 당신을 괴롭히려 드는 사람이 더 많다는 것이다. 그들의 불안함과 질투는 그들의 문제이지 당신의 문제는 아니다.

환상: 당신이 어디든 나서게 되면 큰 기회를 잡을 기회가 더 많을 것이다.

실상: 집중력의 부족은 창조적인 사람들이 가진 가장 큰 문제점이다. 사실상 집중력은 바로 성공과 실패를 결정짓는 요소이다.

환상: 아주 꼼꼼한 좌뇌 중심 사람만이 자신의 인생과 커리어를 계획한다.

실상: 창조적인 사람들조차도 계획이 필요하다. 빈틈없는 비전이 있는 느슨한 계획 말이다.

자신의 목표 선택하기

비범한 사람들은 비범한 직업을 가진다.

| 자동차 Saturn 광고에서

얼마 전, 나는 거대한 파도로 유명한 곳에서 서핑을 하고 있었다. 그날 파도는 정말로 거대했다. 나는 남동생과 친구들과 함께 있었는데 난 나의 판단과 달리 계속해서 바다로 헤엄쳐 들어갔다. 30분 동안 열심히 저어 간 끝에 나는 마침내 가장 파도가 높은 지역에 이르렀다. 주변에는 몇 사람 밖에 없었고 상황은 불길했다. 바람은 큰 소리를 내고 있었고 바닷물은 차가웠으며 5~6미터 정도의 집채 같은 파도가 갑자기 나타났다. 나는

프로는 세상을 탓하지 않는다

파도 하나를 타서 그 안으로 들어가고 싶었을 뿐이었다. 그 파도밖에 없는 것 같아서 나는 그날의 가장 큰 파도를 향해 나아갔다.

나는 파도에 뛰어들어 있는 힘껏 돌았다. 마치 파도의 바닥을 향해 엘리베이터를 탄 것과 같은 기분이 들었다. 나는 뒤를 돌아볼 생각은 아니었다. 그러나 내가 버스도(2층 버스!) 들어갈 만한 집채 같은 파도 속으로 들어가려 했을 때 나의 남동생이 내가 막 타려고 하던 괴물 같은 파도에서 벗어나기 위해 필사적으로 헤엄치는 것을 보았다. 나는 동생과 부딪히지 않기 위해 파도 위쪽을 향해 몸을 돌렸지만 너무 높이 올라가 파도의 가장자리까지 밀려났다. 파도의 힘에 밀려 나는 튕겨나가 회오리치는 물에 빠져 버렸다. 그 충격에 숨이 막혔고 나는 바다 표면으로 올라오기 위해 죽을힘을 다해 헤엄쳤다.

내가 깨달았듯이, 나는 파도의 표면을 헤치고 나가려고 하다가 결국 바닥으로 떨어졌다. 잘못된 길을 헤엄치고 있었던 것이다! 나는 울고만 싶었다. 나의 모든 에너지를 써 버렸고 폐는 숨을 쉬지 못해서 터질 것 같았다. 그리고 나에게 절망감이 엄습해 오는 것을 느꼈다. 정말 이제는 끝이라고 생각했다.

나는 겨우 몸을 추슬러 바닥을 치고 올라올 수 있었다. 내가 물 표면으로 올라가고 있는 동안 주변은 온통 암흑이었다. 나는 겨우 올라올 수 있었고 완전히 지쳐 있었다. 다행히도 표면에 올라와 몇 분 동안 친구의 보드를 잡고 구역질을 하고 숨을 고를 수 있었다.

이 이야기의 요점은 잘못된 방향으로 자신의 모든 에너지를 쏟는다면 결국 물에 빠진다는 것이다.

내가 아는 사람 중에 정말 흥미로운 인생을 산 사람이 있다. 그가 매번 그 전보다 더 이상한 직업으로 바꿀 때마다 나는 그를 응원했다. 그러나 그는 결혼한 후 좀 더 전형적인 인생을 살고자 했다. 그는 자신의 여행, 경험들 그리고 비범한 기술들을 사용하여 등산객을 위한 여행 안내서를 출판하는 회사를 설립하였다.

나는 전적으로 사람이 인생을 지그재그로 살며 여러 가지 커리어를 가지는 것을 지지한다. 이것이 바로 당신의 마음이 일하고자 하는 방식이며 이런 방식만이 당신이 계속 흥미를 지니고 일할 수 있도록 한다. 동시에 당신이 한 번에 한 커리어에만 집중할 수 있다면 더욱 성공할 것이다. 어떻게 하면 당신의 모든 관심과 경험을 한 커리어에 모두 결합시킬 수 있을까?

실천 사항

자신의 기술과 재능을 목록으로 만들어라. 가장 중요하다고 생각하는 것과 당신이 가장 즐기는 일들을 형광펜으로 표시하라. 자신이 형광펜으로 표시한 것들을 모두 사용할 수 있는 일이나 커리어를 세 가지 생각하라. 자신에게 가장 적합하게 보이는 것을 한 가지 선택하라. 그 직업에 대해서 좀 더 알아보라.

우산을 쓰시오

일의 본성이란 좋은 사고에 대비하는 것이다.

| 시드니 러멧(Sidney Lumet)

현실적으로 당신은 아무리 길이 많아도 한 번에 3가지의 길만 추구해야 한다. 만일 이 모든 것이 한 커리어의 우산 아래에 들어오면 더 좋다. 이 말은 당신이 하는 모든 일은 당신이 하게 되는 커리어의 한 가지 또는 이상을 풍부하게 한다는 의미이다. 이것이 바로 내가 커리어를 쌓아 온 방식이다. 내가 워크숍을 할 때 나의 책을 판매한다. 나는 책을 통해 나의 워크숍에 대한 신뢰성을 높인다. 라디오 토크쇼에 출연하여 나의 책과 워

크숍에 대한 사람들의 관심을 높인다.

디자이너, 발명가 또는 연기자라는 이름의 우산은 당신이 한 커리어를 시작하는 동시에 다른 가능성들을 여전히 탐색할 수 있도록 해 준다. 하지만 내 말을 오해하지 말기를 바란다. 당신이 원하는 것에 더욱 집중할수록 당신의 커리어를 계획하는 일이 더욱 쉬워질 뿐 아니라 더 많은 기회가 생긴다. 만일 당신은 예술가라고 말할 수 있고 자신이 작업하고자하는 대상을 정의할 수 있다면 당신은 바로 자신만의 이점(利點), 즉 자신에게 적합한 자리를 가지는 것이다. 이것들이 당신을 방해하지는 않을 것이다. 단지 오늘 당신이 어디에 있는가, 그리고 바로 지금 당신이 어디를 가고자 하는가를 나타낸다.

당신은 항상 당신의 진로를 조절할 수 있다. 지금 선택하라. 그러면 당신은 세상의 다른 모든 사람들보다 강점을 가지게 될 것이다. 당신은 계속 융통성을 유지하면서 자신이 선택한 것에 자신의 이점을 이용할 수 있다. 당신이 원한다면 천천히 가도 된다. 하지만 당신이 어디로 가고자 하는지를 안다면 당신이 원하는 경우 더욱 빠르게 진행할 수도 있다.

당신이 누구인지와 당신이 무엇을 원하는지를 잘 조화시키도록 해야 한다. 앞의 두 장에 제시된 질문들에 대한 자신의 응답들을 다시 한 번 살펴보라. 흥미로운 기회가 생겼다고 해서 자신에게 필요한 것과 좋아하는 것들을 생각하지 않으면 안 된다.

해롤드 해너커(Harold Hannaker)는 자신의 직업을 그만두고 인생의 의미를 찾으려고 했다. 그는 6개월간 명상을 했다. 그러나 아무것도 찾지 못했다. 그는 30년간 산꼭대기에서 살며 인생의 의미가 무엇인지 깨달은 티베트 수도승에 대해 들었다. 그래서 해롤드는 비행기에 올라 티베트로 날아 갔다. 그는 이 성자와 이야기하기 위해 산꼭대기로 힘들게 올라갔다. 그가 어렵게 꼭대기에 도달하여 수도승에게 이렇게 말했다.

"당신이 인생의 의미를 알고 있기 때문에 저는 당신을 만나기 위해 이곳에 오는 데 모든 것을 걸었습니다. 제발 이야기해 주세요. 인생의 의미는 무엇입니까?"

그 라마승은 그를 보더니 이렇게 말했다.

"인생은 흐르는 물과 같습니다."

그는 당황스러운 얼굴로 라마승을 바라보면서 다시 물었다.

"인생이 흐르는 물과 같다니 무슨 의미입니까?"

라마승은 눈썹을 치켜 올리고 어깨를 으쓱하면서 말했다.

"알았어요. 그럼 인생은 흐르는 물과 같지 않습니다."

오직 당신만이 인생의 의미를 알고 있다. 당신 내면의 문제이기 때문이다.

발로 차기

나는 일반적인 직장을 얻는 데 완전히 실패했다.

| 프랭크 카프라(Frank Capra)

만일 성공이 불가능하다고 생각하며 자신의 눈이 너무 높았다는 생각이 들면 이 이야기를 생각해 보라. 미국 풋볼 리그에 팀이 30개밖에 없다는 점을 생각해 볼 때, 더그 블레빈(Doug Blevin)이 리그에서 공차기 코치가 될 수 있는 기회는 매우 적었다. 게다가 그가 NFL에서 키커로 운동했던 적이 없다. 맙소사, 그는 한 번도 공을 차 본 적이 없었다. 더그 블레빈은 선천성 뇌성마비 환자였다. 모든 사람들이 프로 풋볼 팀에서 코치로 일하는 것은 비현실적이고 꿈조차 꿀 수 없다고 얘기했지만 그는 듣지 않았다. 오늘날 전동 휠체어를 타고 다니는 블레빈은 마이애미 돌핀스(Miami Dolphins)의 공차기 코치이다.

당신이 너무나도 절실하게 원한다면, 불가능한 것은 없다.

자신의 꿈에 관심을 기울이자

자신이 어디로 가는지 모르는 사람만큼 높이 여행하는 사람은 없다.

| 올리버 크롬웰(Oliver Cromwell)

당신이 자신에게 가장 좋은 길을 선택했는지 어떻게 알겠는가? 내가 '괄약근 체크(sphincter check, 항문 근육 운동)'라고 부르는 것을 해 보라. 당신이 그 길에 대해 생각할 때 당신의 항문이 단단히 조여지고 뱃속에서 무엇인가가 느껴진다면 아마도 바른 길로 들어선 것이다.

이 점을 기억하라. '꿈의 직업'이란 바로 당신의 직업을 의미한다는 것이다. 다른 사람의 직업이 아니다.

어린아이였을 때 나는 드러머가 되고 싶었다. 나의 부모님은 내가 아코디언을 연주하기를 바라셨다. 농담이 아니고 사실이다. 그런데 여기에는 두 가지 문제가 있었다. 아코디언을 연주해서 어떻게 록밴드에 들어갈 수 있을 것인가, 그리고 어떤 제 정신을 가진 소녀가 아코디언 연주자와 데이트를 하겠는가 하는 것이었다. 나는 열두 살이었고 그 당시에 이런 문제는 내 인생에서 중요한 문제들이었다.

그래서 우리는 타협을 했다. 나는 베이스 레슨을 받기 시작했는데 이 악기는 나와 잘 맞았다. 나는 베이스를 좋아했고 여자 친구도 사귀었으며 록밴드에서도 연주했다. 하지만 아마 나와 밴드에 같이 있었던 사람은 누구든 이야기해 주겠지만 나는 연주 시간의 반 이상을 드럼을 연주하는 데 썼다. 나는 베이스조차도 손으로 치고 튕기면서 드럼처럼 연주했다. 내 머릿속에서 드럼을 떨쳐버릴 수 없었다. 베이스의 현을 켜는 것만으로는 얻을 수 없는 어떤 마술과 같은 힘이 드럼에 있었다. 좀 더 설명하자면 중고 드럼을 구해서 스스로 드럼 연주법을 배웠다. 이때가 거의 15년 전이었고 난 아직도 드럼을 연주한다.

직업 선택은 인생 최대의 모험이다

창조적인 사람을 잘 돌보는 회사들

수상 경력이 있는 광고 대행사인 치어트데이(Chiat/Day)사는 회사의 창조적인 사람들을 잘 돌본다. 이 회사에는 정해진 책상도 없고 정해진 사무실이나 멋진 직함 따위는 없다. 당신은 컴퓨터를 살펴보면 된다. 원한다면 컴퓨터를 집으로 가져가서 일할 수도 있다. 근무 시간 기록표도 없다. 그 회사에서 일하는 창조적인 사람들에게는 무슨 일을 해야 할지, 그리고 얼마나 걸릴지를 결정하는 권한이 주어져 있다.

창조적인 사람들에게 좋은 대기업들로는 마이크로소프트, 모토롤라, 3M, 러버메이드와 휴렛팩커드 등이 있다.

창조적인 사람들을 위한 비범한 커리어들

다른 창조적인 커리어들의 주변에도 많은 커리어들이 있다. 이 커리어들에는 경쟁이 덜 심하고 그 보상도 더 많을 수 있다.

프로는 세상을 탓하지 않는다

메이크업 아티스트

CD 포장 디자이너

무대 디자이너

패션 일러스트레이터

미술 치료사

경찰용 스케치 화가

디스플레이 머천다이저

조명 디자이너

전시회 디자이너

애니메이터

의학 일러스트레이터

웹 디자이너

대필 작가

비평가

플라워 디자이너

광고 음악가

클립아트 화가

CD-ROM 감독/프로듀서

레스토랑 홍보 전문가

요리책 작가

카드 문구 작가/카드 디자이너

연사/트레이너

마술사

희극 작가

여행 매니저/여행 홍보 전문가

미니어처 세트 건축가

특수 효과 전문가

분재 재배 전문가

은행 지폐 디자이너

만화가

크로스워드 퍼즐 제작가

그래픽 아티스트

무언극

직업 선택은 인생 최대의 모험이다

저 밖에 무엇이 있는가? 뛰어오르기 전에 살펴보라

인생이란 제대로 작동하는지 보기 위해서 한번 시도해 보는 것이다.

| 레이 브래드베리(Ray Bradbury)

계획 과정의 초기 단계에서 당신은 자신이 종사하고자 하는 분야에 대

해 알 수 있는 모든 것을 알아낼 필요가 있다. 이 커리어를 택하면 매일매일 정확히 무엇을 하는가? 경향은 어떤가? 다른 사람들은 어떻게 시작하는가? 부정적인 면과 장점은 무엇인가?

내가 이 이야기를 하는데 많은 사람이 고개를 흔들 것이다. 당신도 고개를 흔들거나 나에게 동의하거나 둘 중 하나일 것이다. 하지만 실제로 이런 종류의 조사 활동을 하는 창조적인 사람은 거의 없다. 농담이 아니다. 이 일은 선택 사항도 아니다. 모든 것을 알아내야 한다. 물론 필기를 할 필요는 없지만 자료를 읽고, 사람들과 이야기하고 웹 사이트를 찾아보고 답사를 해 봐야 한다. 또한 내부 조사도 해야 한다.

프로는 세상을 탓하지 않는다

- 당신이 하고자 생각하는 일을 이미 하고 있는 사람들과 이야기를 나누어라. 하루 정도 그들을 따라다녀 보는 것도 좋을 것이다. 나는 연사/트레이너/작가가 얼마나 많이 여행을 해야 하는지 전혀 몰랐었다. 모든 사람들은 여행을 하고 새로운 사람들을 만나며 전국을 돌아다니는 것이 멋지다고 생각한다. 그렇지만 솔직히 얘기하자면, 진짜 나쁘다. 비행기, 공항, 호텔 음식, 기내식, 장거리 운전, 장소 준비, 장비 점검 및 장비 해체, 시차병, 감기와 독감 – 바로 이런 것들은 길거리에서 살아가는 사람이 가질 수 있는 기쁨들 중 일부이다.

- 성공한 사람들의 전기를 읽고 어떤 노력이 필요한지 알아보라. 커리어의 시작 단계에서 기꺼이 다시 부모님 집으로 들어가 생활할 준비가 되어 있는가? 기꺼이 부업을 할 수 있겠는가? 차고에서의 일은? 다른 도시로 이사를 가야 한다면?

- 취업 박람회에 가 보라. 당신이 관심이 있는 분야의 사람들과 점심 식사를 하거나 정보를 얻을 수 있는 인터뷰를 한다. 그들을 만날 수 없다면 전화라도 해 보라. 전화번호부를 찾아보고 채팅 방을 살펴보고, 도서관 사서에게 어디에서 정보를 얻을 수 있는지 물어보며, 흥미 있는 회사의 유인물을 요청하고 협회에도 전화해 보고 업계 잡지들도 읽어라. 무슨 일이든 해 보라.

- 연구 조사를 하게 되면 더욱 자신감이 생긴다. 더 많이 알수록 스트레스는 더 줄어든다. 얻을 수 있는 모든 정보를 흡수하고 자신의 배짱을 따라라. 자신의 본능을 당신의 가이드로 삼아라. 당신이 얼마나 벌고 싶은지, 누구와 일하고 싶은지, 당신이 습득해야 하는 기술과 도구는 무엇인지, 근무 시간, 환경, 스트레스 수준 등에 대해 정보에 기초해서 결정을 해야 한다. 그러면 당신이 원하는 일에 대해 건전한 결정을 하고 앞으로 나아갈 수 있다. 이런 식의 결정 과정을 거치면 많은 함정을 피할 수 있다.

믿거나 말거나

미국에서는 매일 만 개의 새로운 직업이 창조되는데 대부분이 '지식 업무(knowledge work)' 부문이다.

직업 선택은 인생 최대의 모험이다

정말 특이한 직업들

당신은 자신의 길을 스스로 만들어 나갈 수 있다. 어떤 다른 사람의 발자취를 따라갈 필요는 없다. 다음은 스스로 길을 개척한 사람의 예이다.

빌 나이(Bill Nye)는 시애틀에서 엔지니어이면서 시간제로 코미디언으로 일하고 있었는데 그때 공영 텔레비전에서 과학을 흥미 있고 오락적으로 설명해 주는 마법사와 같은 '사이언스 가이(The Science Guy)'의 캐릭터를 만들어 냈다. 그의 평범하지 않은 커리어를 더 멋지게 만드는 것 중 하나는 바로 그가 매일 어떤 주제를 보여 주고 토론하는(show-and-tell) 일을 한다는 것이다. 나는 매일 그의 방송 시간에 텔레비전을 켜고(그렇다. 그의 프로그램은 아이들만을 위한 것은 아니다.), 그가 낙하산을 타고(바람의 속도를 보여 주기 위해), 사운드 가든(Soundgarden) 밴드와 즉흥 연주를 하고(소리와 관련 있는 어떤 것), 추운 날씨가 감기의 원인이 아니라는 것을 보여 주기 위해 고기용 냉동고 안에서 반바지 차림으로 있는 것을 보았다. 이 모든 것은 그가 시애틀의 코미디 쇼에 실험용 가운과 보호 안경을 쓰고 나타나 양파를 액화질소에 빠트렸을 때 시작되었던 것이다. 액화질소에 넣었다 뺀 양파는 산산이 부서져 버렸다. 청중은 굉장한 반응을 보였고 그는 이 연기로 지역 에미상을 수상하였다. 후에 나이는 디즈니사와 계약을 체결하였다.

퀜틴 프룩스(Quentin Proulx)는 땅콩 등 견과류 제품을 생산하는 회사 플랜터스 땅콩(Planters Peanuts)의 땅콩맨, '바비' '핫트랙' 등의 어린이 장난감 제조회사 마텔(Mattel)의 왈도(Waldo), 호텔 및 리조트 체인인 로웨 리조트(Loews Resorts)의 모자 속의 고양이, 조니 워커 스카치(Johnny Walker Scotch)의 활보하는 남자(Striding Man)를 연기하였다. 그는 중역들에게 웃음을 주고 박람회나 전시회에서 연기를 하는데 많은 보수를 받았다. 그는 연예 산업의 주변에 아주 훌륭한 틈새 시장을 창조했고 다재다능한 프룩스는 자신이 하는 일을 사랑했다.

프랭크 벤더(Frank Bender)는 예술적 재능과 직관을 과학 수사 훈련에 결합하여 안면 재건술가로서 범죄 해결에 도움을 주었다. 나는 이런 커리어가 있다는 사실조차 몰랐었다. 이 특이한 분야에 들어오기 전 그는 그림이나 조각을 너무나도 하고 싶어하던 그저 그런 사진사였다. 그도 자신의 직업을 싫어했다. 그는 공예를 배우기 위해 야간 학교를 다녔다. 어느 날 검시관 사무실에서 일하던 친구가 시체 공시소로 그를 데리고 갔을 때 그의 인생은 변했다. 그곳을 둘러보면서 그들은 미결 사건에 관련된 시체를 보게 되었다. 그 친구는 심하게 부패된 그 여자의 얼굴 생김을 모르기 때문에 그 범죄를 해결할 실마리가 없다고 설명해 주었다. 그렇다, 미안하지만 좀 역겨운 이야기이다. 벤더는 말했다.

"나는 그녀가 어떻게 생겼었는지 알 것 같았다."

그는 그녀의 두개골 구조를 기초해서 그녀의 얼굴 조각을 만들어 내었고 벤더의 작품에 기초해서 6개월이 지나지 않아 그녀의 신원이 밝혀졌다.

셸리 프리맨(Shelly Freeman)과 월트 월키(Walt Wilkey)는 마네킹을 수선하는 직업을 가지고 있다. 그들은 또한 유명 영화배우가 폭발하거나 두드려 맞거나 혹은 더 나쁜 상태가 되는 영화에서 배우 대신에 사용되는 실제 크기의 복제 인체 모형도 만들었다. 그들의 마네킹은 텔레비전의 "사인펠드"(Seinfeld)나 "NYPD 블루"(NYPD Blue), 나이키 광고, "멀홀랜드 폴즈"(Mulholland Falls)와 같은 영화에도 출연하였다. 자신의 이력서에 '마네킹 조각가'라고 쓰는 사람을 본 적이 있는가?

최신 유행의 여행

미래의 공장에는 직원이 2명뿐일 것이다. 사람 한 명과 개 한 마리. 사람은 개에게 먹이를 주기 위해서, 개는 사람이 기계를 만지지 못하도록 지키기 위해서.

| 워렌 베니스(Warren Bennis)

유행을 지켜보라. 미래가 당신과 당신의 재능을 위해 쥐고 있는 것이 무엇인지 보라. 그리고 자신에게 물어보라.

"미래가 나와 지금 내가 하는 일에 어떤 영향을 미칠까? 내가 거기서 어떤 혜택을 받을 수 있을까? 이런 새로운 발전에 내가 적응해야 할 곳은 어디일까?"

미래를 나의 것으로 만들고 거기에 편승하라.

"유행이 뭐람! 난 누가 뭐래도 내가 할 것을 할 테야."

유행을 모두 무시하라고 말하는 것은 힘을 낭비하는 것이다. 피카소조차도 때로는 유행을 따르기도 했다. 그는 항상 자신만의 방식으로 자신을 표현했고, 자신만의 유행을 창조하기도 했다.

나는 연필 심 종류를 기억할 수 있을 만큼 오랫동안 그래픽 아티스트로 일해 왔다. 나는 모든 것을 손으로 붙이던 때를 기억한다. 냉장고 크기의 컴퓨터에 펀치 구멍이 뚫린 테이프를 넣고 사용했던 때를 기억한다. 그리고 초벌 작업을 손으로 훨씬 많이 하던 때를 기억한다. 그렇지만 요즘에는 이런 수작업을 하는 아티스트에 대한 수요는 별로 없고 어디에서나 컴퓨터를 사용할 수 있는 그래픽 아티스트를 필요로 한다. 인쇄업계에 종사하는 많은 사람들은 자신들의 일이 지난 30년간 급속도로 변화해 온 것을 보아 왔다. 대부분의 사람들은 재훈련을 받고, 자신들의 기술을 업그레이드했으며 그리고 직업을 유지했다. 처음으로 컴퓨터 기술을 받아들인 사람들은 새로운 수요를 충족시키고 더 좋은 직업을 얻었으며 자신들이 이전에 받던 것보다 많은 보수를 받았다.

미국 인구 조사국의 조사에서 가장 빠르게 쇠퇴하는 직업이 무엇인지 알고 싶지 않은가? 그것은 활판인쇄기 기사이다.

우뇌 중심의 창조적인 사람의 관심을 끌 만한 최근의 유행 경향을 알기 위해서 114에 전화할 필요는 없다. 창조적인 사람들로 가득 찬 분야인 연예 산업은 인기를 끌고 있다. 웹 사이트에는 컨텐츠가 필요하다. 이 말은 작가, 사진사, 그리고 아티스트가 필요하다는 뜻이다. 웹 사이트에는 디자이너도 필요하다.

최근 10년간의 유행 경향 중 가장 좋은 것은 바로 자유 근무 시간제이다. 이것이 바로 당신이 좋아하는 근무 방식이 아닌가? 창조적인 사람들은 시계에 맞추어 생활하지 않는다. 그러니 한참 일에 탄력이 붙었는데 오후 5시가 되었다고 그만 해야 할 이유가 무엇인가? 어떤 일을 하는데 늦게까지 야근을 했다면 그 다음 날 9시가 지나서 출근하지 못할 이유는 무엇인가? 복장 규정도 최근 느슨해지고 있으며 이것 또한 창조적인 우리들에게 좋다.

아웃소싱과 프로젝트 단위의 업무가 점점 보편화되고 있으며, 그 일에 참여해서 문제를 해결하고 난 후 새롭고 좀 더 흥미로운 일을 다시 시작하는 당신과 같은 창의적인 사람에 대한 수요가 점점 늘어나고 있다.

결론: 이제 무겁고 심각한 일들의 시대는 갔다. 창조적인 일의 시대가 돌아왔다. 당신이 이제 활개를 칠 시간이 왔다. 야호!

프로는 세상을 탓하지 않는다

돈을 보여 줘

만일 당신이 어떤 것을 진정으로 원한다면 그 일을 이룰 수 있는 방법을 찾을 수 있다.

| 셰어(Cher)

때때로 당신은 돈이 있는 곳으로 가야 할 때가 있다. 《포브스》(Forbes)지가 선정한 400대 기업이 가장 많이 있는 주(州)들은 캘리포니아 주, 뉴욕 주, 텍사스 주, 플로리다 주이다. 인구 1인당 소득이 가장 높은 지역으로는 샌프란시스코, 남부 플로리다와 뉴욕 시이다. 샌프란시스코와 뉴욕 시의 생활비 수준을 보라. 항상 한 가지를 얻으면 잃는 것도 있는 법이다.

커리어의 유행 경향

나는 꼭 예술가가 될 거야!

| 유진 오닐(Eugene O'Neill)

드럼롤(drumroll)을 부탁해요. 내가 이 책을 쓰는 순간, 창조적인 사람들을 위해 최고의 기회를 제공해 주는 분야는 애니메이터이다. 이 분야는 재미, 재정적인 소득, 창조적인 사람들에 대한 적합성 등의 면에서 계속해서 최고의 분야로 알려지고 있다.

10년 전만 해도 조지 루카스의 애니메이션과 특수 효과 회사인 인더스트리얼 라이트 앤 매직(Industrial Light & Magic)에 컴퓨터 그래픽 직원은 단 2명이었다. 지금은 300명이나 된다. 게다가 대부분의 할리우드 스튜디오들은 자체적인 애니메이션 부서를 설립하고 있다. 애니메이터에 대한 업계의 수요는 향후 10년간 23%가 증가할 것으로 예상된다. 일반적으로 연예 산업은 급속한 발전을 할 것으로 예상된다. 영화와 텔레비전 산업의 직원 수요는 국가 전체 성장률보다 다섯 배나 빠르게 증가할 것으로 예상된다.

직업 선택은 인생 최대의 모험이다

또 다른 기회의 분야는 소프트웨어 개발이다. 사실 정보 기술은 전반적으로 국내에서 가장 높은 성장을 보이고 있는 분야이다. 인터넷의 급속한 증가는 괴짜들의 기술적인 면에서뿐 아니라 마케팅과 디자인 분야에 관심에 있는 창조적인 사람들에게 수많은 직업을 제공해 주고 있다. 인터넷이 점점 상업화되어 감에 따라 광고에 대한 수요도 늘어날 것이라는 점을 한번 생각해 보라. 그리고 인터넷이 점점 시각화되고 좀 더 연예 오락적이 되어 감에 따라 우리가 생각도 못 했던 창조적인 예술에 대한 수요가 생길 수 있다.

향후 창조적인 사람들에게 장밋빛 미래를 보여 줄 직업들을 구체적으로 들어 보자면, 배우, 건축가, 예술가(상업 예술가 또는 다른 분야), 컨설턴트, 댄서나 안무가, 디자이너, 데스크 탑 출판 전문가, 발명가, 조경 건축가, 마케터, 음악가, 사진가, 홍보 담당자, 작가, 히스패닉 사회에 대한 마케팅과 관련된 직업, 연예 산업의 모든 직업, 그리고 인터넷과 관련된 모든 직업들이 있다. 또한 준비해서 자신의 사업을 시작하기에도 지금만한 시기가 없다.

여행 대행사와 여행 동반자

좋은 충고를 받아들이는 것은 자신의 능력을 배가시키는 것이다.

| 괴테(Goethe)

당신의 분야에서 가장 성공적인 사람은 누구인가? 그들에게 편지나 이메일을 보내거나 전화 통화를 하거나 아니면 직접 만나 충고를 구하는 것이 가능하겠는가? 그들에 대한 기사를 읽고 그들이 걸어온 길에 대해 좀 더 배울 수 있겠는가? 그들은 지금 그들의 지위에 어떻게 올랐는가? 당신이 따를 수 있는 패턴은 어떤 것인가? 그들이 하는 일 중에 당신이 하지 않은 일은 무엇인가?

내가 나의 커리어에서 했던 일 중 가장 잘 했던 일은 유명하고 성공적인 사람들에게 그들이 어떻게 성공했는지 질문을 하고 그들의 대답에 대해 책을 쓴 것이었다. 나는 그들과 이야기함으로써 교과서에서 배울 수 있는 어떤 것보다도 더 많은 것을 배웠다. 자신이 하는 일에 대한 그들의 사랑, 열정 그리고 에너지를 배웠다. 성공이란 전염되는 것이며 당신이 주워들을 수 있는 충고들은 훌륭한 것이다. 당신이 가고자 하는 곳에 어떻게 도달할 것인지에 대해 다른 사람들과 브레인스토밍의 시간을 가져 보라.

다른 사람들이 택했던 길이 더 이상 존재하지 않을까 봐 걱정이 되는가? 아니면 그들이 어떤 식으로든 쉽게 그런 길을 갔으리라고 생각하는가? 단언컨대, 당신이 가진 능력보다 적은 능력과 더 많은 장애물이 있는데도 당신이 가고자 하는 목표 달성에 성공한 사람이 있을 것이다. 그들에 대한 이야기를 읽어 보라. 그들과 이야기해 보고 아이디어를 얻어라. 그리고 그 무엇보다도, 시작해 보라!

 퀴즈(Q&AAAA)

자신의 커리어 계획을 만드는 한 가지 방법은 일단 마음속에 목표를 정했다면 간단한 질문과 답을 해 보는 것이다.

질문(Question): 나의 목표에 도달하기 위해 필요한 것이 무엇인가?
대답(Answer): 당신이 되어야 할 것, 해야 할 것, 가져야 할 것, 공유해야 할 것을 구체적으로
행동(Action): 당신이 취할 행동 단계
인정(Acknowledge): 자신의 진행 상황을 기준과 기한을 이용해 감시한다.
조절(Adjust): 계획이 효과가 없으면 더 나은 질문을 한다.

줌 렌즈

우뇌 중심 사람들은 큰 그림을 볼 수 있는 사람들이다. 하지만 세부 사항에 대해서는 집중력을 잃곤 한다. 세부 사항에 항상 악마가 숨어 있다. 가능성이 무한하기 때문에 커리어 계획이라는 개념은 어떻게 할 수 없는 것이 된다. 해답은 그것을 작게 나누고 단순화하고 더욱 간소화하는 것이다.

- 내가 하고자 하는 일을 누가 하고 있는가?
- 그들이 그 자리에 도달하기 위해서 어떤 과정을 거쳤는가?
- 그들의 길을 따르기 위해 내가 할 수 있는 일은 무엇인가?
- 그들이 어떻게 했는지 누구에게 물어볼 수 있는가?
- 내가 앞으로 직면할 수도 있는 장애물은 무엇인가?
- 그러한 장애물을 어떻게 처리할 것인가?
- 가능한 해결책은 무엇이 있는가?
- 앞으로 의사 결정자가 찾을 것은 무엇인가?
- 그러한 요구 조건을 충족시키기 위해 무엇을 해야 하는가?
- 내가 앞으로 습득해야 할 것은 무엇인가?
- 이러한 행동이 일어나는 곳은 어디인가?
- 내가 보다 나은 기회를 얻기 위해 어디로 가야 할 것인가?
- 나는 지금 어디에 있는가?
- 내가 원하는 것과 내가 지금 있는 곳과의 격차를 줄이기 위해 내가 할 수 있는 것은 무엇인가?
- 내가 현재 있는 곳에서 내가 가고자 하는 곳까지 어떻게 다리를 놓을 것인가?
- 내 목표에 도달하기 위해 누가 나를 도울 수 있을 것인가?
- 이 일을 이룰 가장 좋은 기회를 얻기 위해 내가 있어야 할 곳은 어디인가?
- 내가 습득해야 할 기술은 무엇인가?
- 내가 판매하는 것은 무엇인가?
- 이를 이용해서 생계를 유지할 수 있겠는가?
- 나의 청중은 누구인가?

프로는 세상을 탓하지 않는다

- 내가 어떻게 하면 청중들과 가장 잘 접촉할 수 있겠는가? 그들을 어떻게 이해시킬 수 있겠는가?
- 그 내용은 무엇인가?
- 나는 얼마나 많은 것을 원하는가?
- 그 과정은 어떻게 단순화시킬 수 있겠는가?
- 이를 지원하기 위해 내가 해야 할 일은 무엇인가?
- 어떤 질차를 밟아야 하는가? 어떤 순서로?
- 내가 바로 지금, 오늘 취할 수 있는 행동은 무엇인가?

반대 방향으로 계획 세우기

- 당신이 목표에 도달하였을 때 어떤 모습일지, 어떤 느낌일지, 당신은 어떨지 정확하게 시각화해 보라. 예를 들어, 당신이 큰 출판사에서 소설을 출간하고 싶고 판매하고 전국적으로 홍보를 하고 싶어한다면, 자신이 열광적인 독자를 위해 출간된 책에 사인을 하고 있는 모습을 그려 보라.
- 당신의 책을 출판하기 위해 누구를 설득해야만 하는가? / 편집자
- 어떻게 하면 편집자가 당신의 책을 사도록 할 수 있겠는가? / 당신은 저작권 대리인이 필요하다.
- 저작권 대리인을 어떻게 구할 수 있겠는가? / 제안서를 써야 한다.
- 제안서는 어떻게 쓰는가? / 제안서 쓰는 방법에 대한 책을 보거나 그 분야의 전문가를 고용해야 한다.
- 아는 사람 중에 책을 출판하였거나 대리인을 알 만한 사람은 누구인가?

가방에 무엇을 넣어야 할까?

세상을 바라보기에 책상은 위험한 장소이다.

| 존 르 카레(John le Carre)

초심을 가지라든가 아무런 준비 없이 떠나라는 말을 들은 경우가 있고, 무엇이 필요하게 될지 아무런 단서도 없이 일을 해내야 할 경우도 있다. 만약 일을 이루기 위해 요구되는 모든 것을 정말로 잘 알고 있다면, 아마도 "잊어버려, 방법이 전혀 없어."라고 스스로 말할 수도 있기 때문에 때때로 이러한 접근 방식은 효과가 있다.

만약 내가 대형 출판사와 출판 계약을 맺을 승산에 대해 알았다면 아마도 여전히 계약을 따내려고 하고 있을 것임에 틀림없다. 그렇지만 나처럼 낙관적이지 않은 사람들은 항상 자신에 대해서 이렇게 이야기하곤 한다.

"리(Lee) 씨, 당신은 너무 낙관적이에요. 아무래도 우리들이 모르는 작가들의 고생스러운 삶에 대해 당신은 알아야 할 것 같아요."

사실 나는 나의 종착역을 모른다. 다만 나는 일을 성취하려고 하고 그것을 위해 필요한 것이 무엇인지 알아내는 것뿐이다. 그리고 이런 생활 방식은 나에게 잘 맞았다. 왜냐 하면 그것은 내가 무엇이든 가능하다고 믿도록 도와주었기 때문이다.

"사업체 열 개 중 아홉 개가 처음 3년 이내에 문을 닫는다."

"출판 계약을 따낼 확률은 5천 대 1이다."

만약 누군가 나에게 이와 같은 말을 해서 나를 실망시키려 한다면 나는 손가락으로 귀를 막고 노래를 시작할 것이다.

"라 라 라 라 라. 나는 듣고 싶지 않아!"

당신의 기술을 연마해야 한다. 그렇지만 연습만 하고 실제 경험은 없는 상태까지는 아니다. 충분히 좋은 때가 언제인지를 배우는 것으로 충분하다. 그리고 세상으로 나아가 당신이 무엇을 할 수 있는지 보여 줘야 한다. 당신 자신을 증명할 수 있는 기회를 찾아라. 그리고 도약하는 것이다.

새로 시작할 때 - 적어도 인생에서 한 번은 새로 시작해야 할 것이다 - 그때까지 자신이 터득했던 기술 중 새로운 일로 이전할 수 있는 기술을 찾아보라.

컴퓨터 사용하는 방법을 배워라. 어물쩍거리지 말고 겁먹은 듯 행동하지도 마라. 컴퓨터는 당신의 친구이다.

학원 강의를 들어라. 자신의 궁극적인 목표에 도움이 될 만한 강의는 무엇이든 들어라. 많은 대학에서는 아주 싼 가격으로 기술 지향적인 강의들을 제공하고 있다.

겸손하라. 가장 기본적인 것부터 배워라. 디자이너들은 디자인하는 방법만 아는 것은 아니다. 그들은 생산 과정이 어떻게 이루어지는지도 알고 있다. 이러한 것들이 바로 비용을 절감하고 지능적인 일을 개발하는 데 큰 차이를 만든다.

시작

젊은 시절 나는 한 푼도 벌지 못한 채 8년이나 습작을 했다. 이 기간은 긴 실습 기간이었다. 그러나 그 시절 나는 내 직업에 대해 많은 것을 배웠다.

| 제임스 미케너(James Michener)

문제는 당신이 어디서 시작하느냐가 아니라 어디에서 끝내느냐이다. 바로 그래서 나는 퀜틴 타란티노(Quentin Tarantino)의 이야기를 좋아한다. 그는 연예 산업에서의 첫 일자리를 비디오 가게 점원으로서 시작했다. 제일 밑바닥에서 시작한 것이다. 그의 영화 "펄프픽션"(The Pulp Fiction)의 성공 이후 감독, 시나리오 작가 겸 배우로 그는 유명한 인물이 되었다.

커리어 초기, 또는 커리어를 바꾸고 난 후 초기에 당신은 커피를 뽑아오고 복사를 하거나 하기 싫은 일들을 해야 할지도 모른다. 이런 일들을 웃으면서 재치 있게 하라. 사람들에게 그들이 요구한 것보다 더 많은 것을 주라. 눈과 귀를 열어 두라. 이 기간을 즐겨라. 왜냐 하면 당신이 걸어갈 길의 다음 단계가 되면 완전히 새로운 도전이 기다릴 것이기 때문이다.

나는 아직도 성공을 위해서 자신들이 치러야 할 값을 마지못해 하거나 비현실적인 사람들을 많이 보았다. 그들은 자신의 순서도 기다리기 싫어

직업 선택은 인생 최대의 모험이다

한다. 비록 그들의 야망을 높이 사기는 하지만 나는 그들이 자신들이 원하는 만큼 빨리 일이 이루어지지 않으면 좌절하고 너무 일찍 포기한다는 것을 알았다. 때때로 그들은 많은 노력과 돈이 필요한 삶을 살고자 한다. 그들은 모든 청구서에 돈을 지불하려면 얼마 정도의 돈이 필요하기 때문에 부서를 재배치 받거나 오랜 시간 근무하거나 희생하는 일을 단지 하기 싫다고 하지 않을 수가 없다.

나는 세미나에서 변호사 한 사람을 만났다. 그는 자신의 직업을 싫어했다. 그는 법조인으로서 적합한 사람은 아니었던 것이다. 그는 싫증이 났고 흥미도 없었으며 거의 미칠 지경이었다. 비록 그가 산더미 같은 돈을 벌고 포르셰 신모델 승용차를 몰고 아내와 항상 여행을 다녔지만 그는 불행했다. 그래서 나는 그에게 물었다.

"당신은 열정을 언제 느끼십니까?"

그의 답은 자신이 그림그리기를 좋아한다는 것이었다. 그래서 나는 다시 물었다.

"왜 그 일을 하지 않는 거죠?"

그는 나중에 집에 가서 아내에게 좋은 소식을 전했다고 나에게 말했다. 바로 자신이 더 이상 법조계에서 일하지 않을 것이며 이제 화가가 될 것이라는 소식을 전한 것이다. 아내의 얼굴 표정 때문에 그는 이렇게 묻지 않을 수 없었다.

"만일 내가 전업 화가가 되면 그 말은 봉급이 엄청나게 깎인다는 의미이고 집을 팔아야 할지도 모르고 더 이상 여행 갈 수 없을지도 모른다는 의미요. 그렇지만 이것이 나의 꿈이라오. 내가 화가가 되기 위해 변호사를 포기한다면 그래도 계속 나를 사랑해 주겠소?"

그러자 아내는 그를 쳐다보고 미소 지으며 이렇게 말했다고 한다.

"물론이에요. 당신을 여전히 사랑해요. 이전의 당신이 그립겠지만 그래도 당신을 사랑해요."

우리 세대의 많은 사람들은 높은 기대를 받고 태어났다. 그리고 그들이

프로는 세상을 탓하지 않는다

스스로 정한 높은 이상에 빠르게 도달할 수 없을 때는 자신들의 진정한 욕구를 무시한 채 다른 곳으로 이동한다. 그들은 담장을 향해 배트를 휘두르고 삼진 아웃을 당하는 것이다. 나는 경기장의 어떤 곳으로든 공을 치려고 노력한다. 투수가 나에게 던지는 공을 기다려 볼카운트를 나에게 유리하게 하면서 말이다. 지금 나의 성공은 여러 개의 일루타가 모여 된 것이다. 그냥 배트에 공을 맞추려고만 해 보라.

많은 창조적인 사람들은 길고도 힘든 길을 가야만 한다. 배우이자 기업가인 셰릴 리 랠프(Sheryl Lee Ralph)는 이렇게 말했다.

"어떤 연예 산업의 커리어를 당신이 생각하고 있든 당신은 그 일을 사랑해야 합니다. 그 일을 그 어떤 것보다도 더 원해야 합니다. 왜냐 하면 성공하기가 너무 어렵고 경쟁도 심하고 거절도 많기 때문입니다. 당신이 사랑하기 때문에 이 일을 하는 것이어야 합니다. 그리고 얼마 동안 밥을 굶더라도 기꺼이 희생할 각오가 되어 있어야 합니다."

다음은 유명인들 중 자신의 길을 걸어온 사람들의 예이다.

의류업계의 부호 조프리 빈(Geoffrey Beene)의 첫 직업은 로스앤젤레스의 아이 매그닌(I. Magnin)의 창문 디자이너였다. 그 상점의 주인은 빈의 작업에 너무 감명 받아 그에게 패션 디자인을 해 보도록 권했다. 랄프 로렌(Ralph Lauren) 또한 패션 산업의 가장 밑바닥에서부터 시작했다. 그의 첫 직업 역시 알렉산더스(Alexander's)라는 상점의 점원이었고, 그 다음은 뉴욕의 올리드 스토어(Allied Stores)의 남성복부의 보조 바이어였다.

앤 브라셰어즈(Ann Brashares)는 십대를 위한 책을 전문으로 하는 출판 프로덕션에서 일했다. 그녀의 일은 책 시리즈에 대한 아이디어를 내고, 그 아이디어와 작가를 연결하며, 그 시리즈 전체를 출판사에 파는 것이었다. 그녀는 이 회사에서 사무원으로 시작했다. 야심찬 여성으로서 그녀는 원고를 읽고 제안을 했다. 그녀는 주말에도 집으로 일을 가져왔고 곧 부편집장이 되었다.

로리 캠벨(Lori Campbell)은 그녀 자신이 경영하는 광고 대행사의 창작 감독

직업 선택은 인생 최대의 모험이다

이다. 그녀는 카피라이터가 되고자 하는 꿈을 가지고 비서로서 시작했다. 얼마 후, 그녀는 대행사의 고객 중 두 회사에 대한 작업을 했고 포트폴리오를 만들었다. 결국 그녀는 다른 회사에 카피라이터로 스카우트 되었다.

턱수염이 있는 베스트셀러 작가인 레오 버스카글리아(Leo Buscaglia)는 포옹 박사로 알려져 있는데, 사랑에 관한 책을 썼다. 그는 그의 커리어를 전국을 돌아다니며 연설하고 후에 자신의 책의 독자가 될 사람들을 만나고 포옹하고 다니는 것으로 시작했다.

"나는 내 이야기를 듣고자 하는 사람은 누구하고나 이야기했습니다. 여기에는 직접 구운 빵밖에는 주지 못했던 수녀님 천 명도 있습니다."

릭 랠스톤(Rick Ralston)은 1962년 크레이지 셔츠(Crazy Shirt)를 창설했다. 4달러면 그가 직접 디자인한 티셔츠를 살 수 있다. 그의 상점은 이전에 정원사의 도구들을 보관하던 와이키키의 오두막이었다. 만일 하와이나 캘리포니아, 플로리다를 여행해 본 적이 있다면 크레이지 셔츠가 어떻게 성장했는지 알 수 있을 것이다. 아마도 지금 당신의 서랍에 그의 셔츠가 있을지도 모른다.

줄리 그린왈드(Julie Greenwald)는 데프 잼 레코드(Def Jam Records)사의 개인 비서에서 마케팅 담당 부사장으로 성장한 사람이다. 그린왈드는 뮤직 비디오 광고 계획을 세우고, CD 커버를 고안하며 레코드사의 연주자에 대한 언론 자료를 계획한다.

범죄 전문 작가 앤 룰(Ann Rule)은 베스트셀러 작가가 되기 이전에 고군분투하는 미혼모로 《트루 디텍티브》(True Detective) 잡지에 기사를 쓰고 있었다.

"스스로 이렇게 생각했던 때가 있습니다. '우리는 정말 가난하고 결코 여기서 벗어나지 못할 거야. 아마 다시는 외식을 못 하겠지.'"

지금 그녀는 레스토랑을 통째로 살 수도 있다.

우피 골드버그(Whoopi Goldberg)는 스탠드 업 코미디언으로 성공하고 후에 배우로 성공하기 전 미혼모이자 사회복지 수당 수혜자였으며, 샌디에이고의 빅 키친(Big Kitchen) 식당에서 접시닦이로 일했었다.

미미 레더(Mimi Leder)는 1975년 미국필름연구소(American Film Institute)의 석사 과정을 처음으로 졸업한 여성 촬영 기사였다. 그 후 그녀는 방세를 내기 위해 텔레비전 방송국에서 대본 감독으로 일을 했다. 그녀의 꿈은 감독이 되는 것이었으므로 자신이 할 수 있는 것을 보여 주기 위해 단편 영화를 만들었다. 그 결과 그는 출산 직후 「L.A. Law」 시리즈 중 한 편을 감독하게 되었다.

"이거 봐요, 흐르는 젖 때문에 가슴에 얼음 팩을 대고 그 위로 팔짱을 끼고서 감독을 하고 있다구요."

그녀의 작품은 스티븐 스필버그의 눈을 사로잡았고 그녀는 조지 클루니(George Clooney)와 니콜 키드만(Nicole Kidman)이 주연한 SKG사의 "피스메이커"(the Peacemaker)를 감독하게 되었다. 그녀는 텔레비전 드라마 "ER"과 같이 전개가 빠르고 시청자가 그곳에 있는 듯한 느낌을 주는 드라마 스타일의 선구자로 유명하다.

"투나잇 쇼"(Tonight Show)의 진행자이자 자동차광인 제이 레노(Jay Leno)의 첫번째 직업은 매사추세츠 주 앤도버에 있는 윌밍턴 포드(Wilmington Ford)사의 새 차를 세척하고 광내는 일이었다. 어느 날 그는 말 그대로 공장장과 부딪혀 한 아름 안고 있던 자동차 휠 캡을 떨어뜨렸다. 그는 그 자리에서 바로 해고되었다. 황당해서 그는 편지에 어떤 일이 일어났는지를 써서 헨리 포드 주니어에게 보냈다. 그는 다시 복직되었다. 후에 대학 재학 중에 그는 롤스로이스 판매장에서 일하고 싶었다. 그러나 판매장 사장은 일자리가 없다고 이야기했다. 그래서 그는 일단 그냥 차를 세차하기 시작했다. 사장은 그가 일하는 것을 보자 그를 채용했다.

토니 베네트(Tony Bennett)가 열여섯 살이었을 때 그는 리카도즈(Ricardo's)라는 식당에서 노래하는 웨이터 자리를 얻었다. 그는 신청곡을 받아 노래를 해 주고 팁을 벌었다.

"별거 아닌 노래들이었지만 그 일을 너무 좋아했죠. 나는 이렇게 생각했습니다. '남은 평생 노래를 하면서 살고 싶다. 성공하건 못 하건 상관없

직업 선택은 인생 최대의 모험이다

어.' 라고 말이죠."

　미혼모였던 작가 토니 모리슨(Tony Morrison)은 부모님의 집으로 이사를 하고 랜덤하우스 출판사의 교과서 관련 계열사의 편집자 직을 얻었다. 그녀의 여가 시간인 아이들이 잠든 늦은 밤에 작업해서 그녀는 자신의 첫번째 소설 『가장 푸른 눈』(the Bluest Eye)을 쓸 수 있었다. 그 책은 대성공을 거두었고 그녀의 다음 책 『슈라』(Sula)는 우수 서적 상(National Book Awards)의 후보가 되었다. 모리슨은 그 후 노벨 문학상과 퓰리처상 수상 작가가 되었으며, 6권의 소설을 출간하여 이 중 3권은 베스트셀러가 되었다.

프로는 세상을 탓하지 않는다

명언

만약 모세가 오늘날에도 살아 있다면 무슨 일이 일어날지 아는가? 그는 시나이 산으로 올라가 십계명을 가지고 내려와서 그 후 십계명을 출판하는 데 8년을 보낼 것이다.

| 로버트 오벤(Robert Orben)

만약 인생이 당신을 내동댕이친다면 등이 먼저 떨어지도록 하라. 왜냐 하면 내동댕이쳐져도 위를 바라볼 수 있으면 다시 일어날 수 있기 때문이다.

| 레스 브라운(Les Brown)

산의 정상에 있는 사람은 거기에서 그냥 떨어지지는 않는다.

| 미상

무지개가 보고 싶다면 비 내리는 것을 참아야 한다.

| 돌리 파튼(Dolly Parton)

당신의 소망을 이루는데 몇 달이 걸릴지, 몇 년이 걸릴지 모른다. 그렇지만 소망을 이루기 위해 할 수 있는 일은 모두 할 만큼 애를 쓴다면 이루어질 가능성은 훨씬 더 많다.

| 프레드 로저스(Fred Rogers)

내가 열심히 일할수록 행운은 더 많이 온다.

| 토마스 제퍼슨(Thomas Jefferson)

인생의 어려움, 좌절, 슬픔을 우리에게 일어나서는 안 되는 불공평한 벌이라기보다 우리를 강하게 만드는 도전으로서 받아들이는 데에는 믿음과 용기가 필요하다.

| 에리히 프롬(Erich Fromm)

비천한 일이란 없다. 단지 비천한 태도가 있을 뿐이다.

| 윌리엄 베네트(William Bennett)

 ### 퀴즈: 유명 인사와 그들이 가졌던 특이한 직업을 연결하시오.

이 퀴즈는 하룻밤만의 성공 같은 것은 없다는 사실을 여러분에게 보여 주려는 것이다.

1. 아네트 베닝(Annette Bening)
2. 케시 나지미(Kathy Najimy)
3. 키난 아이보리 웨이언즈(Keenan Ivory Wayans)
4. 테드 댄슨(Ted Danson)
5. 브래드 피트(Brad Pitt)
6. 대니스 퀘이드(Dannis Quaid)
7. 크리스 락(Chris Rock)
8. 마이클 더글러스(Michael Douglas)
9. 케네스 콜(Kenneth Cole)
10. 카메론 디아즈(Cameron Diaz)
11. 로버트 듀발(Robert Duvall)
12. 산드라 불록(Sandra Bullock)
13. 미셸 파이퍼(Michelle Pfeiffer)
14. 엘렌 드제너러스(Ellen DeGeneres)
15. 드류 캐리(Drew Carey)
16. 배리 매닐로우(Barry Manilow)
17. 데이비드 하이드 피어스(David Hyde Pierce)
18. 더스틴 호프만(Dustin Hoffman)
19. 클린트 이스트우드(Clint Eastwood)

a. 한때 광고에서 레몬 시폰 파이 가루 상자 역할을 했음
b. 아이스크림 노점에서 일함
c. 셰아(Shea) 운동장에서 땅콩팔이로 일함
d. 스쿠버용 선박의 요리사로 일함
e. 백과사전 영업 사원, 카드 디자이너
f. 전화번호부 내용을 타자로 입력
g. 거지 그리고 나서는 본즈(Vons) 슈퍼마켓 점원
h. 오클랜드공항 힐튼호텔의 벨보이
i. 정신 병원 잡역부
j. 고고 댄서
k. 멕시코 요리 패스트푸드점 El Pollo Loco 홍보 도우미를 위해 닭 분장
l. 청소기 판매원, 법률 비서, 굴 껍질 까기
m. 맥도날드 매니저
n. TCBY 요거트 아이스크림 점원
o. 데니스(Denny's) 웨이터
p. 청소부

직업 선택은 인생 최대의 모험이다

20. 조지 클루니(George Clooney)

21. 골디 혼(Goldie Hawn)

22. 프랭크 자파(Frank Zappa)

23. 짐 캐리(Jim Carrey)

24. 해리슨 포드(Harrison Ford)

25. 톰 행크스(Tom Hanks)

26. 코트니 콕스(Courteney Cox)

q. 우체국 편지 분류원으로 야간 근무

r. 쇼핑센터에서 캐리커처 화가, 여성화 판매

s. 애스트로 월드(Astro World) 놀이공원에서 삐에로

t. CBS 우편 수발실에서 근무

u. 수영장 정수 필터 교환

v. 목수, 요트 중개인, 백화점 바이어

w. 주유소 직원 (이 달의 Mobile 직원)

x. 블루밍데일(Bloomingdale) 백화점에서 넥타이 판매

y. 수영장 용품 상점 점원

z. 토끼 분장을 하고 노래하는 전보 배달원

[**정답** | 1(d), 2(z), 3(m), 4(a), 5(k), 6(s), 7(i), 8(w), 9(c), 10(n), 11(q), 12(b), 13(g), 14(l), 15(o), 16(t), 17(x), 18(f), 19(u), 20(r), 21(j), 22(e), 23(p), 24(v), 25(h), 26(y)]

프로는 세상을 탓하지 않는다

생존 힌트

다른 직장, 되도록이면 더 높은 직책으로 갈 곳이 있지 않는 한 절대로 자진해서 지금의 직책에서 사임하지 마라.

| 마릴린 그라보우스키(Marilyn Grabowski)

돈은 커리어를 계획할 때 도움이 되기도 하지만 피해를 주기도 한다. 너무 많으면 마음이 물러져서 어떤 위험도 감수하려 하지 않게 되고 너무 적으면 아무 활동도 할 수 없다. 그렇기는 하지만 돈은 커리어 계획의 본질에 이르게 되면 사람들이 버리기 어려운 가장 큰 장애물이다. 그럼 나의 길을 가는 동안 어떻게 살아남을 것인가?

살아남기 위해 아주 최소한으로 얼마나 필요한가? 최소한의 한 달 생활비는 얼마인가? 자신의 길을 가는 동안 그 액수를 줄일 수 있는 부분은 없는가? 당신에게는 무엇이 더 중요한가, 기술을 연마하는 시간인가, 멋진 차, 여가, 장난감인가? 대부분의 사람들은 자신의 인생, 인간관계나 커리어에 알맹이가 없는 것에 대한 보상으로 물질적인 편안함을 추구한다. 당신이 지금 그렇게 하고 있지 않은가?

한동안 수도사나 스님처럼 살 수 있는가? 담배를 끊고, 다른 사람과 방을 같이 사용하며 곡물만 먹으면서 살 수 있는가? 만약 대답이 "절대로 못함"이라면 질문을 하나 해야겠다. 커리어를 얼마나 절실히 원하는가? 심각하게 말하자면, 만일 당신이 원하는 것을 얻기 위해 기꺼이 잠시 동안 고생할 생각이 없다면 아마도 그 커리어는 당신에게 알맞은 것은 아닐 것이다. 이것이 내가 말하는 열정이다. 만일 어떤 목표, 커리어, 창조력의 실현에 대한 진정한 열정이 있다면 어떤 장애물도 너무 심각하게 보이지 않을 것이다. 만일 열정이 없다면 모든 장애물이 극복할 수 없는 것으로 보일 것이다.

자신의 맥박을 확인해 보라. 아마도 당신이 진정으로 원하는 것이 아닐지도 모른다. 제3장으로 돌아가서 다시 한 번 생각해 보라.

돈을 더 많이 벌 수 있는 방법은 항상 있다. 형제에게 돈을 빌릴 수 있는가? 부모님께 대출 부탁은? 저축을 사용하는 것은? 스트립 댄서가 되는 것은? 부모님 집으로 들어가는 것은? 스튜디오의 바닥에서 잠잘 수 있겠는가? 차를 모는 대신 자전거를 탈 수 있겠는가? 물론 이런 방법이 제일 좋은 방법이라는 뜻은 아니다. 그러나 커리어에서 성공하기 위해 필요한 것은 무엇이라도 기꺼이 하고 모든 것을 걸 수 있는 사람들이 선택할 수도 있는 옵션이다. 돈 문제를 해결하기 위해 자신의 창조력을 사용해 보자.

창조적인 커리어에 흔한, 기복이 있는 주기는 만일 당신이 미리 계획을 해 두지 않는다면 재정적인 문제를 야기할 수 있다. 프로젝트에서 프로젝트로 옮겨 다니는 사람처럼 나 자신도 돈이 굴러들어오던 좋은 시절이 있었고 바지를 걷고 소원을 비는 분수에 들어가서 사람들이 던져 놓은 동전이라도 모았으면 했던 어려운 시절도 있었다. 창조적인 사람들은 일이 잘되는 기간 동안 저축을 해서 이런 어려운 시기에 대비할 수 있을 만큼 자제력을 키워서 자금 사정이 어려워졌을 때 파산하지 않도록 해야 한다. 그렇지만 어려운 시기에 너무 위축되어서 당신의 계획에 일치하든지 아니든지 어떤 일자리든 택하려고 해선 안 된다.

만일 기꺼이 자신이 가진 것을 포기하고 자신이 진정으로 원하는 것을 추구할 생각이 없다면 당신은 자신의 커리어에 충분히 전념한 것이 아니다. 그리고 사실상 당신이 더 많은 것을 기꺼이 포기할수록 성공할 가능성이 더 많아진다. 또한 돈에 관심이 없고 돈이 덜 필요할수록 당신에게 돈이 더욱 많이 생기게 된다.

자신이 가진 것을 지키는 데 당신이 너무 많은 신경을 쓴다면 이는 당신의 성장을 억제한다. 자신이 가진 것을 지키는 것은 안전에 대한 환상을 준다. 그러나 이런 속담이 있다.

"항구에 정박한 배는 안전하다. 그러나 그것은 배의 원래 목적은 아니다."

프로는 세상을 탓하지 않는다

자신의 배를 기다림

때때로 나는 내가 나의 상상의 산물이라는 생각이 든다.

| 릴리 톰린(Lily Tomlin)

자신이 계획을 실행하는 동안 어떻게든 살아남기 위해 실제 직업을 가지고 일해야 할 필요가 없다고 생각하는가? 이 사실을 한번 생각해 보라. 아인슈타인은 유명세를 얻고 난 이후에도 여전히 특허 사무소에서 몇 년간 일했다.

자신이 계획한 커리어가 속한 업계에서 직업을 찾아보라. 배우라면 무대 뒤에서 일하는 직업, 무용가라면 안무가를 돕는 일이나 아이들에게 무용 교습하는 일, 작가라면 지역 신문사에서 광고 문안을 작성하거나 기사를 쓰는 일. 이런 방식으로 당신은 기술을 연마할 수 있고 돈을 벌면서도 인맥을 쌓을 수 있다.

동시에, 자신의 창조력을 억제할 필요도 없다. 어떤 직업을 가진다 하더라도 그 직업을 좀 더 창조적이고 흥미로우며 활력 있고 다양하게 만들 수 있다. 우편물을 반대 순서로 전달해 보라. 마루를 닦는 동안 노래하고 춤을 추어라. 신문 가판대 점원 일을 하면서 손님이 없는 시간에 책을 읽어라. 자신이 하는 작업의 결과가 훌륭하기만 하다면 당신 자신의 방식으로 할 수 있다.

당신이 알고 있는 것을 가르쳐 보라. 당신이 아는 것에 대해 대가를 지불할 사람은 누구이겠는가? 처음 시작할 때 동네 모임, 소기업, 지역 생활 정보지 등을 생각해 보라. 이들은 모두 예산이 빡빡하고 대부분은 기꺼이 당신이 돈을 버는 동시에 배울 수 있도록 해 줄 것이다.

처음 프리랜서 사업을 시작할 때 원래 가지고 있던 정규 직장을 그만두지 마라. 휴직을 하거나 시간제 근무를 하거나 근무 시간을 바꾸어라. 그렇지만 가능한 한 정기적인 월급과 혜택을 붙잡고 있어야 한다.

임시직을 잡아라. 그렇다고 그 일에 임시로 남아 있으란 법은 없다.

정규 직장에서 모든 창조적인 에너지를 써 버려 집에 돌아왔을 때 너무 지쳐서 아무것도 창조하지 못하는 상태가 되어서는 안 된다. 만약 하루 종일 뼈 빠지게 일해야 하더라도 당신의 진짜 창조적인 커리어를 위해서 무엇인가를 남겨 두어야 한다.

직업 선택은 인생 최대의 모험이다

누가 당신의 미래를 통제하는가?

내가 일하는 방법? 더듬어 찾는다.

앨버트 아인슈타인(Albert Einstein)

다음 질문에서 a항 또는 b항 중 선택한다.

1. 창조적인 커리어에서 성공이란 무엇의 결과인가?

a. 눈먼 행운

b. 노력과 준비, 뿐만 아니라 알맞은 시간에 알맞은 장소에 있었던 것.

2. 창조적인 사람들을 위한 취업 시장에 대해 당신의 느낌을 더 잘 설명한 것은?

a. 너무 경쟁이 심하고 좋은 일자리가 충분치 않다.

b. 누군가는 채용이 될 것이고 그게 바로 나이다.

3. 당신은 힘 있게 느끼는가, 무력하게 느끼는가?

a. 나의 인생은 다른 사람들에 의해 통제된다.

b. 나의 인생은 나 자신의 행동에 의해 결정된다.

4. 미래에 당신에게 일어날 일을 통제할 수 있는가?

a. 그렇다. 온라인 사주팔자에서 조언을 얻으니까.

b. 그렇다. 목표를 세우고 목표 달성을 위해 계획을 세우니까.

5. 지금으로부터 2년 후 당신의 인생을 어떻게 그리는가?

a. 내일 죽을 수도 있는데 왜 계획은 세우나?

b. 2년 후면 프리랜서 일로 생활이 가능할 것이다.

6. 내가 선택한 직종의 미래는 어떠한가?

a. 잠깐, 지금 온라인 사주팔자에 연결해 보고….

b. 벌써 확인해 보았다. 그리고 나의 분야는 급속하게 성장하고 있다. 아마도 이에 발맞추기 위해서는 새로운 소프트웨어 몇 가지를 배워야 할 것이다.

(물론 b항이 더 좋은 답이다.)

역경을 딛고 계획하기

만일 당신이 겪어 온 많은 역경 때문에 계획 세우는 것이 무의미하게 느껴질 때, 작가 린다 버젤(Linda Buzzel)은 사람들로 가득 찬 운동장을 생각해 보라고 제안한다. 이 사람들 모두는 당신이 하고 있는 일을 하고자 하는 사람들이다. 당신의 경쟁자들인 것이다. 운동장이 물샐 틈 없이 꽉 찼다고 놀라지는 마라. 이제 이 사람들 중에서 비상구로 나가야 할 사람들을 도와주도록 하라.

"재능이 없거나 훈련을 받지 못한 사람들은 운동장에서 나가 주세요." (이것 보세요, 당신은 어디로 가려는 거죠? 당신 보고 나가라고 한 것이 아니에요. 그냥 자리에 앉아 있어요!)

"기꺼이 희생하거나 대가를 치를 생각이 없는 사람들도 나가 주세요."

자신들이 그 일에 충분치 않다고 믿는 사람들도 내보내고, 자신들의 성공을 방해하는 사람들도 내보내고, 계획 없고 목적도 없이 방황하는 사람들도 내보내라.

이제 주위를 둘러보라. 아직도 플로리다 말린즈 야구 경기 때의 인파만큼 남아 있다. 아직도 사람들이 많이 있다. 그렇지만 꼭대기에도 자리가 있고 중간에도 자리가 아주 많으며 아래쪽에도 공간이 아주 많이 남았다. 당신은 비전과 계획이 있는 독특한 사람이다. 당신은 자신이 가고자 하는 곳을 향해 출발해서 자신의 길을 걸어갈 수 있다.

기록

천직이란 남은 인생 동안 하고자 하는 일이다. 바로 당신의 소명이다.

커리어란 당신이 속한 일의 진로이며 당신이 하는 일이다.

직업이란 지금 당신이 하고 있는 일이다.

직업 선택은 인생 최대의 모험이다

경력 관리를 위한 기초 훈련

내일을 위한 준비란 바로 오늘 최선을 다하는 것이다.

| 루 고셋 주니어(Lou Gossett Jr.)

창조적인 산업에서 당신은 창조적인 접근 방식을 가지고 해낼 수 있다. 이런 것들은 대학에서는 가르쳐 주지 않는 기술들이다. 그렇지만 이런 기술들은 당신의 커리어에 대한 염원을 이루게 할 수도, 깨 버릴 수도 있다. 그래서 당신이 원하는 것을 어떻게 얻을 것인지 심사숙고해야 하는 것이다. 충분한 자격을 갖추고 재능 있는 사람이 항상 직업을 얻는 것은 아니다. 당신은 영화를 보거나 책을 읽다가 이렇게 이야기해 본 적이 있는가?

"내가 해도 저것보다는 낫겠다."

그렇지만 당신은 그 일을 하지 않고 있고 그들은 하고 있다.

그럼 이제 어떻게 채용되고, 전진하며, 자신의 길을 가고 당신이 원하는 것을 얻을 수 있는지 이야기하겠다. 이 기술들 중 몇 가지는 꽤 직접적이고 단순한 것이며, 다른 것들은 당신의 창조력을 이용하는 것이고 또 다른 것들은 당신을 편안한 자리에서 떠나도록 강요할 것이다. 그러나 이들 모두는 당신 커리어에 있어 성공의 열쇠들이다.

신병 훈련소

이야기하는 것과 말을 마음껏 못 하게 하는 것을 혼동하지 마라.

| 리처드 마싱코(Richard Marcinko)

당신은 자신이 창조적인 커리어를 이루는 데 필요한 것을 가지고 있다고 생각하는가? 정말 그렇게 생각하는가?

리복(Reebok)사의 농구화를 신을 열네 명의 농구 선수를 혼자서 섭외해야 하는 리복 사의 농구화 담당 부서에서 너무도 일하고 싶어하는 여자는 어떤가? 당시 그런 일자리가 없었다. 야호! 당신은 그 자리를 얼마나 간절히 원하는가? 젊은 작가가 경험이 너무 없어서 신문사에서 일할 수 없고 너무 많은 업무량에 짓눌릴 것이라는 이야기를 들었을 때, 그 작가는 편집장 앞으로 한 달 동안 매일 다섯 가지 기사 아이디어를 보냈다. 결국 그녀는 일자리를 얻었다.

당신이 원하는 것을 얻기 위해 당신의 창조력을 어떻게 사용할 것인가? 당신을 도와줄 기초 훈련과 고급 기술에 관심이 있는가?

"뭐라고요? 대답 소리가 잘 안 들려요!"

불우한 여성들이 면접에서 입을 수 있는 정장을 무료로 제공해 주는 기관인 '뉴욕에서 성공하는 이를 위한 의복'(Dress for Success New York)의 창설자가 조언을 해 줄 사람을 찾고 있었을 때, 그녀는 기금 마련 경매에서 글로리아 스타이넘(Gloria Steinem)과 저녁 시간을 보내며 품목에 입찰을 하고 결국 낙찰하였다. 그녀는 그 시간을 그녀의 생각을 논의하는 데 보냈고 스타이넘은 멘토뿐 아니라 기부자가 되었다.

이 예화는 자신들이 원하는 것을 얻는 데 창조적인 접근 방식을 사용한 사람들을 보여 준다. 그들은 교전 규칙을 깨고 전력을 다해 돌격했던 것이다. 그들은 저항에 부딪혔으나 전쟁에서 승리했다. 아무리 너무 너무 너무 너무 많은 경쟁과 고난이 당신을 덮친다 해도 당신이 원하는 직업을 얻을 수 없는 것은 아니다. 정정당당하게 싸워라. 이것은 전쟁이다! 돌격하라!

 알고 계십니까?

직원 구함 광고를 보고 이력서를 보내는 것에 대해 사람들이 믿고 있는 것은 대부분 사실이다.

1. 이력서가 읽히기 위해서는 관심을 끄는 전술이 필요하다. ·············· 25%
2. 산더미 같은 다른 이력서 더미에 내 이력서가 들어간다. ·············· 23%
3. 이력서를 보내는 사람은 이력서의 운명을 통제하지 못한다. ·············· 20%
4. 회사에서 즉시 전화할 것이다. ·············· 12%
5. 눈에 띄기 위해서 이력서를 다시 보내야만 한다. ·············· 8%

이름, 순위, 일련 번호

인생을 두 페이지 안에 요약할 수 없는 사람을 나에게 보여 주시오. 그러면 나는 머리가 산만한 사람이나 극단적 자기중심주의자를 보여 주겠소.

│ 제임스 케네디(James Kennedy)

창조적인 사람의 이력서는 일반적인 이력서와는 한 가지 이상의 면에서 다르다. 예를 들어, 갓 대학을 졸업한 젊은이가 업계 최고의 광고 대행사에 지원을 하였다. 당신이 예상하듯 청년은 경험이 없다. 그는 너무 경험이 없어서 자신의 이력서에 있는 사실을 많은 회사 사람들이 확인한다는 것을 몰랐다. 그의 이력서는 완전히 지어낸 것이었다. – 사실 매우 창조적이기는 했다. 며칠 후 그는 대행사의 부사장으로부터 전화를 받았다. 부사장은 이렇게 말했다.

"자네의 이력서는 완전히 날조되었고, 사실은 반밖에 되지 않으며, 맹랑한 거짓말로 가득 차 있더군. 입사를 환영하네."

이력서가 당신에게 직업을 가져다주지는 못하지만 그래도 이력서가 있기는 해야 한다. 이력서는 당신을 회사의 정문까지 데려다 줄 것이다. 이력서가 없다면 뒷문으로 쫓겨날 것이다.

이력서와 자기소개서를 쓰는 방법에 대한 책들이 많이 있다. 기본 사항을 알고 싶다면 한 권 사서 읽어 보라. 다음의 충고들은 직업 사냥에 기꺼이 창조력을 투자하고자 하는 우뇌 유형의 사람들을 위한 것이다.

프로는 세상을 탓하지 않는다

무엇을 넣을까

바른 말과 거의 바른 말의 차이는 번개와 개똥벌레와의 차이와 같다.

| 마크 트웨인(Mark Twain)

문제는 이력서에 어떤 내용을 넣지 말아야 하는가가 아니라 어떤 내용을 넣으면 취업할 수 없는가이다. 고용주들은 당신을 탈락시킬 이유를 찾고 있다. 다음은 당신이 꼭 이력서에 넣어야 할 내용이다.

• 독특한 취미를 넣어라. 이는 면접 시간 동안 흥미 있는 대화를 시작할 수 있는 계기를 만들어 준다.

"여가 시간에 사자를 조련한다고요?"

당신은 또한 일차원적인 단순한 사람으로 보이고 싶지 않을 것이다.

"그럼 여가 시간에 무엇을 하십니까?"

"저는 주말에 프로그램 코드를 짭니다. 프로그램을 짜는 것이 저의 인생이죠."

실제로 나는 자격 미달이지만 다양한 배경과 취미 때문에 채용된 사람에 대해 들은 적이 있다.

- 딩신이 질 다루는 소프트웨어 프로그램이나 가지고 있는 기술적 능력을 적어라.

- 자신의 홈페이지가 있다면 그 사이트 주소를 써라. 자신의 작품도 자랑할 수 있고 자신의 진정한 모습을 엿볼 수 있는 기회를 제공하는 것이다. 그렇지만 너무 개인적인 면을 과도하게 드러내지는 마라. 상사들이 알기 원하지 않는 면들도 있기 때문이다.

- 자신의 최대 성과를 적지 말고 당신이 지원한 직책과 관련된 경험에 초점을 맞추어라.

- 창조적인 사람으로서 당신이 가진 최대의 강점은 여러 강점들이 조합된 것일 수 있다. 그러므로 다양한 배경을 이력서에 기술하는 것을 두려워하지 마라. 또한 창조적인 예술계에서 직업을 이것저것 바꾸는 것은 어느 정도 허용된다. 짧은 기간 동안 일한 경력이 여러 개라고 해서 부끄러워할 필요는 없다.

- 예술가의 이력서에는 전시회나 연주회, 발표회, 가장 최근의 작업 주문, 수상 경력, 장학금이나 작업비 지원, 라디오나 TV 출연, 저작 목록, 학력, 훈련(음성, 무용 등), 사사한 선생님, 강의 경험, 또는 커리어와 관련된 경험이 포함되어야 한다.

- 영화인 조합과 같은 적합한 직업 관련 협회를 넣어라.

- 단순히 사실이 아니라 결과를 강조하라. 만일 수상을 하였거나 돈을 많이 벌었거나 인상적인 숫자를 만들어 낸 프로젝트에서 일했다면 그 프로젝트를 이력서에 포함시켜라.

"우리 팀은 XTC 화장지에 대한 혁신적인 광고를 만들었습니다. 그 회사는 광고 시작 후 6개월 만에 매출이 두 배로 늘었습니다."

- 간단하게 하라. 만일 당신을 팔거나 직업에 안착하도록 도와주지 않는 것이 있다면 과감히 잘라 버려야 한다.

뭔가 튀게 할 것

이력서란 1990년대의 정크메일이다.

| 작자 미상

대기업에서는 인사부에서 직무 내용 설명서를 사용하여 이력서를 분류하고 또 그 대부분을 탈락시키는 일을 한다. 그러므로 당신의 이력서가 인사부 관리의 검사를 통과하지 못한다면 당신을 필요로 하는 사람에게 자신을 내보일 기회조차 갖지 못할 것이다. 이것은 무슨 뜻인가? 간단하게 말하자면, 당신의 이력서 양식이 정확해야 하며 철자법에 흠 하나 없어야 하고 이력서에 이전 직장의 완전한 주소와 전화번호, 그리고 추천인이 모두 포함되어 있어야 한다는 뜻이다.

관료들 사이에서조차 당신은 특출나야 한다. 기억할 것은 당신은 아마도 보수적이며 아주 세세한 사항까지 악착같이 보는 사람을 만날 수 있다는 사실이다. 그러므로 너무 과도하게 이력서를 작성하지는 말아야 한다. 인쇄용 종이에도 투자를 하라. 가장 좋은 품질의 인쇄용지를 사용하라. 종이는 전문인 기질, 돈, 힘을 나타내는 미묘한 메시지를 전달한다.

그리고 이력서는 읽기 좋도록 만들어라. 여백은 넓게 하고 띄어쓰기도 여유 있게 해서 깨끗하고 단정하게 보이도록 하라. 재미있는 글씨체를 사용할 수도 있지만 주의해야 한다. 색깔 있는 글씨체는 피하도록 하라. 단순하면서 필요한 내용은 모두 있는 이력서를 만들어라. 당신의 경험, 학력, 목표를 전달하는 동시에 가능한 한 짧게 줄여서 쓰도록 하라. 읽는 사람이 자신에게 필요한 정보를 한눈에 알아볼 수 있도록 하라.

많은 창조적인 사람들은 시각적인 효과를 위해 특이한 모양의 종이나 특이한 방식으로 접은 이력서를 사용하기를 좋아한다. 이 기술이 이력서 더미 속에서 당신의 이력서가 눈에 띄게는 하지만 그래도 서류철에는 알맞은 사이즈여야 한다. 당신이 지원한 곳에서 누굴 상대하고 있는지 기억하라.

가장 효과적인 이력서는 당신과 이력서를 읽는 사람을 연결해 준다. 눈맞춤을 위해서 사진을 사용하라. 만일 당신이 그들에게 사람으로 여겨지면 그들이 당신을 쓰레기통으로 버릴 가능성은 줄어든다. 부끄러워하지 마라. 여권용 증명사진도 괜찮다. 그렇지만 내가 본 탁월한 이력서에는 전신 사진(누드 사진을 말하는 것이 아니고)을 오른쪽 여백에 붙여 놓은 것이었다. 자신의 창조력을 사용하라. 사진, 특히 얼굴 사진은 눈길을 끌며 사진이 없을 때보다 이력서에 더 많은 관심을 쏟게 한다.

멍청하게 혹은 귀엽게 보여선 안 되고 지나치게 기교를 부리지 마라. 그들에게 당신이 영리하다는 것을 보여 주라. 그렇다. 하지만 그 직업을 얻는 데 매우 진지하다는 점도 보여 주라.

미래의 고용주의 마음에 들게 할 수 있는 최고의 선물은 그 직책에 맞게 이력서를 만드는 것이다. 당신은 컴퓨터와 레이저 프린터, 회사와 당신이 원하는 직책에 관한 정보만 있으면 된다. 만약 그렇게 할 수 없다면 자기 소개서에 당신의 목표와 당신이 찾고 있는 직책을 명확하게 제시하라.

어떤 접근 방식을 사용해야 할지 모르겠는가? 대부분의 이력서 회사들은 표준화된 양식에 당신의 정보를 넣는다. 당신이 타자를 칠 수 없거나 전혀 생각이 떠오르지 않을 때를 제외한다면 이런 회사들은 별로 필요하지 않다. 대신 당신이 원하는 직업을 얻은 사람 – 또는 아무 일자리라도 얻은 사람의 이력서를 빌려라. 그들의 이력서를 보여 달라고 부탁하고 – 말 그대로 베끼지 말고 – 그 이력서를 모델로 삼아라.

나의 동료 중 한 사람은 다른 사람들을 위해서 이력서를 대신 작성해 주는 일을 때때로 했었다. 그렇지만 그 가격은 당시 시세의 3배 정도로 매우 비쌌다. 그녀는 작년에 두 번 일을 했는데 그 두 사람 모두 자신들이 추구하던 직업을 얻었다. 주변 사람들에게 당신이 살고 있는 동네에 이력서 전문가가 있는지 물어보라.

돈이 항상 인상을 남긴다. 이 말은 이력서 봉투에 20달러 지폐를 넣어 보내라는 것은 아니다. 이 말은 특별 우편을 이용하라는 뜻이다. 특별은

항상 특별한 대우를 받는다. FedEx나 DHL, 특급 우편용 봉투는 이렇게 외친다.

"나를 먼저 열어 봐요! 나는 중요한 편지란 말이에요!"

그리고 또 이런 말을 한다.

"나를 우편물 더미 제일 위에 놓아 둬요!"

쿠리어 서비스(courier service)를 이용해 보라. 당신의 미래 고용주가 얼마나 보수적이냐에 따라 노래하는 전보 서비스로 당신의 이력서를 직접 전달해 보라.

당신의 이력서와 전달 수단을 맞추어라. 컴퓨터 파일 형태의 이력서와 종이에 인쇄된 이력서를 모두 준비하라. 그리고 전자우편이나 팩스로 보낼 축약형 이력서도 준비하라. 팩스용 이력서에는 사진, 예쁜 글씨체, 작은 글씨체 또는 배경 그림 등을 넣을 수 없고 한 페이지에 모든 내용을 담아야 한다. 팩스용 이력서는 고용주 측에서 요청했거나 시간이 촉박한 때가 아니면 사용하지 마라.

당신의 이력서를 항상 업 데이트하라. 당신이 어떤 수료증을 받았거나 기꺼이 당신의 추천인 역할을 해 줄 사람을 만나면 그 사실을 이력서에 기재하라. 유명인의 이름을 친구인 양 언급하는 것이 쓸모가 있는 곳은 바로 여기이다. 만일 처음에 이력서를 보내서 직업을 얻지 못했다면 주요한 추가 사항이 있을 때마다 이력서를 다시 보내 보라.

완벽한 경력, 추천인 또는 경험이 생길 때까지 기다리지 마라. 당신의 이력서를 제출하고, 팩스로 보내고, 인터넷에 올리고, 우편으로 보내라. 그냥 세상에 당신의 이력서를 내보이는 것이다. 이 일을 일찍 할수록 당신이 꿈꾸던 직업에 더 빨리 도달하게 된다.

이력서 킬러

문법과 철자법이 엉망이라면 당신은 그 직업을 얻지 못할 것이다. 만일 당신이라면 "나의 지난번 직장에서는 시간제 근무를 하였음" "공립학교 체제에서 일함" "1분당 타자 속도 40~50자"와 같이 이야기하는 사람을 고용하고 싶겠는가? 이력서를 다른 곳에 보내기 전에 적어도 두 사람 정도에게 이력서를 훑어보게 하라. 그리고 그들의 의견에 귀 기울여라.

신(新) 이력서

창조력은 거의 모든 문제를 해결할 수 있다. 창조적인 행동, 독창성에 의한 습관의 파괴는 모든 것을 극복한다.

| 조지 로이스(George Lois)

예술 계통의 직업에 지원할 때 남보다 튀기 위해서 당신의 창조성을 사용할 수 있는 이점이 있다. 즉 우수함과 우둔함, 재미와 어리석음은 종이 한 장 차이이다. 이제 나의 친구들이 남보다 튈 수 있도록 도와준 몇 가지 방법을 이야기하겠다. 한 가지 짚고 넘어갈 것은 이들 중 일부는 그들이 쓰기엔 너무 어려운 것들이었다.

야구 카드 | 나는 야구 카드를 음성 이력서와 함께 사용했다. (나는 추잉검을 넣지는 않았다.) 아주 효과 만점이었다.

야구 배트 | 한 친구는 자신의 이력서를 나무 야구 배트에 뜨거운 철필로 그을려 새겨 넣었다. 그는 프로야구 팀에 채용되었다.

와인 | 포도주 농장에 지원했던 한 지원자는 자신의 이력서를 와인 병 상표처럼 만들었다. 물론 그녀는 채용되었다.

팬티 | 나의 아내의 회사에서, 한 지원자는 쇼윈도우 디스플레이를 하는 직책에 지원하면서 자신의 팬티와 쪽지를 보냈다고 한다. 쪽지에는 이렇게 쓰여 있었다.

"우리 어머니는 깨끗한 속옷 없이는 절대로 집을 나가지 말라고 말씀하셨습니다."

우리는 아직도 이 뜻이 무엇인지 깨닫지 못하고 있다. 그녀는 채용이 되지 않았다.

티셔츠 ｜ 어느 그래픽 아티스트는 자신의 이력서와 작품을 티셔츠에 그려 넣고 그 티셔츠를 미래의 고용주에게 보냈다. 그는 자신의 능력 이상의 일자리를 제안 받았고, 결국 취업하는 대신 자신의 사업체를 설립했다.

소책자 ｜ 나는 나의 브로슈어를 CD 소책자로 만들었다. 내 사진들(9개월쯤 되었을 때의 사진도 포함해서)과 나의 책과 정보를 이야기 스타일로 쓰고 연락처를 분명하게 적어 넣었다. 사람들은 이 소책자를 아주 좋아했다.

벽돌 ｜ 한 여성은 자신의 이력서를 조각해서 벽돌에 붙여 제출하였다. 그녀는 면접을 받았고, 채용되었다.

데님(Denim) ｜ 청바지 회사의 창조적인 일자리를 찾고 있던 어느 지원자는 청바지 천에 자신의 이력서를 인쇄했다. 그녀는 그 자리에서 채용되었다.

웹 사이트 ｜ 나의 친구 트로이(Troy)는 일러스트레이터이자 웹 디자이너인데 자신의 작품과 자신이 디자인한 웹 사이트 링크를 자신의 홈페이지에 올려놓았다.

보도 자료 ｜ 홍보 회사에서 일하기를 원했던 어느 여성은 그녀의 이력서를 보도 자료 형식으로 썼다. 그녀 역시 채용되었다.

인형 ｜ 어느 간절한 지원자는 자신의 이력서와 함께 비니 베이비(Beanie Baby) 인형을 보냈다. 뇌물은 효과가 없었다. 생산 중단된 비니 베이비 인형이라도 말이다.

종이 인형 ｜ 아주 매력적인 여성은 섹시한 옷을 입고 있는 자신의 상반신 모습이 그려진 큰 종이 인형을 보냈다. 그 인형에 묶인 리본에는 이렇게 쓰여 있었다.

"나의 나머지 모습을 보고 싶다면 면접을 부탁합니다."

물론 효과가 있었다.

오디오 이력서 | 내가 아는 어떤 사람은 사람들이 차에서 들을 수 있도록 오디오 이력서를 만들어 보냈다. 이 방법은 여러 번 효과가 있었다. 그가 자신이 얻은 직업을 계속해 갈 수 있다면 말이다.

모형 제품 포장 | 어떤 사람은 너무 앞서 나가 자신의 이력서를 내용물로 하는 새로운 포장의 모형을 만들었다. 이 방법은 효과가 없었다.

피자 상자 | 자신이 일하고자 하는 회사에 피자를 보낸 사람에 대해 읽은 적이 있다. 그는 자신의 이력서를 피자 아래에 인쇄하였다. 물론 효과가 있었다.

다른 가능한 방법들에는 영화 포스터 만들기, 만화, 비디오, 연극 선전, 메뉴판, 또는 자석 등이 있다. 당신이 찾고 있는 일의 유형과 이러한 방법들이 관련되어 있는지를 확인하고 가장 적합한 방법을 취하라. 어떤 형식이든 이력서를 명확하고 간략하며 읽기 쉽게 하라. 피자의 기름기 때문에 당신 이름과 전화번호가 번져서 당신의 훌륭한 아이디어가 낭비되는 것을 당신은 원하지 않을 것이다.

자기소개서

자기소개서 없이 이력서를 보내느라 고생할 필요는 없다. 자기소개서는 당신의 이력서 패키지에 깊이를 더해 줄 뿐만 아니라 당신의 개성이 스며 나오도록 해 준다. 또한 당신이 왜 그 직업의 후보자로 고려되어야 하는지 좀 더 상세하게 설명해야만 한다. 자기소개서를 작성할 때, 다음의 지침을 고려하라.

- 첫 문장은 눈길을 확 잡아끄는 것이어야 한다. 대부분의 자기소개서에서 읽히는 부분은 바로 첫 문장뿐이다.

- 당신이 이 멋진 회사에서 또는 흥미진진한 프로젝트에서 일할 기회를 찾고 있다는 태도를 취하라. 공통의 관심사 몇 가지를 이야기하라. 회사와 그 직원들에 대해 읽어 보고 그 사실을 나타내라.
- 짧게 작성하라. 1페이지, 두 줄 간격으로 넓은 여백을 두고 작성하라. 바쁜 사람들은 단지 훑어보기만 한다.
- 이는 진짜 마케팅 서한이라고 할 수 있다. 즉 스테이크가 아니라 지글대는 소리를 팔아야 한다는 의미이다. 소개서에 '나는' 이라는 단어가 몇 개나 있는지 세어 보라. 자신에게 "그들에게 이익을 주기 위해 내가 어떤 것을 줘야 할까?"라는 질문을 하여 소개서의 '나는' 을 '귀하는' 또는 '우리' '귀사' 로 바꾸어 보라.
  "나의 경험, 대담한 스타일, 언론의 인맥은 귀사가 주요 산업 박람회에서 주목을 받을 수 있도록 하는 데 도움이 될 것입니다."
- 결코 지루하게 쓰지 마라. 미사여구는 없애고 당신의 개성을 좀 더 보수적인 어조로 표현하라. 직업에 대한 열정도 조금 보여 주라.
- 로고가 있는 당신 자신의 인쇄된 편지지를 사용하라. 만약 인쇄된 편지지가 없다면 만들거나 당신이 아는 가장 훌륭한 화가에게 부탁해서 만들어라.

포트폴리오

포트폴리오는 당신의 재능, 기술, 업적뿐 아니라 당신의 경험에 대한 시각적인 문서이자 증명서라고 할 수 있다. 인테리어 디자이너, 사진가, 공예가, 일러스트레이터, 프로덕션 아티스트, 순수 예술가, 공연 예술가, 애니메이터, 텔레비전 또는 영화 기술자들은 모두 포트폴리오를 사용한다.

그럼 그 안에는 어떤 것을 넣어야 하는가? 무엇이든 간에 당신의 예술을 구체적인 형태 - 원 작품의 사진, 인쇄물(책 포함), 스토리 보드, 작업했던 프로젝트, 견본 등을 넣는 것이다. 좀 더 충실하게 준비하고 싶거나 당신의 창조력을 자랑하기 위해 모형을 만들어야 할 경우도 있다. 많은 경우, 고객과 일할 때는 아무리 최선을 다해도 선정위원회는 악평을 하곤 한다. 뒤에는 언론 보도 자료 스크랩이나 추천서, 상장, 출간한 저작물, 사진, 세미나 수료증, 또는 전시회 기록 등을 포함시킬 수 있다. 처음에는 가장 훌륭한 것들만 넣고 별로인 것들은 넣지 마라. 만약 질이 낮은 작품이라면 전체 내용의 질을 떨어뜨리기 때문이다.

포트폴리오는 보통 면접 중에 사용된다. 그래서 가장 훌륭한 부분을 지적한다든지 다른 작품들이 어떻게, 언제 제작되었는지 설명한다든지, 그런 질문에 대답할 수 있는 기회를 만들어 준다. 당신 포트폴리오를 작게 축소하여 인쇄한 미니 사이즈 포트폴리오를 회사에 남겨 두고 올 수 있다면 금상첨화이다. 내가 아는 한 예술가는 자신의 최고 작품 6점을 종이한 장에 컬러로 싣고 아래쪽에 자신의 이름, 주소, 전화번호를 넣은 미니 포트폴리오를 만들었다. 물론 인쇄비가 많이 들었지만 면접 시에 강한 인상을 남길 수 있었다. 그를 고용할 고객들은 그녀를 잊지 않았고 때때로 면접 몇 달 후에 그녀에게 전화하기도 했다.

도나 블로락(Donna Blaurock)은 『인생의 커닝 페이퍼』(Cheatnotes on Life)라는 책을 저술하였다. 그녀는 직업을 찾고자 할 때 그 책을 회사로 보내거나 회사에 남겨 두고 왔다. 그 행동은 강한 인상을 남겼다.

- 당신의 포트폴리오를 시각적으로 만들어라. 포트폴리오는 이력서가 아니다. 글씨는 최대한 작게 하라. 각 작품마다 날짜와 장소 정도만 글자를 사용하라. 만약 당신이 공연, 텔레비전 또는 애니메이션 분야에서 일하고 있다면 비디오테이프를 사용할 수도 있다.

- 포트폴리오를 통해 당신이 전문으로 하고 있는 한 분야를 강조할 것인지, 당신의 다양성을 보여 줄 것인지 생각해 보라. 만일 당신이 멋지고 값비싼 일들을 주로 한다면 이익이 없고 시시하며 예산을 강하게 의식하는 작업 같은 것은 솎아내라. 만일 당신이 지역 사회에 헌신하는 고객의 눈을 끌어야 한다면 포트폴리오에 당신의 무료 자원 봉사 작업을 포함시키고 그 일을 꼭 지적해서 알려라.

- 완전한 포트폴리오를 갖기 위해서 당신은 모든 일을 문서화하고 샘플을 보관해야 한다. 우선 자신이 기존에 만들었던 것부터 시작하라. 기존의 고객에게 당신이 판매한 작품 중 인쇄할 수 있는 것을 몇 부 달라고 요청하라. 그렇게 하지 않으면 한 부도 받지 못할 경우도 있을 것이다.

- 포트폴리오를 융통성 있고 업 데이트하기 쉽도록 만들어라. 미리 생각하라. 만약 포트폴리오를 업 데이트를 하는데 파일에 들어 있는 모든 자료를 다시 꺼내서 다음 칸으로 옮겨야 한다면 너무나 귀찮을 것이다. 고리가 달린 바인더나 탈착 가능한 포트폴리오용 파일을 사용하라.

- 운반 가능하게 만들어라. 얇게 만들도록 하라. 포트폴리오에 넣을 작품 숫자를 엄선하여 제한하라. 또는 당신의 최고 작품만을 담은 브로슈어를 만들어라.

- 포트폴리오를 잃어버리거나 작품이 손상되었을 때를 대비해서 원본 작품을 하나 더 만들어 보관하라. 손상되기 쉬운 작품은 코팅을 하라. 예술 작품은 깨끗하고 단정하며 잘 정돈되어 있어야 한다. 귀퉁이가 낡았거나 손상되었거나 지저분한 상태는 당신이 부주의하거나 섬세한 면에 관심을 기울이지 않는다는 사실을 보여 주는 것이다.

- 포트폴리오는 CD-ROM이나 디스켓, 온라인 상에 만들 수도 있고 스크랩북, 슬라이드, 또는 보도 자료집, 오디오테이프나 비디오테이프, 브로슈어 또는 파워포인트 발표 자료로 만들 수도 있다. 나의 말을 이해했다면 매체별로 적합한 방식을 취하라. 만화가나 그래픽 아티스트는 자신의 작품 샘플을 Zip 디스크에 담을 것이고 연사나 음악가는 테이프에 보관할 것이다.

- 비디오는 자신을 소개하는 데 점점 인기 있는 방법이 되고 있다. 당신은 인터뷰, 배경 음악, 증명서, 그래픽들을 아주 효과적으로 비디오테이프에 넣을 수 있다. 짧게 만들고 제목이 보이도록 테이프 커버에 넣어라. 테이프 커버는 멋지게 만들도록 하라. 절대로 검정색 박스를 그대로 보내지 마라. 이 도구를 당신의 재능을 나타내는 전시장으로 사용하라. 이력서와 마찬가지로 비디오도 맞춤식으로 만들어라. 물론 당신이 추구하는 직업에 맞게 만들어라. 당신에게 필요한 조명이나 음향을 넣으려면 전문 스튜디오를 빌려서 녹화하라. 만일 당신이 회사의 실력자를 만날 수 없다면 그의 손에 테이프, 비디오, CD, 포트폴리오 또는 대본을 쥐어 주는 것이 그 다음

으로 가장 좋은 방법이다.

- 전문적인 인물 사진은 배우들에게는 필수 조건이다. 고품질에 인화가 잘 되었으며 당신이 가장 잘 표현된 사진을 사용하되 사진 뒷면에 당신의 이름과 연락처를 적어 넣어라. 만일 A4 사이즈의 투명 또는 흰색 스티커 라벨 용지에 이력서를 인쇄할 수 있다면 매번 사진을 보낼 때마다 당신의 이력서를 인쇄한 후에 사진의 뒷면에 부드럽게 붙여 주기만 하면 될 것이다.

- 딩신의 작품으로 엽서를 만들어 미래의 고객에게 보내라.

프로에게 묻는다

더그 홀(DOUG HALL)

더그 홀은 전문 음악가(프렌치 호른)이며 기업가이다.

오디션을 할 때 사람들이 저지르는 가장 큰 실수는 무엇이 있습니까?

오디션 때 모르는 곡을 연주해 달라고 요구받을 때입니다. 예를 들어, 곡의 스타일이나 템포, 감정, 모차르트 대 브람스, 베토벤, 또는 말러나 스트라우스죠. 우선 자신이 오디션을 보는 악단의 연주 스타일을 아는 것이 중요합니다. 시카고 심포니인지 로스앤젤레스 필하모닉인지. 자신이 연주해야 할 장소의 음향 상태도 알려고 해야 합니다. 언젠가 내가 미네소타 심포니에서 오디션을 보았을 때 연주 홀의 잔향이 너무 길었습니다. 그때 나는 나 자신과 이중주를 한다는 생각을 했습니다. 아주 기운 빠지는 일이었습니다. 기본적으로 자신이 직접 숙제를 해야만 합니다.

오디션을 볼 때 사용하는 기술은 무엇입니까?

심포니 오디션에서는 실제로는 혼자서 연주하더라도 오케스트라와 연주하는 것처럼 연주해야 합니다. 제가 사용하는 가장 좋은 시각화 방법은 연주를 요청 받기 전에 머릿속에서 몇 소절을 먼저 연주합니다. 그러면 제가 마치 오케스트라와 함께 연주하는 것처럼 느껴지죠. 그리고 전체 오케스트라에서 내가 연주할 부분을 찾는 데 초점을 맞추게 되고 오디션에서 외부적인 면에서 자신을 속이는 것이죠. 오디션에 가기 전에 나는 스트레칭과 요가를 하고 심호흡을 합니다. 긴장을 풀고 다가올 공연에 집중합니다.

오디션에 무엇을 가지고 가십니까?

좋은 책을 가지고 갑니다. 오랜 시간을 기다려야 할지도 모르기 때문입니다. 오디션 보는 날 연습을 너무 많이 하는 것도 좋지는 않습니다. 물과 간식도 가져갑니다. 식사할 시간이 없을 수도 있습니다. 그리고 자신의 악보, 악기, 수리 공구, 이력서, 수첩, 명함, 그리고 긴장해서 땀을 많이 흘릴 경우를 대비해 여벌의 셔츠를 가져갑니다. 연습하는 음악을 듣기 위한 CD나 카세트 플레이어도 좋겠죠.

처음에 어떻게 오디션을 보셨습니까?

음악가 연합 신문에 전국 오케스트라 오디션 광고가 났습니다. 그리고 요즘에는 인터넷으로 광고가 납니다. 이력서를 보내면 협회에서 오디션 리스트를 보내 줍니다. 만일 요구를 한다면 테이프를 보내고 운이 좋으면 그 후에 초대를 받습니다. 이 경우도 자비로 오케스트라 오디션이 있는 장소까지 왕복 여행 경비를 충당해야 합니다.

면접과 오디션

매번 다른 사람을 만나는 것은 그들이 당신을 좋아하게 만들어 당신의 목표를 달성하는 데 도움이 되도록 하는 기회이다.

| 배리 파버(Barry Farber)

만일 당신이 토머스 에디슨과 면접을 본다면, 그는 아마 당신에게 전구를 주고 이렇게 물을 것이다.

"그 전구에 물이 얼마나 들어가겠습니까?"

이 문제의 답을 알아내는 방법에는 두 가지가 있다. 첫번째 방법은 수학을 사용하는 것으로 20분 정도 소요될 것이다. 두 번째 방법은 전구의 밑 부분의 소켓을 빼고 전구에 물을 채운 후 다시 그 물을 계량컵에 따라 내서 측정하는 방법이다. 소요 시간은 1분 정도이다. 만일 당신이 후자를 택하였다면 아마도 에디슨이 이렇게 말하는 것을 들었을 것이다.

"합격입니다!"

많이 사용되는 질문에 완벽한 대답을 하는 것이 항상 중요한 것은 아니다. 당신에게 일자리를 가져다주는 것은 바로 당신의 열정과 개성이다. 리노 레코드(Rhino Records)사는 그들이 '음악과 인생에 정말 열정적인 사람들'을 찾고 있다고 말한다. 만일 당신이 면접을 받고 있는 그 직업에 열정적이지 않다면 그곳은 당신이 있을 자리가 아니다.

애플 컴퓨터사의 스티브 잡스(Steve Jobs)는 창조적이고 재능 있는 사람들을 찾고 있다고 말한다. 그는 아이디어 제조기를 원하는 것이다.

"나는 훌륭한 직원 한 명이 보통 직원 두 명의 몫을 한다고 생각했습니다. 그렇지만 지금은 훌륭한 직원 한 명이 보통 직원 50명의 몫을 한다고 생각합니다."

면접은 예술이라고 할 수 있다. 당신이 완벽하게 익힐 수 있는 예술이다. 긍정적이고 자신감 있는 태도, 붙임성 있는 성격, 참된 열정, 실적, 미래를 향한 목표가 중요하다고 하겠다. 면접을 잘한다면 최고의 자격증이 굳이 필요 없다.

직장 면접과 첫 데이트와는 많은 유사한 점이 있다. 데이트나 면접 전에는 매우 긴장된다. 마음을 안정시키기 위해 만나기로 한 상대의 배경에 대해 친구에게 물어볼 것이다. 그 상대가 어떤 것을 좋아하는가? 싫어하는가? 그리고 당신은 좋은 첫인상을 주기 위해 노력할 것이다. 그래서 당신은 제일 잘 차려 입고 향수도 뿌릴 것이다. 절대로 약속 시간에 늦지 마라. 아마도 작은 선물을 준비할지도 모른다. 우선 외양을 보고 서로에 대한 느낌을 가지게 되고 서로 질문을 하면서 상대방을 알아간다. 그러므로 입 냄새가 좋아야 할 것이다. 행동을 조심하고 자신의 좋은 매너를 선보여야 할 것이다. 데이트 상대는 물론 아마도 당신의 과거에 대해서도 물어볼 것이다. 당신의 옛날 애인에 대해서 나쁘게 이야기하지 않도록 조심해야 한다. 재미있는 이야기에 함께 웃고 공통점을 찾으며 상대와 더 많은 시간을 보낼지 결정한다. 그리고 데이트 상대는 나중에 전화하겠다고 이야기한다.

공통점은 여기에서 끝난다. 제리 사인펠드(Jerry Seinfeld)가 일전에 지적했듯이 직장 면접은 침대 위에서 끝날 가능성은 없으니까.

당신의 면접으로 만들어라

나는 그 회사에 대해서 너무 많이 알고 있었기 때문에 알고 있는 정보에 입각한 질문을 면접관만큼 많이 할 수 있었다. 면접이 진행되면서 우리의 역할은 바뀌어 버렸다. 내가 질문자가 되어 있었다.

| 빅터 키암(Victor Kiam)

면접은 협동적이어야 한다. 면접관에게 몇 가지 질문을 하라. 그들로 하여금 자신에 대해 이야기하도록 하라. 약간 추켜세워 주고 그들의 이야기를 잘 들어주어라. 당신이 토크쇼에 출연하고 있는 것으로 가정하라. 한두 가지 일화를 준비하고 사전 조사를 하여 자신의 주제 분야에 대해 충분히 익히고 어려운 질문에도 대비하라. 자신을 알리는 30초 광고를 확실히 준비해 두라. 자신을 판매하라. 겁쟁이같이 행동하지 마라.

면접관은 면접 시작 후 몇 분 안에 그들이 당신을 채용할지 여부를 정할 수 있다. 면접장에 들어가기 전 기분을 고조시키든지 아니면 가라앉히든 당신에게 더 맞는 쪽으로 기분을 바꾸라. 당신은 전사인가 중재인인가? 활력 있는 대화인가 요가인가?

첫인상을 좋게 하라. 보디 랭귀지는 당신에 대해 많은 것을 이야기한다. 자신 있게 들어가서 면접관과 진지하게 악수하라. 자리에 앉아 고개를 세워라.

"자신에 대해 설명해 보십시오."와 같은 기본적인 면접 질문을 미리 연습해서 이런 질문을 받았을 때 생각나는 대로 답변하는 대신 준비된 대답을 할 수 있도록 하라. 다른 면접관은 "5년 후 당신이 어디에 있을 것으로 생각하십니까?"와 같은 질문을 해서 당신을 당황하게 할지도 모른다. 5년이라니!

당신 이력서에 있는 공백기에 대해 대답할 준비를 하라. 그들은 또한 당신의 가장 나쁜 결점이 무엇인지 물어볼 수도 있다. 당신이 이 직업을 얼마나 간절하게 필요로 하는지, 당신의 차를 어떻게 되찾을 것인지에서 초점을 돌려 당신의 미래의 고용주가 무엇을 필요로 하는지에 중점을 두라. 그들에게 이득이 되는 것에 관해서도 이야기하라.

당신이 어떻게 그들의 요구에 부응할 수 있을 것인가? 그들은 당신이 갖춘 자격 요건과 그들의 필요를 연관시키지 않을 수도 있다. 그러므로 그들에게 둘 사이의 연관 관계를 보여 주어야 한다.

"아마존닷컴(Amazon.com)의 웹 사이트 디자이너로 일했던 저의 기술과 경험은 귀사가 웹 사이트에서 많은 기기들을 파는 데 도움이 될 수 있을 것입니다."

아직도 면접에 대해 불안한가? 그러면 다음에 나오는 아이디어들을 시도해 보라.

그들의 입장에서 생각해 보라. | 만일 당신이 그들이라면 어떤 말을 듣고 싶겠는가?

비유를 사용하라. | 이는 당신이 이야기하고자 하는 것을 그들이 빠르게 이해할 수 있도록 도와준다. 이야기(사람들은 이야기를 잘 기억한다.), 인용문(인용문은 모든 것을 아주 간결하게 표현해 준다.), 통계 수치(당신이 자신이 할 일을 알고 있다는 것을 보여 준다.), 그리고 예(당신이 이전에 일을 했다는 증거)를 사용하라.

포트폴리오를 가져가라. | 그리고 보여 주면서 설명하는 기회를 만들어라.

노트를 가져가라. | 노트를 가져가면 적어도 마음을 진정하기 위해서 무엇을 쓰는 척이라도 할 수 있다. 또한 전체 면접이란 완전히 정신을 멍하게 만드는 경험이므로 그들이 보내 달라고 하는 것들이나 후에 감사 서한을 쓸 때 도움이 될 만한 메모를 적고 싶을 것이다.

자신 그대로의 모습, 진실한 모습을 보여 주어라. | 잡지 《코스모폴리탄》 편집장의 비서인 크리스틴 크리코(Cristin Cricco)는 이렇게 말한다.

"나는 이전에 잡지사에서 일한 경험이 없었어요. 하지만 보니는 자격을 갖춘 후보자들을 제치고 저를 고용했죠. 왜냐 하면 그녀는 제가 지원자들 가운데 가장 현실적이고 열정적이라고 느꼈기 때문이지요."

항상 긍정적인 태도. | 질문에 예를 들어 가며 구체적으로 대답하라. 당신이 어떤 팀원이었는지, 이전 직장이었던 회사에 어떻게 돈을 벌어 주었는지는 항상 좋은 예이다.

다른 99.9퍼센트의 지원자들과 당신을 확실히 구분해 줄 아이디어가 있다. | 명확한 목표를 가지고 당신의 미래에 초점을 맞추고 이것들을 확실하게 말하도록 하라.

한두 가지 아이디어를 제시하라. | 이는 어쨌든 당신이 아이디어를 가지고 있다는 사실을 보여 준다. 그렇지만 첫 면접에서 그 회사를 개혁하려고는 하지 마라.

이력서 사본을 가져가라. | 그리고 미니 포트폴리오, 추천인 목록, 명함 또는 브로슈어, 즉 당신이 면접장을 떠날 때 그곳에 남겨 두고 올 수 있는 것을 가져가라. 깔끔하고 단정하게 준비하라. 주머니에서 꼬깃꼬깃 접힌 것을 꺼내면 안 된다.

유리할 때 면접을 끝내도록 노력하라. | 항상 나오는 고정적인 질문, "다른 질문 없습니까?"에 대비한 답을 준비해 두라.

강하고 우아하게 면접장을 빠져나오라. | 당신이 이야기했던 것을 요약하고 면접 다음으로 해야 할 행동이 뭔지 질문하라. 당신이 회사를 위해 무엇을 할 수 있는지를 이야기하면서 끝맺음을 하라. 사람들은 제일 처음

들은 것과 마지막에 들은 것만 기억한다.

감사 편지를 보내라. | 당신이 일자리를 얻었든 못 얻었든 상관없이 보내라. 이는 당신이 좋은 인상을 남길 수 있는 마지막 기회이다.

긍정적으로 생각하라. | 채용되었을 때를 대비해서 주민등록증과 면허증을 준비해 두라.

하지 말아야 할 것들

좋은 첫인상을 줄 수 있는 기회는 오직 한 번뿐이다.
그러므로 기회를 잡아라.

| 마키타 앤드루스(Markita Andrews, 걸스카우트 쿠키 판매 기록 보유자)

당신이 확실히 채용되지 않을 것이라고 보장하는 것은 거의 없다. 그러므로 채용되기를 원하지 않는다면 면접에 가지 않는 것이 좋다. 아무리 당신이 아닌 척하려고 해도 경험 많은 면접관은 당신이 얼마나 훌륭한지 꿰뚫어볼 수 있을 것이다.

당신이 어떤 직업을 원한다고 가정하고 당신에게 해가 되는 행동 몇 가지를 통제하도록 하라.

지각을 하지 마라. | 헉헉대거나 땀이 흥건해서 도착하지 마라.

말을 가로막지 마라. | 그렇지 않으면 잘못된 결론에 이르게 되거나 그 직업을 스스로 단념하는 것이 된다. 집중하고, 경청하고, 그러고 나서 대답하라.

키스 자국은 금물이다. | 또는 문신을 보여 주지 마라.

이전의 고용주에 대해 불평을 하거나 깎아 내리지 마라. | 대부분의 회사들은 문제 해결자를 원하지 문제아를 원하는 것이 아니다.

면접 전에 담배 피우지 마라. | 무조건 담배를 피워야 한다면, 구취 제거

제를, 그것도 강력한 것으로 준비해 가라.

얼굴에 피어싱을 하고 면접장에 들어가지 마라. | 사실상 당신의 외모에 대해 흠 잡히는 일이다. 그들이 당신의 작품이 아니라 코걸이에 집중하기를 원하지는 않을 것이다.

너무 편안하게 풀어지지 마라. | 노련한 면접관은 당신이 경계심을 풀고 그들이 당신을 채용해서는 안 되는 이유를 드러내게 하려는 목적으로 우호적이고 편안한 분위기를 만들려고 노력할 것이다. 면접관은 당신의 친구가 아니다. 그러므로 "제가 일전에…", 이런 이야기를 하지 마라.

오래된 진부한 말에 안주하지 마라. | "저는 사람들과 잘 지냅니다." 또는 "저는 무엇이든 빨리 배웁니다."와 같은 진부한 이야기는 하지 않는 것이 좋다. 같은 요점을 말하되 다른 방법으로 이야기하라.

급하게 행동하지 마라. | 긴장을 풀고 질문에 충분한 시간을 가지고 대답하라.

언제 떠나야 할지 알고 있어라. | 아무리 환대를 해 줘도 너무 오래 머물지 마라.

공짜로 다 내주지 마라. | 법적으로 면접에서 물어볼 수 없는 것에 대한 답을 "자신에 대해 이야기해 주십시오."라는 질문에 무심코 흘러나올 수 있다.

"음, 저는 30세의 유태인 레즈비언입니다. 아, 그리고 지난번 직장에서는 회사 기밀을 훔쳐서 중국에 팔았기 때문에 해고되었습니다."

그들은 그런 사항을 물어볼 수 없다. 그러므로 기억하자.

"묻지도 말고 이야기하지도 마라."

자신의 점수에 대해 너무 많이 걱정하지 마라. | 또는 당신의 대학 중퇴 학력 때문에 불안해 하지 마라. 자신의 창조성, 업무 윤리, 세상 물정에 밝은 지혜, 당신의 활력 넘치는 활동에 초점을 맞추어라. 빌 게이츠(Bill Gates)도 대학을 중퇴했으며 이 사실이 그에게 그다지 많은 피해가 되지 않았다는 사실을 기억하라.

너무 담담하게 행동해서 무관심한 것처럼 보이지 마라. | 나의 말이 무슨 뜻인지 알 것이다. 일자리에 너무 연연하는 것처럼 행동하고 싶지 않을 것이다. 그래서 담담하게 행동할 것이다. 만약 그런 일은 해 봤다는 태도면 괜찮다. 하지만 적어도 그들을 위해 그 일을 다시 하고 싶어하는 것처럼 보이기는 해야 한다.

비서나 안내원에게 무례하게 행동하지 마라. | 그들은 당신을 도와줄 수도 당신을 망하게 할 수도 있다.

오디션

당신이 선택되지 않은 이유는 너무 많기 때문에 걱정할 필요조차 없다.

| 로버트 드 니로(Robert De Niro)

오디션은 대화식이 아니기 때문에 면접보다 훨씬 더 어렵다. 면접관과 상대할 기회가 없기 때문에 정말 표면적인 이유, 당신이 어떻게 할 수 없는 것들로 인해서 탈락하곤 한다. 아마도 당신은 하루는 "키가 너무 작습니다."라는 말을 들었다가 그 다음날 "키가 너무 크군요."라는 말을 들을 수도 있다. 이런 종류의 거부는 좌절감을 줄 뿐 아니라 당신의 자신감을 꺾을 수 있다.

오디션은 시간이 많이 들고, 스트레스를 주며, 비굴해지고 결실이 없을 수 있다. 그렇지만 이 과정은 배우, 음악가, 모델, 무용가와 같은 사람들에겐 창조적인 인생의 일부이다. 오디션을 당신의 기교를 초월하여 완전히 정복하는 기술은 긴장과 자기 의심을 극복하는 것이다. 이것은 대개 정신적인 것이다. 왜냐 하면 기회들이란 당신이 능력을 갖췄을 때 있는 것이기 때문이다. 긴장을 풀고 긍정적으로 생각하라. 긍정적인 태도를 갖고 긍정적으로 미래를 바라보라. 배우들의 오디션에 관한 책을 저술한 에드 훅스(Ed Hooks)가 말했다.

"오디션을 잘 본 사람과 그렇지 않은 사람들 사이에 사실 차이란 없습니다. 다만 자신의 기술로 돈을 벌려는 사람과 자신의 기술이 돈 받을 가치가 있다는 사실을 납득하지 못한 사람들 사이에 차이가 있는 것입니다."

대기 시간을 현명하게 사용하라. │ 공부하거나 연습을 하거나 긴장을 푸는 데 사용하라.

오디션은 재능, 기술, 숙련도에 좌우된다. │ 그것들은 당신의 분야에서의 열정만큼 중요하다. 사전에 작품을 제출하라. 당신이 무엇을 하고 있는지 파악하고 오디션 전에 대본이나 악보를 요청해서 연습하라.

성공했을 때를 상상해 보라. │ 배역을 얻었을 때를 그려 보라. 자신이 그 배역을 얻을 것이라는 확신을 가지고 오디션 장으로 가라.

태도가 모든 것을 좌우한다. │ 힌트: 긍정적일 것. 그렇지만 다른 사람들 위에 있다는 듯한 거만한 태도는 곤란하다. 열정적인 태도를 가지되 적당히 하라.

오디션하기 전 날에는 숙면을 취하라.

인터뷰나 오디션 전에 술을 마시지 마라. │ 또는 처방된 약품을 복용하지 마라. 믿거나 말거나 사람들은 당신이 취한 상태인지 구분할 수 있고 이는 당신에게 전혀 도움이 되지 않는다. 에인절스(Angels) 야구팀의 구원 투수는 투구 전에 커피 10잔을 마시고 씹는 담배 2캔을 씹는다고 인정했다. 그는 긴장할 때의 에너지가 자신에게 힘을 준다고 한다. 그렇지만 오디션의 경우 손 떨림이나 꽉 찬 방광, 또는 너무 흥분한 상태는 비생산적이다.

지각은 하지 마라. │ 그렇다. 앞에서 이야기했다. 그렇지만 계속 얘기해도 모자란다.

그들이 당신의 공연을 보러 오게 만들어라. │ 오디션에 가는 대신 중요 인물들이 당신의 공연을 보러 오도록 만들 수 있다면 오디션보다 훨씬 더 좋은 방법이다.

인생은 투구(pitch)이다

만일 그들을 납득시킬 수 없다면 혼란스럽게 만든다.

| 해리 S. 트루먼(Harry S. Truman)

할리우드에서는 모든 것이 투구이다. 로버트 알트만(Robert Altman) 감독의 영화 "플레이어"(The Player)를 기억하는가? 많은 창조적인 커리어는 당신이 좋은 투수인지 여부에 달려 있다. 그것은 철면피적인 성격과 혼합되어 부분적으로는 영업 사원으로서의 기질이고 부분적으로는 무대 공연이며 부분적으로는 연설 기술이다. 일부 분야에서는 투구를 할 수 있느냐가 커리어의 생과 사를 결정한다.

당신이 가지고 있는 것을 그들이 필요로 한다는 사실을 알 때, 그들이 원하는 것을 얻기 위해 당신이 어떤 도움을 줄 수 있는지 알 때, 이 일은 더 쉬워진다. 이런 질문을 하는 것으로 시작해 보라.

"내가 가진 것을 누가 필요로 하는가? 그들이 그것을 얼마나 절실히 원하고 있는가?"

이 두 가지 질문에 대한 답을 더 많이 알수록 당신에게 가해지는 압력은 줄어들 것이며 당신 자신을 판매하는 것이 더 쉬워질 것이다.

 퀴즈: 성공적인 상인의 특성들

경쟁적	끈질김
외향성	자신감
상냥함	열정적
독립성	직관적

이 중 당신이 가지고 있는 특성을 표시해 보자.

당신의 영혼을 팔지 않고 자신을 파는 방법

다른 사람들이 했으면 하고 당신이 원하는 일을 다른 사람들이 하게 하려면 그들의 눈으로 사물을 보아야만 한다.

| 데이비드 슈워츠(David Schwartz)

당신의 재능을 판다는 것은 어려운 일이다. 심지어는 기분 나쁜 일일 수도 있다. 특히 당신 자신을 신뢰하지 않을 때 더욱 그렇다. 많은 창조적인 사람들은 자신들의 능력을 팔고 싶지 않다는 점을 들어 자신을 판매하지 못하는 무능력함을 변명하곤 한다. 눈을 낮춰야 한다. 당신이 말을 먼저 꺼내야 한다고 확신한다고 해서 내가 악마 같은 사람이라고 생각하지는 말기 바란다.

창조적인 사람으로서 어디에 있든지, 누구와 이야기하든지, 당신은 항상 당신의 작품이나 일을 판매하고 있다. 당신은 어머니도 설득해서 어머니가 당신의 등 뒤에서 블루밍데일(Bloomingdale)백화점에서 열리는 경영 프로그램에 대해 더 이상 이야기하지 않도록 해야 한다. 당신은 고객으로 삼고 싶은 사람들과 당신을 위해 일해 주었으면 하는 사람들을 설득해야 한다. 당신의 스타일은 당신만의 판매 방식이며 당신의 독특함을 보여 주는 것이다.

보수를 받기 위해, 생계를 유지하기 위해 당신은 판매를 해야만 한다. 거짓말이나 속임수, 기만 또는 싸구려 양복과 요란한 넥타이를 맬 필요도 없다. 효과적으로 판매하기 위해 당신은 사람들을 도와주고 그들을 치료하며, 즐겁게 해 주고 그들의 요구를 들어주어야 한다. 이것들은 모두 좋은 일들이다.

판매를 당신의 위신과 관련된 것으로 여기지 마라. 만일 당신이 할 수 있다고 생각하지 않으면 당신은 그 일을 할 수 없다. 당신이 해야만 한다는 사실을 일찍 받아들일수록 상황은 더욱 좋아진다. 모든 사람은 무엇인가를 팔아야 한다. 아이디어, 정보, 재능, 기술, 제품, 꿈, 에너지, 예술을 판다. 만일 당신이 무엇인가를 제공해야 한다면, 그리고 당신이 돈을 벌기를 원한다면 팔아야 한다.

이 말은 당신에게 판매가 즐거움을 주지 못한다는 뜻이 아니다. 한 세일즈맨은 리무진을 타고 돌아다닌다. 그의 운전사는 그가 차에서 내릴 때 붉은 양탄자를 깔고 그가 왔다는 사실을 알린다. 아주 멋진 첫 등장이 아닐 수 없다.

한 회사에 지원했다가 실패한 후 비행기를 기다리는 동안, 한 세일즈맨은 미래의 고용주를 수혜자로 한 생명보험에 가입하고 보험증서를 그 고용주에게 보냈다. 증서와 함께 쪽지를 보냈는데 그 쪽지에 "저는 당신을 생각하고 있습니다."라고 적어 보냈다. 물론 그는 만날 약속을 하는 데 성공했다.

매우 유명한 생방송 코미디 쇼 "토요일 밤의 생방송"(Saturday Night Live)은 매우 경쟁이 심하다. 방송 시간을 얻기 위해 당신의 아이디어를 팔 수 있어야 한다. 그러나 SNL 팀에서 한 자리를 차지한다면 당신의 이름은 바로 유명해지는 것이다. 당신의 커리어는 바로 당신의 손에 달려 있다. 아무런 연관 관계 없이 일어나는 일이 아니다. 기회가 문을 두드릴 때 준비가 되어 있어야만 한다.

당신의 고객에 대한 정보를 수집하라. ┃ 사람들은 그들이 이야기하고 있는 것이 무엇인지 알고 있는 사람과 일하는 것을 좋아한다. 그들은 당신을 시험할 것이다. 당신은 그들이 당신의 계획, 테이프, 프로젝트, 승진에 "예스."라고 대답하도록 해야 한다. 당신은 그들에게 동기를 주어야 한다. 그들이 "예스."라고 말하도록 만드는 데 무엇이 필요한지 알아내라. 그리고 거꾸로 일을 해 나가라. 업계의 도움이 될 사람과 연락을 취하거나 스스로 조사하라. 좋은 선례를 만들고 그 고객을 알고 있거나 정보를 알고 있는 다른 사람과 이야기하라. 그 회사의 내막을 알기 위해 웹 사이트에도 들어가 보라.

깨끗하고 단정하게 하라. | 비록 개인 위생이 중요하지 않다고 생각할지라도 주변 사람들에게 당신이 위생을 중시한다고 확신시킬 수 있다.

처음 "아니오."라는 대답에 전화를 끊지 마라. | 뉴욕의 시장 에드 코크(Ed Koch)는 테레사 수녀가 그를 방문하였을 때 심장 발작에서 회복 중이었다. 그는 테레사 수녀에게 초콜릿 칩 쿠키를 권하였다. 하지만 수녀는 거절하면서 인도에서는 다른 사람이 음식을 권할 때 그 음식을 받아먹게 되면 음식을 권한 사람이 굶을 수도 있기 때문에 음식을 먹지 않는다고 이야기하였다. 그러자 코크 시장은 이렇게 말하면서 설득했다.

"그렇지만 수녀님, 이 과자는 세계에서 가장 맛있는 과자랍니다."

그러자 테레사 수녀는 이렇게 대답했다.

"좋아요. 그럼 싸 주세요."

사람들은 자신들이 가질 수 없는 것을 원한다. | 매진, 입석만 판매 가능, 한정 판매.

"7월까지는 예약이 꽉 차 있지만 8월 첫째 주에는 자리가 있을 것 같군요."

입 다물고 들어라. | 질문을 하고 그들이 이야기하도록 하라. 그들이 "아니오."라고 대답할 수 있는 질문은 절대로 질문하지 마라.

당신의 본능을 믿어라. | 상황을 판단하는 데 자신의 직관을 사용하고 그후에 대응하라.

사람들은 친구에게서 물건을 산다. | 그러므로 많은 친구를 사귀어라. 사람들을 친구처럼 대하라. 다른 사람들의 친구들도 사귀어라. 옛 친구들과 연락하라. 이웃, 학급 친구, 감방 동료, 그 누구라도 좋다. 추천을 받고 증명서를 받고 조언을 얻어라. 그리고 그들에게 공을 들여라.

열정적인 태도를 가져라. | 열정적인 행동은 실제로 사람들에게 당신이 말하는 것보다 더 많은 영향을 준다.

지루하게 이야기하지 마라. | 자포자기하지 마라. 유머, 이야기, 자신의 이야기나 예화를 간혹 사용하라. 그것을 사실로 만들어라. 즐겁게 해 주

고, 재치 있게 그 일들이 당신의 것인 양 만들어라. 긴장을 풀고 즐겨라.

한 순간의 관심만으로 설득할 준비를 하라. | 항상 당신을 설명할 수 있는 소개말을 준비하라. 아주 많이 연습을 해서 연습한 것처럼 들리지 않게 해야 한다.

당신의 최고의 상품을 먼저 내놓아라. | 그리고 설명은 짧게 하라. 당신이 팔고 있는 것에 대해 명확하고 간결하게 설명하라. 1~2분이면 충분하다.

진실함을 팔아라. | 겉치레는 하지 말고 있는 그대로의 자기 모습을 보여 주라. 물론 모든 사람이 당신을 따뜻하게 대하지는 않을 것이다. 그렇지 만 적어도 당신은 마구 파는 것은 아니다. 당신이 의도했건 아니건 항상 진실한 태도를 취하라.

끈기는 언젠가는 결실을 맺는다. | 월트 디즈니(Walt Disney)는 생쥐를 테마로 하 는 놀이공원 건설 자금 대출을 받기까지 403개의 은행에서 거절당했다.

현실적인 판매 목표를 세워라. | 오늘은 전화 3통을 건다.

자신있게 행동하라. | 당신의 배경에 대해 거짓말하지 마라. 그러나 내가 읽었던 많은 전기들에서 보면, 기타리스트이면서 베이스 기타를 연주할 사람이 있는지 질문을 받으면 그들은 여전히 "할 수 있다."고 대답한다. 그들은 말한다.

"줄이 2개 적고 다른 음자리표를 쓰는 것뿐인데 뭘."

시세와 견적의 차이점을 알라. | 전자는 당신이 적당히 꾸며낼 수 있는 것 이지만 후자는 최종적인 숫자이다.

항상 다른 사람에게 줄 무엇인가를 준비하라. | 견본 테이프, 브로슈어, 비 디오, 사진, 광고지. 항상 이런 것들을 가지고 다녀라.

무엇을 팔든 그 이점을 강조하라. | 사람들은 WIIFM(What's in it for me? 그 물건 안에 나에게 유용한 것이 무엇인가?)에 의해 영향을 받는다. 이 점을 노려야 한다. 그들의 꿈은 무엇인가? 그들의 욕구는? 바로 그것 에 관한 것을 팔아라.

신뢰감을 주어라. | 그래서 그들이 당신을 고용하고 싶어하도록 하라. 데

드라인을 절대로 놓치지 마라.

그들이 "아니오."라고 한다면 추천을 부탁하라. | 당신을 추천해 줄 누군가에게 부탁하라.

개인적으로는 "아니오."라는 말을 받아들이지 마라. | 당신이 성공하지 못한다면 누가 성공했는가? 왜? 그들은 어떻게 했는가? 나에겐 없지만 그들은 가진 것은 무엇인가? 그럼 나는 어떻게 개선할 것인가?

"나는 세일즈맨 할 만한 사람이 아니야."

이런 말로 자신을 약하게 하지 마라. | 당신이 원하는 것이 무엇이든 당신은 할 수 있다. 바바라 윈터(Barbara Winter)가 말했다.

"판매를, 상식에 좋은 매너를 더한 것이라고 생각하세요."

당신의 하한선은 무엇인가? | 그들의 하한선은 무엇인지 물어보라.

"이 거래를 성사시키려면 어떻게 하면 되겠습니까?"

돈 외에 협상할 수 있는 것을 찾아보라. 그들이 먼저 제안을 하도록 하라.

만일 잘 맞지 않는 점이 보이면 이를 인정하라. | 그리고 우아하게 물러나라.

"동반자는 편한 사람이어야 할 것입니다. 직원 채용은 지극히 개인적인 선택이고 제가 그 자리에 맞는 사람이 아니라고 생각하신다 해도 이해할 수 있습니다."

그들이 쉽게 빠져나갈 수 있는 여지를 주라. 그럼 아마도 그들은 당신을 다른 회사나 고용주에게 추천할 것이다.

프로는 세상을 탓하지 않는다

고객이 항상 옳은 것은 아니다

미래의 고객들은 변하기 쉽다. 그러므로 주의해서 다룬다.

| 지그 지글러(zig ziglar)

고객들은 당신을 속이고, 당신에게 거짓말하고, 잔소리와 불평을 하고 화를 내고 당신을 외면하며 그리고 당신에게서 몰래 무엇이든 빼앗으려

할 것이다. 그러므로 이에 대처하는 방법을 배워라.

제안서

출판이란 상거래 행위이다.

| 리처드 스나이더(Richard Snyder)

제안서란 말 그대로 책이나 아이디어, 직책 등을 제안하는 것이다. 제 안서는 서면으로, 편지를 쓰거나 또는 좀 더 공식적으로 작성하고 나서 끝에 날짜를 쓰고 서명을 한다. 제안서 작성에 관한 책을 도서관에서 대 출해서 읽어 보라. 제안서란 어떤 일에 대해 명확하게 개요를 설명하고 시간 계획 그리고 때때로 예상 비용까지 제시한다. 많은 그래픽 아티스트 들은 제안서에 아래와 같은 문장을 첨가하여 제안서를 계약서로 사용하 기도 한다.

"일금(금액)의 수표 제공은 본 제안서의 완전한 수용을 의미합니다."

많은 정부나 비영리 기관의 작업, 보조금, 그리고 장기 또는 광범위한 컨설팅 작업에 대해서 아주 상세한 제안서를 써야 할 것이다. 많은 책을 읽고 내용을 소화하라. 정부와 대부분의 비영리 단체는 유머 감각이나 스 타일 감각도 없고 대부분 시대에 20년은 뒤처져 있다. 일자리를 맡게 될 때까지는 그들의 방식대로 일하라.

많은 작가들은 제안서 대신 쓰려는 작품이 출판 또는 게재가 가능한지 알아보는 질문 서한을 보낸다. 이 서한은 특히 출판을 목적으로 설득을 하는 경우, 단순하고 줄거리 아이디어의 개요를 설명하고, 왜 이 아이디 어가 좋은지를 설명하며, 삽화나 사진에 대한 설명과 시간 계획을 설명한 다. 당신에게 전화, 팩스, 전자우편 등 연락 가능한 연락처를 가능한 한 많이 적어 넣는 것을 잊지 말도록 하라.

편집자는 비록 그들이 지금 당장 당신의 프로젝트에 대해 논의할 시간이 없다 하더라도 당신의 적은 아니다. 편집자들의 시간을 존중하라. 그러면 당신이 얻게 되는 것이 더 많을 것이다. 제안서를 보낸 후 항상 확인 전화를 해야 한다. 딱 한 번만. 당장 대답을 받지 못했다고 계속 전화하는 일은 바람직하지 않다. 당신에게는 수개월처럼 느껴지겠지만 수화기 저편에서 이야기하고 있는, 할 일이 산더미같이 쌓인 사람에게는 아마도 1분처럼 느껴질 것이다.

만일 당신이 완전한 형식의 제안서를 보내야 한다면, 제안서 양식에 관한 책을 읽고 출판사나 대행사에 그들이 선호하는 제안서 양식을 문의한 후 그 양식에 따라서 작성하라. 그러고 나서 아주 훌륭한 자기소개서를 작성하는 데 시간을 들여라. 소개서는 5하 원칙에 따라 누가, 무엇을, 언제, 어디서, 왜에 해당하는 내용을 한 문장으로 요약하라.

하한선을 염두에 두라. | 당신의 프로젝트가 가능성이 있다는 사실을 보여 주라. 통계, 세부 사항과 참고 문헌 등으로 이를 뒷받침하라.

올바른 주소로 보내라. | 적절한 담당자에게 보내라. 그리고 그 사람의 이름을 정확하게 적어라.

부주의함은 게으름을 나타낸다. | 오타가 있는지 세 번 확인하라. 다른 사람에게 확인을 부탁하라. 뒷장부터 읽어 보고 인쇄하라. 잠시 시간이 지난 후 큰소리로 읽어 보라.

상업적인 가치가 있다는 사실을 보여 주라.

제안서의 문제점을 구체화하라. | 예상되는 장애물을 당신이 어떻게 다룰 것인지를 보여 주라. 여러 가지 면에서 생각해 보라.

누구를 대상으로 한 것인지 파악하라. | 당신이 해야 할 숙제이다!

집중, 집중, 집중 | 먼저 자신의 비전을 명확하게 세우고 논리적인 방법으로 이를 뒷받침하라.

당신이 그 일을 어떻게 홍보할 것인지 설명하라.

"예스."에 이르는 30초

온건한 판매와 끈질긴 판매와 같은 것은 없다. 단지 영리한 판매와 우둔한 판매가 있을 뿐이다.

| 찰스 브라우어(Charles Brower)

당신의 메시지를 단순화하라. | 그래서 아주 명확한 메시지가 되도록 하라. 일반적으로 보면, 사람들이 관심을 잃기 전까지 그 관심을 유지할 수 있는 시간은 약 30초이다.

에너지와 열성은 관심을 끈다. | 먼저 당신이 어떤 일에 대해 흥분하고 있다면 다른 사람을 그 일에 대해 흥분하도록 만들기 쉽다. 이 원칙은 당신의 커리어뿐 아니라 인생의 많은 분야에서도 효과가 있다.

연습하고 준비하라. | 반대와 부정적인 반응에 대비해 연습하고 준비하라. 게임을 하는 것으로 여겨라.

미래의 고객에게 연발로 공을 쳐서 보내라. | 그리고 결정타를 날려라.

그들이 이해하는 용어로 이야기하라.

행동으로 옮길 수 있게 하는 요청으로 끝맺음을 하라.

그들의 입장에서 생각하라. | 내가 만약 그들이라면 물건을 사는 데 무엇이 필요할 것인가?

위험 요소는 제거하라. | 명세표를 작성하라. 위탁 판매. 물물 교환. 보증.

당신을 파는 것이 문제라면 대리인을 고용하라. | 대리인은 완충제로서의 역할을 한다. 그들은 당신이 스스로 벌 수 있는 돈보다 더 많은 돈을 벌게 해 줌으로써 자신들의 수수료를 챙긴다. 일부 대리인은 계약을 기준으로 당신을 위해 일해 줄 것이다.

당신의 경험을 사용하라

일자리를 찾느라 길을 계속 걸어다니는 데 지친 험프리 오설리반(Humphrey

O'Sullivan)은 어느 날 앉아서 고무 밑창을 발명하였다.

일자리들은 어디에 있는가

다음은 나와 이야기를 했던 사람들이 어떻게 창조적인 예술계에서 자신들의 일자리를 찾았는지를 정리한 것이다.

1. 네트워킹
2. 직접 회사와 접촉
3. 구인 광고(업계 전문지에서)
4. 고용 대행사 및 헤드헌터
5. 취업 박람회

대부분의 직업은 오직 암시장, 즉 내부 정보와 인맥의 비밀스러운 지하 네트워크에서만 얻을 수 있다. 그 네트워크의 일원이 되는 것이야말로 곧 생길 일자리에 대해 알아내는 가장 좋은 방법이다. 하지만 그것이 유일한 방법은 아니다.

첫번째 단계는 알고 있는 인사에게 전화를 해서 당신이 무엇을 찾고 있는지 이야기하는 것이다. 그들을 떠보라. 만약 필요하다면 면접관들을 방문하라. 당신은 누군가의 도움이 필요하다. 당신을 대신해서 면접을 할 수 있도록 해 달라는 전화를 걸어 줄 대부의 역할을 그들에게 부탁하라. 만일 누군가를 특별하게 알지 못한다면 그들에게 누가 직접적으로 연관이 있는지 이름을 물어보라. 바로 이 시점에서 당신은 면접으로 향하는 다리를 세우고 있는 것이다.

당신이 제공해야 하는 것을 필요로 하는, 그리고 그에 대해 보수를 지불한 사람은 누구인가? 그 필요를 충족시키기 위해 당신을 채용하는 것에 "예스."라고 말할 사람은 누구인가? 당신은 이 사람에게 어떻게 접촉할 것인가? 그 사람을 알고 있는 이들 중 당신이 알고 있는 사람은 누구인가? 당신이 부딪쳐 봐야 할 사람들의 명단을 만들어라.

이 명단을 만들기 위해서 먼저 조사를 해야 한다. 업계 전문 잡지, 인명사전, 당신이 목표하고 있는 회사의 웹 사이트를 살펴보고, 도서관에 가서 데이터베이스를 검색하라. 아는 것이 힘이다.

일단 적당한 명단이 완성되면 명단에 있는 사람들이 있을 만한 곳으로 가라. 적어도 다섯 번은 되어야 한다. 업계 전시회, 회의, 발표회, 축제, 박람회에 참석하라. 그들과 연락을 취할 때 당신 스스로에게 이런 질문을 해 보라.

"내가 그들을 어떻게 도울 수 있을까? 그들을 위해 내가 할 수 있는 일은 무엇일까?"

당신의 아이디어에 대해 논의할 수 있도록 점심 식사를 같이 하자고 요청하라. 왜냐 하면 이는 주고받기(give and take)라고 불리는 원칙 때문이며 항상 '주기' 가 먼저다.

끈질기다는 것과 스토커는 무엇이 다른가? 글쎄, 나는 모르겠다. 그렇지만 어떤 사람의 쓰레기를 뒤지거나 신발에 코를 킁킁대는 것은 일자리를 얻고자 하는 것치고는 너무 심한 것이 아닌가 생각한다. 영화 "메리에겐 뭔가 특별한 것이 있다"(Something About Mary)에서 맷 딜런(Matt Dillon)이 했던 역할은 카메론 디아즈(Cameron Diaz)가 맡았던 주인공의 모든 대화를 첨단 도청 기기로 듣고 그 정보를 이용해 그녀가 자신과 데이트하고 싶어하도록 만들었던 것을 기억하는가? 그것이 바로 스토킹이다. 그렇지만 어떤 사람에 대해 가능한 많은 정보를 알아내고 나서 그들에게 당신을 판매하는 것은 완벽하게 윤리적이다. 더욱이 이 일은 매우 필요한 일이다.

직업을 얻는 데 다양한 기술을 사용하라. 특히 당신이 특정한 회사를 목표로 하고 있을 때 더욱 그렇다. 모든 방법을 섞어서 써라. 이 사람에게는 이메일, 저 사람에게는 팩스, 거기에 전화도 몇 통 걸고, 기교도 부려야 한다. 위험한 기술 중 하나는 업계 전문지에 당신이 일자리를 찾고 있

경력 관리를 위한 기초 훈련

다는 구직 광고를 내는 것이다. 차라리 당신이 졸업했다거나, 상이나 보조금을 받았다거나, 새로운 전시, 콘서트, 일종의 업적을 이뤘다는 광고를 내보내는 것이 훨씬 낫다. 적어도 이런 광고들은 당신의 이름에 대한 인지도를 쌓는 데 긍정적일 수 있다.

만일 미래의 고용주가 가치 있는 일을 했을 때 축하 카드를 보내거나, 당신이 발행하는 소식지, 당신의 전시회 초대장, 당신의 최근 저서 출간이나 연극을 알리는 엽서를 미래의 고용주에게 보내라. 그리고 그들을 VIP로 대접하라. 당신이 있다는 사실을 그들에게 계속 상기시켜라.

냉랭한 전화는 가장 나쁜 것이다. 당신이 필요한 것은 누군가가 당신을 대신해서 짧은 전화통화로 미래의 고객을 따뜻하게 해 주는 것이다. 이는 누군가가 기꺼이 당신의 보증인이 되려고 한다는 것을 보여 준다. 이 전화가 바로 대부의 전화(Godfather's call)라고 불린다. 왜냐 하면 당신을 대신해서 전화를 하는 사람이 효력 있는 말을 해 주기 때문이다.

"괜찮아요. 그는 우리 친구입니다."

그 다음으로 좋은 것은 이름을 남기도록 허락 받는 것이다. 인상 깊은 추천인이나 올바른 추천인은 채용되느냐 마느냐의 차이를 결정할 수 있다. 이러한 존경 받고 있는 사람으로부터의 제3자에 대한 보증은 값을 매길 수 없을 만큼 가치 있는 것이다. 비록 그것이 무료이기는 하지만 당신이 최근 성취한 업적에 대한 추천인 명단을 항상 업 데이트하라.

난 이 일이 쉬울 것이라는 이야기는 한 적이 없다. 당신은 두꺼운 얼굴을 가지고 있어야 하고 일자리를 얻는 것이 숫자 게임이라는 사실을 알아야 한다. 당신은 "예스."라는 대답을 듣기까지 여러 번(수백 번)의 "아니오."라는 대답을 듣게 될 것이다. "아니오."란 겨우 세 글자뿐이다. 그 단어가 당신에게 상처를 줄 수는 없는 일이다.

경비원과 친분을 쌓아라. 그들을 꼬드겨서 당신의 편을 만들어야 한다. 그들의 이름을 알아내고 그 이름을 불러 준다. 선물도 보내라! 그들의 도움에 고맙다고 말하고 카드도 보내라. 회사 내부의 사람 하나가 당신에게 충성하고, 사장에게 당신의 테이프를 전해 주며 인사부 사람과의 만남을 주선해 줄 수 있다.

명함과 인쇄된 편지지를 준비하라. 로고가 있으면 더욱 좋다. 음성 사서함 인사말을 직업적인 인사말로 바꾸고 휴대폰, 팩스, 인터넷과 이메일을 마련하라. 구직 활동이 당신의 정규 직업인 것처럼 전력을 다하라. 그리고 구직 활동을 사업처럼 생각하라. 당신은 바로 당신 주식회사 마케팅 담당의 부사장이다.

 알고 계십니까?

10명의 미국인 중 9명은 매력적인 미소가 중요한 자산이라는 사실에 동의한다.

옷차림

모든 것은 통일되어야 한다. 당신의 옷차림은 당신의 생활 방식, 당신이 하고 있는 일의 종류, 그리고 당신이 어떤 사람인가를 반영한다.

| 제이미 리 커티스(Jamie Lee Curtis)

당신이 입고 있는 옷은 당신에 대해 많은 것을 말해 준다. 독창적이어야 한다. 다른 사람들이 말하는 것이나 생각하는 것에 너무 신경 쓰지 마라. 당신 자신의 스타일로 옷을 입는 것은 당신의 자신감을 보여 주는 것이다. 한 가지 충고라면 청결이다. 손톱, 머리, 치아, 의복, 신체, 구강. 청결함은 아주 중요하다.

식사

누군가에 대해 좋은 말을 할 수 없다면, 이리 와서 내 옆에 앉으시오.

| 앨리스 루스벨트 롱워스(Alice Roosevelt Longworth)

그 직책은 그의 일이었다. 연봉 10만 달러의 대기업 홍보 관련 일자리는 그의 것이었다. 남은 일은 점심 식사를 하러 가서 계약을 마무리 짓는 일이었다. 지원자가 식사 내내 테이블 위의 냅킨을 사용하지 않는 것을 보고 회사는 그를 탈락시키기로 했다. 이유는? 그가 기본적인 식사 예절도 모른다면 회사의 홍보를 담당할 수 없을 것이라고 생각했기 때문이다.

많은 계약은 식사 중에 성립되거나 깨진다. 사업상의 점심 식사는 당신이 익혀야 할 기술이다. 적어도 식사 예절은 당신이 당황하는 일이 없도록 해 줄 것이다.

많은 사업은 저녁 식사, 점심 식사 그리고 아침 식사 중에 이루어진다. 그리고 식사를 잘 하는 데는 기술이 있다. "겟쇼티"(Get Shorty)라는 영화에서 대니 드비토(Danny DeVito)가 존 트라볼타(John Travolta)와 르네 루소(Rene Russo)와 식사를 하던 장면을 기억하는가? 아시다시피 처음에는 입에 발린 말로 시작하지만 곧 그는 메뉴에도 없는 것을 주문한다.

나의 아내는 내가 입이 작고 입술이 없다고 말한다. 그렇지만 난 입술이 있다. 그렇지만 어떤 음식을 먹는 데는 매우 힘들어 보이기는 한다. 그 이유 때문에 나는 사업상 점심 약속에서는 먹기 쉬운 음식을 주문한다. 비록 당신의 입이 크고 입술도 두꺼울지라도 가벼운 음식을 먹고 싶어할 것이다. 그 자리에 음식 때문에 나가는 것은 아니니까 말이다. 그리고 어쨌든 기름지고 많은 식사를 하면서 사업에 관한 이야기를 하는 것이 어렵기 때문이다.

당신이 누군가에게 식사를 대접해야 할 사람이라면 미리 예약을 해 두라. 또한 이는 계산을 하는 쪽은 바로 당신이라는 의미이다. 식당 웨이터 또는 식당 지배인에게 미리 계산서는 당신에게 건네 달라고 부탁을 해 놓아라. 만일 당신이 주최하는 식사라면 당신이 이미 알고 있는 곳을 선택하라. 그렇지만 다른 사람들이 특별히 좋아하는 음식이 있는지 미리 확인하라. 만약 채식주의자와 식사를 한다면 아웃백스테이크에는 가지 말아야 할 것이다. 당신의 손님이 식당에 오는 길을 알고 있는지 확인하라. 약속 하루 전에 전화로 확인하라.

그날은 손님의 진도에 당신을 맞춰라. 대부분의 경우 사업상의 식사 약속에서는 음주를 피해야 한다. 술에 취해 해롱거릴 시간이 없다. 당신은 맑은 정신이 필요하다.

약속, 약속

만일 당신이 진실을 말한다면 아무것도 기억할 필요가 없다.

| 마크 트웨인(Mark Twain)

사업상의 커리어에서 기억해야 할 규칙이 두 가지 있다. 첫째는 약속을 하면 항상 지키라는 것이고, 둘째는 약속을 하지 말라는 것이다.

그렇다. 가볍게 약속을 하지 말라는 것이다. 만약 당신이 이미 해야 할 일이 수백만 가지나 있고 그 일들이 걷잡을 수 없는 상태가 되어 가기 시작하고 있는데, "알았어요. 그 일은 제가 해결하지요."라며 무턱대고 약속하지 말라는 뜻이다. 약속은 적게 하고 실행은 많이 하는 것이 훨씬 낫다.

만일 당신이 이 간단한 규칙을 지킨다면 당신은 앞서 나갈 수 있으며 게다가 인생을 즐길 여가 시간도 가질 수 있다. 당신이 지켜야 할 다른 규칙들은 다음과 같다.

당신의 삶에 대한 평판을 보호하라. | 당신이 믿지 않는 것에는 어떤 것에도 당신의 이름을 걸지 마라. 나는 다단계 판매 방식에 대해 모라토리엄을 선언했다. 물론 모든 다단계 판매 방식이 나쁜 것은 아니다. 그렇지만

경력 관리를 위한 기초 훈련

나는 내 이름이 공정하지 않은 일 또는 실패할 가능성이 많은 일에 연결되는 것이 별로 편하지 않다.

책임을 떠넘기지 마라. 절대로 "그건 제 일이 아닌데요." 또는 "제 잘못이 아닙니다."라고 말하지 마라. 이에 대처해야 한다.

"이것을 어떻게 고칠까요?"

"어떻게 하면 도움이 될까요?"

"잘 모르겠습니다만 알아보고 바로 연락드리겠습니다."

징징대지 마라. 입 다물고 필요한 일을 하라. 문제아가 아니라 문제 해결사가 되라.

삼켜 버려라. 만약 실수를 했다면 인정하고 사과한 후 재발을 방지하기 위한 조치를 취하라. 그리고 일을 제대로 돌려놓기 위해 필요한 일은 무엇이든 하라. 방어적인 태도를 취하지 마라. 그렇지 않으면 공격적으로 보일 것이다. 자신의 실수에서 교훈을 얻어라.

말만 요란한 사람이 아니라 행동하는 사람이 되라. 우리의 말에 의해 우리가 판단된다. 그렇지만 더욱 중요한 것은 우리가 하겠다고 말한 것에 의해 판단된다는 사실이다. 약속을 굳게 지키며 일을 마무리하는 사람으로 알려져야 한다. 사람들이 함께 전투에 임하고 싶어하는 사람이 되어야 한다.

다른 사람들에게 그 일을 하라

정직이란 닳아 없어지는 것이 아니다.

| 웨이론 제닝스(Waylon Jennings)

업보를 믿는가? 나는 믿는다. 나는 해변에서 지갑을 하나 주웠다. 나는 지갑 속의 현금 그대로 그 지갑을 돌려주었다. 일주일이 지나지 않아 배를 타다가 사고를 당했다. 그리고 한 사람으로부터 해변에서 내 지갑을

포함해서 내 배와 관련된 몇 가지 물건을 찾았다는 연락을 받았다. 내가 물건들을 받으러 갔을 때 나는 사례를 하고 싶었으나 그는 거절했다. 이것이 바로 업보이다.

당신이 사람들과 일을 할 때, 그리고 사람들과 일을 하려고 할 때, 당신이 좋아하든지 싫어하든지 다음의 간단한 규칙을 지키는 것은 도움이 된다. 첫번째로 가장 중요한 것은 사람들을 존경심을 가지고 대하라는 것이다. 당신도 정확하게 그대로 대접 받을 것이다. 이 규칙은 너무나도 간단하다. 그렇지만 이렇게 하는 사람은 드물다. "고맙습니다."라고 말하는 아주 작은 선행조차도 어떤 사람에게는 너무 힘든 일이다. 제발 당신이 그런 사람들 중의 하나가 되어서는 안 된다.

논쟁이 있을 경우에는 멀리 떨어져라. 다른 사람들의 논쟁에 끼어들지 마라. 그렇지만 자신을 변호하는 것을 두려워해서도 안 된다. 침착함을 잃지 마라. 빠져나갈 여지를 없애서도 안 된다.

사람들은 당신에게 거짓말하고, 당신을 속이고, 당신의 아이디어를 훔치고, 당신을 등치려 할 것이다. 화를 내선 안 된다. 힘을 가진 것은 바로 당신이다. 그들을 상대할 필요가 없다. 그들은 당신을 망치지 못할 것이다. 당신의 고객 목록, 당신의 인생, 당신의 세계에서 그 사람들을 지워버려라. 용서하되 잊지는 마라.

나가서 누군가와 만나라. 아이디어를 제공하고, 조언과 칭찬을 하라. 남을 도와주는 것은 간접적으로 자신을 돕는 것이다. 당신이 베푼 것을 다시 얻을 것이다.

사무실 예절에 있어서 중요한 것은 "당신이 망가뜨린 것은 고쳐 놓고, 다 써 버린 것은 새것으로 교체한다."이다.

정직하고 시간을 엄수하라. 포드 모델 에이전시의 아일린 포드(Eileen Ford)씨는 말한다.

"지각은 제 마음속에서 절대로 핑계가 되지 않는 것입니다. 만일 내가 정시에 출근할 수 있다면 직원들도 그럴 수 있습니다."

12페이지나 되는 팩스를 보낸다는 것은 상대방의 기계를 묶어 놓는 것이며 상대방이 기가 막힐 정도까지 화나게 만들 수도 있다. 많은 페이지의 팩스나 용량이 큰 첨부 파일을 보내기 전에 먼저 전화를 해서 팩스나 파일을 보내도 괜찮은지 확인하라.

이런 일도 하라

성 관계는, 내가 확신컨대, 마릴린(Marilyn)이 고맙다고 말하는 단순한 방법이었다.

| 마릴린 먼로(Malilyn Monroe)에 대해 너낼리 존슨(Nunnally Johnson)

친절하고, 재미있고, 일화거리가 있고, 개인적이며, 친필로 써서 즐겁게 해 주는 감사 카드는 당신이 다른 사람을 걱정하며 생각하고 있다는 것을 보여 준다. 그리고 이는 반대로 그들이 당신을 생각하도록 만든다. 이것은 당신의 수준, 사려 깊음, 절제력, 체계적인 전략을 과시하는 것이며 세상의 90%의 다른 사람들과 당신을 구분해 준다.

나는 아주 작은 일에 대해서조차도 감사 카드를 보낸다. 주변의 사람들을 당연한 것으로 여기지 말아야 한다. 그들이 존중받고 있다고, 중요한 사람이라고 느끼도록 하라. 시간은 아주 적게 걸리지만 당신의 커리어를 위해서 당신이 할 수 있는 가장 중요한 일이다.

하지 말아야 할 것들

개성은 가지되 괴짜가 되어서는 안 된다.

| 리처드 마싱코(Richard Marcinko)

사무실에서 일하는 것은 아주 정치적인 일이다. 어려울 수도 있지만 적어도 어떤 때는 당신이 정치적으로 올바른 태도를 취해야 할 때, 남보다

앞서 나가야 한다. 이 의미는 :

끼어들지 마라. | 사람들이 이야기하고 있을 때 끼어들지 마라. 혀를 물고 참아라. 다른 사람이 스타가 되도록 해 주라.

허풍을 떨지 마라. | 당신의 새 차, 새 보트, 새 집에 대해 허풍 떨지 마라. 당신을 불안하게 보이도록 만든다.

남의 이야기를 하지 마라. | 사람이 없는 데서 험담하지 마라.

싸우지 마라. | 모든 사람이 들을 수 있는 곳에서 배우자와 싸우지 마라.

당신의 돈 문제는 스스로 해결하라. | 이 문제는 당신 자신의 문제이지 어느 누구의 문제도 아니다.

당신의 성적인 행위에 대해서 이야기하지 마라. | 사생활은 사생활로 남겨 두어라. 사생활이 부적절하면 할수록 당신은 개인적인 생활로 판단된다. 만일 당신이 권력 있는 자리에 있고 당신의 불건전한 관계가 모든 사람에게 알려지게 되면 이는 당신의 권위를 깎아 내릴 것이다. 당신은 농담거리가 되기를 원치 않을 것이다.

종교와 정치 문제는 말하지 마라. | 업무 관계에서는 이런 문제는 금기 사항이다. 사업상의 우정이 발전해서 좀 더 개인적으로 발전하기도 하지만 분쟁의 씨앗이 될 만한 것은 계속 피하는 것이 좋다. 당신의 배우자가 바로 이런 이야기를 할 상대이다.

비밀을 지킬 수 있는 사람은 아무도 없다. | 만일 당신의 엉덩이에 문신이 있고 아무도 그것에 대해 알기를 원치 않는다면 바지를 꼭 입어라.

서류를 함부로 버려 두지 마라. | 다른 사람들이 그 서류를 읽기를 원하지 않는다면.

입을 조심하라. | 낮말은 새가 듣고 밤 말은 쥐가 듣는다. 음란한 농담을 했던 사람들에 대한 소송이 있었다. 그 농담을 듣고 감정을 상한 사람들이 제기한 소송이었는데, 실제로 그 사람들에게 한 농담이 아니었음에도 불구하고 소송이 제기되었다.

빅 브라더가 보고 있다. | 다른 사람의 면전에서 이야기하지 않을 것은 이 메일에도 쓰지 말아야 한다.

자존심 있게 떠나기

친절할 수 없다면 적어도 적당히 애매모호하게 행동해야 한다.

| 주디스 마틴(Judith Martin)

이 일을 맡아서 밀어붙여라! 와! 이전 상사에게 이렇게 이야기할 수 있 다면 얼마나 좋을까?

"정말 같이 일하는 것이 즐거웠습니다. 그런데 이제는 정말 같이 일할 수가 없군요."

미안하지만 나는 이제 혀를 깨물고 입을 다물라고 충고하고 싶다. 옛날 보스를 차에 매달아 끌고 가는 것보다는 만족스럽지 않겠지만 존엄성과 수준을 갖추는 것이 당신이 가야 할 길이다. 당신은 끝이 좋기를 바랄 것 이다. 그리고 화기애애한 송별회를 한다고 해도 회사를 나오는 것은 매우 기분 나쁜 일이 될 수 있다는 것을 나는 알고 있다. 놈 맥도날드(Norm Macdonald)와 NBC방송국은 씁쓸한 이별을 하였다. 전해진 바에 따르면 NBC 의 임원 돈 올메이어(Don Ohlmeyer)가 놈이 출연하는 "토요일 밤 쇼"(Saturday Night Live)의 '주말 업 데이트'가 더 이상 재미없으니 그를 퇴출시켜야 한다고 말 했다는 것이다. 결국 맥도날드는 그만뒀지만 그만두기 전 그도 올메이어 에게 앙갚음을 하였다. 결과는? NBC는 맥도날드의 새 영화 홍보 광고를 취소하였다.

창조적 예술 분야는 대부분 좁은 세계이다. 그리고 소문이 좋은 것이든 나쁜 것이든 꽤 빨리 퍼진다. 앙갚음을 위해, 이전 상사는 여러 달이 걸려 야 극복할 수 있는 나쁘거나 사실이 아닌 소문을 퍼뜨릴 수 있다.

그러므로 헤어질 때 "하지만 우리는 여전히 친구입니다."라고 말할 때는 진심으로 해야 한다. 우리들의 미래를 누가 알겠는가? 기울어 가는 잡지의 제작 담당자가 좋은 사이를 유지한 채 좀 더 안정적인 조건을 제시한 새 직장으로 옮긴다. 5년 후 새로 얻은 직장에서 정리 해고를 당한 후 그녀는 이전의 편집장에게 찾아갈 것이다. 그리고 일자리가 있다는 정보를 들으면 자신에게 이야기해 달라고 편집장에게 부탁한다. 그 편집장은 자신과 파트너가 막 시작한 새 잡지사에서 그녀를 바로 채용한다.

당신의 옛날 동료와 고객, 심지어는 당신의 이전 고용주는 향후 프리랜서 일의 가장 좋은 원천이 될 수 있다. 심지어는 당신이 그만두는 회사가 후임자를 고용할 때까지 그 회사에서 프리랜서 일을 할 수도 있을 것이다.

침몰하는 배와 함께 가라앉지 마라. 만일 타이타닉보다도 더 빠르게 가라앉고 있다면 배를 버려야 한다. 만일 좀 더 좋은 조건을 제시 받으면 더 이상 머무를 이유가 없다. 만일 당신이 막 "당신은 해고야."라는 말을 듣기 직전이라면 그 시점이 바로 떠날 때이다. 만일 회사가 비윤리적인 일을 한다면 당신도 물들기 전에 빠져 나와야 한다.

매력으로만 버틸 수 있는 시간은 약 15분이다. 그 시간 이후에는 무엇인가 머릿속
에 들어 있는 것이 낫다.

H. 잭슨 브라운 주니어(H. Jackson Brown Jr.)

당신이 할 수 있는 일이 많을수록 당신이 해야
할 일은 더욱 많아진다. 평생 교육은 요즈음 생활 방식이다. 당신은 이를
감수해야 한다. 당신은 항상 당신의 기술을 향상시키고 업 데이트하기 위
해 노력해야만 한다. 이 노력은 예술계 안에서도 직업별로 다르다. 그렇
지만 만약 내가 배우라면 나는 계속해서 연기 수업을 받거나 발성 수업을
받을 것이고 운동을 해서 몸매를 유지하고 계속해서 나의 기술을 연마할
것이다. 게다가 감독 일이나 시나리오 저술 또는 다른 관련 기술도 찾아
볼 것이다. 오늘날 직업 시장에서 당신이 쓸 수 있는 감투가 많을수록 당
신을 원하는 곳은 더욱 많아진다.

그러면 인기 최고인 기술은 무엇인가? 당신이 돈을 더 많이 벌 수 있는 기술, 당신의 분야에서 수요가 더 많은 기술. 오늘날 시장 가치가 있는 것은 무엇인가? 거의 모든 것이다.

나는 내가 관심이 있는 것들을 배웠다는 것을 인정하지 않을 수 없다. 이러한 것들을 지금 하고 있는 일에 적용할 수 있다는 것을 알게 되면 나는 더 깊이 배운다. 당신이 관심이 있을 때 무언가를 배우는 것은 더욱 쉬운 일이다. 나는 전통적인 격언과는 반대되는 조언을 하고자 한다. 당신의 약점을 개선하는 데 초점을 맞추기 전 당신의 강점을 더욱 향상시키라고 권하고자 한다. 많은 창조적인 사람들은 많은 직업을 시도해 보지만 결국 하나도 제대로 배우는 것이 없고 계속 노력만 한다. 어떤 일에서 최고가 되라. 그리고 같은 분야 내에서 부수적인 기술이 꽤 뛰어난 정도가 될 수 있도록 연마하라.

앞에서 이야기한 바와 같이 나는 드러머다. 나는 베이스도 약간 연주할 수 있고 타악기 몇 종류도 연주할 수 있다. 그리고 가끔 필요할 때에는 예비 가수로 노래도 한다. 이들은 모두 연관되어 있지만 최우선적으로 나는 드러머다. 당신의 악기를 완전히 익혀라. 그리고 기술을 익혀라. 그 후에 앞으로 당신의 분야에서 일어날 변화에 대비할 수 있도록 자신을 훈련하기 시작하라. 학창 시절과 마찬가지로 마지막 순간에 벼락치기를 하지 말고 미리미리 공부하라.

또한 기본적인 사업 기술을 익혀 놓는 것도 도움이 된다. 이는 당신이 일하고 있는 회사를 이해하는 데 도움이 되며 자신의 회사를 운영하거나 개인적인 재산을 운영하는 데도 도움이 된다. 또한 당신이 누군가를 고용해야 할 때도 도움이 된다. 왜냐 하면 당신이 그들을 고용하는 목적을 알고 있기 때문이다. 그리고 무지로 인해서 실패하지 않도록 해 주기도 한다.

성공하기 위해서는 배워야 하고, 알아야 하며, 지금의 당신보다 더 능력 있는 사람이 되어야 한다. 당신이 만약 발전하지 못한다면 결국 도태

될 것이다.

믿거나 말거나

근로자들의 75%는 현재 그들의 직업에서 요구되는 것들의 변화에 발맞추기 위해 좀 더 많은 훈련이 필요하다.

퀴즈: 당신의 기술

당신이 능숙하다고 생각하는 기술에 표시하라. 자신이 더 노력해야 한다고 생각하는 기술에는 동그라미를 쳐라. 이 목록에 나와 있는 기술을 다 할 필요는 없다.

비판적인 사고

작문

연설

문제 해결

연구 조사

전화 통화 기술

판매

데스크 톱 출판

인력 관리

프로젝트 관리

제도

이기는 싸움을 위한 전술들

협상

제안서 작성

사후 관리

개인 위생

긍정적 사고

목표 설정

시간 관리

홍보

인터넷/웹 서핑

편지 작성

웹 디자인

장부 정리

우편 관리

팀 조직

네트워킹

솔선수범하기

기술에 관한 몇 가지 격언들

공부하라. 지혜로운 사람들에게 배워라. 당신이 하고 싶어하는 일을 하는 사람들을 보라. 그리고 그들을 성공하도록 한 일이 무엇인지 알아내라.

| 웨슬리 스나입스(Wesley Snipes)

나는 어리지 않아서 모든 것을 다 알 수 있다.

| J. M. 배리(J. M. Barrie)

넓은 세상으로 향하는 열쇠는 바로 책이다. 어떤 다른 일을 할 수 없다면 읽을 수 있는 책은 모두 읽어라.

| 제인 해밀턴(Jane Hamilton)

예술계에서 성공의 열쇠는 사업의 기본 지식, 작문, 연설, 판매 및 당신의 영역에 대한 철저한 이해를 포함한 튼실한 기반을 구축하는 것이다. 당신의 기술을 안에서 밖까지 철저하게 익혀라.

| 리 실버(Lee Silber)

모든 경험에서 아무거나 그냥 배우지 마라. 긍정적인 것을 배워라.

| 앨런 뉴하스(Allen Neuharth)

거리이와 사회적 성상을 위해 세상에서 가장 **중요한** 일은 박식한 사람이 되는 것이라고 나는 생각한다.

| 리즈 스미스(Liz Smith)

만약 내가 전문적으로 훈련 받았다면 그만두었을 것이다.

| 킹 질레트(King Gillette)

초심자의 마음에는 많은 가능성이 있지만 전문가의 마음에는 가능성이 거의 없다.

| 순류 스즈키(Shunryu Suzuki)

마음은 가정과 같이 그 소유자에 의해 채워진다. 그러므로 어떤 사람의 인생에서 운이 따르지 않고 막막하다면 그 사람이 비난할 사람은 자기 자신밖에 없다.

| 루이스 라무르(Louis L'Amour)

다른 직장, 되도록이면 더 높은 직책으로 갈 곳이 없다면 절대로 자진해서 지금의 직책에서 물러나지 마라. 만일 현재의 직업 때문에 불행하거나 직업에 만족하지 못한다면 조심스럽게 주변을 둘러보라.

| 마릴린 그라보우스키(Marilyn Grabowski)

스스로 교육하기, 그리고 스스로 만들기

고등학교 동창 중에서 대학에 가지 않은 사람은 나뿐이었다. 그러나 8백만 달러 판매 기록을 세운 사람도 나뿐이다.

| 카니 윌슨(Carnie Wilson)

애플컴퓨터사의 공동 창업자 스티브 잡스는 사업을 일구기 위해서 리

드칼리지(Reed College)에서의 학업을 팽개쳤다.

배우 댄 아이크로이드(Dan Aykroyd)는 동료 존 벨루시(John Belushi)와 블루스 브러더스(Blues Brothers)라는 악단을 결성하였을 때 전문적인 음악 훈련을 받은 적이 없었다. 그렇지만 그는 독학으로 노래와 하모니카 연주법을 배웠고, 그들의 첫번째 음반인 "Briefcase Full of Blues"는 280만 장이 팔렸다. 물론 영화 "블루스 브러더스"(The Blues Brothers)는 말할 것도 없다. 그는 또한 "고스트버스터즈"(Ghostbusters)의 시나리오를 쓴 작가이자, The House of Blues 나이트클럽과 레스토랑을 소유한 기업가이며, 성공한 배우이다.

버진 그룹(Virgin Group)의 창설자 리처드 브랜슨(Richard Branson)은 고등학교 중퇴자로 23세에 이미 백만장자가 되었다.

마이클 델(Michael Dell)은 대학 1학년 때 자신의 기숙사 방에서 델컴퓨터사를 설립했다. 그의 사업이 번창하자 그는 학교를 중퇴하고 다시는 돌아가지 않았다.

빌 게이츠(Bill Gates)는 공부를 마치기 전에 하버드대학에서 퇴학당했다. 그런데 지금의 그를 보라!

스스로 가르치기

나의 배움에 유일하게 방해가 되는 것은 바로 나의 교육이다.

| 앨버트 아인슈타인(Albert Einstein)

수상 경력이 있는 디자이너 토드 올드햄(Todd Oldham)은 패션 산업은 직관과 스타일의 산업이라고 믿고 있다. 그는 '자신의 스타일과 사랑스러운 매너를 가진 안정적이고 신념을 가진 사람'을 채용한다고 말한다. 그는 처음 댈러스의 랄프 로렌 상점에서 옷 수선하는 것으로 직업을 시작하였으며 패션 학교는 가 보지도 않았다.

"종이로 된 증명서가 없는 사람들에게도 많은 직업이 있습니다. 저는 모든 필요한 기술들을 실제 현장에서 배웠습니다."

우리는 정규 교육을 너무 많이 강조한다. 그리고 실제 현장에서 일해 온 사람들에게는 충분한 점수를 주지 않는다. 많은 창조적인 사람들은 기존 형식적인 교육 제도를 견디지 못하고 자신들의 예술계에서 일하는 것에 마음을 뺏긴다. 그래서 그들은 뭔가 일을 벌이는 것이다.

리사 커드로(Lisa Kudrow), 안젤리카 휴스턴(Anjelica Huston)과 같은 여배우와 그룹 에어로스미스(Aerosmith)는 세이지 마카도(Sage Machado)의 진주와 보석 장신구를 착용한다. 그녀의 제품은 니만 마커스(Neiman Marcus)와 같은 고급 백화점에서 판매가 되지만 그녀는 한 번도 정식 교육을 받은 적이 없다. 성공한 디자이너 겸 기업가로서 그녀는 당당하게 말한다.

"경험을 통해서 배울 수 없는 것은 아무것도 없습니다."

당신의 교육과 기술적인 노하우는 여름날의 감자 샐러드보다도 훨씬 빨리 쓸모없게 된다. 해답은 지속적인 훈련과 계속적인 배움뿐이다. 당신은 자신의 기술을 연마해야 하며, 최신 흐름에 발맞추기 위해서 정신을 항상 깨끗하게 할 수 있는 '정신의 청소기'가 필요하다. 이 의미는 바로 전통적인 방법과 독창적인 방법을 통해서 기술을 업 데이트할 책임을 져야 하는 사람은 바로 당신이라는 것이다.

자신을 사격 방향으로 향하게 하라. | 새로운 기술을 배울 기회가 생겼을 때, 그 방향으로 나아가라. 새 기술을 배우는 데 몰두하라.

당신을 좀 더 확장시킬 수 있고 성장시킬 수 있는 프로젝트를 맡아라. | 당신이 기술이 없다고 해서 피하지 마라. 그냥 그 일을 하는 데 시간을 2배 정도 들이고 일을 하면서 기술을 배워라. 만일 당신이 새로운 소프트웨어 프로그램을 배워야 한다면 그 프로그램을 필요로 하는 프로젝트를 시작하라. 사람들은 자신들이 지금 당장 알아야만 하는 것만 배우는 경향이 있다. 당신이 이해도 못 하는 프로그램을 가지고 낑낑대거나, 찾을 수 없는 기능을 찾아야 한다고 자신을 설득시키려고 해 봐야 소용없다.

차 안에서 테이프를 들으면서 배워라. │ 모든 사람들에게 이 방법이 효과가 있는 것은 아니지만 듣기를 통해서 배우기를 잘하는 사람들에게는 아주 좋은 방법이다.

스펀지가 되라. │ 당신의 주변에 관심을 갖고, 듣고 배워라. 바로 이 방법은 어린이들이 배우는 방법이다. 다시 한 번 어린이가 되라. 호기심 가득한 눈으로 세상을 바라보라. 모든 어른들을 거인이나 천재로 대하라.

전기를 읽어라. │ 그리고 인터뷰에도 관심을 기울여라. 그들이 배운 교훈을 당신 자신의 상황에 적용해 보라. 그 상황을 겪는 것 다음으로 가장 좋은 일이다.

내부 사정을 잘 알아라. │ 자신이 일하고 있는 업계의 전문지를 반드시 읽어라.

기술을 전달하라. │ 내 경험으로는 무언가를 배우는 가장 좋은 방법은 그것을 다른 사람에게 가르치는 것이다. 그리고 이 방법은 당신의 기술을 계속 새롭게 유지하는 좋은 방법이기도 하다. 나는 작가가 학교를 방문해 책을 읽어 주는 프로그램에 참여하여 매년 지방의 한 고등학교를 방문한다. 이 일은 봉사 활동인 동시에 나의 기술에 대한 사랑이 계속 충만하게 하는 방법이다.

자신의 기술과 능력을 다른 분야에 사용하라. │ 나는 늘 연예인이 되고 싶었다. 그렇지만 나는 음악가로서 그 꿈을 이룰 것이라고 항상 생각해 왔다. 나는 결국에는 지도자가 되었다. 그러나 나는 아직도 여전히 대중 앞에서 연주하고 연극을 상연하며 관객들의 환호를 받는다.

여러 가지 매체에서 기술을 개발하라. │ 순수 예술, 그래픽 아트, 컴퓨터 아트. 그림을 그릴 수 있는 그래픽 아티스트는 직업 시장에서 20% 정도 더 높은 가치를 지닌다. 많이 사용되는 컴퓨터 레이아웃 프로그램을 사용하지 못하는 그래픽 아티스트는 시장에서 80% 낮은 가치를 지닌다.

실험하라. │ 때때로 무엇인가를 배우는 가장 좋은 방법은 이것저것 시도해 보는 것이다. 내가 알고 있는 작곡가는 끝내 자기 스스로 자신의 곡을 쓰게 된 이유가 다른 사람의 곡을 배우는 데 너무 힘들었기 때문이라고 말했다.

현재의 안락함에서 탈출하라. | 만일 현재의 일이 지루하게 느껴진다면 다른 부서로 이동하거나 평소의 전문 분야 외의 팀에서 일하라. 만일 당신 자신의 사업을 운영하고 있다면 사회 활동에 참여하라. 이 활동은 아주 좋은 홍보가 되고, 당신을 다른 종류의 사람들과 아이디어에 접할 수 있게 해 주며, 당신이 속한 사회가 발전하게 되면 궁극적으로는 당신의 사업에도 도움이 된다.

전문 용어를 배워라. | 당신이 속한 산업계에서 사용되는 언어를 배워라. '거시기'나 '그런 거 있잖아'와 같은 이야기는 하지 마라. 아이디어의 명확성은 언어의 명확성에 달려 있다. 바로 이것이 각각의 분야마다 아주 특정한 것을 의미하는 특정 단어를 개발하는 이유이다. 예를 들어, '활자' '서체' '글꼴' '변형 서체' 등이 모두 다른 의미를 지닌다.

외국어를 배워라. | 자신이 종사하고 있는 업계에서 중요한 외국어를 배워라. 일본어, 스페인어와 독일어가 현재 가장 많이 배우는 언어이고, 이제 중국어도 그 대열에 급속히 합류하고 있다. 당신의 차를 이동 대학으로 만들어 운전하는 동안 외국어 학습을 하라. 당신은 다른 운전자에게 완전히 새로운 언어로 욕하는 방법을 배울 수 있을 것이다. 아니면 외국어 집중 훈련 코스를 들어라. 코스타리카 발음의 스페인어를 배우는 것은 어떨까?

준비하라. | 많은 회사들은 새로운 직원에게 충분한 훈련을 시키지 않는다. 그들은 꽂으면 바로 작동하는 플러그 인과 같이 곧바로 제작에 도움이 되는 사람을 원한다. 그렇기 때문에 미리 속도를 맞추는 것은 당신의 책임이다. 1998년 NFL 드래프트 1라운드에서 샌디에이고 차저스(San Diego Chargers)는 쿼터백 라이언 리프(Ryan Leaf)를 드래프트했다. 훈련 캠프가 시작되기도 전에 그는 팀에 관한 비디오를 보고 플레이 북을 공부하였으며 코치와 상담을 하였다. 훈련 캠프 기간 동안 그는 훈련이 없는 날 자신의 포지

선을 공부하였다. 그는 기본적으로 NFL 쿼터백에 대한 속성 코스를 밟은 것이었다. 1군 선수의 위치를 도전받은 현직 쿼터백은 자신이 해야 할 최소한의 훈련만 하였다. 지금 내가 이 글을 쓰고 있는 동안, 리프는 첫 시범 경기에 앞서 주전 선수로 선발되었다. 사람들은 기존 쿼터백이 팀에 남을 수 없을 것이라고 생각한다.

회사에서 제공되는 모든 훈련을 이용하라. | 모든 훈련에 신청하라. 이는 단지 당신의 자질 함양만을 위한 것이 아니다. 당신은 보다 많은 사람과 접촉하고 인맥을 만들 수 있으며 당신의 상사를 완전히 감동시킬 수 있을 것이다.

개인적인 훈련도 물론 중요하다. | 요즘의 고용주들은 비판적인 사고, 네트워킹, 창의성, 비상한 수완, 자발성, 의사 결정과 팀워크와 같은 재능을 가진 사람을 찾고 있다.

교차 훈련을 하라. | 다른 직업, 기술, 팀, 부서, 프로젝트를 시도해 보라. 보다 다재다능한 사람이 되라. 그 결과 없어서는 안 되는 사람이 될 것이다.

육체적 건강을 유지하라. | 당신의 정신은 일을 더 잘하고, 더 많은 정력을 가지게 될 것이며 더 좋은 외모를 보여 줄 수 있다.

책벌레가 되라. | 도서관으로 가서 사서에게 당신을 소개하라. 이는 당신의 지식을 확장하기 위해 할 수 있는 가장 좋은 일이다. 사서들은 당신이 정보를 빨리 찾게 도와주는 데 있어 전문가이다. 그리고 그들은 그 일을 하는 것을 좋아한다. 나는 항상 공공 도서관을 이용한다. 무료로 특허 검색도 하고, 책에 대해 조사도 하며, 관심은 있지만 구독하고 싶지는 않은, 또는 편의점에 서서 읽는 수고를 하고 싶지 않은 잡지를 읽고 인터넷 서핑을 한다.

모든 것을 읽어라. | 어디에서 인맥을 맺을지 모르기 때문이다. 나는 언젠가 책을 쓰는데 《플레이보이》(Playboy)지에서 무엇인가를 이용할 수 있을 것이라는 생각이 들었다. 어떻게 되었을까? 물론 그랬다.

연습, 연습, 연습. | 이론만 밝고 실전 감각은 전혀 없는 사람을 만난 적이 있는가? 당신이 배운 것을 사용하라. 시험해 보라. 실제 훈련을 통해 배우는 것만한 것은 아무것도 없다.

자신의 모든 감각을 사용하라. | 한 가지 정보에 보다 많은 감각을 연관시키면 시킬수록 더욱 잘 기억할 수 있게 된다. 보고, 느끼고, 탁자 위에서 손가락으로 만져 보고, 큰 소리로 말해 보고, 노래하고, 춤춰 보고, 당신의 상상 속에서 맛보라.

전시회, 박람회, 콘서트, 영화를 관람하라. | 연사들의 연설을 들어라. 이것은 이기적인 것이 아니다. 그렇지 않은가? 적극적으로 참가하라. 질문도 하라. 나는 콘서트에 가면 쌍안경으로 드러머를 보면서 그의 기술을 관찰한다. 그럼 항상 한두 가지 기술을 익혀 나올 수 있게 된다.

보다 많은 경험을 하라. | 임시직이나 인턴, 자원 봉사, 또는 계약직 일을 하라.

"와, 리 씨. 다 좋은 이야기군요. 그런데 저는 시간이 없답니다."

시간을 만들어라. 일주일에 하루 저녁 시간을 비우고 배우고 성장하는 데 써라.

 알고 계십니까?

인력관리학회의 설문 조사에 의하면, 창조성과 혁신의 부족이 가장 심각한 것으로 나타났다.

감동적인 기술

당신이 너무 잘해서 사람들이 당신이 그 일을 다시 하는 것을 보고 싶어하는 일을 하라. 그렇게 되면 그들이 나가서 다른 사람들에게 이야기를 한다.

| 월트 디즈니(Walt Disney)

커뮤니케이션의 파괴

《워싱턴포스트》(Washington Post)의 연구에 의하면 여성이 남성보다 언어 기술이 낫다고 한다. 나는 그 연구 보고서의 저자에게 이렇게 이야기하고 싶다 : 우우!

| 코난 오브라이언(Conan O' brien)

미국인들은 뱀에 대한 두려움이나 고소공포증보다도 대중 앞에서 이야기하는 것을 더욱 두려워한다. 앞의 두 가지는 당신을 죽일 수도 있는 것들이다. 제리 사인펠드는 사람들이 죽는 것보다도 대중 앞에서 이야기하는 것을 더욱 두려워한다고 지적했다. 즉 장례식에서 추도사를 하기보다는 관에 누워 있는 것을 선택한다는 의미이다.

커뮤니케이션 기술은 직원을 채용할 때 중요한 고려 사항이다. 사람들은 당신의 능력, 진실성과 지성을 당신의 커뮤니케이션 기술을 통해 판단한다. 자신을 명확하게 표현할 수 있는지 여부가 당신을 앞으로 전진하게 하거나 가로막을 것이다.

들을 수 있는 능력과 의지는 가장 좋은 커뮤니케이션 기술이다. 그 후에 보다 나은 래퍼가 되는 방법을 배워라. 두서없이 이야기하지 마라. 요점을 이야기한 후 입을 다물어라.

은어로 이야기할 때와 바른 말을 써야 할 때가 언제인지를 분별하라. "짱이야, 자식!"이라든가 "이런 ㅆ---!"과 같은 말은 할머니에게 별 호감을 사지 못할 것이다. 그리고 당신의 상사나 고객, 직장 동료들은 할머니보다도 훨씬 더 민감하게 받아들일 것이다. 언론의 자유란 엉터리다.

상황에 맞는 언어를 사용하라.

"저, 미안합니다, 저는, 좋아요, 어쩔 수 없어요."

모든 성공적인 예술가의 내면에는 잠재적으로 작가로서 성공할 자질이 있다는 이야기가 있다. 이는 아마도 두 가지 모두 내면의 생각을 밖으로 표현하는 것이기 때문일 것이다. 작문 기술을 익혀라. 일기를 적고 편지를 쓰고 재기발랄한 이메일을 보내고 메모는 시적으로 써라. "내 성공의 비밀"(*The Secret of My Success*)이라는 영화에서 보면 브랜틀리 포스터[(Brantley Foster, 마이클 J. 폭스(Michael J. Fox)역)]는 이렇게 말한다.

"데이비스, 그건 메모가 아니야, 예술 작품이라구."

언어의 마술사가 되라. 그리고 어휘력을 늘려라. 그렇지만 당신이 변호사가 아니라면 이것은 정확한 단어(통사론)를 배운다는 의미이지 가장 어려운 단어(과대 선전)를 배워야 한다는 의미는 아니다.

바르게 쓰기

내 기억으로는 어렸을 때, 나는 모든 사람에게 모든 일에 대해 이야기하고 싶었다. 왜냐 하면 나는 너무 재미있다고 생각했기 때문이다. 그런데 내가 들은 것은 코고는 소리였다.

| 데이비드 듀코브니(David Ducovny)

업무상의 서신은 공식적이고 규칙에 따라 작성되며 일정한 형식에 맞추어 작성되는 경향이 있다. 이 주제에 대한 책이 너무 많기 때문에 여기에서는 창조적인 사업가가 편지 형식으로 의사소통을 하는 데 필요한 기초적인 사항에 대해서만 이야기해 보도록 하겠다.

업무용 서신은 1페이지 내로 써라. | 역 삼각형 형식을 사용하라. 중요 요점을 서두에 쓰고 덜 중요한 것은 제일 아래에 써라.

행동을 요구하라. | 편지를 받는 사람에게 무엇을 할 것인지, 어떻게 그 일을 할 것인지, 언제 할 것인지를 말하라.

편지 양식을 만들어 컴퓨터에 저장하라. | 그래서 매번 비슷한 편지를 써야 할 때마다 새로 편지 양식을 만들 필요가 없도록 하라. 처음부터 새로 시작하는 것보다는 원래 있던 양식을 목적에 맞게 고치는 것이 훨씬 더 쉬우니까.

아는 체하지 마라. | 지루하게 쓰지 마라. 편지를 쓰기 전에 생각하라. 요점이 무엇인가? 편지를 받는 사람이 어떤 일을 하기를 바라는가? 좌뇌를 사용하여 편지를 쓰기 전에 자신의 생각을 명확히 하고 정리하여 정확하게 규정하라.

컴퓨터의 맞춤법 검사 기능만 믿지 마라. | 다른 사람에게 교정을 부탁하라. 끝부터 앞으로 거꾸로 읽어 보라. 이름, 직함, 숫자는 두 번씩 확인하라. 철자나 문법 실수는 읽는 이에게 당신, 당신의 제품, 그리고 당신이 제시하고자 하는 요점에 대해 나쁜 인상을 가져온다.

당신의 편지가 돋보이도록 하라. | 특이한 우표나 친필로 적은 주소와 같은 것으로 편지를 돋보이게 하라. 요금 별납 우편물보다는 일반 우편이 좋다. 일반보다 빠른우편은 관심을 더욱 끌 것이며, FedEx나 택배는 더 좋고, 쿠리어로 보낸 우편물은 가장 먼저 읽힌다.

넓은 여백과 깔끔한 글씨체를 써라. | 줄 간격은 두 줄로 하라. 주소는 읽기 쉽게 정확하게 써라. 가능한 한 받는 사람이 당신에게 회신하기 쉽도록 하라. 우표와 주소가 적힌 회신용 봉투를 함께 넣어 보내거나 당신의 전화번호와 이메일 주소도 적어 넣어라.

봉투에 고무인을 찍어라. | 필요한 경우 '긴급' '친전' 이라는 스탬프를 찍어라.

항상 우편엽서를 준비해 놓아라. | 간단하고 신속한 메시지를 위해서 엽서를 늘 손에 닿는 곳에 준비해 놓아라. 요즈음은 친필로 쓴 메시지가 더 큰 효과를 낸다.

원본 편지에 답변을 써서 보내라. | 내가 아는 한 편집자는 자기가 받은 제안서에 메모를 써서 돌려보낸다.

불만 사항을 써서 보낼 때에는 요점을 정확히 지적하라. | 그리고 상세하게 내용을 적고 무엇인가를 요구하는 것이 목적일 때에는 무엇인가를 요구하라.

"나는 환불을, 1개월 무료 요금을, 사과를 원합니다."

그렇지 않으면 불만 편지는 시간 낭비이다.

P.S.추신을 사용하라! 사람들은 추신을 읽을 것이고 기억할 것이다.

계산

컴퓨터는 똑똑하지 않다. 단지 자기들이 그렇다고 생각할 뿐이다.

| 미상

만일 기차가 시속 60마일로 달린다고 하면 우뇌와 수학은 당신이 생각하는 것보다 잘 조화된다. 음악은 전통적으로 우뇌의 영역이라고 생각되지만 사실상 좌뇌의 수학과 아주 밀접하게 관련되어 있다. 나는 내가 수학에 관심도 없고 잘하지 못하는 것에 대해 나 자신을 질책하곤 하였다. 그리고 나는 이렇게 합리화하였다.

"그렇지만 나는 글도 잘 쓰고 그림도 그리며 음악도 연주할 수 있어. 그리고 수학이 무슨 필요가 있담?"

나도 필요하고 당신도 필요하다. 우리는 모두 적어도 기본적인 수학은 알아야 한다. 수표책의 잔액을 맞춰야 하고, 고지서 요금도 내야 하며, 국세청에 정기적으로 세금 신고를 해야 하고, 미래를 위해서 저축도 조금 해야 하기 때문이다. 전자계산기는 당연히 도움이 된다. 재정 관리를 당신이 해야 한다면 도와줄 수 있는 간편하고 좋은 컴퓨터 프로그램도 있다. 만일 이 프로그램을 당신이 다룰 수 없다면 그 일을 할 수 있는 사람을 찾아야 한다. 배우자나 시간제 경리 담당은 항상 구할 수 있다. 파산이나 그 어떤 것도 당신이 성공으로 가는 데 해를 끼칠 수 없다.

이 나라에 있는 직업의 90%는 고급 수학을 필요로 하지 않는다. 물리학은 또 다른 문제이다. 많은 예술가들, 특히 애니메이터나 특수 효과 아티스트들은 매일 물리학 원리를 이용하여 작업을 한다. 와이어가 들어간 브래지어는 가슴이 풍만한 여배우와 함께 일하던 의상 디자이너에 의해 발명되었다. 자, 그럼 여기 당신이 풀어야 할 물리학 문제가 있다! 건축가들은 모든 프로젝트에서 수학적, 물리학적 그리고 기능학적 문제와 씨름해야 한다. 창조적인 사람이라면 어려운 과목이라고 해서 단순히 피하려고 해선 안 된다. 진정으로 창조적인 정신을 가진 사람이라면 비록 기하학이 포함되어 있다 하더라도 자신의 세계에 잘 대처할 수 있는 방법을 찾을 수 있을 것이다.

인생의 절정

지식을 얻기 위해, 사람은 공부해야만 한다. 지혜를 얻기 위해, 사람은 관찰해야만 한다.

| 마릴린 보스 사반트(Marilyn vos Savant)

"그만 시시덕대라. 인생을 낭비하고 있구나. 언제 철들래?"

이런 말을 들어 본 적이 있는가? 나는 들어 본 적이 있다. 대학을 졸업하고 나는 마우이로 이사했다. 내가 자라서 무엇이 되기를 원하는지 몰랐을 뿐 아니라 어른이 되기도 싫었다. 나는 마우이에서 1년을 보냈다. 어떤 사람들은 나의 부모님과 마찬가지로 이 시간들이 인생을 낭비한 것이라고 말할지도 모른다. 그러나 그 시간은 너무나도 좋은 시간이었다고 말하고 싶다. 수없이 많은 기회가 있다. 당신이 좋아하는 것은 어떤 것이든 거의 될 수 있다. 직업에 비해 사람들은 적다. 나는 프리랜서로 그래픽 아트 작업을 했고, 미술 재료상 사업을 시작했으며, 선글라스를 팔았고, 휴양지의 수상 센터에서 일했으며, 항해사로도 일했고, 조지 벤슨(George Benson)의 녹음 스튜디오에서 자원해서 무료 봉사를 했으며, 선탠 컨설턴트로도 일했다. 그 일은 내가 가장 좋아하는 일이었다.

그 시간은 성찰의 시간이었다. 내 인생의 절정이었던 것이다! 자신들의 무미건조한 일상과 그들이 경멸하는 직업에서 벗어나기 위해 마우이에 휴가를 왔던 많은 사람들은 나에게 모두 같은 말을 하곤 했다.

"우와, 내가 정착하기 전에 당신과 같은 일을 했더라면 얼마나 좋을까. 당신은 정말 행운아예요."

내가 그들의 목소리에서 느낀 것은 바로 후회-나는 결코 해 본 적이 없는-였다.

나는 내가 휴가를 떠나야만 하는 인생을 살지 않겠다는 결심을 했다. 지금까지는 아주 좋다.

자기 자신을 찾아라. | 떠나라. 여행하라. 인생을 경험하라. 일반적인 직업을 얻을 시간은 너무나도 많다. 자신에 대한 지식은 당신에게 방향을 제시해 주며 자존감을 높여 준다. 이 두 가지는 바로 보다 나은 커리어의 열쇠이다.

문화 생활을 하라. | 그리고 당신의 경험을 완전히 당신의 것으로 만들어라. 당신의 창조력은 내면으로부터 나온다. 그래서 당신에게 인생의 경험이 없다면 의미 있는 작품을 만들어 내기 어렵다.

당신이 항상 하고자 꿈꿔 왔던 일을 실천하는 방법을 배워라. | 다른 나라로 여행하게 되면 자국 내에서 미경험자에게는 기회가 주어지지 않는 커리어들을 해 볼 수 있는 기회를 얻을 수도 있다. 나의 친구인 티토(Tito)는 프라하에서 유명 디스크자키가 되었다. 다른 친구는 호주에서 배우로서의 길을 걷게 되었다.

당신이 돌아왔을 때, 이 시기가 얼마나 당신에게 도움이 되었는지 고용주에게

설명할 수 있어야 한다. │ 리더십을 배웠는가? (나는 소년 캠프 자원 봉사자 팀을 이끌었다.) 작문 기술을 배웠는가? (내가 일했던 호텔의 소식지 기사를 쓰고 만들었다.) 연설 기술을 배웠는가? (아마존 열대 우림 관광 가이드를 했다.) 가르치는 기술? (스키장에서 어린이들에게 스노보드 강습을 했다.) 언어? (내가 호주에 있을 때 맥주에 관해 호주 언어로 말하는 법을 배웠다.) 또는 팀워크를 배웠는가? (남태평양에 인공위성 링크를 건설하기 위해 원주민들과 함께 일했다.) 당신이 배운 것에는 배우기, 컴퓨터 기능 사용법, 창조력, 재치, 타자, 계획, 관리, 홍보, 자금 조성 등도 포함될 수 있을 것이다.

개인적 관심 사항을 탐구하라. │ 그리고 그들 중에서 자신의 다음 커리어로 이어질 수 있는 것이나 적어도 흥미로운 인생으로 이어질 수 있는 것이 있는지 알아보라. 다양한 커리어를 쌓는 데 도움이 될 것들을 시험해 보고 즐겁게 지내라. 그리고 당신이 한 커리어를 최종적으로 선택했을 때 어떤 후회도 하지 마라.

프로에게 묻는다

도나 핀토(DONNA PINTO)

『인생의 커닝페이퍼』(*Cheatnote on Life*)의 저자 도나 핀토와 그녀의 약혼자는 신혼여행으로 1년 동안 전 세계를 여행하기로 결정하였다. 그것은 이들이 직장을 그만두고, 차를 팔고, 살던 아파트를 정리하고, 1년 동안 벌어들이는 돈은 모두 저축하는 동시에 결혼식 준비까지 해야 했다는 것을 의미했다. 런던으로 떠나기 6개월 전 그들은 여러 영국의 레저 업체에 이력서를 냈는데 두 사람이 함께 일할 수 있는 유일한 직책인 산장 직원직에 지원하였다. 그들은 영국 회사가 노르웨이에서 운영하는 스키 산장을 관리하는 직업을 얻게 되어 유럽 스키 휴양지에서 함께 일하면서 지내게 되었고, 돈도 절약하고 추억에 남는 신혼여행을 할 수 있게 되었다. 1년 동안의 외국 생활을 마감하기 위해 그들은 또한 전 세계를 일하면서 여행할 수 있는 기회에 대한 책을 쓰기로 결정하였다.

시간을 내서 세계를 경험하는 것의 가장 좋은 점은 무엇입니까?

장기간의 여행 경험에서 자유만큼 좋은 것은 없습니다. 속박도 없고 일이나 학업에 대한 압력두 없고, 데드라인, TV 가이드, 상사두 없고, 알람 시계두 없죠. 책을 읽고, 글을 쓰고, 자기 성찰과 미래에 대한 생각을 할 시간을 충분하게 가질 수 있습니다. 매일 새롭게 다른 것을 경험하고 배울 수 있습니다. 전 세계에서 온 정말 멋진 사람들을 만나고 그들과 인상이 남는 대화를 할 수 있습니다. 여러 종류의 음식을 맛보고 다양한 문화와 관습을 체험할 수 있습니다. 가정, 가족, 친구, 그리고 편안한 침대의 고마움에 대해 새삼 감사함을 느끼게 되죠.

최근에 졸업한 사람들이나 인생에서 무엇을 하고 싶은지 확실하지 않은 사람들에게 여행을 떠나서 세상을 둘러보라고 권하시겠습니까?

친구와 부모, 그리고 사회적인 영향에서 벗어나 새로운 문화, 새로운 사람들, 그리고 새로운 경험을 접하는 데에 자신을 노출시키는 것보다 더 좋은 것이 어디 있겠습니까? 나는 젊은 사람들이 진정으로 자신을 알기도 전에 커리어를 확립해야 한다는 압력을 너무 많이 받고 있다고 생각합니다. 여행은 당신에게 세계와 다른 문화에 대해 가르쳐 줄 뿐 아니라 자신을 알고 자긍심을 갖게 하면서 좀 더 시간을 벌 수 있도록 해 주는 좋은 방법이기도 합니다.

대학 졸업 후 2개월 동안 유럽에서 지내며 보냈던 시간들은 내가 판에 박힌 전형적인 커리어의 길을 걷지 않겠다는 열망을 더욱 불타게 했습니다. 소위 말하는 진짜 세계에서 1년을 보낸 후 나는 화려한 잡지 광고 영업직을 떠나서 멕시코의 클럽 메드로 직장을 옮겼습니다. 많은 친구들과 가족들은 내가 정신 나갔다고 생각했습니다. 그렇지만 나의 결정은 결국 그것이 나의 최고의 커리어와 인생에 대한 결정이었다는 것으로 판명되었죠.

배운 교훈은 무엇입니까?

전 세계를 여행했기 때문에 저는 현실에서 안주하지 않았고, 미국에서 내가 누릴 수 있는 모든 것에 대해 새로이 인식하고 감사할 수 있게 되었습니다. 제가 외국에 있는 동안 배운 교훈은 평생 학교에서 배운 것보다도 훨씬 더 큰 영향을 주었습니다.

이기는 싸움을 위한 전술들

당신이 했던 일을 따르려고 생각하는 사람에게 주고 싶은 충고는 무엇입니까?

회의론자들이 어떻게 생각할지, 어떻게 말할지 걱정하지 마십시오. 당신이 하고 싶어 하는 일이 정신 나간 짓이라고 생각하는 사람들은 항상 있습니다. 당신 마음속에 있는 일을 하십시오. 계획을 세우고 자신의 꿈을 따라가십시오. 이 같은 길을 걷는 사람들에게 무한한 기회가 열려 있습니다. 속담에도 있듯이, "학생이 준비되면 선생님이 나타납니다."

인턴, 견습생, 아르바이트

당신이 선택한 직종의 회사에서 인턴으로 기꺼이 시간을 투자하라. 당신이 얻을 수 있는 모든 경험을 얻어라. 그리고 자신을 그 회사에서 없어서는 안 될 존재로 만들어라. 그러고 나서 봉급 인상을 요구하라.

| 준 커니프(June Cunniff)

미국교육위원회의 보고서에 의하면 현재 90%의 대학이 학생들의 커리어에 대한 관심사와 관련하여 체계적인 업무 체험 과정을 제공하고 있다고 한다. 많은 고등학교 또한 커리어의 날, 인턴, 산학 파트너십 프로그램을 제공하여 젊은이들이 자신들이 흥미를 갖고 있는 분야의 일이 어떤지 맛볼 수 있는 기회를 제공하고 있다. 일부 회사들, 특히 창조적 예술 분야의 회사들은 신입 사원들을 인턴직부터 시작한다. '인더스트리얼 라이트 앤드 매직(Industrial Light and Magic)'에서 애니메이터들은 인턴으로 시작해서 자신의 능력을 증명해 보여야만 유급의 정식 직원이 될 수 있다.

일부 인턴 제도는 봉급이 있기는 하지만 대부분은 없다. 여름 방학 동안 견본 인쇄 서비스 국에서 일했던 한 고등학생은 대학에서 그래픽 아트를 공부하고 컴퓨터에 관한 지식을 넓히고 싶어했다. 그는 일하던 곳에서 능력을 인정받아서 봉급을 받기 시작했다. 당신에게 일어나는 일에 너무 기대해서는 안 된다. 만일 당신이 인턴으로 일하게 되면 당신은 경험이나 인맥, 당신의 이력서의 추천인, 그리고 실제로 일에 뛰어들기 전에 시험해 볼 기회를 얻는 것으로도 봉급을 받은 것이나 다름없다고 생각해야 한다.

놀랍게도 이러한 무급 직책마저도 경쟁이 심하다. 그리고 저명 인사들과 만나기는커녕 우편물만 나르거나 안내 데스크를 지키고 캐비닛 정리나 해야 한다는 사실을 알게 되면 실망하게 될 수도 있다. 만일 당신이 알맞은 인턴직을 찾을 수 없다면 자원 봉사를 시도해 보라. 여성들이 직업을 가지기 시작하면서 사원봉사자의 수가 급격하게 줄었다. 그리고 내부분의 모든 비영리 단체에는 일할 사람이 태부족이다.

NBA 농구팀 할렘 글로버트로터스(Harlem Globetrotters)의 홍보 담당자 조이스 지맨스크(Joyce Szymansk)는 신참들에게 이런 충고를 하고 있다.

"무급이나 아주 적은 봉급을 받고 인턴을 하십시오. 저는 대학 졸업 직후 스포츠 팀에서 무급으로 1년간 인턴으로 일했습니다. 나는 프로 스포츠의 홍보 사무실에서 일하는 방법을 배웠고 많은 인맥을 만들었습니다. 그 인맥들 중 한 사람이 나를 다른 기관의 정규 사원으로 일할 수 있는 기회를 이끌어 주었습니다."

나는 인턴에 대해서 다소 다른 견해를 가지고 있다. 내가 예술학교에서 공부하는 동안 나는 연예 산업을 전문으로 하는 광고 대행사에서 인턴을 했다. 이 일은 파라마운트영화사의 인턴으로 이어졌다. 업계 내부에서 영화 산업을 바라본 나는 재빨리 그 일이 나에게는 맞지 않는다는 것을 알았다. 화려하고 근사하게 들리기는 하지만 그 일이 나의 몸에 맞는지 직접 경험해 보니 나에게 잘 맞는 것이 아니라는 것을 알게 되었다.

인턴은 당신이 문 안으로 발을 들여놓을 수 있도록 해 준다. 예를 들어 노드스트롬(Nordstrom) 백화점은 모든 직원이 밑바닥부터 시작하도록 한다. 심지어는 노드스트롬 소유주 일가도 처음에는 창고에서부터 일을 시작한다. 이와 같은 회사에서는 당신은 직급 단계를 통해서 승진을 하도록 되어 있다. 할리우드의 연예인 대행사들도 이와 같은 방식이다. 단지 창고 대신 우편 수발실에서부터 시작하는 것이 다를 뿐이다. 당신은 대리인의 비서로 일을 하다가 그 다음 대리인다운 대리인이 되는 것이다.

이런 방식으로 성공할 수 있겠는가? 한 사람의 이름을 말하고자 한다. 데이비드 게펜(David Geffen)이다. 윌리엄 모리스(William Morris)사에서 그는 관찰을 통해서 자신이 최고 대리인이 하고 있는 일을 쉽게 할 수 있겠다는 사실을 알았다. 그는 그들이 하는 일이라고는 전화에 대고 이야기하는 게 전부라는 것을 알았다. 그러면서 그는 이렇게 생각했다.

"나도 그런 일이라면 할 수 있겠다!"

마리아 바티로모(Maria Bartiromo)는 대학 졸업 후 CNN에서 인턴으로 일했고, 후에 제작 보조로 채용되어 5년 동안 그 일을 하였다. 그 후 그녀는 카메라 앞에서 자신의 방송 데모 테이프를 만들어 CNBC에 테이프를 보냈다. 그녀는 취재 기자로 채용되었다.

비밀은 인턴처럼 생각하거나 그들이 당신을 인턴으로 여길 것이라고 생각해서는 안 된다는 것이다. 모든 기회를 최대한 이용하고 열심히 일하며 사람들과의 인맥을 쌓는 것이 중요하다. 백악관 인턴으로 일하다 클린턴 대통령과의 성 추문에 연루된 모니카 르윈스키(Monica Lewinsky)와 같은 종류의 인맥은 말고.

일시적인 광기

오늘날 직업에는 세 가지 종류가 있는 것 같다. 임시직, 파트타임, 그리고 오버 타임(초과 근무).

| 윌리엄 브리지스(William Bridges)

전국 임시 및 파견 근무 서비스 연합에 의하면 38%의 임시직이 정규직으로 전환된다고 한다. 요즈음 사업체들의 90%는 임시직 사원을 쓴다. 임시직 직원 파견 서비스업체 맨파워(Manpower, Inc.)는 미국에서 가장 많은 직원을 고용하고 있다. 2007년 즈음에는 3천 7백만 명의 사람이 임시직으

로 일하게 될 것이다. 여기에는 사업적인 이유가 있다. 회사들은 정규직 사원의 급료 지불을 줄일 수 있고 인력 고용에 탄력성을 준다. 임시직 사원을 쓰면 그들이 더 이상 필요하지 않을 때 해고 통지를 할 필요도 없다. 만일 그들이 당신을 좋아하지 않는다면 아무런 이유도 대지 않고 그냥 취소할 수 있다. 그들이 당신을 어디에 배치하건 아무 소리도 할 수 없고 당신을 제대로 대우하지 않아도 고충 처리 과정이 없다. 그들은 서비스에 대해 돈을 더 많이 지불하기는 하지만 그렇다고 당신이 돈을 더 받는 것은 아니다. 파견 회사에서 대부분을 가져간다. 세금이나 보험 서류를 작성할 필요는 없다. 이런 서류들은 파견 회사에서 다 처리하기 때문이다.

그러면 이런 임시직이 당신에게는 어떻게 도움이 되는가? 기술을 배우고 이를 연습하고, 여러 다른 커리어나 그 커리어 내의 여러 가지 직책을 맛보고, 각기 다른 회사의 내부자로서의 관점을 가질 수 있고, 어떤 계약도 없이 어떤 분야를 정탐해 보고, 문 안에 발을 들여놓아 보고, 아니면 정규직으로 안착할 수도 있는 좋은 기회들인 것이다. 만일 당신이 소설을 쓴다면 집세를 내기 위해 일주일에 이틀은 임시직 일을 하면서 닷새는 소설을 쓰는 데 바칠 수 있다.

"토요일 밤의 생방송"(Saturday Night Live)의 고정 출연자인 몰리 셰넌(Molly Shannon)은 자신이 쇼 비즈니스계에서 어떻게 해야 성공할 수 있을지 확실히 알지 못했다. 그래서 그녀는 쇼 비즈니스 대행사에서 임시직으로 일하는 것부터 시작했다. 그리고 사람들이 없을 때 그들의 책상 위에 있는 모든 서류를 읽었다. 그녀는 고객 명부를 보았고, 어떻게 하면 자신이 그 명부에 오를 수 있을까를 연구했다. 그녀는 여성 일인 쇼(one-woman show)를 상연하기로 결정하고, 자신이 일하면서 수집한 연락처 100곳에 연락하기 시작했다. 공연장은 발 디딜 틈 없이 꽉 찼고, 그녀의 새로운 커리어가 탄생했다.

당신이 임시직으로 일하고 있는 회사의 틈새를 찾아라. 그리고 당신이 그 틈새를 채울 수 있다는 점을 부각시켜라. 발생한 문제를 해결할 수 있는 창조적인 방법을 찾아라. 그리고 그 일을 프리랜서로 또는 정규 사원,

파트타임으로 하겠다고 제안하라. 만일 당신이 성공적인 프로젝트에서 일하게 되는 행운이 있다면 그 일로 어느 정도 능력을 인정받을 수 있게 될 것이며, 이 일은 당신의 이력서에서 빛나게 될 것이다.

　어떤 인력 파견 대행사는 당신을 훈련시키고, 당신이 그들에게 좀 더 가치 있는 사람이 될 수 있도록 도움을 줄 것이다. 그들에게 세미나, 워크숍, 전람회 등에 보내 달라고 요청하라. 일이 없는 시간에는 그들의 장비를 사용할 수도 있을 것이다. 내 친구 중 한 사람은 자신이 안내원으로 일하던 녹음 스튜디오에서 자신의 데모 테이프를 만들었다. 그녀는 스튜디오에 아무도 나오지 않는 아주 이른 아침 시간에 테이프를 만들었다.

사람들과 함께 일하는 것은 어렵지만 불가능한 일은 아니다.

| 피터 드러커

창조적인 사람은 판에 박힌 사고와 예측이 가능한 팝 음악 세계에 살고 있는 무모하고 실험적인 재즈 음악가와 같다. 이 두 세계가 충돌하면 퓨전 음악이 탄생할 수 있으며, 데이브 매튜스(Dave Mathews) 밴드의 음악과 같이 꽤 감동적인 음악이 만들어질 수 있다. 아니면 폭발이 일어난다.

왜 어떤 사람들을 대하는 것이 그렇게 어려울까? 여기에는 몇 가지 이유가 있으며, 그 중에는 변화에 대한 두려움도 있다. 일부 사람들은 일하는데 있어 자신들의 오래되고 굳어진 방식을 고수하려고 한다. 나는 이것을 '자기만족(complaceney)'이라고 부른다. 그들은 이렇게 말한다.

"우리는 1820년 이래로 이 방식대로 일을 해 왔습니다!"

정말 무서운 일이다. 이런 사람들은 자부심을 가진 사람들이라고 할 수 없다. 사람들이 느끼는 압박은 엄청날 수 있다. 영화와 그에 관련된 막대한 예산, 빡빡한 데드라인, 공동 작업, 자기중심적인 사람들을 생각해 보라. 이 모든 것을 모두 생각하다 보면 아마도 폭발 직전의 상황이 될 것이다. 그래서 이전에 성공적이었던 방식으로 일하는 것이 더 안전할 것이다. 그렇기 때문에 요즘에 나오는 영화들이 50년 전 심지어는 5년 전에 나온 영화를 리메이크한 영화들이 많은 것이다.

어떤 프로젝트든 주주, CEO, 중간 관리자들처럼 제작비를 한 푼이라도 더 깎아내려고 애쓰는 사람들이 있을 수 있다. 즉 이 말은 당신이 일을 잘 하기 위해 필요한 시간, 돈, 직원, 그리고 지원을 받을 수 없다는 것을 의미한다.

창조적인 사람들은 뭔가 인상적이고 자랑스러워할 만한 것을 만들기를 원하지만 그놈의 비용이 문제다. 바로 당신과 같이 새로운 것을 창조하려는 사람들은 기존의 규율보다는 작업 자체에 더 많은 관심을 기울이고 서류, 기한, 지침이나 다른 좌뇌적인 규칙과 규정엔 그다지 관심이 없다. 협상을 통해 일들을 해결할 수는 있지만 당신이 "당신은 해고야!"라고 말하는 것보다 더 빨리 사람들은 추악하게 변할 수 있다.

이것이 현실이다. 만일 당신의 작품이 생산되는 것을 보고 싶다면 당신은 관리형의 사람들, 위원회 및 멍청이들을 대하는 방법을 배워야 한다. 동시에 당신에 대한 그들의 부정적인 영향을 최소화하는 조치를 취하는 것도 중요하다. 사실상 두 단계의 조치를 취해야 한다. 첫째, 그들과 직접 부딪히는 상황을 최소화하라. 메모나 이메일을 통해서 그들과 의사를 교환하라. 둘째, 행동을 바꿀 수 있는 기술을 사용하라. 만일 그들이 부정적인 것을 이야기하기 시작하면 그 자리를 떠나라.

모든 식구들을 열 받게 만드는 할머니를 가진 친구가 한 사람 있었다. 그 할머니는 아무것도 좋아하지 않고 어떤 사람도 좋아하는 사람이 없었다. 그리고 하루 종일 투덜댔다. 할머니는 내 친구의 여동생에 관한 험담을 그 친구의 어머니에게 하기도 하고, 그 반대의 경우도 있었다. 그리고 할머니는 자기 친구들에게 자기 자식들과 손녀들이 자신에게 효도하지 않는다고 말하곤 했다. 사람들은 왜 그 할머니가 내 친구한테만은 불평을 늘어놓지 않는지 궁금해했다. 그 해답은 너무나도 간단했다. 할머니가 어느 누군가에 관해서 불평하기 시작하면 바로 내 친구는 자리에서 일어나 "할머니, 이제 가 봐야 해요."라고 했던 것이다. 그리고 나서 그는 바로 할머니 집을 떠나곤 했다. 할머니는 내 친구가 만나러 오는 것을 좋아했기 때문에 그가 왔을 때는 좋은 말만 하려고 했다. 이상하게도 할머니는 또한 다른 사람에게 내 친구에 관해서는 험담하지 않았다고 한다.

 실천 사항

이 사람들은 어떤 사람들인가? 이 질문은 당신이 가장 기분 나쁘게 하는 사람들을 찾아 그들을 솎아 내는 데 도움이 될 것이다. 종이 한 장을 꺼내서 당신의 이름을 쓰고 이름에 동그라미를 쳐라. 당신의 이름 주변에 친구, 고객, 동료들의 이름을 써라. 각각의 이름에 동그라미를 치고 그 동그라미들과 당신 이름을 선으로 연결하라. 당신이 함께 시간을 보내는 모든 사람 이름을 쓰도록 하라. 이 사람들과 최근에 만났던 일에 대해 생각하라. 동그라미 안, 이름 아래에 얼굴 그림을 그려라. 긍정적인 사람 이름 아래에는 웃는 얼굴, 부정적인 사람이지만 계속 만나고 싶은 사람 이름 아래에는 슬픈 얼굴을, 그리고 당신을 화나고 열 받게 만드는 사람 이름 아래에는 화난 얼굴을 그려라. 이 마지막 종류의 사람들은 가능하다면 당신이 인생에서 지워 버리고 싶은 사람들이다. 그리고 슬픈 얼굴을 받은 사람들에 대해서도 다시 한 번 생각해 보고자 할 것이다. 당신의 인생에서 이런 부정적인 사람들은 당신을 방해하고 앞길을 막으며 당신 자신의 행복과 성공에 나쁜 영향을 미친다.

상대하기 어려운 사람들의 유형

그들은 당신의 아이디어를 훔치고, 당신의 최종 기한을 망쳐 놓으며, 당신에 대해 험담을 하고, 당신의 관대함을 악용하며, 당신과 당신의 좋은 생각들을 비판하고, 당신의 성공을 방해한다. 그들은 몇 가지 형태로 분명하게 정의될 수 있지만 이들은 모두 대하기 어려운 사람들이다. 그들을 이해하는 것이 그들을 상대하는 방법을 배우는 데 도움이 될 수 있다. 이제 나는 그들에게 우스운 이름을 붙여 보겠지만 내가 그들을 너무 심각하게 생각하는 것은 아니고 그들에게 화가 난 것도 아니다. 그럼 내가 가장 싫어하는 종류부터 시작해 보겠다. 분명히 그들은 다시 모습을 다르게 바꿀 것이기 때문에 아마도 당신은 분명히 변형된 유형을 찾을 수 있을 것이다.

콩알 세는 사람. | 최종 결론에 너무 집착해서 아무것도 창조할 수 없고 당신이 창조하지도 못하게 하는 사람이다. 그들에게 중요한 결과란 오직 지폐의 형태로 나타나는 것이다. 그들은 결코 숲을 볼 수 없다. 왜냐 하면 그들이 나무를 모두 베어 버렸기 때문이다.

꼬마 인형. | 그들은 너무 민감해서 당신이 그들의 감정을 상하게 할까 두려워서 마치 살얼음판을 걷는 것과 같은 느낌을 준다. 그들이 틀렸을 때에라도, 특히 그들이 틀렸을 때는 더더욱 그들과 논쟁할 수 없다.

간섭이 심한 시어머니. | 이런 유형은 모든 일에 자신이 손을 대야만 하는 감독주의자이다. 그들은 당신이 일하는 동안 등 뒤에서 감시하고, 당신이 어떤 생각을 완성하기도 전에 달려와 그 생각을 비판한다.

콘 프로스트. | 그들은 자신들이 하기로 되어 있는 일을 하지 않는다. 그래서 당신이 하기로 되어 있던 일이 모두 엉망이 된다. 그리고 어쨌든 잘못했다고 지적받는 것은 바로 당신이다.

퀴즈 도사. | 뭐든지 다 아는 사람들이다. 당신이 할 수 있는 일은 무엇이든 그들은 더 잘, 더 빠르게, 더 적은 비용으로 할 수 있다. 최악의 경우

는 거기에 겸손한 척하는 것이다.

기분파. | 이들은 어떤 프로젝트나 아이디어에 마구 흥분했다가 바로 관심을 잃는다. 이들은 귀도 얇다. 그들은 당신의 디자인을 승인했다가 당신을 다시 불러 자기 옆방에 있는 사람이 그 디자인을 보고 연두색으로 만들면 더 좋을 것 같다고 했다고 말한다.

소심주의자. | 이들은 항상 유리잔이 너무 크고, 게다가 반이나 비었다고 생각하는 사람들이다. 위험을 감수하는 것을 두려워해서 너무 비판적으로 되는 경향이 있다. 그들은 두 개보다는 스무 개의 증거를 원하며 세 번보다는 삼십 번의 시험을 원한다. 하지만 여전히 만족하지 못한다.

막대사탕. | 속내를 알기 어렵고 때때로는 불쾌하기까지 하다. 그들은 내면의 부드러움을 감추고 있다. 막대사탕 속의 캐러멜을 먹으려면 사탕을 아주 많이 빨아먹어야 한다.

이럴까 저럴까. | 그들은 결정을 내리지 못한다. 그들은 울타리에 앉아서 당신이 등을 밀 때까지 뛰어내릴까 말까 왔다 갔다만 한다. 결국 그들이 떨어지면 어질러진 것을 치워야 하는 사람은 바로 당신이다.

칼 던지기 곡예사. | 당신이 그들에게 칼을 던질 수 있는 한 절대로 그들을 신뢰해서는 안 된다. 그들은 당신의 아이디어를 훔쳐서 공을 얻고 당신이 상사와 그렇고 그런 관계라고 소문 내고 다닌다.

마마보이. | 그들은 스스로 할 수 있는 것이 아무것도 없다. 자신들의 매력과 외모를 이용해서 그럭저럭 버티지만 아기용 욕조만큼이나 속이 얕은 사람들이다. 결국 당신은 그들을 위해 일을 해 주게 되거나 짜증을 받아 주어야 한다.

돌대가리. | 진짜 쓰레기들이고 악당들이다. 기분 나쁘고 비열한 사람들. 오즈의 마법사. 불안하고 위협적이며 화를 잘 내는 작은 군주와 같은 사람들이다. 그들은 종종 회사의 간판인 양 행동하지만 그들은 결코 진정한 의사 결정권자들이 아니다.

흠잡는 사람. | 그들은 당신의 면전에서 당신을 헐뜯거나 칭찬 속에 뼈

있는 비판을 감추어서 말하는 것과 같은 일들을 한다.

당신도 또한 대하기 어려운 사람이라는 사실을 이해하고 그들 또한 당신을 상대해야 한다는 것을 불쌍하게 생각해야 한다.

당신도 대하기 힘든 사람?

좋은 마녀와 나쁜 마녀가 있는 것과 마찬가지로 좋은 악녀와 나쁜 악녀가 있다. 좋은 악녀가 되도록 하라. 좋은 악녀는 자신의 힘을 언제 사용해야 할지를 알고, 그 힘을 악이 아니라 선을 위해 싸우는 데 사용한다.

| 캐런 샐만손(Karen Salmansohn)

데일 카네기(Dale Carnegie)가 쓴 『카네기 인간관계론』(How to Win Friends and Influence People)을 최근 2년 내에 읽어 본 적이 있는가? 만약 읽어 보지 않았다면 지금 읽어 보도록 하라. 이 책은 나의 인생을 바꾸었다. 나는 두말 할 것도 없이 정말 대하기 힘든 사람이었다. 내가 이 책을 읽고 이 책에서 배운 것을 사용하기 시작하자 나는 타인에 대한 이해와 분수에 맞는 생각이 나에게 더 많은 힘을 준다는 것을 깨닫기 시작했다. 내가 좀 더 사근사근하게 굴면 사람들이 얼마나 더 친절하게 될 수 있는지 나는 알게 되었다. 나는 사람들을 괴롭히거나 비방하는 대신 내가 원하는 것을 얻으면서 다른 사람들도 그들이 원하는 것을 얻을 수 있도록 도와주는 방법을 배웠다. 나는 좀 더 진실해졌다. 그리고 좀 더 유쾌한 성격을 가지게 되었고, 좀 더 남의 말을 잘 듣게 되었으며, 다른 사람의 관점에서 사물을 바라보게 되었고, 다른 사람들이 얼굴을 찌푸리지 않도록 해 줄 수 있게 되었다.

당신은 남들이 대하기 힘든 사람인가? 그렇다. 당신은 상대하기 힘든 사람이다. 이는 논쟁의 대상이 아니다. 문제는 당신이 얼마나 대하기 힘든 사람이냐 하는 문제와 당신이 변화될 수 있는가 하는 것이다. 다음의 체크리스트를 살펴보자.

- 당신 주변의 사람들과 항상 논쟁하고 있는 자신을 알고 있는가?
- 다른 사람에게 마지막으로 감사 카드를 보낸 것이 언제였는가?
- 다른 사람들이 당신의 전화에 즉시 응답하는가?
- 다른 사람이 두려워하는 존재가 되고 싶은가, 존경하는 존재가 되고 싶은가?
- 다른 사람들이 당신을 같이 일하기 힘든 사람이라고 말한 적이 있는가?

나는 어떤 친구가 이렇게 말하는 것을 들은 적이 있다.
"나랑 일하는 사람들은 모두 바보 멍청이야."
음. 이것은 나쁜 징조이다.

내 직업을 사랑하지만 상사는 미워 죽겠어

내가 알 데이비스와 도끼를 묻었냐구요(화해를 의미-역자 주)? 그래요. 바로 어깨뼈 사이에 묻었죠.

| 오클랜드 레이더스(Oakland Raiders) 팀의 전 쿼터백 켄 스태블러(Ken Stabler)가

자신의 이전 상사 알 데이비스(Al Davis)에 대해

형편없는 상사들의 경우는 어차피 올 것이 온 것이다. 다만 좀 더 빨리 닥치지 않은 것이 너무 안됐을 뿐이다. 나는 어떤 상사가 직원에게 이렇게 말하는 것을 들은 적이 있다.

"나는 그 일이 자네 잘못이라고는 이야기하지 않았네. 내 말은 그 일에 대해 자네에게 책임을 물을 것이라는 것일세."

이 상사는 정직성에서는 점수를 조금 얻기는 하겠지만 여전히 이런 사람 밑에서는 일하고 싶지 않다.

기억할 것은 바로 당신이 당신 자신의 상사라는 것이다. 당신이 자신의 회사에서 CEO인 경우 당신의 상사는 바로 당신의 최고의 고객이다. 그 고객에게 잘 봉사해 주면 행복한 고객을 얻게 되는 것이다. 당신 자신의

운명은 당신이 조절하는 것이다.

톰 피터스(Tom Peters)는 이 생각을 한 단계 발전시켜 우리는 모두 예술가, 그것도 아주 훌륭한 예술가라고 말했다. 그렇기 때문에 당신이 하는 일은 무엇이든 창조적인 작업으로 만들어야 한다. 방송 제작의 피카소, 수신 부서의 렘브란트, 관리의 미켈란젤로, 잔심부름의 고갱이 되는 것이다. 인생은 예술이다. 그리고 아무리 힘든 시간이라도 당신 미래의 창조성에 공헌하게 될 경험의 일부라고 할 수 있다.

좋다. 나를 극단적인 낙천주의자라 불러도 좋다. 만일 어떤 사람과 일 하는 것이 너무 어렵다면 당신이 혁신적이고, 창조적이며, 큰 그림을 중 시하는 우뇌 중심인데 반해 그들이 극도로 꼼꼼하고, 분별력이 있고, 세 부 사항을 중시하는 좌뇌 중심이기 때문일 수도 있다. 한번 생각해 보자. 그런 사람들은 모두 통제하는 것에 목맨 사람들이다. 그들은 일이 흘러가 는 대로 놔두고 또한 당신이 자신의 일을 하도록 놔두는 것이 힘들다. 그 들은 당신을 이해하지 못한다. 그들은 창조적인 작업은 시간이 걸린다는 사실을 이해하지 못한다. 아마도 당신이 콘셉트를 잡고 있는 동안 아무것 도 하지 않는 것처럼 느낄 것이다. 이것이 바로 당신이 감옥에서 석방될 수 있는 카드이다. 이를 잘 사용해야 한다. 당신은 보통 회사의 방침을 따 르지 않는다. 복장 규정도 지키지 않고, 퇴근할 때 책상을 정리하지도 않 는다. 좋은 직원의 이미지에 맞지 않는다. 그들은 일을 하는 데 오직 한 가지 방법만 있다고 생각하는 사람들이다. 당신은 모든 일을 하는 데 새 로운 방법을 찾고 있는 중인데 말이다. 그들이 이익에만 관심이 있는 반 면 당신은 미학에 더욱 관심을 둔다.

이런 두 종류의 사람들은 함께 일할 수 있다. 사실 성공적인 사업을 만 들기 위해서 이 두 종류의 사람들은 함께 일해야만 한다. 양쪽에서 조금 씩 양보를 해야 한다. 당신의 경우에는 그들의 화를 긁는 대신 당신이 원 하는 일을 하는 동시에 그들이 원하는 것을 줄 수 있는 방법을 찾아야 한다.

당신의 상사가 당신의 어머니가 아니라는 사실을 기억해야 한다. 만일 당신의 상사가 당신에게 주변을 청소하라고 이야기하거나, 당신이 시작한 일을 끝내라고 또는 정시에 출근하라고 말한다면 그가 당신을 아이로 취급하고 있다는 데는 의심의 여지가 없다. 당신은 그들의 신뢰와 존경을 얻어야 한다.

애플 컴퓨터사의 중역 가이 카와사키(Guy Kawasaki)는 상대하기 어려운 상사가 없어질 때까지 기다리라고 충고한다. 결국 그들은 폭발할 것이다. 카와사키는 또 자신을 매력적으로 만들어 다른 곳에 채용되어 가거나 전출되도록 하라고 제안한다.

흠잡을 데 없는 사람이 되라. 실행하는 사람, 전문가, 수퍼스타, 양자(son-in-law)가 되라.

카와사키의 상사들

가이 카와사키의 책 『당신의 경쟁자를 화나게 만드는 방법』(How to Drive Your Competition Crazy)에서 그는 여러 다른 유형의 상사들에 대해 설명하고 있다.

반얼간이 반전문가(Schmexpert). | 반은 얼간이이고 반은 전문가인 사람들이다. 그들은 어떤 문제도 해결할 수 없지만 어떻게 하면 위험해지는지는 충분히 알고 있다.

자기중심주의자(Egomaniac). | 그들의 의견에 의하면 회사의 어느 누구도 일을 훌륭히 할 수 없다. 그래서 그들은 모든 일을 스스로 하려고 한다. 또한 그들은 모든 공을 차지한다.

몽상가(Wanna-be). | 공상가나 혁신가들과 같이 지금 상황과는 다른 뭔가가 되고 싶어한다.

유약한 얼간이(The Peter). | 이런 사람은 점점 지쳐서 자신의 현재 직책을 감당할 수 없게 되고, 미래의 도전은 더더욱 감당할 수 없게 된다. 어쨌든

이런 사람들은 결코 상사가 되고 싶어하지 않는다.

천재 소년(Boy Wonder). | 오만방자하고 아직 검증되지도 않은 자신감을 가진 사람들이다.

충성맨(The Company Man). | 동료들보다 낫지도 똑똑하지도 않은 사람이다. 단지 다른 사람들보다 오래 남아 있을 뿐이다. 변화에 능숙하지 않은 사람들이다.

기계 벌레(Techno Dweeb). | 사람들과의 인간관계보다 컴퓨터나 기계와 더 잘 지내는 사람들이다.

상대하기 어려운 사람들을 대하는 방법

어떤 남자들은 음경을 가지고 있다는 사실이 마치 자신들이 남자가 되는 면허증이라도 되는 것으로 생각한다.

| 캐런 샐만손(Karen Salmansohn)

어려운 사람들을 대하는 방법 중 내가 가장 좋아하는 방법은 처음부터 발을 들여놓지 않는 것이다. 만일 그 사람들의 과거 행동에서 그들이 대하기 쉽지 않은 사람들이라는 사실을 알고 있다면 그 사람들과 일정한 거리를 두라. 만일 그들에 대해 어떤 배경 지식도 없다면 당신의 직관을 믿는 수밖에 없다.

불행히도 당신에게 항상 선택권이 있는 것은 아니다. 그들은 당신이 꿈꾸던 직업에 패키지로 딸려오는 사람들일 수도 있기 때문이다. 이런 어려운 사람들이 당신의 커리어를 망치도록 해서는 안 된다. 그들을 상대해야 한다.

그들에게 어떤 총알도 주지 마라. | 그들이 총을 장전할 기회를 주지 말아야 한다. 다른 사람을 때리거나 험담하지 마라. 후에 당신을 얽어맬 수 있

는 일로 인해 타협해야 하는 상황에 직면하지 않도록 하라. 민감한 사안에 대해서 모든 사람을 신뢰할 수 있는 것은 아니며 신뢰해서도 안 된다. 그리고 당신이 항상 신뢰할 가치가 없는 사람을 분별할 수 있는 것도 아니다. 모니카 르윈스키와 나눈 통화 내용을 공개하여 클린턴 대통령의 성 추문 사건을 세상에 알린 린다 트립(Linda Tripp)이야말로 완벽한 예라 하겠다.

너무 잘 속지 마라. │ 사람들이 말하는 것을 당연하게 생각할 만큼 너무 잘 속지 마라. 대부분의 사람들은 악의 없는 거짓말을 한다. 어떤 사람들은 아주 속이 검고 더러우며 어두운 거짓말들을 한다. 아주 약간의 의심은 아주 좋은 도움이 된다.

배수의 진을 치지 마라. │ 당신이 원하는 것을 얻기 전에는 빠져나갈 여지를 없애지 마라. 한때 나는 너무나 화가 나고 답답해서 여행 부서의 책임자에게 아주 불쾌한 쪽지를 보낸 적이 있다. 그 쪽지는 나의 일정을 담당하던 바로 그 사람을 화나게 만들었고, 결국 몇 달 후 나는 최악의 비행기를 탔고 형편없는 호텔에서 묵을 수밖에 없었다.

움직이는 사람이 호출을 받는다. │ 시트콤 사인펠드(Seinfeld)의 조지 코스탄자(George Costanza)가 모욕적인 언사에 완벽한 대답을 생각해 냈을 때를 기억하라. 그러나 조지는 차에 타기 전에 그 말을 생각해 내지 못했다. 그는 자신의 완벽한 답을 얻기 위해 믿을 수 없을 만큼 먼 길을 갔다. 문제를 먼저 예상하지 마라. 그 문제들에 대비하지 마라. 자신에게 어려움을 스스로 먼저 가져오지 마라.

분노를 품고 있으면 당신의 정신적 활력과 창조력이 소멸된다. │ 분노가 당신을 괴롭히도록 내버려 두지 마라. 분노가 흘러가게 만들든지 아니면 아예 상관하지 마라. 그렇지만 분노에 당신이 탈진되지 않도록 하라.

일단 밖으로 나오라. │ 당신에게 성급한 사람이라는 딱지를 붙일 수 있는 당신의 고객, 동료 또는 다른 사람들 앞에서 분노를 터뜨리지 마라. 마음을 가라앉힐 수 있는 시간을 가져라. 10까지 또는 10,000까지 세어라. 문제가 있는 사람들과는 가능한 때 언제든지 개인적으로 상대하라.

팀워크가 성공의 용광로이다

한 곳에 당신의 노력을 모두 쏟아 붓지 마라. | 만일 당신이 고객이 한 명밖에 없고, 그와 불화가 있다면 당신은 어떻게 해야 할까?

모든 사람을 만족시킬 수는 없다. | 다른 사람들이 어떻게 생각할지에 대해 너무 신경 쓰는 일은 이제 그만 하라. 만일 당신이 아이디어 맨이라면 어떤 사람들은 당신과 당신의 아이디어를 공격하려 할 것이다. 이런 사람들은 당신에게 당신의 아이디어를 방어할 기회를 주는 것이다. 비록 당신이 논쟁에서 지게 되더라도 이는 아주 훌륭한 창조력 향상의 기회이다. 그들에게 감사하라.

사람이 아니라 문제를 공격하라. | 감정을 배제하고 사실만을 다루라. 논리와 근거를 사용하라.

그들이 얼굴을 찌푸리지 않도록 하라. | 그들이 쉽게 빠져나갈 수 있는 기회를 주라. 어떠한 일로도 사람들을 창피하게 만들지 마라.

사람들이 자랑스러워할 수 있는 평판을 하라. | 버지니아 주의 한 DMV (Department of Motor Vehicles, 차량국)는 여러 나라 언어로 "감사합니다."라는 문구를 적은 감사 통지문을 사용하고 있다. 그들은 또한 감사를 전하는 '브라보 카드'를 사용한다. 이 카드에는 "빠른 응답에 감사합니다." 또는 "오늘을 최고의 날로 만들어 주었습니다."와 같은 항목과 여기에 체크할 수 있는 네모가 그려져 있다. 당신이 다른 사람에 대한 칭찬을 게시할 수 있는 '칭찬 게시판'을 만들어 다른 사람이 잘 볼 수 있는 곳에 붙여 놓아라.

당신과 싸울 상대를 신중히 고르라. | 싸움을 시작해서 상대를 때리기 전에 신중하게 결과를 재 보라.

당신의 분노를 다른 방향으로 발산하라. | 분노를 긍정적인 방향으로 발산하라. 분노를 억제해서 어떤 육체적인 면으로 사용하라. 사무실을 청소하거나 달리기를 하러 나가라.

고객이 항상 옳은 것은 아니다. | 남을 매도하는 고객의 말을 참고 있을 필요는 없다. 그들과 맞서라. 당신을 괴롭히는 사람은 당신이 맞서면 바로 꼬리를 내릴 것이다.

글로 써라. │ 왜 당신이 화가 났는지 정확하게 글로 써라. 당신을 화나게 만든 사람이 어떻게 했으면 좋겠는지 상세하게 그림도 그려라. 그러고 나서 그 종이를 찢어 버리고 심호흡을 한 후 일을 계속하라.

원수를 사랑하라. │ 캐런 샐만손의 책『전문 개 훈련사들의 비법을 사용하여 21일 안에 당신의 남자가 얌전히 굴도록 하는 방법』(*How to Make Your Man Behave in 21 Days or Less, Using the Secrets of Professional Dog Trainers*)에서 그녀는 당신이 원하는 방식으로 사람들이 행동하도록 하는 데 있어 동정심의 위력을 설명하고 있다.

"개, 남자, 아이는 따뜻한 사랑의 관계가 확고할 때 보다 잘 행동하려고 한다. 고객이나 동료 직원들도 마찬가지다."

사람들은 욕먹을 때보다는 긍정적인 격려에 더 잘 감동한다. 그들에게 과자를 던져 주라. 그렇지만 과자로 그들의 머리를 치지는 마라.

남의 탓을 하지 마라. │ 그것은 당신의 잘못이다.

사람들과 상의하라. │ 그들에게 영향을 주는 주요한 결정을 하기 전 사람들과 상의한다.

그들의 입장에서 생각하라. │ 그리고 왜 그들이 그런 일을 하는지 생각해 보라. 그들의 나쁜 행동을 쉽게 잊어버려라. 그들이 무엇을 원하는지 알아내라. 그들을 이해하려고 하고 그들이 당신을 이해하도록 하라.

결국에는 이 모든 것들은 한 가지로 요약된다. 당신은 사람들을 바꿀 수 없다. 그러므로 기분 나쁜 소리를 얼마만큼이나 참을 수 있을 것인지 한계를 정해야 한다. 그리고 당신이 다른 사람에게 어느 정도까지 기분 나쁜 소리를 할 것인지 한계도 정하라. 이는 단순히 사업상의 충고가 아니다. 인생의 충고이다.

팀워크가 성공의 용광로이다

정반대 성격의 매력

관계를 즐길 수 있게 만드는 것은 공통점들이지만 관계를 흥미롭게 만드는 것은 작은 차이점들이다.

| 토드 루스먼(Todd Ruthman)

상대하기 어려운 사람들의 유형 중에 당신이 피해서는 안 될 뿐 아니라 기꺼이 받아들여야만 하는 사람들이 있다. 그들은 당신에게 필요한 인생의 중요한 요소를 더해 준다. 비록 그것이 항상 편안하지는 않지만 말이다. 당신과 반대 성격의 사람들—그들은 보통 당신의 가장 친한 친구, 당신이 좋아하는 고객, 당신의 가장 엄했던 선생님들이다. 그들은 당신과 조화를 이뤘던 것이다. 이 이끌림은 본능적인 것이다.

자연은 사물들이 조화를 이루도록 하는 경향이 있다. 만약에 지저분하고 정리를 하지 못하는 두 사람이 같이 다니게 되면 둘 중 한 사람은 깔끔하고 정리 잘하며 책임감 있는 사람의 역할을 하게 된다. 우스꽝스럽고 즉흥적이며 '일단 놀고 나중에 치우자'는 식의 사람이 단정하고 정리를 잘하면서 아주 체계가 잡힌 사람을 만나는 것은 아주 위험한 조합이기는 하지만 불을 당기지 않으면 위험하지 않다. 잡동사니를 모아 두는 사람은 거의 항상 단정한 사람을 즐겁게 한다. 이것은 바로 우리가 우리 물건들에 묻혀 버리는 것을 방지하기 위한 자연의 방식인 것이다. 싸우려 들지 말고 이에 대해 감사하도록 하라.

개방적인 마음 자세를 가지고 긍정적인 태도를 취하라. 그러면 거의 대부분의 관계가 유지될 것이다. 그것도 잘 유지될 것이다.

우리와 정반대인 사람들은 때때로 감정도 없고, 딱딱하고, 논리적이며, 통제적이고, 책임감이 있고, 세부 사항에 집중하고, 둔감하며, 항상 절제하는 것처럼 보인다. 이 말을 긍정적으로 해석하면 안정적이고 책임감이 있으며, 성숙하다는 것이다.

우리와 정반대인 사람들은 우리를 부주의하고, 주의력이 없으며, 예측 불가능하고, 의지할 수 없고, 충동적이고, 감정적이며, 산만하고, 지저분하고, 비합리적, 비논리적인데다가 참을성이 없는 사람이라고 생각할 수 있다. 이 말을 긍정적으로 해석하면 용감하고 흥미로우며 재미있다는 것이다.

지금까지 나열한 성격들을 혼합하면 아주 훌륭한 성격의 혼합이 된다. 당신이 반대 스타일의 사람과 팀을 이루게 되면, 당신은 보다 넓은 관점을 가지게 되며, 보다 균형이 잡히고, 또 종종 훨씬 더 나은 성과를 얻을 수 있다.

반대 성격의 사람과 함께 일하기

내가 조앤 크로포드(Joan Crawford)와 함께 보낸 시간 중 가장 좋았던 시간은 바로 "베이비 제인에게 무슨 일이 일어났나"(Whatever Happened to Baby Jane)에서 내가 그녀를 계단에서 밀어 버렸던 때였다.

| 베티 데이비스(Bette Davis)

반대 스타일의 사람과 일하는 것은 이득이 될 수도 있고, 극도로 스트레스를 주거나 답답한 일이 될 수도 있다. 어떤 사람들은 의견 충돌을 너무 많이 일으키기도 하고, 어떤 사람들은 인간관계를 유지하는 데 필요한 융통성이 없기도 하다. 당신에게 꼬치꼬치 참견하는 상사는 아주 좋은 예이다. 왜냐 하면 당신이 무슨 일을 하는지를 모르고, 당신이 어떻게 그 일을 하는지 이해하지 못하기 때문이다. 개념화할 시간도 없이 당신에게 비현실적인 데드라인을 주는 상사나, 당신에게 맞지도 않는 불필요한 업무를 주면서 꼼짝 못 하게 하는 상사들은 당신의 생산성을 저하시키고 창조력을 저해할 것이다.

"나의 시간 관리 기술은 아주 좋습니다. 나의 상사들은 시간 관리를 너무 못 하기 때문에 내가 항상 그 대가를 치러야 합니다. 모든 것이 항상 마지막 순간에 임박한 일이거나 긴급한 일이죠. 계획이란 절대 없습니다. 그렇지 않고 내가 맡은 일을 하려면 그들이 자신들의 맡은 부분을 끝낼 때까지 기다려야만 하죠. 그럼 나는 할 일이 없다가 갑자기 모든 일이 한꺼번에 쏟아집니다."

이런 말은 아주 흔한 불평이다. 창조적인 사람들은 보통 프로젝트 완성 목록에서 마지막 부분의 일을 담당한다. 만일 재료를 구하거나 당신에게 정보를 구해 주어야 하는 사람들이 일을 늦게 하면, 당신은 시간이 촉박해지게 된다. 상사가 일에 개입해서 당신이 주의 깊게 정리해 놓은 일을 모두 바꿔 버릴 때도 마찬가지이다. 소규모 기업의 경우에 이런 일은 바로 당신이 밤을 새서 일해야 한다는 것을 의미한다. 그렇지만, 대기업의 경우에는 업무의 틀이 너무도 잘 짜여져 있으므로 기한을 연장하거나, 인력을 늘리고 추가 비용을 청구한다. 이런 대기업의 방식을 취하는 것을 두려워할 필요가 없다.

만일 당신의 일을 제대로 하는 데 시간과 싸워야 한다면 시간을 얻기 위해 싸우거나 스트레스로 인한 육체적, 정신적 피해를 감수하든지 해야 한다. 만일 싸울 수 없거나 싸움에서 진다면 다른 고객, 다른 직업, 또는 당신의 회사 내의 다른 부서 상사를 찾아보아야 한다.

다음은 사업을 하면서 효과적으로 인간관계를 맺기 위한 충고들이다.

명확히 하라. │ 당신이 무엇을 가장 잘하는지, 그 일을 하는 데 시간이 얼마나 필요한지 명확하게 해야 한다. 좀 더 많은 시간과 좀 더 많은 자율성을 요구하라.

의견을 요구하라. │ 명확한 지침도 요구하라. 그들에게 문서를 제출하고 승인을 받아라.

당신의 직무 내용 설명서를 작성하라. │ 당신의 상사에게 당신의 직무 내용 설명서를 써 달라고 하라. 그리고 당신이 쓴 것과 상사가 쓴 것을 교환하여 차이점을 의논하고 함께 현실성 있는 직무 내용 설명서를 작성하라.

당신 상사의 의견을 존중하라. | 그의 견해도 존중하라. 그들이 일하는 방식을 이해하기 전에는 어떤 일을 바꾸려고 하지 마라.

자원하지 마라. | 당신을 감동시키지 못하는 일에는 자원하지 마라. 당신의 재능에 적합한 프로젝트나 당신이 이미 참여하고 있는 프로젝트의 완성을 위한 프로젝트라면 가능한 때는 언제라도 자원해서 상사를 도와주라.

융통성을 가져라. | 데드라인과 수요는 바뀌게 마련이다. 어떤 일이 완료될 때까지 한 번에 한 가지 일만 하기는 힘들다. 여러 가지 일을 함께 다루는 방법을 배워라. 당신도 아마 즐기게 될 것이다.

의견 교환을 하라. | 상사 또는 당신의 윗자리에 있는 사람들과 대화하라. 그럼 적어도 당신의 책상에 일이 떨어지기 전에 그 프로젝트의 개요라도 알 수 있게 된다. 그런 방식으로 당신은 일을 시작하기 전에 미리 개념화 작업을 할 수 있다. 이 시간이 당신이 얻을 수 있는 유일한 시간이 될 것이다.

프로에게 묻는다

셰리 랜싱(SHERRY LANSING)

셰리 랜싱은 파라마운트 영화사의 회장으로 "포레스트 검프"(Forrest Gump), "긴급 명령"(Clear and Present Danger), "브레이브 하트"(Braveheart)와 같은 영화들을 제작하였다. 남성이 지배적인 업계에서 권력을 얻기 위해 그녀는 자신의 조용한 힘을 사용하였다.

"거칠지 않고도 강할 수 있습니다. 내가 인생에서 발견한 것은 대부분의

> 사람들은 당신이 자신에게 진실을 말해 주기를 원한다는 것입니다. 그들은 당신이 그들의 면전에 대고 "No"라고 말하면 이를 받아들일 수 있습니다. 고통스러운 것은 바로 당신이 사람들에게 진실을 말하지 않을 때입니다."

팀워크는 성공한다

좋은 배우들과 능력 있는 감독과 좋은 연극을 제작하게 되면 구성원들 간에 공통된 목표 의식을 공유하는 동료애가 형성된다.

| 아서 밀러(Arthur Miller)

TEAM(팀)은 'Together Everyone Achieve More'(모두가 함께 좀 더 많은 것을 성취한다)라는 의미이다. 팀의 구성원이 모두 그들이 해야 할 일을 하고, 서로가 공동의 목표를 향해 이끌어 준다면 팀은 개개인의 능력보다 훨씬 더 많은 성과를 올릴 수 있다. 당신 주변의 사람들과 서로 가진 자원을 모아 정복하는 것이다.

타격상을 일곱 차례나 받은 토니 그윈(Tony Gwynn)은 팀 내에서 자신의 역할이 무엇인지를 알고 있다.

"저는 저 자신 그대로 있으려고 노력합니다. 그리고 제가 할 수 있는 일에 집중하죠. 제가 어떻게 해야 한다고 다른 사람들이 생각하는 것에는 신경 쓰지 않습니다. 저의 특기는 배트로 공을 맞추어 경기를 하는 것이죠. 바로 이것이 팀 내에서 저의 역할입니다. 나에겐 이것이 바로 내가 할 수 있는 최선이죠. 모든 출전 선수가 자신의 일을 한다면 팀에 이득이 됩니다."

나는 믿을 만한 업체나 전문가로 팀을 만들고 일정 기간 동안 시간 절약 서비스를 제공했다. 다른 팀들과 마찬가지로 당신은 팀 구성원들의 기여도가 있건 없건 그에 따라 그들을 교환하고 해고하며 고용할 수 있다. 당신의 팀 구성원의 명단을 만드는 것으로 시작하라. 각각의 이름 옆에 그들의 강점이 무엇인지 적어라.

가장 이상적인 팀의 크기는 5~10명 정도로 최대 12명이다. 조화로운 팀은 지도자, 혁신가나 창조적인 사람, 전사와 자극을 주는 사람(전투 시에 함께 가고 싶은 사람), 성실한 일꾼(헌신적으로 해야 할 일을 하는 사람), 슈퍼스타(재능이나 기술이 필요하다), 그리고 전문가나 후보 선수(특별한 필요를 충족시키기 위해 영입할 수 있는 사람)로 구성된다.

함께 일하는 팀들은 똘똘 뭉쳐서 행동한다. 너무 사업적으로만 행동하지 마라. 우리는 모두 우리가 좋아하고, 존경하며, 함께 있는 것이 즐거운 사람들을 위해서는 더욱 열심히 일한다.

왜 위임을 해야 하지? 당신이 할 수 있으니까

우리들 중 누구도 우리 모두만큼 똑똑하지 않다.

| 켄 블랜차드(Ken Blanchard)

등산과 캠핑용품 전문 회사인 어드벤처 16(Adventure 16)의 창설자이자 사장인 믹 미드(Mic Mead)는 이렇게 말했다.

"만일 성공에 중요한 열쇠가 있다고 한다면 저는 그것을 권한의 위임이라고 생각합니다. 찾을 수 있는 한 가장 좋은 사람을 고용하고, 능력에 맞게 대우하며, 그들을 신뢰해야 합니다."

그는 나에게 자신이 회사의 모든 직책을 담당해 보았으며, 또 담당할 수 있지만, 항상 자기 자신보다도 훨씬 더 그 일을 잘할 수 있는 사람을 찾을 수 있었다고 설명했다.

"CEO로서 제가 진짜로 담당하고 있는 기능은 모든 사람이 비전에 집중하도록 해 주는 것이지요."

시간은 돈이다

나는 종종 낙원에 살고 있는 사람은 어디로 휴가를 갈까 궁금하게 생각해 왔다. 마우이 섬에 살고 있는 가까운 친구가 한 도시를 방문하게 되었다. 그가 탄 비행기는 한밤중에 도착했다. 내가 마우이에 갈 때마다 그는 항상 카홀루이공항으로 나를 마중 나왔다. 내가 그의 호의에 보답하고 싶은 만큼이나 하와이 시간에 맞추는 것은 힘들었다. 그래서 내 차로 가는 대신 나는 친구를 태우고 올 셔틀을 예약하고 그 값을 지불하기로 하였다. 사실 셔틀을 예약하는 데 20달러가 들었는데 이는 사실상 돈이 덜 드는 것이었다. 나는 머릿속으로 계산을 했다. 공항에 가려면 적어도 두 시간은 들 것이고 그럼 나의 한 시간이 10달러보다 더 가치가 있는 것일까? 나는 그렇게 생각한다.

사람들에게 큰 과제를 주기 전 작은 과제를 주어서 시험해 보라. 연구조사를 하고, 추천을 받고, 경영개선협회(Better Business Bureau)에 확인해 보고, 그들을 면접하고, 배경 조사를 하며, 마지막으로는 당신의 본능을 믿어라. 이렇게 시간과 에너지를 투자하는 것을 통해 장기적으로 당신의 시간을 훨씬 더 많이 절약할 수 있고 아주 많은 재난을 피할 수 있다고 생각해야 한다.

일을 위임할 것이냐 말 것이냐 – 그것은 문제가 아니다

사람은 자신의 한계를 알아야만 한다.

| 더티 해리(Dirty Harry)

당신은 자신도 모르는 사이에 항상 일을 위임하면서 살아간다. 외식을 하러 나가면 요리사는 당신을 위해 요리한다. 당신이 택시를 타면 다른 사람이 당신을 위해서 운전을 한다. 비행기를 타면 다른 누군가가 당신을 위해서 비행기를 운항한다. 그리고 당신이 이 모든 일을 하면서 돌아다니

는 동안 누군가가 당신을 위해 당신의 아이들을 돌보아준다. 그렇다. 당신의 인생을 조절하기 위해 일부 통제권을 포기하는 것은 그렇게 어려운 일은 아니다.

성공적인 사람들은 일을 어떻게 위임하고 협력할 것인지를 배운다. 결국 당신도 그렇게 해야만 한다. 델(Dell) 컴퓨터의 창립자이자 CEO인 마이클 델(Michael Dell)은 작은 벤처 기업의 우두머리에서 대기업의 CEO로 변신해야만 했다. 이전의 컴퓨터 도사는 1984년 대학에 다니는 동안 설립한 회사를 계속 운영하면서 영리하게 유행을 알아차리고 새로운 기술을 개발할 수 있는 자신의 강점에 초점을 맞추었다. 그리고 그는 세부 사항을 살피거나 매일의 운영에 세세히 신경을 쓰지 못하는 자신의 약점을 보완하기 위해 컴퓨터 업계의 중역들을 고용하였다.

지미 버펫과 그의 밴드인 The Coral Reefers는 매년 여름 전국 투어에서 수십만의 팬들 앞에서 연주를 한다. 지미는 스테이션왜건을 타고 혼자서 전국 투어를 떠난 적이 있다. 그는 모든 예약을 스스로 했고, 모든 연주회 일정을 혼자서 짜며, 계약 사항을 협상하고, 게다가 연주까지 해야 했다. 그는 한 인터뷰에서 이렇게 말했다.

"내가 배운 가장 첫번째 교훈은 의지할 수 있는 사람을 찾아서 그들이 나를 위해 일하도록 하고, 절대로 모든 일을 혼자 하려 해서는 안 된다는 것입니다."

창조적인 사람들은 사실 선천적인 팀 플레이어는 아니다. 그렇지만 어떻게든 밴드에서 연주하는 방법이나 연극에서 출연 배우가 되는 방법, 창조적인 팀에 참여하는 방법을 배우게 된다. 예술가, 대리인, 스튜디오 엔지니어링과 같은 거의 모든 창조적인 작업은 팀으로서의 노력을 필요로 한다. 창조적인 사람이 팀이라는 개념을 더 많이 이해하고 받아들일수록 그 또는 그녀는 더욱 발전할 수 있고 더욱 성공할 수 있다.

다른 사람들은 남을 도와주고 기여하며 도전 받기를 원한다. 그렇지만 당신은 바로 모든 일에 혼자 맞서 싸워야 하는 '외로운 보안관(Lone Ranger)'

정신을 지녔고 당신은 이를 자랑스러워한다.

"저는 모든 것은 스스로 하는 그런 사람입니다. 복사기가 고장 나면 제 비서는 수리공을 부르려 하지만 저는 비서에게 저를 부르라고 말하죠."

만일 통제권을 포기하는 것이 어렵다면 팀 리더가 되는 임시적인 업무를 맡을 수도 있다. 야구단 매니저 케이시 스텐겔(Casey Stengel)은 이렇게 말했다.

"능력이란 다른 사람이 친 모든 홈런에 대한 명성을 자신이 받는 기술이다."

기억해야 할 것은 리더가 된다는 것은 임시적인 업무이며 꼭 당신에게 맞는 일이 아닐 수도 있다는 사실이다.

위임에 관한 환상

세상은 기꺼이 무엇인가를 하려는 사람들로 가득하다. 어떤 사람들은 기꺼이 일하려 하고, 나머지는 기꺼이 그들이 일하도록 해 준다.

| 로버트 프로스트(Robert Frost)

'위임한다' 라는 것은 '다른 사람에게 믿고 맡긴다' 는 뜻이다. '효율'을 대충 해석하면 '당신이 싫어하는 일을 다른 사람이 하도록 하는 것'이라고 할 수 있다. 이 두 가지는 모두 실천하기 쉽지 않은 것이다. 그 이유 중 일부는 당신은 위임한다는 것에 대해 자신만의 정의를 가지고 있기 때문이다. 때때로 당신은 위임할 사람을 찾거나 관리하는 방법을 모른다.

그러면 위임에 대한 큰 환상들을 알아보고 이 환상을 모두 깨 버려라.

환상: 내가 그 일을 하는 것이 더 쉬웠을 것이다.

실상: 맞는 사람에게 그 일을 주고 제대로 설명을 해 줬다면 그렇지 않다. 게다가 당신이 모든 일을 스스로 하려 한다면 당신은 자신의 창조력의 성장을 방해하고 거기에 다른 사람들의 성장 또한 방해한다.

환상: 당신의 높은 기준에 비추어 제대로 그 일이 되지 않을 것이다.

실상: 제대로 되는 것과 그리고 다르게 되는 것이 있다. 당신이 다른 사람들에게 기회를 준다면 다른 사람들도 할 수 있다는 사실을 알고 놀라게 될 것이다. 아마도 그들은 당신이 생각하지도 못했던 신선한 방식이나 혁신적인 방법을 가지고 있을 수도 있다. 당신의 방법만이 유일한 방법은 아니다. 그러니 그대로 지켜보라.

환상: 나 말고는 그 일을 할 수 있는 사람이 없다.

실상: 아마도 당신은 이렇게 생각하고 있을 것이다. 필요한 사람은 아무도 없다. 그리고 당신이 모든 일을 해야 당신이 필요한 사람이 된다고 생각한다면 당신이 틀렸다. 모든 일을 혼자서 하는 것은 당신을 피곤하게 만들 뿐이며 괴팍하게 만들고 결국에는 당신을 불평분자로 만들어 버린다. 그렇게 되면 사람들은 당신을 대신할 사람을 찾고 싶어한다.

환상: 내가 일을 사람들에게 떠맡겨 버리면 그들은 나를 싫어할 것이다.

실상: 무엇보다도 일을 떠넘겨 버리지 마라. 가르쳐 주고 알려 주고 그들을 독려하라. 사람들은 공헌하기를 원하고, 무언가의 일부가 되기를 바라며, 자신들이 필요하다는 느낌과 배우기를 원한다. 그리고 다른 사람이 발전할 수 있도록 도와주고, 그들에게 일을 주고 당신으로부터 배울 수 있는 기회를 줌으로써 당신도 배우고 발전할 수 있다. 당신은 또한 매일의 일을 해 나가는 것을 도와주게 될 제자도 얻을 수 있다.

환상: 내가 모든 일을 해야만 한다. 그렇지 않으면 사람들은 내가 게으르거나 능력이 없는 것으로 생각할 것이다.

실상: 사람들은 어쨌든 그렇게 생각할 것이다. 농담이다. 모든 것을 당신 혼자서 할 수 없다는 것은 약하다는 신호가 아니다. 이는 지혜가 있다는 신호이다. 당신이 당신의 시간을 가치 있게 생각한다면 다른 사람들도 그럴 것이다.

환상: 내가 직원들보다 더 열심히 일하는 것을 보면 내 직원들은 나를 존경할 것이다.

팀워크가 성공의 용광로이다

더 오래 일하고 소소한 일에까지 내가 간섭을 한다.

실상: 당신의 직책에 대한 불안함을 보여 주는 것이다. 당신은 다른 사람들이 자신을 좋아해 주기를 바라지만 그 과정에서 존경심을 잃게 된다. 결국 당신은 새로운 시장을 개발하거나 새로운 제품을 만들어 내는 일과 같이 더 중요한 일을 못 하게 될 수도 있다. 당신이 관리자라면 관리자가 되어야지 추앙 받는 일꾼이 되어서는 안 된다.

환상: 내가 그 일을 하는 것을 즐긴다면 계속 내가 해야만 한다.

실상: 당신은 아마도 약간 재미는 있지만 실제 중요하진 않은 일을 계속함으로써 더 높은 보수를 받는 업무를 무시하는 것일 수도 있다. 사실 우리는 모두 생각 없이 일할 수 있고 익숙하며 끝내기 쉬운 일에서 오는 성취감을 즐긴다. 그렇지만 장기적으로 볼 때 당신은 시간을 낭비하는 것이다.

위임하는 부분이 나의 가장 약한 부분이라는 것을 나도 인정해야만 한다. 나는 왜 나 자신이 통제권을 포기하길 주저하는지 아주 깊이 헤아려 보았다. 나는 내가 자랄 때 다음과 같이 배웠기 때문이라는 것을 알았다.

"어떤 일을 해야만 한다면, 그것은 나에게 달려 있다."

"일을 제대로 하려면 스스로 해야 한다."

"모든 책임은 내가 진다."

 실천 사항

일상적으로 하루에 당신이 하는 모든 일을 적어 보라. 그리고 객관적으로 목록을 살펴보고 다음의 질문에 답해 보라.

• 내가 오늘 한 일들 중에 얼마나 많은 일을 다른 사람에게 위임해야 하는가?

• 왜 나는 이 모든 일을 스스로 하려고 결심했는가? 이 일상의 타성을 극복하기 위해 내가 할 수 있는 일은 무엇인가?

 추가 실천 사항

1. 자신을 위해 일하든지 다른 사람을 위해 일하든지 자신을 위한 직무 내용 설명서를 작성해 보라.

2. 자신이 가장 잘하는 일이 무엇인지 알아보라. 자신의 강점 리스트를 만들어라.

3. 자신의 약점이 무엇인지 알아보라. 그 약점을 인정하는 것을 두려워하지 마라.

4. 당신의 직원들, 당신이 고용할 수 있는 프리랜서, 당신의 팀과 같이 주변 사람들의 강점을 적어 보라.

5. 하루에 자신이 하는 모든 일의 목록을 만들어라. 무엇을 다른 사람에게 위임할 수 있고, 위임해야만 하는가? 그리고 누구에게 위임해야 하는가?

6. 당신이 정말로 하기 싫어하는 일, 그리고 가장 만족감이 적은 일들의 목록을 만들어라.

7. 하루의 절반만 일할 수 있다면 어떤 일을 해야만 하는가? 어떤 일을 하고 싶은가? 그리고 어떤 일을 위임하겠는가?

8. 당신이 계속해서 미루는 일은 무엇인가? 당신이 스스로 하지 않을, 스스로 할 수 없는 일은 무엇인가?

9. 내 친구 중 한 사람은 책상 서랍 안에 그의 GAG(Go Away or Get Help-없어져 또는 도와줘) 파일을 넣어 둔다. 그 파일 안에는 그가 하고 싶지 않은 일, 또는 그가 자신의 직원들에게 주어야 할 일들을 모아 둔다. 어떤 일들은 정말 당장 할 필요가 없기 때문에 파일 안에 그냥 보관해 두기도 한다. 당신에게 당장 필요하지 않은 일은 무엇인가?

그럼, 누구에게 위임할 것인가

당신을 위해 누군가 해 줄 수 있는 일은 어떤 것도 하지 마라.

| 빌 매리오트 1세(Bill Marriott Sr.)

왜 기르는 개가 있는데 당신이 짖는가? 당신은 다음과 같은 때에 누군가에게 일을 위임해야 한다.

- 당신이 지쳐 있고 모든 것을 끝낼 수 없을 때.
- 당신이 아이디어를, 그것도 아주 많이 생각해 낼 수 있지만 그 후속 작업은 절대로 제대로 할 수 없을 때, 당신은 시작하는 사람이므로 누군가 마무리해 주는 사람이 필요하다.
- 다른 사람이 4시간 안에 할 수 있는 일을 당신이 하는 데는 8시간이 걸릴 때.

누구에게 위임할 수 있을 것인가? 누구나 조수가 있는 것은 아니며 만약에 비서진이 있다고 하더라도 항상 시간이 있거나 협조적인 것은 아니다. 여기에서 다시 당신의 창조력을 발휘해야 한다.

당신이 손을 털면서 "관두겠어요!"라고 말할 준비가 되어 있다면 아마도 전문적인 도움이 필요한 시기일 것이다. 임시 직원, 프리랜서, 컨설턴트 또는 인턴을 고용할지를 고려해 보라. 이런 옵션들은 직원을 더 채용하는 것보다 비용 면에서도 값싸고 덜 복잡하다.

당신에게 도움을 줄 사람을 고용할 때는 그들을 꼼꼼히 살펴보라. 추천인에게 전화를 해 보라. 그리고 당신이 원하는 것을 명확하게 밝히고 두 사람이 모두 데드라인, 임금, 그리고 기대하고 있는 결과에 대해 합의하도록 하라. 이 합의 사항은 서면으로 작성하도록 하라. 비록 바텐더를 고용하는 일이라도 말이다.

처음 업무를 받거나 프로젝트를 시작하게 되면 누가 도와줄 수 있는지를 자신에게 물어보라. 당신 주변에 있는 사람들이 무슨 일을 할 수 있는지, 어떤 일을 가장 잘하는지 알아야 한다. 이런 사람들을 쓸모 있는 곳에 사용하도록 하라. 모든 사람들은 자신만의 강점을 가지고 있다.

헨리 포드(Henry Ford)는 별로 달갑지 않은 과제를 다른 사람에게 위임하고 싶을 때 특이한 철학을 가지고 있었다. 그는 자신이 보기에 가장 게으른 사람에게 그 일을 주는 것이다. 그의 이론은 바로 그 게으른 직원이 하루나 이틀이면 그 일을 할 수 있는 빠르고 쉬운 방법을 찾아낼 수 있을 것이라는 것이었다.

일을 위임할 사람을 선택할 때는 다음의 힌트를 염두에 두도록 하라.

임무와 그 사람의 강점을 맞추어라.

도와주겠다는 제안을 받아들여라. | 비록 그 제안이 오래 전에 이뤄진 것이라도 이용한다.

그 일을 더 잘, 더 빨리, 더 세심하게 할 수 있는 사람을 찾아라. | 아니면 적어도 세심하게 일을 할 수 있는 시간이 더 많이 있는 사람을 찾아라.

자원 봉사자를 찾아라. | 이 사람들은 보통 적어도 짧은 기간 동안은 더 의욕적이다.

가족들이 집안일을 돕도록 하라. | 만일 데드라인이 코앞이고 하루 종일 일해야 할 때 말끔하게 청소된 집으로 돌아와 식사가 준비된 식탁에 앉을 수 있다면 아주 좋을 것이다.

도움을 요청하라. | 사람들은 당신이 도움이 필요하다는 사실을 정말로 모를 수 있다.

다른 사람들이 그 일을 당신을 위해 하도록 하는 방법

사람의 선한 본성에 절대로 호소하지 마라. 그 사람에게 선한 본성이 없을 수도 있으니까. 항상 그 사람의 사리사욕에 호소하라.

| 라자러스 롱(Lazarus Long)

"멍청이들!"

이 말은 한 편집자가―물론 나의 편집자는 아니고―자신이 담당하는 작가들에 대해 나에게 이야기한 것이다. 그 편집자는 나에게 이렇게 말했다.

"왜 소소한 것을 꼭 나와 함께 확인해 봐야 한다고 생각하는 걸까요? 이런 속도라면 나도 내 책을 충분히 쓰겠더군요!"

조심스럽고 신중하게 나는 말했다.

"아마도 문제는 그들이 아니라 당신에게 있을지 몰라요."

내가 한 말의 의미를 설명하기도 전에 편집자는 깡마른 손가락으로 문을 가리키며 소리를 질렀다.

"나가요!"

나는 그 편집자가 이 장을 읽었으면 한다. 효과적으로 일을 위임하는 방법과 맞닥뜨릴지 모를 문제들이나 함정을 피하는 방법이 설명되어 있기 때문이다. 목표는 바로 당신은 별 힘 들이지 않고 다른 사람들이 당신을 위해 일하도록 하는 것이다.

윈―윈(win-win) **상황을 만들도록 노력하라.** | 당신을 돕는 일이 보람 있고 매력적인 경험이 되도록 하라. 지원과 칭찬은 아낌없이 해 주되 당신의 시간은 그렇게 하지 마라.

모든 사람은 자신만의 우주의 중심에 있다. | 그리고 자신만의 영화의 스타이다. 당신이 그들을 아무리 이타적이라고 여겨도 그들은 자신만의 할 일들이 있다. 당신은 그들에게 줄 일이 그들에게 혜택이 되도록 하는 방법을 찾아야만 한다.

그 일을 하고 싶어할 만한 이유를 주라. | 그 일이 그들에게 어떤 가치가 있는가? 그들에게 혜택과 보상을 주라. 이는 장기적인 것이 될 수도 있고, 단기적일 수도 있다. 금전적이거나 사회적이거나 개인적일 수도 있다. 한 가지 동기가 효과가 없으면 다른 동기를 찾아보라.

프로는 세상을 탓하지 않는다

각 사람에게 맞는 일을 주라. | 그들의 강점과 약점을 파악하고 그들의 강점에 맞는 과제를 주어야 한다. 좋은 관리자는 사람들이 스스로 성공할 수 있다고 확신할 수 있는 곳에 그들을 배치한다.

그 사람이 처음에 의견을 제시하도록 하라. | 그래서 그들이 주어진 일에 주인 의식을 갖도록 하라. 데일 카네기의 방법을 사용하라. 그들이 주어진 아이디어가 자신의 것이라고 믿게 될 때까지라도 관계없다.

주의 깊게 들어라. | 그늘이 과제를 이해했는지 확인하라. 그들이 다시 한 번 이야기하도록 해 보라. 그들이 그 자리에서 질문하도록 권유하라.

꼼꼼하고 명확한 언어를 사용하라. | '곧' '잘' '안전한' '최선을 다해' '비싼', 이런 애매한 단어는 피하라.

완전한 지침을 알려 주라. | 무엇이 언제 필요한지 아주 명확하게 이야기하라. 쉽게 찾아볼 수 있도록 이를 문서로 작성해서 그들이 계속 와서 질문하는 일이 없도록 하라. 당신이 원하는 것에 대한 실례를 알려 주라.

충분한 권한을 주라. | 그들이 그 과제를 완수할 수 있는 충분한 권한을 주라. 그들에게 필요한 수단과 물자도 제공하라.

꼬치꼬치 간섭하지 마라. | 손을 떼고 있어라. 그들이 문제를 스스로 해결하도록 하라. 그들은 이런 방식으로 새로운 것을 배운다. 만일 그들이 당신을 필요로 할 때 도움을 주도록 하라. 그들에게서 임무를 빼앗지 않도록 하라. 일을 하는 동안 생기는 몇 가지 실수는 용납하도록 하라.

위기에는 기꺼이 뛰어들어라. | 그렇지만 기억하라. 당신은 선수가 아니고 코치이다. 그들의 성공을 보는 것을 즐길 줄 알아야 한다. 당신이 유니폼을 입고 운동장으로 뛰어 들어가서는 안 된다.

열린 마음을 가져라. | 그들이 자신만의 방식으로 일하도록 하라. 그 과정에서 당신도 배우는 것이 있을 수 있다.

당신이 원하는 최종 결과물을 강조하라. | 그 결과물을 어떻게 얻을 것인가는 강조하지 마라. 존 F. 케네디(John F. Kennedy) 대통령은 "우리는 달에 갈 것이오. 당신이 책임자입니다."라고 말하고 어떻게 달에 갈 것인지는 한 마디

도 하지 않았다.

건설적인 비평을 하라. | 만일 당신이 극히 비판적인 사람이라면 그들은 겁에 질려 어떤 위험도 감수하려 하지 않을 것이며, 세세한 것까지 당신과 상의해야만 한다고 생각할 것이다. 그들을 격려하라. 명확하게 그들이 잘못했을 때 구체적으로 지적하고 어떻게 시정할 수 있는지 알려 주라.

그들의 진척 상황을 체크하라. | 달력에 일의 진척에 필요한 중요한 날짜를 표시해 놓고 확인해 나가라.

늦은 것보다는 이른 것이 낫다. | 그들에게 문제점은 너무 늦기 전에 빨리 보고하라고 부탁하라.

보상, 감사, 그리고 칭찬하라. | 그들이 당신을 위해 쏟은 노력에 대해 충분히 보상하고 감사하며 칭찬하라. 그들이 절약해 준 것은 바로 당신의 시간이다.

재미있는 면을 선전하라. | 당신이 어떤 과제나 프로젝트를 위임하든지 재미있는 면을 이야기하라. 레이더스(Raiders)의 전 수석 코치이자 경기장 아나운서인 존 메든(John Madden)은 일단 사람들은 비즈니스라는 말을 듣게 되면 재미는 없겠다는 것을 안다고 말한다. 당신의 창조적인 능력을 발휘해서 당신이 위임하는 과제의 재미를 찾아내라. 다만 그 과제를 다른 사람에게 위임하기에는 너무 재미있다고만 생각하지 마라.

 실천 사항

함께 일했던 상사/관리자 중 가장 좋은 사람은 누구였는가? 그들이 훌륭했던 이유는 무엇이었는가? 그들이 했던 것을 네 가지를 적어 보라.

> 우리가 성취했던 모든 것은 다른 사람들이 우리를 도와주었기 때문에 가능했다.
>
> | 월트 디즈니(Walt Disney)

내가 함께 일했던 최고의 상사/관리자는 몇 년 전 내가 뛰었던 야구단의 존스(Jones) 코치였다. 그는 선수들에게서 최고의 실력을 이끌어냈고, 나도 그와 운동할 때 최고의 기량을 보일 수 있었다. 우리는 사실 아주 훌륭한 선수는 없었지만 승승장구하는 팀이었다. 그는 어떻게 했을까?

- 그는 우리가 따를 만한 좋은 모범을 제시하였다. 그는 항상 운동장에 제일 처음 나와서 가장 마지막에 운동장을 떠나는 사람이었다. 그는 또한 훌륭한 야구 선수이기도 했다.
- 그는 성공할 수 있다고 확신한 곳에 사람들을 배치하였다. 그리고 물론 우리는 성공했다. 우리가 자신감에 차면 찰수록 우리의 경기 실력은 더욱 나아졌다.
- 그는 우리를 선수로서만이 아니라 인간으로서 아끼고 보살폈다.
- 그는 재미있고 가족적인 분위기를 만들었다.
- 그는 어떤 일이 있어도 우리를 믿었고 신뢰하였다.
- 그는 항상 활기차고 긍정적이며 선수들이 자긍심을 가질 수 있도록 칭찬을 해 주었다. 그가 다른 코치와 이야기하고 있는 동안 우리가 그 옆을 지나가면 그는 내가 들을 수 있을 정도의 큰 소리로 "저기 우리 팀 최고의 투수가 지나가는군!"이라고 말하곤 했다.
- 그는 선수들을 책망할 때에는 절대로 다른 사람들 앞이 아니라 몰래 책망하였다.
- 그는 공정했고, 팀 선수들을 스타건 후보건 상관없이 공평하게 대했다.
- 그는 선수가 스스로 그만두고 싶어할 때에도 그 선수를 포기하지 않았다.
- 그는 선수들의 진척 상황을 확인하고 고칠 점이 있으면 도와주었다.
- 그는 우리들에게 의견을 물어보고 그 의견을 경청했다.
- 그는 선수들이 실수를 해도 참고 이해해 주었다.

• 그는 우리가 이기는 데 필요한 수단과 물자를 제공해 주었다.

사람들에게 동기를 주는 것

당신이 다른 사람들이 했으면 하는 일을 그들이 하도록 하려면 그들의 눈으로 사물을 보도록 해야 한다.

| 데이비드 슈워츠(David Schwartz)

사람들이 어떤 일을 하게 하려면 열심히 노력해야 한다. 그들에게 동기를 주는 것이 무엇인지 알아야 하고 그것에 호소해야 한다. 사람들에게 동기를 주는 몇 가지를 들어 보겠다.

- 돈
- 인정
- 커리어에서의 승진
- 승리
- 팀의 일원이 되는 것
- 유용함
- 휴가
- 음식(절대로 이를 과소평가하지 말아야 한다.)
- 직업의 안정성
- 도전
- 책임감
- 성장
- 지식
- 편안함
- 존경

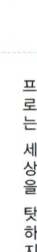

프로는 세상을 탓하지 않는다

네 가지를 더 생각해 보자.

회의, 회의, 그리고 또 회의

위원회란 의사록이나 쓰면서 시간을 허비하는 집단이다.

| 밀턴 베를(Milton Berle)

결국 이루어진 일보다는 탁상공론이 더 많았다는 것인가? 그렇다. 대부분의 회의는 결국 이렇게 끝나게 된다. 그럼 그 회의에 참석할 필요가 있을까? 내가 의미 없는 회의에서 얼마나 많은 시간을 허비했는지 말할 수 없다. 그래서 이제 나는 회의를 아주 신중히 선택해서 참석하고 다른 일들은 전화나 이메일로 해결하려고 한다. 화상회의도 비용과 시간이 많이 드는 비행기 여행을 절약할 수 있는 아주 좋은 방법이다. 어떤 회사는 회사 웹 사이트에 브레인스토밍을 위한 대화방을 개설하였다. 대화방으로 인해 사람들은 소소한 문제에 낭비하는 시간을 줄일 수 있었고, 본사 회의실까지 오가는 시간을 줄였으며, 모든 사람이 회의록을 인쇄해서 볼 수 있게 되었다.

많은 창조적인 사람들은 회의 의제가 자신을 속박하며 자발성을 저해한다고 생각한다. 나는 의제가 세세한 것까지 설명하는 것이 아니고 브레인스토밍의 여지를 담고 있는 한은 그렇지 않다고 생각한다. 의제는 다양한 유형의 사람들조차도 한 방향으로 이끌어 주며 함께 활동할 수 있도록 해 준다. 그리고 하찮은 일들을 논의하거나 핵심에 도달하는 데 낭비되는 시간을 줄여 주기도 한다.

창조적인 사람들은 좋은 정보를 나눌 수 있는 회의라면 좀 더 만족할 것이다. 반면 비창조적인 사람들은 오직 결과에만 관심을 둔다. 이러한 접근 방식들을 조화시키는 것이 바로 목적이다.

왜 회의를 소집하는가?

위원회는 한 사람으로 이루어졌을 때가 가장 좋다.

| 무명 씨

좋은 이유: 아이디어 브레인스토밍을 위해, 정보를 얻기 위해, 정보를 퍼뜨리기 위해, 결정을 내리기 위해, 결정에 대한 의견을 얻기 위해, 질문에 답하기 위해.

나쁜 이유: 사무실에서 벗어나고 싶을 때, 바빠 보이고 싶을 때.

회의를 활기차게 만들기 위한 이름표 게임

대체적으로 심각한 나는 열심히 일하지만 진짜 나는 즐긴다.

| 존 리드(John Reed)

데보라 샤우스(Deborah Shouse)의 『이름표 플러스 활용법』(Name Tags Plus)이라는 아주 좋은 책에 나와 있는 이름표 게임은 회의 참석자들이 서로를 잘 모를 때 긴장을 풀고 친밀해지기 위해 아주 좋은 방법이다.

1. 이름표에 자신에 관한 것을 세 가지 써라. 세 가지 중 하나는 틀린 것을 쓰고, 사람들에게 어떤 것이 틀렸는지 찾아보게 하라.
2. 이름표에 자신의 첫 직업에 관한 세 가지 힌트를 써라. 그리고 다른 사람들이 맞춰 보도록 하라.
3. 자신이 좋아하는 휴가지나 가 보고 싶은 곳을 써라.
4. 만일 백만 달러가 생기면 무엇을 하겠는가? 이름표에 쓴다.
5. 가장 좋아했던 해(또는 나이)를 쓰고 이유를 말하라.
6. 침대 옆 탁자에 놓아 둔 물건 세 가지를 써라.
7. 무인도에 갇히게 되면 어떤 음식/앨범/물건을 가져가겠는가?
8. 당신은 지금 열 살이고 집에 혼자 있다. 무엇을 먹겠는가?

9. 긴장을 풀기 위해 무엇을 하는가?

10. 가장 존경하는 인물 세 사람을 써라. 이유를 다른 사람과 나눠 볼 준비를 하라.

11. 당신의 인생에 관한 영화를 만들게 된다면 제목을 무엇으로 할 것인가? 당신의 역할을 맡기기 위해 어떤 배우를 캐스팅하겠는가?

12. 최근에 읽은 가장 감명 깊은 책과 영화를 써라.

13. 당신이 지금까지 받은 충고 중 가장 훌륭한 충고를 써라.

단체 회의를 가장 잘 활용하는 법

성공과 실패를 가르는 가장 중요한 경계는 세 단어로 표현될 수 있다.

"나는 시간이 없었어요."

| 로버트 헤이스팅즈(Robert Hastings)

- 준비하라. 미리 회의 의제 사본을 받아서 자신의 의제를 준비하라.

- 말로 표현되지 않은 것에 주의하라. 몸짓의 의미를 읽어라.

- 두서없이 말하지 않도록 주의하라. 옆길로 빗나가지 마라.

- 참여하라. 질문하라.

- 회의를 독점하지 마라. 자신의 이야기만 들어서는 많은 것을 배울 수 없다.

- 필기를 하되 간단히 하여라. 쓰는 데 너무 바빠서 다른 사람이 얘기하는 것을 듣지 못하는 일이 없도록 하라.

- 다른 사람의 이야기를 열심히 들어라. 그리고 끼어들지 마라.

- 회의에 일찍 가서 원하는 자리에 앉아라.

일 대 일 회의

창조력은 거의 모든 문제를 해결할 수 있다. 창조적인 행동, 독창성에 의한 관습의 파괴는 모든 것을 극복한다.

| 조지 로이스(George Lois)

사업을 하는 창조적인 사람으로서 당신은 고객과 일 대 일 회의를 자주 가지게 될 것이다. 두 사람 모두에게 회의가 생산적이고 시간을 아끼게 하는 방법을 몇 가지 소개하면 다음과 같다.

고객이 당신에게 오도록 하라. | 가능하다면 고객을 오도록 하면 이동 시간을 줄일 수 있다. 이렇게 되면 그냥 책상을 뒤져보기만 하면 되므로 당신은 중요한 사항을 잊어버리는 일도 없게 될 것이다.

알맞은 시간으로 정하라. | 만일 아침 일찍 일어나는 사람이 아니라면 회의 시간을 오후로 정하라. 만일 당신이 아침 일찍 일어나는 사람인데도 가장 활발하게 활동할 시간에 회의를 잡는다면 당신의 소중한 창조적인 시간을 낭비하는 것이 될 것이다.

약속 일정표를 만들어라. | 약속이 겹치는 것을 막고 작업의 기한을 표시할 수 있게 일정표에 기록하라.

약속을 확인하는 전화는 그 전 날에 하라.

계산기와 필기 도구를 지참하라.

준비하라. | 회의하러 떠나기 전에 필요한 것을 모두 챙겼는지 확인하라. 필요한 것을 모두 가져가지 않으면 다시 사무실로 돌아와야 하거나 회의 일정을 다시 잡거나 비생산적인 회의를 하게 된다.

어떤 일을 하겠다고 약속하면 그 일을 하라.

약속 일정표에 상대방의 전화번호를 써라. | 회의 일정을 잡았으면 약속 확인이나 취소해야 할 때를 대비해 전화번호를 적어 두라.

일찍 회의 장소에 도착하라. | 만일 당신과 회의할 사람이 자주 늦는 사람이라면 기다리는 동안 읽을거리나 휴대폰 또는 소소한 일거리를 가져가라. 회의 중에는 휴대폰을 꺼 두라.

회의와 회의 사이에 여유 시간을 두라. | 첫번째 회의가 늦어질 때를 대비해서 회의 중간에 여유 시간을 두라. 그렇지 않으면 하루 종일 계속 늦게 될 것이다.

프로는 세상을 탓하지 않는다

걸으면서 이야기하라. | 공원이나 체육관, 해변에서 만나라. 식사를 하면서 회의를 하는 것보다 훨씬 건강한 방법이 될 수 있으며, 주변 환경은 예상보다 훨씬 더 많은 면에서 영감을 줄 것이다.

붐비는 점심시간을 피하라. | 오찬 회의는 조금 일찍 잡아라. 더 빠른 서비스를 받을 수 있고, 음식을 기다리거나 계산서를 기다릴 필요도 없다.

임박한 회의를 데드라인으로 사용하라. | 그리고 당신이 준비되어 있는지 확인하라.

회의 에티켓

- 시간을 지켜라.
- 말하기 전에 들어라.
- 유머는 갈등의 가능성을 줄여 줄 수 있다.
- 의견이 다를 경우, 싸우지도 말고 소리치지도 마라.
- 다른 사람의 아이디어를 간과하지 마라. 그 아이디어를 기반으로 발전시켜라.
- 주제에서 벗어난 대화를 피하라.
- 사소한 문제는 피하라.
- 정시에 시작하고 정시에 끝내라.

프레젠테이션

눈을 맞추는 것은 종종 비인간적인 세상을 인간적으로 만드는 요소가 된다.

| 마이클 겔브(Michael Gelb)

반복해서 말하지만 훌륭한 프레젠테이션 기술만큼 당신의 커리어를 성장시켜 주는 것은 없다. 연설이라고는 말하지 않겠다. 연설이라는 말은 사람들을 너무 당황하게 만드니까. 창조적인 사람으로서 당신은 당신의

팀워크가 성공의 용광로이다

아이디어를 팔 수 있고 자신을 선전할 수 있다. 또는 당신의 제품, 책, 영화, CD를 홍보할 수도 있다. 효과적인 프레젠테이션을 만들고 사람들이 그 프레젠테이션을 경청하도록 하는 능력은 성공과 실패 사이의 차이점을 의미한다. 당신이 고객에게 보여 줄 최고의 광고를 가지고 있을 수 있지만 자신의 제품을 더 잘 판매할 수 있는 사람에게는 당할 수 없다.

나는 처음으로 연설을 부탁받았던 때를 기억한다. 나는 죽을 것만 같았다. 그 이유 중 하나는 그 연설을 경찰국의 DARE 프로그램에 참여하는 십대들 앞에서 해야 했기 때문이다. 잠시 후 나는 두 가지를 발견했다. 첫째, 나는 사람들 앞에서 이야기하는 것을 즐긴다는 것이다. 둘째, 나는 그 일을 아주 잘하진 못한다는 것이다.

내 커리어를 발전시키고 자부심을 개발하기 위해 내가 했던 일 중 가장 좋았던 일은 토스트마스터스(Toastmasters)에 가입한 것이었다. 토스트마스터스는 토스터를 고치거나 술을 많이 마시는 단체가 아니다. 이 단체는 사람들의 의사소통 기술을 개발하는 것을 도와주는 국제 단체이다. 가입할 것을 강하게 권하고 싶다. 나는 8년 동안 회원이었고, 성취한 토스트마스터 지위까지 올라갔다. 내가 속했던 클럽은 창조적인 사람들로 가득한 곳이었고, 네트워킹의 보고였다. 그때 이래로 나는 토크쇼에 손님으로 자주 초대되었고, 전국적으로 알려진 세미나 지도자가 되었으며, 파트타임 라디오 토크쇼 진행자가 되었다.

연설을 부탁받아도 긴장하지 마라

모든 훌륭한 연설가들도 처음에는 형편없는 연설가였다.

| 랄프 왈도 에머슨(Ralph Waldo Emerson)

모든 사람이 대중 앞에서 연설하는 방법을 알 필요는 없다. 그렇지만 연설 기술은 가지고 있으면 꽤 유용한 기술이다. 당신이 면접을 해야 할

때나 프레젠테이션을 해야 할 때, 회의를 주재하거나 대중적인 성공으로 대중들과 함께해야 할 때 당신에게 아주 유용하다. 당신의 작품에 대해서 이야기할 수 있는 능력은 당신이 권위 있는 자리에 오르는 데 도움이 된다. 이렇게 되면 시장에서의 당신의 가치가 올라갈 뿐 아니라 사람들의 관심도 더 많이 끌 수 있게 된다.

그러면 왜 당신은 이야기하기를 원하지 않을까? 내 생각에 이야기할 주제가 부족한 것은 아닐 것이다. 아마도 자부심이 낮기 때문 아닐까? 당신이 이야기하는 동안 열심히 당신을 바라보고 있는 청중이 있다는 사실은 아주 좋은 자아촉진제이다. 아마도 마지막 순간까지 기다리는 부담 때문에 두려워하는지도 모른다. 준비는 바로 자신감이다.

좀 더 좋은 연설가가 되는 데 도움이 되는 몇 가지 방법을 다음에 소개한다:

잘 보이는 곳에 시계를 놓아 두라. │ 관객이 아니고 당신에게 잘 보이는 곳이어야 한다. 나는 여행용 알람시계를 사용한다. 연설하면서 시계로 시간을 확인하라. 무례하게 손목시계를 보거나 아주 무례하게 주어진 시간을 초과하지 마라.

사람들은 자신들이 처음으로 들은 것과 마지막으로 들은 것을 기억한다. │ 그러므로 충격적인 것으로 시작하라. 요점을 예고편처럼 제시하는 것이다. 연설을 마칠 때에는 시, 인용문, 유머, 이야기와 같은 근거가 확실한 문장으로 끝맺음하고, 연설 중 이야기한 것을 다시 한 번 반복한다. 전통적인 양식은 당신이 이야기할 것을 이야기하고, 또 그 이야기를 하고, 당신이 이야기한 것을 반복하는 것이다.

연습, 연습, 또 연습!!! │ 물론이다. 연습을 조금밖에 못 한 것처럼 들리는 것을 감수하면 되지만 그 이면은 더욱 나쁘다. 만일 당신이 준비되어 있지 않으면 당신은 더욱 떨릴 것이며, 연설의 길이가 얼마나 되는지도 모르며, 중요한 것을 빼놓을 수도 있고, 연설할 때 두서없이 중얼대거나 요점에서 벗어날 수도 있다.

간단하게 하라. | 자신에게 이렇게 질문해 보라.

"이 연설에서 사람들이 얻어 갔으면 하는 한 가지 요점은 무엇인가?"

그리고 그 요점에 집중하라. 물론 적절한 미사여구도 포함해서.

개인적인 예를 사용하라. | 그들에게 당신의 일부를 주라. 그들은 이를 고맙게 생각할 것이며 당신의 말이 보다 현실적으로 느껴질 것이다. 만일 당신이 누군가를 놀리려고 한다면 당신 자신부터 시작하라.

진실하게 하라. | 의욕 넘치는 연설가 지그 지글러(Zig Ziglar)는 이렇게 말한다.

"사람들은 당신이 얼마나 그들을 생각하는지를 알기 전까지는 당신이 얼마나 많이 아는지 신경 쓰지 않는다."

그러므로 진실하라.

적은 것이 많은 것이다. | 링컨의 게티스버그 연설은 짧은 것이었다. 마찬가지로 마틴 루터 킹의 "나는 꿈이 있습니다"(I Have a Dream) 연설도 짧은 것이었다. 영국의 국회의원 레슬리 호어-벨리샤(Leslie Hore-Belisha)는 이렇게 말했다.

"당신의 연설을 불멸의 것으로 만들어야 한다. 그렇지만 끝이 나지 않는 연설을 할 필요는 없다."

청중을 참여시켜라. | 적어도 10분에 한 번씩은 그렇게 해야 한다. 청중들을 깨어 있게 하는 데 도움이 된다.

질의응답 시간에 대비하라. | 아주 자주 받는 질문에 대한 답을 미리 준비하라.

시선을 맞춰라. | 나는 시작해서 바로 한 사람을 찾아낸 후 방 전체를 둘러보는 것을 좋아한다. 사람들을 불편하게 하거나 물끄러미 쳐다보지는 말아야 한다. 그러나 1~2초간 시선을 고정하라.

물을 많이 마셔라. | 연설 전과 연설 도중에 많이 마셔라. 레몬 조각을 넣은 미지근한 물이 좋다. 얼음물은 목 근육을 수축하게 만든다. 연설 전에는 카페인이나 알코올은 멀리하라.

가볍게 움직여라. | 그렇지만 왔다 갔다 하지 말아야 한다. 청중들이 지루해지지 않도록, 그리고 중요 요점을 강조하기 위하여 손짓이나 몸짓을 사용하라.

음담패설이나 욕설은 사용하지 마라. | 어느 누구의 기분도 상하게 하지 않도록 주의하라.

실제 청중 앞에서 연습하라. | 실제 연설 전에 청중을 앞에 두고 연습하라. 이는 매우 도움이 된다. 청중들에게 의견을 부탁하라. 나는 아주 훌륭한 청중인 아내 앞에서 연습을 하곤 한다. 만일 유머에 웃지 않으면 나는 문제가 있다는 사실을 알 수 있다. 연설 연습한 것을 녹음하거나 실제 연설을 녹음해서 나중에 들어 보라. 녹음해서 들어 보면 항상 향상시켜야 할 부분을 발견할 것이다.

사전에 청중들에 대해 알아 두라. | 훌륭한 연사는 회의 기획자에게 질문을 하고 청중에 맞게 연설을 고치는 데 시간을 보낸다. 해야 할 숙제를 미리 하면 후에 당황스러운 상황을 피할 수 있다. 텔레비전 시리즈 "제퍼슨 가족"(The Jeffersons)에서 조지 제퍼슨(George Jefferson)은 자신이 '올해의 소 기업인'(Small Businessman of the Year)으로 선출되어 시상식 연회에서 짧은 연설을 부탁받았다는 사실에 매우 흥분한다. 그가 시상식장에 도착했을 때 그는 '소 기업인'이 소규모 기업을 운영하는 기업인을 의미하는 것이 아니라는 사실을 알고 매우 놀란다. 사업을 하는 키 작은 사람을 의미했던 것이다.

자신에 대한 간결하고 정확한 소개문을 준비하라. | 그리고 사회자가 즉석에서 당신을 소개하도록 하기보다는 그 소개문을 읽어 달라고 부탁하라. 그렇게 하면 연설 시작 후 몇 분을 잘못된 이름을 수정하고 당신이 억만장자가 아니라 단지 백만장자라고 설명하는 데 보내지 않아도 된다. 자신의 소개문을 컴퓨터로 작성하여 소개하는 사람이 쉽게 읽을 수 있도록 하라. 이름이나 이상한 단어는 발음을 표시해 주라. 큰 활자체를 사용하라.

열정적으로 하라. | 당신의 주제에 대해서 열정적이 되면 약간의 떨림이나 정보가 부족한 것을 극복할 수도 있다.

자신 목소리의 음색이나 맑기를 조절하라. | 복식호흡을 하면서 말하라. 음성 사서함의 인사말이나 전화 자동 응답기 인사말을 바꾸면서 음성을 고치는 것을 연습하라. 아니면 자신의 음성 사서함에 메시지를 남기고 들어보면서 고쳐 보라.

천천히 하라. | 연설할 때 가장 흔하게 하는 실수는 너무 빨리 말하는 것이다. 필요하다고 생각한 양보다 적은 자료를 준비해서 스스로 천천히 말할 수밖에 없도록 하라.

재미있는 응답을 준비하라. | 야유를 퍼붓는 사람이 있을 때를 대비해서 말이다.

주위를 산만하게 하는 것들을 배제하라. | 연설장의 내선 전화를 모두 끊어 놓아라.

그림을 그리는 듯한 구체적인 서술문, 은유, 그래픽, 이야기를 사용하라. | 당신의 연설에 감각을 더욱 많이 포함시킬수록 청중들은 당신의 얘기를 더 잘 듣고 잘 기억할 것이다. 기억할 것은 "사실을 말하지만 이야기를 판다."는 것이다.

연설문을 작성하지 마라. | 당신의 원고에 기억을 상기시켜 줄 힌트로 개요와 중요 단어나 문장만 사용하라. 만일 연설대가 있다면 더욱 바람직하다. 종이보다는 인덱스카드를 원고로 사용하라. 도입부는 초록색, 본문은 노랑색, 결론은 빨강색과 같이 연설 부분별로 다른 색깔의 카드를 사용할 수 있을 것이다. OHP를 사용할 때, 필름 프로텍터에 노트를 적는다. 흘끔 봐도 원고를 잘 읽을 수 있을 정도로 글씨가 큰지도 확인하라. 중요 단어를 사용하라.

떨림과 두려움은 아주 자연스러운 것이다. | 깊이 심호흡하고 자신에게 "진정해."라고 말하라. 여러 명의 연사가 있다면 첫 순서로 하겠다고 요청하라. 원고가 있는 것이 마음이 편하다면 원고를 사용하라. 자신에게 "너무 떨려서 미치겠네." 대신에 "신나는군."이라고 이야기하라. 당신의 정신 상태에 위 두 가지 경우가 미치는 영향의 차이점을 알아보라.

시각 자료를 사용하라. | 그렇지만 시각 자료가 당신의 연설의 초점이 되게 하면 안 된다. 당신이 바로 메시지이다. 시각 자료는 주요 요점을 강조하는 데 좋다. 나의 경험에 의하면 페이지당 5가지 요점 이상을 적지 않는다. 예쁜 색깔을 사용하라. 철자법을 확인하라!

연설 장소까지 가는 길을 확인하라. | 그리고 길을 잃었을 때를 대비해 시간을 안배하라. 연설 시간 30분 전에는 도착하도록 하라.

연설하기 며칠 전에 전화를 하여라. | 그래서 몇 명이 참석하는지 확인하라. 만일 배포할 자료가 있다면 몇 부나 준비해야 하는지 알아야 한다. 그리고 행사가 취소되지 않았는지 확인하라.

연설할 회의실과 장비를 미리 확인하라. | 잘못될 수 있는 모든 일에 다 대비할 수는 없다. 나는 정말로 심장마비, 연설장에 쥐가 나타난 일, 화재 경보, 지진과 같이 일어날 수 있는 모든 일을 겪었다. 다만 더 많이 대비하면 할수록 더욱 좋다. 화재 경보가 울렸을 때, 학교에서 배운 것을 기억해 낸 후 사람들에게 한 줄로 서서 서로 밀치거나 뛰지 말고 걸어서 나가라고 했다.

기억하라. | 청중은 당신이 성공하기를 원한다. 어떤 사람이 무대 위에서 완전히 실패하는 것을 보는 것보다 고통스러운 것은 없다. 그러므로 청중들은 처음부터 당신의 편이다. 만일 여전히 겁에 질려서 유머 감각까지 잃어버렸다면 청중들이 모두 옷을 벗고 있는 모습을 상상해 보라. 나는 이 방법이 아주 효과적인 방법이라고 들었다.

팀워크가 성공의 용광로이다

프로는 세상을 탓하지 않는다

8

내 인생은 나의 것

인생에서 가장 중요한 판매는 당신 자신에게 당신 자신을 파는 것이다.

| 맥스웰 말츠(Maxwell Maltz)

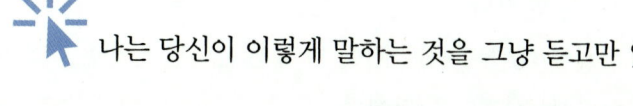 나는 당신이 이렇게 말하는 것을 그냥 듣고만 있을 수는 없다.

"피이, 그런 귀찮은 이력서는 필요 없어요. 형편없는 상사들을 대할 필요도 없고요. 그냥 내 사업을 시작할 거예요!"

만일 당신의 사업을 시작함으로써 권위 있는 인물들과 상대하는 것을 피하려 한다면 다시 한 번 생각해 보라. 어떤 종류의 사업이든지 성공하려면 당신에게 고객이 있어야 한다. 고객들은 상사나 마찬가지다. 단지 당신이 운이 좋다면 더 많은 고객들을 가지게 될 뿐이다. 그들은 돈을 주느냐 안 주느냐, 추천을 해 주느냐 안 해 주느냐 하는 것과 같이 당신에 대해 힘을 가지고 있다. 그들은 종종 위원회와 같은 형태로 간섭을 하고 당신은 기업 구조가 제공해 주는 어떤 보호 조치도 가지고 있지 않다.

그리고 샘 아저씨는 당신의 어깨 너머로 당신이 장부 정리를 잘 하고 있는지 감시하고 있다. 그리고 당신이 벌이고 있는 사업이 당신에게 많은 자유 시간을 줄 것이라고 생각한다면 자신의 사업을 한다는 것이 항상 일을 해야만 하는 상황을 의미한다는 것을 기억해야 한다.

처음 사업을 시작한다면 당신의 사업은 소기업 축에도 끼지 못한다. 소기업이란 10명에서 50명 정도의 종업원이 있는 기업으로 분류된다. 대부분의 창조적인 사람들은 자신 한 명으로 시작한다. 그리고 많은 사람이 계속 자기 혼자 남아 있게 된다. 초소형 기업인 것이다. 그리고 이런 기업들은 시(市)나 주(州)의 법률에 언급되지도, 법률에 포함되지도, 보호되지도 않는다. 오히려 그들은 당신에게 사업 등록비를 부과할 것이다. 그렇지만 만일 당신이 집 밖에서 일을 한다면 일하는 지역도 확인할 것이다. 그들은 당신이 소득세, 고용세, 사업 향상 지역세, 자가 고용세, 그리고 독립 도급자 법을 알고, 이해하며, 준수할 것을 기대할 것이다. 당신은 지역 상공회의소에서 아무런 지원도 받을 수 없으며, 소기업 관리국은 당신을 그들의 관심 밖의 존재로 간주할 것이다.

당신은 혼자다. 그러므로 항상 이력서를 업 데이트해 두라. 이런 냉혹한 현실에 대한 말들에 겁이 나지 않는다면 당신은 스스로 자신의 사업에서 성공할 수도 있을 것이다.

프로는 세상을 탓하지 않는다

 알고 계십니까?

오피니언 리서치(Opinion Research)에 의하면, 18세에서 24세의 성인 57%는 자신의 사업을 소유하고 싶어한다. 25세에서 45세의 성인 96%는 자신을 위해서 일하고 싶어한다.

이제 좋은 점을 들어 보자

당신의 책상은 당신을 녹초로 만드는 감옥인가, 당신을 꽃피게 만드는 정원인가?

| 무명 씨

나는 우뇌 중심 사람들의 오점과 결함으로 보이는 면이 자신을 위해 일할 때는 중요한 자산이라는 것을 깨달았다. 직관, 상상이나 혁신과 같은 것들은 정말 필요한 요소들이다. 9시에 출근해서 5시에 퇴근하는 세상에 자신을 맞추지 못한다고 자신을 책망할 필요는 없다. 틀 밖에서 일하는 데 필요한 것을 가졌다는 사실을 기뻐해야 한다.

자신의 사업을 하는 대부분의 창조적인 사람들은 1주에 60시간 이상 일한다. 왜 긴 시간 동안 보수도 거의 없는 일을 하려 하는 것일까? 아마도 그들이 제3 세계에서 살면서 미국인들을 위한 옷이나 장신구를 만들고 있기 때문이거나 다른 일을 하고 싶어하지 않기 때문일지도 모른다. 당신의 일은 당신의 자식과 같다. 당신은 기저귀를(그리고 작품의 내용) 몇 개나 갈아야 하는지에 상관없이 이들을 돌보고, 양육하며, 기르고 싶어하고, 이들을 사랑한다.

아마도 당신은 당신의 일과 결혼해서는 안 될 것이다. 그렇지만 일은 너무도 매혹적인 애인이 된다. 당신은 당신의 시간을 정할 자유가 있고, 일할 프로젝트를 선택할 자유가 있다. 그리고 함께 일할 고객도 결정할 수 있다. 그리고 항상 당신에게 할 일을 말하는 멍청이도 없다. 당신이 원하는 만큼 많게, 또는 적게 돈을 벌 수도 있다. 당신에게 있어 유일한 장벽은 당신이 하고자 하는 일의 양뿐이다.

더 있다. 당신은 자신의 운명을 조절한다. 모든 힘든 노력의 대가는 모두 당신의 것이다. 당신은 당신의 아이디어를 갖는다. 무한한 잠재적 수입이 있다. 해 볼 만한 일인데다 끊임없이 변화한다. 어려운 일이지만 당신이 사랑하는 일이라서 일하고 있다고 거의 느끼지 못한다. 당신이 자신의 우선순위를 정한다. 덜 일하고, 여가 시간을 더 가질 수도 있으며, 더

내 인생은 나의 것

많이 일하고, 돈을 더 벌 수도 있다. 당신은 일과 시간도 정한다 – 나는 자정에서 새벽 3시까지 일하는 것을 좋아한다. 나의 파트너는 그녀의 창조적인 일을 오전 8시에서 정오까지 하곤 한다.

그런데 왜 이 장을 온통 부정적인 것들로 시작했을까? 당신 혼자서 일하는 것은 쉽지 않다. 그렇지만 할 수 있다! 나는 새로 시작한 사업의 절반이 시작한 지 1년 안에 망한다는 이야기를 듣는 데 싫증났다. 모든 결혼의 절반도 실패하기는 마찬가지이다. 실패가 두렵다고 사람들이 결혼하지 않았는가? 이렇게 생각해 보자.

"모든 사업의 절반은 성공한다!"

사업을 하는 우뇌 중심 사람

자신이 부여 받은 재능을 사용하지 않으면 깊은 좌절감을 맞게 되고, 커리어의 성공을 저해할 수 있다.

| 스티븐 그린(Stephen Greene)

당신이 스스로 사업에 뛰어들지 못하게 막는 창조적인 사람에 대한 잘못된 선입견이 몇 가지 있다. 아무리 자영업을 해서는 안 될 타당한 이유가 있다 해도 이런 선입견들은 결코 그 이유에 속하지 않는다.

예술가들은 아이와 같다. 틀렸다. | 아이와 같은 성격이 있을 수 있지만 당신이 유치하지는 않다. 한때 10,000 Maniacs 그룹의 가수였던 나탈리 머천트(Natalie Merchant)는 이렇게 말했다.

"사람들은 예술가들을 끊임없는 지도가 필요한 어쩔 수 없는 아이들이라고 생각합니다. 나는 내가 예술가이기 때문에 저능아나 아이 취급을 받아야 할 필요는 없다고 생각해요."

당신은 하루 종일 놀아서 행복할 것이다. | 그럼 창조적인 사람이 다른 사

람보다 즐겁게 지내는 것을 좋아하는 게 죄라도 된다는 말인가? 창조적인 사람에게 있어서 일은 아주 종종 놀이와 같은 것이다. 그리고 나는 개인적으로 그것이 삶을 사는 가장 좋은 방법이라고 생각한다.

당신은 방어적이다. | 자신이 일하는 방식에 대해서 방어적이다. 이 말은 아마도 아주 틀린 말은 아닐 것이다. 당신은 아마도 거의 평생 동안 자신을 방어해야만 했을 것이다. 존 쿠색(John Cusack)은 이렇게 말했다.

"나의 어머니는 나를 일종의 문제아라고 표현하셨지요. 나는 매우 상상력이 풍부했어요. 재미있는 일을 하는 데만 관심이 있었고, 아직도 여전히 그렇습니다. 나는 다른 사람들이 하는 방식으로 일하는 법이 없었습니다."

아마도 당신 자신이 하고 있는 것에 대해서 알고 있다는 것을 증명할 수 있으면 도움이 될 것이다.

당신은 아이디어를 빨리 생각해 낸다. | 데이브 배리(Dave Barry)에 의하면 '창조의 과정은 매우 느리고 매우 자주 지루한 과정이다.' 영감이 떠올라야 한다는 끊임없는 압박은 사람을 지치게 할 수 있다. 당신은 생각을 개념화하고, 아이디어가 솟아나오게 하며 최고로 멋지게 일을 처리할 수 있는 시간이 필요하다. 시간 관리는 당신이 이런 일들을 할 수 있는 시간을 얻는 데 도움을 줄 것이다. 비록 아무도 당신에게 시간을 주지 않을지라도 그렇다.

당신은 사업엔 신경 쓰지 않는다. | 기타리스트인 스티브 로리(Steve Laury)는 어느 날 나에게 이렇게 말했다.

"훌륭한 아이디어를 가지고 있는 것만으로는 충분하지 않아요. 음악 산업에서 자신을 항상 깨어 있게 만드는 데는 너무 많은 정신적인 에너지가 필요합니다. 훌륭한 연주자나 작곡가라는 것만으로는 불행히도 충분치 않습니다. 많은 훌륭한 연주자나 작곡가가 가난하게 죽어 갔지요."

단지 당신이 창조적인 사람이라고 해서 당신이 성공, 인정, 재정적 안정성을 갈망하지 않는다는 것을 의미하지는 않는다. 그리고 당신은 이 방

내 인생은 나의 것

향으로 나아갈 선천적인 재능을 가지고 있다. 만일 당신이 이 재능을 알아차리고 사용하는 방법을 배울 수만 있다면 말이다.

정돈하는 데는 오직 한 가지 방법만이 있다. | 그리고 당신은 그런 통제되고, 체계적이며, 엄격하게 짜여진 것과 같은 시간 관리 방식을 감당할 수 없다. 이 말은 반만 옳다. 아마도 당신은 자신의 생활 방식을 엄격하게 통제할 수도 없고, 절대로 해서도 안 된다. 이 과정에서 당신의 창조력을 죽이게 되기 때문이다. 그렇지만 정돈하는 데는 여러 가지 방법이 있으며, 당신은 자신에게 맞는 방법을 찾을 수 있을 만큼 창조적인 사람이다.

정돈되었다는 것은 먼지 하나 없이 깨끗함을 의미한다. | 그리고 차갑고, 둔감하며 완고하고, 융통성이 없음을 의미한다. 틀렸다. 정돈되었다는 것은 당신이 필요한 물건을 필요한 때에 찾을 수 있다는 것을 의미한다. 제인 해링턴(Jane Harrington)은 말한다.

"일단 정리 정돈에 집중할 수 있게 되면, 아이디어들은 딸깍 소리가 들릴 만큼 딱딱 들어맞게 됩니다."

당신은 압력을 받을 때 일을 더 잘한다. | 결국 심장마비, 궤양, 발작 외에 무엇이 더 남겠는가? 당신만의 방식으로, 자기 통제 아래서 일할 수 있다면 때때로 압력을 받는 것은 괜찮다.

당신은 선천적으로 정돈이 안 되는 사람이다. | 일종의 청소 장애를 가지고 태어났다. 말도 안 된다. 당신은 자신을 정돈할 수 있다. 단지 아무도 당신을 정리해 줄 수 없을 것뿐이다. 당신이 제 역할을 할 수 있고, 주변의 사람들이 당신을 죽여 버리고 싶어하지 않는 한 무엇이 문제가 되겠는가?

당신은 비사교적이다. | 당신은 자신만의 공간과 시간이 필요하다. 내가 이 책을 마무리할 무렵 나는 일주일 가량 호텔에서 보냈다. - 전화도 받지 않고, 찾아오는 손님도 없으며, 심지어는 아내와도 떨어져 있었다. 그렇지만 일단 책만 다 만들면 그때는 보시라!

당신은 조금 정신 나간 사람이다. | 정신 나갔다고? 아니다. 엉뚱한 것이다. 부적절한 기준으로 자신을 평가하려 하지 마라. 이는 정말 어마어마

한 시간 낭비이다.

당신은 고집이 세다. | 한 가지에만 집착한다. 이런! 당신은 아마도 그 놀 랄 만한 머릿속에 열 가지에서 스무 가지 정도의 일들을 생각하고 있는 쪽에 더 가까울 것이다. 그리고 당신이 옳다는 것을 확신한다면 자신의 방식을 고수하는 것은 나쁠 것 없다.

당신은 멍하고 잘 잊어버린다. | 한 번에 머릿속에 열 가지 일이 진행되고 있다면 가끔 하나를 잊어버리는 것은 이해할 만하다. 만일 당신이 완전히 한 가지 프로젝트에 빠져 있다면 그 외의 모든 것에 관심 밖인 것은 놀랄 만한 일이 아니다. 나는 이것을 산만함이 아니라 집중이라고 부른다.

내 인생은 나의 것

숙제

논리적이고 합리적인 방법은 기적을 만들어 낼 수 있는 흥미진진한 창조적인 해결 책을 만들어 낼 가능성을 묶어 버린다.

| 조지 로이스(George Lois)

수백만의 사람들이 독특한 도전에 직면하면서 집에서 일하고 있으며, 그 보상은 아주 훌륭할 수 있다. 다만 재택근무가 가진 한 가지 문제점은 개인 생활과 직장 생활이 한데 섞일 수 있다는 것이다. 사무실에서 할 일 은 비록 집의 사무실이 침실의 한쪽 모퉁이라 할지라도 사무실에서만 해 서 두 가지 생활을 분리하도록 하라. 정기적인 업무 시간도 정하라.

재택근무의 문제점 중 하나는 일이 항상 가까이 있어서 어떤 사람들은 항상 일의 유혹을 받는다. 이런 사람들은 초과 근무를 하게 되며, 일과 놀 이가 분리되지 않는다. 일의 수요에 따라 당신의 스케줄을 정하도록 하 라. 휴식을 원한다면 일을 줄여라.

당신이 일을 가장 잘 할 수 있는 시간에 일하라. 이것이 바로 재택근무 의 매력이다. 특이한 시간이나 영감을 받은 시간은 언제든지 일할 수 있다. 당신의 정기적인 업무 시간은 오전 9시에서 정오까지, 오후 9시에서 새벽 1시까지가 될 수도 있다. 유일한 취약점은 고객들이 당신을 어떻게 만날 것인가와 당신의 가족이나 친구들이 당신을 만날 수 있느냐는 것이다.

가족과 친구들에게 당신만의 시간과 당신이 집에서 일할 때 방해 받지 않는 시간이 필요하다는 사실을 참작해 달라고 부탁하라. 당신의 업무 시간이 끝나면 그들에게 부단한 관심을 기울여 균형을 맞춰라.

어떤 사람들은 재택근무를 할 때 성공한다. 반면에 다른 사람들은 그렇지 못하다. 한 가지 이유는, 믿거나 말거나, 그들은 일반적인 회사에서 주어지는 일과를 필요로 하기 때문이다. 자신만의 일과를 만들도록 하라. 당신의 가장 좋은 스웨터를 업무복으로 입고, 아이들이 학교 갈 준비하느라 바쁜 시간인 러시아워에 사무실로 출근하라. 아침 커피와 아침 신문을 가지고 온라인으로 당신의 동료와 잡담도 하고 농담도 하라. 당신의 비서에게 전화를 받지 않겠다고 이야기하고(자동 응답기 틀기), 당신의 책상에 발을 올려놓고 일을 시작하라. 자, 회사에 다니는 것과 별 차이가 없다. 단지 당신의 새로운 일과는 옛날 일과보다 시간이 아주 적게 들 뿐이다.

때때로 당신은 시차 때문에 일찍 일을 시작해야 하는 경우도 있다. 아마도 극동 지역에 전화를 해야 할 수도 있고(뉴저지주가 아니고 더 먼 동쪽), 새벽 3시에 전화를 걸어야 하는 경우도 있다. 일어나서 전화를 걸고 다시 잠자리로 돌아가라.

모든 사람은 일을 시작하는 데 자신만의 독특한 방법이 있다. 어떤 사람들은 가장 흥미 있는 일을 먼저 시작하고, 어떤 사람은 쉬운 것부터, 또 다른 사람들은 가장 어려운 일부터 시작한다. 집에서 당신의 일과를 어떻게 시작하는지는 상관없다. 그냥 시작하라. 보상과 연결된 그날의 목표를 세워라.

"나는 오늘 낮에 하는 연속극을 보기 전에 홍보 전화 10통을 걸 것이다."

열심히 일하면서 짧은 휴식 시간을 가져라. 한 시간마다 10분간 휴식하라. 이 시간 동안 잠깐 텔레비전을 보거나 정원을 가꾸거나 낮잠을 자고, 나가서 햇볕을 쬐거나 산책을 하며, 아이와 놀거나 담배를 한 대 피운다. 또는 나의 경우에는 드럼 연주를 하면서 자신을 즐겁게 할 수 있다.

아주 재능 있는 카피라이터인 내 친구는 광고 대행사에서 일하다가 집에서 프리랜서로 일하기로 결정했다. 나는 다른 사람들이 그녀가 더 이상 일을 많이 하지 않는다고 하는 이야기를 들었다. 걱정이 되어 그녀를 방문해 보기로 했다. 그녀의 집 문을 두드렸지만 대답이 없었다. 초인종을 눌렀다. 역시 대답이 없었다. 막 돌아서려고 하는 순간 그녀가 소리치는 것을 들었다.

"잠깐만요!"

몇 분 후, 그녀는 문을 열어 주었다.

"미안해요, 너무 오래 걸렸죠. 낮잠 자고 있었어요."

그녀는 자신의 사무실로 나를 초대했다. 뭐, 별 상관없었다. 오후에 잠깐 눈 붙이는 것은 건강에 아주 좋은 것이라고 나는 생각했다. 그리고 나서 나는 그녀가 할 일 목록을 적어 놓은 것을 보게 되었다. 목록에는 이런 것들이 쓰여 있었다.

1. 늦잠 자기
2. 신문 읽기
3. 개 산책시키기
4. 아침 토크쇼 보기
5. 어머니에게 전화하기
6. 낮잠 자기

얄궂게도 그녀가 했다고 체크한 것은 '늦잠 자기'와 '낮잠 자기' 뿐이었다. 개 산책도 시키지 않았던 것이다! 다행히도 그녀는 곧 자신이 사무실

내 인생은 나의 것

에서 일하는 것을 그리워한다는 사실을 깨닫고 다시 광고 대행사로 돌아갔다.

집이란 사무실이 있는 곳

어떤 작가의 아내도 이해하지 못하는 것은 작가는 창 밖을 바라볼 때에도 일하고 있다는 사실이다.

| 버튼 래스코(Burton Rascoe)

문 제: 고객들과 동료들이 가정에서 하는 사업을 심각하게 여기지 않을 수도 있다.

해결책: 전문적인 면을 앞세워라. 질이 좋은 명함과 편지지, 팩스 전용선, 사무적인 인사말과 함께 음성 사서함이 갖춰진 별도의 업무용 전화번호는 모두 당신이 단순히 시간제로 집에서 일하는 사람이 아니라 당신이 사업을 하고 있다는 인상을 더해 주게 된다.

문 제: 주의를 흐트러뜨리는 것이 너무 많아서 열심히 일하기 힘들고, 데드라인을 맞추기 힘들다. 주의를 흐트러뜨리는 것에는 인터넷 서핑이나 텔레비전 시청을 너무 많이 하는 것도 포함된다.

해결책: 부엌의 한 쪽을 사무실로 사용하지 마라. 만일 집에서 일하려고 한다면 문이 있는 독립된 공간이 필요하다. 문에 "업무 중, 방해하지 마시오."라는 표지판을 걸어 두라.

문 제: 고립된 느낌을 받고 외롭다.

해결책: 집에서 사업을 하는 다른 사람들과 교류하라. 세미나에 참석하고 점심시간에 친구를 만나라.

문 제: 시작하려면 비싼 장비가 필요한데 여유가 없다.

해결책: 복사 전문점과 같은 곳을 이용하고 구입하는 대신 임대하고 다른 업체의 장

비를 빌려서 사용하라. 한 번에 조금씩 구입하라.

 퀴즈: 집에서 일하는 것이 당신에게 효과가 있을까?

1. 당신은 솔선수범하는 사람인가?
2. 집에서 지내는 것을 즐기는가?
3. 오랫동안 혼자서 일하는 것이 편안한가?
4. 여러 가지 다른 역할을 하고, 많은 업무를 담당하는 것을 즐기는가?
5. 재정 문제를 관리할 수 있는가? 불규칙한 수입에 맞추어 예산을 설정할 수 있는가?
6. 계산된 위험을 감수할 수 있는가?
7. 오랜 시간 동안 일하는 것을 싫어하는가?
8. 실수를 두려워하는가?
9. 새로운 아이디어를 시험해 보는 것을 좋아하는가?
10. 과정보다 결과에 더욱 흥미가 있는가?
11. 큰 그림을 볼 수 있는가?
12. 한 번에 여러 가지 일을 할 수 있는가?

(**정답** | 7번과 8번 질문의 답만 "아니오."여야 하고 나머지 질문에 대한 답은 모두 "예."이어야 한다.)

내 인생은 나의 것

당신이 사랑하는 일을 하라

집에서 하는 사업이든 어떤 사업이라도 성공의 열쇠는 당신이 사랑하는 일을 해야 한다는 것이다. 취미를 벤처 사업으로 만들어라. 다음의 커리어들에 기회들이 있다.

사진사, 비디오 촬영가, 여행 가이드, 인테리어 디자이너, 작가 또는 작문 지도사, 요가 지도사, 음악 교사, 컨설턴트, 그래픽 아티스트, 파티 플래너, 녹음 스튜디오 엔지니어, 편집자, 보석 디자이너, 순수 예술가, 웹 디자이너 등등.

이 목록은 급속도로 늘어나 끝이 없게 된다. 관건은 당신의 재능과 관심거리를 사업으로 변모시키는 것이다. 당신이 일주일에 50, 60, 아니면 70시간씩 일해도, 또는 즐겨도 상관없는 일을 사업으로 하는 것이다.

열정을 사업으로 승화시킨 성공 실화 중 내가 좋아하는 이야기는 카우아이 섬의 유명한 조경사인 클랜시 '별자리 선장' 그레프(Clancy "Captain Zodiac" Greff)의 이야기다. 그는 주말마다 고무보트로 바위투성이의 나팔리 해변을 탐험하곤 했다. 곧 그는 친구들을 데리고 가기 시작했고, 그는 이 모험에 참여하는 데 사람들이 기꺼이 돈을 낼 것이라는 것을 알았다. 요즘 그는 카우아이와 다른 하와이 섬 주변의 해안을 탐험하는 보트를 여러 척 가지고 있다. 얼마나 멋진 인생인가!

업무 스케줄

나의 스케줄은 나의 에너지 수준에 기초한 것이다. 그래서 비록 내가 하루에 8시간에서 10시간 정도 일하지만 모두 틈틈이 낸 시간들이다.

오전 9시 – 정오	집중적으로 글쓰기
정오 – 오후 2시	점심시간
오후 2시 – 오후 5시	가벼운 업무
오후 5시 – 오후 9시	저녁 시간
	영화 감상, 식사, 빈둥대기, 텔레비전 시청, 이메일 확인
오후 9시 – 오전 2시	집중적으로 글쓰기

가장 큰 문제

자영업의 가장 큰 문제는 바로 돈을 관리하는 능력이 없다는 것이다. 도움을 청하라.

최고의 힌트

어떤 일을 끝내고 싶은가? 일을 끝내면 휴가를 갈 것처럼 하라. 그러나 더 좋은 것은 실제로 휴가를 가는 것이다.

일반인의 생활

나는 한 번도 진짜 직업을 가진 적이 없었다. 그런 것들이 있다는 사실은 안다. 왜냐 하면 높은 빌딩들이 보이니까.

| 제리 사인펠드(Jerry Seinfeld)

당신은 무작정 무엇인가를 창조할 수는 없다. 당신이 만드는 것을 팔아야만 한다. 이 말은 대충 해석하자면 기업 구조에서 일을 하건, 거리를 돌아다니며 장사를 하건, 당신은 자신을 위한 사업을 하고 있다는 의미이다. 성공하기 위해서 당신은 사업 방식을 좀 더 진지하게 받아들여야 한다.

그렇지만 우리들 중 일부는 다른 사람들을 위해 일하느니 차라리 발톱을 뽑아 버리는 것이 낫다는 사람들도 있다. 우리는 사업체를 소유하기를 원한다. 나도 물론 예외는 아니다.

기업가가 되고자 하는 나의 열망은 열한 살 때부터 시작되었다. 1976년 여름 나는 나의 최초의 사업을 시작하였다. 나는 이웃집들을 돌아다니며 벗겨진 우편함을 다듬고 다시 페인트칠하고 5달러씩 받았다. 그것은 여름에 하기에 적합한 사업이었다. 근무 시간은 유동적이었고, 창의력은 조금만 사용하면서도 보수는 괜찮았다. 나는 스케이트보드를 타고 돌아다닐 때마다 나의 노동의 결실을 볼 수 있었고, 나에게 무엇을 하라고 말하는 사람도 없었다. 그때 이래로 나는 서핑 용품 가게에서부터 성공 가게(The Success Shop)까지 5개의 회사를 설립했다.

 알고 계십니까?

만일 당신이 출퇴근하는 데 각각 차로 평균 20분씩 걸린다면, 그리고 일주일에 5일 출근하는 경우, 당신은 1년에 160시간을 길 위에서 보내는 것이 된다. 집에서 일하는 것은 시간과 돈을 절약해 준다.

크게 생각하라, 하지만 작게 시작하라

세상은 모든 인간이 예술가의 영혼을 가지게 되기 전 – 즉 사람들이 자신들의 직업을 즐겁게 여기기 전까지는 행복해지지 않을 것이다.

| 오귀스트 로댕(Auguste Rodin)

거의 모든 사람들은 사업에 관한 훌륭한 아이디어를 가지고 있다. 그럼 그들이 사업에 뛰어드는 것을 붙잡는 것은 무엇일까? 그들은 처음 시작하는 자본으로 수십만 달러가 필요하다고 생각한다. 아니타 로딕(Anita Roddic)은 처음 보디 숍(The Body Shop)을 시작했을 때 돈이 거의 없었다. 소문을 퍼뜨리기 위해 그녀는 자신의 탁월한 사교력을 사용하여 관심을 끌고 사업을 일구었다. 리노 레코드(Rhino Records)사는 3달러로 시작된 회사였다. 절대로 글자가 틀린 것이 아니다. 창립자는 3달러어치의 중고 레코드 뭉치를 특이한 음악과 지나간 히트 곡 모음집을 판매하는 7천만 달러 상당의 사업체

로 변모시켰다.

우연히 내 사무실에서 가까운 곳에 사무실을 가지고 있는 대학 친구 두 명은 자신들의 힘으로 3천 달러의 돈을 모아 골드마인(GoldMine)이라는 연락처 관리 소프트웨어를 만들어 냈으며, 그들의 사업체는 현재 3천만 달러 사업체가 되었다.

예를 들자면 끝이 없다. 이 나라는 적은 자본으로 사업을 시작하여 사업체나 사신의 커리어를 일군 사람들로 가득한 곳이다. 에드워드 번즈 (Edward Burns)는 연예가 중계와 유사한 텔레비전 프로그램인 "엔터테인먼트 투나잇"(Entertainment Tonight)에서 일하던 친구의 도움에다 아버지로부터 돈을 빌려 "맥밀런가의 형제들"(The Brothers McMullen)이라는 영화를 만들었다. 그는 작은 성공으로 얻은 이득을 다른 영화들을 감독하는 데 투자하였고, 심지어는 "라이언 일병 구하기"(Saving Private Ryan)에서 연기까지 하였다. 스파이크 리(Spike Lee)는 첫 영화를 만들기 위해 신용카드 현금 서비스를 받았다.

당신이 작게 시작하게 되면 실수도 작은 실수가 된다. 내 친구들 중 많은 사람들이 면허증을 따자마자 새 차를 샀다. 나는 집에 있던 승합차를 운전했다. 아무리 잘 차려 입어도 승합차는 별로 멋지지 않다. 나는 후진을 하다가 전봇대를 들이받았고, 주차되어 있던 차들을 긁고 지나갔다. 주다스 프리스트(Judas Priest)의 노래 제목 "The Green Manalishi"라고 우리가 부르던 차에 긁힌 자국을 만들었던 것이다. 이 차는 8기통 엔진과 4배럴 카뷰레터를 가지고 있었다. 하루는 새벽에 멕시코로 서핑 여행을 가는 길에 포드사의 스포츠카인 머스탱(Mustang)이 한적한 고속도로에서 우리와 경쟁을 하려고 하였다. 열여섯 살이었던 나는 속도를 줄이려 하지 않았다. 시속 115마일(약 184km)로 달려서 나는 머스탱을 따돌렸다. 시속 120마일 (약 192km)에 타이어가 터졌다. 차는 걷잡을 수 없이 회전하기 시작했고, 터진 타이어의 철제 벨트가 연료 탱크에 구멍을 내서 차가 불타기 시작했다. 내 친구와 나는 겨우 무사히 빠져 나왔다. 그렇지만 차는 시꺼면 괴물처럼 모두 타 버렸다. 나는 부모님이 나를 죽이려 하실 것이라고 생각했다.

대신 부모님은 이렇게 말씀하셨다.

"알겠니? 이래서 우리가 너에게 처음 네가 몰 차로 막 써도 되는 차를 준 것이란다."

만일 당신이 천천히 진행한다면 사업을 태워 없애 버릴 가능성은 적다. 그리고 꼭 가져야 하는 것의 수준을 낮추어 필요한 것과 살 수 있는 것만 마련한다면 어리석은 초기 투자를 하지 않을 가능성이 높아진다. 당신은 분명히 실수를 할 것이다. 하지만 이에 대해 걱정하느라 너무 많은 시간을 낭비하지 마라. 시간을 실수에서 교훈을 얻는 데 사용하라. 그러면 당신은 게임에서 훨씬 앞서 나갈 수 있다.

소규모로 시작하는 것에는 다른 이점도 많다. 사업이 좀 더 유동성이 있을 수 있고, 이런 하이테크 사회에서 좀 더 감성적인 서비스를 제공할 수도 있다. 또한 소규모로 시작한다는 것은 자본이 적게 든다는 것을 의미한다. 비용이 적으면 버는 돈을 더 많이 남길 수 있다. 그리고 소규모로 시작한다는 것은 당신이 모든 역할을 맡아야 하고, 그 일을 모두 배워야 한다는 것을 의미한다. 이는 당신에게 도움이 될 것이며, 사업이 커지면서 당신은 일을 다른 사람에게 위임하기 시작한다. 내가 아는 한 예술가는 사실 장부 정리를 즐기는 방법을 배우기도 했다. 그녀는 그 일을 컴퓨터로 했는데 사용한 수표를 기입하기만 하면 자동으로 도표와 그래프, 손익 계산서 등등을 만들어 주는 프로그램(Quicken:회계용 프로그램)을 사용하였다. 그녀는 적자를 볼 때에도 이 프로그램을 사용하는 것을 너무 좋아했다.

필독서 중 하나인 『사업 키우기』(Growing a Business)의 저자 폴 호큰(Paul Hawken)은 벤처 캐피탈이나 은행 대출로 사업을 시작하기보다는 자신이 가지고 있던 돈을 종자돈으로 사용하고, 이익을 재투자하는 방식으로 천천히 사업을 확장하라고 제안하였다. 내가 알고 있는 사업체 중 성공적인 사업체들 대부분은 처음에 은행이 아니라 가족이나 친구에게서 돈을 빌려서 시작하였다. 이렇게 자기 자본으로 시작한 사업들이 더 잘 진척되는 것 같다. 실제 수치도 이 사실을 반영한다. 모든 소규모 기업의 23%가 500달러 이

하의 자본으로 시작하였다.

어려웠던 시절

사람을 설득시키는 것은 신념이다.

| 린든 베인즈 존슨(Lyndon Baines Johnson)

내가 작가로서의 커리어를 시작했을 때 나는 사업체, 차, 집, 그리고 심지어는 기르던 개까지 팔았다. 나는 수도사로서, 그리고 무모한 사람으로서의 생활을 했다. 수도사의 생활인 이유는 내가 사업을 운영하는 동안 가졌던 많은 세속적인 즐거움을 모두 나 자신에게서 **빼앗았기** 때문이고, 무모한 사람인 이유는 아무리 어려워도 절대로 포기하지 않았기 때문이다. 나는 다른 사람을 고용할 능력이 없었기 때문에 모든 일을 혼자서 해야만 했다. 그때 너무나도 많은 것을 배울 수 있었다. 자금이 부족했기 때문에 일에 필요한 잔심부름까지 스스로 할 만큼 내가 무모해졌던 것이다. 나는 수업료를 치렀고, 그 대가를 얻었다.

나는 재떨이에 모아 뒀던 동전을 가지고 가서 차에 기름을 넣었을 때를 아주 분명하게 기억하고 있다.

"4번 주유기에 1달러 82센트만큼 휘발유를 넣고 싶은데요."

이렇게 말하는 것이 얼마나 창피한 일인지 알고 있는가? 솔직히 말하자면 나는 이 일을 모험이라고 생각했다. 파산 직전의 상태였지만 나는 괜찮았다. 다시 성공할 수 있으리라는 것을 알았기 때문이다. 나는 이런 어려운 시간이 지나갈 것이라는 것을 알았다. 그렇지만 나의 아내는 우리의 제3 세계 사회경제적 상태에서 나만큼 편안하게 지내지는 못했다. 그녀는 내가 생각하는 것처럼 그 시기가 영감을 주는 시기라고 생각하지 못했다. 특히 우리가 오래된 옷들과 잘 살던 때의 잔유물들을 팔기 위해 중고품 판매 시장에 가야 했을 때 더욱 그랬다. 그래서 나는 창조력을 이용해 생활을 재미있게 만들었다. 우리는 무료거나 아주 싼 값에 할 수 있는 일들을 했다. 나는 샌디에이고에서 무료로 할 수 있는 재미있는 일들을 쓴 『샌디에이고에서 데이트하기』(Dating in San Diego)라는 책을 썼다. 결국 우리는 새 차와 새 집을 살 수 있었다. 아직 새 강아지를 살 돈은 모으지 못했다. 우리는 어려운 시기를 이겨 낸 것이다.

내가 배운 교훈은 돈이 부족하면 배고파지고, 자원이 부족하면 더욱 창조적이 될 수 있다는 것이다. 나는 문자 그대로 일거리를 찾아 헤맸고, 전단을 돌렸으며, 서점을 찾아다니면서 무료로 연설을 했다. 내가 이때 가장 잘했던 일 중 하나는 은퇴 임원 봉사단(The Service Corps of Retired Executives)을 통해서 이 업계에서 은퇴한 임원에게 무료로 상담을 받은 것이었다. 나의 행운의 상담자는 그의 경험에 기초한 현명한 충고를 해 주어 내가 수천 달러를 절약할 수 있게 해 주었다. 이 모든 것들은 후에 이익을 가져왔다.

요점은, 당신은 자신을 믿어야 한다는 것이다. 그 상태에서 버티면 일은 변하게 마련이다. 긍정적으로 생각하고 열심히 일하라. 목표를 정하고 어려운 시기가 지나가면 당신은 더욱 강해지고 힘든 일에 더 잘 대처하게 될 것이라는 것을 믿고 계속 목표를 향해 나아가라. 당신은 자신과 미래에 대한 투자를 하고 있는 것이다.

좋아 보여요

인생을 계획하거나 커리어를 개발하는 과정에 있어서 우리의 운명은 우리가 할 줄 아는 것들이 아니라 우리 자신의 자질에 달려 있다. 자질이 발전하면 할 줄 아는 것도 늘어나게 된다.

| 힐다 리 데일(Hilda Lee Dail)

소규모로 시작한다고 해서 자신을 작게 생각할 필요는 없다. 컴퓨터를 사용해서 아주 멋진 명함과 브로슈어를 만들 수도 있고, 웹 사이트나 전

화 시스템을 만들어 낼 수도 있다. 다만 시작할 때 너무 과도하게 하지 말라는 것이다. 새 사무실 가구나 최신 컴퓨터, 멋진 사무실 공간은 당신이 가진 자원을 모두 갉아 먹을 것이다. 우선 고객층을 확보할 시간을 가져라. 비용을 줄이면 위험도 줄일 수 있다.

이미지는 모든 것이다. 전문적으로 보이는 마케팅 자료와 송장을 만드는 데 돈을 쓰되, 가구는 중고로 구입하고, 장비는 임대하고, 직원을 고용하기보다는 프리랜서를 사용하고, 복사기 살 돈이 생길 때까지는 복사기를 사지 말고 복사 전문점에 가서 복사하라. 내가 배운 교훈은 재고를 회전시키라는 것이다. 내가 첫번째 책의 인쇄 가격을 알아보았을 때 나는 실제로 내가 필요했던 양보다 3배를 인쇄하면 단가가 싸진다는 사실에 미혹되었다. 말할 것도 없이 완전히 엉망진창이 되어 버렸다. 아직도 차고에 팔리지 않은 책들이 있다.

성공은 많은 사업들을 죽여 버리기도 한다. 사람들은 너무 빨리 성장하려고 하고, 수요를 따라잡지 못하여 결국 폭발해 버린다. 이는 모두 현금 흐름과 관련이 있다. 예를 들면, 당신이 견본을 만들어 전시회에 이를 출품하였다고 하자. 주문을 받고 그 주문을 처리한다. 그리고 모든 일이 순조롭게 진행된다. 그러고 나서 큰 고객이 당신의 제품을 아주 많이 사고 싶다고 한다. 당신은 전시회에서 받은 주문 물품 대금을 아직 받지 못했기 때문에 대규모 주문에 맞추어 제품을 생산할 자금이 없다. 당신은 교묘한 구실로 발뺌하고 사정하고 돈도 빌려 보지만 제품을 납품할 수 없다. 이제 당신의 평판은 나빠지고, 큰 고객은 다른 곳으로 가서 다시 돌아오지 않는다.

아마존닷컴(Amazon.com)을 보라. 그들은 판매하고 있는 책을 모두 구비하고 있지는 않다. 그들은 주문을 받으면 책을 주문한다. 그들은 재고에 돈을 묻어 두지 않는다. 그리고 그들은 대부 기간도 연장하지 않는다. 손에 쥐고 있는 현금이 수중에 없는 많은 돈보다 훨씬 낫다. 여러 해 동안 이 회사는 작은 사무실에서 운영되었다. 그러나 그들의 웹 사이트를 보면 그들은 매우 거대해 보인다.

리노 레코드는 말하자면 지하 감옥이나 다름없는 곳에서 사업을 시작했다. 그렇지만 그들이 확실한 성장을 하기 전까지는 이사하지 않았다. 이 회사의 소유주는 사업이 200만 달러에 이를 때까지 복사기도 사지 않았다. 회사의 공동 설립자인 리처드 푸스(Richard Foos)는 당당하게 말했다.

"어떤 은행도 우리를 믿어 주지 않았기 때문에 많은 빚을 지지 않을 수 있었죠."

 알고 계십니까?
- -

노동통계국에 의하면 독립 사업자의 수는 830만 명에 이르며 이 숫자는 빠르게 증가하고 있다.

나의 사업은 무엇인가?

어떤 직업에는 그냥 높은 급료가 따라온다. 그리고 어떤 사람들은 그런 직업을 가졌고 다른 사람들은 그렇지 않다. 그렇다고 6자리 숫자의 수입을 얻어야만 성공했다는 의미는 아니다.

| 스티브 켈리(Steve Kelley)

성공적인 사업의 요소에 대해서는 몇 가지 이론이 있다. 첫째는 움직임이 있는 곳에 가는 것이다. 무엇이 인기 있는지, 수요가 많은지, 당신이 어디에 재능이 있는지? 둘째는 당신이 이미 가지고 있는 재능, 기술, 배경, 인맥, 장비를 이용한다. 필요로 하는 곳을 찾아 이를 채운다. 당신의 취미를 사업으로 바꾼다. 당신이 하고 싶은 일, 당신이 정말 하고 싶은 것

을 하면 아는 것에 대해 이야기할 것이 많이 있다.

나는 어느 정도까지는 이런 이론들에 모두 동의한다. 예를 들면, 인기는 있지만 당신이 싫어하는 사업을 하는 것은 머지않아 당신을 불행하게 만들 것이다. 당신의 취미를 사업으로 바꾼다는 것은 좋다. 다만 당신의 취미가 옛날 트럭이나 버스에 부착되어 사용하던 카트리지 형의 음악 테이프인 8트랙 테이프를 사고파는 것이 아니라면 말이다. 수요가 충분한 업종인가? 그리고 자신의 기술과 능력을 당신이 좋아하는 일과 더 많이 조합하면 할수록 결과는 더욱 좋을 것이다.

작가가 되기 이전에 나는 다른 인생인 스포츠 산업에 종사하고 있었다. 나는 스포츠 용품 상점 체인을 가지고 있었다. 이상한 것은 사람들이 우리들을(서퍼, 스케이트 보더들) 해피밀(Happy Meal) 속의 감자튀김 같은 사람들로 생각한다는 것이다. 우리가 물을 좋아하고 해변을 사랑하기 때문에 우리는 게으르고 멍청할 것이라고 생각했던 것이다. 그렇지만 이 말은 진실이 아니다. 내가 만났던 가장 창조적이고 재치 있는 사람들 중 일부는 모두 이 산업에 종사하고 있었다. 나는 좋은 아이디어를 생각해 내서 사업을 시작했을 뿐 아니라 완전히 새로운 분야의 스포츠를 만들어 낸 사람들도 보았다.

스코트 올슨(Scott Olson)은 자신의 하키화에 한 줄로 된 롤러스케이트에 붙여 만든 인라인 스케이트로 롤러블레이드(Rollerblade)사를 1983년에 설립하여 7억 달러 상당의 산업을 창조하였다. 그는 이제 로우바이크(Rowbike)라는 발명품을 만들어 냈는데 내가 보기에는 이것도 성공할 것 같다. 1977년 제이크 버튼(Jake Burton)은 눈에서 탈 수 있는 플라스틱 서핑보드인 스누퍼(Snurfer)를 발명했다. 그는 이것을 다시 고쳐 스노보드를 만들었고, 자신의 회사 버튼 스노보드(Burton Snowboards)를 설립하였다. 지금 스노보드는 올림픽 경기가 되었다. 우리는 재미로 서핑보드 위에 사람을 태운 채로 보트를 몰곤 했다. 얼마 후 미션베이 근처에서 발을 끼우는 고리가 달린 훨씬 더 세련된 보드를 타고 놀라운 기술을 구사하는 사람이 나타났다. 그는 스쿠퍼

(Skurfer)를 발명하였고, 웨이크보딩(Wakeboarding)이 탄생했다. 이 또한 엄청난 규모의 사업이 되었고 자체적인 프로 투어도 생겼다.

시대는 변화한다. 그리고 시대는 기업가적인 예술가를 선호한다. 출판업까지 겸하는 작가들이 겪는 가장 큰 장애물 중 하나는 자신의 책을 어떻게 유통하느냐는 것이다. 이제 웹은 상상했던 것 이상으로 급속하게 가장 큰 유통 창구가 되고 있다. 그리고 어느 누구라도 자신들의 제품을 웹으로 유통시킬 수 있다. 얼마 전, 나는 토드 룬드그렌(Todd Rundgren)이 최신 CD를 인터넷을 통해 발매했다는 기사를 읽은 기억이 있다. 이는 중간 상인을 없애고, 당신의 아이디어와 작품을 전 세계로 유통시키는 것을 가능하게 해 준다.

실천 사항

- 당신이 할 수 있는 일 중 다른 사람이 보수를 줄 만한 일을 모두 적어라.
- 이제 처음 목록에 적은 일을 빼고 당신이 할 수 있는 일을 모두 적어라.
- 두 번째 목록에 있는 것들을 어떻게 판매할 것인가?

알고 계십니까?

노동통계국에 의하면 재택근무 형태의 사업체는 모두 1,830만 개이다.

사업 계획

내가 지금의 자리에 오를 수 있었던 것은 내가 계획을 세웠기 때문이다. 나보다 더 근육질의 사람들은 수도 없이 많다. 나보다도 재능이 훨씬 더 많은 배우들도 많다. 나는 단지 내가 원하는 것을 알았고, 내 계획을 실천하기 위해 노력했으며, 내 목표를 이루기 위해 열심히 일했다.

| 실버스터 스탤론(Sylvester Stallone)

내가 지금까지 읽은 혼자서 사업을 하는 것에 관한 책들에는 하나같이 사업 계획에 관한 장이 있었다. 당신도 계획이 필요할까? 그렇다. 그리고 아니다. 이 대답을 어떻게 생각하는가?

중소기업연합에 의하면 시작하는 사업체가 실패하게 되는 첫번째 이유는 사업 계획이 없어서이다. 만일 당신이 은행에서 대출을 받으려면 사업 계획이 있어야 한다. 그리고 비록 당신이 사업 계획을 다시 보지 않더라도 계획을 작성하는 과정에서 당신이 아이디어를 구체화하고 시장을 예측하는 데 도움이 될 것이다.

여기에서의 요점은 당신은 육감에 의해 사업을 운영할 가능성이 많고, 그렇기 때문에 사업 계획을 융통성 있게 작성하고 숫자보다는 당신의 직관을 사용해야 한다는 것이다. 나는 이 충고가 기존의 지식과는 반대되는 것이라는 것을 알고 있다. 그러나 나는 실행 계획서와 아울러 개괄적인 계획을 최고 2페이지를 작성해서, 다시 말해 당신의 사업에 관한 것만이 아닌 좀 더 넓은 규모의 계획을 만들라는 것이다.

나는 너무 광범위한 규모의 계획을 두 쪽으로 줄이면 너무 간단해서 지금 보고 나중에 만들고 나서도 또 보게 될 거라고 생각한다. 또 나는 다른 일을 할 수 있는 시간에 두세 달이나 들여 사업 계획을 작성하는 것은 바보 같은 일이라고 생각한다. 만일 이것이 경영 교과서에 반대되는 것이라면, 그냥 놔두라. 내 사업 계획서는 사업 목표를 나타내는 그림과 그에 대한 설명, 그리고 한 페이지짜리 전망에 대한 진술서가 전부였지만 나에게는 이것으로 충분했다.

함정

좋은 사업체는 흥미로운 문제를 가지고 있지만 나쁜 사업은 지루한 문제들뿐이다.
훌륭한 경영이란 문제를 흥미롭게 만들고, 그 해결책을 건설적으로 만들어 모든
사람이 그 문제에 참여해서 해결하기를 원하게 만드는 기술이다.

| 폴 호큰(Paul Hawken)

다음은 사업을 시작하는 데 있어서 해야 할 것과 하지 말아야 할 것들
을 간단히 소개한 것이다.

시간과 돈을 낭비하지 마라. | 시작하기 전에 모든 것을 완벽하게 만들려
고 시간과 돈을 낭비하지 마라. 당신에게는 지금이 준비가 가장 잘된 때
다. 당신이 어떤 사람인지, 당신에게 무엇이 필요한지에 대한 당신의 생
각은 경험이 쌓이면서 바뀌게 된다. 그러므로 자신을 처음부터 너무 단단
하게 가두지 마라. 시간을 두고 완성해 나가라.

좋은 이름을 생각해 내라. | 될 수 있는 한 많은 사람과 머리를 맞대고 생
각하라. 되도록 짧은 1~2음절 길이의 이름으로 한다. 가능한 한 많은 면
에서 경험했을 것과 연관지을 수 있는 이름을 생각해 내라. 그러면 사람
들이 기억하기에 좋다. 애플을 생각해 보라.

너무 귀여운 것은 안 된다. | 내가 아는 한 그래픽 아티스트는 그녀의 회
사를 'B Graphic'으로 이름 지었다. 'be graphic'인 것같이 지은 것이
다. 그렇지만 아무도 그 뜻을 알지 못했다.

투덜대지 마라. | 당신이 어떤 제품을 팔건 당신은 고객에게 서비스도 판
매하는 것이다. 이 말은 좋아할 수 있고, 매력적이며, 의지할 수 있고, 신
뢰할 수 있어야 한다는 것이다. 당신은 별로 좋지 않은 고객 서비스를 극

복하기 위해서 꽤 특별하게 멋져야 한다. 만일 당신이 선천적으로 퉁명스럽다면 간판으로 내세울 사람(판매원)을 고용하거나 다른 사람의 사무실에서 일하라.

당신의 제품을 세상에 내놓는 것을 두려워하지 마라. | 그렇다. 사람들은 당신의 제품을 모방하고 당신의 아이디어를 훔칠 것이다. 이는 당신이 계약과 저작권법을 기억하고 있는 한은 괜찮은 일이다.

어떤 것이 효과가 있고 어떤 것이 없는지 알아야 한다. | 처음에는 너무도 번뜩이는 것처럼 보여도 금전적으로 별로 소용없는 아이디어나 마케팅 분야를 개척하게 되는 경우도 있다. 이익이 안 되는 것은 과감히 버려라. 손해는 일찍 줄여 버려라.

당신의 고유한 분야를 개척하라. | 당신의 제품이나 서비스를 사용하라. 당신의 제품을 믿어라. 진실성만큼 판매에 도움이 되는 것은 없다.

당신의 원래 직장을 그만두지 마라. | 고정적인 수입과 장비를 사용할 수 있는 기회뿐 아니라 의료 보험, 치과 보험과 퇴직 수당과 같은 혜택도 과소평가해서는 안 된다. 만일 현재 당신의 직업이 당신이 하고자 하는 분야의 사업이라면 연수생으로 들어가는 것을 생각해 보아라. 시험적으로 일을 하는 동안 일의 자세한 내용을 배워라. 그러면 당신은 자신의 사업으로 아주 자연스럽고 훌륭하게 진출할 수 있을 것이다.

사기와 속임수를 조심하라. | "당신도 나처럼 될 수 있습니다. 요트에 많은 여성들, 멋진 차. 정말 많은 돈을 벌 수 있죠." 나는 한 남자가 나와서 이런 광고를 하는 것을 처음 봤을 때를 절대로 잊을 수 없다. 나는 도대체 누가 이것을 살지가 궁금했다. 아주 많은 사람들이 그랬다. 당신은 이런 일을 해서는 안 된다. 사업에서 성공하는 지름길, 적어도 정직한 지름길은 없다.

생각하기 전에 뛰지 마라. 동업은 결혼과도 같은 것이다. 어떤 결혼은 죽음이 서로를 갈라놓을 때까지 이어지지만 어떤 결혼은 서로를 죽일 것처럼 미워하면서 끝이 난다. 창조적인 사람들은 동업을 하기 전에 신중하게 생각해 봐야 한다. 만일 동업자가 상충되지 않는 개인적인 재능과 기술을 가져온다면 성공적일 것이다. 1994년 설립된 드림웍스 SKG의 파트너인 스필버그, 카젠버그, 게펜이 그 예이다. 나의 경우는 프리랜서를 고용하는 것이 더 효과적이다.

알고 계십니까?

웰스파고(Wells Fargo)은행의 연구에 따르면, 새로 시작하는 사업체의 71%가 가정에서 시작한다고 한다.

한 번에 여러 종류의 일들을 진행하기

다양성이란 인생에 맛을 더해 주는 양념과도 같다.

| 윌리엄 카우퍼(William Cowper)

지미 버펫은 여러 장의 골드 앨범과 플래티넘 앨범이 있고, 매번 콘서트 티켓이 매진되는 성공적인 가수 겸 작곡가로만 널리 알려져 있지만, 그는 또한 베스트셀러 작가이며, 두 개의 Margaritaville 레스토랑과 녹음 스튜디오, 자신의 레코드 레이블, 성공적인 우편 판매 사업, 소식지에 몇 개의 마이너리그 야구팀 지분을 소유하고 있다. 그는 1977년 이래로 히트 앨범을 발표하지 않았지만 매년 《포브스》(Forbes)지에 의해 최고 소득 연예인으로 선정되고 있다. 그가 창조한 것은 바로 다각적인 이익 창출원이다. 이는 다각화된 수익원들과 같다.

기업가 리처드 브랜슨(버진 레코드, 버진 항공사 등)은 자신의 잡지를 만들기 위해 학교를 중퇴한 후 집 지하실에서 소규모로 우편 판매 레코드

사업을 시작했다. 그리고 현재 그의 사업은 백 가지의 작은 기업들을 포함하여 수십억 달러의 가치가 있다.

한 개의 이익원에 집중하는 것보다는 다각적인 이익원을 개발하자는 것이 여기에서 얻을 수 있는 교훈이다. 다양한 이익원이 있으면 계절적인 침체나 어려운 시기에 당신에게 도움이 된다. 지루해졌을 때, 한 가지 사업에서 다른 사업으로, 한 고객에서 다른 고객으로 옮길 수 있다. 또한 위험을 분산시키는 데에도 도움이 된다.

관건은 당신의 사업들이 서로를 지탱해 줄 수 있도록 만드는 것이다. 당신은 같은 물건을 다른 시장에 팔 수도, 다른 물건을 같은 시장에 팔 수도 있다. 공전의 베스트셀러인 『성공하는 사람들의 7가지 습관』(The Seven Habits of Highly Effective People)의 저자 스티븐 코비(Stephen Covey)는 자신의 책에 근거한 테이프도 판매하고, 세미나도 하고, 다른 사람들이 그의 세미나를 할 수 있도록 허가를 내주기도 하고, 7가지 습관 수첩과 관련된 제품이나 서비스도 판매한다. 한 가지에서 얻은 인기가 다른 제품들도 홍보하는 것이다. 일단 소비자가 그의 제품을 사게 되면 그들은 그의 제품을 더 사게 된다.

한 번에 한 가지 사업만 하라. 사업을 시작하고 경영을 하다가 다른 사업으로 옮겨 가는 것이다. 나는 이를 모델로 삼아 책, 테이프, 워크숍, 연례회의, 클럽, 소식지, 우편 판매 사업, 그리고 출판사로 발전시켰다. 각각의 새로운 사업이 다른 사업을 지지해 줄 때 이는 아주 효과적이다. 내가 세미나를 위해 여행하다가 병이 나면 나는 사업을 바꿔서 집에 머물며 책을 쓸 수 있다.

이런 방식 때문에 집중력이 너무 분산되는 것을 방지하기 위한 방법으로는 각각의 사업에 대한 책임을 다른 사람에게 위임하는 것이다. 우편 주문을 처리할 인턴을 고용하고 회의 세부 사항을 챙길 전문가를 고용한다. 이제 이해가 되는가?

차고에서 시작한 사업

사람들은 큰 행운이 누적되는 것이라는 것을 알지 못한다. 큰 행운이란 작은 조각에서부터 온다.

| 존 카펠로스(John Kapelos)

애플 컴퓨터나 휴렛팩커드, 포드 자동차, 디즈니의 공통점은 무엇인가? 이들은 모두 차고에서부터 시작했다.

집에서 일을 시작하는 것은 전혀 새로운 것이 아니다. 토머스 에디슨도 집에서 일했으며, 라이트 형제도 마찬가지였다. 그리고 차고에서 시작하는 밴드는 또 얼마나 많은가? 리처드 브랜슨은 자신의 사업을 여러 해 동안 자신의 선상가옥에서 운영했다.

옛날에 상인들은 자신의 상점 위층에 살았고, 예술가들은 자신의 스튜디오에 살았다. 그럼 왜 재택근무나 집에서 하는 사업에 이렇게들 난리인가? 한 마디로 말하자면 교통 문제 때문이다! 그리고 가족의 가치이다.

지금은 기술의 시대이다. 그리고 어느 때보다도 집에서 팩스, 모뎀, Zip디스크, 화상회의 등을 사용해서 일하는 것이 쉬워졌다. 내가 좋아하는 광고 중 하나는 MCI(미국의 통신회사)의 광고이다. 잠옷을 입은 한 여자가 재미있게 생긴 슬리퍼를 신고 커피 잔을 들고서 자신의 집에서 화상회의에 참석하는 장면을 보여 준다. 그녀는 자신의 하루를 보여 주면서 이렇게 끝맺는다.

프로는 세상을 탓하지 않는다

"저 사람들이 화상회의는 하지 않았으면 좋겠어요."

프로에게 묻는다

베스 해그만(BETH HAGMAN)

베스 해그만은 집의 사무실에서 여러 가지 사업을 하고 있다. 여기에는 두 종류의 월간지를 편집하고, 소규모 지역 신문의 미술 감독을 맡고 있으며, 내 책의 대부분을 포함해서 단행본 편집, 컨설팅과 간간이 기사를 작성하는 일 등이 포함된다.

자신의 사업을 어떻게 시작하게 되었습니까?

꽤 큰 규모의 인쇄 회사에서 그래픽 부서를 관장하는 좋은 직업에서 정리해고 당했습니다. 저의 상사는 제가 다른 사람을 위해서 일하기에는 실력이 너무 좋아서 제 사업을 시작해야 한다고 이야기하더군요. 당시에 사업을 한다는 것은 제가 제일 하기 싫은 것이었습니다. 그렇지만 한 고객을 잡게 되었고, 결국에는 묶여 버렸습니다. 조사를 하고 컴퓨터를 사서 사용하는 방법을 익혔습니다. 그리고 약 한 달 만에 잡지를 출판하게 되었습니다. 우연한 행운이었습니다.

일반적인 하루 일과를 이야기해 주시겠습니까?

제 남편은 아침 7시에 출근하기 전에 저에게 카푸치노와 조간신문을 가져다줍니다. 저는 일어나서 씻고, 8시에 제 책상에 앉습니다. 만일 그날 오후 늦게 잡힌 약속된 회의가 있으면 회의 직전까지 샤워를 미루고 대신 좀 더 일찍 일과를 시작합니다. 그날 마쳐야 할 일을 일단 끝내는 것으로 시작하고 다음에 이메일을 확인합니다. 지역 잡지의 편집자로서 저는 꽤 많은 메일, 이야기 제보, 보도 자료와 같은 것들을 받습니다. 그리고 저는 들어온 이야기를 편집하거나 저의 이야기를 쓰곤 합니다. 오전 9시쯤 강아지가 제 발 밑에서 잠자는 동안 일을 잠시 멈추고 전화를 합니다. 그리고 11시 30분 점심시간까지 편집이나 레이아웃 작업을 합니다. 이때쯤에는 전화가 오기 시작합니다. 오후는 스캐닝, 레이아웃, 잡다한 업무, 회의, 장부 정리, 요청에 대한 응답, 동물원이나 박물관 방문

등을 합니다. 남편이 퇴근하고 올 때쯤 제 일과를 마칩니다. 다만 저녁식사 후 적어도 잠시 동안은 책상에서 일을 합니다.

집에 있는 사무실은 어떻습니까?

몇 차례 변했습니다. 안 쓰는 침실에서 작게 시작해서 결국에는 가족실을 다 차지해 버렸습니다. 꽤 크고 통풍이 잘 되는 매력적인 공간입니다. 컴퓨터가 두 대 있습니다. 제 남편이 보통 두 번째 컴퓨터를 많이 씁니다. 이 컴퓨터는 제 컴퓨터가 다운되었을 때를 대비한 것입니다. 스캐너, 레이저 프린터, 컬러 프린터, 전화선 두 개(하나는 팩스용, 하나는 자동 음성 사서함 서비스가 있는 전화선), 케이블 모뎀이 있습니다.

굉장히 이상적인 사무실처럼 들리는군요. 단점은 없습니까?

저는 들어오는 일을 거절하는 것이 어려웠습니다. 다음 달에는 일이 하나도 없을 수 있기 때문입니다. 10년 동안 계속 성공적으로 사업을 이끌어 왔지만 저는 아직도 이 불안감을 떨칠 수 없습니다. 즉 단지 사업을 유지하기 위해서 정말로 열심히 일해야 할 때가 있다는 것입니다.

집에서 일하는 것이 외롭지는 않습니까?

제가 하는 일의 성격 자체가 매우 개인적인 것입니다. 저는 종종 저의 고객들과 오랫동안 지속되는 우정을 쌓기도 합니다. 저는 동네에서 행해지는 프로젝트나 그룹에 참여하기도 합니다. 이런 여가 시간의 활동은 저에게 새로운 고객들과 만족감을 주었죠. 저의 고객, 사회활동, 가족, 고양이 세 마리, 개 한 마리 사이에서 저는 충만한 삶을 꾸려나가고 있습니다. 단지 휴가 갈 시간이 있었으면 합니다.

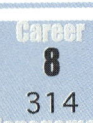
프로는 세상을 탓하지 않는다

모두가 당신을 돕는 파워 네트워킹을 구축하라

어떤 사람도 고립된 섬이 아니다.

| 존 돈(John Donne)

혼자서 모든 일을 하는 것은 당신의 성장과 커리어를 막는다. 모든 것을 통제하려고 해선 안 된다. 만일 당신이 시나리오도 쓰고, 감독, 제작, 출연, 편집, 홍보까지 모두 하려고 하면 실패로 끝나거나 당신이 쓰러져 버릴 것이다. 아주 창조적인 사람이나 한 번에 그렇게 많은 역할을 할 수 있는 것이다. 더욱 중요한 것은 그렇게나 많은 여러 일에 전문가여야만 한다는 것이다. 자신의 능력을 너무 여러 곳으로 분산시키면 결국 모든 일들이 망가지기 시작한다.

그럼 SOS를 외쳐라. 여럿이 함께 일하는 것은 아주 좋은 일이다. 선배들이 당신을 도와주고 격려하며 가르쳐 줄 수 있도록 하라. 기꺼이 배울 마음의 자세를 가지도록 하라. 서로를 돕고 보호해 줄 수 있도록 서로 뭉쳐라.

이렇게 하려면 몇 가지 방법이 있다. 이 방법들 중 대부분은 바로 네트워킹이라는 제목으로 묶을 수 있는 것들이다. 당신의 친구, 가족, 동료, 고객, 상사들, 물품 공급자, 은행가, 당신의 경쟁자, 그리고 당신이 생각해낼 수 있는 모든 사람에게 연락을 취하라. 당신의 편인 사람, 당신이 무엇을 하고 있는지 무엇이 필요한지 아는 사람, 적어도 확대해서 생각하면 당신을 기꺼이 도와줄 사람들의 그룹을 만들어라. 당신을 도와주는 것이 이 사람들에게 가치 있는 일이 되도록 하라. 그럼 바로 당신은 성공으로 가는 길에 오를 것이다.

이 장에선 많은 네트워킹 아이디어가 소개될 것이며 이들은 모두 효과가 있는 것들이다. 그런데 내가 자주 함께 일하는 어느 프리랜서는 여기에 이 경고를 포함시켜야 한다고 주장했다. 네트워킹에 아주 능숙한 사람과 교류하는 것만으로도 최소한의 노력으로 최대의 네트워킹 효과를 얻을 수 있다는 점이다. 그녀에게는 광범위한 네트워크를 가지고 있는 고객이 몇 명 있다. 나도 그 중 하나이다. 그녀는 그녀가 한 일과 가격으로 우리를 만족시켜 왔고 지금까지 그녀는 우리뿐만 아니라 다른 과거의 고객들의 추천으로 계속해서 많은 일을 하고 있다. 그녀가 일을 아주 잘하는데다 항상 원하는 것보다 더 훌륭하게 일을 해내기 때문에 고객들이 만족하고 있다. 나는 그녀가 내 일에 너무 많은 노력을 하고 있는 것이 아닌가 걱정하고 있다. 그녀는 일이 너무 많아서 모든 사람을 만족시키지 못하는 것이 아닌지 걱정하고 있다.

비록 나의 네트워크이기는 했지만, 네트워킹은 그녀에게도 효과가 있었다.

힘내세요

자신의 예술을 계속 추구할 수 있는 열쇠는 충분히 튼튼한 구조를 세워서 성공하지

프로는 세상을 탓하지 않는다

않고도 행복을 느낄 수 있도록 하는 것이다.

| 캐럴 로이드(Carol Lloyd)

성공한 창조적인 사람과 성공하지 못한 창조적인 사람의 차이점은 바로 이 점으로 귀착된다. 바로 든든한 지원 시스템이다. 당신을 믿고 당신이 잘하기를 바라는 사람들을 찾는 것은 정말 좋은 일이며 당신을 열중하게 한다. 당신 내면의 비평을 중화해 주기도 한다. 때로 당신은 자신의 작품이 얼마나 특별한지, 당신의 재능이 얼마나 훌륭한지 보지 못하기도 한다. 이럴 때 당신은 바로 당신을 지지해 주고 도와줄 사람이 필요하다. 당신은 피드백이 필요하다.

노벨 문학상 수상 작가인 토니 모리슨은 작가 생활을 시작했을 때 먼저 저술 그룹에 참여하였다.

"나는 그 사람들이 정말 좋은 동료였고, 맛있는 음식을 주었기 때문에 그 그룹에 갔어요."

당신이 고독과 싸우는 데 도움을 줄 지원 그룹에 참여하는 것이 좋다. 당신과 같은 처지에 있는 - 집에서 일하는 사람, 대기업에서 일하는 사람 또는 중소기업에서 일하는 사람 - 생각이 비슷한 사람들이 모인 그룹을 찾아라. 각각의 경우마다 고유한 도전이 있으며 같은 문제에 직면하고 있는 사람들과 이야기하는 것은 당신에게 자극이 될 수 있다. 그들의 경험을 당신에게 알맞게 이용하는 것이다.

나는 광적인 목표 설정 애호가인데 나와 같은 사람들의 그룹을 찾을 수 없었기 때문에 내가 직접 그룹을 하나 만들었다. 골 스타스(Goal Stars)는 4년간 2주에 한 번씩 조찬 모임을 가지고 있으며 서로에게 지원을 해 주고 격려하며 아이디어와 브레인스토밍을 함께 한다. 나는 다른 분야의 전문가를 연사로 초청한다. 매번 회의가 끝날 무렵 우리는 둘씩, 또는 목표 파트너와 짝을 지어 다음 모임까지 할 일을 계획하고 그 목표를 파트너와 교환한다. 파트너는 다음 모임 전에 서로에게 전화를 해서 서로가 일을 잘 진행하고 있는지 확인을 한다. 네트워킹이 이 모임의 목표는 절대로 아니지만, 서로를 걱정하고 지원하면서 그 부산물로 네트워킹이 이루어졌다.

당신은 항상 이런 지원을 찾기 위해 멀리까지 나갈 필요는 없다. 토드 올드햄(Todd Oldham)의 어머니는 그에게 바느질하는 법을 가르쳐 주었고, 이는 그가 의상 디자이너로서 놀랄 만큼 성공적인 커리어를 이룩하는 데 근원이 되었다. 그는 여전히 자신의 가족들과 아주 가깝게 지내며 그의 가족들은 그가 가족들을 지원하는 만큼 그를 지원하고 있다. 그의 어머니는 그 회사의 사장이고, 그의 할머니는 품질 관리 담당자이며, 그의 여동생은 고객 관리 부서에서 일하고 있다.

수영복 디자이너인 말리아 밀즈(Malia Mills)는 보조 의상 디자이너로 커리어를 시작했지만 《스포츠 일러스트레이티드》(Sports Illustrated)가 그녀가 디자인한 수영복을 싣자 자신의 사업을 시작하기로 결심했다. 잡지에 실린 사진 때문에 주문이 밀려들자 그녀는 가족들의 도움을 구하였다.

"어머니와 아버지는 돈을 빌려 주셨고, 제 여동생은 로고를 디자인해 주고, 변호사인 오빠는 법적인 문제를 처리해 주었어요. 다른 오빠는 제가 사업 계획을 세우는 것을 도와주었습니다."

그녀의 성공의 비밀은?

"전화를 해서 충고를 구하는 것을 두려워하지 마세요. 그리고 그 충고를 사용하세요."

매튜 맥커너히(Matthew McConaughey)는 자신의 형제인 루스터(Rooster)에게서 정직한 피드백을 받는다. 루스터는 "매튜가 멍청한 짓만 안 한다면 아마 영화배우로 대성공할 것입니다."라고 하곤 했다. 매튜가 법조인으로서의 커리어를 생각하고 있을 때 루스터는 역시나 그의 의견을 말하였다.

"만약 매튜가 변호사가 되어도 나는 절교하지 않을 것이라고 이야기했어요."

1972년 스티븐 킹(Stephen King)은 자신의 첫 소설 『캐리』(Carrie)를 썼다. 그러나 여러 출판사에서 거절을 받은 후 그는 그 소설을 버려 버렸다. 그의 아내는 이 원고를 쓰레기통에서 다시 꺼내고는 남편에게 다시 한 번 출판사에 보내 보라고 격려했다. 그 책은 350만 부나 팔렸고 영화도 제작되었으며 그의 커리어가 새로이 시작되었다.

누군가가 당신을 믿어 주면 그 사람은 당신이 가능하다고 생각하는 것 이상으로 당신을 밀어 줄 수 있다. 멜 깁슨(Mel Gibson)의 여동생은 그가 모르게 호주의 국립연기학교에 원서를 넣었다. 학교에서 공부하는 동안 그는 1976년 "섬머 시티"(Summer City)라는 영화로 데뷔하였고, 후에 "매드 맥스"(Mad Max)의 주연을 맡게 되었다.

오지 오스본(Ozzy Osborne)을 믿어 준 사람은 아무도 없었다. 그의 기타리스트이자 동료 작곡가인 친구가 비행기 사고로 죽었을 때나 오지가 그만두고 싶어할 때와 같이 힘든 시기에 그의 매니저이자 아내인 샤론은 그를 말끔하게 차려 입히고 그가 할 수 있다는 사실을 이야기해 주면서 힘든 시기를 이겨 나갈 수 있도록 해 주었다. 그녀는 그가 힘을 추스를 수 있도록 도와주었던 것이다.

피드백과 지원은 당신의 컴퓨터만큼 가까운 것이 될 수 있다. 나는 독자들의 피드백을 기다리면서 살고 있다. 나는 아마존닷컴(Amazon.com)이 독자들이 서평을 올릴 수 있도록 한 것을 아주 좋아한다. 이런 서평을 신앙처럼 읽고 있다. 작가로서 살아가며 가장 좋은 점은, 나에게 있어서는, 팬레터를 받는 것이다. 어떤 독자가 내 책을 읽고 작은 면이지만 도움이 되었다고 쓴 편지를 받았을 때 책을 쓰는 데 들어가는 모든 노력이 가치가 있게 되는 것이다.

예술가들과 창조적인 사람들은 서로를 도울 수 있다. 어느 누구에게서 아무것도 가져오지 않아도 창조적인 사람들이 생산해 내는 에너지를 당신이 이용할 수 있다. 되도록 분야에 관계없이 긍정적이고 창조적인 사람들과 많이 어울려야 한다. 그들과 함께 어울리면 당신은 활력에 차는 것을 느낄 것이다. 당신이 종사하고 있는 분야의 사람들과 어울리는 것도

모두가 당신을 돕는 파워 네트워킹을 구축하라

도움이 될 것이다. 그들에게 남는 일을 얻을 수도 있고 새로운 기술을 배우며 당신의 남는 일을 맡을 사람이나 큰일에서 책임을 함께할 사람도 찾을 수 있다.

정상에는 자리가 많다. 니콜라스 케이지(Nicolas Cage)와 짐 케리(Jim Carrey)는 그들만의 상인 조그마한 치와와 강아지처럼 생긴 트로피를 공유하고 있다. 그들은 누가 히트 영화를 내느냐에 따라 그 트로피를 서로 옮겨 가며 가지고 있다. 이는 작은 치와와 강아지가 스페인어로 타코가 먹고 싶으냐 하는 질문을 하는 Taco Bell 광고가 히트치기 전에 시작된 것이다.

그들이 당신을 낙심하게 만들지 마라

칭찬이란 인간 영혼을 비추는 햇빛과 같은 것이다. 이것 없이 꽃을 피우거나 성장할 수 없다.

| 제스 라이어(Jess Lair)

그렇다. 모든 사람이 당신을 지원해 주지는 않을 것이다. 어떤 사람들은 당신을 이해하지도 못할 것이다. 비평이 항상 비열한 것은 아니다. 예를 들어, 부모님은 당신을 걱정하기 때문에 당신이 전통적인 커리어의 길을 걷도록 설득한다. 그들은 창조적인 예술을 하는 것보다는 회사가 더 안전하다고 생각하는 것이다.

재클린 미처드(Jacquelyn Mitchard)의 남편은 45세에 암으로 사망하면서 재클린에게 아이들과 산더미 같은 빚을 남겼다. 그녀는 대학의 홍보부서에서 파트타임으로 일하고 있었지만 전업 작가로서 살아가려는 꿈을 꾸고 있었다. 그녀의 아버지는 베어링 회사에 취직하라고 권했다. 반면 작가인 그녀의 친구는 그녀에게 글을 쓸 것을 독려하였다. 그녀는 작가의 길을 추구하기로 결심하였다. 그녀의 아버지는 그녀를 이해하지 못했다. 그녀의 아버지는 그녀에게 이렇게 말했다.

"아이들을 생각해 보아라."

그녀가 대답했다.

"생각하고 있어요. 좋은 엄마가 소심하게 자신의 꿈을 포기하라고 가르치나요?"

그녀의 첫번째 소설 『사랑이 지나간 자리』(The Deep End of the Ocean)는 하드커버 양장본과 염가판 모두 베스트셀러 목록에 올랐으며 영화로 제작되었다.

나도 부모님으로부터 별 지원을 받지 못했다. 나는 한때 그분들에게 원고를 보여 드렸다. 그런데 그분들이 정말로 읽으시는지 확인하기 위해서 몇 페이지에 풀을 붙여 놓았다. 두 분 모두 원고를 읽지 않으셨거나 원고들이 서로 붙어 있는 것을 별 상관하지 않으셨다. 그분들은 원고들이 서로 붙어 있다는 것에 대해 아무 말씀도 하지 않으셨다.

만일 당신이 집에서 지원을 받지 못한다면 다른 곳에서 지원 받을 곳을 찾아보라. 그렇지만 지원 받을 곳을 반드시 찾도록 하라. 당신을 도와줄 사람들의 네트워크를 만들어라. 단지 지원하는 사람과 식객을 혼동하지 않도록 하라. 많은 유명 인사들은 대통령에 필적할 만한 측근들을 데리고 다닌다. 물론 어떤 측근들은 긍정적이다. 션 '퍼피' 콤즈(Sean "Puffy" Combs)는 자신의 주변에 음악 제자들을 두고 종종 자신의 어머니 재니스와 함께 다닌다. 그러나 MC 해머(MC Hammer)는 자신의 친구와 그를 지지하는 사람들을 지원하느라 파산해 버렸다.

당신의 네트워크는 효과가 있는가?

지식 있는 사람들은 사실을 안다. 성공적인 사람들과 번영하는 사람들은 사람을 안다.

| 존 드마티니(John Demartini)

네트워킹과 농업 사이에는 아주 강한 상관관계가 있다. 당신은 아마도 이렇게 생각할 것이다.

"그럼 남부 캘리포니아 서퍼들이 농업에 관해 아는 것이 무엇일까?"

별로 없다. 그렇지만 네트워킹에 관해서라면 나는 씨를 뿌리고, 열매를 따고 최상의 결실을 생산할 수 있다. 그러니 이제부터 잘 읽도록 하라.

좋은 토양에서 시작하라. ┃ 맞는 기반에서 시작해야만 한다. 그리고 강한 첫 인상을 만들도록 하라.

모든 식물은 성장을 위해 햇빛이 필요하다. ┃ 당신이 앞으로 나아가고자 한다면 나가서 사람들과 어울려야 한다. 세상에 나가서 혼자서 사람들을 바라보는 것만으로는 충분하지 않다. 사람들과 이야기해야 한다. 그리고 잘 듣는 것도 잊어서는 안 된다.

모든 씨앗이 싹이 돋는 것은 아니다. ┃ 그러므로 필요한 것보다 더 많이 심도록 하라. 어떤 씨앗은 아주 아름다운 꽃을 피우지만 어떤 씨앗은 시들어 버리거나 죽어 버린다. 가능한 한 많은 사람들 만나라. 그리고 모두에게 당신이 무엇을 하는지, 무엇이 필요한지 이야기하라.

작물은 다양하게 하라. ┃ 이 말은 당신의 회사, 업계, 예술의 형태에 국한하지 말고 외부의 사람들과 네트워킹하라는 뜻이다. 때때로 이러한 인맥은 아주 가치 있는 것임이 증명되며 당신 능력의 범위를 창조적으로 확대하는 것은 항상 가치 있는 것이다.

작물을 윤작하라. ┃ 적어도 1년에 한 번은 당신의 네트워크에 있는 모든 사람에게 연락을 하라. 항상 당신의 이메일 주소록을 업 데이트하라.

모든 작물이 바른 방향으로 나아가지는 않을 것이다. ┃ 그러므로 당신은 네트워킹할 때 비록 시간 낭비라고 생각되더라도 참을성 있게 기다려야 한다. 어느 날 당신이 바라지도 않던 때에 당신의 노력의 결실을 거두게 될 것이다.

대부분의 작물은 아주 많이 돌보아주고, 비료를 주고, 물을 주어야 한다. ┃ 사람들이 당신을 위해 무언가를 해 줄 때까지 기다리지 마라. 그들을 위해 무엇인가를 먼저 해 주어야 한다. 그리고 항상 자신이 한 약속을 지키도록 하라.

식물들은 만져 주는 것을 좋아한다. | 신체 접촉 기회에 인색하게 굴지 마라. 사람들과 얼굴을 맞대고 이야기하고, 그들과 점심을 함께 하라. 점심이 저녁보다는 값싸고 관리하기 쉽다. 또한 그들이 당신의 최근 프로젝트를 보러 오도록 초대하라. 전적으로 이메일과 전화에 의존해서는 안 된다. 이메일이나 전화는 진정한 인맥을 쌓기에는 너무 비인간적인 매체이다.

너무 빨리 추수하려고 하지 마라. | 절대로 강요하지 마라. 만일 당신이 자신의 네트워크를 적절하게 관리하였다면 – 다른 사람들에게 관심을 기울이고, 가능할 때에는 그들을 도와주며 그들에게 필요한 것을 다른 사람에게 알려 주면서 동시에 당신이 필요한 것과 당신의 목표가 무엇인지 확실하게 이야기하라. – 사람들은 기쁘게 당신을 도울 것이며, 그들은 당신이 결코 생각하지도 못했던 방법을 생각해 낼 것이다. 시너지 효과가 나타날 수 있도록 하라.

작물이 가지 위에서 썩게 내버려 두지 마라. | 당신이 도움을 받거나, 추천을 받거나, 소개를 받으면 바로 그 이점을 이용하라. 다른 사람의 노력을 낭비하지 마라.

작물은 해와 그늘이 모두 필요하다. | 어떤 사람들은 명예를 원하는 반면 어떤 사람들은 무대 뒤에 남아 있기를 원한다. 다른 사람들의 필요를 민감하게 인식하도록 하라. 그렇지만 또 기억해야 할 것은 모든 식물은 때때로 해가 필요하다는 것이다. 그리고 명예나 칭찬을 원하지 않는다고 하는 사람들도 당신이 개인적인 방식으로 그들의 도움에 대해 감사를 표한다면 기뻐할 것이다.

돈이 되는 작물에 집중하라. | 이 말은 당신에게 도움이 되는 사람들하고만 사귀고 다른 사람들은 버리라는 뜻이 아니다. 왜냐 하면 누가 당신을 도와줄 수 있을지 모르기 때문이다. 이 말은 소용이 없어진 것들을 정기

모두가 당신을 돕는 파워 네트워킹을 구축하라

적으로 없애라는 뜻이다. 예를 들면 사망했거나, 다른 나라로 이사를 간 사람들을 골라내라는 것이다. 즉 당신의 네트워크에서 가장 효과적인 부분에 보다 많은 시간을 투자하라는 뜻이다.

나의 네트워크

만일 당신이 성공하고자 한다면 당신 인생의 보상은 바로 당신이 기여한 정도와 정비례한다는 점을 알아야만 한다.

| 데이비드 맥널리(David McNally)

나는 어린 시절부터 네트워킹의 가치를 믿어 왔다. 나는 학교에서도 학교의 모든 사람과 알고 있고, 모범생들, 서퍼, 운동 선수, 로커나 문제아들과도 잘 어울리는, '인맥이 넓은' 아이였다. 나는 종종 이 아이들을 해변 파티와 같은 프로젝트를 위해서 함께 뭉치게 하곤 하였다.

나의 커리어 내내 나는 네트워킹을 좋은 일에 사용해 왔다. 그렇지만 1993년 나는 주소록을 들춰 보다가 복권 당첨과도 같은 아이디어를 생각해 냈다. 유명하고 성공적인 샌디에이고 사람들에 대해서 책을 쓰는 것이었다. 나는 샌디에이고를 고향이라고 부르는 엘리트들, 권력자들, 운동 스타들, 연예인, 방송인들을 만나고 싶었다. 나는 그들이 그런 정상의 위치에 어떻게 올랐는지 궁금했다.

내가 이런 사람들을 어떻게 만날 수 있을까? 내가 그들에게 무엇을 제공할 수 있을까? 결국 나는 성공한 샌디에이고 사람들의 면면을 책으로 쓸 수 있었던 것이다. 나는 방송인들에게 연락하기 시작했다. 그들은 경쟁 미디어에 의해 거의 소개되지 않는 편이다. 그들은 책에 자신들에 대한 소개가 실린다는 점을 좋아했다. 그들을 인터뷰한 후 많은 사람들이 다른 유명 인사나 운동 선수들을 소개해 주겠다고 제안했다. 정말 놀랄 만한 일이었다. 부탁을 하는 동시에 혜택을 제공함으로써 나는 중요한 방

프로는 세상을 탓하지 않는다

송인 몇 사람과 친분을 쌓을 수 있었고, 내가 존경하던 영웅들을 만났으며, 우피 골드버그와 같은 스타들의 성공의 비밀을 알게 되었다.

책은 잘 팔릴까? 무슨 상관이람? 내가 책을 쓰는 동안 쌓은 인맥과 친분 관계는 값을 매길 수 없을 만큼 값진 것이다. 내가 굳이 현재 시제로 이 이야기를 하는 것은 그 경험들이 지금도 여전히 나에게 도움을 주고 있기 때문이다. 나의 주소록은 마치 샌디에이고 유명 인사 목록이나 다름없다. 나의 책은 이 지역에서 4,500부가 팔렸고 꽤 괜찮은 성공이었다.

사람들은 – 심지어는 중요 인물들도 – 당신이 생각하는 것보다 만나는 것이 쉽다. 그들이 할 수 있는 가장 나쁜 일은 싫다고 말하는 것이다. 그렇지만 잠재적인 혜택은 훨씬 더 크다.

나는 네트워킹이 없었다면 이 책도 쓰지 못했을 것이다. 몇 년 전, 나는 연사이면서 작가인 사람들의 그룹에 합류하였다. 우리는 우리가 가지고 있는 자원들을 한데 모았고, 지역 회의 및 관광국에 참여하였으며, 조언을 함께 나누었다. 그 그룹을 통해서 나는 해리엇 셰스터(Harriet Schechter)를 만났다. 해리엇은 나에게 『창조적인 사람을 위한 시간 관리』(Time Management for the Creative Person—이 시리즈의 두 번째 책) 저술 계약을 제안하였다. 이해가 상충되는 상황에서 그녀는 나에게 이 일을 추천하였다. 나는 이 책을 썼고 아주 훌륭하게 완성되었다. 그래서 내가 다시 이 책을 쓴 것이다.

해리엇이 없었다면 – 네트워킹이 없었다면 – 이 책을 쓰는 일은 절대로 일어나지 않았을 것이다.

모두가 당신을 돕는 파워 네트워킹을 구축하라

네트워킹은 쌍방향의 도로이다

다른 사람에 대한 예의와 배려는 마치 10원을 투자해서 1,000원을 벌어들이는 것과 같다.

| 토마스 소웰(Thomas Sowell)

다른 사람들이 당신에게 해 주기 전에 그 일을 다른 사람에게 해 주라. 이것은 바로 네트워킹에 있어서 내가 가지고 있는 좌우명이다. 나는 무엇인가를 얻기 위해서는 주어야 한다고 믿고 있다. 이는 마치 은행 구좌와 같은 것이다. 당신이 다른 사람을 도와주거나 지원해 주면 당신은 그 사람과 구좌를 만드는 것이 된다. 이제 당신은 은행 잔고에 맞춰 돈을 찾아서 쓸 수 있다. 만일 은행 잔고보다도 더 많은 돈을 인출하려 한다면 그 계좌는 부도가 나게 된다.

이는 사람을 이용하는 것에 관한 이야기가 아니다. 이는 인간관계에 대한 것이며 장기적인 접근 방식에 관한 이야기이다. 오직 받기만 하는 사람들은 너무 빨리 사람들의 호의를 잃게 된다. 결국 그들은 사람들과의 관계에서 사면초가가 되어 빠져나갈 여지가 없게 된다.

그럼 어떻게 하면 받기만 하는 사람이라는 인상을 주지 않으면서 도움을 구할 수 있을까? 일단 자신의 목표가 무엇인지 바라보는 것으로 시작하라. 이 목표를 성취하는 것이 다른 사람들에게 어떤 도움이 될 것인가? 당신 외에 누구에게 혜택이 돌아갈 것인가? 만약 당신의 목표가 다른 사람들에게도 도움이 된다는 것을 알 때 도움을 청하는 것이 훨씬 더 기분 좋을 것이다.

나의 가까운 친구인 앨런 핵(Alan Hack)은 항상 나에게 이렇게 물어본다.

"어떻게 도와줄까?"

그는 나를 몇 차례 도와주었었다. 그리고 그에게 내가 필요하거나 나에게서 어떤 것이 필요한 때는 언제라도 그를 도와주었다. 그의 은행 구좌는 이제 높은 복리 이자를 벌어들이는 구좌가 되었다.

그는 다른 사람의 말을 잘 듣는 사람이다. 사려도 깊다. 내가 그에게 고객이 될 가능성이 있는 사람을 보냈을 때 그는 나에게 아름다운 책을 한 권 보내 주었다. 그 고객은 결국 그의 고객이 되지 않았지만 그래도 그는 나에게 책을 보냈다. 만일 당신이 이런 일을 할 만한 여유가 없다고 생각한다면 당신의 생각을 바꾸어야 한다. 그렇게 하지 않으면 안 되기 때문이다.

　네트워킹은 당신이 서비스를 교환하고 적은 자본으로 일을 완수할 수 있도록 해 준다. 다른 사람들이 당신에게 기꺼이 보수를 지불할 수 있는 일은 무엇이겠는가? 앨런은 나에게 서핑을 가르쳐 달라고 한 것 외에는 아무것도 요구하지 않았다. 나쁜 거래는 아니지 않는가?

　당신이 필요한 것은 무엇인가? 스튜디오를 사용하는 시간과 음악 강습을 거래할 수 있겠는가? 내가 아는 재즈 기타리스트는 완전히 서로의 재능을 맞교환하여 자신의 앨범을 만들어냈다. 당신은 예술 작품과 사무적인 도움을 맞교환할 수 있겠는가? 당신이 다른 사람의 글을 감수해 주고 그 사람은 당신의 글을 감수해 줄 수 있는가? 한번 생각해 보라.

사회사업가가 되라. | 자원 봉사자들은 자신들이 제공한 것보다도 더 많은 것을 얻는다. 당신은 VIP를 만나서 그와 인연을 맺고 대화를 할 수도 있다. 자선 활동 또한 기삿거리가 되는 것이기 때문에 당신이 가장 필요로 하는 좋은 평판에 대한 홍보를 무료로 할 수 있다. 당신이 하고 있는 일과 관련되어 있으면서 평소에 확신을 갖고 있는 것을 찾도록 하라. 자선 활동은 당신의 커리어에 좋을 뿐 아니라 당신의 영혼에는 훨씬 더 좋다.

다른 사람들이 도움을 필요로 할 때 그들을 도와주고 그들을 지원해 주라. | 이것이 바로 진정한 네트워킹을 추구하는 사람, 그리고 진정으로 다른 사람을 생각하는 사람의 모습이다. 모든 일이 잘 돌아가고 있을 때 누군가를 지원하는 것은 쉬운 일이다. 그들의 일이 잘 되지 않지만 당신이 여전히 그들을 지지하고 있을 때 당신은 자신의 진면목을 보여 주는 것이다. 그들이 다시 회복이 되면 그들은 당신의 충성심을 기억하고 그에 대해 보상을 할 것이다.

당신의 서비스와 경험, 포트폴리오 작품, 인맥을 교환하라. | 만일 당신이 그래픽 디자인에 경험이 필요하다면 교회나 지역 단체 소식지를 만들겠다

고 자원해 보라. (경고: 일단 소식지 편집자가 되면 그 일은 끝이 없다는 것을 기억해야 한다. 그 일을 그만두려면 멀리 이사 가거나 죽어야만 할 것이다. 그렇지만 여전히 좋은 거래이다.)

내가 했던 일 중 가장 잘한 일 중 하나는 비공식적인 연설가 기관을 만든 것이다. | 워크숍을 해 달라고 부탁받았을 때 나는 이미 선약이 있었고 부탁받은 주제도 나의 레퍼토리가 아니었다. 나는 다른 연설가에게 부탁하라고 추천하였다. – 일은 세 사람 모두에게 이득이 되는 상황이었다. 나는 소개비를 받았고, 연사를 찾는 데 믿을 만한 연락책이라는 명성을 얻었으며, 그래서 더 많은 요청을 받았기 때문에 이득이 되었다. 다른 연설가는 그에게 오지 않았을 일을 얻었기 때문에 이득이 되었고, 고객은 자신들에게 필요한 연설가를 추가적인 노력 없이 찾을 수 있었기 때문에 이득이 되었다. 효과는? 만점이었다.

사람들과 정기적으로 연락을 취하라. | 이메일, 전화, 생일카드 보내기, 유머나 흥미 있는 기사, 적절한 기사를 팩스로 보내라. 그들의 성공을 지켜보고 축하하라.

여행 중에 엽서를 보내라. | 내가 워크숍 때문에 자주 여행을 하기 때문에 나는 주소록을 가지고 다니면서 보이지(Boise), 덜루스(Duluth), 피지(Fiji), 타히티(Tahiti), 카리브해(Carribbean)와 같이 이국적인 장소에서 사람들에게 엽서를 보내곤 한다. 많은 사람들은 엽서를 받고 이를 냉장고나 메모판에 붙여 놓는다고 한다. 어떤 사람은 이 엽서를 자신의 웹 사이트에 올려놓기까지 하였다. 그 엽서에는 나체의 원주민 사진이 있었다. 요점은 엽서를 보내는 것엔 많은 노력이 들지 않지만 그 효과는 아주 크다는 점이다. 당신은 몇 년 동안 연락도 안 하던 사람에게 전화해서 부탁을 하고 싶지는 않을 것이다. 계속 연락을 유지하라.

당신에게 도움을 준 사람들에게 감사를 표하라. | "감사합니다"는 최고의 네트워킹 도구이다. 감사를 표하는 일을 부지런히 하라. 감사 카드는 당신을 도와준 사람에게 당신이 할 수 있는 최소한의 것이다.

프로는 세상을 탓하지 않는다

생일 카드를 보내라. | 나는 생일 카드에 더욱 열심이다. 모든 사람들은 크리스마스카드를 보낸다. 그렇지만 내가 아는 사람들 중에 자신들의 배우자나 부모님마저도 자신들의 생일을 잊었는데 내가 기억하고 카드를 보낸 것에 아주 놀랐다고 말하는 사람들이 있었다. 생일 카드는 아주 큰 효과를 가져온다. 잠시 일을 멈추고 카드 가게에 가서 카드를 둘러보는 것은 아주 기분 좋은 일이다. 그리고 나는 그 일을 아주 좋아한다.

그 자리에 있어라. | 만일 누가 나의 행사에 왔는지 내가 알아차리지 못할 것이라고 생각한다면 당신은 잘못 생각한 것이다. 그렇다. 나는 내 행사에 참석한 사람들을 기억한다. 그리고 당신을 지원해 주는 사람들에 대해서라면, 당신이 그들의 개업식, 쇼, 사인회, 결혼식에 참석하려고 노력해야만 한다고 나는 생각한다. 사람들이 나의 행사에 와 주는 것은 나에게는 큰 의미이다. 그리고 나는 참석하지 않은 사람들을 기억한다.

교환의 도구

당신은 생산성을 다스릴 수 없다. 당신은 사람들이 최선을 다하도록 도구를 제공해야 한다.

| 스티브 잡스(Steve Jobs)

네트워킹을 시작하기 위해서 당신에게 필요한 것은 명함, 주소록, 그리고 다이어리이다. 당신이 점점 더 네트워킹에 관여하게 되면 당신의 네트워킹 마법 주머니는 다음의 것들을 포함할 수 있게 점점 커질 것이다.

사후 관리. | 여기에는 약속, 책임, 생일과 같은 것을 기억할 수 있는 일종의 시스템이나 이런 것들을 한꺼번에 모아 놓을 수 있는 어떤 것이 필요하다. 간단한 달력이나 수첩이어도 되고 메모장이나 ACT, GoldMine, Sharkware와 같은 소프트웨어 프로그램에 정리해도 된다.

우편 주소록. | 당신이 이사하면 모두에게 알려 주도록 하라. 주소록을 항상 최신으로 업데이트하는 데 드는 시간은 필수불가결하며 충분한 가치가 있다. 나의 주소 목록은 전화번호부처럼 구성되어 있다. 인명 전화번호부와 상호 전화번호부로 나뉘어 있고, 알파벳순으로 정리되어 있으며, 목록 제일 앞에는 비상 전화번호를 적어 놓았다.

견본, 포트폴리오, 또는 브로슈어. | 이것들은 당신에게 신뢰감을 줄 뿐 아니라 제품 소개나 작품을 소개할 때 아주 유용하다.

문구용품. | 편지지와 송장도 포함된다. 편지봉투는 무늬 없는 백색 봉투에 스탬프를 찍어서 사용하면 인쇄비를 절약할 수 있다. 로고와 이름, 주소를 새긴 스탬프는 대부분의 대형 문구점에서 맞출 수 있다. 엽서는 내가 가장 자주 사용하는 것이기 때문에 감사 카드, 생일 카드와 함께 한 번에 많이 사다 놓는다. 그리고 항상 우표를 준비해 놓는 것도 잊지 말아야 한다.

펜. | 펜과 종이 없이 절대로 아무 데도 가지 마라. 다른 사람에게 당신이 하겠다고 한 일을 적어 놓아라. 그리고 그 일을 하라. 나의 동료 한 사람은 속기용 연습장을 대량으로 사 놓고 사용한다. 속기 노트는 가방에 쏙 들어간다.

나눠 줄 샘플. | 나는 항상 나의 책을 가지고 다닌다. 이 책들을 서점 매니저들에게 주기 시작했다. 그 사람들은 책을 받으면 내 책 홍보에 더 많은 관심을 보여 준다.

A 리스트. | 나의 팀 리스트를 만들었다. 여기에는 내가 커리어에 있어서 의지할 수 있는 열 명의 사람이 포함되어 있다. 나는 그들이 어려울 때 그들을 도와 그들이 나에게 의지할 수 있도록 할 것이며 이는 상호적이다.

전기로 움직이는 도구. | 컴퓨터, 웹 사이트, 이메일, 휴대폰, 자동 응답기/음성 사서함, 수신자 부담 전화번호.

전화/휴대폰/전화 응답 서비스. | 데이비드 게펜(David Geffen)의 전화에는 단축 다이얼이 20개가 있는데, 각각의 단추 옆에는 카젠버그(Katzenberg), 스필버그

(Spielberg), 캘빈 클라인(Calvin Klein), 폴 앨런(Paul Allen, 마이크로소프트의 공동 창업자)와 배리 딜러(Barry Diller)와 같은 이름이 적혀 있다. 이 사람들은 그가 거의 매일 전화를 거는 사람들이다. 당신의 단축 다이얼에는 누구의 전화번호가 입력되어 있는가(피자 배달 전화번호 빼고)?

당신에게 항상 연락이 가능하도록 응답 서비스나 음성 사서함 서비스를 사용하도록 하라. | 나는 내 편집 컨설턴트의 전화가 항상 통화 중이기 때문에 전화할 때 꽤 기분이 나빠지곤 했다. 후에 그녀는 전화회사에서 제공하는 메시지 서비스를 신청하였다. 이제 그녀가 통화 중일 때 내가 전화하면 곧바로 메시지 센터로 연결된다. 전화 도중에 그녀는 경보음을 듣고 자신에게 메시지가 왔다는 것을 알게 된다. 그럼 그녀는 메시지를 확인하고 바로 나에게 다시 전화를 한다. 중요한 전화를 놓치는 우를 범하지 마라.

이메일. | 만일 컴퓨터를 가지고 있다면 인터넷에 연결하고 이메일 주소를 만들어라. 이메일이 얼마나 효과적인 의사소통 수단인지 알게 되면 아마 많이 놀라게 될 것이다. 당신은 시간만 있으면 언제든지 낮이든 밤이든 메시지를 보내고 받을 수 있다. 그러므로 새벽 3시에 연락할 일이 생각나더라도 다음 날 아침으로 미룰 필요가 없다. 사람들은 말로 할 때보다 글로 쓸 때 훨씬 더 요점을 잘 집는다. 그리고 당신은 그들이 말한 것에 대해 기록으로 된 것을 가지게 된다. 다만 당신이 다른 사람과 연락할 때 이메일만 사용하려고 해선 안 된다. 아무리 그래도 얼굴을 맞대고 하는 대화가 가장 효과적이기 때문이다.

첫인상

영화란 낙하산과 같다. 만일 펴지지 않으면, 개봉되지 않으면 당신은 끝장나는 것이다.

| 로버트 에반스(Robert Evans)

Career
9
331
Management

모두가 당신을 돕는 파워 네트워킹을 구축하라

네트워킹과 데이트는 많은 사람들이 생각하는 것보다 더 많은 공통점을 가지고 있다. 당신은 아마 첫 데이트 날에 있었던 일은 좋았던 것이나 나빴던 것 모두 세세히 기억하고 있을 것이다.

나의 첫번째 데이트 상대가 내가 그녀를 데리러 오길 기다리지 않고 우리 집에서 만나자고 했던 때를 나는 결코 잊을 수 없다. 그래서 약속 시간에 늦는 일도 없었다. 그녀는 약속 시간 한 시간 전에 우리 집에 도착했다. 이건 나쁜 신호였다. 그리고 지금 생각해 보면 나는 그 여자로부터 그냥 도망쳤어야만 했다. 나의 룸메이트가 나가면서 문을 열어 놓고 나가 버렸다. 나는 욕실에서 샤워하고 있었고 초인종 소리를 듣지 못했다. 그녀가 만약 초인종을 눌렀다면 얼마나 좋았을까? 그녀는 그냥 들어와 버렸던 것이다! 나는 누군가가 아래층에서 서랍장을 열어 보고 있는 소리를 들었다고 생각했다. 나의 집은 당시에 부동산에 팔려고 내놓은 집이었기 때문에 부동산 중개인이 집을 보여 주고 있는 것이라고 생각했다.

아마도 이때 나는 인생에서 최악의 결정을 했던 것 같다. 나는 중개인이 다 둘러보고 가 버렸을 것이라고 생각하면서 물기를 닦지도 않고 옷도 입지 않은 채로 문구류로 가득 차 있는 집의 사무실에 있는 옷장 쪽으로 뛰어 들었다.

나는 방으로 들어오는 발걸음 소리를 들었다. 나는 누군가가 서랍장을 뒤적이는 소리를 들었다. 그리고 옷장 문이 열리는 소리를 들었다. 그래서 나는 온 힘을 다해서 문이 열리지 않도록 붙잡았다. 그렇지만 손이 젖어 있어서 손잡이에서 손이 미끄러져 버렸다. 문은 활짝 열려 버렸다.

"도대체 무슨!!!!"

나는 소리쳤다. 반대편에서는 고음의 목소리가 들려왔다.

"꺄아아아아아악!!"

내 생각에는 그녀가 나름대로 인상을 받은 것 같았다. 그녀는 데이트를 계속하려고 했기 때문이다. 반면에 나는 그녀가 나의 서랍들을 모두 뒤졌다는 사실을 그냥 넘길 수가 없었다.

첫인상이 나쁘면 이를 극복하기란 어려운 일이다. 그러므로 사람들은 좋은 첫인상으로 감동을 주어야 한다. 나중에 당신이 원래 하던 방식대로 할 수도 있을 것이다. 지금 당장은 당신의 최고로 좋은 행동을 보여 주어야 한다.

숙제를 하라. | 비록 당신이 그들에 대해 확인했다는 것이 명백하더라도 사람들은 당신이 그들의 고향, 취미, 그리고 심지어는 그들의 골프 핸디캡을 알아보는 데 시간을 들였다는 사실에 보통 기뻐한다. 물론 명예를 손상시키는 사진을 가지고 있다면 그들은 약간 날카로워질 것이다.

내가 영화 제작자와 만나기로 되어 있을 때, 나는 그와의 서먹한 느낌을 없앨 수 있도록 공통점을 찾았다. 나는 도서관에서 잠깐 배경 조사를 하면서 그 또한 서핑을 했었다는 사실을 알았다. 우리는 그 공통점이 있었기 때문에 대화가 쉽게 이루어졌고, 아주 빠르게 친구가 되었다.

당신이 소개되기 전에 무슨 말을 할 것인지 준비하라. | 당신이 무엇을 하는지, 당신이 특별한 이유는 무엇인지 다른 사람들에게 간결하게 설명할 수 있는 소갯말을 준비하라. 여기에 약간의 유머 감각을 더하라. 기억에 남는 것을 준비하라. 자연스럽게 들릴 수 있도록 연습하되 내용을 다듬어라. 당신의 이름은 제일 마지막에 넣어라. 예를 들면,

"저는 편집자이고 출판을 전문으로 하는 그래픽 아티스트입니다. 저는 책, 잡지 일을 하고 때때로 소식지도 만들고 있습니다. 제 이름은 베스 해그먼(Beth Hagman)입니다. 그럼 당신은 이름이 무엇입니까?"

전문적으로 보이도록 하라. | 적어도 깔끔해 보이기는 해야 한다. 그렇다. 당신은 기존의 양식을 따르는 사람이 아니다. 우리도 그것은 알고 있다. 그렇지만 적어도 당신이 만나는 사람과 같은 종족으로 보이려는 노력은 해야 한다. 모든 종족은 종족별로 옷차림이 있다.—변호사, 의사, 심지어는 창조적인 사람들에게도 그들만의 옷차림이 있다. 예를 들면 한동안 예술가에게 있어서 묶은 머리가 기본이었다. 문신은 젊음과 판단력 부족을

상징한다. 비록 선입견이 잘못된 것이라고 해도 널리 퍼져 있는 선입견을 인식하도록 해야 한다. 만일 당신이 심각해져야 할 필요가 있을 때 이는 정말 심각하게 보이도록 도와준다.

회의 때 정시에 도착하거나 일찍 도착하라. | 서서 물건을 전달하라. 앉아서 서류 작성을 하지 마라. 그러면 사람들을 만날 수 있는 기회를 놓치게 되거나 사람들을 만났을 때 이상해 보인다. 손에 들고 있는 잡지는 내려놓고 똑바로 앉아라. 만일 탁자 앞에 앉아 있다면 탁자에 발을 올려놓지 마라.

행사 전에 미리 식사를 해서 행사 중에 게걸스러운 돼지처럼 보이지 않도록 하라. | 음식이 사방에 흩어져 있다면 그것은 당신의 음식이 아니다. 적어도 공공장소에서는 그렇다. 이렇게 해 두면 당신은 뷔페 음식을 담으려고 기다리거나 손과 입에 음식을 가득 담느라고 중요한 얘기를 할 시간을 소비할 필요가 없다.

네트워킹 기회를 일찍 잡아라. | 좋은 자리를 얻으려면, 주위 환경에 익숙해져야 한다. 만일 등록이 필요하다면 일찍 등록하도록 하라. 그리고 꼭 발표자나 주최 측을 만나도록 하라.

혼자 서 있는 사람을 찾아 그/그녀에게 먼저 접근하라. | 혼자 있는 사람은 좀 더 수용적이며 당신은 그에게 접근하면서 접근하는 방법을 연습할 수 있다.

술에 취하지 마라? | 매튜 맥커너히는 커리어 초기에 자신의 여자 친구와 호텔 바에서 자신이 얼마나 배우가 되고 싶은지에 대해서 얘기하고 있었다. 그때 바텐더가 바의 반대편에 할리우드의 배우 캐스팅 감독이 앉아 있다고 얘기해 주었다. 맥커너히는 그 사람에게 자신을 소개했다. 두 사람은 뜻이 맞아 함께 술을 마시기 시작했고 결국 매튜의 여자 친구는 화가 나서 떠나 버렸으며 바에서도 두 사람은 결국 쫓겨났다. 그 캐스팅 감독은 션 펜(Sean Penn)을 포함한 모든 배우들의 멘토인 돈 필립스(Don Phillips)였다. 얄궂게도 이 만남은 맥커너히에게 "라스트 스쿨데이"(Dazed and Confused)라는

영화에 출연할 수 있는 기회로 이어졌다.

조지 진 너던(George Jean Nathan)은 이렇게 말했다.

"나는 다른 사람들이 흥미로워할 만큼만 마십니다."

그저 자신이 부끄러워질 일만 하지 마라.

힘찬 악수와 눈 인사. | 미끈미끈한 국수나 죽은 생선을 연상시키는 것은 모두 금물이다. 비밀스러운 악수와 보이 스카우트 경례, 너무 힘이 세서 뼈가 부러질 것 같은 악수도 금물이다.

이름을 외우고 이름을 사용하라. | 잘 듣지 못했다면, 그 사람들에게 다시 말해 달라고 하라. 한 사람의 이름은 그 사람의 귀에는 음악처럼 들린다. 당신이 이름을 많이 사용할수록 이름을 외우는 것이 더욱 쉬워진다. 그리고 사람의 이름을 외우는 것은 당신이 관심을 기울이고 있다는 것을 보여준다.

담소의 기술을 익혀라. | 질문을 하라. 가족, 직업, 활동, 흥미와 같은 것으로 시작하라. 공통점을 찾아라. 개인적인 이야기를 하라. 최근의 사건만을 갖고 이야기를 나눠 사람들이 무엇에 관해 얘기하는지 당신이 알 수 있도록 하라. 그야말로 수다에는 천부적인 재능이 있는 래리 킹(Larry King)은 이렇게 말했다.

"한 사람과 이야기를 하든지 백만 명과 이야기하든지 규칙은 같습니다. 대화란 관계를 맺는 것입니다. 공감대, 열정, 기꺼이 들으려고 하는 마음을 보여 주는 것입니다. 그러면 대화의 황제가 되지 않을 수 없습니다."

고운 말을 하라. | 입술에 콜라겐 주사를 맞을 수도 있고, 100달러나 들여 머리를 다듬을 수도 있고, 아르마니 정장을 입고 있을 수도 있다. 그렇지만 당신이 입을 여는 순간 입에서 온갖 욕설과 모든 사람들에 대한 악담만 쏟아져 나온다면, 당신이 누구를 씹고 있는지 전혀 인식하지 못한다면 당신은 쓰레기처럼 보일 것이다. 나는 항상 수녀님과 이야기하듯 가정한다. 이것도 조심해야 한다. 이것은 어떤 사람들에게는 잊혀지지 않는 기억을 되살릴 수도 있다. 만일 내가 얘기하려고 하는 것이 수녀님의 기

분을 상하게 할 수 있다면 나는 이야기를 하지 않을 것이다. 우리는 개인 컴퓨터(personal computer)가 아니라 정치적으로 올바른 PC(politically correct) 세계에 살고 있다. 그리고 나는 사람들이 매우 쉽게 기분이 상한다는 사실을 경험으로 깨달았다. 그러니 악담하지 마라. 그리고 당신의 청중이 누구인지 알게 될 때까지는 가능한 한 정치적인 자세를 취하도록 하라.

분위기에 적응하라. | 당신은 5분 동안이면 어떤 것에 관해서라도 누구와 이야기할 수 있다. 그러고 나서 다른 사람에게로 옮겨 가 어울릴 시간이다. 내가 거짓말을 하고 있다는 사실을 알아차리기 전에 나는 다음 사람에게로 옮겨 가는 것이다. 당신의 다양한 사고 스타일을 사용하여 여러 가지 다른 주제들에 대해서 배우도록 하라. 그리고 당신이 최신 정보를 가지고 있지 않은 주제에 대한 대화를 하게 된다면 잘 듣도록 하라.

말하기 전에 생각하라. | 정말로 엉겁결에 어떤 것을 말해 버려서 어쩔 줄 몰랐던 적이 몇 번이나 있는가? 입을 열기 전에 잠시 멈추는 법을 연습하라. 앨리 맥빌(Ally McBeal)이 다니는 로펌의 대표 변호사 존 케이지(John Cage—텔레비전 쇼에 나오는 이름)는 법정에서 그가 예기치 않았던 일이 일어났을 때 자신에게 생각할 시간을 주는 다양한 기술을 가지고 있다. 그는 아주 천천히 물을 한 잔 따르고 천천히 홀짝이면서 마신다. 그는 일어나서 조심스럽게 웃옷의 단추를 채우고 천천히 증인석으로 나아간다. 그는 절대로 생각하지 않았던 것이나 자신이 뜻하는 바가 아닌 것은 이야기하지 않는다. 그는 절대로 그가 뜻하는 바이지만 적절하지 않은 말은 하지 않는다. 결과는? 사람들은 그가 이야기할 때 경청한다.

진지하고, 따뜻하며, 정직하라. | 당신이 다른 사람들을 칭찬할 때, 관심이 있을 때 그렇게 하라. 그리고 미소를 지어라.

다른 사람들이 이야기하도록 하라. | 자랑하지 말고 대화를 독점하지도 마라. 사람들은 정말로 당신의 성공에는 관심이 없다. 그들이 대화의 스타가 되도록 하라.

자신의 명함을 가지고 가라. | 그리고 꺼내기 쉬운 곳에 두라. 당신은 명

프로는 세상을 탓하지 않는다

함을 꺼내는데 지갑을 열고 당신의 개인적인 물품들을 보이고 싶지는 않을 것이다. 예를 들어, 콘돔이라든지 치질 좌약을 보여 주고 싶지는 않을 것이다. 007 제임스 본드처럼 이야기하라.

"제 명함입니다."

"연락 드리지요."

마음을 흔들되 자극하지는 마라.

그들의 명함을 달라고 하라. ┃ 대화를 마무리하면서 당신의 관심을 표시하라. 그들의 명함 뒷면에 무슨 일을 해 주겠다고 했는지와 그들을 기억하는 데 도움이 될 것을 적어 놓아라. 나는 여기에 그들이 어떤 음료를 좋아했는지도 적어 놓는다. 메모를 하는 행동만으로도 당신이 그들과 다시 연락하고 싶어한다는 인상을 줄 수 있다.

강한 느낌을 주는 퇴장. ┃ 언제 떠나야 할지 알아야 한다. 주의 깊게 떠날 시간을 선택하라.

감사 카드를 보내라. ┃ 또는 "지난 밤 만나게 되어 기뻤습니다."라고 적은 카드를 보내라. 그들이 당신이 누구였는지 잊어버리기 전에 바로 카드를 보내라. 이 작은 카드는 그들의 기억 창고에 당신에 대한 확실한 자리를 마련해 줄 것이다.

잡담 또는 손실

사업에서는 인맥이 제일 중요하다. 왜 예술계에서는 이런 사람들이 추잡하다고 여겨지는가?

┃ 브레트 싱어(Brett Singer)

네트워킹의 목표를 세워라. 계획을 세워라. 그렇지 않으면 결국 많은 시간과 에너지를 낭비하게 된다. 그리고 비용도 많이 들 수 있다. 당신이 어디로 가고자 하는지 알면 당신은 노력을 줄일 수 있다. 이 문제를 진지하게 생각하라. 당신이 제공할 수 있는 것을 필요로 하는 사람은 누구인가? 그들에게 어떻게 연락할 것인가?

당신이 알고 있는 사람들은 누구인가? | 집에서 가까이 살고 있는 사람들로부터 시작하라. 당신을 위해서 횃불을 밝혀 줄 협력자를 찾아라. 가이 카와사키(Guy Kawasaki)는 대학 친구가 그의 이력서를 애플 컴퓨터사의 인사부에 직접 제출해 줬기 때문에 입사할 수 있었다. 애플컴퓨터사는 당시 매일 수만 통의 이력서를 받고 있었다. 그러므로 가이가 그 일을 얻을 가능성은 마이크로소프트사가 파산할 가능성과 다를 바 없었던 것이다.

지역에서 시작해서 세계로 뻗어나가라. | 옛 친구들과 동료, 학교 친구, 고객에게 연락하라. 예일 대학교에 다니는 동안 영화 "파고"(Fargo)의 출연 배우 프랜시스 맥도먼드(Frances McDormand)는 홀리 헌터(Holly Hunter)와 친구가 되었다. 이 두 사람은 모두 아카데미상을 받았다. 헌터는 맥도먼드에게 자신이 영화 데뷔를 하게 된 계기에 대해 힌트를 주었다. 맥도먼드는 또한 그녀의 미래의 남편이자 영화 제작자인 조엘 코언(Joel Coen)을 영화 촬영 도중에 만나기도 했다.

모든 사람에게 당신이 무엇을 하고 있는지, 당신에게 필요한 것이 무엇인지를 이야기하라. 당신의 가족과 친구들이 당신의 상황을 알 것이라고 가정하지 마라. 보통 그들은 자신들의 작은 세계에 너무 둘러싸여 있어서 당신에게 많은 관심을 기울일 수 없기 때문이다. 그들을 당신의 세계로 끌어들여라.

CNN의 메리디스 백비(Meredith Bagby)는 대학 3학년 때 책을 썼고 200부를 출판하기 위해 2천 달러를 지불했다. 그녀의 아버지는 이 책을 《마이애미 해럴드》(Miami Herald)의 칼럼니스트에게 보냈다. 다음에 그녀가 알게 된 사실은 로스 페로(Ross Perot)가 NAFTA에 관한 의회에서 증언할 때 그 책을 예로 들었다는 것이었다. 더더욱 백비를 숨 막히게 했던 것은 로스 페로가 그녀를 "래리 킹 라이브 쇼"(Larry King Live Show)에 출연하도록 초대했다는 것이었다. 이로 인해서 그녀는 CNN에서 일하게 되었다.

"아빠 감사합니다!"

당신이 필요한 인맥과 사귀라. | 은행가, 대행사, 편집자, 제작자, 감독, 기자, 영향력 있는 사람, 토크쇼 진행자, 시의원 등과 당신이 무엇인가 필요로 하기 전에 사귀어 두라. 그들에게 좋은 자원이 되도록 하라. 당신을 사용하도록 부탁하라. 그들에게 필요한 것이 무엇인지 알아내고 그 요구를 채워 주라. 나는 사업 이야기를 하는 것이다. 성적(性的) 문제가 아니다. 당신이 정보, 기사, 작품, 좋은 음악, 또는 연락처를 제공해 주면 전문가라는 평판을 얻게 될 것이며 그들이 당신을 기억할 것이다. 주위의 상점 주인들, 지역 유지들, 주위의 창조적인 사람들과 사귀라. 친절하게 하라. 관심을 보여라. 그러면 사람들이 당신에게 끌릴 것이다.

아래 사람부터 시작해서 위로 올라가라. | 장래가 유망한 사람들과 사귀고, 동료를 세워 주라.

대리인을 두라. | 그것도 아주 좋은 사람으로.

다른 사람들이 예외적으로 따뜻하게 대해 줬거나 도움을 주었을 때 그 사실을 인정하라. | 나는 '좋은 발견자 카드'를 일을 아주 잘하지만 인정받지는 못하는 은행원, 사무원, 비행기 승무원이나 다른 사람들에게 전달하곤 한다. 이 카드에는 간단하게 이렇게 적혀있다.

"당신은 매우 특별합니다! 결코 잊지 못할 거예요!"

내가 받은 반응은 아주 값진 것이었다. 나는 이 카드를 받은 사람들로부터 고맙다는 전화와 이메일, 카드를 받았다.

모든 사람을 친절하게 대하라. | 오늘의 백수가 내일의 스필버그가 될지 당신은 절대로 알 수 없다.

사후 관리를 지속해서 하라. | 나는 아주 작은 보물찾기와 같은 과제를 사람들에게 주고 그들이 신뢰할 만한 사람인지, 내가 도움을 줄 만한 가치가 있는 사람인지 알아본다. 냉정하게 들리겠지만 나에게 얼마나 많은 사람들이 충고, 도움이나 평가를 위해 오는지 말도 할 수 없다. 나는 그들이

신뢰할 만하다는 것을 알아내기 전에는 그들에게 대리인을 추천하거나 다른 작가 또는 그 문제와 관련 있는 사람을 추천해 줄 수 없다. 나의 평판과 직결된 일이기 때문이다.

명함 수집가가 되라. | 명함이 마치 고가의 수집용 야구 카드인 양 모아라. 이 명함들이 언젠가는 명예의 전당에 헌정된 야구 투수의 카드보다도 더 가치 있는 날이 올 것이다. 만일 그들이 당신을 도와줬다면 명함에 X표를 하고 당신이 그들을 도와줬다면 O표를 하라. 명함에 그들의 별명을 쓰고, 이름을 어떻게 발음하는지, 경비원의 이름, 아이의 이름, 취미 등등을 명함 뒷면에 써라. 이것이 바로 그들에 대한 기록인 것이다. 홈런을 치고 싶은가? 그들을 이용하라.

참여자가 되라. | 그렇지만 과도하게 하지는 마라. 기구, 연합회나 전문가 그룹은 영감이나 인맥, 정보의 근원이 될 수 있다. 하지만 이들은 엄청난 시간 낭비의 근원이 될 수도 있으며 일을 지연시키는 도구가 되기도 한다. 비용이 비싸게 드는 것은 말할 것도 없다. 그러므로 현명하게 선택하도록 하라. 전문적인 연설가들의 전국적인 기구가 있다. 내가 처음으로 연설로 보수를 받게 되었을 때, 나는 1년에 8백 달러를 내고 이 기구에 가입했다. 하지만 낭비도 그런 낭비가 없었다. 2년 후 나는 8백 달러를 마케팅 자료를 만드는 데 투자했는데 이것이 훨씬 더 효과적이었다.

받기 위해 주라. | 내가 이 일을 한다면 미쳤다고 말할 것이다. 그러나 나는 진정으로 그렇게 했다. 내가 그래픽 디자인을 가르칠 때, 어쩔 수 없이 자신들의 작품을 비평해 달라고 하는 사람들이 생긴다. 비평을 해 주는 것은 수업 내용에는 없는 것이고, 나는 그에 대해 비용을 청구하지는 않는다. 그렇지만 나는 그들이 만들어 낸 소식지, 브로슈어나 광고를 집에 가져와서 이를 고쳐 준다. 무료로 말이다. 왜? 왜냐 하면 내가 이 일을 하면 평생의 고객을 얻게 되기 때문이다. 나는 이 일을 즐기며 여기에서 배우는 것도 많다.

당신이 정상에 이른 방법을 이야기하고 가르쳐 주라. | 러닝 아넥스(Learning

Annex)는 미 대륙 전체에 걸쳐 세미나를 열고 있는 단체이다. 나는 지난 8년 간 그 기관에서 세미나에 대해 가르치고 있다. 나의 수업과 관련된 그들의 대규모 홍보는 나를 대중에게 많이 노출시켜 주었다. 러닝 아넥스의 홍보 결과로 나의 옛날 학교 친구가 나에게 전화를 했다. 물론 새로운 고객도 전화를 했다. 또한 나의 이름이 알려지게 되어 모르는 사람에게 접근하는 것이 더 쉬워졌다.

작문 및 말하기 기술을 익혀라. | 내가 몇 년 전에 처음으로 전국적인 세미나 회사에서 세미나를 부탁받았을 때, 그들은 비행기를 타고 와서 오디션을 해 달라고 부탁했다. 오디션을 받고 나서 나는 그들에게 무엇을 바랐는지 물어보았다. 그들은 연사들이 주제에 대해서 아는 것이 좋기는 하지만 더욱 중요한 것은 연사들이 의사소통을 잘하는 사람이어야 한다는 것이었다. 왜? 그들의 생각은 예비 연사들에게 기술적인 면은 가르칠 수 있지만 좋은 연사가 되는 법은 가르칠 수 없다고 생각했기 때문이다.

당신의 작문 기술과 말하기 기술을 열심히 연마하라. | 그렇지만 기억해야 할 것은 최고의 의사소통 기술은 바로 잘 듣는 것이다. 질문을 하고 들어라. 사람들은 항상 그들의 인생에 대해 내가 상세히 기억하고 있다는 사실을 알고 놀란다. 내가 그들보다 약을 덜 먹은 것일까? 아니면 내가 그들보다 두뇌 세포가 더 많이 있는 것일까? 아마도. 그렇지만 내 십대 시절의 몇 년간은 꽤 흐트러진 시절이었다. 대부분 내가 관심을 기울였기 때문에 나는 사람들을 기억하고 있다. 그리고 사실 나는 다른 사람들에게 관심이 많다.

밖으로 나가라!!! | 차고 안에서 음악을 하는 밴드들 중 이웃에서 음악 소리가 너무 크다고 불평하러 왔다가 발굴되는 밴드는 몇 개나 될까? 많지 않다. 밖으로 나가야 한다. 연주회를 하고 이야기를 나누라. 사람들에게 선보이고 음악을 들려주라. 청중 중에 누가 당신을 발굴하기 위해서 앉아 있을지는 아무도 모른다.

항상 사람들이 바라는 것보다 더 많은 것을 주라. | 해리슨 포드(Harrison Ford)가

모두가 당신을 돕는 파워 네트워킹을 구축하라

인디애나 존스(Indiana Jones)가 되기 전에 그는 목수였다. 그가 프랜시스 포드 코폴라(Francis Ford Coppola) 사무실의 새 현관을 만드는 동안 포드는 이 감독에게 강한 인상을 남겼다. 그가 이 사실을 알기도 전에 포드는 코폴라 감독의 새 영화 "대화"(The Conversation)라는 영화에 캐스팅되었다. 이 역할로 인해 그는 "스타워즈"(Star Wars)의 한 솔로(Han Solo) 역할을 맡게 되었다. 만일 당신이 생계 유지를 위한 직업을 가져야 한다면 최고로 좋은 택시 기사, 웨이트리스, 안내인이 되도록 하라.

고급 잡담에 관한 힌트와 기술

나의 처녀성을 잃은 것은 커리어를 위한 수단이었다.

| 마돈나(Madonna)

대학생이었을 때 나는 성공의 비밀을 배우려고 열심이었다. 나는 결국 그저 열심히 일하는 것 말고는 성공의 비밀 같은 것은 없다는 사실을 알았다. 그 당시에는, 나는 순진했고 괴짜였다. 나는 수업에 넥타이를 매고 들어갔으며 서류 가방을 들고 다녔다. 나는 그 지역의 백만장자들을 점심 식사에 초대하는 초대장을 디자인해서 인쇄해야겠다는 생각이 들었다. 나는 그 동네의 부촌으로 차를 몰고 가서 눈에 보이는 최고급 승용차 - 롤스로이스, 벤틀리, 재규어 등등에 초대장을 끼워 놓았다. 그런데 전국 최대의 출판사 총수가 은퇴해서 나의 고향에 자리를 잡았다는 것이 밝혀졌다. 그는 나를 점심에 초대했고 나는 오후 내내 그의 두뇌를 이용할 수 있었다. 나는 아직도 그 만남에서 배웠던 것들을 이용하고 있다. 이것이 바로 고급 잡담이다.

나의 친한 친구 중 한 명인 보리스 브롬리(Boris Bromley)는 아무에게나 다가가서 말을 붙이는 것을 두려워하지 않았다. 우리가 결혼하기 전에는 우리에게 정말 도움이 많이 되었다. 그는 그 지역의 중요한 운동 선수들을 알고 있었고 또 그들과 친구였다. 미식축구 슈퍼볼 경기가 우리 동네에서 열렸을 때 보리스는 양 팀의 선수들과 리무진을 타고 돌아다녔다. 그 선수들의 텔레비전 인터뷰가 방영되었을 때 나는 보리스가 그들의 뒤에 서 있는 것을 몇 차례 본 적이 있다.

이런 유명 인사와 사귈 수 있었던 비결은 무엇이었을까? 그는 자신이 그들을 도울 수 있는 방법을 찾았다. 그리고 그는 정직하고 신뢰할 만한 사람이었다.

당신 분야의 유명 인사에게 당신이 제공할 수 있는 것은 무엇인가? 그들과 인간적인 교류를 하라. 정상에 있다는 것은 아주 외로운 것이다. 당신은 이런 유명 인사들을 그들의 대리인, 회계사, 변호사, 가족, 친구들을 통해서 만날 수 있다. 나는 지미 버펫을 그의 친구이자 나의 친구인 사람을 통해서 만났다. 그 친구는 캘리포니아 샌디에이고의 프로야구팀 파드레스(Padres)에서 선수 생활을 했으며 지금은 그 팀의 3루 주루 코치이다. 알고 보니 지미는 마이너리그 야구팀을 두 개 소유하고 있는 열렬한 야구팬이었고, 서핑도 좋아하는 사람이었다. 바로 나의 주전 종목이었던 것이다.

잊혀지지 않는 사람이 되라. | 나의 홍보 자료 중 일부에는 내가 양복을 입고 상어 모양의 풍선을 들고 서핑보드 위에 올라타 있는 사진이 실려 있다. 어떤 자료에는 내 머리에 화살이 꽂혀 있는 사진이 있다. 약간 우습게 보이는 것을 두려워하지 마라.

첨단 정보 기술을 사용하라. | 대화방, 웹 사이트, 이메일 등등. 인터넷에 소문을 퍼뜨려라. 당신의 이메일 주소를 사람들에게 퍼뜨려라.

개인적인 촉감을 사용하라. | 친필로 쓴 카드, 막 구워진 쿠키, 이런 개인적인 선물은 비싼 선물보다 훨씬 더 가치가 있다.

정상으로 가기 위해 골프를 쳐라. | 또는 농구, 낚시, 등산, 스키, 소프트볼, 아니면 라켓볼을 하라. 당신의 네트워크 리스트에 있는 사람들과 함께 할 수 있고 당신에게 자연스러운 접촉 기회를 줄 수 있는 활동을 찾아라.

누군가가 항상 당신을 지켜보고 있다. | MTV, 디즈니, ABC, 니켈로디언 (Nickelodeon)사의 고위직을 겸직하고 있는 전직 교사인 텔레비전 회사 중역 제럴딘 레이본(Geraldine Laybourne)은 NBA 농구 경기 구경을 가서 우연히 마이클 오비츠(Michael Ovitz)와 그의 가족 옆에 앉게 되었다. 아마도 당시 오비츠는 연예 산업에서 가장 영향력 있는 사람이었을 것이다. 오비츠의 아홉 살 난 자녀가 레이본이 니켈로디언사의 사장이라는 것을 알아차리자 오비츠는 경기보다는 그녀에게 더욱 관심을 갖게 되었다. 몇 달 후 오비츠가 디즈니사의 사장을 임명해야 할 때 그는 레이본을 기억해 냈고, 그녀에게 새로운 디즈니/ABC 케이블 방송의 사장이 돼 달라고 부탁했다.

후원자를 찾아라. | 당신을 믿고 있는 모든 사람은 당신의 주머니에 있는 돈과도 같다. 토니 모리슨은 오프라 윈프리와의 우정에서 아주 많은 도움을 받았다. 오프라가 최근 오프라 북 클럽 선정 도서로 모리슨의 1977년 소설 『솔로몬의 노래』(Song of Solomon)를 뽑았다고 발표하자 이 책은 60만 부 이상 팔렸다. 당신의 오프라는 누구인가?

프로는 세상을 탓하지 않는다

인맥 만들기

환경을 신중하게 선택하라. 환경은 당신을 형성하기 때문이다. 친구를 신중하게 선택하라. 당신이 그들과 같게 되기 때문이다.

| W. 클레멘트 스톤(W. Clement Stone)

당신 자신의 개인적인 네트워크는 당신이 생각하는 것보다 훨씬 더 멀리까지 미친다. 여러 개의 동그라미를 그려라. 각각의 동그라미를 겹치지 않게 그리고 크기는 동그라미 안에 이름 몇 개를 적을 수 있는 크기로 하라. 각각의 동그라미 위에 다음의 분류를 적어 놓아라. 친구, 가족, 학교 친구, 가게 주인, 직장 동료, 고객, 동호인, 이웃, 자선 단체, 물품 공급자, 전문가, 안면이 있는 사람, 자원봉사자, 교회.

아마도 큰 종이가 필요하고 글씨는 아주 작게 써야만 할 것이다.

각각의 분류에 맞는 사람 이름을 생각나는 대로 모두 적어라. 만일 생각이 나지 않으면 펜을 다른 쪽 손으로 옮겨서 계속 이름을 적어라. 양쪽 손을 모두 사용하는 것은 두뇌의 양쪽을 다 사용할 수 있도록 하는 것이다.

그럼 이제 각각의 동그라미가 다른 동그라미를 만들어 내도록 하라. 동그라미 사이를 화살표로 연결하라. 친구 동그라미는 친구의 친구 동그라미를 낳는다. 가족 동그라미는 광범위한 가족 동그라미를 낳으며 여기에는 당신의 친척의 모든 친척이 포함된다. 가능한 한 머리 속에서 기억이 나는 모든 이름을 적어 넣어라. 계속해서 동그라미가 늘어나게 되면 당신은 비록 아주 미미하기는 하지만 당신과 전 세계는 아니더라도 실질적으로 이 나라의 모든 사람들 사이의 연관 관계를 발견할 수 있을 것이다.

내가 한 것처럼 하라

언론 매체와 일하는 것은 게임과도 같다. 이길 때도 있고, 질 때도 있다. 그렇지만 일단 당신이 규칙을 알게 되면 지는 경우보다 이기는 경우가 많아진다. 그리고 어느 게임이나 마찬가지로 게임을 더 많이 할수록 실력이 더 좋아진다.

| 리 실버(Lee Silber)

어떤 사람이 언젠가 나에 대해 이렇게 말했다.

"지구의 3분의 2는 물로 덮여 있습니다. 그리고 나머지는 리 실버의 행사로 덮여 있습니다."

나는 감명 받았다. 그럼 내 사업들(서핑용품점, 연설, 출판)과 나의 책들을 홍보하는 데 이 장의 앞쪽에서 제시한 힌트들을 사용하여 성공한 예를 몇 가지 들어 보겠다.

- 대학의 라디오와 대학 신문은 보통 간과하기 쉬운 미디어이다. 그렇지만 나는 운 좋게 그들과 좋은 관계였다.

- 나는 서핑 산업계의 대변인이 되었고, 그 업계의 전문 잡지인 《액션 스포츠 리테일러》(Action Sports Retailer)라는 잡지에 나에 관한 기사가 실렸다. 우리 상점은 최대의 체인은 아니었지만(체인점 2개) 제일 자세한 기사가 실렸다!

- 내가 좋아하는 홍보는 모든 서퍼가 바보가 아니라는 전제 하에 만들어진 광고였다. 우리는 고객들의 성적에 따라 선물을 주었다. 만일 고객이 최근 성적표를 가지고 오면 우리는 그들의 평점에 따라 선물을 주었다. 우리는 학교 교장 선생님으로부터 편지를 받았으며 서퍼들의 부모님들도 이것을 좋아했다. 그리고 지역 신문과 뉴스 쇼에서도 그랬다.

- 나는 어느 한 해 여름 내내 무료 서핑 강습을 했다. 이는 아이들에게 서핑 방법을 가르치는 기회였을 뿐 아니라 뉴스 미디어에서도 우리를 취재하였다. 이 때문에 나는 끝없는 홍보를 할 수 있었다.

- 해변을 깨끗하게 하는 것은 나에게는 항상 중요한 일이었다. 나는 지역의 청소년들과 해변 청소를 시작했다. 아주 좋은 홍보 수단이었고 환경도 좋아졌다.

- 나는 1987년 처음으로 연설을 시작했다. 이때 청소년들에게 수상 안전에 대한 연설을 해 달라는 부탁을 받았다. 나는 너무 겁이 났다. 어떤 주제에 대해서건 중학교 2학년 학생들 앞에서 이야기해 본 적이 있는가? 결과는 아주 훌륭했고 나는 대중 앞에서 연설하는 것이 즐거워졌다.

- 내가 한 일 중 가장 좋은 일 하나는 회원제 클럽을 만들어서 단골 고객들에게 할인을 해 주게 된 것이었다. 클럽 회원이 되면 티셔츠와 소식지를 받을 수 있었다. 거대 기업과 우리 상점과 비슷한 개인 상점들도 이 작은 아이디어를 받아들였다.

- 나는 언제든지 긴급 사태에 대비할 수 있는 사람이었다. 아주 급하게 통지를 해도 나는 해변의 무료 주차에 대해 논쟁하는 토크쇼에 출연을 하곤 했다. 그들이 미리 섭외했던 출연자가 오지 않으면 그들은 나에게 연락했고 나는 방송국으로 달려갔다. 방송은 아주 잘 되었고 해변에 관한 문제의 전문가로서뿐만 아니라 아주 유용한 출연자 후보로서의 명성도 쌓게 되었다. 항상 일을 할 수 있어야 한다.

- 내가 목표 설정에 대해 열중하기 시작하면서 나는 책을 썼다. 이 프로젝트의 일환

으로 나는 개인 계획서를 만들었고, 할 일 목록 노트를 만들어서 선물하였다. 이 선물들은 나의 책에 대한 소문을 퍼뜨리는 데 도움이 되었고 내가 창조적인 아이디어를 가지고 있다는 사실을 보여 주었다. 나는 곧 목표맨(the Goal Man)이 되었다.

- 서점은 책만 판매하는 장소가 아니다. 나는 가능하면 언제나 개발이 덜 된 시장을 두드려 보고 '작은 연못의 큰 물고기' 이론을 시험해 보려고 했었다. 내가 발굴해 낸 시장에는 회사 도서관, 창고형 할인매장, 미술 용품 상점, 유람선, 대학 서점, 건강 식품 상점(나는 캘리포니아에 살고 있다) 등이 있다. 종종 이런 곳의 주인들은 자비로 출판된 책 몇 종을 그들의 상점에서 팔 수 있도록 해 주기도 한다. 이들 중에는 상점에서 강의나 사인회를 할 수 있도록 해 주는 사람들도 있다. 이런 행사는 그 결과가 아주 좋다.

- 나는 서점에 갈 때는 언제나 나처럼 자비로 출판한 작가들의 책을 선전해 주곤 한다. 항상 동료 작가들의 책을 잘 보이는 곳에 놓는다. 다른 사람들이 자신의 연설에서 내 책을 소개하고 판매해 주는 데서 나는 많은 도움을 받았다. 협동 홍보는 당신이 대중에게 드러날 수 있는 기회를 두 배로 늘려 준다. 당신이 아는 사람이 사인회, 강연, 콘서트, 전시회를 할 때 당신의 작품을 함께 가져갈 수 있는지 물어보는 것을 두려워하지 마라. 만일 그들이 싫다고 대답한다면 기꺼이 이를 받아들여라. 그리고 아마도 다음번에는 함께 갈 수 있도록 초대 받을 것이다.

- 내가 대중 연설에 흥미를 갖게 됐을 때 나는 클럽이나 세미나 주최자와 나를 연결할 고리가 필요했다. 나는 데이트 코스에 대한 책을 썼고 자비로 출판을 했었다. 책이 있으면 당신은 존재하는 것이다. 어떤 주제이든 상관이 없다. 어떤 책이라도 써서 출판하라.

- 나의 책이 데이트 코스에 관한 것이어서 발렌타인데이 무렵 나는 언론 매체의 요청으로 허우적대고 있었다. 언론 매체는 특정 시기에 특집 방송을 아주 크게 한다. 그러니 이와 관련점을 찾고 이를 이용하라.

- 나의 결혼식도 신문에 소개되었다. 이유는 마우이에서 했기 때문이다. 마우이에서 유태식 결혼식이라? 절대로 지루한 사람이 되어서는 안 된다는 점을 기억하라.

- 나의 웹 사이트는 어떤 홍보 수단보다도 나를 더 많이 알릴 수 있는 도구가 되었다.

- 나는 스킬패스(SkillPath) 세미나에서 강연을 하기 시작했다. 그 이유 중 일부는 주최 측

에서 강연을 위한 여행 비용을 지불해 주었기 때문이다. 그리고 강연이 있는 도시에서 나는 저자 사인회나 인터뷰를 했다. 어떤 면에서는 그들이 나의 책 홍보 여행 비용을 부담한 것이었다. 그렇지만 나는 도와주는 직원도 없이 하루 종일 세미나를 진행하였고 아주 열심히 일했다. 서로에게 모두 도움이 되는 것이었다.

- 서점 내에서 진행되는 무료 세미나는 사람들을 불러모은다. 세미나에 참석한 사람들에게 특별 할인, 무료 선물을 제공하고 책에 서명을 해 준다. 그들이 다른 사람에게 전해 줄 수 있도록 주문 양식도 준비해 놓는다. 나는 30분 정도 다양한 주제, 그렇지만 모두 나의 책들과 연관된 주제에 대해서 크고 작은 서점에서 무료로 강연을 해 왔다. 또한 나는 보통 이 강연에 대해 안내문을 붙이며 나의 친구들에게도 알리고 부탁 전화를 하며 지역 텔레비전과 라디오 방송국에 이 행사를 알린다. 그리하여 강연을 홍보하는 데 도움을 준다. 그리고 이런 일들은 당신의 강연에 아주 많은 사람들을 끌어 모으는 데 도움이 된다. 나는 반즈앤노블(Barnes & Noble)에서 열린 「책을 출판하는 방법」 시리즈의 무료 세미나에 아주 많은 청중을 끌어 모았다.

- 나는 별로 알려지지 않은 작은 잡지들과 소식지에 보도 자료를 보냈다. 나의 홍보 담당자는 이 매체들이 너무 작다고 생각했다. 그렇지만 이런 발간물들은 나의 목표 시장을 제대로 공략했고 노력할 가치가 있는 일이었다.

- 나는 세미나 전 날 밤에 호텔 직원을 위해 무료 선물과 세미나의 예고편을 보여 주곤 한다. 때로는 무료 음료와 미니 세미나를 제공하기도 한다. 이는 소문이 퍼지게 만들며 호텔 직원들은 손님들에게 나의 세미나를 추천한다.

- "오프라 쇼"에서 이야기 하는 것은 무엇이든지 서점에서 살 수 있거나 무료 전화번호를 이용해서 주문할 수 있도록 해야 한다. 사람들을 서점에 가도록 만드는 것은 전투에서 절반 정도 승리한 것이다. 서점에 가서 당신의 물건을 살 수 있도록 해야 한다.

- 나는 아마존닷컴(Amazon.com)을 사랑한다. 절대로 당신 자신을 홍보할 수 있는 기회를 간과해서는 안 된다.

- 나는 1991년 이래로 소식지를 내고 있다. 소식지는 풀뿌리 팬을 만드는 가장 좋은 방법이다.

- 나는 《샌디에이고 명사 잡지》(San Diego Celebrity Magazine)에 나의 칼럼난을 가지고 있다. 이

는 흥미로운 일이었고 보람도 있었다.

- 나와 내 친구는 동기를 부여하는 것에 대한 세미나를 만들어 냈다. 그리고 결국에는 입추의 여지 없는 청중을 동원했고 나 자신도 대중에게 많이 노출시킬 수 있었다.

- 내가 캐나다에 있는 동안 나는 지역 신문에 전화해서 나의 책에 관해 이야기했다. 그들은 사진 기자와 기자를 나의 세미나에 보냈다. 그리고 그들은 사진을 찍기 위해 나를 가슴까지 쌓인 눈 속에서 한 시간이나 있도록 했다. 그들은 아마도 캘리포니아에서 온 촌뜨기를 놀리려는 것이었을 수도 있다. 그렇지만 아무렴 어떤가? 그럴만한 가치가 있었는걸!

- 나는 나의 홍보 대리인의 상사에게 아주 멋진 편지를 써서 보냈다. 그는 아무도 그런 일을 한 적이 없었다고 말했다. 나는 이제부터 플린(Flynn)과 의사소통이 잘 될 것이라고 믿는다. 그 편지는 내가 봐도 정말 멋진 편지였다.

- 오빌 레덴바처(Orville Redenbacher)가 사망하고 난 후, 나는 그와의 관계에 대해서 이야기해 달라며 몇 개의 뉴스쇼로부터 출연 요청을 받았다. "물론이죠. 기꺼이 도와드리겠습니다."라고 내가 말했다. 몇 주 후, 내가 홍보하고 싶어하는 중요한 행사가 있었다. 내가 그 행사에 대한 인터뷰를 요청하자 그들은 이렇게 말했다.

"우리는 당신을 다시 출연시킬 수 없어요. 저번에 출연하셨기 때문입니다."

"그렇지만 저는 당신들의 부탁을 받고 나갔던 것인데요."

찰리 로즈(Charlie Rose)는 보통 출연자를 단 한 번만 출연시킨다. C-SPAN의 "북노트"(Booknotes)라는 프로그램도 마찬가지이다. 그러므로 기회를 낭비하지 마라.

- 나는 메시지를 잘 전한다. 내가 제작자들에게 전화할 때 나는 그들의 음성 사서함에 약간 높은 음성으로 메시지를 남길 준비를 한다. 나의 자동 응답기 인사말 또한 높은 음성이다.

- 나는 라디오 토크쇼 진행자로 일해 왔으며, 당신이 이 책을 읽을 때쯤 새로운 쇼를 방송할 계획이다. 나는 이 책이 유명세를 더해 주며 당신에게 모든 종류의 혜택을 가져다준다는 것을 알았다.

- 나는 항상 우뇌 중심 사람이 무엇인지 질문을 받아 왔다. 이는 바로 내가 사람을 끄는 비결이다. 당신이 사람을 끄는 비결은 무엇인가?

멘토: 그 상황에 처해 봤고 그 일을 해 봤네.

내가 더 멀리 내다봤다면 그것은 바로 거인의 어깨 위에 서서 봤기 때문이다.

| 아이작 뉴턴 경(Sir Isaac Newton)

　스티븐 스필버그가 고등학교 3학년에 올라가기 전 여름 방학 동안 유니버설 스튜디오 견학을 갔다. 휴식 시간에, 버스에서 내린 후 그는 버스로 다시 돌아오지 않았다. 그는 혼자서 무대 뒤 견학을 하기로 결심한 것이었다. 그는 오랫동안 돌아다녔고 해가 질 때까지 사람들이 일하는 것을 지켜보았다. 바로 이때 스튜디오의 영화 보관소 소장인 척 실버스(Chuck Silvers)가 그에게 안내인도 없이 무엇을 하고 있느냐고 물었다. 스필버그가 대답했다.

　"저는 감독이 되고 싶어요. 그렇지만 견학에서는 아무것도 배울 수가 없었어요. 그래서 혼자서 둘러보고 다녔어요."

　껄껄 웃으면서 실버스는 그에게 다음 날 다시 오면 1주일간 유효한 입장권을 주겠다고 말했다. 다음 주가 되자 스티븐은 그를 후원해 줄 다른 사람을 찾았다. 그가 기회를 얻은 지 3주째가 되자 그는 경비원에게 손을 흔들면서 인사를 하고 이름을 불렀다. 그때쯤 스티븐이 드나드는 것에 익숙해진 경비원들도 그에게 손을 흔들면서 인사했다. 스필버그는 빈 트레일러를 발견하고는 문에 자신의 이름을 써 놓았다.

'스티븐 스필버그 감독'

이 일이 멘토와 무슨 관련이 있을까? 고등학교를 졸업한 뒤 스필버그는 "앰블린"(Amblin)이라는 제목의 26분짜리 영화를 만들었다. 그는 이 영화를 유니버설 텔레비전 프로덕션의 사장이 된 척 실버스에게 보여 주었다. 감동을 받은 사장은 영감에 넘치는 젊은 감독과 장기간의 계약을 제안했다. 21세가 되었을 때, 스필버그는 자신의 커리어를 시작했다.

멘토들은 우리가 처한 상황을 당해 봤고, 하려는 일들을 해 본 사람들이다. 그들의 경험은 우리의 배움의 시간에서 몇 년을 절약할 수 있도록 해 준다. 그들은 우리를 가르쳐 줄 수 있다. 함정을 지적해 줄 수 있고, 그들의 네트워크에 당신을 포함시켜 줄 수 있다. 그들은 어려운 시절에 당신의 힘을 북돋워 주고 지원해 준다.

가수이자 작곡가, 프로듀서인 R. 켈리(R. Kelly)는 우리에게 익숙한 자수성가의 미담을 가지고 있는 사람이다. 그는 가난하고 힘들게 자랐다. 그는 시카고 남부의 공영 주택에서 홀어머니와 함께 살았다. 켈리가 열여섯 살이 되었을 때 그는 자신에게 멘토가 된 레나 맥린(Lena McLin)을 만났다. 맥린은 켈리의 세련되지 않은 음악적 재능을 다듬도록 도와주었고, 그가 음악가로서의 길을 걷도록 독려해 주었다. 그녀는 그에게 성가대에서 노래하고, 피아노 교습을 받고, 시카고 거리에서 노래를 하도록 권했다. 거리에서 노래를 하면서 그는 하루에 몇 백 달러씩 벌었다. 이로 인해 MGM이라고 불리는 진정한 R&B 밴드가 탄생하게 되었다. 이 거리에서 공연하던 밴드는 신인 발굴 쇼에서 10만 달러를 받았고, 1990년 자이브 레코드(Jive Records)사는 켈리와 계약을 맺었다. 자신의 멘토에게서 받은 영향에 대해 《피플》(People)지에 그는 이렇게 설명했다.

"그녀는 제가 무슨 일이라도 할 수 있을 것처럼 느끼게 해 주었습니다."

멘토는 당신에게 바른 방향을 지적해 줄 뿐 아니라 당신이 어두운 터널 끝의 빛을 볼 수 있도록 도와주고 당신이 결코 상상하지 못했던 가능성의 문을 열어 줄 수 있다.

1978년 이래로 내가 서핑을 매우 자주하는 장소는 빅 록(Big Rock)이라고 불리는데, 윈덴시 해변 남쪽에 있는 곳으로 톰 울프(Tom Wolfe)가 쓴 『펌프하우스 갱』(The Pump House Gang)에 나오는 곳이다. 이곳의 파도는 아주 강해서 사람들은 깊이가 30cm 정도밖에 안 되는 큰 바위 바로 앞의 얕은 곳까지 밀려오곤 했다. 서핑 보드들이 망가지고 사람들은 머리나 등을 다쳤다. 한 서퍼는 무릎 뼈가 완전히 부서지기도 했다. 내 기억이 닿는 때 이래로 한 무리의 사람들이 그곳의 파도를 독점하고 있었다. 내가 처음 그곳에서 파도를 타기 시작했을 때 나는 너무나도 두려웠다. 나는 열두 살이었고 그 파도를 다룰 수 있을지 알 수 없었다.

나는 출발을 두려워했고 그저 파도가 치는 곳 뒤에서 보드에 앉아 다른 사람들이 파도 타는 것을 보고 있었다. 그 무리 중의 한 사람인 렉스가 나를 불러서 말했다.

"여기에 앉아서 나와 함께 기다리자."

그는 나에게 파도와 파도 타는 방법에 대해서 이야기해 주기 시작했다. 다음 파도가 왔을 때, 나의 뱃속은 마구 울렁거렸다. 그 파도를 타려는 것처럼 보이려고 애쓰며 나는 파도를 향해 보드를 내밀었지만 속으로는 그 파도를 잡을 수 없기를 바랐다. 모든 것은 그저 보여 주려고 한 것이었다. 내가 막 되돌아 나오려고 했을 때 렉스가 소리쳤다.

"파도를 타! 파도를 잡았어!"

나는 파도를 탔고 성공했다. 나는 내 마음속의 두려움을 이겨냈고 그때 이래로 다시 되돌아보는 일은 하지 않았다. 그는 나를 믿어 주었던 것이다. 아니면 그는 정말로 잔인한 거짓말을 한 것일지도 모른다. 아마도 그가 없었다면 나는 그렇게 파도를 타는 일은 절대로 하지 않았을 것이고, 완전히 짜릿한 즐거움을 여러 해 동안 놓쳤을 것이다. 이제 나는 때때로 다른 사람들이 파도를 타도록 격려해 주곤 한다. 이것 때문에 내가 나이가 들어간다는 것을 알게 된다.

입은 다물고 귀는 열어라

우리는 우리 자신에 대해서 배울 때, 내면과 외면의 사실에 대해서 말하는 진실을 발견할 때, 공동체 내에서 우리를 독특하게 만드는 것, 그리고 우리를 다른 사람과 같게 만드는 것을 알아낼 때 가장 잘 배운다.

| 마샤 사이너터(Marsha Sinetar)

사람들은 학생이 준비가 되면 멘토는 나타날 것이라고 말을 한다. 나는 가서 멘토를 찾으라고 하고 싶다. 사실 한 사람 이상의 멘토를 찾아야 한다. 멘토는 찾아야 한다.

좋은 예로 할리우드에서 가장 인기가 좋은 젊은 작곡가 중 한 사람인 존 프리젤(John Frizzell)을 꼽을 수 있다. 그가 정상에 그렇게 빨리 오를 수 있었던 주요한 이유는 그가 멘토들을 이용했기 때문이다. 열아홉 살이었을 때 그는 훌륭한 재즈 기타리스트인 조 패스(Joe Pass)가 블루 노트(Blue Note)에서 연주하는 것을 보았다. 연주가 끝난 후 그는 이 훌륭한 재즈 뮤지션에게 강습을 해 달라고 간청했다. 비록 패스가 그에게 강습을 해 주지는 않았지만 끈질기게 부탁하던 프리젤에게 인생 최고의 기회를 한번 주기로 약속했다. 1년 후, 프리젤은 비브라폰 연주자인 마이크 메이니에리(Mike Mainieri)의 인턴으로 일했고, 후에 다른 몇 명의 음악가의 인턴으로도 일했다. 여기에는 유명한 작곡가 제임스 뉴턴 하워드(James Newton Howard)도 포함되어 있다. 매번 그는 가치 있는 교훈을 배울 수 있었다. 프리젤이 스스로 일하기 시작했을 때 그는 평생 동안 쓸 수 있는 지식으로 무장되어 있었다. 아마도 당신은 프리젤이 정상에 오르는 방법을 배웠다고 할지 모른다. 하지만 그는 최고의 음악가들에게서 배우는 시간 동안 자신의 자신감을 개발했던 것이다.

당신과 공통점이 있는 멘토를 찾아야 한다. 조나단 실버맨(Jonathan Silverman)은 닐 사이먼(Neil Simon)의 브로드웨이 연극 "브라이튼 해변의 추억"(Brighton Beach Memoirs)의 유진 모리스(Eugene Morris) 역할을 하기 위해 오디션에 참가하여 그 역

모두가 당신을 돕는 파워 네트워킹을 구축하라

할을 따냈으며 사이먼의 관심을 끌었다. 사이먼과 실버맨은 두 사람이 공통점이 많다는 사실을 알고 멘토/제자 관계를 쌓았다. 두 사람은 모두 열렬한 야구팬이었으며, 아주 친밀한 유태인 가정에서 자라났지만 부모님의 이혼으로 상처를 받았다.

당신이 멘토를 찾게 되면 당신도 자신의 역할을 해야 한다. 멘토는 당신을 도와주고, 이끌어 주며, 격려해 줄 것이다. 당신은 두 가지 일을 해야만 한다.

노력하라. | 멘토의 보람은 당신이 성공하는 것을 보는 것이다. 당신의 멘토가 당신에게 쓴 시간과 정력이 낭비였다고 생각하지 않도록 해야 한다.

입을 다물고 경청하라. | 필기를 하라. 비록 당신이 항상 동의하지는 않더라도 당신 멘토의 비평과 제안을 받아들이고 그 조언을 이용하도록 노력하라. 당신이 항상 동의할 수는 없을 것이다. 멘토는 신이 아니고 단지 당신이 가고자 하는 곳에 이미 도착한 사람일 뿐이다.

프 로 는 세 상 을 탓 하 지 않 는 다

중요한 질문들

『예술가의 길』(The Artist's Way)의 저자 줄리아 카메론(Julia Cameron)은 당신 자신에게 다음의 질문을 해 볼 것을 제안하고 있다.

- 내가 아는 사람 중에 대리인이 있는 사람은 누구인가? 그들에게 어떻게 대리인을 얻었는지 물어보라.
- 내가 아는 사람 중에 성공적으로 개작을 한 사람은 누구인가? 그들에게 어떻게 했는지 물어보라.
- 내가 아는 사람 중에 잔인한 서평에서도 살아남은 사람은 누구인가? 그들에게 자신을 치유하기 위해 무엇을 했는지 물어보라.

비록 이 질문들은 분명히 작가 지망생들을 위해 만들어진 질문이지만 당신은 아이디어를 얻을 수 있을 것이다. 만일 당신의 대답 중 하나라도 '아무도 없음'이라면 당신이 관심을 두고 있는 분야의 전문가 협회에 가입하라. 이것이 당신에게 필요한 기술을 가지고 있는 사람을 찾을 수 있는 가장 좋은 방법이고, 많은 전문가 협회들은 신입 회원들을 돕기 위해 이미 멘토 프로그램을 가지고 있다.

창조적인 사람들과 그들의 멘토들

역사를 통해 볼 때 창조적인 사람들은 멘토들에게 의지하였으며 멘토가 있음으로 해서 많은 혜택을 받았다. 다음은 과거와 현재의 창조적인 사람들과 그들의 멘토들의 예이다.

학 생	멘 토
아리스토텔레스(Aristoteles)	플라톤(Plato)
모네(Monet)	마네(Manet)
레오나르도 다빈치(Leonardo da Vinci)	베로치오(Verrochio)
셰릴 크로우(Sheryl Crow)	돈 헨리(Don Henly)
에드워드 번즈(Edward Burns)	로버트 레드포드(Robert Redford)
트리샤 이어우드(Trisha Yearwood)	가스 브룩스(Garth Brooks)

모든 사람이 멘토

나의 선생님들은 나를 몽상가라고 불렀다. 그들은 나의 성적표에 이런 의견을 쓰곤 하였다. "이 학생은 환상의 세계에 살고 있는 것처럼 보이며, 인생을 준비하는 데 필요한 진지한 문제들에 대해 진지한 관심을 기울이기보다 환상의 세계를 더 좋아합니다."

| 지미 버펫(Jimmy Buffet)

멘토에게 도움 받는 것을 거부하는 동료가 한 사람 있었다.

"내가 바로 나의 영웅이지요."

그녀는 큰소리로 자주 말했다. 그렇지만 그녀는 자신과 함께 일한 고객들로부터, 그리고 동료로부터, 책으로부터, 설명서, 잡지 등등에서도 무엇인가를 배운다는 사실을 인정했다. 그녀는 또한 자신이 배운 것은 기꺼이 나누고 싶어했다.

결론은 이렇다. 당신의 귀와 눈과 그리고 마음을 열고 있는 한, 당신이 당신이나 다른 사람의 실수로부터 기꺼이 배울 자세가 되어 있고, 배울 수 있는 한 당신은 멘토에게 도움을 받는다는 개념을 유리하게 사용하고 있는 것이다. 그리고 여기에는 정말 부정적인 면이란 없다.

실천 사항

당신이 가지고자 하는 것을 가진 사람, 당신이 하고 싶어하는 것을 하고 있는 사람 이름을 세 사람 적어라. 각각의 사람들에 대해 간단한 설명을 써라. 그리고 자신에게 이런 질문을 해 보라.

"어려운 도전에 직면하게 되면 ○○○은 어떻게 행동할까?"

그들을 상상 속의 자문위원단으로 만들어라. 아니면 생각이 깊은 사람들에게 이렇게 물어보라. "만일 당신이 이와 같은 도전에 직면하였다면 어떻게 했겠습니까?"

역할 모델

내가 존경하고 그들과 같아지기를 열망하는 사람들은 내가 가장 하고 싶어하는 역할의 모델이다. 나는 그들의 삶에 관한 이야기를 읽고 그들이 했던 일을 따라 하려고 노력한다. 물론 나 자신만의 독특한 변화를 주면서 말이다.

| 리 실버(Lee Silber)

당신이 가장 존경하는 사람은 누구인가? 그들이 가진 것 중에 당신이 가지지 않은 것은 무엇인가? 그들은 그것을 어떻게 얻었는가? 그들과 연락할 수 있는가? 당신은 많은 사람들이 연락하기가 쉽고 그들이 얼마나 친절한지 알면 놀랄 것이다. 그들과 연락할 수 있다면 무엇을 물어보겠는가?

만일 당신이 그들과 연락할 수 없다 해도 그들을 본받을 수는 있다. 나는 전체 커리어 내내 이 일을 해 왔다. 나는 항상 전기광이었다. 나는 사람들이 어떻게 지금의 위치에 올랐는지 읽는 것을 좋아했다. 나는 A&E 채널의 위인전(Biography) 프로그램을 하루 종일 볼 수 있었다. 나는 다른 일을 할 때마다 필 콜린즈(Phil Collins), 지미 버펫, 스티븐 코비(Stephen Covey)와 토니 로빈스(Tony Robbins)의 기술을 모방하고 적용해 왔다. 나는 『영혼을 위한 닭고기 스프』의 저자들이 책을 출판하기 위해 애썼던 일과 그들의 연이은 성공에 영감을 받았다.

다른 사람들의 성공에서 배우게 되면, 자신의 나갈 길을 정하고 그 이후에 할 일을 계획하는 데 도움이 된다. 성공한 사람들은 이유가 있다. 전기들을 성경같이 생각하고 읽어라. 당신에게 영감을 주는 문단에는 형광펜으로 표시하라. 그들이 할 수 있다면 당신도 할 수 있다. 특별한 일을 해낸 사람들은 모두 보통 사람들이었다.

골디 혼(Goldie Hawn)은 젊었을 때 직업 무용가의 꿈을 꾸고 있었다. 그녀는 1950년대의 유명한 발레리나인 마리아 톨치프(Maria Tallchief)를 열렬히 흠모했다. 그녀는 한 시상식에서 자신의 이 역할 모델을 칭송했다.

"마리아 톨치프는 나에게 '나도 저렇게 되고 싶다.' 라고 말할 수 있는 기회를 줬어요. 그녀는 나에게 전문가란 무엇인지 알려 줬습니다. 물론 나는 그녀와 똑같이 되지는 않았죠. 그렇지만 사실 내가 하는 모든 일들은 일부 그녀가 했던 것과 관련이 있는 것이에요."

한 가지 주의할 점: 당신 자신만의 독특함을 잃지 않도록 하라. 그리고 당신의 본보기가 된 사람과 당신 자신을 비교하지 마라. 그들이 성공을 이룬 만큼의 시간 안에 당신이 일을 이루지 못했다고 낙담하지 마라. 당신의 성공은 당신 자신의 대본과 타이밍, 결과에 의해 만들어진 당신만의 것이다. 당신은 본보기가 된 사람이 이룩한 것이 당신이 원하지 않는 것임을 알게 될 수도 있다. 그리고 이것이 그들로부터 당신이 배울 수 있는 가장 가치 있는 교훈일 수도 있다.

팀을 만들어라

당신이 충고나 지도, 지원을 얻을 수 있는 당신 자신의 멘토 그룹, 당신만의 이사회를 만들도록 하라.

첫번째로 해야 할 일은 당신에게 도움이 필요하다는 사실을 인정하는 것이다.

두 번째로 해야 할 일은 도움을 구하는 일이다.

도움 줄 사람을 고용하기

절대적인 개인주의야말로 어리석은 것이다.

| 헨리 프레더릭 아미엘(Henri Frédéric Amiel)

나는 협업이나 그룹 프로젝트를 선호하지는 않는다. 나는 계약이나 프로젝트를 기준으로 프리랜서를 고용하는 것을 훨씬 더 좋아한다. 나는 내

책을 쓸 때 편집자와 함께 일한다. 책의 구성에 대해 협의하고 원고들을 다듬어 달라고 원고를 넘겨준다. 그녀는 내가 일관성을 유지할 수 있도록 돕고 나에게 그녀의 의견(다른 관점에서)을 말해 주고, 너무 많이 쓰지 않도록 상기시켜 주며 내가 할 수 없을 때 얼마나 남았는지 페이지를 세어 주고, 내가 왜 이 사업에 뛰어들었을까 하고 회의에 빠져 있을 때 다시 힘을 낼 수 있도록 해 준다. 그녀는 나와 마찬가지로 나의 책에 관심이 있고 책의 내용에 관여한다. 그렇지만 그 책은 나의 책이다. 나는 이렇게 일하는 게 좋다.

내가 세미나를 할 때 나는 도시마다 따로 도와줄 사람을 고용한다. 그들은 내가 가장 잘할 수 있는 것, 즉 연설과 말하기에 집중하는 동안 모든 세부 사항을 처리한다. 이들은 참석자를 등록하고 책 판매를 관리하며 호텔 체크아웃을 해 주며, 낮 시간 동안 심부름도 해 주고, 호텔 직원들과 문제를 처리하는 등의 일을 해 준다.

그렇지만 나도 많은 사소한 일들을 스스로 처리한다. 도움 받는 데 중독되는 것, 게을러지는 것, 프로젝트의 너무 많은 부분을 남에게 넘겨 버려서 내가 지금 뭘 하고 있는지 길을 잃어버리기는 쉽다. 그러므로 남의 도움에 너무 의지하지 마라. 당신이 스스로 할 수 있는데도 한 달에 7천 달러나 들여 홍보담당자를 고용해선 안 된다. 만일 도움을 받을 사람을 고용할 때는 그들의 어깨 너머로 일을 지켜보라. 그들이 무엇을 하는지 관심을 가져라. 그들에게서도 배워라.

또는 그들을 가르쳐라. 당신이 하기 귀찮은 일을 하는데 대학생이나 인턴을 고용하고 그들에게 당신이 알고 있는 모든 것을 가르쳐라. 그러면 그들은 당신이 원하는 방식으로 모든 일을 할 것이다. 그리고 그들은 졸업하면 당신을 떠날 것이다. 하지만 당신이 훌륭한 인턴을 잃을 때마다 당신은 자신의 네트워크에 새로운 사람을 더하게 된다는 것을 꼭 기억하라.

최근에 성공을 이룬 사람들이 애용하는 방법은 개인 코치를 고용하는 것이다. 개인 트레이너가 아니라 개인 코치이다. 개인 트레이너는 잡일을 하는 게 아니라 가장 중요한 사항에 대해 도움을 주는 사람들이다. 이런 트레이너들은 당신이 목표에 집중하고, 다른 사업을 하거나 당신의 창의성을 자유롭게 펼칠 수 있도록 도와준다. 그들은 당신에게 새로운 관점을 제시하고 선택의 폭을 넓혀 주며 당신이 갖지 못한 전문성을 제공해 준다. 코치는 쉽게 해답을 찾기 어려운 질문을 할 것이며, 당신이 목표를 이룰 수 있도록 명확한 판단력과 신뢰를 주려고 노력할 것이다. 그들은 당신이 뒤가 아니라 앞을 볼 수 있도록 돕는 당신의 개인 치어리더이며 상담자이자 당신이 잘되는 것을 진정으로 보기 원하는 사람이다. 100% 당신의 편에 서 있는 사람이 있는 것은 좋은 일이다. 그렇지만 당신은 그에게 보수를 지불해야 한다.

어떤 사람이 "나는 당신에게 무엇이 가장 좋은지 알아요."라고 말하기 시작하면 이를 진지하게 생각해 보라. 그들의 충고를 고려해 보라. 그러나 최종 결정은 당신 스스로가 내리도록 하라.

제21 맥과이어: 대리인 겸 매니저

대리인: "나는 상어가 득실거리는 바다에서 수영을 하다가 겨우 빠져 나왔어요."
허먼 J. 맨키워즈(시나리오 작가): "저는 그것이 사람들이 직업적인 예의라고 말하는 것이라고 생각했는데요."

나는 협상이나 업무와 관련된 수수료 문제에 대해서 관여하는 것을 싫어한다. 나는 너무 감정적이 되거나 너무 쉽게 항복하기 때문이다. 그럴 때 옳은 것이나 정당한 당신의 몫을 위해 싸워 줄 대리인을 가지는 것이 유일한 해결책이다. 그들에게 악역을 맡길 수 있으니 당신이 악역을 맡을 필요가 없다. 그들은 세부 사항을 처리해 주고 당신이나 당신의 작품을 팔아 주며 협상하고 돈을 모아 준다. 좋은 대리인은 또한 엄청난 사업상의 인적 네트워크를 가지고 있으며 당신을 대신해서 당신의 권리를 찾아 준다. 바로 그래서 당신은 그들에게 보수를 지불하는 것이며 그럴 만한 가치가 있다.

나는 돈 문제를 처리하는 게 너무 싫어서 연설과 관련된 문제를 담당할 대리인을 고용했다. 나는 수잔에게 연설료의 25%를 지불하지만 그녀는 내가 혼자서 계약할 때보다 50%의 보수를 더 받게 해 줬다. 내가 돈을 더 벌고 있는 것도 이 때문이다. 그리고 혼자서 귀찮은 일을 할 필요도 없다.

어떤 분야에서, 또는 어떤 도시에서는 화장실을 가려고 해도 대리인이 필요하다. 모든 일은 약속에 의해 이루어지며 대리인만이 약속 시간을 잡을 수 있다. 그렇게 빡빡하지 않은 분야에서조차 혼자서 홍보 자료를 전달하기란 쉽지 않다. 대부분의 출판업자들은 명망 있는 대리인이 보내지 않은 원고는 쳐다보지도 않는다. 당신이 수백 개의 음반회사에 테이프를 보낸다 해도 누군가 테이프가 든 상자만이라도 열어 보리라는 보장은 없다.

대리인은 당신을 대단한 사람인 것처럼 만들고 당신이 전문적으로 보이도록 해 준다. 평판이 자자하고 성공한 적이 있는 대리인을 선택하라. 당신을 좋아하거나 당신이 하고 있는 일에 열광적인 사람을 선택하라. 그리고 가능하다면, 영향력이 있는 사람을 선택하라.

여러 전문 분야의 대리인 목록이 담긴 책이 있다. 도서관에서 찾아보아라. 당신의 집 근처에 있으면서 당신의 분야(문학, 미술, 연설가, 음악 등)를 담당하는 사람을 몇 명 찾고 그들에게 당신의 작품을 검토해 달라고 부탁하라. 끈기 있게 부탁하라. 그 대리인이 참석하는 세미나, 묵상회, 또는 워크숍이 무엇인지 알아내어 당신도 그 행사에 참석하라. 만일 당신이 정말로 재능이 있다면 누군가가 당신을 발탁할 것이다.

대리인이 새로운 고객을 찾고 있지 않다고 말할 때를 대비하라. 그리고 "아니오."라는 대답에 낙담하지 마라. 그들에게 일거리를 가져가라. 누군가가 그들에게 당신에 대해 좋은 말을 해 주도록 하라. 그들이 관심을 가질 것을 만들어 내라. 그들을 공연에 초대하라. 그들에게 당신의 최신 책, 기사 또는 비평을 제공하라.

당신이 대리인을 얻게 되면 다른 대리인이 생기기 전에는 그들을 버리지 않도록 하라. 계약 내용을 확실히 하라. 당신이 주도적으로 해야 하는 일을 당신의 대리인에게 넘겨라. 그들 없이는 어떤 계약도 하지 마라. 그렇지만 당신의 대리인이 모든 일을 해 주리라고 기대하지는 마라. 능동적이고 명확하게 행동하라. 화제가 될 일을 만들어라.

"아, 그 사람에 대해서 들은 적이 있어요."

당신의 재능을 소개할 기회를 찾아라. 회의에는 정시에 도착하라. 일은 끝까지 하고 기한도 지키도록 하라.

당신의 대리인이 어머니인 경우가 아니라면 당신의 사업만을 위해 일하고 있다고 생각하는 실수를 절대로 범하지 않도록 하라. 그리고 이런 경우에 당신은 계속 지켜만 보려고 할 것이다. 당신이란 존재와 당신이 필요로 하는 것을 그들에게 상기시키는 것은 효과가 있다. 끽끽대는 바퀴처럼 그들에게 당신의 존재를 알려라. 당신이 하고 있는 일과 당신이 하고 싶어하는 일에 대해 대리인이 최신 정보를 얻게 하라. 당신 스스로가 무엇을 해야 할지 물어보라. 항상 연락하기 쉽도록 하라. 대리인의 전화는 빨리 받아라.

아이디어를 생각해 내고 이것들을 당신의 대리인에게 설명하라. 책, 영화, 연극, 쇼. "갬블러"(The Gambler)는 케니 로저스의 메니저인 켄 크라겐(Ken Kragen)에 의해서 기획되고 홍보된 케니 로저스를 위한 영화였다. 만일 당신의 대리인이 당신의 프로젝트에 대해 열정을 갖게 만들 수 있다면 그는 더욱 좋은 당신의 대표자가 될 것이다.

당신의 대리인과 좋은 관계를 맺는 것이 좋다. 만일 당신이 함께 일하기 편하고 호감을 주는 사람이라면 당신의 대리인은 당신을 위해 더욱 열심히 일할 것이다. 당신의 대리인에게 감사하고 공을 돌리는 것을 잊지 마라. 그렇다. 대리인들은 보수를 받는다. 그렇지만 감사는 여전히 중요하다.

만일 당신이 대리인을 고용할 수 없으면, 또는 찾을 수 없으면, 변호사가 필요하게 될 것이다. 아! 아! 알고 있다. 하지만 이 경우에 있어 변호사는 단순히 허드렛일을 하는 사람은 아닐 것이다. 변호사들은 배분제로 수고비를 받기보다는 시간제로 비용을 청구하며 계약 건에 있어서만 당신에게 최선의 이익이 무엇인지 살펴볼 수 있다. 그들은 저작권이나 상표 분제를 도와줄 수 있고, 소송이나 법적인 분제를 저리해 줄 수 있다. 그늘은 또한 당신에게 대리인, 음반회사, 또는 매니저를 소개시켜 줄 수도 있다. 그들은 또한 계약을 하고 사람들을 모으는 데 촉매 역할을 할 수도 있다.

또 당신이 택할 수 있는 것은 매니저이다. 매니저들은 노래와 코를 닦아 주는 것 빼고는 모든 일을 해 준다. 그들은 매일의 세부 사항 모두를 관리하고, 변호사, 재정 자문, 여행사, 홍보 담당자를 상대하고 당신의 팀을 조정해 주며 모든 사람들이 일을 제대로 하고 있는지 확인해 준다. 이 글을 쓰다 보니 웃음이 나온다. 물론 나도 측근들이 있다. 나의 측근들은 개 한 마리, 고양이 한 마리, 그리고 새 여러 마리이다. 그렇지만 당신이 크게 성공하게 되면 사업적인 일을 모두 처리하면서도 좋은 연주자/창조자로 남아 있는 것이 어려워질 수 있다.

모두가 당신을 돕는 파워 네트워킹을 구축하라

✏️ **퀴즈: 자기 평가**
- -

'예' / '아니오'로 대답하시오.

1. 나는 24시간 이내에 전화에 응답한다.　　　　　　　　　(　)
2. 나는 나를 도와준 사람들에게 거의 신앙처럼 감사 카드를 보낸다.　(　)
3. 나는 사람들의 생일을 기억하고 생일에 전화하거나 카드를 보낸다.　(　)

4. 나는 내가 약속한 일들을 기억해 내고, 그 일을 처리할 수 있는 시스템을 가지고 있다. ( )

5. 나는 항상 사람들이 기대하는 것보다 더 많은 것을 준다. ( )

6. 나는 내가 하겠다고 말한 것을 내가 하겠다고 말한 때에 꼭 한다. ( )

7. 나는 나의 인적 네트워크에 속한 사람들에게 친필로 쓴 카드를 보내고 계속 연락을 한다. ( )

8. 나는 주소 목록을 가지고 있으며 이를 업 데이트하기 위한 연락처 관리 도구가 있다. ( )

9. 나는 열렬한 명함 수집가이다. ( )

10. 나는 네트워킹은 쌍방향 도로라고 믿는다. 그리고 나는 가능한 때에는 언제나 남을 도우려고 노력한다. ( )

11. 나는 건전한 조언을 구할 수 있는 멘토와 역할 모델이 있다. ( )

12. 나는 가능한 때에는 언제나 나를 도와준 사람들에게 공을 돌린다. ( )

프로는 세상을 탓하지 않는다

요약

• 어떤 문제에서나 서로가 이득을 얻을 수 있도록 다른 사람들을 돕도록 노력하라.

• 항상 최고의 모습으로 보이도록 하라.

• 어디에 가든지 네트워킹에 사용할 자료를 가지고 다녀라(명함, 브로슈어).

• 사람들이 기대하는 것 이상을 주도록 하라.

• 신뢰할 수 있는 사람이 되라. 계속 연락을 취하라. 도움을 줄 수 있는 방법을 찾아라.

• 명함을 받으면 명함 뒤에 그 사람에 대한 메모를 하도록 하라.

• 사후 관리를 하라.

• 당신에게 80%의 일과 개인적인 만족을 가져다주는 20%의 사람들과 시간을 보내라.

컴패스 로즈(Compass Rose) 서점에서는 서점 벽에 자신을 나타내 줄 예술가를 찾습니다.

| Cape Code Chronicle에 실린 광고

창조하기 위한 자유를 얻기 위해서는 당신은 성공적인 사업을 구축해야만 한다. 성공적인 사업을 구축하기 위해서 당신은 당신을 홍보할 일종의 행사를 만들어야 한다. 당신 자신이나 당신의 작품을 알리기 위해 당신에 대한 모든 것을 알려야 한다고 말하려는 것은 아니다. 그렇지만 사실 사람들이 당신에게 관심을 기울이도록 하기 위해서는 극단적인 조치를 취해야만 한다.

이 점이 바로 많은 재능이 있고 창조적인 사람들에게 취약한 점이다. 그렇지만 가진 사람들(창조적인 사람 중 계약을 따내고, "오프라 쇼"에 출연하고, 돈과 명예를 가진 사람들)과 가지지 못한 사람들(생계 유지를 위해서 고생하는 배고픈 예술가) 사이의 차이점은 바로 그들의 태도이다.

당신 자신을 홍보해야 한다는 사실을 알아야 한다. 홍보를 위해서 당신이 할 수 있는 것들이 몇 가지 있다. 그것들 중 많은 것들은 돈이 들지 않지만 행동은 취해야 한다. 소문을 통해서 홍보를 한다 해도 당신에게는 취해야 할 행동이 요구된다.

대부분의 창조적인 사람들은 자신들의 아이디어에 지나치게 방어적이다. 그렇다. 당신의 아이디어가 도난당하는 것을 방지하기 위해 조심해야만 한다. 하지만 사람들이 당신을 도우려고 올 때에는 적어도 그들에게 당신이 무슨 일을 도모하고 있는지 암시라도 주어야 한다. 사업을 성공적으로 만드는 데 빠진 요소들을 그들이 가지고 있을지도 모른다. 비록 나의 저작권 관련 변호사가 동의하지는 않지만, 나는 아이디어를 훔칠 능력, 자원, 욕망, 그리고 악의를 가지고 있는 사람은 거의 없다는 사실을 발견하였다. 그 반대로 아주 많은 사람들이 당신의 아이디어나 커리어를 더욱 발전시키는 데 도움이 되는 무엇인가를 알고 있거나 누군가를 알고 있다.

 퀴즈 ━━━━━━━━━━━━━━━━━━━━━━

당신은 혼자서 일을 하는가? 당신이 혼자 자신의 작품을 홍보해야 하는가?
(당신이 회사에서 일을 하든, 자신의 음반 회사가 가지고 있든, 출판사가 있든, 혹은 화랑 소유주와 결혼했더라도 이 질문에 대한 답은 "예."이다.)
스티븐 코비, 토니 로빈스, 수잔 파우터(Susan Powter)의 저작권을 관리하는 저작권 대리인인 잰 밀러(Jan Miller)가 말하기를 그녀는 계약하기 전에, 자신과 자신의 책을 홍보할 수 있는 엄청난 능력을 가졌으면서 미디어에 대해서도 잘 알고 있는 작가를 찾는다고 한다.

바로 하라

여기에서 바지를 내리면 즉각적인 관심을 끌게 될 것입니다.

| 세탁소 창문에 걸려 있는 표지판

당신 자신을 홍보하는 것이 그렇게도 어려운가? 아마도 다른 사람을 위해서라면 할 수 있을지 모른다. 그렇지만 자신의 재능을 홍보하게 되면 당신은 얼어 버린다. 내가 좋아하는 작가 중의 한 사람인 전 해군 특공대 출신의 리처드 마싱코(Richard Marcinko)는 이렇게 말한다.

"그 일을 좋아할 필요는 없다. 그냥 해야 한다."

당신은 홍보 활동을 해야 한다는 사실에 분개하고 있는가? 그것은 당신의 자신감이 충분하지 않기 때문이 아닐까? 홍보는 명확하고 초점 있는 비전을 가지는 데 도움이 된다. 많은 사람들은 그들이 원하는 것을 크게 외치는 것은 말할 것도 없고 이야기하는 것조차도 두려워한다. 그렇지만 연습을 하면 좀 쉬워진다. 그러니 당신이 누구인지, 당신이 원하는 것이 무엇인지 이야기하는 것을 연습하라. 제1면에 당신의 사진이 크게 들어간 모의 《유에스에이 투데이》(USA Today) 신문을 만들어라. 당신이 "오프라 쇼"에 출연하는 것을 상상해 보라. 나는 항상 모의 인터뷰를 한다.

'오프라, 당신이 이 책을 읽는다면, 나는 준비가 됐으니 날 당신 쇼에 불러 줘요!'

만일 당신이 자신과 당신이 하는 일을 믿고 있다면 그렇다고 말하라. 다른 사람들이 직접 그걸 알아낼 거라고 기대하지 마라. 아주 잔인할 정도로 정직하게 이야기하자면, 사람들은 그렇게 똑똑하지 않다. 당신 홍보를 당신의 성격과 제품에 맞춰 준비하라. 그럼 그 홍보는 보다 강력하고 좀 더 기억에 남게 될 것이다. 당신의 천재적인 창조성을 이용하라.

내가 생각해 보건대 자기 홍보를 자신의 제품에 맞춘 가장 좋은 예는 록커 오지 오스본(Ozzy Osbone)과 관계 있는 것이다. 지금은 그의 아내가 된 그의 매니저 샤론은 오지가 에픽 레코드(Epic Records)에서 컴백 앨범을 내는 것

에 회사 측이 열정을 갖도록 하려고 회사의 중역들과의 만남을 주선했다. 그녀는 오지에게 살아 있는 비둘기를 준비하도록 하고, 새로운 시작을 상징하는 비둘기를 에픽 레코드의 중역들에게 한 마리씩 주도록 했다. 샤론은 오지가 완전히 새롭게 바뀌었다는 것을 보여 주고 싶었다. 보다 멋지고 부드러운 오지 오스본을 보여 주고 싶었던 것이다.

그런데 오지는 비둘기를 건네면서 무언가 설명할 수 없는 이유 때문에 비둘기 머리를 물어 버리기로 결심했다. 사람들은 구역질을 했다. 오지는 얼굴에 온통 피를 묻히고 멍한 얼굴로 마치 "뭐? 뭐가 잘못됐나요?"라고 묻는 듯이 서 있었다.

어쨌든 그 레코드는 아직도 생산되고 있고, 그 사건과 관련한 유명세는 값으로 따질 수 없는 것이었다. 그 후에 에픽 레코드는 레코드를 홍보하기 위해서 아주 엄청난 노력을 기울였다.

현명한 개념들

당신의 남편이 고칠 수 있는 것은 무엇이든 고칠 수 있습니다. 그것도 지금 바로 고칠 수 있습니다!

| 집안 수리 서비스 광고

광고의 황금률은 홍보에 당신 총 수입의 3~5%를 사용해야 한다는 것이다. 비록 당신의 사업이 성공적이더라도 지속적인 홍보는 사업이 계속 성공적으로 유지될 수 있도록 해 주고, 새로운 고객들이 계속 오도록 해 주며, 이전의 고객들에겐 당신이 제공하는 것을 계속 인식할 수 있게 해 준다. 당신이 혼자서 일을 하든, 다른 사람의 사무실에서 또는 큰 회사에서 일하든 이 원칙은 모두 똑같다. 장기적으로 성공을 유지하려면 당신 자신을 홍보하는 데 투자해야만 한다. 창조적인 사람이라면 당신은 최대의 홍보 효과를 위해서 시간을 더 투자하고 돈은 덜 투자할 수 있다.

첫번째 단계는 고정된 틀 밖에서 생각하는 것이다. 무조건 독창적인 생각을 해야 한다. 그리고 열린 마음을 가지도록 하라. 다음은 다른 사람들이 자신을 홍보했던 창조적인 방법들이다.

단어를 가지고 장난을 해 보라. │ 아트 디렉터 자리를 찾고 있는 한 취업 준비생은 이렇게 구인 광고를 했다.

"귀사의 아트 디렉터가 되고 싶습니다. 그렇지만 저는 하루의 절반밖에 일할 수 없습니다. 오전 8시에서 오후 8시까지. 저는 주말에도 일할 수 있습니다."

새로운 고객을 찾는 일러스트레이터는 이렇게 썼다.

"귀하는 저를 프리(무료)…랜서로 고용할 수 있습니다."

그리고 조금 너무한 예도 보자.

"저를 고용하십시오. 왜냐 하면 저는 bi…lingual(2개 국어를 할 수 있는 사람; bi만 사용하면 양성애자라는 뜻)이니까요."

유머를 사용하라. │ 크리스토퍼 코너리(Christopher Conerly)의 홍보물에는 이렇게 쓰여 있다.

"정말로 재치가 번뜩이는 아트 디렉터를 고용하십시오."

이 말과 함께 그의 대머리가 빛나고 있는 사진이 함께 실려 있다. 표지 안에는 이렇게 쓰여 있다.

"사람들은 광고업계에서 어디든지 가려면 나의 머리를 써야만 한다고 하더군요. 그래서 그렇게 했습니다."

아니면 최면 센터에 관한 이 광고는 어떤가?

"최면의 효과에 대해서 의심이 된다면 데이비드 커퍼필드(David Copperfield)가 클라우디아 쉬퍼(Claudia Schiffer)와 사귀고 있다는 사실을 생각해 보십시오."

고군분투하라. │ 하비 맥케이(Harvey MacKay)의 『잡아먹히지 않고 상어와 함께 수영하기』(Swimming with the Sharks Without Being Eaten)는 200만 부 이상 팔렸다. 그렇게 하기 위해서 그는 미국 최대 책 도매상인 잉그램(Ingram)사의 영업 담당 직원과 만났다. 그는 자신의 책을 출판한 출판사의 연례 영업 회의에서도 발표를 했다. 그는 26개 도시 책 홍보 투어를 돕기 위해 비용의 일부도 부담했다. 그의 노력은 결국 성과를 거두었다.

특이한 고안품. │ 나는 포켓볼용 당구공 8번 공에 질문을 하고 공을 흔들면 대답이 나타나도록 고안된 장난감 '매직 8-공'(Magic 8-ball) 안에 광고 문구를 넣어서 보낸 적이 있다. 이 공을 아무리 많이 흔들어도 나오는 대답은 항상 "리를 고용하세요."였다. 나는 내 사진을 넣은 스노 글로브(유리공 안에 작은 장난감과 눈송이가 들어 있어 공을 흔들면 공 안에서 눈이 내리는 모양을 볼 수 있는 장난감—역자 주)를 만들었다. 이것은 내가 연설 장소로 따뜻한 기후를 가진 고장을 더 좋아한다는 것을 연설가 단체에 상기시켜 주려고 만든 것이지만 이 아이디어는 실패하였다. 그들은 나를 1월에 알래스카로 보냈던 것이다.

가족 퀴즈쇼. │ 우리 가족은 운 좋게도 가족 단위 출연자 두 팀이 각 질문에 대한 설문 조사 결과를 맞추는 게임인 "패밀리 퓨드(Family Feud) 퀴즈쇼"에 두 번이나 출연할 수 있었다. 수백만 시청자 앞에서 창피당하는 것은 그 무엇과도 비교할 수 없는 일이다. 제시된 질문 중 하나는 "더 많은 친구를 얻으려면 무엇을 사야 할까요?"이었다. 나는 버저를 누르고 소리쳤다.

"록 밴드요!"

당시 쇼의 진행자였던 레이 콤즈(Ray Combs)는 웃음을 멈출 수 없어서 쇼를 잠시 중단시켜야 했다. 마침내 그가 웃음을 진정시키고 나에게 물었다.

"정말 그 대답을 고수하시겠습니까? 질문을 잘 이해하셨나요?"

나는 그렇다고 대답했다. 그래서 그는 웃으면서 "록 밴드가 있습니까?" 삐이이이이. 아주 끔찍했다.

음, 록 밴드가 사람들에게 인기 있는 대답은 아니었지만 효과는 있었다. 소닉 조이라이드(Sonic Joyride)라는 밴드가 자신들을 이용할 수 있는 기회를 사람들에게 주기 시작한 것이다. 그들은 당신의 집 앞에서 연주회를 열 것이다. 라디오 방송국에서는 그 행사를 홍보하는 것을 도와줄 것이다 (힌트: 아주 훌륭한 PR이다). 그 밴드는 또한 16트랙 녹음 스튜디오와 200와트 사운드 시스템을 갖춘 특수 버스를 타고 전국을 순회한다. 그들은 경기장의 주차장에서 연주하고, 점심시간에 공장에서, 관광지 등 어느 곳에서나 연주를 해 준다. 정말 좋은 아이디어가 아닌가? 나는 보상을 받은 것이다.

당신이 궁금하게 여길 때를 대비해서, 그 질문의 답들은 수영장, 보트, 별장, 자쿠지(Jacuzzi), 트럭이었다. 이 이야기의 진정한 교훈은 어디든 나가서 무언가를 하라는 것이다. 그렇지만 만약에 패밀리 퓨드에서 출연 요청을 한다면 그냥 거절하라!

연습은 목표를 설정해서 하라. 샌디에이고 반즈앤노블의 매니저 캐티 에네서(Kathy Ennesser)는 알려지지 않은 로맨스 작가에 대한 이야기를 해 주었다. 그 작가는 사인회를 하고 싶어했는데 보통 이런 사인회에는 많은 사람들이 오지 않는다. 그래서 그들은 브레인스토밍을 해서 사람들을 모을 수 있는 좋은 방법을 생각하기로 했다. 캐티는 풋내기 작가에게 취미가 무엇인지 물어봤고 작가가 심령술사이기도 하다는 사실을 알아냈다. 그들은 책을 구입한 사람들에게 5분간 무료로 심령술 상담을 해 주기로 했다. 서점 문 밖까지 사람들이 줄을 섰다. 이 홍보 계획은 성공할 수밖에 없는 모든 요소를 갖추고 있었다. 재미, 사람들을 끌어당기는 흥밋거리가 있었던 것이다. 게다가 이 행사는 특이했고, 홍보 대상을 제대로 잡았던 것이다.

내 운전 솜씨 어때요? 내가 알고 있는 스케이트복 디자이너는 자신의 차를 마치 모드 스쿼드(Mod Squad: 미국의 텔레비전 시리즈로 1999년 극장용 영화로 리메이크되었다. —편집자 주)에 나온 자동차처럼 꾸몄다. 그 차는 마치 환각 상태에 빠진 듯이 어지러웠지만 눈에는 잘 띄었다. 그는 이 차를 도시의 번화가마다 운전하고 다녔고, 고속도로 입구 바로 옆에 있는 자신의 상점 앞에 세워 놓았다. 그는 그의 '마법의 버스'와 똑같이 칠한 장난감 미니자동차에 자신의 전화번호를 새겨서 사람들에게 나누어 주었다. 이것도 물론 효과가 있었다! 하루는 내가 일을 보려고 그의 차를 빌린 적이 있었는데 내가 사람들에게 받은 시선은 정말 대단했다.

상점 선반을 벗어나라. | 나의 첫번째 책 『샌디에이고 데이트 가이드』(The Guide to Dating in San Diego)는 성인용 서적을 판매하는 상점에서 판매되었다. 요즘 어떤 밴드들은 자신들이 직접 음반을 만들고, 그 음반들을 특이한 장소들, 스케이트 상점, 콘서트 장, 해변, 공원, 의류 상점 등에서 판매하고 있다. 당신을 한 가지 시장에 묶여 있도록 하지 마라.

진부한 표현은 그만 하라. | 만약 내가 "가장 싼 가격, 훌륭한 서비스와 최고의 물건을 드립니다."라는 말을 한 번 더 듣는다면, 아마도 숨이 막혀버릴 것이다! 한 여성 의류 상점에서는 "15% 가격 인하"라는 말 대신 쇼핑용 가방에 "이 가방 안에 넣을 수 있는 모든 품목은 15% 가격 할인"이라고 인쇄해서 사람들에게 나눠 주었다. 브라보! 만일 세상에 더 이상 새로운 아이디어는 없다고 생각한다면 다시 한 번 생각해 보라. 나는 TNT 채널의 "저녁식사와 영화"(Dinner and a Movie)라는 프로그램을 좋아한다. 이것은 똑같은 옛날 프로그램, 다시 말해 재방송이든 다른 어떤 프로그램이든 새로운 방식을 시도한 것이다. 같은 옛날 것을 이야기해도 새로운 방식을 찾아내라. 아니면 판에 박힌 문구에 새로운 의미를 주기 위해 비틀어 보라.

과자 부스러기. | 미시즈 필즈(Mrs. Fields) 쿠키의 창립자인 데비 필즈(Debbie Fields)는 스무 살의 갓 결혼한 새 신부였고 아주 훌륭한 쿠키를 만들었다. 그녀는 자신의 제품을 팔기 위해 상점을 열었다. 개업한 첫날 정오가 되도록 아무도 가게에 오지 않았다. 그래서 그녀는 쟁반에 쿠키를 가득 담아 길거리로 나가서 사람들에게 쿠키 샘플을 나눠 주었다. 이 방법은 '멍멍 강아지' 접근법(the "puppy dog" approach)이라고 불리는 방법이다. 일단 누군가가 당신의 제품을 사용해 보거나 먹어 보면 그들은 그 제품을 좋아할 것이고 갖고 싶어할 것이다. 그리고 더 많이 원할 것이다.

이벤트를 만들어라. | 찰리 채플린(Charlie Chaplin)의 아버지는 진짜 채플린 흉내 내기 콘테스트를 열었다. 참가자들은 채플린처럼 옷을 입고 연기를 했

다. 자신의 정체를 밝히지 않고 진짜 채플린도 그 콘테스트에 참여해서 자신의 연기를 했다. 그는 3등을 했다.

찌푸린 얼굴을 뒤집어라. | 피자 체인 광고를 제작하던 한 디자이너는 전화번호부에 광고를 싣는 것을 잊었다. 이런! 이것은 정말 큰 문제였다. 전화번호부 광고 제출 기한을 넘겼다는 것은 1년 내내 당신의 광고는 전화번호부에 없다는 것을 의미한다. 내 전화기에 피자집 전화번호가 단축다이얼에 입력되어 있다. 그래서 이 문제가 얼마나 큰 문제인지 나는 이해할 수 있다. 너무 절박해진 그 디자이너는 이런 광고를 만들어 냈다.

"전화번호부의 다른 피자집 광고를 가져오면 피자를 반값에 드립니다."

사람들은 너도나도 다른 피자집의 광고를 전화번호부에서 찢어서 쿠폰으로 사용했다. 몇 주 지나자 그 도시의 전화번호부에는 피자집 광고가 남지 않게 되었고, 그 디자이너는 그의 실수를 최소화할 수 있었다.

앨버트 아인슈타인(Albert Einstein)은 이렇게 말했다.

"우리가 지금까지 해 온 사고 수준의 결과인 이 세상이 만든 문제들은 이 문제들을 만들어 낸 생각의 수준으로는 우리가 풀 수 없는 것들이다."

감정적인 호소. | 한 꽃집 주인은 고객들에게 인간관계의 아름다움과 꽃의 힘에 대한 편지를 보냈다. 발렌타인데이 즈음에 그녀는 인간관계가 위태롭게 되었다는 경고를 담은 두 번째 편지를 보냈다. 며칠 뒤 그녀는 '법정 명령'이라고 찍힌 편지를 보냈다. 이 편지 안에는 『부부를 위한 이혼 가이드』라는 작은 소책자와 "우리는 당신의 결혼 생활이 이런 식으로 끝나게 되길 원치 않습니다."라고 쓴 쪽지와 추신으로 "꽃을 보내기에 아직 늦지 않았습니다."는 글을 써서 보냈다. 판매는 어느 때보다도 더욱 잘 되었다.

어떤 대가를 치르더라도. | 큰 포부를 가진 시나리오 작가 마크 디벨로(Mark DiBello)는 아카데미상 시상식 며칠 전에 대리인을 찾고 실력자들을 만나기 위해 뉴욕에서 로스앤젤레스로 날아왔다. 물론 그는 아카데미상 시상식장 근처에도 가지 못했지만 그는 흰색 티셔츠에 자신의 시나리오 제목

'대천사'(The Archangel)를 파란색 글씨로 새겨 입고 다녔다. 이 일은 신문에 실렸다. 게다가 내가 이 책에도 그 일을 쓰고 있다.

당신은 얼마나 간절히 성공하기를 원하는가? 당신은 디벨로와 같이 성공에 목말라 있는가? 나는 누군가가 어떤 일에 너무나 열정적이어서 이를 선전하려고 3,000마일씩 날아 왔다는 사실이 마음에 든다. 자, 출발!

피자! 피자! | 한 광고 대행사는 미래의 고객에게 점심시간에 피자를 보냈다. 상자 외관은 디자인 도구였다. 상자에는 "당신의 시장에서 보다 큰 조각(slice)을 차지하고 싶으면 전화하십시오."라는 글귀와 대행사의 이름, 전화번호, 주소가 적혀 있었다. 상자 안의 피자는 한 조각이 없는 피자였다. 보다 비용을 절감하기 위해, 그 대행사는 자신들의 프린터와 무료 피자를 교환했다.

엉뚱한 행동. | 노란색 스마일 얼굴을 상징으로 하는 속옷 및 캐주얼 의류업체 조 박서(Joe Boxer Corp.)의 니콜라스 그래험(Nicholas Graham)은 뉴욕의 타임스퀘어 광장에서 30미터 높이의 크레인에 매달려 베이글 빵에 실크 박서를 낙하산처럼 매달아 광장의 사람들에게 던졌다. 이렇게 해서 회사의 웹사이트에 대한 사람들의 관심을 얻으려는 것이었다. 작가이자 자비출판 전문가인 댄 포인터(Dan Poynter)는 종종 자신의 세미나에 낙하산을 타고 등장하곤 한다.

웃어라. 그러면 세상도 당신과 함께 웃을 것이다. | 멍청이가 지배한다! 로버트 스티븐스(Robert Stephens)가 설립한 컴퓨터 수리 및 상담 회사인 긱 스퀴드(Geek Squad—'컴퓨터 괴짜 부대'라는 뜻—역자 주)는 '특수 요원'(직원)들이 검정 양복에 가는 넥타이, 흰 양말과 검정색 구두를 신고 긱 스퀴드 배지를 달도록 한다. 그들은 회사 로고가 그려진 오래된 아이스크림 트럭이나 구식 자동차를 타고 도착한다. 유머에는 돈이 들지 않는다고 스티븐스는 말한다. 그렇지만 그는 10분 내에 응답 전화를 하는 규칙을 세웠다. 비상한 장치들을 좋은 서비스로 보완한다면, 당신은 바로 성공 가도에 올라선 것이다.

동물과 아기. | 당신이 가진 마케팅 자료로 사람의 관심을 끄는 데는 3초

라는 시간밖에 없다. 만약 아이나 동물을 이용한다면 약 7초 정도의 시간이 더 있다. 나는 자신의 충직한 네 발 동물 '로키(Rocky)'를 서핑에 데리고 다니는 사람을 알고 있다. 그 자신을 선전하기 위해 그는 사진사에게 이제는 세계적으로 유명해진 '서핑하는 개'가 보드를 타고 윈드서핑과 파도 서핑을 하는 사진을 찍도록 했다. 그는 이 사진을 엽서로 만들어 자신과 자신의 사업을 선전하는 데 사용했다. 이 엽서 자체는 매우 유명해졌고 언론에서 '로키'와 그 주인에 대한 보도는 끝이 없었다. 그리고 아주 가치 있었다.

당당하게 걷고 아주 특수한 재능을 가져라. | 아니면 기계톱을 가지고 다녀라. 한 조각가는 자신의 작품에 어떤 관심도 끌 수 없었다. 그래서 그는 기계톱으로 나무 조각을 시작했다. 그는 여러 신문 뉴스와 인물 소개란에 소개되었다.

일어나서 커피 향기를 즐겨라. | 여러 종의 운동 관련 잡지를 출판하는 출판가는 하와이 코나에서 열린 철인 삼종 경기에 그의 광고주들과 미래의 광고주들을 초대하여 큰 행사를 열었다. 그 초대장은 코나 커피 원두가 담긴 봉지에 인쇄되어 발송되었다.

브랜드화

역사상 가장 훌륭한 자기 선전가 중 하나는 무하마드 알리(Muhammad Ali)였다. 어떻게 알리가 '가장 훌륭하다'는 평가를 받았을까? 물론 그는 놀랄 만한 운동 선수였다. 그렇지만 그에게는 그 이상의 것이 있었다. 바로 자신을 브랜드화해서 유명해졌다. 다음은 그 방법들이다.

그의 발언은 인상적이다. | "나비처럼 날아서 벌처럼 쏘겠다."
"링 로프로 몰기 기술."
이런 말들은 그의 스타일을 선명하게 보여 주는 것이다. "내가 최고

야!"라는 그의 자랑은 말할 것도 없다.

그는 반항자이다. | 알리는 흐름에 역행했다. 그는 나쁜 평판에 시달리던 스포츠에 대해 그 가치를 역설하고 꿋꿋이 지키며 결코 타협하지 않았다. 그는 이전에 권투를 결코 신뢰하지도 않았고 관심도 없었던 사람들에게 흥미를 끌었다.

그는 엉뚱하다. | 그는 용감했다. 그는 질문에 절대로 평범한 대답을 하지 않았다.

그는 자신감이 있었다. | 어느 날 알리는 경기를 위해 비행기를 타고 있었다. 비행기 승무원은 그가 안전벨트를 매고 있지 않은 것을 발견했다. 그녀는 그에게 안전벨트를 착용하라고 말했다. 알리는 자신 있게 대답했다.

"슈퍼맨은 안전벨트가 필요 없소."

그러자 승무원이 재치 있게 대답했다.

"네, 슈퍼맨은 비행기도 필요 없죠."

하지만 당신은 그의 자신감을 비난할 순 없다. 그는 자신을 부끄러워하지 않고 알릴 수 있었다. "내가 최고입니다."라고 말하는 것은 쉬운 일이 아니다.

당신은 자신감이 있는가? 로고는? 슬로건은? 이미지 색상 배합? 왜 안 되겠는가?

자기 홍보의 비법 101(기초 사항)

나는 근본적으로 나를 홍보하는 방법을 정말로 아는 사람은 나 말고는 아무도 없다고 생각한다. 그래서 나는 나의 음악을 즐기는 사람들과 인맥을 만들기로 결심했다.

| 지미 버펫

자기 홍보 방안에 초점을 맞추기 위해서 다음의 질문에 답해 보라.

나의 청중은 누구인가? | 딜버트: 지금 무엇을 쓰고 있나?

도그버트: 충동구매를 하는 사람들을 위한 자가 치유에 관한 책.

딜버트: 충동구매를 하는 사람들에 대해 알고 있는 것이 무엇인가?

도그버트: 난 그들이 책을 많이 산다는 것을 안다.

얼마나 많은 돈을 써야 할까? | 시간의 10~15%, 그리고 총 수입의 3~5% 아니면 더 많이? 시간은 더 많이, 돈은 더 적게? 사람들이 오래 간직할 만한 것을 만들어라. 소식지, 잭갈피, 소책자, 티셔츠, 달력, 또는 유용해서 사람들이 여러 달 동안 간직하면서도 값은 비싸지 않은 물건을 만들어라.

어디에서부터 시작할까? | 만일 내가 나를 고용하려고 하는데 그 도시에 내가 처음 왔다면, 내가 어디부터 찾아볼까? 나를 어떻게 찾을 것인가?

주소 목록을 가지고 있어야 할까? | 켄 블랜차드(Ken Blanchard)가 '열렬한 팬들'이라는 용어로 명명한 것을 만들어라. 팬클럽을 만들어라. 당신의 친구들과 가족들, 사업상의 인맥, 언론계 인맥들부터 시작하라. 다른 사람들과 주소 목록을 교환하라. 아무리 바보라도 누구에겐가 도움이 된다는 것을 알아야 한다. 데드헤드(Deadheads)가 어떻게 그레이트풀 데드(Grateful Dead: 1965년 샌프란시스코에서 결성된 전설적인 얼터너티브 그룹이며 데드헤드는 이 그룹을 지지하는 컬트 세력으로 이들 대부분은 히피로 구성되어 있다.—번역자 주)를 지지했는지를 보라. 그들은 가이 카와사키가 말하는 것과 같이 전도된 것이다.

다른 사람에게 보이고 들려주라. | 홍보 가능성이라는 면에서 내 분야가 다를 게 뭐 있는가? 내 친구 한 사람은 음반 계약을 맺었다. 어떻게? 그는 음악가가 되기로 결심을 하고 노력했으며, 좋은 매니저를 얻었고, 레코드 회사 경비원에게 환심을 샀고, 할 수 있으면 어디에서나 공연을 했으며, 사람들의 시선도 끌었다. 이미 유명한 음악가의 공연 시작 전에 오프닝 공연도 하였다. 어디에서든 바로 공연할 수 있도록 자신의 실력을 닦아야 한다. 어떤 창조적인 분야에서도 아주 좋은 방법이다.

무엇이 나를 독특하게 만드는가? | 이 점에 대해 시간을 두고 한번 생각해 보라. 당신이 이 질문에 대해 대답을 하려면 자신이 어느 분야의 시장에

맞는지를 명확하게 이해해야 한다. 이것을 확실히 알면 자신만의 독특한 판매 위치를 갖게 되는 것이다. 이 정보들을 한 문장으로 요약하라. 이 문장을 외우고 모든 사람에게 말할 준비를 하고 당신의 이야기를 들을 사람이면 누구에게든지 이야기하라.

이 문장은 '독특한 판매 위치(unique selling position)'라고 할 수 있다. 예를 들어 "스타 트렉"(Star Trek)의 "아무도 가 보지 못한 곳으로 용감하게 나아간다."와 같은 것이다. 당신의 문구에는 마케팅 계획과 홍보 계획이 반영되어야 한다. 한 작은 비디오 대여점에서는 블록버스터(Blockbuster)와 경쟁을 할 수 없다는 사실을 깨닫고 찾기 어려운 옛날 영화 비디오를 구비하였다.

왜 사람들이 나의 서비스를 이용해야/나의 제품을 사야 하는가? | 소심하거나 부끄럽게 생각하지 마라. 자신을 여러 가지 혜택들로 무장한다.(힌트: 사람들은 돈을 벌기 위해, 돈을 절약하기 위해, 시간을 절약하기 위해, 인기를 얻기 위해, 아름다운 것을 가지기 위해, 유행에 따르기 위해, 칭찬을 받기 위해, 무엇인가를 산다.)

당신에게 출판사가 필요한가? | 레코드 회사? 대리인? 마크 트웨인(Mark Twain)과 조지 버나드 쇼(George Bernard Shaw), 에드가 앨런 포(Edgar Allan Poe)의 공통점은 이미 고인이 되었다는 사실 빼고 무엇일까? 이 작가들은 모두 처음에는 자기 비용으로 책을 출판한 작가들이었다는 것이다. 벤 프랭클린(Ben Franklin), M. 스코트 펙(Scott Peck), 그리고 『당신의 낙하산은 무슨 색입니까?』 (What Color Is Your Parachute?)의 작가 리처드 볼레스(Richard Bolles)도 마찬가지였다. 책, 소식지, 기사, 또는 노래를 쓰고 출판하는 것은 돈도 벌고 대중에 시선을 얻는 훌륭한 방법이다.

내가 다르게 할 수 있는 것은 무엇인가? | 다른 사람에게 효과가 있었던 아이디어를 택해서 당신 자신의 필요에 맞게 당신만의 방법으로 고쳐서 사용하라.

그들이 왜 나를 좋아해야/원해야 하는가? | 다른 사람들과 어울리고, 만나며, 개인적으로 접촉을 시도하라. 당신은 다른 사람들의 아이디어나 프로

젝트에 관심을 보임으로써 일상적인 만남에서 평생의 고객을 만들 수도 있다. 내가 알고 있는 아주 성공한 책 편집자는 작가가 생각하고 있는 프로젝트를 자신의 것으로 만드는 재주를 가지고 있다. 그녀의 작가들은 그녀가 자신들의 책을 자신들만큼이나 잘 이해하고 관심을 가지고 있다고 느낀다. 그리고 그들의 생각이 맞다. 결과적으로 그녀와 함께 일했던 사람들은 그녀를 아주 높이 평가하며 계속해서 그녀와 함께 일하기 위해 그녀에게 돌아온다.

어떻게 하면 그들이 더 많이 살 수 있도록 만들 수 있을까? | 처음의 성공을 발판으로 더욱 확장시켜라. 당신의 제품이나 서비스를 사용하는 새로운 방법을 고객들에게 알려 주라. 고객을 더 좋은 고객으로 만들거나 그들을 단골 고객으로 만드는 것은 새로운 고객을 계속 찾아다니는 것보다 훨씬 더 쉬운 일이다.

나는 어디에 초점을 맞춰야 할까? | 다방면으로 생각하는 사람과 다재다능한 창조적인 사람은 초점을 맞추는 방법을 배워야 한다. 당신이 가장 잘하는 것과 그것을 원하고 그것을 필요로 하며 대가를 지불할 사람에게 초점을 맞추게 되면 모든 일이 더 쉬워진다.

당신이 모든 일을 할 수도 있다. 그렇지만 모든 일을 다 잘할 수 있는 사람은 없다. 당신이 다방면으로 재능이 있고 당신의 창조력이 크다는 것을 상품화할 수 있을 것이다. 당신의 재능을 한 가지로 맞출 수 있는 방법을 찾아라. 이런 방법 중의 한 가지는 당신의 목표(목적)에 관련된 전략을 세우는 것이다. 전략은 일을 실제 이룰 수 있도록 적극적이고 집중적이며 실질적인 방법으로 채운다. 그리고 가시적이고, 융통성 있으며 다채로우면서 간결하게 하라. 다음의 샘플을 보자.

목표: 카멜 계곡을 깨끗하게 유지하라.

대상: 해변, 도로, 상점가 청소

전략: 도움을 얻어라. 좋은 본보기를 보이고, 학교에 알리며, 기금을 모을 사람을 찾고 홍보를 만들며, 그룹을 만들고, 기업 후원가를 찾으며, 시의회 의원에게 알리고,

티셔츠를 만들어서 판매한다.

만일 당신이 이런 좌뇌적인 접근 방식이 좀 답답하게 느껴진다면 생각의 가지를 뻗어 보라. 다만 이 가지들이 원래 목적에 확실히 붙어 있도록 하기만 하면 된다. 위의 경우에는 연설, 글쓰기, 라디오, 웹, 클럽, 소식지 등등이 될 것이다.

한 번에 세 개의 장소에 어떻게 있을 수 있을까? | 상점이나 화방을 열어라. 프랭크 자파(Frank zappa)는 대중에게 더 많이 알리기 위해 '소리지르는 호박(Barking Pumpkin)'이라는 - 이를 통해 연간 백만 달러의 수입과 함께 언론의 더 많은 관심을 받았다. - 카탈로그를 만들었다. 그리고 잔여 수입이라는 부가 혜택도 가져왔다. 인세가 최고다!

전시회가 나에게 도움이 될까? | 쇼맨십을 가져라. 실연을 해 보여라. 서로 대화를 나누어라. 어느 곳이든 명함을 모으라. 그리고 그들에게 카드, 전화, 또는 이메일로 다시 연락하라.

사람들이 어떻게 나를 기억할까? | 당신에게 사람을 끌어당기는 힘이나 특이한 점이 있다면, 사람들이 당신을 기억하는 게 쉬워질 것이다. 자니 캐시(Johnny Cash)는 온통 검은 색 옷만 입었다. 드류 캐리(Drew Carey)의 상고머리와 안경은 그의 트레이드 마크가 되었다. 알프레드 히치콕(Alfred Hitchcock)과 제이 레노(Jay Leno)는 쇼 비즈니스에서 가장 유명하다. 평범한 산악 자전거 선수 미시 지오브(Missy Giove)는 언론에 많이 보도되었는데 그녀가 항상 목 둘레에 죽은 피라냐를 두르고 다녔기 때문이다. 베스트셀러 작가인 레오 버스카글리아는 '포옹 박사'로 알려져 있는데, 그가 세미나를 하면 끝날 때 세미나의 청중을 모두 포옹해 주기 때문이다. 토니 로빈스(Tony Robin)는 불 속을 걷는 것으로 일을 시작했다. 지그 지글러는 항상 소형 펌프를 들고 다닌다.

스티브 마틴(Steve Martin)은 스탠딩 코미디를 다른 코미디언과 마찬가지로 1970년대 초반에 시작했다. 그는 수염에 긴 머리, 호박꽃 목걸이를 달고 히피처럼 옷을 입었다. 어느 정도 성공한 2년 후 그는 수염을 깎고 흰색 양복 정장을 입고 완전히 새로운 인물로 변신했다. 우리 모두가 알고 있는 멍청하고 자만심에 찬 캐릭터의 사람이 되었던 것이다. 그는 곧바로 유명해졌다. 일반 대중과 당신이 구별되도록 하라. 다른 사람과 다른 것은 성공을 가져올 것이다.

어떻게 하면 성공을 지속시킬 수 있을까? | 당신이 이미 받은 관심에서 시작하라. 사람들은 다른 사람이 좋다고 생각하는 것을 좋다고 생각한다. 사람들이 당신을 알아야만 하는 것처럼 행동하라. 당신의 분야에서 알려진 전문가가 되라. 다른 방향에서 사람들을 공략하라. 혁신가가 되라. 최고의 효과를 위해서 당신의 노력을 짧은 기간 동안 집중하라. 텔레비전 인터뷰를 하라. 인터넷 대화방을 만들어 주관하라. 추천을 받아라. 강습을 하라. 당신이 찾을 수 있는 어떤 사람들 앞에서라도 연설하라. 자선 사업에 봉사하라. 글을 써서 생각나는 모든 인쇄 매체에 보내라. 공연을 하라. 무슨 일이든 하라. 광고도 내보내라. 이미 받은 승리에 안주하지 마라. 당신의 족적을 어디든 남겨라.

어떻게 팔 것인가? | 당신의 고객이 되어 보라. 무엇이 당신의 관심을 자극하는가? 미래의 고객들에게 물건들을 보내라. 무료 시제품, 무료 정보, 무료 샘플, 무료 선물을 보내라. 클럽을 만들거나 콘테스트를 열라. 사람들에게 알맹이 있는 정보를 제공하라. 기타 센터(Guitar Center)는 사람들에게 유용하고 시기적절한 정보를 담고 있는 '기타 구매 방법' 이라는 브로슈어를 보냈다. 좋은 점을 강조하라. 사실과 기능 등을 설명하여 좋은 점을 뒷받침하라. 믿을 수 있는 사람이 되라. 제기될 가능성이 있는 반대 의견에 대비하라. 보증을 통해서 위험 요소를 제거하라. 어떤 연사는 자신이 기립 박수를 받지 못하면 참가비를 환불한다는 약속을 했다. 주문할 것을 부탁하고 주문서는 작성하기 쉽게 만들어라.

나의 이름/로고/포장에 대해 다시 생각해 봐야 할까? | 해리엇 세스터(Harriet Schechter)는 재포장을 통해 책 판매를 향상시켰다. 그 책은 원래 바쁜 부부를 위한 각종 정리 지침서로 만들어졌는데 몇 해가 지나도 팔리지 않았다. 그래서 그녀는 제목을 『성 관계를 위한 여유 시간 만들기』(More Time for Sex)로

바꾸었고 이 책은 즉시 출판사에 팔렸다.

만일 표현력이 부족하다면 브레인스토밍을 해 보라. 당신의 혀끝을 맴도는 단어들, 사람들의 마음에 깊이 박힐 단어, 당신이 하는 일을 명확하게 전달할 단어들로부터 시작하라. 1~2음절의 짧은 회사 이름이 가장 효과적이다.

부정적인 선입견을 어떻게 극복할 수 있을까? │ 다양함은 당신에게 도움이 될 것이다. 인종(독특한 관점), 성별(남성 대 여성), 나이(보다 젊은 고객들에게 어떻게 접근할 것인가?), 부모(회사가 아이들을 이해하는 데 도움이 된다), 지리적 여건(그 지역의 언론 매체와 시장에 대해 알게 해 준다), 국적/언어 모두가 당신에게는 이점이 된다. 당신이 가진 조건들에 대해 당신이 가진 부정적인 생각은 버리고 이를 긍정적으로 바꾸라.

프로에게 묻는다

브랜드 마스터 오빌 레덴바처(ORVILLE REDENBACHER)

이 팝콘의 황제가 세상을 떠나기 전 나는 우연히 그와 알게 되어 개인적인 친분을 쌓고 몇 차례 인터뷰할 수 있는 기회가 있었다. 오빌은 우리 집 근처에 살았고, 나에게 자신의 자서전 작업을 해 줄 수 없겠느냐고도 물었다. 그가 즐겨 말한 바와 같이, 조지 위플(George Whipple)과 같은 식료품상이나 베티 크로커(Betty Crocker)와 같은 제빵사는 없을 것이다. 그렇지만 오빌 레덴바처는 정말로 대단한 사람이었다. 그는 자신의 집 전화번호를 전화번호부에 기재되도록 하고, 그가 정말로 존재하는 사람인지 궁금해하는 사람들이 전화를 걸면 그 전화를 직접 받았다. 그는 대단한 홍보 전문가였을 뿐 아니라 출중한 대변인이었다. 브랜드에 관한 그의 생각을 들어 보자.

당신의 얼굴을 수백만 명이 알아보고 당신의 이름은 집에서 흔히 들을 수 있는 이름이 되었습니다. 이 일이 어떻게 시작되었죠?

나의 팝콘 회사 이름이 필요했습니다. 그래서 시카고의 광고 대행사를 찾아갔죠. 그들은 나와 이야기를 하고, 사람들을 인터뷰했으며, 카피라이터를 고용했습니다. 연구 조사를 하더니 자신들이 최고라고 생각하는 이름을 가지고 왔죠. 바로 오빌 레덴바처였습니다. 그 이름이 무엇인 줄 아십니까? 정말 그건 몰랐습니다! 80년 전 우리 어머니가 나에게 주신 비로 그 이름이었던 것이죠. 그렇지만 이미 그 이름값 때문에 그 광고 대행사에만 삼천 달러나 지불한 후였습니다!

당신의 이름이 기억에 남기도 했을 뿐 아니라 당신 모습도 그렇습니다. 뿔테 안경과 나비넥타이, 하얗게 센 머리와 약간 내려온 앞머리 말입니다. 어떤 이미지를 보여 주려고 하셨나요?

성실함입니다. 당신이 신뢰할 수 있는 사람, 당신이 신뢰할 수 있는 브랜드 말입니다. 그래서 내 얼굴이 모든 제품 상자에 그려져 있습니다. 모든 팝콘 한 봉지 한 봉지 뒤에 내가 서 있는 것이죠.

사람들이 알아보는 것과 가는 곳마다 사람들이 말을 거는 것이 싫지는 않으십니까?

만약 사람들이 나를 알아보지 못한다면 그것이 오히려 기분 나쁩니다. 최근 설문 조사에 의하면 미국 전 국민의 75% 이상이 내 얼굴 또는 내 이름을 알아본다고 합니다. 그것 말고도 팝콘은 아주 재미있는 음식입니다. 팝콘 먹는 사람 중에 기분 나쁜 사람은 아마 못 보았을 것입니다.

당신의 존재를 온 세상에 알려라

자기 홍보의 도구

웹 페이지를 보는 사람들은 당신의 바보 같은 디자인에 신경 쓰지 않는다.

| 존 슈미츠(John Schmitz)

내가 디자인에 관해서 참을 수 없는 것이 있다면 바로 이것이다. 나는 당신에게 어떤 장비가 있는지, 당신이 소프트웨어를 얼마나 잘 알고 있는지, 디자인에 몇 가지 색의 잉크를 썼는지 상관하지 않는다. 디자인이 불쾌하다면 불쾌한 것이다. 나는 자신들의 장비를 잘 이해하고 있지만 디자인은 이해하지 못하는 사람을 많이 만나봤다. 더 복잡하게 이야기하자면 좋은 디자인이란 제품에 따라서 달라지는 것이다.

웹 페이지는 컴퓨터에 나타나 보통 컴퓨터 스크린에 뚜렷이 보이게 만들고, 각종 배너들이 다운로드 되게 하는 데 드는 시간 때문에 특별히 신경을 써야 한다. 인쇄물 브로슈어나 직접 우송 광고 우편물은 예산과 인쇄상의 요구 사항에 제한을 받고, 또한 인쇄물이 시선을 빨리 끌지 못하면 버려진다는 사실에 제한을 받게 된다. 비디오는 짧고 선명하게 찍어야 하며, 좋은 음질과 직접적인 메시지를 포함해야 한다. 명함은 개성을 나타내면서도 읽기 쉽고 필요한 정보를 담아야 한다. 내 의도를 알겠는가? 첫번째로 해야 할 질문은 "어떻게/언제/어디에서 이것이 사용될 것인가?"이다.

홍보물들을 준비할 때 주의해야 할 다른 점들은 다음과 같다.

최고의 것들로부터 차용하라. | 당신이 좋아하는 다른 디자인에서 아이디어를 가져와라.

당신이 그것을 받으면 정크 메일일 뿐이다. | 그렇지만 당신이 그것을 만들면 그것은 직접 우송 광고가 된다.

당신이 만든 홍보물을 가지고 싶어할 특별한 이유를 제공하라. | 이런 아이템으로는 쿠폰, 정보를 얻기 위한 수신자 부담 전화번호, 특별 할인과 같은 것들이다. 아니면 홍보물 자체를 이런 아이템, 달력과 같은 것으로 만들 수도 있다.

오타나 문법에 실수가 없도록 세 번씩 체크하라. | 파출부 파견업체 광고에 나왔던 아주 오래된 실수 하나를 들어 보자.

"자신을 씻는 것이 지겨우십니까? 저희가 해 드리겠습니다."(Tired of cleaning yourself? Let me do it.)

이런 실수를 어떻게 발견할 수 있을까? 크게 읽어 보라. 그리고 다른 사람에게 읽어 보게 하라. 사람들은 당신의 작품에서 실수를 찾아내고 당신을 놀리는 것을 정말 좋아한다. 인쇄에 들어가기 전에 그들에게 확인하도록 하라. 당신의 작품을 감수할 좌뇌 중심의 친구를 찾아보라. 아니면 전문적인 감수자를 고용하라.

맛있게 보이도록 만들어라. | 식당에서 식사를 하다가 음식이 남으면 그들은 용기에 음식을 싸 간다. 그렇지만 다음 날 그 음식은 전혀 맛있어 보이지 않는다. 이것이 바로 사람들이 당신의 홍보물을 바라보는 방식이다. 광고가 더욱 매력이 있도록 제일 앞부분을 다채롭게 만들어라.

다르게 만들어라. | 만일 당신에게 한 무더기의 제안서가 쌓여 있고 모두 같은 크기일 때, 어떤 머리 잘 돌아가는 사람이 당신에게 좀 더 작은 사이즈의 제안서를 보냈다고 하자. 그럼 당신은 이 제안서를 제안서 더미 아래에 두겠는가, 위에 두겠는가? 그렇다. 위다. 제안서 더미 아래에 묻혀 버리느니 좀 특이하게 하는 것이 낫다.

당신이 당신의 청중을 알고 있다고 생각하지 마라. | 질문을 하고 그들의 의견을 모아라. 당신의 홍보물을 보내기 전에 그들을 자세하게 알아보라. 홍보물을 더 적게 보내더라도 훨씬 더 효과적일 것이다.

당신의 청중을 방문하라. | 당신의 홍보물을 받았을 때 그들은 어디에 있을까? 나는 서점 구매 담당자의 사무실을 찾아가서 그 사무실이 얼마나 정신없는지 깨달았다. 우리가 보낸 광고 전단에 응답이 없는 것도 당연했다. 그래서 나는 책꽂이에 넣어 놓을 바인더를 만들고 나의 전단에는 펀치로 구멍을 뚫었다. 이것들을 보내면서 쪽지에 "이것을 바인더에 넣으세요."라고 써서 함께 보냈다.

사실을 말해도 이야기가 팔린다. | 무미건조한 설명을 이야기로 만들어 사람들이 읽고 기억할 수 있도록 하라. 대화체로, 개인적이며 실제인 것처

럼 만들어라.

내용을 줄이고, 조각을 내라. | 사람들은 꼼꼼히 읽기보다는 훑어본다. 그러므로 홍보물을 훑어보기 좋게 만들어라. 글머리표, 옆선, 따옴표, 만화, 그림과 같은 것을 사용하라. 글씨체, 글씨 크기를 다양하게 만들고 강조를 위해서는 굵은 글씨체를 사용하라.

단순하게 만들어라. | 광고물 하나 당 요점 하나, 그리고 한 가지 초점(큰 이미지 하나)은 두 개나 세 개, 열 개나 열두 개보다 훨씬 더 효과적이다. 많은 광고주들은 광고에 모든 이야기를 담아야 한다고 생각한다. 다시 한 번 생각해 보라. 대부분의 경우 당신이 해야 할 일은 독자가 당신에게 전화를 하도록 유혹하는 것이다. 그래야 당신은 그들과 이야기할 수 있고, 서로 영향을 미칠 수 있고, 물건을 팔 수도 있다. 이것은 어떤 홍보물로도 할 수 없다.

인쇄 비용을 절약하라. | 진한 색 잉크를 사용하고 다양한 색상 톤을 나타내기 위해 잉크를 다른 비율로 사용하라. 그럼 1도 인쇄 비용만 내면 된다.

만일 당신이 4도 인쇄물을 만든다면 컬러 부분만 많이 인쇄하라. 그리고 나머지 본문 부분은 검정색으로 겹쳐서 인쇄하라. 원할 때마다 값싼 인쇄 비용으로 메시지를 바꾸어 인쇄하거나 레이저 프린터에서 인쇄할 수도 있다. 이는 '셸 만들기(making a shell)'라고 하며 필요할 때마다 매번 4도 인쇄물을 만드는 것보다 훨씬 더 적은 비용이 든다. 많은 회사들은 명함용으로 셸을 만들어 두고 있다. 그럼 새 직원에게 명함을 빠르고 싼 비용으로 인쇄해 줄 수 있다.

도매상에서 직접 종이를 사서 인쇄업자에게 주라. 이 방법은 사실 많은 돈이 절약되지는 않지만 확실히 당신이 원하는 종이를 사용하게 된다.

만약 인쇄업자가 가격 할인을 해 준다면 당신의 홍보물에 인쇄소의 이름을 넣어 주겠다고 인쇄업자에게 제안하라.

남자는 파랑색을 좋아하고 여자는 보라색을 좋아한다. | 시선을 끌기에는 빨강색이 최고이다. 초록색을 효과적으로 인쇄하는 것은 매우 어렵다. 노랑

색 종이에 검정색 글씨는 최고의 대비를 이룬다. 그렇지만 흰색이나 우윳 빛 종이에 검정색 글씨는 가장 읽기 쉽다. 회색 또는 검정 잉크를 70% 스크린한 색은 세련된 느낌을 준다. 색채의 과학에 대한 책들이 많이 있으니 한 권 사서 읽어 보라. 그리고 당신의 본능을 신뢰하라. 당신이 좋아하는 인쇄물의 예를 찾거나 인쇄물을 만들어 본 경험이 있는 사람에게 물어 보라. 솔직히 말하자면 당신의 본능을 개발하고, 이를 약간의 지식으로 보강(이미 언급한 다른 기술을 통해서)한 후에 당신의 본능을 신뢰하는 것이 좋다.

프로에게 묻는다

척 그린(CHUCK GREEN)

척 그린은 버지니아에 있는 그래픽 아티스트이며 『데스크톱 출판인을 위한 아이디어 북』(The Desktop Publishers Idea Book)의 저자이다.

창조적인 사람을 위한 자기 홍보의 비결은 무엇이 있습니까?

오랫동안 개발한 사람들이 할 수 있는 효과적인 방식들이 있습니다. 예를 들면, 사람들은 일을 찾을 때 이력서를 보냅니다. 프리랜서가 자신들의 재능을 선전할 때에는 포트폴리오를 보여 줍니다. 기업가가 사업을 시작할 때는 규격봉투에 맞는 3단 접이식 브로슈어를 만듭니다.

좀 지루하게 들리는데요.

맞습니다. 방식대로 생각하는 것은 지-루-합-니-다. 기억에 남는 자기 홍보는 사실 정형화된 틀 밖에서 이루어집니다. 당신이 다른 사람들이 모두 하는 일을 하겠다는 것으

로 결론을 내리기 전에 자신에게 질문 세 가지를 해 보십시오. 홍보의 목적은 무엇인가? 왜 이 일이 보통의 이루어지는 방식대로 이루어져야 하는가? 좀 더 효과적으로 할 수 있는 방법은 없을까?

사람들이 자기 홍보용 자료를 만들 때 하는 가장 큰 실수는 무엇입니까?

자신에게 초점을 맞추는 실수는 하지 마십시오. 당신을 모르는 사람들은 당신이 그들을 위해 무엇을 해 줄 수 있는지 궁금해하기 시작합니다. 그들이 당신을 어떻게 도와줄 수 있을지를 생각하는 것이 아닙니다. 이것은 이기적인 것이 아니고 자연스러운 것입니다. 모든 자기 확대적인 일들은 잊어버리고 수요를 충족시키는 것에 초점을 맞추십시오. 당신이 무엇을 홍보하든지 그것의 기능이 아니라 혜택에 대해서 이야기하십시오.

명함

내가 좋아하는 텔레비전 프로그램 중 하나는 법정 드라마 "법과 명령"(Law & Order)이다. 때때로 브리스코(Briscoe)나 로간(Logan)이 밀고자가 증언을 하도록 설득하고 있으면 레니(Lenny)는 자신의 명함을 꺼내서 뒷면에 무엇인가를 끄적거린다. 그는 그것을 '무상 석방 카드'(get out of jail free card; 유명한 보드게임인 모노폴리의 보너스 카드 중 하나. 감방 칸에 들어간 사람은 주사위 2개가 같은 수가 나오거나 3번을 쉬어야만 감옥에서 나올 수 있지만 이 카드가 있으면 바로 다음 순서에 빠져나올 수 있다.)라고 부른다. 그가 이 명함을 범죄자나 밀고자에게 건넬 때마다 그들은 이 명함을 지폐 뭉치처럼 소중하게 두 손으로 받는다. 나는 항상 어떤 사람이 내 명함을 그렇게 사용한다면 얼마나 좋을까 하는 생각을 하곤 했다. 그래서 내가 서핑용품 상점 체인을 가지게 되었을 때 나는 방수가 되는 명함을 인쇄하고 항상 서핑복 안에 가지고 다녔다. 이런 것들 때문에 바로 명함이 단순한 종이쪽지 이상의 것이 되는 것이다.

잉크젯 프린터에 넣어서 인쇄할 수 있는 싸구려 명함을 만들지 마라. 명함 크기로 점선이 찍혀 있고 잉크젯 프린터에 넣을 수 있을 만큼 얇은 종이 두께의 명함은 좋은 인상을 주기 어렵다. 자신에게 투자하라.

종이는 색깔보다 더 강한 인상을 남길 수 있다. 광택이 없거나 두꺼운 종이, 가장자리에 무늬가 있거나 얼룩 반점이 있거나 질감이 느껴지는 종이를 선택하라. 좋은 품질의 종이는 귀중해 보이고, 부, 힘, 교양이 있다는 인상을 줄 수 있다.

당신 명함의 뒷면을 재미있는 용도로 활용하라. 한 여행사 직원은 명함 뒤에 항공사 무료 전화번호를 새겨 갖고 다니기 편하게 만들었다. 나는 그의 명함이 아주 쓸모가 있어서 지갑에 넣고 다닌다. 소프트웨어 프로그램의 단축키를 넣을 수도 있을 것이다. 한 프리랜서 편집인은 명함 뒷면에 편집에 사용하는 작은 기호들과 그 뜻을 적어 넣었다. 당신은 당신과 관련 있는 웹 사이트나 당신이 출판한 책의 목록, 시상 내역들을 적을 수 있을 것이다. 내가 최근에 만든 명함 뒤에는 당신이 우뇌 중심인지 알아보는 퀴즈가 있다.

사진

홍보물에 사진을 사용하라. 왜? 효과가 있기 때문이다. 연구에 의하면 사람들은 사진, 특히 얼굴 사진을 보고 다음에 어린이, 그 다음으로 동물을 본다. 우리는 모두 우리 사진이 잘 안 나왔다고 생각한다. 비록 사진발이 잘 안 받는다 해도 당신은 자신의 아기 사진이나 어릴 때 사진, 못생기게 나온 사진(그럼 실물로 봤을 때 당신이 더 잘생겨 보일 것이다), 아니면 잘생기게 나온 사진(사람들이 그 사진이 바로 당신이라고 생각하길 바라면서)을 사용할 수도 있다. 영화배우처럼 멋지지 못한 부분은 재치를 발휘해 얼굴에 콧수염을 그리거나 당신의 머리에 화살이 꽂힌 그림을 그려 감춘다. 나는 스스로도 이런 기술을 사용한다. 나의 브로슈어에는 내가 상어 모양 풍선을 들고 물속에 있는 사진이 있고, 소식지에는 유명 인사와 함께 찍은 사진, 책 표지에는 내 머리에 화살이 관통한 사진, 그리고 웹 사이트에는 아기 때 사진이 있다. 아기 사진은 정말 재미있다. 나는 머리숱도 없고 침을 흘리고 있는 내 어릴 적 모습을 자꾸 보고 좋아하기 시작했다.

나는 심지어 양복에 넥타이를 매고 물속에 들어가기도 했다. 나의 아내는 사진사가 내 사진을 찍는 동안 산소통을 들고 한쪽 옆에 있기로 했었다. 나는 산소통이 있는 곳에서 숨을 들이쉬고 사진 촬영을 위해 마련된 장소로 가서 사진을 찍고 다시 산소통이 있는 곳으로 돌아와 숨을 쉬기로 했다. 그런데 마우이 해변 9미터 해저에서 아내가 내 산소통을 들고 다른 곳으로 헤엄쳐 가 버려서 나는 거의 익사할 뻔했다. 이 이야기의 요점은 이런 특이한 사진은 나의 개성을 잘 나타내 주었고, 내가 톡톡 튀어 보이는 데 도움이 되었다는 것이다.

당신이 연사, 교사, 강사라면, 아니면 당신이 인쇄 매체에 기사나 칼럼을 쓴다면 당신의 약력과 함께 사진을 넣도록 하라. 또한 뒷면에 당신의 연락처와 사진사의 이름을 꼭 넣도록 하라.

만일 당신이 아주 훌륭하거나, 특이하거나, 재미있는 사진을 찍게 되면 이를 언론사에 보내라. 사진에 대한 설명과 당신의 연락처를 사진 뒷면에 써라. 이런 것들은 기사가 없을 때 빈칸 채우기 용으로 사용되고 이런 무료 홍보는 전혀 해가 되지 않는다.

웹 사이트

프리랜서 컴퓨터 그래픽 디자이너인 제니퍼 링글리(Jennifer Ringley)가 자신이 기거하는 기숙사 방 컴퓨터에 카메라를 설치하고 자신의 생활을 웹상에 실시간으로 침실에서의 사생활을 드러내기 시작했는데 이것이 바로 제니캠(JenniCam)의 탄생 배경이 되었다. 곧 이것은 유행이 되어 수백만이 방문하는 인터넷 10대 사이트가 되었다.

성공적인 웹 사이트를 만드는 데 옷을 벗을 필요까지는 없다. 당신에게 필요한 것은 사람들이 그 웹 사이트를 방문하게 만들 만한 이유이다. 그렇다. 당신은 다른 방법보다 인터넷을 통해 훨씬 더 많은 사람들과 접촉할 수 있다. 그렇지만 이것이 당신이 웹을 꼭 사용해야 한다는 의미는 아니다.

한번 생각해 보자. 당신은 무엇을 제공할 수 있는가? 내용물이 바로 관건이다. 사람들은 정보를 얻길 원하고 새로운 것을 배우길 원한다. 그들이 모르는 것을 그들에게 알려 주라. 항상 웹 사이트를 새로운 내용으로 채워라. 당신은 성공담(당신이나 다른 사람의 것), 인터뷰, 당신 작품의 발췌문이나 샘플, 무료 상담, 특별 할인, 콘테스트, 다른 멋진 사이트와의 링크, 인용문, 일러스트레이션, 힌트 등을 올릴 수 있다. 스탠딩 코미디언인 갤러거(Gallagher)의 사이트에는 우스꽝스러운 사진(다운로드 가능)과 농담, 그가 공연하는 장소를 재미있게 나타낸 지도, 그에 대한 세세한 정보와 대화방, 게임 등이 있다.

당신의 웹 사이트에 무엇을 올리든, 빠르고, 검색하기 쉬우며, 쌍방향이어야 한다. 이상적인 것은 당신의 마케팅 자료와 부합되는 것이다. 비록 당신의 사이트에 당신 대신에 다른 사람이 내용물을 올리게 해도 당신은 항상 업 데이트와 업그레이드에 신경을 써야 한다. 그리고 정보나 특별 할인에 대한 어떤 요청이든 재빨리 응답해 줄 수 있어야 한다. 당신의 사이트가 성공적일수록 당신에게 더욱 많은 일들이 생길 것이다. 그러므로 여기에서 추천이든, 매출이든, 인맥이든, 무엇이든지 얻을 수 있도록 하라.

팩스

사람들은 편지와는 달리 팩스를 긴급용으로 여긴다. 그들이 팩스를 받았을 때 읽을 수 있게 보내라. 사진이나 스크린을 사용하지 마라. 선으로 그린 그림이나 팩스에 알맞은 서체를 사용하라. 그리고 여백은 넓게 하라. 대부분의 팩스기는 17.5cm에서 19cm 정도의 넓이밖에 인쇄하지 못한다. 그러므로 당신이 보내는 팩스는 A4용지 양 옆으로 적어도 2cm씩의 여백이 있어야 한다.

그렇지만 팩스가 무미건조하고 사업적이어야만 한다는 의미는 아니다. 내가 좋아하는 팩스 표지에는 위쪽에 큰 글씨로 "그냥 팩스예요!"라고 쓰여 있다.

만일 팩스를 많이 사용한다면 팩스 전용 전화선을 따로 설치하라. 그러면 명함에 당신의 전화번호 옆에 나란히 적을 수 있는 24시간 팩스 전용 전화가 생기는 것이다. 이는 당신뿐 아니라 고객들에게도 이득이 되는 것이다. 팩스 때문에 전화를 사용하지 못하는 일도 없고, 팩스 스위치를 껐다 켰다 할 필요도 없으며, 전화했을 때 끽끽대는 팩스 소리를 듣지 않아도 될 것이다.

팩스로 소식지를 보내라. 그럼 우편요금을 절약하게 될 것이다. 더 좋은 것은 이메일이다. 전화비가 절약될 것이다. 팩스를 보낸 곳에 도착했는지 확인하라. 팩스 표지에 당신의 전화번호와 팩스에 문제가 있으면 수신인이 즉시 전화해 달라는 메시지를 적어 보내라. 당신이 보조금 요청하는 내용을 담은 팩스의 3페이지를 재단에서 받지 못했다는 것을 즉시 알아내는 게 보조금을 못 받고 나서 그 이유를 궁금해 하는 것보다 훨씬 낫다.

만일 팩스를 받는 사람들을 정리하고 싶다면 그들이 당신의 팩스 목록에서 빠질 수 있는 방법을 제시하도록 하라.

"만일 팩스를 원하지 않으시면 옆의 네모 칸에 체크해서 팩스로 다시 보내 주십시오."

영업 서한

첫 문장이 눈에 확 띄도록 하라. 그리고 중요한 결론은 추신으로 적어라. 그 사람과의 이전 대화를 상기시켜 당신이 이미 만들어 놓은 관계를 확고하게 하라. 그리고 나서 요점을 적어라. 만일 당신이 뭔가를 팔려고 한다면 그렇게 이야기하는 것을 두려워해선 안 된다. 구체적이고 직접적으로 편지를 작성하라. 간격을 넓게 하고 여백을 많이 두라. 그렇게 하면 읽기 쉽고 짧게 쓸 수밖에 없게 된다. 편지의 길이는 적을수록 좋다. 그리고 최종 결과물을 팩스로도 보낼 수 있도록 만들어라.

슬릭(Slick) 씨 귀하

지난 목요일, 귀하의 사무실에서 엘비스 프레슬리의 사진이 인쇄된 넥타이에 관한 아이디어에 대해 의견을 나누게 되어 아주 즐거웠습니다. 제가 가격에 대해서 좀 더 소사를 했는데 3월 1일까지 실크 스크린용 디자인을 각각 300달러에 세 가지 정도를 준비할 수 있을 것 같습니다. 제가 조사를 해 보니 시장에서 넥타이 한 점에 29.95달러 정도의 소매 가격이 형성되어 있어 귀사의 성공 가능성이 아주 높습니다.

아시다시피 엘비스의 60세 생일이 내년에 돌아오기 때문에 이 넥타이들은 기념품 시장에서 큰 인기를 끌 것으로 생각됩니다.

빠른 시간 내에 이 프로젝트에 대해서 더 의견을 나누고 싶습니다.

감사합니다.

조 슈모(Joe Schmoe)

추신: 이 넥타이들을 엘비스의 생일 기념 시즌에 맞추어 출시하려면 시간이 매우 중요합니다.

당신이 바퀴를 새로 발명해야 할 필요는 없다. 만일 당신이 성공적인 편지 한 통만 있다면 백을 가진 것이나 다름없다. 편지 통합 기능이 있는 소프트웨어를 사용하여 수취인 개개인에게 맞는 편지를 작성하도록 하라.

브로슈어

브로슈어는 당신이 판매점에 있을 수 없을 때 당신을 위한 영업 사원과도 같다. 브로슈어는 커미션을 줄 필요도 없고 출장에 대해 불평도 하지 않는다. 이를 광고의 연장으로 사용하도록 하라. 또한 정보를 요구하는

당신의 존재를 온 세상에 알려라

미래의 고객에게 응답하는 수단으로 사용하라. 사진과 그림을 사용하여 다채롭게 만들고, 특이한 크기나 접는 방식을 사용하며, 최소한으로 훑어 읽어 볼 수 있게 만들어라. 당신 작품, 수상 경력, 고객들에 대한 세부 사항을 포함시켜 전문적으로 보이게 만들어라.

브로슈어를 당신과 가까운 곳에 두고 당신이 아는 모든 사람에게 몇 부씩 줘서 그들이 조그만 관심이라도 보이면 브로슈어를 나눠줄 수 있게 하라.

브로슈어를 특별하게 만들 수 있는 방법들이 있다. 브로슈어와 소개 편지를 함께 보내는 것이다. 중요한 부분을 형광펜으로 표시하고, 특정 고객에게 제각각 맞는 메모를 브로슈어 여백에 적는다.

내가 아는 한 만화가는 독특한 커버가 있는 zip디스크에 자신의 포트폴리오를 저장해 놓았다. 그는 해상도가 낮은 이미지를 사용하여 사람들이 돈을 지불하지 않고는 그의 작품을 사용하지 못하도록 하였다. 책 표지를 디자인하는 한 아티스트는 4도 색상의 3장짜리 책 표지 모양 전단을 만들었는데 그녀의 최고의 작품을 나타내는 데 손색이 없다. 여기에 그녀는 아주 영리하게도 그녀의 연락처를 책 제목 자리에 적어 놓았다. 아직도 어떤 방법이 비용 면에서 가장 효율적인지 논란이 있긴 하지만 아티스트들은 각자 그들의 작품을 가장 잘 나타내 주는 브로슈어의 형태를 사용해 왔다.

어떤 창조적인 사람들은 비싼데다 대부분 연주나 영화 분야에 해당되기는 하지만 비디오 브로슈어를 만들기도 한다. 애니메이터들은 자신들의 작품 샘플을 2분 정도로 요약해서 보낸다. 이 부분에서는 당신의 아이디어나 작품이 도난당하는 것을 막기 위해 저작권에 대해 조심스럽게 지적해 둔다.

슬로건

누군가가 "그런데 어떤 일을 하세요?"라고 물으면 당신은 재치 있고 간결하게 대답할 준비가 되어 있어야 한다. 대답을 글로 써 보라. 자연스럽게 이야기할 수 있을 때까지 반복해서 소리 내어 연습하라.

"안녕하세요. 저는 요즘 웹 사이트 디자인을 전문으로 하는 프리랜서 아티스트입니다. 제 회사는 로버(Rover)라고 하는데 제 애완견 이름을 딴 것이죠. 믿거나 말거나 제 이름은 스팽키(Spanky)랍니다."

퀴즈: 기억에 남는 슬로건

회사 이름과 슬로건을 연결하라.

1. Quality Is Job One.
2. We Love to Fly, and It Shows.
3. Let Your Fingers Do the Walking.
4. Reach Out and Touch Someone.
5. Good to the Last Drop.
6. The Quicker-Picker-Upper.
7. We Try Harder.
8. Welcome Home.

a. Yellow Pages(전화번호부)
b. Avis 렌터카
c. 포드
d. AT&T(전화회사)
e. 델타항공
f. CBS 방송
g. Bounty(키친타월)
h. 맥스웰하우스

당신을 위한 단순한 슬로건을 만들어 보아라.

[정답 | 1.(c), 2.(e), 3.(a), 4.(d), 5.(h), 6.(g), 7.(b), 8.(f).]

엽서

엽서는 당신의 메시지를 보낼 수 있는 값싸고 쉬운 방법이다. 우체국에서 인정하는 엽서의 최대 크기는 가로 14.8cm, 세로 10.5cm이다. 이 정

도면 당신의 뒷면에 연락처와 최신 책에 관해 쓰기에 충분하고, 초청장, 쿠폰, 또는 친절하게 이전 내용을 상기시켜 주는 내용으로는 충분한 크기이다. 만일 규격외 우편 요금을 부담한 우표를 사용한다면 더 큰 크기의 엽서를 보낼 수도 있다. 그러면 당신의 소식지를 인쇄하거나, 책 표지와 뒷면에 전체 약력을 써 넣거나, 당신의 최근 홍보 자료를 넣기에 충분한 크기의 엽서를 보낼 수가 있다. 이 엽서들은 벽에 붙여 놓을 수도 있을 만큼 크다.

DM 광고물

우편으로 홍보물을 보낼 때에는 약 3초 내에 독자의 관심을 끌 수 있어야 한다. 1초, 2초, 3초, 땡! 이 시간을 연장시키려면 봉투 바깥 면에 흥미를 끌 문구를 넣은 멋진 봉투를 사용하라. 내가 본 것 중 하나에는 "프랑스 남자가 왜 오래가는지 알아보세요."라고 써 있었다. 나는 "책상과 사무실을 정리하는 데 필요한 모든 것이 이 봉투 안에 있습니다."라고 쓰여 있는 봉투를 열었다.

DM 광고물에 관련해서 끔찍한 통계 수치는 '훌륭하다'라는 응답이 2%에 불과하다는 것이다. 한 번 우송하는 데 모든 예산을 다 쓰지 말아야 한다. 광고물을 몇 부분으로 나눠 1년에 2~3회로 나눠 발송하라. 당신과 당신의 제품에 가장 관심을 보일 사람들을 당신 광고물의 주목표층으로 하라. 당신은 시장을 세분화시켜 나눠 둔 우편 주소 목록을 파는 회사에서 이 목록을 살 수 있다.

"30세 이하의 여성으로 시카고 지역에 살고, 《코스모폴리탄》 잡지를 읽으며, 여성용 속옷 메이커 빅토리아즈 시크리트(Victoria's Secret) 카탈로그를 통해 1년에 적어도 2회 구매하는 사람."

설문 조사

나는 계속 당신이 청중에 대해 알아야 한다고 이야기하고 있다. 그럼 어떻게 하면 되겠는가? 설문 조사를 하고 주된 대상자들을 관리해 줄 대행사를 고용할 수 있다. 아니면 스스로도 할 수 있다. 어떤 사람은 기존 고객들에게 크레용 한 상자와 도화지를 보내서 의견을 달라고 부탁했다. 사람들은 자신들의 답을 그림으로 그려 주었다. 그는 아주 훌륭한 의견을 얻을 수 있었고, 그의 기존 고객들은 그가 얼마나 영리하고 창조적인지 새삼 알게 됐다.

만일 설문 조사를 한다면 대답하기 쉽고 제출하기 쉽게 만들어라. 우표와 반송 주소가 적힌 봉투를 함께 보내라. 당신의 설문을 이메일이나 팩스로 보내 보라. 3M의 직원들은 사람들에게 그들이 만든 포스트-잇의 용도를 적어 달라고 부탁하였다.

섹션별 광고

나는 신문의 섹션별 광고를 통해 많은 책을 팔았다. 나는 유료 전화 서비스에 전화를 걸지 않고 섹션별 광고를 통해서 애인을 찾는 방법에 관한 책까지 읽은 적이 있다. 그러므로 당신의 제품이나 서비스를 판매하는데 신문의 작은 광고란이 무슨 소용일까 하고 단정하지 마라.

소식지

앞에서 이미 소식지에 관해 몇 차례 언급한 바 있다. 팩스로 보내거나, 엽서에 인쇄하거나, 웹 사이트에 소식지를 올린다. 그러므로 당신은 이미 소식지가 응용할 여지가 많은 자기 홍보 수단이라는 것을 알고 있을 것이다. 그렇지만 소식지를 꾸미는 데 들이는 시간과 노력은 그 자체가 이득이 있다. 소식지 편집은 당신이 속한 분야의 리더들과 연락하고 인터뷰해

야 할 이유를 만들어 준다. 그리고 당신의 고객이나 팬과 계속 접촉할 수 있는 방법을 만들어 주며, 오래 지속되는 개인적 관계도 형성해 준다. 또한 당신을 도와준 사람에게 보답하고 사례를 할 수도 있다. 소식지에 유용한 정보를 실음으로써 당신이 그 분야에서 지식이 많다는 이미지를 더해 줄 수도 있다. 당신의 고객들과 팬들에게 사업 관련 정보의 변동 사항 – 업무 시간, 제품, 가격 등을 업 데이트해 준다. 소식지는 언론이나 함께 할 수 있는 방식으로 당신이 대중에 노출될 기회를 늘려 준다.

당신은 소식지를 물건을 파는 데 사용할 수 있다. 그렇지만 대부분의 소식지는 판매 목적이라기보다는 정보만을 제공한다. 만일 당신의 소식지를 통해서 제품을 판다면 온건하게 표현하라. 제안은 하되 강요하지 마라.

요즘의 추세는 소식지를 짧게, A4용지 1페이지에 양면으로 또는 타블로이드 크기의 종이를 4등분으로 접은 크기로 만든다. 글씨체는 되도록 선명하고 크게, 읽기 쉽도록 하라. 당신 자신, 당신의 직원, 제품의 사진을 사용하라.

독창적인 홍보물

홍보물은 쓸모가 있고, 기억에 오래 남으며, 되도록 기분을 상하게 하지만 않는다면, 거의 모든 형태를 취할 수 있다. 한 여성 그래픽 아티스트는 미래의 고객에게 싸구려 지갑 안에 사진과 신용카드와 같은 모양의 홍보물을 넣어 보냈다. 이것을 받은 사람들은 누가 그 지갑을 보냈는지 알아보려고 지갑을 뒤져야만 했다.

가장 창조성이 요구되는 분야에 사용될 수 있는 몇 가지 홍보 아이디어를 소개한다.

• 당신 자신이 제정한 상을 만들어라. 이 상을 다른 사람에게 주거나 사무실에 장식해 놓아라.

- 당신이 제공하는 서비스를 더 잘 활용하는 방법을 적은 작은 소책자를 만들어라. 나는 CD 케이스와 같은 모양과 크기로 만들었다.
- 할 일 목록 메모 패드를 만들어라. 나는 전뇌(全腦)형 계획 패드를 만들어서 보냈다.
- 텐트를 만들어라. 나는 워윅(Warwick)에서 열린 책 사인회 초대장을 텐트 모양으로 만들어서 보냈다. 만일 내가 평범한 초대장을 보냈다면 우편물 뭉치 안에서 그대로 방치될 것이라는 것을 알았다. 그 초대장에는 이렇게 적었다.

"이 초대상은 눈에 살 띄노록 디사인뇐 것입니다. 낭신이 볼 수 있는 곳에 이 초대장을 놓으세요. 이봐요! 강요하는 게 아녜요. 다만 한 번쯤 살펴봐 달라는 것뿐이죠."

- 설문 조사를 하거나 퀴즈를 보내라. 나는 우뇌/좌뇌 판단용 퀴즈를 만들었다. 퀴즈 점수에 따라 두뇌 그림에 색칠을 하게 하여 당신의 주된 두뇌가 무엇인지 시각적으로 알아볼 수 있도록 했다.
- 티셔츠, 열쇠고리, 펜, 커피잔, 모자 등 유용하다고 생각되는 물건에는 어디든 당신의 회사 로고를 새겨라.
- 문고리에 매달 수 있는 걸개는 모든 종류의 정보를 전달하는 데 사용될 수 있다.
- 당신의 연락처가 인쇄된 포스트-잇을 나누어 주라.
- 롤로덱스(Rolodex: 둥글게 생긴 통 안에 연락처 기재용 카드를 알파벳 순서대로 레일에 끼워 정리하게 만들어짐–번역자 주) 주소록 카드에 당신의 이름, 로고와 연락처를 인쇄할 수 있다. 나는 지방 의회 의원에게 이것을 받았는데 이것은 내가 그에게 아주 특별한 사람이라 그의 연락처를 손에 닿는 곳에 두고 언제라도 필요할 때 전화하길 그가 바라고 있다는 느낌을 주었다.
- 배지도 아주 싼 가격에 만들 수 있다. 아마 사람들에게 이 배지를 달고 다니라고 뇌물을 주어야 한다면 좀 더 비싸질 것이다.
- 임시 간판 또는 영구적인 간판도 효과적일 수 있다. 그러나 간판 부착에 관한 시, 군, 주 정부의 규칙에 주의해야 한다.
- 당신의 제품을 전시하기 위해 물건더미를 쌓아라.
- 요리책을 만들어라. 사람들은 요리법 모으기를 좋아하고 사용하지 않더라도 요리책을 자기 주변에 둔다.
- 스티커를 만들어라. 나는 한 친구의 오토바이 수리점 전화번호를 넣은 스티커를 만

들어 주었는데 그는 자신이 수리한 오토바이에 이 스티커를 붙였다. 그는 아주 많은 단골을 만들었다.

• 달력은 항상 유용하다. 당신의 이름과 전화번호가 모두에게 보이도록 벽에 붙여져 있기 때문이다. 불행히도 이 부문의 경쟁은 매우 심하다. 여기에는 돈을 좀 쓸 각오를 해야 한다. 잘 띄게 하거나 뭔가 우스운 것을 넣어라.

• 한 사람만을 위한 트럼프 카드나 야구 카드를 만들어라. 나는 언젠가 야구 카드 이력서를 만든 적이 있었다.

• 소책자 스타일의 포트폴리오를 만들어라.

• 모조 책 표지를 만들어라.

• 당신의 로고가 분명하게 새겨져 있는 바인더나 폴더를 만들어라.

• 당신의 작품으로 디자인된 감사 카드를 들어라.

• 요즘에는 자석도 아주 인기가 좋다.

• 이름표를 착용하지 않을 수 없는 끔찍한 시간에 대비해서 자신만의 독특한 "안녕하세요! 제 이름은 OOO입니다."라고 적힌 배지(badge)를 만들어라.

적은 자본으로 자기 홍보하기

필요는 발명의 어머니이다. 이는 진실이다. 그렇지만 그 아버지는 창조력이며 지식은 그 산파이다.

| 조나단 섀트케(Jonathan Schattke)

나는 자기 홍보라는 측면에서 돈이 없다는 사실이 나를 좀 더 적극적이고 창조적으로 만든다는 사실을 알았다. 사실 내가 지금까지 만들었던 홍보물 중 최고이면서 가장 성공적이었던 것들은 아주 한정된 예산으로 만들어진 것들이었다.

자본이 없다는 핑계로 창조적인 자기 홍보를 포기하지 마라. 창조적 자기 홍보에 있어 두뇌냐 돈이냐 식의 접근 방식에서는 당신이 자기 자신과 자신이 하는 일에 대해 명확하게 이해하고 있는 한 항상 두뇌가 승자가 되다. 돈이 해답은 아니다. 창조력, 시간, 심사숙고한 전략과 같이 다른 사람들에게 없는 것을 사용하라. 뭔가 생각하게 만들고, 독창적이며, 재치 있고, 자신만의 방법을 생각하라.

홍보에 있어서는 투사가 되도록 하라. 재치와 융통성이 좋아야 한다. 사용할 수 있는 것은 모두 사용하라. 프린터 이면지라도 사용하고, 고무 스탬프를 만들고, 잉크젯 프린터로라도 인쇄한다. 발 빠르게 움직이고 갑작스럽게 찾아온 기회를 잡을 준비를 항상 해 두라. 돈을 절약하려면 귀찮은 일도 해야 한다. 나는 봉투에 직접 홍보물을 넣고, 풀을 붙이고, 필요한 일은 다 할 것이다. 만일 현관문을 열어 주지 않으면 창문으로 시도해 보고, 창문도 안 된다면 뒷문을 시도해 보라.

당신의 재능을 홍보하는데 지금 당장 할 수 있는 일은 무엇일까? 돈을 쓰기 전에 생각해 보라. 더 좋은 방법이 있을까? 더 싼 방법이 있을까? 당신에 대한 소문을 퍼뜨리는 데 도움이 될 만한 몇 가지 무료 또는 거의 돈이 들지 않는, 그리고 감당할 수 있을 만한 방법들을 소개하라. 어떤 방법들은 당신에게 돈이 다시 돌아오기도 할 것이다!

무료. | 모든 사람에게 당신이 무슨 일을 하는지 이야기하라. 당신에게 커피를 갖다주는 친절한 사람과 친구가 되라. 그 사람 아버지가 스튜디오 중역일 수도 있다.

거의 무료. | 당신 서비스를 인쇄업자, 다른 창조적인 사람들, 회계사, 또는 판매 담당자들과 교환하라. 당신의 자원을 모두 모아라. 이런 무료 서비스들을 모아 패키지로 만들어라. 협력하고 절약하라.

감당 가능한 가격. | 잡지의 자투리 공간을 사라. 마지막 순간에 남은 공간이 더 싸다. 그렇지만 당신의 광고 자료가 바로 나갈 수 있도록 준비해 두어야 한다.

무료. | 사람들을 놀라게 하라. 바로 당신의 아이디어로 그들을 놀라게 하라. 당신의 견본 제품을 가지고 다녀라. 다른 사람들이 자신의 아기 사

진을 보여 줄 때 겸손하게 당신 작품 사진을 보여 주라.

무료. │ 독특한 인사말을 준비하라. 텔레비전 맞선 프로그램 "데이팅 게임"(The Dating Game)을 보는 동안 내가 알아차린 것은 항상 독특하고, 명랑하며, 자신감 있으면서도 진실한 최고의 인사말을 한 남자가 항상 여성과 연결된다는 사실이었다.

무료. │ 공짜 점심은 없다고 누가 말했던가? 로터리클럽이나 다른 클럽들은 당신의 전문 분야에 대해서 당신이 짧은 연설을 해 주면 그 대가로 당신에게 식사를 대접해 준다. 세미나는 뉴스를 만들기에 아주 좋은 방법이다. 전시회, 회의, 서점, 평생교육원 수업 등에서 강의를 하고 패널리스트로도 참석하라. 와일리아 마우이 작가 회의를 위해 마우이로 여행하는 것과 같은 멋진 일과 연설 서비스를 교환하라.

무료. │ 당신의 열정을 큰 목표로 바꾸라. 그 목표를 전파하라. 사람들이 당신과 한 팀인 것처럼 느끼게 하라. 그들이 말을 퍼뜨릴 것이다.

감당 가능한 가격. │ 포스터와 광고 전단은 당신의 무기가 될 것이다. 스테이플스(Staples) 문구점 광고에서 한 비서가 스테이플스에서 세일을 하고 있는 새 복사기를 사도록 그녀의 상사에게 어떻게 했는지 기억하는가? 그녀는 엘리베이터, 상사의 커피 잔에 전단을 붙여 놓고, 복사기 사진을 사무실 전체에 도배를 해 놓았다. 전단지를 잘 보이는 곳, 사람들의 통행이 많고 시선을 많이 받는 곳에 붙여 놓아라. 나는 남자 화장실과 소변기 앞에 붙여 놓았다. 이 장소들에서는 나의 전단지에만 관심이 집중될 것을 알고 있었기 때문이다.

무료. │ 유명 인사의 추천을 얻도록 하라. 그냥 부탁해 보라. 만일 그들이 싫다고 대답하면 다른 사람에게 부탁하라.

거의 무료. │ 콘테스트나 설문지를 통해 의견을 받아라. 이 외에도 설문조사는 당신이 존재하며 그들이 말하는 것에 관심이 있다는 사실을 알려 주는 수단이 된다.

무료. │ 효과 있는 언어를 사용하라. 버지니아의 한 학교는 '남학생들을 위한 가사'라는 과목을 개설했는데 이 과목을 신청한 학생이 하나도 없었다. 그래서 그들은 학생들의 입장으로 돌아가 그 과목의 제목을 '독신 생활'로 바꿨다. 짜잔! 효과 만점이었다.

감당 가능한 가격. 녹음 스튜디오는 일반적인 근무 시간 외의 시간에 빌리도록 하라. 인쇄할 것이 있으면 매월 마지막 주는 말고 첫 주에 하도록 하라. 대형 홀은 1월이나 8월 중에 빌리도록 하라. 수요가 별로 없는 시기에 구매를 하게 되면 더 좋은 가격 협상을 할 수 있다.

무료. 무료 서비스를 제공하라. 대신 자선 사업 홍보물이나 보도 자료에 당신의 이름이 꼭 실리도록 하라. 그들의 회의나 행사에서 당신을 소개하도록 하라. 자선 행사에서 연주하라. 경매에 작품을 기부하거나 도서관에 책을 기부하라. 무료 세미나나 상담 시간을 열어라. 당신의 이름을 긍정적인 일들에 관련시켜라. 이런 무료 봉사 활동에 모든 시간을 쓰지는 마라. 굶어 죽을지도 모르니까.

무료. 후속 조치를 취하라. 누군가가 전화를 하면 그들에게 도울 수 없다고 말해야 하더라도 바로 전화를 하도록 하라. 만일 당신이 무언가를 하겠다고 말했으면 그 일을 꼭 하라. 다른 무엇보다도 이런 종류의 서비스는 당신을 돋보이게 할 것이다.

감당 가능한 가격. 옳은 일이나 팀을 후원하라. 단 유니폼이나 홍보 자료에 당신의 이름이 표시되도록 하라. 한 부동산업자는 2페이지 광고를 만들었는데 한 페이지에는 매물을 싣고 다른 한 페이지에는 그 지역을 더 살기 좋은 곳으로 만들기 위해 애쓰는 사회단체와 특징들에 대해 실었다. 두 번째 페이지에는 아래쪽에 간단하게 'Ken Pecus 제공'이라는 글이 있었다. 그는 그 지역의 후원자로 알려지게 되었고, 그 지역 부동산 구매 욕구가 높아졌으며, 그는 더 많은 고객을 얻었다. 윈 - 윈 - 윈 전략이 아니겠는가?

무료. 친구 두 명에게 이야기하라. 입 소문은 당신 사업을 확장시키고 당신의 커리어를 성장시키는 결정적인 방법이다. 소문을 퍼뜨려라. 그리고 다른 사람들이 소문을 퍼뜨리게 만들어라. 만일 당신이 고객에게 아주 훌륭한 서비스를 제공했다면 그들에게 추천을 부탁하는 데 문제가 없다. 그러면 상품 판촉 전화를 해야만 하는 일이 줄게 된다. 추천을 더 잘 해 주도록 필요한 것을 제공해 주라. 고객들이 당신을 홍보하는 데 도움이 될 자료들을 주라. 명함 뭉치, 전단, 샘플을 주라. 당신의 주문서에 "친구에게 이야기해 주세요."라고 적어 넣어라.

감당 가능한 가격. | 윌리 웡카(Willy Wonka)는 결코 바보가 아니었다. 그는 다섯 개의 캔디바 속에 한 장의 황금색 당첨 티켓을 넣는 전략을 사용해서 아이들이 초콜릿을 사고 싶다는, 그것도 많이 사고 싶어하는, 강한 구매 욕구를 갖게 만들었다. 콘테스트를 열거나 무료 제공 행사를 가져라.

무료. | 추천장은 받을 수도 있고 줄 수도 있다. 다른 창조적인 사람들과 인적 네트워크를 쌓고, 여유가 있으면 아낌없이 도와주라. 착한 이웃이 되라. 조언을 서로 주고받아라.

무료. | 다른 사람들이 당신의 이름을 알리고 다닌 것에 감사의 선물을 보내라. 다만 당신이 무엇(누구)에 대해 감사하고 있는지 확실히 알아야 한다.

감당 가능한 가격. | 당신의 예술 작품이나 이름을 자랑할 수 있는 티셔츠나 다른 아이템을 판매하라. 나는 타히티에 갔을 때 내 티셔츠를 봤다. 나는 너무 기뻐 춤추고 소리치면서 그 티셔츠를 가리키며 외쳤다. "저거, 내가 만든 거야!" 그 사람은 아마 내가 미쳤다고 생각했을 것이다. 그렇지만 그건 문제 될 게 없었다.

무료. | 실연을 해 보여라. 한 목수는 지방 호텔의 안내 데스크에 가서 자신의 공방이 둘러보며 목공 작업 관람도 가능하다는 것을 지도에 표시해 달라고 부탁했다. 그리고 그 자리에서 간단한 조각을 해 보였다. 대단한 히트를 쳤고, 훌륭한 홍보 수단이었다.

거의 무료. | 쿠폰을 제공하라. 한 일러스트레이터는 무료 캐리커처 쿠폰을 나눠 주었다. 그는 캐리커처에 자신의 이름과 전화번호를 적어 넣었다. 이것은 쿠폰을 준 사람이 멋질 뿐 아니라 좋은 사람이라고 계속 상기

시켜 주었다.

무료. │ 손님을 끌기 위해 어떤 사무용품 상점은 임시 직원 구인 광고를 게시하곤 한다. 어떤 커피숍은 지방 극단에게 무료로 리허설 장소를 제공해 준다. 사람들은 그들의 연습을 보기 위해 오고, 연극에 대한 관심을 가지며, 많은 커피를 팔아 준다. 어떤 미용실은 지역에서 활동하는 밴드의 비디오를 틀고 최신 스타일의 미용실이란 평판을 들었다. 당신의 제품이나 서비스로 혜택을 얻을 수 있는 사람을 찾아라. 그리고 그들과 함께 일하라.

무료. │ 무료 온라인 컨설팅을 제공하라.

거의 무료. │ 유명 인사들이 당신의 제품을 사용하게 하라. 아마도 셰어 (Cher)가 언젠가 당신의 제품을 텔레비전에서 팔게 될지도 모른다.

무료. │ 실제적이고 따뜻하지만 출처는 불분명하게 하라. 내가 아는 조경사는 그의 브로슈어에 감동적인 이야기를 실었다. 어린 소년이었던 그는 애완용 거북이를 연못에 풀어 주었다. 그는 거북이가 행복해할 것이라고 생각했다. 그런데 그 거북이는 오염된 물 때문에 죽었다. 낙담한 그는 왜 자신의 거북이가 죽었는지 알아내려고 했다. 그래서 그는 펌프, 물, 연못에 관심을 가지게 되었다. 오늘날 그는 성공적인 연못 시설 사업을 운영하고 있다.

무료. │ 당신의 작품을 커피숍, 치과, 은행에 걸어라.

감당 가능한 가격. │ 사람들이 당신의 작품을 보도록 하라. 당신의 집에 작품을 걸어라. 그리고 당신의 스튜디오를 공개하라. 파티를 열어라. 한 예술가는 빈 상점의 전면에 자신의 작품을 전시했다. 서핑보드 조형사는 한 서핑용품 상점 바닥을 빌려서 사람들이 자신이 일하는 것을 보게 했다. 나는 라하이나(Lahaina)의 KPOI 라디오 DJ가 일하는 것을 창을 통해서 지켜보곤 했다. 텔레비전 시리즈 "노던 익스포져"(Northern Exposure)에 나오는 DJ는 거리를 지나가는 사람들을 볼 수 있고, 사람들도 그를 보며 서로 접촉할 수 있게 거리 쪽으로 난 창문에서 일했다. 당신이 동물원 원숭이 같다는 느낌이 들 수도 있지만 어떤 창조적인 생각이 떠오르게 될 수도 있다.

무료. | 당신의 전화 자동 응답기를 판매 도구로 사용하라. 요가 강사라면 사람들에게 요가를 하고 싶다는 욕구를 일으키는 메시지를 사용할 수 있을 것이고, 연설가라면 곧 있을 강연 일자를 알려 줄 수 있을 것이며, 작가라면 새로운 책에 관한 정보를 알려 줄 수 있을 것이다. 나의 경우에는 이렇게 녹음할 것이다.

"저는 요즘 새 책, 『프로는 세상을 탓하지 않는다(Career Management for the Creative Person)』를 쓰고 있습니다. 그러므로 9월까지는 전화를 드릴 수 없을지도 모릅니다."라고 할 것이다."

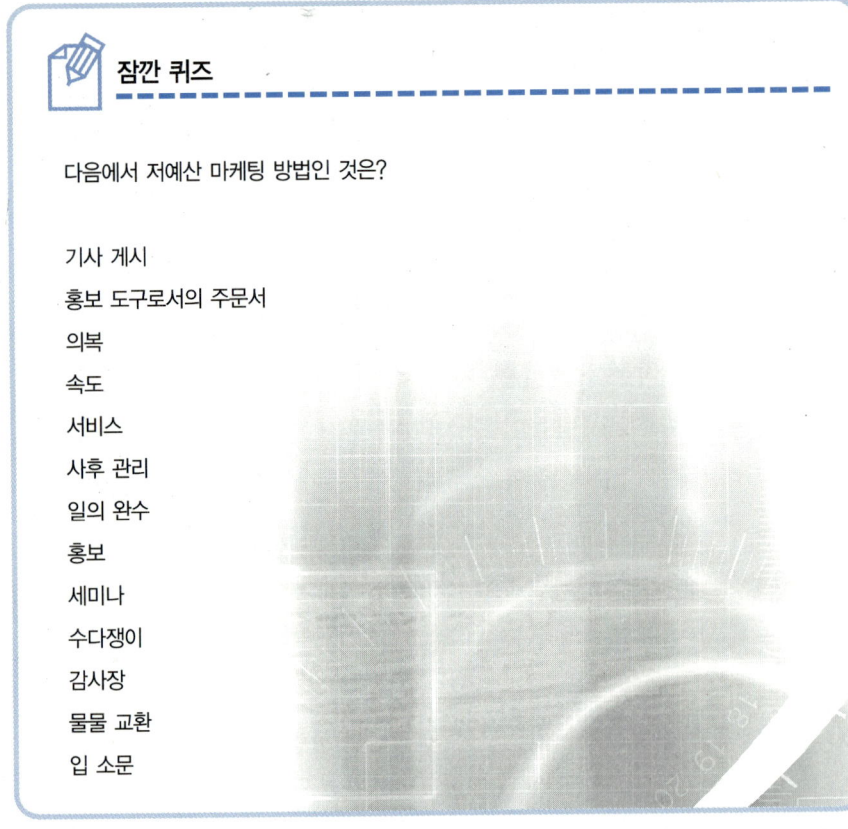

잠깐 퀴즈

다음에서 저예산 마케팅 방법인 것은?

기사 게시
홍보 도구로서의 주문서
의복
속도
서비스
사후 관리
일의 완수
홍보
세미나
수다쟁이
감사장
물물 교환
입 소문

홍보(15분간이라도 유명세를 탈 기회를 재빨리 잡기)

우리는 지금 슬프게도 홍보가 문화를 정복하는 나라에 살고 있다.

| 예일 우도프(Yale Udoff)

나는 《뉴욕 타임즈》 베스트셀러 리스트에는 오르지 못하지만 그래도 성공적인 중위권의 작가들로부터 책이 출판된다는 것의 환상과 현실은 완전히 다르다는 걸 들어서 알고 있다. 만일 당신의 출판사가 끝없는 홍보를 통해 당신을 지원해 주길 바란다면 당신은 너무 순진한 사람이거나 착각한 것이다. 나는 둘 다 아니다. 나는 나의 출판사가 내 책에 대해 《유에스에이 투데이》(USA Today)에 전면 광고를 실어 주지 않을 것이라는 것을 안다. 나는 《샌디에이고 유니온 트리뷴》(San Diego Union Tribune)에 전면 광고를 냈다. 그리고 그들이 나를 25개 도시 순회 사인회 같은 것도 마련해 주지 않을 것이라는 것도 안다. 나는 내가 사인회를 마련했다. 또한 서점들이 나의 책을 좋은 자리에 진열해 주지 않을 것이라는 것도 안다. 서점에 책을 납품하는 것 자체가 큰 모험이다. 내가 "오프라 쇼"에 나갈 수 있는 기회가 거의 없다는 사실도 알기 때문에 아주 바쁘게 일한다. 나는 나를 전담하는 출판사의 홍보 담당자가 있기는 하지만 내 책과 관련한 관심을 끌 기발하고 비용 효율적인 방법을 찾는 것을 나 스스로 하고 있다.

어떤 사람들은 자신들의 콘서트 투어 비용을 지불해 줄 기업 후원자를 찾기도 한다. 이런 후원자에는 레스토랑[리앤 라임즈(LeAnn Rimes)는 레드 랍스터(Red Lobster)를 후원자로 했다.]에서 맥주[지미 버펫은 코로나(Corona) 맥주], 자동차[에릭 클랩튼(Eric Clapton)은 렉서스(Lexus)], 신발 회사[랜시드(Rancid)는 반즈(Vans)]에까지 다양하다. R.E.M이나 펄 잼(Pearl Jam)과 같은 밴드들은 이런 기업 후원자와의 관계에서도 우위를 차지하려고 한다. 그렇지만 골든 앨범이나 수백만 달러가 든 예금이 없는 우리와 같은 사람들은 어떤 종류의 후원에서도 혜택을 얻을 수 있다. 한 가지 방법으로는 당신이 사용하거나 믿고 있는 제품이나 서비스에 대한 대변인이 되는 것이다.

나의 몇몇 작가 친구들은 소프트웨어에서 카메라, 포스트-잇까지도 홍보함으로써 책 홍보 여행비와 그들의 책에 대한 언론 보도를 받을 수 있었다. 그들의 후원자는 내 친구들이 들인 시간에 대해 후하게 지불하였고, 그리 티 나지 않는 방법으로 그들의 책과 관련 제품을 홍보할 수 있도록 주요 언론과의 인터뷰를 주선해 주었다. 나는 개인적으로 이러한 방식으로 많은 도움을 받았다. 큰 세미나 회사에서 워크숍을 개최했던 것이다. 그들은 여행 비용을 지불해 주고, 나의 세미나 좌석을 채워 주었으며, 나에게 월급까지 주면서 나의 책과 관련 서비스를 홍보할 수 있도록 해 줌으로써 내가 전국에 걸쳐(하와이까지) 매주 수백 명의 사람들과 만날 수 있게 도와주었다. 작가를 책 홍보 투어에 보내기를 주저하는 출판사의 경우에는 내가 나가서 소문을 퍼뜨릴 수 있는 방법을 찾아야 한다. 내가 세미나를 하기 위해 한 도시에 머무르게 되면 나는 1~2회 정도 저자 사인회와 인터뷰 일정을 잡는다. 모든 사람에게 이득이 되는 것이다.

내가 자기 비용으로 책을 출판하는 작가이며, 사업가라는 배경을 가졌기 때문에 무슨 일을 해야 할지 아는 것이다. 언젠가 나는 누군가가 이렇게 말하는 것을 들었다.

"출판사에서 당신의 책을 베스트셀러로 만들어 줄 것이라고 기대하는 것은 아기를 낳아 놓고 의사가 그 아기를 키워 줄 것이라고 기대하는 것이나 다름없다."

어쨌든 작가의 커리어는 바로 홍보에 달려 있다. 여기에는 당신 자신을 위해 입 소문을 어떻게 낼 것인지, 그리고 소문을 퍼뜨리기 위해 언론을 어떻게 이용해야 할지 아는 것들이 포함된다. 당신의 생존은 보도 자료에 달려 있고, 언론의 보도는 당신의 커리어를 더욱 발전시켜 주며, 인터뷰, 책 홍보 투어, 네트워킹도 당신의 미래에 도움을 준다.

적어도 PR(홍보)의 기본을 이해하는 것은 당신이 정신없는 상황을 타개하는데 도움을 줄 것이다. 비록 당신 스스로 홍보를 책임지려고 해도 전문가에게 상담을 하는 것은 전혀 해가 되지 않는다. 좋은 홍보 회사에서 얻은 한 가지 아이디어는 당신이 광고에 쏟아 부으려고 생각하고 있는 돈의 액수보다도 더 도움이 될 수 있기 때문이다. 그들은 당신 혼자서는 알아낼 수 없는 당신이 지닌 강점과 특징을 찾아낼 수 있기 때문이다.

　나는 12개월 동안의 노력을 통해 작품을 완성한 후에 가장 하고 싶지 않은 일이 그 작품에 대해 이야기하는 것이라는 것을 알고 있다. 당신은 그 일이 지겨워졌고 다른 일을 할 준비를 해야 한다. 또한 화랑이나 당신에게 지정된 홍보 전문가가 당신의 홍보를 담당하기로 되어 있을 수도 있다. 그렇지만 그들에게 전적으로 의지하지 말아야 한다. 이를 다르게 표현하자면, 그들이 하는 일은 내가 스스로 만들어 놓은 케이크 위에 크림 장식을 하는 것과 같다는 것이다.

　되는 대로 접근하는 것을 피하라. 계획을 세워라. 대부분의 잡지는 출판될 때까지의 시간이 길다. 기사 편집 기한이 언제인지 알아보고 당신의 보도 자료가 그 날짜 훨씬 전에 적절한 사람에게 도착할 수 있도록 하라.

　『영혼을 위한 닭고기 수프』 시리즈의 저자 마크 빅터 핸슨(Mark Victor Hanson)과 잭 캔필드(Jack Canfield)은 간단한 철학을 가지고 수백만 부의 책을 판매하였다. 그 철학은 하루에 인터뷰를 한 번만 한다는 것이었다. 너무나도 간단하지만 너무나도 강력한 것이었다.

　창조적인 어떤 사람들은 자신들이 너무 훌륭해서 자기 작품을 홍보할 필요가 없다고 생각한다. 그러면서 그들은 왜 자신들보다 재능이 부족한 작가들이 전시회를 하고, 그들의 작품이 베스트셀러에 오르거나 히트를 치는지 궁금해한다. 이제는 더 이상 작가이기만 해서는 충분하지 않다. 당신의 작품을 홍보해야만 하는 것이다. 쇼 비즈니스인 것이다.

당신의 존재를 온 세상에 알려라

시작하는 방법

나의 목표는 매주 적어도 한 가지 엉뚱한 말이나 일을 하는 것이다.

| 매기 쿤(Maggie Kuhn)

투병 중이던 한 배우가 사망했다. 그의 장례식에서 장례식 진행자가 그 배우의 대리인에게 이야기했다.

"오늘 조의를 표하러 온 사람들의 수로 보아하니, 돌아가신 분이 아주 존경받는 분이었던 것 같군요."

그러자 그 대리인은 웃으면서 말했다.

"네. 아마 이렇게 많은 조문객이 올 줄 알았더라면 그는 아마 오래 전에 죽었을 겁니다."

당신 제품이나 서비스가 가진 독창성이나 뉴스로서의 가치를 가장 간단하고 가장 직접적인 방식으로 설명할 수 있는 방법을 찾아야 한다. 그것이 바로 홍보의 기술이다.

나는 어떤 선전이 효과가 있고, 어떤 것이 효과가 없는지 알아보려고 지방 뉴스 방송 프로듀서와 하루를 함께 보내며 그녀가 가는 곳을 따라다녔다. 그녀는 몇 가지 신문의 헤드라인을 훑어보고(미디어에 한 번 보도되면 더 많은 미디어에 보도가 된다.), AP통신의 뉴스를 확인하고, 이메일을 확인하되 그녀의 눈을 끌거나 독창적인 제목을 쓴 이메일만 읽었다. 그리고 나니 그녀에게 우편물이 큰 통에, 아주 큰 통에 담겨서 도착했다.

여러 해 동안, 이 프로듀서는 쓰레기통 옆에서 편지를 열어 보는 것이 좋다는 것을 배웠다. 대부분의 편지들은 뜯어 보지도 않은 채 쓰레기통으로 직행했다. 왜? 그녀는 컴퓨터 라벨로 주소가 인쇄된 우편물이나 그녀의 이름이 잘못 적혔거나 그 편지를 보낸 사람이 너무 게을러서 그녀의 이름도 확인하지 않은 채 그냥 '편집자'라고만 적은 편지는 보지도 않았다. 직함이 틀렸다. 그녀는 프로듀서였다. 편지를 보내는 사람이 제대로 편지를 보내기 위해 시간을 들이지 않은 편지에는 그녀도 시간을 들이지 않는 것이다. 그렇지만 그녀는 직접 손으로 주소를 쓴 편지는 뜯어본다.

비록 그녀가 편지를 개봉했다고 해도, 보낸 사람이 바로 요점을 이야기하지 않으면 곧장 그 편지는 쓰레기통으로 직행한다. 개봉된 편지 중 일부는 다른 쇼의 프로듀서에게 전달된다. 그리고 흥미 있거나 뉴스거리가 되는 것들의 경우에 그녀는 위에 메모를 한 후 나머지 내용물은 버려 버린다. 그녀는 1~2페이지는 보관한다. 그러니까 봉투에 무조건 많이 집어넣는 것은 과용이다.

내가 여기에서 배운 것은 요점을 빨리 이야기하라는 것이다. 즉 첫 문장에서 요점을 이야기하라. 보도 자료는 1페이지 이내로 하라. 모든 자료에 전화번호와 연락처를 기재하라. 서면으로 보내는 것보다 이메일이 더 좋지만 제목이 관심을 끄는 것이어야 한다. FedEx(택배)로 배달된 것은 보통 우편보다 빨리 개봉되지만 그렇다고 더 오랫동안 읽히는 것은 아니다.

 알고 계십니까?

최고 경영자들에게 직원들이 승진이나 임금 인상을 받을 수 있는 가장 좋은 방법이 무엇이냐고 물었다. [케이트 화이트(Kate White)의 『왜 착한 여자들은 승진을 못하고 돌발적인 여자들만 할까』(Why Good Girls Don't Get Ahead But Gusty Girls Do)에서]

1. 82%는 '좀 더 많은 일과 책임을 요구하는 것' 이라고 말했다.
2. 11%는 '자신의 성과를 선전하는 것' 이라고 말했다.
3. 2%는 '초과 근무를 한다.' 라고 말했다.

당신의 존재를 온 세상에 알려라

전자 미디어

나는 나의 찌푸린 얼굴을 보는 데 익숙해 있다. 이제 나는 이를 보면 이렇게 생각한다. 당신은 나이 든 중국인 성격 배우처럼 보이는군요. 그래서 당신을 사람들이 계속 고용하는군요!

| 케빈 스페이시(Kevin Spacey)

하루는 미국에 1,000개 이상의 토크쇼가 있다는 것을 들었다. 그럼 이 쇼에서 매일 평균 세 명의 손님을 출연시킨다면 일주일에 2만 명이 넘는 출연자가 필요하다는 것이다. 무슨 말인지 알겠는가? 이제는 나가서 나팔 불기에 좋은 때라는 것이다. 미디어는 당신이 필요한 것이다! 출연자에 대한 수요가 많다. 주로 불륜과 같은 애정 문제가 있는 출연자들이 나오는 원색적인 토크쇼인 "제리 스프링(Jerry Springer) 쇼"와 같은 저질 쇼는 제외하고 말이다.

광고를 내보내라. | 라디오 – TV 인터뷰 리포트(Radio–TV Interview Report)나 프로그램 제작자들이 적당한 출연자들을 찾기 위해 읽는 다른 책에 광고를 내보내라.

토크쇼에 출연하라. | 잘못된 시장에서 잘못된 방송국에 잘못된 홍보를 하는 것만큼 사람들의 흥미를 잃게 하는 것은 없다. 일단 당신이 그 시장과 형식을 알게 되면 그 미디어에 알맞도록 당신의 메시지를 수정해야 한다. 만일 "오프라 쇼"에 나가게 된다면, 마음을 따뜻하게 하고, 개인적이며, 여성들에게 도움이 되는 이야기에 초점을 맞추어라. 만일 당신이 "찰리 로즈(Charlie Rose) 쇼"에 나간다면, 최신의 것이면서 정치적이고 충격적인 메시지를 전하라.

당신의 경험을 기록하라. | 사진이나 비디오로 기록하라. 이전과 이후, 단계별로 당신이 한 일을 보여 주라. 녹화하라. 텔레비전에서 당신의 경험을 기록하러 나와 줄 수 있겠는가? 당신이 출연한 토크쇼의 프로듀서에게서 테이프를 받거나 공 테이프를 가져가서 원본을 복사해 달라고 부탁하라.

사람의 흥미를 끄는 면을 찾아라. | 당신이 가진 재능의 독창성을 가장 간단하고 직접적으로 어떻게 설명할 수 있겠는가? 사람들의 관심을 끄는 부분을 찾아내라. 그리고 특성화시켜 제품으로 홍보하라. 당신의 아이디어를 보여 주겠다고 제안하라. 토론에 참여하라.

책을 써라. | 작가들이 얼마나 많이 홍보되는지 알고나 있는가? 만일 글

을 쓸 준비가 되어 있다면 지방 신문이나 잡지의 칼럼난이나 질문/답변 난에 글을 기고해 보도록 하라.

콘테스트에 참여하라. | 당신의 전문 분야에서 개최하는 콘테스트 리스트를 만들어라. 여러 개의 콘테스트에 같은 작품을 출품하는 것은 시간이 많이 걸리지 않는다. 만일 수상하게 되면, 당신은 미디어의 관심을 받게 되고, 당신 커리어의 포트폴리오에도 추가할 수 있다.

칠면조는 피하라. | 텔레비전 시리즈 "WKRP"를 기억하는가? 라디오 방송국에서 기껏 칠면조가 날 수 있는지 알아보려고 홍보 행사 중에 헬리콥터에서 살아 있는 칠면조를 떨어뜨렸던 내용이 있었다. 조사만 약간 했더라면 얼굴 빨개지는 부끄러운 일은 면할 수 있었을 것이다.

콘테스트를 만들어라. | 색칠하기 콘테스트, 밴드들의 전쟁, 요리 대회, 패션쇼, 미술 쇼, 10Km 달리기 대회 등은 많은 시간과 도움이 필요하지만 당신에 대해 좋은 평판을 가져다주고 훌륭한 홍보가 된다. 아니면 좀 더 간단하게 연례 시상식을 할 수도 있다. 베스트 드레서, 최고의 웹 사이트, 최악의 말장난 등. 이를 즐겨라.

센세이션을 일으켜라. | 애보트와 코스텔로(Abbott and Costello)의 홍보 담당자는 런던 로이드(Lloyd) 보험사와 그들의 공연 도중 웃다가 죽는 사람이 있으면 그 유가족에게 10만 달러를 지불하는 보험 계약을 맺었다. 하얏트(Hyatt) 호텔은 이름이 하얏트인 사람들을 초대해서 파티를 열었는데 300명이나 나타났다. 그들은 이 일로 지면에 아주 많이 소개되었다.

사려 깊게 행동하라. 토크쇼의 사회자가 아니고 프로듀서에게 전화하라. 그들에게 어떤 연락 방식을 좋아하는지 알아내라. "굿모닝 아메리카"(Good Morning America)의 프로듀서인 패티 내거(Patty Nager)는 팩스로 연락하는 것을 좋아하고, "찰리 로즈 쇼"(The Charlie Rose Show)의 프로듀서 이베트 베가(Yvette Vega)는 편지를 선호한다. 몇 개의 어려운 질문에 대처할 준비를 해 둔다. 만일 당신이 전화에서 질문에 대답하지 못한다면 그들은 당신이 생방송 인터뷰의 압력에 못 견딜 것이라고 여길 것이다.

끝까지 주장하라. | 아니면 그만둬 버려라. '아니오.' 라는 말이 정말 아니라는 것을 의미하는지 확실히 알긴 어렵다. 단지 타이밍이 좋지 않은 때일 수도 있다. 그러므로 괜히 바보처럼 굴어서 미래의 기회를 날려 버리는 일을 해서는 안 될 것이다.

최신 시사와 관련지어라. 「체이스」(Chase)의 연간 사건에 관한 책을 이용해서 자신의 이야기를 이끌어 갈 흥미롭거나 특이한 주제를 찾아라. 전국 일 미루기(National Procrastination Day)의 날은 내가 가장 좋아하는 것이지만 아직 이를 이용하지는 못했다.

작게 생각하라. 케이블 방송 쇼는 항상 프로그램의 내용을 찾고 있다. 지방 언론을 공략하라. 아예 지방의 유명 인사/예술가/탤런트가 되겠다는 것은 아주 좋은 생각이다.

클럽에 가입하라. 전문가 협회들은 『협회 백과 사전』(The Encyclopedia of Associations)이라는 책에 목록이 나와 있다. 이 책은 도서관에서 찾을 수 있다. 이 협회들은 대부분 소식지, 연사와의 만남, 연례 행사 등을 가지고 있다.

시간을 내라. 만일 당신이 부르기 쉽고 언제라도 연락 가능한 출연자라고 알려지면 특히 지방 쇼에서 출연 기회가 많아진다. 만일 라디오라면 전화만 하면 되는 것이다.

당신의 물건을 나누어 주라. 당신의 책을 산업계 지도자나 영향력 있는 사람의 손에 쥐어 주라. 그들은 당신의 책을 언론계 사람들에게 전해 줄 수 있다.

스스로 하는 사람이 되라. 당신 자신의 쇼를 진행하라. 당신 자신의 잡지를 발행하라.

기록을 수립하라. 기네스북을 살펴보고 세계 신기록에 도전해 보라.

관심을 기울여라. | 뉴스거리가 될 행사가 당신의 지역에 일어나면 그 지역 방송국에 전화해서 전문가로서 당신의 의견을 제공하라. 재난에 대비하는 방법에 대한 책을 쓴 내 친구는 이 책을 보험사에 팔았는데 보험사에서는 이 책을 보험 판매 때 고객에게 나눠 주었다. 어느 날 그녀가 살던

지역에 큰 화재가 나서 모두 불타 버렸던 시기에 일주일 동안 텔레비전에 출연했다.

사람들을 가르쳐라. | 당신이 여는 수업을 듣거나 당신의 쇼에 참석하도록 언론계에 종사하는 사람을 초대하라. 나는 신문 편집자 존 그레고리(John Gregory)에게 파도 서핑법을 가르쳤고 그는 이것에 대해 몇 번 기사를 썼다.

가능한 한 많이 끼워서 팔라. | 우리의 행사에 오빌 레덴바처가 참석한 적이 있었는데 그때 보도 자료와 함께 팝콘을 돌렸다. 대단한 히트였다.

특이한 장소에서 기자 회견을 열어라. | 화랑, 놀이공원, 역사 유적, 또는 묘지, 배, 해변, 아니면 소방서에서 기자 회견을 열어라. 피곤하고 모든 일에 무뎌진 기자들이 가고 싶어하는 곳으로 장소를 정하는 것이 도움이 될 것이다. 그러나 바와 같은 곳은 논리적인 이야기를 하기엔 별로 좋은 장소는 아니다. 그리고 이런 장소들은 당신이 발표하고자 하는 내용과 어떻게든 연관되어 있어야 한다.

인쇄가 가능하게 하라

우리가 사는 세상에서는 모든 것은 우리가 어떻게 파느냐의 문제이다. 그리고 다른 모든 사람들이 이야기한 것과 똑같은 것을 이야기하게 되더라도 상관은 없다. 왜냐 하면 당신은 지글거리는 소리("Sell the sizzle, not the steak"라는 세일즈 기술에 대한 명언에서 인용한 것—번역자 주)를 이미 팔아 버렸기 때문이다.

| 마이클 겔만(Michael Gelman)

성인 교육 전문 세미나 제공업체인 러닝 아넥스(Learning Annex)의 창설자인 빌 쟁커(Bill Zanker)는 나에게 엉뚱하다는 것에 대해 얘기를 해 주었다. 그는 분배론 지지자라는 것을 보여 주려고 엠파이어스테이트 빌딩 위에서 1달러 지폐 1만 장을 뿌리려고 했다. 그는 사람들이 모여들자 체포됐다. 그는 지폐 한 장을 채 뿌리기도 전에 그의 안전을 위해 경찰 순찰차에 태워졌

지만 그 이야기는 신문 1면을 장식했다.

요즈음 대부분의 편집자들은 과도한 업무, 적은 봉급과 여러 번의 마감 시간에 쫓긴다. 그들은 전화로 수다를 떨거나 당신과 점심을 먹거나 당신의 인생 이야기를 들을 시간이 없다. 데드라인 시간 전후에 전화하지 마라. 데드라인이 언제인지 알아보아야 한다. 업체마다 시간이 다르다. 적절한 편집자의 이름과 전화번호를 알아내라. 보통 한 업체에 여러 명이 있다. 만일 보조 편집자와 연락이 된다면 그 사람을 존경심을 가지고 대하라. 그러면 윗사람에게까지 연결될 가능성이 높다. 당신의 이야기를 재빨리 이야기하고 그 이야기를 인쇄된 자료나 적절한 작품으로 뒷받침할 준비를 하라. 가능하다면 언제든지 이메일을 보내라. 당신의 서면 자료가 명확하고, 간결하며 실제적이고 문법적 오류가 없도록 하라. 한마디로 말해서, 전문가가 되라. 그런 후에야 당신이 독창적이거나 귀엽거나 흥미 있을 수 있는 것이다. 오직 먼저 전문가가 되라. 만일 편집자들이 당신의 작품에 다시 손을 보아야 한다고 느끼거나 데드라인을 이해 못하는 누군가와 실랑이를 해야 한다고 생각하면 당신은 이미 끝난 것이다.

당신의 독자층을 대상으로 하는 전문 출판물이나 비주류 출판물을 무시해선 안 된다. 이들은 사실 여러분의 작품을 출판하거나 작품을 보도하는 데 가장 좋은 수단이기 때문이다. 일단 당신의 작품 어떤 것이라도 출판이 되면 당신의 기사를 복사해서 나중에 홍보 자료로 사용하라. 이것은 익히 알려진, "직장을 구할 수가 없어요. 왜냐 하면 경험이 없기 때문이죠. 그리고 나는 경험이 없어요. 왜냐 하면 직장을 구할 수가 없기 때문이에요."와 같은 순환론에 빠지게 되는 것이다. 일단 출판이 되면 다시 출판이 될 여건을 만들기가 더 쉬워진다.

당신의 기사나 작품과 함께 사진을 보내라. 출판물은 더욱더 시각 중심의 매체이다. 1900년대 신문을 살펴보라. 모두 작은 글씨, 사진도 없고 헤드라인도 작다. 당신의 작품, 로고, 제품 또는 당신의 개와 관련된 홍보물을 보내면 당신은 기사에 실리게 될 가능성을 높이게 된다.

만일 당신이 어떤 긍정적인 것을 말할 때는 – 지침이나 주소의 변화, 새로운 고객, 새로운 제품, 이익의 급증, 유명한 사람이나 그룹과의 제휴 또는 만남, 행사 발표, 연구 결과, 많은 흥미를 끌 새로운 정보 등 – 250마일 이내의 모든 인쇄 매체에 보도 자료를 보내라.

보도 자료는 짧아야 한다. 두 줄 간격으로 두 페이지 이상이면 안 되며 가장 중요한 문장이 제일 위에 오게 역 삼각형 형태로 작성돼야 한다. 각 페이지마다 위에는 연락처를 명시하고 보도 자료 맨 끝에는 당신이 누구인지, 당신이 무엇을 하는지 한 줄로 명확하게 설명해 주는 당신의 미션 스테이트먼트를 써라. 가능하면 인용문을 사용하라. 비록 당신 자신의 말을 인용한다 할지라도 사용하는 것이 좋다. 보도 자료를 특정 인쇄 매체에 맞게 간단하게 여기저기를 바꾸어 주라. 자기소개서 때문에 골치 아파할 필요는 없다. 어떻게 쓰더라도 휴지통으로 직행할 것이기 때문이다.

만일 보도 자료를 자주 보낸다면 이를 하나의 패키지로 묶어서 보도 자료집을 만드는 게 훨씬 더 좋다. 보도 자료집은 폴더에 당신 명함과 별도의 종이에 당신의 약력, 당신 회사의 연혁, 당신과 당신 제품에 대한 다른 사람들의 평가, 기사 복사본, 사진(인화된 사진이나 슬라이드), 당신 제품 모두에 대한 시상 내역이나 정보, 최신 보도 자료 및 완전한 연락처 정보를 넣어서 만들어라.

목록에 오를 수 있는 기회를 찾아라. 많은 잡지들은 매년 여러 가지 종류의 목록을 만드는데, 적절한 분야의 목록에 기재되는 데 무료거나 매우 저렴한 가격으로 할 수 있다. 사람들은 이런 목록을 확실히 읽으며 목록에 기재되는 것은 상당히 쉬운 일이다.

서로 볼 수 있게 하라

내가 아카데미상 후보에 오른 뒤 나는 "바보가 아니에요."라고 하는 데 쓸데없는 정력을 많이 썼다. 그렇지만 토크쇼에 나가서는 너무 흥분해서 보통 때보다 네 배

당신의 존재를 온 세상에 알려라

나 빨리 이야기했다. 그래서 나는 내가 그 쇼에도 공헌했다고 생각한다.

| 제니퍼 틸리(Jennifer Tilly)

대부분의 인터뷰 대상자들은 준비가 되어 있지 않다. 그렇지만 당신은 준비를 미리 해 두는 게 좋다. 미리 당신의 요점이 무엇일지 생각해 두라. 명확하고 눈길을 끄는 다채로운 답변을 생각하라. 이것들을 인터뷰용 답변으로 만들어 보라. 예를 들거나 이야깃거리를 생각해 내라. 그들이 당신에게 할 수 있는 최악의 질문을 생각해 보고 이에 대한 답변을 준비해 두라. 연습하면 도움이 된다.

정열적이고, 흥분되어 있으며, 활기차다 못해 약간 우스꽝스러워도 좋지만 절대로 지루해 보여서는 안 된다.

라디오 인터뷰는 종종 전화로 진행된다. 그러므로 갈증이 날 때를 대비해서 물을 준비해 놓고 머릿속이 텅 비어 버리는 때를 대비해서 메모지도 준비해 놓는다. 만일 청취자가 전화를 거는 프로그램이라면 몇몇 친구들이 전화를 해서 미리 준비한 질문을 하도록 할 수도 있다. 그렇지 않다면 인터뷰하는 사람에게 당신에 관한 질문과 물어볼 수 있는 질문들에 대해 미리 커닝 페이퍼를 작성해서 보내도록 하라.

주변이 조용하고 신경 쓰이는 소음이 없는 곳에 있도록 하라. 자신감을 갖고 자신감이 목소리에 나타나도록 하라. 마음을 편히 하고 인터뷰를 즐겨라. 진행자나 전화를 한 사람이 호전적이라도 절대로 언성을 높이지 마라. 그들은 당신이 아주 나빠 보이도록 하려는 게 아니다. 라디오 방송이다!

당신이 제품, 책, 또는 서비스에 대해 인터뷰할 때에는 그런 것을 통해 바로 판매가 가능하게 확실히 하라. 라디오나 텔레비전 인터뷰의 영향력은 대개 짧은 기간 동안만 지속되므로 만약 한 번에 사람들의 흥미를 일으키지 못하면 당신은 기회를 잃게 되는 것이며 많은 사람들을 화나게 만드는 것이다. 아주 나쁜 일이다.

우리들 대부분은 수줍음을 타서 카메라 인터뷰는 더욱 어렵다. 당신이 말하고자 하는 것을 자연스럽게 말할 수 있을 때까지 연습을 하라. 일단 조명이 당신의 얼굴을 비추면 생각을 명확하게 하기가 어렵기 때문이다. 만일 한 번도 텔레비전이나 영상물에 출연한 적이 없다면 따로 코치에게 연수를 받거나 다른 사람에게 모의 인터뷰를 녹화해 달라고 부탁하라. 카메라 앞에서 식은땀을 덜 흘릴수록 더 좋다.

성해진 시간에 지각해선 안 된다. 스튜디오까지 가는 방법을 확인하고 메이크업과 리허설을 위해 언제까지 도착해야 하는지 확인하라. 프로처럼 의상을 입어라. 무늬가 없는 짙은 색의 옷이 가장 좋다. 흰색 셔츠나 무늬가 복잡한 넥타이는 피하도록 하라. 당신이 원하는 만큼 야성적이거나 흥미롭게 보여도 되지만 깔끔하게 보이도록 하라.

프로듀서에게 관련 정보(전화번호 따위)가 화면에 나타나게 해 달라고 부탁해 보라. 나는 항상 인터뷰를 할 때마다 나의 책을 가져가서 화면에 책이 나오도록 한다. 그러고 나서 진행자와 스태프에게 책을 나누어 준다. 당신 작품의 샘플이나 다른 시각 자료, 비디오 클립이나 소도구들은 인터뷰에 양념과 같은 역할을 할 것이다. 이런 것들을 가져가라.

많은 인터뷰 진행자들은 이런 질문을 하면서 인터뷰를 마치곤 한다.

"뭐 덧붙이고 싶은 말씀 있으십니까?"

강력한 맺음말을 준비하라.

 알고 계십니까?

잡지 《프리벤션》(Prevention)과 NBC 투데이 주말 방송(NBC Today Weekend Edition)이 1천 명 이상의 성인을 대상으로 한 설문 조사에서 36%의 남성과 38%의 여성이 다른 사람으로부터 말이 너무 많다는 얘기를 들었다고 대답했다. 그러나 단지 22%의 남성과 35%의 여성만이 자신들이 수다쟁이라는 것을 인정하였다.

회사 차원에서 도움 얻기

요즘 당신이 실패할 수 있는 유일한 방법은 새로운 것을 시도해 보지 않는 것이다.

| 톰 피터스

힘이란 보이지 않는 사람에게는 흐르지 않는다. 그러므로 보이는 사람이 되라. 이는 일을 잘하는 것만으로는 충분하지 않다. 당신은 당신의 가치를 증명하고 다른 사람들이 그것을 인식하게 해야 한다. 만일 당신이 열심히 일하고, 좋은 결과를 만들어 냈다면 당신은 그에 합당한 인정을 받는 것이 낫다. 당신은 자신을 위해서 일한다는 사실을 항상 기억하라. 당신이 바로 당신의 제품인 것이다.

만일 당신이 식료품점에 있는 상품이라고 가정해 보라. 물론 이 가정이 좀 이상하다는 것은 알지만 계속 들어 보라. 당신은 물건 집기에 힘이 드는 꼭대기 선반에 진열되고 싶은가, 사람들 발에 차이는 맨 아래 선반에 진열되고 싶은가, 비슷한 제품으로 가득 찬 중간 선반에 진열되고 싶은가, 우연한 경우가 아니면 사람들이 가지도 않는 통로인 소풍용품이 진열된 통로에 진열되고 싶은가, 아니면 당신을 위해 만들어진 특별 판매대에 진열되고 싶은가? 한번 생각해 보라. 그리고 당신을 적절하게 진열할 수 있도록 하기 위해 다음의 힌트를 이용하라.

팀 플레이어가 되라. │ 작가 윌리엄 고어(William Gore)는 이렇게 말했다. "새로운 책임을 맡을 때마다 당신은 자신을 승진시키는 것이다."

특별 작업에 자원하고 필요할 때를 위해 대기하라. 다른 팀이나 프로젝트에서도 특별한 추가적인 역할을 맡아라. 회사가 당신이 모든 일을 할 수 있을 것이라고 기대하는 것처럼 보이는가? 회사에 이득이 되게 행동하고 이를 당신에게 도움이 되도록 이용하라. 요즘처럼 프로젝트에 따라 움직이는 세계에서는 회사의 현재 필요에 맞게 적응하고 변화할 수 있어야 한다.

이런 원칙이 전혀 소용이 없을 때가 있다. 너무 많은 일에 개입하지 마라. 그러면 일을 잘할 수 없다. 그리고 당신이 속한 팀에서 모두 당신을 원하는지 확실히 하라. 그렇지 않으면 당신은 놀림감이 되거나 비난을 받거나 왕따당하기 십상이다. 당신의 커리어나 자신감, 또는 당신의 정신상에도 좋지 못하다.

자긍심을 가져라. │ "쓰레기조차도 예술적으로 집어 올릴 수 있다."라고 말한 사람은 프레드 아스테어(Fred Astaire)였던 것 같다. 평범하거나 시시한 일을 예술로 바꾸라. 자신의 작품을 자랑스럽게 생각하면 다른 사람들도 그렇게 여길 것이다.

당신 자신의 홍보 전문가가 되라. │ 당신이 뭔가 대단한 일을 성취했거나, 프로젝트를 끝냈거나, 새로운 고객을 찾아냈거나, 어떤 구상을 구체화시켰다면 이를 다른 사람에게 이야기하길 두려워하지 마라. 대신 너무 자랑하지는 마라. 그저 당신 자신의 재능에 대해 흥미를 가지게 하고 이런 흥미를 다른 사람과 나누도록 하라.

당신의 공간을 활용하라. │ 어떤 창조적인 사람은 자신의 사무실에 샌드백을 걸어 놓았다. 누구든 답답하면 언제든지 그녀의 사무실에 와서 샌드백을 마구 치고 나서 다시 밖으로 나갔다. 어떤 때는 한 마디 말도 없이 나가기도 했다. 어떤 때는 아주 심한 욕설들을 아주 많이 하기도 했다. 이런 일이 당신을 직원들 사이에서 인기 있게 만들지 모르지만 당신이 일을 제대로 마치길 바라는 경영진의 호감을 사긴 어렵다. 계속된 방해가 있으면 일을 마치기가 힘드니까. 창조적인 작업에 도움이 되는 작은 방을 따로 만드는 게 더 좋은 생각일지도 모른다. 벽을 칠하고 재미있는 예술 작품이나 기념품을 붙여 놓아라. 당신의 공간을 당신의 재능을 자랑하는 데 사용하라.

이야기하라. | 당신을 당신이 다니는 회사의 대변인으로 임명하게 하라. 위원회에 참여하고 위원회 의장을 맡거나 주도적인 활동을 하라.

당신 자신의 비법을 만들어라. | 당신만이 사용하는 색상의 종이나 잉크를 사용하라. 자주색 종이에 메모를 써서 보낸다. (힌트: 눈에 띄는 것을 선택한다.) 맛이 좋은 사탕을 나누어 주라. (키세스? 가나 초콜릿?) 당신의 개인 로고를 만들거나 회사 로고에 개인적으로 변화를 주라. (IBMary Smith) 회사 내에서 당신의 역할을 다시 개발하고 이에 걸맞은 새로운 직함을 얻도록 하라. '구매의 고수'와 같은 직함 말이다.

깊은 인상을 줄 수 있는 옷차림을 하라. | 엉뚱한 옷차림을 하거나 고전적으로 입어라. 당신의 품위를 낮추는 것은 제외하고, 우스운 멜빵이나 멋진 모자, 조끼, 반지 등을 착용하라. 당신만의 옷차림을 창조하되 회사의 복장 규정에는 벗어나지 않게 하라.

명성을 얻도록 하라. | "사인펠드(Seinfeld) 쇼"의 일레인(Elaine)이 '사무실 껄떡이'로 알려지는 것과는 달라야 한다. 소문 말고 정보통이나 성실하고 열심히 일하는 사람이 되도록 하라. 당신의 명성에 흠집이 없도록 하라.

불평하지 마라. | 어떤 상황에서도 긍정적인 면을 찾아라. 만약 상황이 정말로 좋지 않다면 이를 피해 갈 방법이나 벗어날 방법을 찾아라. 맨해튼 의 최신 유행 스파점인 블리스(Bliss)의 소유주 마르시아 킬고어(Marcia Kilgore)는 이렇게 말했다.

"저는 계속해서 우리가 어떻게 하면 더 잘할 수 있을까를 생각합니다."

이것이 바로 회사에 종사하면서 가질 수 있는 훌륭한 태도이다. 불평을 그만두고 이렇게 물어라.

"어떻게 하면 이 일을 더 잘할 수 있을까?"

그리고 그 조치를 취하라.

지도자들과 어울려라. | 중요한 사람들이 당신을 보게 하라. 만일 높은 사람들과 어울릴 여지가 없다면 일을 잘하는 사람들과 어울리기만 해도 된다. 게으름뱅이와 연관되어 피해를 보는 일이 없도록 하라.

웃어라. | 직장에 즐거움을 가져오게 하라. 파티를 계획하고 브레인스토밍 시간을 가져라. 긍정적인 태도를 취하라.

새로운 기술을 배우고 다른 사람들을 교육하라. | 당신의 상사에게 아주 쓸모 있는 소프트웨어 프로그램을 가르쳐 주라. 그럼 당신은 긍정적인 인상을 상사에게 줄 수 있을 것이다.

비영리 단체를 조직하라. | 지역 사회로 찾아가서 낙서로 도배가 된 벽을 다시 페인트칠하거나 해변 청소, 일일 교사, 신예 예술가에게 시상 등을 하는 단체를 만들어라. 학생들을 초대해 당신이 하는 일을 보게 하여. 이런 일을 당신의 회사 홍보에 사용하라.

의견을 구하라. | 만약 당신 주변의 사람들이 프로젝트를 맡게 된다면, 승진하게 된다면, 칭찬을 받게 된다면 당신에게는 없는 그들만의 행동이 뭔지 알아내도록 하라. 당신의 약점을 개선하고 강점은 더욱 강하게 만들어라.

회사 웹 사이트를 만들겠다고 제안하라. | 당신의 창조력을 사용하여 당신이 할 수 있다는 것을 보여 주라. 웹 마스터로서 당신의 사진을 웹 사이트에 올려라. 이 새로운 매체의 책임자라는 것은 특별한 명성과 힘을 갖고 있다는 것을 의미할 수 있다. 그리고 미래에 아주 유용하게 쓰일 기술을 가졌다는 것도 의미한다.

인맥을 만들어라. | 중요 인물들과 사귀고 다른 부서의 사람들과 함께 일해 보라. 당신 영역 외의 팀이나 프로젝트의 일원이 되겠다고 자원하라. 사람들이 원하는 것을 얻도록 도와주고 나중에는 당신이 그 열매를 거둘 수 있도록 하라.

특별히 노력을 기울이면 특별한 업적을 얻게 된다. | "항상 당신이 받는 것보다 더 많이 일하도록 하라. 그러면 곧 당신이 일하는 것보다 더 많은 보수를 받게 될 것이다."라고 기업가 존 매코맥(John McCormack)이 말했다. 나에게 조언을 했던 분은 언제나 사람들이 기대하는 것보다 많이 주라고 말했다. 이 충고가 나에게 얼마나 많은 이익을 가져다주었는지 아는가? 진정으로 이것은 바로 내 삶의 방식이 되었다. 일을 어떻게든 정시에 끝내려고 하지 말고 하루 일찍, 또는 예산보다 적은 돈으로 끝내 보는 것은 어떨까? 당신의 사전에서 "그것은 제 일이 아닙니다."라는 말을 없애 버려라. 그리고 이 말 대신 "최선을 다해 보겠습니다."를 넣고 그 사람들을 감동으로 날려 버리자.

프리마돈나가 아니고 슈퍼스타가 되라. | 사람들은 재능을 존경하지만 재능이 있다고 제멋대로 구는 사람들은 괘씸하게 여긴다. 당신은 이런 사람이 되어서는 안 될 것이다. 다른 사람에게 도와주겠다고 말하라. 그들이 당신의 도움이 필요하다는 것은 주님도 아신다. 그렇지 않은가? 겸손하게 처신하라. 그리고 비록 그 일이 전부 당신과 관련된 일일지라도 팀플레이를 하라.

외국어를 하라. | 당신이 더욱 승진하려면 갖춰야 할 요소는 뭘까? 외국어를 배우도록 하라. 미국의 경우에는 스페인어가 쓸모 있을 것이다. 보다 독특한 외국어는 어떨까? 포르투갈어는? 중국어는? 일본어는? 이런 특색 있는 언어라면 아주 좋을 것이다. 외국어로 공짜 여행을 할 수도 있을 것이다. 당신이 할 줄 아는 언어를 사용하는 국가에서 당신의 회사를 대표하도록 부름을 받을 수도 있다. 그러니 현명하게 선택하도록 하라.

좋은 첫인상을 주도록 하라. | 처음 고용되었다면 그들이 당신을 보고 있다는 사실을 기억하라. 이때가 앞으로 편안한 날을 만들 수 있는 기회이다. 처음부터 열심히 하면 몇 달 후부터 일찍 성공의 기쁨을 만끽할 수 있을 것이다.

내가 이 장을 쓰고 있을 때, 1998년 7월 호 《석세스》(Success) 잡지를 읽고 있었다. 그 잡지에는 크게 성공을 거둔 온라인 서점 아마존닷컴(Amazon.com)의 창설자인 제프 베조스(Jeff Bezos)에 대한 아주 흥미로운 인물 소개가 실려 있었다. 그 소개글의 작가는 레슬리 헤이즐턴(Lesley Hazelton)이었다. 그 소개글 끝에는 이런 문구가 있었다.

"레슬리 헤이즐턴의 신간 『디트로이트까지의 운전 : 자동차 오디세이』(Driving to Detroit: An Automotive Odyssey)가 10월 사이먼 앤드 슈스터(Simon & Schuster)에서 출판됩니다." 당신도 내가 눈여겨 본 점이 뭔지 알겠는가? 곧 출간될 그녀의 책에 대한 보도뿐만이 아니라 오늘날 가장 중요한 서적상 중 한 사람과 인연을 맺은 것이다. 명석한 행동이었다! 그녀는 해낸 것이다. 그럼 당신은?

성공하지 못한 창조적인 사람들의 7가지 나쁜 습관

어떤 여자가 이런 남자들처럼 행동한다면 그녀는 일을 얻을 수도 없을 뿐만 아니라
마약에 중독된 쓸모없는 인간으로 여겨질 것이다.

| 드류 배리모어(Drew Barrymore)가 크리스천 슬레이터(Christian Slater)와

로버트 다우니 주니어(Robert Downey Jr.)에 대해서(이 세 사람은 모두 마약중독의 병력이 있는 배우들이다.—역자 주)

때때로 당신의 최악의 적은 당신 자신이기도 하
다. 아무도 당신만큼 당신의 커리어를 망칠 수 없다. 그럼 왜 창조적인 사
람들은 종종 자신의 커리어를 망치는 카미카제 특공대가 되는가? 우뇌 중
심의 사람(바로 당신)은 사업하는 많은 사람들이 겪는 함정과 문제에 다
른 사람보다 더 취약하다. 그러니 당신의 커리어 앞에 도사린 위험들을
파악하고 이 위험들이 하나씩 추한 몰골을 드러낼 때마다 차례로 대처할
수 있도록 적절히 준비하는 것은 아주 중요하다 하겠다.

7대 치명적 죄악

1. 나태. | 일을 뒤로 미루는 것은 당신의 일을 하루 더 끌게 하고, 돈이 모자라게 만들며, 결국 당신이 일을 맡을 수 없게 만든다. 당신이 하겠다고 말한 것을 당신이 정한 때에 실행하지 못하면 당신은 고객, 친구, 그리고 배우자마저 잃게 될 것이다.

2. 폭식. | 당신이 모든 것을 원할 때, 어떤 일에도 '아니오.' 라고 말하지 못할 때, 결국 당신은 초 양쪽 끝에 불을 붙여 태우는 것이 된다. 그리고 당신의 좋은 평판과 새로운 일을 얻을 기회를 날려 버리게 된다.

3. 탐욕. | 돈에 관해서라면 아무리 강조해도 충분하지 않다. 그리고 당신이 가진 것을 잃는 방법은 너무너무 많다.

4. 오만. | 뽐내는 사람, 자기중심적인 사람, 자기만족, 이기심, 예술가적인 기질, 잘못된 결정, 옳지 않은 행동들은 당신이 미국 코미디 배우 개리 콜맨(Gary Coleman)이라고 말하기도 전에 당신을 정상에서 나락으로 떨어뜨릴 수 있는 성공한 인간의 부작용이다.

5. 색욕. | 섹스, 마약, 그리고 로큰롤. 창의적인 사람들은 특히 여러 종류의 중독에 매우 취약하다. 나는 일에 중독되었고 그것이 그다지 나쁘다고 생각하지는 않는다. 그렇지만 나의 아내는 그렇게 생각하지 않는다. 그렇지만 당신의 건강, 행복이나 생활이 위협받게 되면 이는 단지 관점의 차이만은 아니다.

6. 자제력 부족. | 당신이 모든 것에 지겨워져 있고, 집중도 못 하며, 자제력이 없다면 훌륭한 경력을 쌓거나 핵심적인 작업을 해내기는 어렵다.

7. 속임수. | 다른 사람들뿐 아니라 자신에게도 정직해야 한다. 2등에 안주해서는 안 된다. 꿈꾸기를 두려워하지 마라. 그것이 바로 당신의 강점이다. 당신의 꿈을 다른 사람들과 나눠라. 그것이 바로 당신의 재능이다.

1. 나태 : 너무 적게, 너무 늦게

일을 미루는 것은 신용카드와도 같다. 청구서가 올 때까지는 너무도 즐겁다.

| 크리스토퍼 파커(Christopher Parker)

내가 일미루기 항목을 뒷부분에 놓지 않았다는 사실을 알아차렸을 것이다. 나는 이 항목을 처음에 놓았다. 그렇다고 내가 '의무 사항 경화증'이라고 알려진 괴로움을 겪지 않았다는 것은 아니다. 우뇌 중심의 사람들이 이 질병에 취약한 데에는 몇 가지 이유가 있다. 여기에는 성공에 대한 두려움, 실패에 대한 두려움, 완벽하게 해내지 못할 것이라는 두려움이 포함되어 있다. 그리고 또 다른 이유들이 많이 있지만 결론은 이 이유들 대부분이 두려움이라는 것이다.

이런 두려움에 대처하는 방법들이 있다. 항상 이런 두려움을 느낄 필요는 없다. 이를 피해 가거나 다른 사람에게 넘기거나 두려움을 감출 수도 있다. 다음의 예를 살펴보자.

밀어붙여라. | 작가인 앨리스 코닌−셀비(Alyce Cornyn-Selvy)는 이렇게 말했다. "인생을 드라마틱하게 만드는 완벽한 방법은 마감 시한이 엄습할 때까지 기다리는 것이다."

당신은 마지막 순간까지 기다렸다가 급하게 일하는 것을 좋아하는가? 어느 정도 압박이 있을 때 일을 더 잘하는가? 창조적인 사람들은 천성적으로 빈둥대는 경향이 있다. 그들 스스로 하도록 한없이 내버려 두면 많은 사람들의 음악은 그들과 함께 죽어 버렸을 것이다. 때때로 당신이 소파에서 일어나 일을 하도록 하려면 당신에게 약간의 압력이나 다가오는 마감 시한이 주는 압박이 필요하기도 하다.

영감이 떠오르기를 기다려라. | 어떤 직관, 그 "아하!"의 계시를 기다렸다가 미친 듯이 일을 끝낸다는 것은 아주 낭만적인 생각이다. 이는 아주 흥미 있는 기삿거리지만 성공적인 예술가들은 매일매일 그들을 방해하는 것들과 나쁜 습관, 압박 및 산만하게 만드는 많은 것들을 극복하고 자신들의 예술 작품을 창조한다. 시작하기에 완벽한 시간이라는 것은 없다. 지금 시작하라.

나누라. | 만일 아주 큰 일거리를 맡게 되면 이를 처리 가능한 분량으로

나눠서 시작한다. 이것은 두 가지 효과가 있다. 당신이 좀 더 전체적으로 일을 볼 수 있게 해 주고, 모든 일들이 어떻게 이루어지는지 볼 수 있게 해 준다. 그리고 시작할 때 덜 당황하게 해 준다. 당신은 정상까지 계단을 오를 때 한꺼번에 뛰려고 하기보다는 한 발짝씩 나아가야 한다.

여행을 가라. │ 당신은 휴가 직전에 평상시보다 반밖에 안 되는 시간에 일은 두 배나 했던 것을 기억하는가? 당신이 만약 어떤 임무를 맡고 있다면 마감 시한 직후 휴가를 계획하라. 휴가 직전에 생기는 에너지를 이용하도록 하라. 엉덩이를 걷어차고 또다시 걷어차라. 나의 아내는 이 문제에 대해서는 다른 의견을 가지고 있는데, 내가 마감 시한을 맞추느라고 너무 바빠서 아내 혼자서 짐 싸기, 물건 사기, 계획, 사전 여행 준비를 모두 해야 한다고 불평이다. 아마 내가 이래서 더욱 일을 열심히 하는 것이 아닐까?

핑계 대기는 그만 하라. │ 다른 작가 지망생들에게 내가 항상 듣는 말은 이렇다.

"저는 글을 쓰고 싶지만, 대리인도 없고, 애들은 학교에서 오면 집에만 있고, 내 직장에 시간을 너무 많이 빼앗겨요."

이런 태도를 갖고는 아무 일도 이룰 수 없다. 매일 확신에 찬 구호를 외쳐 보라. 긍정적으로 생각하려고 노력하고 부정적인 생각이 날갯짓을 하기 전에 쏴서 떨어뜨려 버려라.

"나는 오늘 열 페이지를 쓸 것이다."

"나는 오늘 세 개의 대행사에 전화/편지를 할 것이다."

"나는 매일 네 시간씩 애들을 돌봐 줄 고등학생을 고용할 것이다."

할 수 있다는 생각은 당신이 그 일을 할 것이라는 것을 알게 될 것이라는 생각이 된다.

문제를 뛰어넘는 생각을 하라. │ 어떻게든 창조적인 마음가짐을 갖도록 하라. 음악가 말러는 모피를 쓰다듬었고, 브람스는 구두를 닦았으며, 베토벤은 머리에 얼음을 부었고, 반 고흐는 자신에게 매를 때렸다. 당신에게 효과 있는 방법을 찾아 그것을 사용하라.

찬반양론에 대한 명단을 만들어라. | 찬성론은 일이 이루어지게 하고, 적절한 조치를 취하게 하여 일의 지연을 막으며, 정시에 일을 끝내게 한다. 반대론은 거짓말과 속임수이다. 그리고 대가를 치르게 된다. 종이 한 장을 반으로 나누어 왼쪽에는 특정한 프로젝트를 지연시켰을 때 나타날 부정적인 결과들을 적어라. 오른쪽에는 일에 착수해서 완료했을 때의 혜택들을 개인적인 보상을 포함하여 적어라. 만일 찬성론이 반대론보다 훨씬 더 많으면 당연히 프로젝트를 시작하라. 만일 반대론이 우세하면 그 프로젝트는 아마 시작할 가치가 없는 일일 것이다. 이는 머릿속에서 이루어지는 과정이고, 일을 지연시키는 것은 일차적으로는 감정과 관련된 문제일 뿐이지만, 당신은 일을 이룰 수 있다면 어떤 것이든 해야 한다.

바로 그 일을 하라. | 창조적인 직업을 갖고 있어도 당신은 고객이나 상사에게 오늘은 창조적인 기분이 들지 않는다고 말할 수는 없다. 자신에게 영감의 여신이 나타날 때까지 느긋하게 기다리는 사치를 누리는 사람은 거의 없다. 일을 마칠 수 있는 방법을 찾아라. '시작해야만 할 이유들'의 저금통을 만들어 놓고 이를 사용하라.

한도를 정하라. | 자신에게 "나는 이 일을 5분간만이라도 할 것이다."라고 다짐하라. 당신은 5분 정도라면 어떤 일이든 참을 수 있다. 존은 항상 롤러코스터 타기를 싫어했다. 그는 이 놀이기구가 죽을 것만큼 무섭다고 인정하는 것도 부끄러워하지 않았다. 어떻게 하다가 한 친구가 너츠베리팜 놀이공원에 있는 롤러코스터 – 가장 무서운 것 중의 하나인 – 를 타러 가자고 꾀었다.

"고작 32초만 타면 되는데 뭐. 32초면 뭐든지 할 수 있을 거야."

이 롤러코스터를 탔던 32초는 그의 평생 가장 긴 32초였지만 최고의 순간이기도 했다. 이제 그는 롤러코스터를 좋아한다. 고작 5분 – 그렇지만 당신이 뭔가 시작하기엔 충분한 시간이다. 당신이 알아차리기도 전에 1시간이 지나가 버리고 당신은 무아지경에 빠져 있을 것이다.

성공하지 못한 창조적인 사람들의 7가지 나쁜 습관

최소화하라. | 하루에 한 페이지만이라도 하면 일이 지연되는 것을 방지해 줄 것이다. 매일 당신이 할 최소한의 업무량을 정하라. 적은 양으로 정하라. 이것은 '고작 5분' 이라는 아이디어와 거의 비슷하다. 누구라도 한 페이지는 할 수 있다! 보통 한 페이지에서 멈추기는 쉽지 않다. 다만 당신이 그 한 페이지마저 하기 힘들 때엔 당신에게 죄책감을 주어선 안 된다. 글자체를 크게 하거나 그림을 그려라. 일을 즐기면서 하도록 하라.

시작 파티를 개최하라. | 새로운 프로젝트를 시작할 때마다 파티를 개최하라. 일을 시작하는 것만으로도 당신에게 보상을 해 주도록 하라. 보통 일이 끝날 때까지 보상을 유보하기도 하지만 충동적인 성격을 가진 사람에게는 기다리기에 너무 긴 시간이다. 시작하기만 해도 당신의 공로를 인정해 주라.

완벽주의는 근육 경련과 같다. | 그러므로 여기에서 벗어나도록 하라. 얼마나 완벽한지에 대해 걱정하지 마라. 그렇지 않으면 당신의 창조력에 경련이 생길 것이다. 처음 할 때에는 완벽할 필요가 없다. 일하는 재미 중 하나가 바로 다듬어 나가는 것이다.

무시하라. | 나의 가장 큰 문제는 자료가 너무 많다는 것이다. 제 정신으로는 도저히 할 수 없을 것 같은 어마어마한 양의 조사를 하고 나서야 나는 일을 시작할 자신감을 갖는다. 그렇지만 나에게 두려움을 주기도 한다. 더 많이 알수록 당신이 실제로 얼마나 모르고 있는지 더 잘 알게 된다! 정보가 아무리 많이 있어도 절대로 모든 정보를 얻을 수는 없다. 나도 시도는 하지만! 오히려 많은 정보가 당신을 질리게 할 수도 있다. 나는 정보의 바다에서 헤엄쳐 보지만 결국 아래쪽의 해류가 나를 끌어당겨 버린다. 해답은 내적인 지혜를 구하는 것이다. 당신은 자신이 알고 있다고 생각하는 것보다 더 많이 알고 있다. 나의 편집자는 이렇게 말했다.

"아니오, 해답은 하고자 하는 일의 초점이에요. 처음 세운 목표로 돌아가서 그 목표를 위해 뭘 해야 할지 알아낸 후 아무리 흥미로워도 목표와 관련 없는 것은 버리는 거죠."

때때로 나는 나의 편집자가 밉다.

사소한 일들에 신경 쓰지 마라. | 어떤 일들은 그냥 내버려 두라. 잡다한 모든 일들과 사회적 의무를 다하고, 세차나 개 목욕시키기, 그리고 청소를 한꺼번에 다 할 수는 없을 것이다. 이런 일들은 오히려 일을 지연시키는 데 계속적인 핑계거리가 될 뿐이다. 이들을 최소화하라. 파출부를 고용하고, 이메일은 한꺼번에 대량으로 보내며, 고지서들은 온라인으로 지불하고, 사소한 심부름 거리들은 그냥 쌓아 두라. 중요한 곳에 당신의 시간을 쓰도록 하라.

영화를 만들어라. | 영화 촬영은 줄거리 순서대로 하는 것이 아니라는 사실을 알 것이다. 당신도 일을 처음부터 시작할 필요는 없다. 시작하기 쉬운 곳부터 시작하라. 당신은 일을 일련의 순서대로 할 필요는 없다. 사실 이런 방식으로 일하지 않는 것이 더 좋을 때가 많다. 이 책 또한 순서대로 쓰이지 않았다. 사실 1장이 제일 나중에 완성됐다. 나는 헌정사와 감사말부터 쓰고 이렇게 말했다.

"야, 2페이지는 완성했고 이제 300페이지만 더 쓰면 된다."

도움을 구하라. 함께 일을 해 나갈 친구를 찾아라. 다른 사람들과 아이디어를 얻어 낼 브레인스토밍을 하라. 다른 사람이 당신에게서 신뢰감을 갖게 만들어라. 프로젝트의 일부를 위임하라.

집중하라. | 이것은 아주 힘든 일이다. 요리할 때 쓰는 타이머를 사용하여, 책상에 앉아서 빈 종이를 앞에 두고 타이머를 10~15분으로 맞추어 놓아라. 그리고 타이머가 울릴 때까지 종이를 노려보라. 어찌 됐건 일을 시작하지는 않는다. 10분이면 아무것도 하지 않고 그냥 있기에는 긴 시간이다. 그러므로 당신의 머릿속은 온갖 생각이 떠오르기 시작할 것이다. 그러면 대개 당신은 너무 많은 아이디어가 생각나서 시작하지 않고는 좀이 쑤셔서 못 견딜 지경이 될 것이다.

일을 계속 미루면 미룰수록 시작하기는 더욱 힘들어진다. 오! 그래. 죄

의식. 그래서 당신은 자신을 자책하기 시작한다.

"했어야 했는데, 그랬을 텐데, 그럴 수 있었는데."

이런 것들이 떠오르기 시작한다. 그러면 긴장, 분노, 질투가 당신의 못된 머릿속에서 자라난다. 그런데 이런 일들은 시간을 더 낭비하게 할 뿐 아니라 당신 자신에 대해서 더 나쁜 생각을 하게 만든다. 당신은 일 미루기의 악순환 속으로 빨려 들어가게 되는 것이다. 이제 당신은 더 이상 자신을 통제할 수 없게 된다. 나도 그런 일을 겪었다. 이런 상황에서 벗어나는 길은 무엇인가를 하는 것이다. 어떤 일이든 해 보라. 스케치를 하라. 감사의 말을 써라. 당신의 계획들을 다시 살펴보라. 동네 한바퀴를 뛰어라. 정력적으로 육체적인 뭔가를 하면 당신의 두뇌를 아주 활성화시켜 줄 것이다.

성공은 성공을 낳는다. 행동은 동기부여 이후가 아니라 그 이전에 시작된다.

돌려서 말하지 마라

할 수 있는 사람은 하시오. 할 수 없는 사람은 망쳐 놓으시오.

| 케니 로저스(Kenny Rogers)

어떤 일을 끓는 점에 이를 때까지 무르익도록 놓아 두는 것은 전혀 잘못된 것이 아니다. 당신이 일하기 위해 일하고 있는 것처럼 보일 필요는 없다. 창조적인 사람은 잠재의식 속에서 과거 경험을 통해 새로운 아이디어들이 구체적으로 떠오를 때까지 시간이 필요하다. 이를 영감이라고 한다. 비록 영감 없이 일해야만 할지라도 당신 작업의 진정한 재미는 바로 여기에 있을 것이다. 그러니 너무 빡빡하게 일정을 잡지 마라. 당신을 가두지 마라. 충분히 잠을 자고 목적지 없이 드라이브나 산책을 가끔씩 나가도록 하라. 이것은 일을 미루는 것이 아니다. 그 차이점은 아주 명확하다.

이 두 가지의 가장 큰 차이점은 에너지이다. 일 미루기는 당신의 에너지를 빠져나가게 한다. 그래서 어느 것도 하기가 점점 더 어려워지게 된다. 창조적인 과정은 직접적으로 그 프로젝트와 관련된 작업을 하지 않아도 에너지를 불어넣어 주는 것이다. 당신에게 활력을 가져다준다.

창조적인 사업가로서 당신의 일 중에는 이 창조력을 북돋우는 것이 있다. 종이 냅킨에 쓴 히트송에 관한 이야기를 들어 보았는가? 게티스버그 연설은 종이 뒷면에 쓰인 것이다. 에이브러햄 링컨은 영감이 떠오를 때면 언제라도 이를 이용할 만큼 똑똑했던 것이다. 영감은 항상 사용하기 편리하거나 적절한 형태가 아니다. 그렇지만 당신의 천재성이 당신에게 도움을 가져다줄 수 있는 어떤 양식을 개발해야 한다.

창조적인 사람들은 습관의 산물들이다. 놀라운가? 오히려 잘 짜여진 일과대로 생활하는 예술가들을 많이 알고 있다. 아마 당신은 당신이 절대적인 자유와 무질서를 좋아한다고 생각할 수 있다. 그렇지만 무엇인가를 창조하려면 어떠한 틀이 필요하다. 효과적으로 뭔가를 창조하기 위해서 당신은 작업 공간과 악기, 컴퓨터, 스케치북과 연필 등과 같은 재료가 있어야 하고, 어느 정도는 방해 받지 않을 수 있는 시간이 필요하다. 일상성은 이럴 때 제 시간에 일들을 시작하고 마칠 수 있게 틀을 제공해 준다.

오리들을 한 줄로 세워 놓고 하나씩 쏘아 없애라. 평범한 과제를 가장 먼저 없애 버려라. 당신의 정신을 깨끗하게 비워라. 하지만 일을 시작하기 전에 자잘한 일들을 모두 끝마치려고 애쓰지 마라. 이것이 일을 지연시키는 최악의 형태이다. 일이 어떤 벽에 부딪혔을 때에는 다른 모든 일들이 지금 당신이 작업하고 있는 것보다 흥미 있다. 그럴 때 그런 일들을 몇 가지 끝내면 때때로 당신이 좀 더 중요한 일을 시작할 수 있는 동기를 부여해 주기도 한다. 실제로 복사나 세차, 청소와 같은 평범한 일들을 하는 동안 아이디어가 떠오른다는 사실이 증명되었다.

일을 시작하는 시간을 정하라. 이것은 러시아의 생리학자로서 개의 침샘 연구를 통해 조건반사를 발견한 파블로프(Pavlov)에게도 효과가 있었다.

당신이 일곱 시가 아니라 여섯 시에 배가 고파지도록 만들 수 있고, 열 시가 아니라 열두 시에 졸리게 만들 수 있는 것과 똑같이, 매일 일정한 시간에 당신의 책상에 앉아서 일을 할 수 있도록 훈련할 수 있는 것이다. 고정적인 습관으로 만드는 데는 21일밖에 걸리지 않는다.

가장 어려운 부분은 작업 시간 동안 혼자서 일할 수 있게 다른 사람을 훈련시키는 것이다. 나는 특정한 시간에는 전화도 받지 않고 초인종이 울려도 나가지 않는다. 물론 나는 밤에 글을 많이 쓰기 때문에 바깥세상을 무시하고 집중하는 것이 그다지 어렵지는 않다. 아마 당신은 정신을 흐트러뜨리지 않는 곳에서 잃었던 것들을 찾는 명상의 시간을 가져야 할지도 모른다.

그냥 책상이나 악기 앞에 매일 정해진 시간에 앉아 있기만 해도 일을 미루는 것에 대한 최고의 예방책이 될 수 있다. 일단 그 자리에 앉게 되면 뭔가를 해야 하기 때문이다. 의자에서 잠자는 것이 아주 어렵다는 것을 나는 안다. 의자에서 떨어지거나, 엎드려 있다 깬다. 그래도 여전히 당신은 책상에 앉아 있어야 한다. 일단 일을 시작하면 가속도라고 불리는 마법과 같은 것이 생긴다. 당신이 충분한 속도로 달리게 될 때까지 계속 속도를 높여 줄 것이다.

이는 또 헬스클럽에 가는 것과도 같다. 일단 당신 자신을 그곳으로 끌고 가서 옷을 갈아입고 운동을 시작하면 동기가 생기기 시작하는 것이다. 당신은 자신에게 이렇게 말한다.

"와! 웬일로 헬스클럽까지 왔군. 여기에서 뭔가를 하는 것이 좋겠다."

당신이 알아차리기도 전에 45분이 훌쩍 지나가 버리고, 당신은 땀을 흘리고 있을 것이다.

아침에도 마법은 있다. 만일 일을 일찍 끝낸다면 하루 종일 어떤 죄의식도 느끼지 않을 것이며 당신은 재미있는 일을 할 수 있다. 일을 다 하면 당신 자신을 쉬게 해 준다. 세 시간 동안 집중해서 일하는 것이 어영부영 여섯 시간 일하는 것보다 낫다. 당신이 일한 시간이 문제가 아니라 그 시간을 어떻게 보냈느냐가 문제이다.

에밀리 브론테(Emily Bronte)는 이렇게 말했다.

"오전 열 시까지 그날 일의 반을 마치지 못한 사람은 나머지 반을 하지 못할 가능성이 많다."

그럼 만약에 당신이 열 시에도 아직 잠자고 있다면? 우리들 중 많은 사람들은 아침 일찍 일어나는 사람들이 아니다. 그러니 비록 당신이 오후에 일어나더라도 이 법칙을 당신이 일어난 후 해가 떠 있는 몇 시간만이라도 적용하도록 하라. 여기서는 당신의 좌뇌가 완전히 깨어 제 기능을 발휘하기 전에 당신의 작품을 시작하라는 것이다.

성공적인 예술가들은 빡빡한 일과를 보내곤 한다. 독한 술을 입에 털어넣고, 담배에 불을 붙이고 커피를 마신다. 물론 건강에 좋지 않다는 것을 안다. 그러니 요가도 하고 조깅이나 어머니에게 전화를 하든지 효과가 있는 것은 아무거나 하도록 하라. 요점은 긴장을 풀고 다가올 작업에 정신적으로 대비하라는 것이다.

창조적인 사람으로서 성공한다는 것이 비참한 생활을 의미하지는 않는다. 사실 다람쥐 쳇바퀴 도는 반복적인 생활과 같다. 버릇을 들이고 생각하며 창조해 내기 위한 연습이 필요하다. 만일 당신이 창조적인 커리어를 하려면 뭔가를 생산해 내기 위해서라도 어느 정도는 희생을 각오해야 한다.

동시에 이 여정을 즐겨라. 만일 일이 재미가 있다면 일을 미루려고 하지는 않을 것이다. 창조력을 발휘해 보라! 만일 훌륭한 창조력을 가지고 있다면 가장 하기 싫은 일조차도 재미있게 만들 수 있을 것이다. 아니면 이 일을 어떻게 하든 하지 않을 방법을 찾을 수 있을 것이다.

만일 여정을 좀 더 즐길 수 있다면 일의 전 과정을 훨씬 더 좋아하게 될 것이다. 나와 내 남동생은 피지에서 서핑을 하려면 항상 새벽녘에 나가 아주 오랫동안 보트를 타고 산호초 외곽으로 나가야 했다. 엄청난 파도를 상상하는 것만으로도 우리 여행은 흥미진진했다. 돌아오면서 우리는 경치를 즐기고, 보트 조종사와 이야기를 나누면서 그날 최고의 서핑 순간을 다시 회상하곤 했다.

일을 미루는 것은 당신의 매일의 작업을 마비시키는 것만이 아니라 당신의 커리어를 위험에 처하게 할 수 있다. 당신은 자신의 기회를 만들어야만 하며, 당신 스스로 문제를 해결해야 한다. 독립 영화를 만들어라. 자비를 들여 소설을 출판하라. 자신의 작품을 무대에 올려라. 자신의 레코드 상표를 만들어라. 벼룩시장이나 인터넷에서 작품을 팔아라. 어떻게든 일을 진행시켜라. 계속 일을 할 수 있는 가속도를 얻는다. 자신이 한 약속은 지키도록 하라. 자신과의 타협으로 당신의 일을 중단시키지 않도록 하라.

일 미루기에 대한 생각들

어떤 프로젝트든지 가장 어려운 부분은 그 일을 시작하는 것이다. 미루지 말고 그냥 일을 시작하라.

| 에블린 라우더(Evelyn Lauder)

행동이란 절망의 해독제이다. 당신은 어떻게 죽을 것인지, 언제 죽을지를 선택할 수 없다. 당신이 결정할 수 있는 것은 단지 어떻게 살 것인가이다. 바로 지금.

| 조안 바에즈(Joan Baez)

술집으로 달려가 핏줄 속에 데킬라가 흐르게 할 수 있는 사람이라야만 소설을 말할 수 있다. 도전은 그 다음 날 아침에 일어나서 숙취의 지뢰밭과 수백만 개의 다른 핑계들을 헤치고 이 이야기를 차근차근 종이에 옮겨 쓰는 것이다.

| 지미 버펫

2. 폭식 : 파멸 그리고 소모

의사 선생님, 저는 긴장 푸는 법을 배우고 있어요. 하지만 좀 더 긴장을 잘 풀고 좀 더 빨리 풀고 싶어요. 저는 긴장 풀기에 있어서 최첨단을 달리고 싶어요.

당신은 인기 최고의 텔레비전 쇼 *ER*의 스타이고 한 회당 출연료가 7만 달러이다. 당신은 인기 절정을 구가하고 있으며 재산도 많다. 세상에서 부러울 것이 없다. 그럼 당신의 다음 행보는 무엇이겠는가? 내가 그만두라고 말한다면 당신은 나에게 정신 나갔다고 이야기할 것이다. 그렇지만 이 일은 바로 닥터 루이스 역을 맡았던 여배우 셰리 스트링필드(Sherry Stringfield)가 1996년에 한 일이다. 그녀는 이렇게 설명한다.

"이것은 라이프스타일에 관한 문제예요. 내가 이 길을 계속 가기를 원하는가? 나는 명성이 뭔지 맛을 보았고 그것이 나에게 맞지 않다는 것을 알았어요."

와! 만일 당신이 이 말의 숨은 뜻을 알아차렸다면 그녀의 말이 텔레비전 쇼를 통해 그녀의 기력이 소진됐으며, 그녀가 자신의 참 인생을 회복하기를 바란다는 소리로 들렸을 것이다. 요즈음 많은 사람들은 인생을 선택한다. 사실 그들은 인생을 과다 복용하고 있다. 자신의 커리어를 쌓는 데 투자한 그 열정을 바로 자신의 개인적인 삶에 투자하고 있다. 문제는 당신의 개인 생활에서도 성과를 내야 한다고 압박을 가할 때 생긴다.

"나는 이것을 위해 모든 것을 포기했으니 완벽해야만 해."

인생은 완벽하지 않다. 스트레스를 날려 버리는 진정한 방법은 모든 여드름과 비듬에 상관 없이 인생을 즐기는 법을 배우는 것이다. 당신 자신을 너무 심각하게 만들지 마라. 사람들에게 미소 짓고 매일매일 웃어라. 당신의 성공을 한껏 즐기고 당신의 실패에서 교훈을 배워라. 이것이 바로 간단하게 요약한 나의 철학이다.

그렇지만 설명을 더 많이 하는 것이 항상 더 좋다는 잠재의식 속의 믿음에 충실하고자 부연설명을 하겠다.

스트레스 테스트

일은 나의 기준이다. 일에 관해서라면 나는 미칠 듯한 에너지, 정신 나간 에너지, 약간 미친 스태미나를 가지고 있다.

| 시드니 러멧(Sidney Lumet)

모든 스트레스가 나쁜 것은 아니다. 이 책 마감 시한과 같은 다가오는 마감 시한에 대한 스트레스는 당신의 에너지를 충전해 줄 수도 아닐 수도 있다. 간단한 스트레스 테스트를 해 보라.

위험을 좋아하는가?

변화를 즐기는가?

압력을 받을 때 더 일이 잘 되는가?

큰 프로젝트를 끝내기 위해 여러 날을 새고 나서도 힘이 솟는 것을 느끼는가?

한 번에 수백만 가지 일들을 진행하는 것을 좋아하는가?

인생을 드라마처럼 사는가? 만약 드라마가 없다면 드라마를 만드는가?

만일 이 모든 질문에 "예."라고 대답한다면 의사의 진찰을 받아야 한다. 심장 발작이 일어날 수 있기 때문이다. 때때로 스트레스는 좋다. 그러나 모든 일에 스트레스가 있으면 나쁠 뿐이다.

길 위의 전사들

당신은 자신에게 어떤 일이 주어지는지 인식하고 자신의 한계를 정해야 한다. 나를 녹초가 되도록 만드는 것은 바로 지방 출장이다. 도시에서 도시로 다니고, 새로운 사람들을 만나며 집을 나와서 돌아다니는 것은 아주 낭만적으로 들린다. 그렇지만 현실은 아주 고약하다. 공항, 중간 경유지, 잃어버린 짐, 시차 변화, 호텔 음식, 짐 싸기와 짐 풀기, 연설하기, 이 모든 것은 당신을 아주 빨리 녹초로 만들어 버린다. 또한 외롭기도 하다. 나는 한 번에 세 주 이상은 여행을 하지 않으려고 노력하고 있다. 세 주일 동안 이메일이 얼마나 많이 쌓이는지 상상이 가는가?

자신의 베개와 아내의 사진, 그리고 집을 생각나게 하는 몇 가지 물건을 가지고 다니는 사람을 알고 있다. 여행 중에 일어났던 이야기 중 제일 심한 것은 출장을 다니면서 짐을 줄이려고 했던 사람의 이야기이다. 그는 출상 후 며칠 지나자 빨랫감과 다른 물선들을 십으로 부쳤나. 불행히노 그는 이 영리한 계획을 아내에게 말하는 것을 잊었다. 그의 아내는 어느 날 갑자기 아무 생각 없이 더러운 빨랫감만 가득한 냄새나는 소포를 열어 보게 됐던 것이다. 그녀는 아직도 이 경험을 끔찍하게 생각하고 있다.

나는 전국을 돌아다니며 워크숍과 세미나를 열고 있다. 내가 처음 시작했을 때, 나는 항공사의 마일리지 카드뿐 아니라 사용액만큼 마일리지로 전환해 주는 크레디트 카드들을 수집하다시피 했다. 나는 이 카드들을 명함용 포켓에 넣어 두고 여행할 때에는 항상 가지고 다니며 포인트를 모으고 있다. 나의 목표는 마일리지 카드와 호텔 멤버십 카드 20장으로 이 명함용 포켓의 양면을 가득 채우는 것이었다. 그리고 나는 해냈다. 그렇지만 내가 정말로 얻은 것은 무엇일까? 나는 세미나를 좋아하기는 하지만 출장은 질려 버렸다. 어느 날 공항에서 줄을 서 있을 때, 한 여성이 나의 인상적인 카드 수집품을 보고 끄덕이면서 이렇게 얘기했다.

"와, 여행을 그렇게 많이 하시다니 정말 행운아시네요."

그녀는 또 물었다.

"무료 항공권도 많이 받으셨겠네요?"

나는 이 점에 대해서 생각해 보았다. 물론 무료 항공권이 몇 장 있기는 하다. 그렇지만 그렇게 길 위에서 시간을 많이 보내고 나서 그 무료 항공권을 사용하고 싶은 마음은 털끝만큼도 없다.

출장을 다니는 것의 좋은 점 중 하나는 집안 문제가 아주 먼 나라 이야기처럼 보인다는 것이다. 당신은 일에 집중할 수 있다. 나쁜 점은 당신이 집으로 돌아갔을 때 그 문제들이 당신을 기다리고 있다는 것이다.

그럼 한 길 위의 전사가 비행기, 기차, 자동차에서 많은 시간을 보내는 다른 사람들에게 주는 몇 가지 힌트를 이야기해 보겠다.

실제 생활과의 연결을 잃지 마라. │ 나는 친구와 가족들에게 여행길에 엽서를 보내서 내가 그들을 생각하고 있다는 것을 그들이 알 수 있도록 한다. 떠나기 바로 전날 밤에 짐을 싼다. 그럼 떠나는 날 아침에 스트레스를 받지 않아도 된다. 여행용 세면도구를 따로 준비하라. 나는 심지어는 여행 때만 입는 옷도 있다. 그러면 짐 싸기가 훨씬 빠르고 쉬워지며 깜박 잊고 물건을 빼놓는 일이 없다.

노트북 컴퓨터용으로 여분의 배터리를 준비하라. │ 그래서 공항 검색대에서 수사관이 컴퓨터를 켜 보라고 했을 때 이 골칫거리가 켜지지 않아서 테러리스트로 오해 받는 일이 없도록 하라. 나는 항상 호텔 요금이 숫자 5로 끝나도록 한다. 그럼 청구서를 재빨리 훑어볼 수 있고 그 가격이 제대로 된 가격인지 알 수 있다.

자유 시간을 계획에 넣어라. │ 관광지를 둘러보거나 영화를 보거나 조깅을 하라. 쉼 없이 휙휙 돌아가는 여정은 스트레스를 너무 심하게 줄 뿐 아니라 참을 수 없게 만든다.

짐은 가볍게. │ 나는 출장 가방을 쌀 때 가방을 들고 한 블록 정도 걸어 본다. 집에 다시 돌아오면 쓸데없이 무거운 물건은 빼 버린다. 1온스라도 차이는 엄청나다. 척추에도 부담이 적어진다.

작은 일에 힘을 빼지 마라. │ 출장 중에 일들이 어긋나게 될 때도 있을 것이다. 평정을 유지하고 스트레스 받기보다는 해결책을 찾도록 노력하라. 앙앙 울거나 분에 못 이겨 발로 아무거나 걷어차거나 소리를 친다고 해서 일을 해결할 수 있는 것도 아니고 호텔 방에 더 빨리 들어갈 수 있는 것도 아니다. 단지 당신을 도와주려고 하는 사람들만 화나게 할 뿐이다.

잘 알고 있는 것을 선택하라. │ 나는 자동차를 렌트할 때에는 특정 모델을 항상 이용해서 모든 계기판을 다시 배울 필요가 없게 한다.

잃어버릴 만한 것은 잃어버리게 될 것이다. │ 귀중품은 모두 기내 반입용 가방에 넣는다. 여기에는 프레젠테이션 자료, 여권, 여행자 수표, 의약품 등이 포함된다.

클럽에 가입하라. │ VIP 클럽과 같은 것은 경유 시간이 아주 길 때 아주 좋은 휴식처가 된다. 조용한 환경에서 낮잠도 잘 수 있고, 일도 하고, 쉴 수 있다.

긴 출장 뒤에는 긴장을 풀어라. │ 그리고 출장 중에 쌓인 일을 처리할 수 있는 시간을 계획하라. 사무실에는 당신이 정말 언제 돌아왔는지 알리지 마라.

깔끔한 사무실로 돌아올 수 있도록 하라. │ 즉 여행 떠나기 전에 청소를 하라는 의미이다.

그날의 마지막 비행기를 예약하지 마라. │ 만일 그 비행기를 놓치면 완전히 낭패다. 그 비행기를 타더라도 집에 너무너무 늦게 도착해서 아무도 당신을 마중 나오려고 하지 않을 것이며 그 다음 날을 완전히 낭비하게 될 것이다.

항상 여권의 유효 기간이 충분히 남았는지 확인하라. │ 그래서 멋진 외국 여행의 기회를 놓치지 마라.

비타민과 다른 건강 보조 식품을 복용하고 손을 자주 씻어라. │ 세균, 수면 부족, 시차와 기후의 변화 때문에 병에 걸리기 쉽다.

 알고 계십니까?

미국인 1,900만 명이 호출기를 가지고 있다. 잡지 *Inc. Magazine*의 설문 조사에 의하면 19%의 직장인이 휴가 중에도 이메일을 확인하는 것으로 나타났다.

최근의 연구에서 성인은 평균 일주일에 대략 40시간의 자유 시간을 가진다고 한다. 이 시간의 15%는 텔레비전 시청으로 소비하고, 7%는 사교 활동에, 4%는 전화 통화하는 데 소비된다.

과다 자극

나는 내가 결코 느긋해질 것이라고 생각하지 않는다. 내 피 속에 이런 성격은 없다.

| 밴 모리슨(Van Morrison)

점점 빨라지도록 기술이 발전하고 있어서 우리 사회는 계속해서 빨라지고 있다. 이 때문에 노력과 시간을 절약해 주는 기구들이 실제적으론 창조적인 사람들뿐 아니라 평범한 사람들에게도 스트레스를 더해 주고 있다. 이론적으로는 이전보다 더 많이 알고, 더 많이 일하고, 더 빨리 일하는 것이 가능하기는 하다. 그렇지만 이것이 꼭 가장 좋은 것만은 아니다. 자신의 한계를 알라. 회로에 과부하를 가해서 태워 버려서는 안 되는 것이다.

일을 나누라. | 휴가를 가는 것조차도 스트레스를 유발할 수 있다. 중요한 프로젝트 도중이나 여유가 없을 때 세세한 여행 계획까지 처리하는 것은 심한 스트레스를 준다. 바로 이럴 때 배우자, 또는 여행사가 아주 유용하다.

통제 방해. | 하루 종일 전화를 받아야 한다면 창조적인 일을 많이 할 수 없다. 전화 통화 시간을 통제하여 정신 건강을 유지하라.

필요할 때마다 의견 주고받기. | 이메일은 언제든 편리할 때에 보내고 읽을 수 있으므로 전화 문제를 해결하는 데 도움이 된다. 그렇지만 아직도 많은 사람은 자신이 모든 사람에게 항상 이메일을 보내야 한다고 믿는 함정에 빠지곤 한다. 이메일은 단지 사교 활동 창구일 뿐이다. 더 나쁜 것은 이메일을 보내는 것을 일을 미루는 핑계로 삼을 수도 있다는 것이다.

천천히 하라. | 이메일은 예술 작품이나 원고를 거의 순간적으로 보내기 쉽게 해 준다. 즉 고객들이 언제든지 마지막 순간에 결정을 바꾸게 해 준다. 비록 최고의 시스템이라도 메시지를 몇 시간 동안 받지 못하는 경우가 항상 있다. 그리고 아주 작은 부분을 바꿔도 전체적으로 조율하는 데

오랜 시간이 걸릴 수 있다. 그러므로 적절한 여유 시간을 요구하라. 그리고 이 요구는 어떤 면에서 당신을 존경받게 해 줄 것이다.

도구를 소유하되 도구들이 당신을 소유하게 하지 마라. | 컴퓨터 기술은 너무도 빠르게 변화해서 항상 새 소프트웨어를 배워야 하고, 컴퓨터를 업그레이드해야 하며, 기술도 익혀야 한다. 당신이 컴퓨터의 노예가 되기 시작하면 - 가정생활에서 보내는 시간보다 더 많은 시간을 컴퓨터를 관리하고 보수하는 데 보낼 때 - 문제가 심각한 것이다. 당신의 컴퓨터가 완전히 망가져 버리면 그 문제가 얼마나 심각한지 이해하게 될 것이다.

현실주의자가 되라. | 스트레스는 비현실적인 기대에서 나올 수 있다. 완벽해지려고 하거나 완벽한 작업을 하려는 것이 바로 주된 이유이다. 모든 사람을 만족시키려고 노력하는 것은 또 다른 이유이다. 당신 자신이 완전하지 않다는 사실을 인정하고 어떤 것들은 그냥 지나치도록 하라.

해야 할 일의 목록을 정리하라. | 이 일을 정말 할 필요가 있을까? 내가 이 일을 하지 않는 경우에 일어날 수 있는 최악의 결과는 무엇일까? 그 일을 해야 살 수 있을까? 잘라내라. 반드시 할 필요가 없다고 느끼는 것을 지워 버려라. 알맹이만 훑어내고 쭉정이는 버리는 법을 배우도록 하라.

약속을 지켜라. | 당신이 하려고 하는 그 어떤 일보다 죄의식이 더 많은 긴장을 야기한다. 아마도 원하지 않는 것에 대해 약속을 하지 않는 법을 배워야 할 것이다. 미국의 마약 방지 캠페인 " '아니오.' 라고 말하세요." (Just say no.)는 마약에만 적용되는 것이 아니다.

궂은 날을 대비해 비축하라. | 비상시를 대비해서 달걀을 조금 비축해 두는 것은 많은 스트레스를 줄여 줄 수 있다. 만일 다음 달에는 거지가 되어 마약이라도 팔아야 될지 모른다고 계속 걱정을 한다면 비축해 둔 것이 있다는 사실이 마음을 편하게 해 줄 것이다.

자신의 일을 사랑하라. | 아침에 일어났을 때 일하고 싶어서 몸이 근질거려지는, 그런 일을 하는 것이 싫어하는 일을 하는 것보다 스트레스가 적다.

그 순간을 즐겨라. | 다음에 무엇을 해야 하는지, 어떤 일을 해야 하고 어떤 일을 했어야 하는지 항상 걱정만 한다면 그 순간을 즐길 수 없다. 이런 경우에는 편안함이나 만족감을 절대로 느낄 수 없으니까 말이다.

나쁜 일은 일어나게 마련이다. | 이런 일에 대비한 여유를 스케줄에 남겨 놓아라. 당신이 예상할 수 없는 폭풍이 일어나게 마련이다. 자신이 움직일 수 있는 여지를 남겨 두라. 내가 아는 한 여성은 특히 큰 고객이면서 요구 사항이 많은 고객과의 아침 회의는 일주일에 한 번만 한다. 그녀는 그날에는 다른 약속은 만들지 않는다. 그 이유는 그녀의 말을 빌리자면, "그 사무실이 한동안은 블랙홀이기 때문"이다. 비록 그 회의가 한 시간 예정이라 해도 그녀는 회의 4~6시간 전에 사무실에 도착한다. 보다 요구가 적은 고객의 경우에도 그날 오전에 하나, 오후에 하나 모두 두 개 이상의 회의 약속을 만들지 말라고 그녀는 충고한다. 그렇게 하면 항상 회의 이전에 준비할 시간과 회의 후에는 회의 내용을 소화할 시간을 가질 수 있다.

자신을 고립시키지 마라. | 사생활에서 발생한 일이 일에까지 영향을 미치는 때가 있을 것이다. 당신의 생활이 산산이 부서지는 때에도 일에서는 초연하게 견뎌야 한다. 이렇게 하려면 혼자서 너무 많은 시간을 보내지 마라. 당신의 문제에 대해서 상의하고 이야기할 수 있는 긍정적인 사람들과 시간을 보내라. 자신을 추스리기 위해 휴직을 신청하라. 업무량을 줄여 달라고 부탁하라.

깊이 심호흡하라. | 좀 더 인생에 통달하고 중심이 잡힌 한 친구는 마음을 진정하려면 눈을 감고 숨을 깊이 쉬면서 '편히 쉰다.' 라는 단어를 그리면서 계속 되뇌라고 말해 주었다. 나는 좀 의구심이 들었지만 이 방법은 효과가 있었다.

머릿속에서 휴가를 떠나라. | 일하는 장소에 평화로운 장소 사진이나 포스터를 걸어 놓아라. 이를 보면서 자신을 그 장소로 보낼 수 있다. 프랑스령 폴리네시아 제도의 섬 보라보라(Bora Bora) 섬은 어떤가? 아니면 우스운 영화

를 보는 것은 어떨까?

그냥 놓아 두라. | 모든 것이 엉망진창이 되는 때가 있다. 열쇠는 못 찾고 커피를 옷에 쏟는 것으로 시작해서 퇴근길에 타이어가 펑크가 나는 것으로 끝이 난다. 그런 날이 그런 달의 하루가 되도록 하지 마라. 내일은 또 다른 날이다.

파도 타기. | 나의 경우에는 파도 서핑이 스트레스를 물리치는 최고의 방법이다. 내가 태평양을 휘젓고 다니면서 친구들과 파도를 함께 타며 자연의 창조물인 투명한 파도를 타고 미끄러져 내려올 때 나는 너무나도 평화롭다. 아무것도, 정말로 아무것도 이때 나를 방해하지 못한다.

세상을 구하라? | 누가 그럴 시간이 있겠는가? 자신을 구하라. 이 세상, 예술 시장, 리코딩 산업, 할리우드, 실리콘 밸리와 상대하라. 세상이 원하는 방식이 아니라 당신의 방식으로 상대하라. 세상을 더 좋게 만드는 가장 좋은 방법은 당신이 더 좋은 사람이 되는 것이다.

편히 쉬어라. | 요즘은 불확실성의 시대이다. 미래와 변화의 속도에 대한 걱정이 너무도 많다. 만약 당신은 괜찮을 것이라고 내가 이야기한다면 어떻겠는가? 그럼 마음을 편하게 가질 수 있겠는가? 좋다. 당신은 괜찮을 것이다. 당신이 아이디어를 생각해 내고 창조력을 사용할 수 있다면 걱정할 것이 아무것도 없다. 무력감을 느낀다는 것을 알고 있다. 하지만 당신에게는 힘이 있다!

스트레스 다루기

생방송으로 쇼를 진행하면서 스트레스를 효과적으로 다루는 사람들에 대한 연구에 의하면 이들에게는 몇 가지 공통점이 있다.

1. 그들은 인생을 망할 일의 연속이 아니라 도전이라고 생각한다.
2. 그들은 인생의 사명 또는 목적이 있으며 이에 최선을 다한다.

3. 그들은 자신을 희생자라고 느끼지 않고 일시적인 좌절에도 불구하고 자신들의 생활을 자신들이 조절할 수 있다고 믿고 있다.

쥐들의 경주–치열한 경쟁

쥐 경주에 있어서, 문제는 이 경주에서 이기더라도 여전히 당신은 쥐라는 사실이다.

| 릴리 톰린(lily Tomlin)

볼링 그린 주립 대학(Bowling Green State University)의 한 박사가 쥐들도 웃는다는 사실을 연구하여 그것이 거짓이었다는 것을 발표한 사실을 알고 있는가? 만일 쥐의 배를 간지럽히면 쥐들은 킬킬거리는 소리를 낸다. 연구팀은 쥐들이 실험실에서 놀이를 하고 있을 때에도 이 높은 음조의 소리를 낸다는 사실을 발견했다. 그리고 쥐들에게 쳇바퀴를 오랫동안 돌리게 하면 쥐들이 스트레스를 많이 받는다는 사실도 증명되었다. 당신에게 뭔가 생각하게 만들지 않는가?

생활의 균형과 정돈

만일 우리를 더 행복하게 만들지 않는다면 우리는 더 부자가 되고, 더 바빠지며, 더 효과적이고, 더 생산적이며, 더 발전적이고, 더 세속적이며, 더 부유해질 의무는 없다.

| G. K. 체스터튼(G. K. Chesterton)

통계 자료에 의하면 우리는 어느 때보다도 더 열심히, 더 오래 일하고 있다. 그리고 많은 경우에는 돈은 더 적게 받는다. 한 가지 이유는 당신이 주어진 기회들을 이용하기를 원하기도 하지만 또 그렇게 해야만 하기 때

문이다. 이 때문에 프로젝트 간에 충돌이 일어나고 과다한 업무가 생기게 된다.

당신의 인생에는 생활도 있어야 한다. 생활은 당신의 창조력을 돋구어 주고, 스트레스를 줄여 주며, 당신을 안정시켜 준다. 사인펠드의 '일레인'의 성격과는 달리 줄리아 루이-드레이퍼스(Julia Louis-Dreyfus)는 한계를 정함으로써 텔레비전 스타로서의 일과 어머니로서의 역할 사이에 균형을 잘 맞추고 있다. 그녀는 영화 촬영을 위해 먼 곳으로 여행하기를 거절한다. 연예계 사람들은 그녀가 자신의 커리어에 악영향을 끼치고 있다고 이야기했다. 그러나 그녀는 이렇게 대답한다.

"쇼 비즈니스업계 사람들은 자신들의 세계 밖에도 생활이 있다는 것을 알지 못해요. 자신들이 놓치고 있는 것이 뭔지 모르는 거죠."

창조적인 사람들에게 공통적인 특징 중 하나는 집착이다. 그렇지만 좋은 일 중독자와 나쁜 일 중독자가 있다. 연구에 의하면, 자신들의 직업을 즐기기 때문에 일을 많이 하는 성취 지향적인 일 중독자는 성공한다고 한다. 나쁜 유형의 일 중독자는 자신의 직업을 개인적인 문제에서 벗어나기 위한 도구로 사용한다. 스티븐 킹(Stephen King)은 일년에 단지 3일만 쉬는 굉장히 힘든 저술 일정을 유지하고 있다. 휴식을 위해 그는 자신의 작가 에이미 탠(Amy Tan)과 만화가 매트 그로닝[Matt Groening: 『심슨 가족』(The Simpsons)의 작가] 등 친구들과 포커를 한다.

좋은 일 중독자에 대한 나의 정의는 이렇다. 만일 "가고 싶은 다른 장소나 하고 싶은 다른 일이 있습니까?"라고 물을 경우, 그들은 "아니오."라고 답할 것이다. 그럼 그들을 내버려 두어야 한다. 그렇지만 당신 인생의 문제들을 피하기 위해 일을 많이 하는 것은 미봉책에 불과하다. 결국 당신은 자신의 인생을 살아야 하고, 자신의 문제를 해결해야 하기 때문이다.

예술은 진공 상태에서 창조될 수 없다.

"당신이 음악처럼 살지 않는다면 당신의 나팔에서 음악이 나올 수 없습니다."

어떤 위대한 재즈 연주가가 말했다.

일을 하는 중이거나 안 하는 중이거나 최상의 만족을 나타내는 사람들은 기술을 받아들여서 생활을 보다 단순하게 만드는 사람들이다. 그들은 호출기, 핸드폰을 사용하고, 일을 집으로 가져가거나, 해변에서 일하거나, 자녀들이 있는 곳에서 일할 수 있도록 노트북 컴퓨터를 사용한다. 내가 좋아하는 광고 속 인물 중 하나는 딸이 세 명 있는 직업을 가진 어머니이다. 여름날이었는데 아이들은 해변으로 가고 싶어한다. 어머니는 고객과 중요한 회의가 있기 때문에 해변에 갈 수 없다고 설명한다. 그러자 한 딸이 이렇게 묻는다.

"엄마, 그럼 나는 언제 엄마의 고객이 될 수 있어요?"

죄책감이 엄마의 얼굴을 스치고 가족은 모두 해변으로 가고, 엄마는 해변에서 핸드폰으로 고객과 회의를 진행한다.

의학박사 버나딘 힐리(Bernadine Healy, M.D.)는 어떤 연설에서 자신이 사람들의 인생의 마지막 순간을 함께할 수 있는 특권을 누렸으며, 죽음에 직면해서는 사람들이 자신의 학위나 부, 자신의 사업들에 대해 생각하지 않는다고 말하였다. 마지막에 정말로 중요한 것은 당신이 사랑하는 사람과 당신을 사랑해 주는 사람들이다. 여러 해 동안 목표 설정 워크숍을 개최하면서 나는 사람들에게 인생에서 가장 중요한 세 가지를 써 보라고 했는데, 거의 모든 사람들은 가족을 꼭 썼다.

그럼 친구는 어떤 사람들인가? 그들은 당신을 격려해 주고, 위로해 주며, 당신의 이야기를 들어 주고, 당신을 지지해 주는 사람들이다. 콩나물 시루처럼 빡빡한 요즈음의 생활에서는 때때로 우정이 방해 받기도 한다. 그렇지만 친구들이 있는 사람들은 보통 더 행복하고, 더 건강하며, 병에 덜 걸리고, 우울함과 걱정도 적은 편이며, 수명도 길다. 그러니 지금 옛날 대학 친구에게 전화를 걸어 보라. 소꿉친구에게 편지라도 한 장 보내 보라. 현재 만나고 있는 친구들과는 커피 한 잔을 나누어 보라. 시간을 내서

프로는 세상을 탓하지 않는다

친구들을 만나라.

모든 친구들이 좋은 영향을 주는 것은 아니다. 함께 시간을 보낸 사람리스트를 만들고 이름 옆에 그 사람이 긍정적인 영향을 주면 더하기 표시를, 부정적인 영향을 주면 빼기 표시를 하라. 당신의 에너지를 완전히 소진해 버리도록 만드는 사람과 어울려 본 일이 있는가? 긍정적인 사람들과 시간을 보내도록 하라.

인생을 마음껏 산다는 것은 어떤 의미일까? 이는 전적으로 사람마다 다르다. 그렇지만 나는 또 이 말을 하고 싶다. 창조적인 사람에게 있어서 이는 즐거운 활동을 하거나, 자신의 창조력을 사용하거나, 아무것도 안 하면서 혼자 시간을 보내는 것을 의미한다. 아무것도 안 한다? 나무 아래서 낮잠을 자거나, 한가롭게 긴 드라이브를 떠나거나, 음악을 듣거나, 해변을 걷거나, 해돋이를 보거나, 애완동물과 놀거나, 영화를 보거나 하는 것이다. 나에게 있어서는 서점을 둘러보거나, 서핑을 하거나, 친구들과 어울리거나, 풀장 옆에서 누워 있거나, 자전거를 타는 것이다. 좀 더 행복하고 건강해지려면 일을 하는 시간은 줄이고 그냥 있는 시간을 늘려라.

내 생각에는 내가 어떤 면에서 서퍼의 정신 상태를 가지고 있는 것 같다. 아니다. 나는 정신적인 사람은 아니다. 단지 인생에 대해 느긋한 자세를 가지고는 있다. 스포츠 대사 중 한 사람인 렐 선(Rell Sunn)은 47세에 유방암으로 사망하였다. 그녀는 32세일 때 유방암 선고를 받았다. 의사들은 그녀가 6개월밖에 살지 못할 것이라고 했다. 그녀는 매일 그날이 마지막 날인 것처럼 살았다. 무엇 하러 생명이 6개월이 남았다는 선고를 듣고서야 삶을 살기 시작하는가? 지금 바로 시작하라!

내가 "에어플레인"(Airplane), "스타맨"(Starman) 텔레비전 시리즈에 출연한 배우 로버트 헤이스(Robert Hays)를 인터뷰했을 때 그는 자신의 딸이 결혼식 날로부터 아홉 달째 되는 날 태어났다고 말했다. 그의 아내인 가수 셰리 커리(Cherie Currie)도 밴드 런어웨이즈(Runaways)의 멤버였다. 그는 정신없는 스케줄 때문에 결혼식 이전 몇 주 동안은 사랑을 나누지 못했다고 인정했다. 우리

는 자신의 삶에서 로맨스를 즐기기 위한 시간을 남겨 둘 필요가 있다. 실제로 다이어리에 약속을 잡아야 할지도 모른다. 주중에 정기적으로 아내와 데이트하는 날을 만들어라. 물론 이렇게 하는 것이 많은 우뇌 중심의 사람들이 좋아하는 충동적인 행동이 아닌 줄은 알지만 이렇게라도 하지 않으면 당신의 로맨스는 옆으로 밀쳐져서 결국 부부 관계가 위기에 처하게 될 것이다.

스트레스 줄이는 방법이 더 필요한가? 그럼 다음에 소개하는 방법을 사용해 보자.

집 청소를 하라. │ 집이나 사무실을 정리하는 것은 스트레스를 줄일 수 있는 한 가지 방법이다. 정리하라. 혼자서 정리하지 못할 때에는 – 사실 우리 중 많은 사람이 정리를 못 한다. – 누군가를 고용하라.

긴 점심 식사를 하라. │ 점심시간이 정말로 한 시간이라는 사실을 기억하는가? 이 시간은 머릿속을 정리하는 데 꼭 필요한 시간이다. 사무실을 떠나라. 그리고 핸드폰은 가져가지 마라.

흥미 있는 사람들과 사귀라. │ 여러 문화적 배경의 서로 다른 분야에 있는 사람들이면 더욱 좋다. 오늘 무슨 일이 일어났는지만 얘기하지 말고 세계나 인생, 아이디어에 관해서 토론하라.

자유 근무 시간제의 이점을 이용하라. │ 재택근무의 이점도 이용하라. 가능하다면 업무량과 에너지 사이클을 맞추라.

시간이 돈보다 더 소중하다. │ 유명세나 재산과 당신의 인생을 맞바꾸고 있지 않은가? 그것이 정말로 가치 있는 것일까? 당신은 그래서 행복한가? 그래미상을 수상한 싱어송 라이터 마크 콘(Marc Cohn)은 처음으로 성공적인 음반을 발표한 후 5년이나 쉬었다.

"팬들이 나를 기억해 줄 것이냐, 아니면 내 아이들이 나를 기억해 줄 것이냐 사이에서 선택해야 했습니다. 별로 어려운 선택은 아니었습니다."

생활을 되찾아라. │ 자신의 감정적인 면이나 정신적인 면을 소홀히 해서는 안 된다. 가끔은 나쁜 행동을 해 보라. 사물을 느껴 보고, 새로운 감각을 경험하며, 옷을 벗고 다니거나, 정신 나간 행동을 해 보라. 이런 행동은 영혼에 아주 좋다. 특히 창조적인 정신에 아주 좋다. 단, 체포되는 일은 없도록 하라.

《리더스 다이제스트》에 실린 이야기 중에 사람들이 직장에서 받는 스트레스가 잘 나타나 있다. 한 상사는 자신이 직원들을 너무 몰아붙여 왔을지도 모른다고 인정했다. 모든 사람들이 마감 시한에 대한 압박을 느끼고 있었다. 어느 날 그 상사는 곧 아내가 첫 아이를 출산할 한 우수한 직원의 책상을 지나게 되었다. 그는 여느 때와 다름없이 물었다.

"언제가 예정일인가?"

그 우수사원은 갑자기 멍해져서 당황하더니 다시 물었다.

"어느 프로젝트 말씀입니까?"

『이렇게 일해라』(Work This Way)에서 저자 브루스 털간(Bruce Tulgan)은 일 중독자와 생활 중독자가 모두 존재한다는 사실을 지적했다. 생활 중독자는 미친 듯이 일한 다음에 다시는 안 하겠다고 한 뒤 경쟁에서 벗어나 생활만을 생각한다. 전부가 아니면 아예 다 포기하는 방식이다. 이런 사람들은 완전히 새로운 형태의 일을 즐기는 부류라서, 그들은 공과금을 납부하기 위해서 일하고 나서 집으로 다시 돌아가고, 중요한 사람들과 다시 접촉하고 나서 여행을 하거나 한두 가지 취미를 즐기거나 다시 학교로 돌아가기도 한다. 이들은 간단히 이야기하자면 생활을 폭탄주처럼 마시는 것이다. 그렇지만 일 중독자들이 일에 싫증나는 것과 마찬가지로 그들도 생활에 싫증이 나고 좀이 쑤셔서 다시 일하러 돌아오게 된다.

실천 사항

만약 프로젝트가 들어오면, 다음의 질문을 하도록 하라.

이 프로젝트가 내 생활에 어느 정도 잘 맞는가?

이 프로젝트가 내 생활에 어떤 것을 더해 줄 것인가?

내가 무엇을 포기해야 하는가(개인적인 프로젝트, 가족과의 시간, 취미, 삶의 큰 의미)?

골치 아픈 사람들과 상대해야 하는가?

얼마나 오래 걸릴 것인가?

받는 돈만큼의 가치가 있는가?

더 많은 스트레스와 녹초 상태

시장에서 직업에 대한 불만이 많은 이유 중 하나는 사람들이 안정에 대한 대가로 같은 일을 매일 하기 때문에 일에 대한 흥미가 없어졌기 때문이다.

| 앤드류 S. 그로브(Andrew S. Grove)

완전히 녹초가 된 상태 – 우리 모두 이 말을 들어 봤으며 많은 사람이 이를 경험하기도 하였다. 한마디로 뇌가 죽어 버리는 것이다. 우울해지고 멍청한 실수를 연발한다. 사업과 마찬가지로 당신의 생활도 쉽게 당신의 신경을 쇠약하게 만들 수 있다. 그리고 사업 때문이든지 생활 때문이든지 당신에게는 다 같은 것이다. 그러므로 이를 피하기 위해서 약간의 시간을 투자할 필요가 있다.

할 일 목록에 적어도 한 가지 재미있는 일을 포함시켜라. 그리고 그 일을 해서 목록의 항목을 줄여라.

왜 열심히 일하는지 기억하라. | 만약 일하는 이유가 확실하지 않다면 일을 줄이든가 아니면 당신이 사랑하는 일을 찾아야 한다는 확실한 증거이다.

자신의 성공을 축하하라. | 정말로 필요한 휴식을 자신에게 주라.

사소한 일에 신경을 쓰지 마라. | 작은 문제에 너무 민감하게 반응하지 마라. 악랄한 인쇄업자, 당신의 일에 악담을 해대는 상사, 당신의 아이디어를 훔쳐간 동업자. 당신이 아무것도 할 수 없으면 그냥 놓아 두라. 그리고 그것에서 교훈을 배우고 계속 일을 해 나가라. 자신이 다시 그 상황에 처하는 일이 없도록 노력하라. 너무 집착하지 마라.

고속도로에서 내려오라. | 휴게소에 들러서 잠깐 쉬고 자동차 내부도 살펴보라. 새로운 방향을 선택하고 그곳까지 가는 데 도움이 될 지도를 구입하라. 비록 당신이 지금 하는 일을 사랑한다 할지라도 일에 지쳐 녹초가 됐다면 이것은 이제 속도를 좀 줄일 때가 되었거나 새로운 길을 시도해 봐야 할 신호이다.

발끈할 순간을 참아라. | 내가 하와이에서 세미나를 하고 있을 때, 공항까지 타고 갈 호텔 셔틀 버스가 늦게 왔기 때문에 화가 치밀었다. 그러고 나서 내가 하와이에 있다는 사실을 기억했다. 나는 바로 가서 마이타이(Mai Tai)를 한두 잔 마시고 편히 휴식을 취했다. 왜 작은 일들 때문에 나의 하루를 망쳐 버리는가?

즐거움은 창조적인 흐름의 윤활유 역할을 한다. | 활기를 계속 유지하기 위해서는 일상생활에 즐거운 놀이를 포함시켜라. 잠시 쉬면서 신나게 지내라.

잠시 뒤로 물러서라. | 자신이 짜증 섞인 소리로 이야기하기 시작하면 잠시 입을 다물고 그 자리를 피하라. 그리고 거슬리는 일이 무엇이든지 그 일에서 벗어나 어느 정도 시간을 주라.

욕지거리를 하라. | 소리 지르고 싶은 지경에 이르게 되면 옷장으로 달려가 그냥 미친 듯이 소리치고 욕해 버려라. 소리치고, 비명을 지르고 투덜

대라. 이렇게 하면 처음에는 멍청하다는 느낌이 들 수도 있지만 해 보라. 이 일이 재미있게 느껴지기 시작하면 중단하고 다시 인간적인 모습으로 돌아오면 된다.

많이 미소 짓고 매일 웃어라. | 어떤 회사들은 직장에서 유머가 차지할 자리가 없다고 생각하고 있다. 나는 유머란 필수불가결한 것이며 많은 문제를 해결해 줄 수 있다고 믿는다. 사우스웨스트항공사(Southwest Airlines)를 보라. 그들은 즐겁게 일한다. 그래서 이 항공사는 은행에서도 웃을 수 있다.

서점 둘러보기. | 나에게는 서점 둘러보기가 마음을 진정시켜 주는 효과가 있다. 한번 시도해 보라.

스트레스란 무지에서 온다. | 업무 범위 안에, 자신이 종사하는 업계 내에, 그리고 당신의 고객과 함께 머물러라.

긍정적인 태도를 취하라. | 부정적인 태도를 취하는 것은 스트레스를 많이 줄 뿐 아니라 건강에도 좋지 않다.

"나는 이 일이 정말 놀랄 만큼 잘될 것이라고 긍정적으로 생각한다."

보라, 얼마나 쉬운가?

알고 계십니까?

《포천》지 선정 100대 기업의 직원들은 매일 평균 83개의 메시지를 받는다.

루이스 해리스(Louis Harris) 설문 조사에 의하면 매년 스트레스 때문에 18일을 써 버린다.

단순한 생활 하기

어느 정도의 스트레스는 좋다. 당신의 신체는 스트레스를 다룰 수 있도록 만들어져 있다. 다만 너무 많은 스트레스를 한꺼번에 받는 경우는 예외이다. 책임질 것이 없고 위험도 없으며 할 일이 없고 경쟁도 도전도 없다면 지루해질 것이며, 실질적으로 신진대사도 느려져서 육체적으로나 정신적으로나 느려지게 된다. 때때로 스트레스는 당신이 행복하고 생산적인 삶을 사는 필요한 적절한 양의 도전과 동기를 더해 주기도 한다. 균형을 맞추는 것이 바로 열쇠이다.

■ 스트레스 퇴치하기

• 짐을 줄이고 도움을 구하라.

• 애완동물을 길러라. 또는 애완동물을 없애라.

• 음악을 들어라. 마음을 편안하게 해 주는 음악만이 아니라 어떤 종류의 음악이라도 들어라. 집중에는 클래식 음악이 가장 좋다. 나는 정통 록 음악의 비트가 나에게 힘을 준다는 사실을 알았다.

• 다른 사람들을 도와라.

• 호수나 강가에서 시간을 보내라.

• 일들을 종이에 적어라.

• 회의와 서류 작업을 최소화하라.

• 좀 더 많은 일을 위임하라.

• 자신의 주변에 소용돌이치고 있는 혼돈 속에서 고요하고 정적인 상태를 찾아라. 요가, 명상, 자기 최면 등.

• 잠을 충분히 자라.

• 정기적으로 운동하라.

• 영양가 있는 식사를 조금씩 자주 먹어라. 감자 칩과 같은 기름기 많은 간식은 피하라.

정전

나는 새벽 여섯 시에서 오전 열 시 사이에 글을 쓴다. 이때에는 하루 동안의 고난과 시련으로 인해서 내가 완전히 지쳐 버려 사용할 수 없게 되는 두뇌 부분을 사용할 수 있다.

| 피터 버그(Peter Berg)

만일 당신이 잠을 충분히 자지 못하고 있다면 토머스 에디슨(Thomas Edison)에게 감사하면 될 것이다. 그가 전구를 발명하기 전, 사람들은 하루 아홉 시간씩 잠을 잤다. 오늘날 우리는 아주 운 좋게도 여섯 시간 동안 잠을 잔다. 그리고 무슨 이유인지 창조적인 사람들은 잠잘 시간을 얻기도 힘들고 충분한 수면을 취하지도 못한다.

좀 더 많은 일을 하기 위해 수면 시간을 줄이는 것은 기력을 완전히 소진시켜 버리는 지름길이다. 또한 비생산적이기도 하다. 수면 부족은 당신의 신체와 두뇌에 해롭다. 잠을 충분히 자지 못하는 사람들은 창조력이 부족해지거나 집중하지 못하는 등 그 대가를 톡톡히 치르게 된다.

이러한 증상에 대처하는 방법 중 하나는 바로 파워 낮잠이다. "드류 캐리 쇼"(The Drew Carrey Show)에서 미미 역할을 하는 크리스타 밀러(Christa Miller)는 오후 일곱 시 녹화 전에 자신의 트레일러에서 낮잠을 잔다. 오후 다섯 시가 되면 그녀는 자신의 트레일러 밖에 "방해하지 마시오"라는 팻말을 걸어 놓고 30분 정도 잠을 잔 후 일어나 가뿐하고 더욱 힘차게 일한다. 이러한 파워 낮잠은 10분에서 20분 정도 – 최대 30분 정도일 때 가장 효과가 좋다. 그렇지 않으면 기운이 다 빠져 버린다.

만일 일과 중에 피곤해진다면 식사량을 줄여라. 밥을 많이 먹게 되면 모든 피가 소화기관에 집중되어 두뇌나 근육에는 피가 모자라게 되므로 피곤하게 느껴진다. 조금씩 자주 영양가 있는 식사와 간식을 섭취하게 되면 이러한 문제를 방지하고 소화도 잘 될 것이며 체중이 불어날 염려도 없다. 이것이 바로 윈/윈/윈 아니겠는가?

두려움은 근육을 긴장하게 만들며 이는 피로로 직결된다. 긴장하게 되면 호흡이 불안정해지기도 하므로 산소를 충분히 섭취하지 못하게 된다.

우울증과 수면 부족 간에도 관련이 있다. 심술을 부리고 아무 일도 하기 싫어하며 피곤에 지치게 된다. 이런 사이클에서 벗어나는 가장 좋은 방법은 운동을 하는 것이다. 운동은 근육을 피로하게 해서 두뇌에 행복한 감정을 일으키는 엔돌핀을 공급하게 해 주고 건강한 수면을 할 수 있게 해 준다. 더 많이 피곤해질수록 더 많은 운동을 하면 도움이 될 것이다.

에너지와 목적은 관련이 되어 있다. 당신이 어디로 가고 있는지, 왜 그곳에 이르고 싶은지에 대해 더욱 강하게 느낄수록 더욱 낳은 에너지를 발산할 수 있게 된다. 사람들이 긍정적으로 앞을 내다보면 자신들의 긍정적인 에너지를 문제를 해결하고 목표를 달성하는 데 사용할 수 있게 된다. 또한 사람들이 도전에 직면하게 됐을 때 자신들이 이를 극복할 수 있다는 믿음을 갖게 해 주고 쓸데없는 걱정을 하느라 시간과 정력을 낭비하지 않게 된다. 이렇게 되면 그 문제를 해결하기 위해 어떤 조치를 취할 수 있는 시간과 에너지가 더 많이 남게 되는 것이다.

3. 탐욕 : 부채와 세금

우리는 안락함과 호화로움이 인생의 최우선 과제인 것처럼 행동한다. 그렇지만 우리가 진정으로 행복해지는 데 필요한 것은 바로 우리가 열중할 수 있는 일이다.

| 찰스 킹슬리(Charles Kingsley)

나는 '진짜 시간'에 '진짜 사무실'에서 일하는 '진짜 직업'을 제공하겠다는 돈이 되는 제안을 받은 적이 있었다. 나는 이 제안에 대해서 두 번도 생각하지 않았다. 아무리 돈을 많이 줘도 나의 자유, 내가 하는 일에 대한 나의 사랑과 바꿀 수는 없었다. 주말도 아닌 평일인 오늘 나는 지금 반바지와 티셔츠에 슬리퍼를 신고 집 뒷마당 야자나무 아래서 이 글을 쓰고 있다.

솔직하게 이야기해 보자. 나는 부유하지는 않다. 그러나 나의 아내는 노드스트롬(Nordstrom)백화점에서 일하면서 안정된 수입과 옷을 구입할 때 다양한 할인 혜택을 받고 있다. 나는 워크숍을 진행하고 연설을 하는 일용직을 가지고 있다. 비록 내가 백만장자는 아니지만 나는 미시시피 강 서쪽에서 가장 부유한 사람이라고 생각한다.

얼마나 많은 돈이 있어야 이제 충분히 가지고 있다는 느낌이 들까? 백만 달러? 그렇게 많은 돈이 있으면 그것으로 무엇을 할 것인가? 계속 일할 것인가? 당신의 모든 문제가 돈 때문에 사라질까?

사실 돈을 가지고 있다는 것이 모든 문제를 해결해 주지는 않는다. 아마 0.5초 정도는 행복하게 만들어 줄 수 있을 것이다. 그리고 돈이 다 없어지기 전까지는 아주 많은 친구들이 생기게 될 것이다. 하지만 돈 때문에 새로운 문제도 생기게 될 것이다. 투자, 재정 자문 고용하기, 돈이 없어질 것에 대한 걱정과 같은 문제들이 생긴다. 돈은 마음의 평화나 자유, 아니면 돈이 가져다줄 것으로 생각했던 안정감 같은 것을 가져다주지 못한다. 그리고 아무리 많은 돈을 가져도 결코 충분하다는 생각이 들지 않는다는 사실도 발견하게 될 것이다. 돈을 더 많이 벌수록 더 많이 쓰게 되고, 어느 정도 지나면 자신이 그렇게 적은 돈을 가지고 어떻게 살았는지 이해조차 못 하게 된다.

돈을 불에 태울 만큼 많이 가지고 있는 사람들은 항상 자신의 주변에 이런저런 핑계 거리들을 가진 사람들이 서성거린다는 사실을 알게 된다. 식객, 사기꾼, 당신이 어렵게 번 돈을 빼앗아 가려는 양아치들, 질투심에 찬 라이벌과 당신을 깎아내리려는 비평가들, 아니면 당신을 위해 일하려는, 무엇이든지 하려는, 그리고 당신이 원하는 것은 무엇이든 제공하려는 사람들이 바로 그런 사람들이다.

분명히 이런 속담을 들어 본 일이 있을 것이다.

"자신이 사랑하는 일을 하라. 그러면 돈은 따라올 것이다."

이 속담에서는 언제 돈이 따라 오는지에 대해서는 말이 없다. 때때로 요행수를 믿고 일을 해야만 하는 창조적인 사람들에게 있어서 부정적인 돈 흐름은 치명적일 수 있다. 사람들은 당신에게 제때에 돈을 주지는 않으면서 청구서는 제때에 지불하기를 바란다. 제때에 청구서를 지불하지 못하면 당신에게 무거운 벌금이나 압류를 하거나, 신용 등급을 깎아 내리기까지 한다.

"뉴튼 보이즈"(The Newton Boys), "파라다이스 로드"(Paradise Road) 등의 영화에 출연한 여배우 줄리아나 마르컬레스(Julianna Margulies)는 할리우드에서 영화를 만들자는 제의를 받았을 때 뉴욕에서 사망한 사람들의 유산을 정리하는 직업을 가지고 있었다. 그녀는 당장 하고 있던 일을 멈추고 기차를 타고 브루클린의 집으로 가서 여행 가방을 들고 공항으로 달려가 일등석 비행기를 탔다. 곧 유명해지고 부유해질 여배우는 이렇게 말했다.

"천국에 있는 것 같았죠. 하루 벌어 하루 먹고 사는 생활이었으니까요. 내가 비행기에서 내리자마자 일당으로 삼백 달러를 주더군요. 저는 기뻐서 어쩔 줄을 몰랐죠. 이 돈을 받고 나서 바로 눈에 들어오는 슈퍼마켓에 가서 옛날부터 가지고 싶었던 헤어린스를 샀어요."

창조적인 사람들 중 성공한 사람들조차도 돈을 많이 못 버는 시기를 견뎌야 한다. 연극 공연이 끝날 때까지는 모든 것이 잘 돌아가지만 그 후 새로운 역할을 얻을 때까지는 재정적인 어려움이 있게 마련이다. 이러한 시기에 대처하는 방법은 좌뇌적인 방법을 사용해서 수입이 좋은 시절에 저축을 하고 이를 수입이 없는 시기에 사용하는 것이다.

대부분의 우뇌 중심적인 사람들은 재물을 다루는 것을 좋아하지 않는다. 이런 사람들은 돈 걱정을 하기 싫어한다. 그저 필요할 때 돈을 가지고 있기를 원하는 것뿐이다. 다시 한 번 이야기하자면 돈이 필요할 때 돈을 가지고 있으려면 돈을 관리하는 방법을 배워야 한다. 돈을 쓸 때마다 통장 잔고를 확인해 두지 않으면 자신이 정말 얼마나 가지고 있는지 절대로 알 수가 없다. 이 법칙은 '재미난 화폐', 즉 신용카드의 경우에도 마찬가지이다. 현금으로 물건 값을 지불하게 되면 돈의 가치를 있는 그대로 느낄 수 있게 된다. 그리고 또 필요 이상의 부채가 생기는 것을 방지해 준다.

좋은 것을 발견하면 그것에 열중하게 되기 쉽다. 돈을 많이 쓰면서 주변 사람들에게 생색내는 것은 쉬운 일이다. 그렇지만 이런 식으로 계속 돈을 쓰게 되면 결국에는 자신이 귀찮은 식객이 되어 있는 것을 발견하게 될 것이다. 친구나 가족, 동료들에게 환영 받지 못하는 사람이 되는 것이다.

재정적으로나 감정적으로나 좋은 시기와 나쁜 시기를 다룰 수 있는 성격을 개발하는 것이 인생에 많은 도움이 될 것이다. 왜냐 하면 인생에는 좋은 시기와 나쁜 시기가 늘 함께 오기 때문이다. 창조적인 사람들의 인생에 존재하는 불확실성을 다룰 수 있는 배우자를 맞이하는 것은 특히 많은 도움이 된다. 나의 아내는 안정적인 수입을 좋아하며 자신의 직업을 가짐으로써 안정적인 수입을 얻고 있다. 우리는 이에 대해서 이미 타협을 했다. 물론 옛날 사고방식을 가지고 있는 사람에게는 약간 어려운 일이긴 하다. 그러나 내가 일반적인 직업을 도저히 견딜 수 없는데 어떻게 하겠는가? 나쁜 점들도 있다. 정기적인 소득이 없기 때문에 신용도가 높지 않다. 그래서 주택을 구입할 때 어려웠다. 그래서 나는 지난 4년간 소득세 신고 액수를 보여 주어야 했고, 주택 구입 자금 대출금도 높은 금리로 빌려야 했다.

창조적인 면에서 좋은 시기와 나쁜 시기는 당신의 수입에도 영향을 준다. 운동 선수들은 보통 계약이 만료되는 해에 가장 좋은 성적을 낸다. 그다음 해 새로 계약을 맺을 때 보다 많은 연봉을 얻으려는 것이다. 그들이 새로운 계약을 체결하면 자만에 의해서건 지쳤기 때문이건 제 실력을 회복하기까지 1년 정도 그들의 실력은 급강하한다. 알다시피 잘해야 한다는 압박감은 성생활에만 영향을 주는 것은 아니다.

때때로는 타이밍이 맞을 때까지 기다려야 할 때도 있다. 마리오 푸조 (Mario Puzo)의 첫번째 책은 좋은 평가를 받았으나 판매 성적은 그다지 좋지 않

았다. 마피아에 대해 써 보는 것이 어떻겠느냐는 편집자의 충고를 받고 나서 그는 『대부』(The Godfather)를 쓰기 시작했다. 그러나 그 제안을 했던 바로 그 편집자가 완성된 원고를 거부했기 때문에 더 이상 일을 진행할 수 없었다. 그 당시 마리오 푸조는 2백 달러짜리 서평을 쓰고 있었다. 그리고 말 그대로 파산 상태였다. 그는 형 토니에게 돈을 빌리면서 책이 출판되면 인세의 10%를 주겠다고 약속했다. 그는 푸트남(Putnam)사에 있는 사람을 우연히 만나게 되어 그 사람에게 원고를 한 부 주었다. 그러고 나서 아내와 아이들을 데리고 독일로 갔다. 독일에 있는 동안 그는 아메리칸 익스프레스 카드를 가지고 있으면 방문하는 유럽 도시마다 5백 달러씩 빌릴 수 있다는 사실을 알아냈다. 그가 집으로 돌아올 때쯤, 그는 무거운 빚에 직업도 없고 성사된 계약도 없는 상태였다. 그는 대리인에게 전화해서 돈이 필요하다는 이야기를 하였다. 그러자 그의 대리인이 대답했다.

"걱정 말아요. 지금 40만 달러에 보급판 책 출판 계약을 하자는 제의를 거절했어요."

결국 영화 제작 권리는 제외하고 48만 달러에 출판 계약을 맺게 되었다.

 실천 사항

돈이 당신에게 의미하는 것이 무엇인지 한 문장으로 적어 보라. 돈 관리에 대한 당신의 철학은 무엇인가?

한 가지 생각

개인적으로 나는 세상이 나를 돌볼 의무가 있다고 생각하지는 않는다.

그렇지만 내가 버는 액수만큼은 세상이 나에게 사과를 한다면 좋을 것 같다.

당신은 자격이 있다

만일 자신이 지금 벌고 있는 액수의 돈을 벌 자격이 있다고 생각하지 않는다면 자신의 성공을 막을 방법을 찾아야 할 것이다. 만일 자신의 자격만큼 돈을 벌지 못한다고 생각한다면 당신은 우리들과 다를 바 없다. 임금 인상을 요구하라. 수수료를 올려라.

자신의 일에 대한 가치를 판단하는 것은 창조적인 커리어에서 가장 어려운 일이라고 할 수 있다. 자신의 시장을 알고 자신이 그 시장의 어디에 위치하고 있는지 안다면 조금 도움이 될 것이다. 당신이 일하고 있는 분야에서 당신이 하고 있는 일에 대한 요금은 어느 정도인가? 가끔씩 좀 더 좋은 시장으로 옮김으로써 수입을 극적으로 올릴 수도 있다. 창조적인 분야의 경우, 두 도시 간 거리가 백 마일밖에 안 되지만 샌디에이고보다 로스앤젤레스의 임금이 두 배나 된다. 이런 임금 체계에는 복잡한 경제적 이유가 있지만 결론은 로스앤젤레스에서 생계를 유지하려면 보다 많은 생활비를 지불해야만 한다는 것이다.

당신은 가격 면에서 하급인가, 중급인가, 아니면 최상급인가? 지금의 상태가 당신이 원하는 상태인가? 자신의 위치, 당신이 원하는 고객이나 청중, 원하는 일의 종류, 만족할 만한 액수 등을 생각해 보라. 특정한 목표를 설정하여 마케팅을 하면 성공할 가능성이 더 많아진다. 하급으로부터 시작해서 최상급으로 발전해 나가라. 그렇지만 시작부터 높은 가격을 제시하는 것이 적은 가격으로 일하다가 인상을 요구하는 것보다는 쉽다. 만일 자신의 일에 대해 자신감이 있다면, 그리고 고객에게 보여 줄 수 있는 좋은 작품이 있다면 당신을 고용한 사람들은 당신의 이야기만 듣고도 당신에게 더 많은 가치가 있다고 믿게 될 것이다.

알고 계십니까?

《선 아메리카》(Sun America)가 실시한 설문 조사 결과를 보면, 한창 열심히 일하는 시기의 미국인 다섯 명 중 네 명은 퇴직 시 돈이 충분하지 못할 것이라고 생각한다. 그리고 40% 이상의 여성은 퇴직하였을 때 빈곤하게 살 것이라고 걱정하고 있다. 응답자 중 50% 이상은 청구서를 모두 지불하고 나면 노후를 위해 저축할 돈이 거의 남지 않는다고 대답하였다.

한 가지 더

돈을 추구하는 것은 사람들 인생의 큰 부분을 차지한다. 일단 돈을 얻게 되면 아주 큰 구멍을 메워야 한다. 돈을 벌었다고 해서 생각했던 것만큼 자신에 대한 감정이 좋아지지는 않는다. 당신에게 부족한 것은 바로 목표이다. 아, 물론 당신이 돈을 벌겠다는 목표를 막 달성했다는 것을 안다. 그럼 이제 다른 목표를 하나 더 세워라. 돈과는 별로 관련이 없는 목표를 세우도록 하라.

달러의 향연

매년 2월 《퍼레이드》(Parade) 잡지는 다양한 직업에 종사하는 사람들의 수입을 무작위로 추출해서 "사람들은 얼마나 버는가"라는 특집 기사를 싣는다. 나는 몇 년 전부터 이 기사를 모으기 시작했다. 창조적인 사람들과 관련된 분야를 한번 살펴보고 그들의 연봉이 얼마나 되는지 보도록 하라.

레스토랑 주인	85,000달러
셀린 디온(Celine Dion)	34,000,000달러

만화책 작가	250,000달러
제리 사인펠드(Jerry Seinfeld)	66,000,000달러
시청각 기술자	34,000달러
로빈 윌리엄스(Robin Williams)	23,000,000달러
예술 행정가	23,000달러
앤드류 그로브(Andrew Grove) 인텔 회장	50,000,000달러
플라워 디자이너	18,500달러
레오나르도 디카프리오(Leonardo DiCaprio)	2,500,000달러+
마케팅/PR 담당자	39,250달러
팀 앨런(Tim Allen)	47,000,000달러
예술가 대리인	45,000달러
메리 캐이 애쉬(Mary Kay Ash)	500,000달러+
주방장	53,000달러
배우	18,000달러
음악가	24,000달러
유리 부는 직공	30,000달러
신문 기자	14,750달러
아트 디렉터	40,000달러
마사지 치료사	23,500달러

프로에게 묻는다

가브리엘 위즈덤(GABRIEL WISDOM)

가브리엘 위즈덤은 샌디에이고 재정 전문가로 라디오와 텔레비전 토크쇼 진행자이며 모든 면에서 창조적인 사람이다. 그는 서핑보드 수리 사업을 하면서 카우아이에 있는 나무 위에 지은 집에 살았다. 라디오 방송 시간을 팔고, 전국적으로 방송되는 자신의 라디오 쇼를 가졌으며, 록 뮤직 홍보가이면서 법학 공부를 하였고, 심리학 박사 학위를 마쳤다. 또 결혼 상담가로도 일하고, 부동산도 팔고, 파산도 했으며, 증권 중개인이 되어 마침내 자수성가했다. 이제 그는 비즈니스 뉴스 네트워크(Business News Network)를 통해 전국에 방송되는 라디오 토크쇼를 진행하고 있다.

위즈덤 씨의 커리어는 지그재그이군요. 정말 좋습니다!

이 지그재그는 1960년대에 시작됐던 것 같아요. 제가 '진정한 소명'이라고 생각하는 것은 바로 저의 개인적인 성장입니다. 나를 계속해서 변화하도록 해 주는 것이죠. 예를 들어 서핑을 한번 보면 거기에서 타이밍과 사이클을 배웠어요. 라디오에서는 미디어와 마케팅에 대해서 배웠고요. 심리학에서는 인간의 행동을 배웠고, 하버드 경영대학원에서는 재정 관리와 경영에 대해서 배웠습니다. 이제 좀 이해가 되시겠죠?

창조적인 사람과 돈은 어떻게 분리가 됩니까?

제가 로큰롤 디제이를 하고 있을 때 운 좋게도 많은 리코딩 아티스트들과 알게 되었습니다. 나는 이들이 좀 더 큰 성공을 하도록 도와주는 데 힘썼기 때문에 이 사람들을 알게 되었죠. 불행히도 이 사람들 중 어떤 사람들은 자신의 예술에 너무 빠져서 건강을 소홀히 했죠. 그래서 젊은 나이에 죽었습니다. 어떤 사람들은 돈을 너무 소홀히 해서 버틸 수가 없었습니다. 돈을 벌겠다는 욕심도 없었고 돈이 중요하다는 생각을 하지 않았기 때문이라고 할 수 있죠. 어떤 사람들은 불필요한 위험을 감수하는 바람에, 혹은 너무 갑자기 돈을 벌었기 때문에, 무모한 계획 때문에 돈을 잃기도 했습니다. 그렇지만 대부분의 사람들은 그냥 돈을 낭비해 버렸죠.

자신의 재정적인 문제에 신경을 써야만 합니다. 세세한 문제에 신경을 쓰고 싶지 않다면 재정적인 문제를 이해관계의 갈등 없이 적절한 수수료를 받고 해결해 줄 수 있는 전문가를 고용하는 것도 좋은 생각입니다.

예술가들이 돈을 관리하는 데 도움이 될 만한 충고를 해 주시겠습니까?

음, 사람들은 습관을 잘 만들기 때문에 우선 저축하는 습관을 들이라고 말하고 싶군요. 자신이 버는 돈의 30~50%를 저축하는 습관을 들인다면 경제적으로 자립할 수 있을 것입니다.

성공하지 못한 창조적인 사람들의 7가지 나쁜 습관

위즈덤 씨가 일하는 분야에서는 창조적인 사람들을 찾아보기 쉽습니까?

사람들이 가진 가장 큰 오해는 유능한 재정 전문가들이 일차원적이라고 생각하는 것입니다. 아주 훌륭한 재정 전문가들 중 많은 수가 창조적인 사람들로 저축 습관을 통해서 돈을 모으고 세부적인 일을 처리해 줄 유능한 전문가를 고용해서 자금 운용을 잘 유지한 사람들이죠.

우뇌 중심 사람이 재정적인 독립과 재정적인 자유를 얻을 수 있는 방법은 무엇일까요?

칼릴 지브란(Kahliul Gibran)의 고전 『예언자』(The Prophet)에는 이렇게 쓰여 있습니다.

"무엇인지 이야기할 수 없는 것을 갈망하고 그 이유를 알지 못하는 것을 슬퍼할 때 모든 것이 성장하듯이 당신도 성장하고 있으며 좀 더 나은 자신을 향해 나아가고 있다는 사실을 확신하라."

가브리엘, 제발 알아들을 수 있는 말로 해 주세요!

미래에 대해서 항상 최고의 상황을 공상하고 상상하라는 것입니다. 왜냐 하면 결국에는 그런 상황을 만들게 될 것이기 때문이죠.

그럼 지금 말씀하시는 것이 일종의 목표 설정이군요. 그렇죠?

맞습니다. 그렇지만 창조적인 사람들은 그 목표를 시각화할 수 있어야만 합니다. 직선적인 목표 설정에서는 영감을 얻을 수 없습니다. 대신 목표를 설정하는 데 예술적 감각을 사용해야 하죠. 목표를 그려 보고, 색칠하고, 그 결과를 느껴 보는 것입니다. 목표는 영감에서 비롯되어야 하고, 모든 감각을 사용해야 합니다. 자신이 원하는 라이프스타일을 그려 보고, 그 목표를 이루면 어떤 좋은 점이 있는지 생각해 보아야 합니다. 그리고 목표를 이루는 과정을 즐겨야죠.

재미난 화제

나는 처음으로 은행 현금 카드를 막 받아서 돈이 어떻게 움직이는지 알아 가고 있다. 나는 내가 생각했던 것 이상의 아주 큰 숫자를 다루고 있다. 너무 두려운 일이다.

| 클레어 데인즈(Claire Danes)

사실: 미국 성인의 40%가 한 달에 적어도 한 번 복권을 산다.

힌트: 절대로 복권에 당첨되지는 않을 것이다. 내 말이 틀릴 확률은 1600만분의 일이다. 에드 맥마혼(Ed McMahon)이 출판사 어음을 당신에게 건네줄 확률과 거의 비슷한 확률이다.

부를 축적하기란 쉬운 일이 아니며 그 부를 유지하는 것도 쉽지 않다. 만약 이런 일이 쉬웠다면 우리 모두 다 백만장자가 되어 있을 것이다. 당신에게는 재능이 있으며 당신이 원하는 돈을 버는 데 필요한 정보를 거의 다 가지고 있다. 그렇지만 여기에는 몇 가지 작업이 필요하다. 내가 이 말을 했다고 원망하지도 말고 주저하지도 마라. 사실상 이 작업이 돈을 버는 데 제일 중요한 부분이다!

현재 당신의 재정적인 건전도는 어떠한가?
심각한 상황인가(파산)?
집중 관리가 필요한가(부모님 집으로 다시 들어가기)?
화끈거리는 부위가 있는가(대출 받은 돈, 사기)?
암(심각한 부채)?
그냥 단순 감기(청구서가 너무 많음)?
완벽한 건강 증명서(저축이 불어나고 있음)?

만일 당신이 부유해지거나 건강해지기를 원한다면 자수성가한 사람들과 그들의 행동 원칙을 연구하라. 자신들의 아이디어로 돈을 버는 방법을 아는 두 사람, 마크 빅터 한센과 잭 캔필드는 이렇게 이야기한다.

"번영이란 아이디어에서 시작되는 것이다. 기회를 얻을 수 있다고 확신하고, 자신이 그 기회를 얻을 수 있다고 스스로를 설득하며 기회가 왔을 때 이를 받아들여라."

그들은 「영혼을 위한 닭고기 수프」 시리즈에 대한 아이디어를 생각해 냈다.

자선 사업의 사례를 만들어라. | 다른 사람을 도울 수 있는 방법을 더 많이 찾아낼수록 당신은 재정적으로나 영적으로나 모두 더 많이 벌 수 있다. 스트레스는 적어지면서 목표를 성취할 가능성은 더욱 높아질 것이다.

남 탓을 하지 마라. | 자신이 처한 곤경에 대해 다른 사람을 탓하지 마라. 시장 때문이야, 경기가 안 좋아, 회사가 꽝이야, 고객 때문이야. 당신은 선택할 수 있다. 저축을 할 것이냐, 안 할 것이냐. 책임을 질 것이냐, 안 질 것이냐. 자신의 돈에 대해 책임을 져라.

어려운 상황에서 다시 재기하라. | 비록 빚에 허덕이고 있다 하더라도 이전보다 더 강하고 더 좋은 상태로 재기할 수 있다. 케니 로저스가 솔로 활동을 시작했을 때 그는 6만 5천 달러나 되는 빚을 지고 있었다. 이때가 1976년이었다. 10년 이상 히트 앨범, 콘서트, TV출연, 자신들의 텔레비전 쇼를 해 왔지만 그의 첫번째 솔로 앨범(First Edition)은 망했다. 그는 성공을 위한 모든 요건을 갖췄다.

"나는 성공이 영원히 계속되리라고 생각했습니다. 사실 그 생각에 기대고 있었죠. 그래서 성공이 끝나 버렸을 때 저는 완전히 망연자실했습니다. 게다가 파산까지 했죠."

그의 매니저의 주장에 의하면 그때 이후로 로저스는 연간 천만 달러 이하의 수입을 올린 적은 없다고 한다. 과거는 과거일 뿐이다. 자신을 용서하되 실패는 다시 실패하는 일이 없도록 잊지 마라.

예산을 짜는 사람이 되라. | 예산을 세워라. 허리띠를 조이고 저축하라. 신용카드 대금을 모두 갚고, 담배를 끊고, 버는 돈의 10%를 무조건 저축하라. 이게 전부이다. 만일 지루하다고 생각한다면 당신은 일주일에 6일씩 군침 도는 마카로니 치즈를 만들려면 얼마나 많은 창조력이 필요한지 모르는 사람이다.

자신에게 투자하라. | 당신의 목표에 좀 더 가까이 갈 수 있도록 해 주는 데 도움이 되는 홍보 자료, 장비, 훈련과 같은 것은 희생을 감수할 만한 가치가 있는 것들이다. 나는 혼자서 홍보했고, 나의 책 홍보 여행에 저축해 놓은 돈을 썼다. 연사로서의 커리어에는 새 양복을 투자했다. 때때로 돈을 벌기 위해서는 돈을 써야 하는 경우가 있다. 어떤 경우에는 그렇지 않은 경우도 있다.

창조적인 회계. | 장부 조작에 대해서 말하는 것이 아니다. 내가 말하고자 하는 것은 저축하는 방법을 찾으라는 것이다. 돈을 쓰지 않아도 되는 곳을 찾아라. 예를 들어, 중국 음식을 배달시켜 먹는 데 일주일에 15달러씩 쓴다면 이는 1년에 780달러가 된다. 발신자 번호 표시 서비스는 1달에 8달러이고, 통화 대기는 2달러 50센트로 1년이면 126달러가 된다. 매일 아침 2달러짜리 라테 커피를 마신다면 크리스마스 날까지 718달러가 든다. 도표와 그래프를 사용하면 수입과 지출을 좀 더 구체적으로 알아볼 수 있다. 혼자서 도표와 그래프를 그려 보든지 컴퓨터로 해 보라. 숫자를 가지고 하는 일은 사실 그렇게 힘드는 일은 아니다. 놀이처럼 할 수도 있는 일이다. 나는 적자 없는 예산 세우기 놀이를 좋아한다. 아주 좋은 게임이라서 한 번도 싫증난 적이 없다. 언젠가는 이 게임에서 이기게 될 날이 오겠지. 꼭 그렇게 할 것이다.

경비를 줄여라. | 당신은 창조적인 사람들이 받는 어마어마한 급료에 대해서 들었을 것이다. 그러나 매니저, 대리인, 변호사, 사업 관리인과 같이 당신을 돕고 있는 모든 사람에게 돌아가는 몫을 제하고 나면 그 액수는 별로 크지 않다. 밴드가 콘서트 투어를 떠나게 되면 식비나 교통비, 예비

비, 장비 사용료, 숙박비, 조명비, 의상비에 세금까지 더 많은 돈이 든다. 그리고 남은 돈의 절반을 저축하고 나면 손에는 아주 적은 돈만 남게 된다. 그렇지만 사람들은 당신이 처음에 받은 엄청난 액수만 알고 있기 때문에 당신이 돈을 펑펑 쓰기를 바란다. 주변의 사람들의 기대에 부응하지 못하는 것도 어려운 일이고, 뿌릴 수도 없는 돈을 뿌리는 일도 어려운 일이다. 더욱 어려운 것은 당신이 이 정도 성취하게 되면 어떠리라고 생각했던 당신의 기대를 깨는 것이다. 세상이 내 생각대로 되는 것은 아니다. 그렇지 않은가? 그래서 이미 부유한 많은 사람들이 일확천금의 기대에 자신의 재산을 모두 날려 버리는 것이다. 지금 당신이 가지고 있는 것을 즐기며 있는 그대로 놓아 두라.

돈을 줄일 방법이 또 있는가? | 보이지 않게 돈이 흘러 나가는 곳은 없는가? 굳이 개인 담당 미용사가 필요한가? 구두 30켤레만 가지고 살 수 있는가? 기를 쓰고 절약하라. 이것이 내가 사업을 운영하는 방식이다.

분별력 있게 행동하라. | 너무 환상적으로 들려서 사실이 아닌 것 같을 때는 바로 도망쳐라. 아주 희박한 대박의 기회를 노리고 가지고 있는 모든 것을 거는 것은 라스베가스 사람들의 사고방식이다. 분별력 있게 행동하라. 이것이 그들이 가장 원하지 않는 것이다. 이런 분별력을 통해 당신은 진정 독창적인 사람이 될 수 있다.

프리랜서 일에서 프리(공짜)를 없애라. | 무료로 얼마나 일을 해 줄 것인지 제한하라. 결론적으로 보면 당신이 자신의 일에 가치를 매기지 않으면 사람들은 당신의 일이 가치가 있다고 생각하지 않는다. 당신이 받을 가치가 있는 만큼 그 대가를 받아야 하며, 대신 항상 다른 사람의 기대보다는 더 많은 일을 해 주어야 한다고 생각하라. 정말 우스운 일은 나는 연사 일을 줄이기 위해서 수수료를 올렸는데 나는 너무 바빠져서 내가 선택한 라이프스타일을 유지할 수가 없었다. 오히려 예약은 더욱 늘어났던 것이다. 내가 여기에서 배운 것은 양적으로 어떻게 할 수 없다는 것이다. 단지 하루에 24시간이 부족할 뿐이다.

내가 아는 한 그래픽 아티스트는 까다로운 고객들은 모두 없애 버리고 수수료는 2배로 올렸다. 그녀가 가지고 있던 진짜 문제는 이것저것 요구하는 작은 고객 때문에 너무 바빠져서 보다 큰 대어를 낚을 수가 없었던 것이다. 그녀는 가장 까다로운 고객들과 거래를 끊어 버리고, 일은 적게 하면서 돈은 더 벌게 되었고 스트레스는 확 줄일 수 있었다. 그녀의 고객들은 그래도 그 가격에 최상급의 제품과 서비스를 제공받고 있다. 그녀는 자신의 사업 중 20%가 총 수입과 만족감의 80%를 가져온다는 것을 알게 되었다. 그래서 사업을 구조 조정했다.

부자가 되고 싶은가? | 『이웃의 백만장자』(The Millionaire Next Door)에서 보면 백만장자가 되는 가장 좋은 방법은 자기 사업을 하는 것이다. 그 책의 저자는 아직도 활동 중인 백만장자의 약 3분의 2가 기업가라는 것을 발견했다.

"자기 사업을 하는 사람들은 다른 사람 밑에서 일하는 사람들과 비교해서 백만장자가 될 확률이 네 배나 높다."

오래된 아이디어를 재활용하라. | 약이나 향수, 그림의 떡과 같은 물건을 팔지 않고도 여분의 수익을 얻는 방법을 찾아보라(다단계 판매 말고). 당신의 작품을 재판매할 수 있는가? 책의 일부를 기사로 만들거나 일러스트레이션을 클립아트로, 원작 예술 작품은 인쇄물로, 사진들은 판매용 포토디스크로 만들어라. 내가 알고 있는 한 사진작가는 자신의 사진들을 판매용 사진 대행사에 팔았다. 그는 꽤 많은 보수를 받았을 뿐 아니라 이로 인해 생각지도 못했던 곳에 자신의 사진을 노출시킬 수 있게 되었다. 당신의 작품을 제품으로 제작하거나 작품 사용권을 팔 수 있는가? 피너츠(Peanuts)의 캐릭터들은 옷에서부터 화장품에까지 사용되고 있다. 찰스 슐츠(Charles Schulz)의 크리에이티브 어소시에이츠(Creative Associates, Inc.)는 여러 가지 캐릭터 사용권을 판매하여 연간 수백만 달러의 수입을 올렸는데 이 수입은 대부분 찰스 슐츠가 이미 완성해 놓은 작품들을 다시 사용해서 얻은 것이었다.

카풀 이용자들의 최고의 친구는 다이아몬드이다. 미국 고속도로 카풀(2인 이상 탑승한 승용차) 전용 차선 표시는 다이아몬드(마름모)이다. 카풀을 하면 막히지 않는 카풀 전용 차선을 이용할 수 있으니까 환경을 보호하고 시간도 절약하며, 휘발유, 통행료, 주차비를 절약할 수 있으므로 돈도 절약하고 새로운 친구들을 사귀며 인맥도 만들면서 즐거운 시간을 보낼 수 있다. 한 연구에 의하면 응답자의 35%만이 혼자서 운전하는 것을 좋아한다고 응답했다. 사실 카풀을 이용하면 1년에 1,000달러가량 절약할 수 있으며, 이 돈으로 당신을 즐겁게 해 줄 수 있는 다른 일을 할 수 있을 것이다.

DIY(do-it-yourself)**를 하라.** │ 자신의 PR를 스스로 하라. 캔버스 틀에 스스로 캔버스 천을 붙이고, 사무실을 스스로 청소하고, 세차도 혼자서 하고, 편지도 스스로 타이프를 하라.

쓸데없는 돈. │ 노트에 쓸데없이 쓴 돈을 모두 적어 보라. 좋은지 나쁜지 판단은 하지 말고 그냥 언제, 어디서, 얼마만큼의 돈을 왜 좋아하지도 않는 곳에 썼는지를 써라. 예를 들어 현금 인출기 수수료와 같은 것 말이다.

하늘은 무너진다. │ "만약에…라면?" 게임을 해 보자. 만약에 미술품 딜러가 내 스튜디오에 왔는데 이젤에 걸려 넘어져서 허리를 다친다면? 내가 병에 걸린다면? 차가 망가진다면? 비행기가 폭발한다면? 강도를 당한다면? 홍수가 나서 장비가 모두 망가진다면? 작품이 망가진다면? 산사태, 지진, 허리케인, 토네이도, 화재, 폭동은? 아니면 이런 것들보다는 훨씬 더 가능성이 많은 시나리오를 가정해서, 내가 신경쇠약에 걸린다면? 혹시 인생(Life) 게임을 해 본 적이 있는가? 작은 차에 아이들을 태우고 돈을 더 벌어야 하는 게임 말이다. 그 게임에서, 그리고 실제 세계에서 당신은 4대 보험(건강, 자동차, 생명, 주택보험)만 있으면 훨씬 더 잘 살 수 있다. 만약 프리랜서라면 조합에 가입해서 단체 할인을 받아라. 자신의 소유물을 비디오로 촬영해서 기록을 남겨 두라. 컴퓨터 파일은 정기적으로 백업하고 백업 디스크는 사무실 이외의 장소에 보관하라.

돈을 끌어들이는 자석. │ 돈을 충분히 벌지 못할 것이라고 걱정하고 있다면 절대로 돈을 많이 벌지 못할 것이다. 이렇게 되는 것에는 아주 재미있는 법칙이 있다. 두려움은 돈을 버는 데 필요한 일을 못 하게 한다. 돈을 버는 데 있어서는 약간의 위험이 따르기 때문이다. 기회를 잡아라. 돈을 끌어들이는 자석이 되어야 하는 것이다. 항상 재정적으로 이치에 맞을 필요는 없다. 지미 버펫은 카리브해에 있는 바를 구입했다. 빌리 조엘은 돈이 되지 않는다는 것을 알았지만 배를 건조하기로 하였다. 사실 빌리 조엘에게는 슬픈 기억이 있다. 그는 자신의 재정 관리자에게 사기를 당했었나. 당신이 벌어들인 돈을 얼마간은 즐겨라. 돈이란 쓰라고 있는 것이다. 이 일이 그다지 어렵지는 않을 것이라는 것을 확실히 이야기할 수 있다.

도박. │ 돈을 가지고 도박을 하지 마라. 투자 소득에 대해서 너무 욕심을 내는 것도 포함된다. 잃어도 되는 돈 이상의 돈을 가지고 절대로 도박하지 마라.

고리대금업자. │ 다른 사람에게 돈을 빌려 주지 마라. 도움이 필요한 친구를 도와주면 그들은 절대로 당신을 잊지 않을 것이다. 특히 그들이 또 도움이 필요할 때에.

우울할 때 쇼핑하지 마라. │ 배고플 때도 쇼핑하지 마라. 돈이 없으면 윈도우 쇼핑만 하고 상점 안에는 들어가지 마라. 내 친구 하나는 카탈로그를 보고 쇼핑을 한다. 그녀는 의류, 헤어 제품, 여성용 물품은 모두 훑어본다. 그녀는 마음에 드는 것에 동그라미를 쳐 놓고 그 페이지를 접어서 표시한 후에 카탈로그를 치워 놓는다. 다음에 카탈로그를 다시 보게 되면 이전에 마음에 들어서 표시해 놓은 것들 중에 여전히 마음에 드는 것도 있고 아닌 것도 있다. 정말로 그 물건이 마음에 들면 그녀는 카탈로그를 좀 더 가지고 있는다. 세 번째로 카탈로그를 훑어볼 때쯤에는 그녀는 쇼핑하는 즐거움은 모두 누리지만 물건을 사느라고 돈은 쓰지 않게 된다. 그리고 이때쯤이면 새로운 카탈로그가 배달된다.

서비스를 교환하라. │ 세금 정산에 대해서 이발해 주기. 집안일에 대해서 로고 만들어 주기. 아기 돌봐주기에 대해서 숙소 제공해 주기. 내가 아는 일러스트레이터는 개인 트레이너에게 교습을 받은 대가로 그림을 그려 주곤 했다. 결국 이 두 사람은 어린이용 책을 함께 만들었다.

휴일과 임금 인상을 맞바꾸라. | 돈이 전부는 아니다. 내가 이 말을 이미 했던가? 어쨌든, 돈이 전부는 아니다.

플라스틱 아니면 종이? | 신용카드를 사용하면 큰 문제에 빠질 수 있다. 왜냐 하면 자신이 돈을 얼마나 쓰는지 알 수 없기 때문이다. 서명만 하면 끝이고 주머니에서 직접 돈이 빠져나가지 않는다. 아니다! 카드에 어머니 사진을 붙여 놓아라. 그러면 소비가 좀 줄어들 것이다.

"그렇지만, 엄마. 이건 정말 필요한데….."

신용카드는 정말로 위급한 때에 사용할 수 있도록 딱 한 장만 가지고 다녀라. 사용 한도는 낮추라. 마일리지가 적립되는 카드를 발급 받아서 사용액에 따라 비행기 마일리지가 적립되도록 하라. 매달 청구액은 한번에 갚도록 하라. 할부 수수료와 연체료가 꽤 많이 추가된다. 청구액을 한번에 갚기 어려울 때에는 연체료나 할부 수수료가 가장 낮은 카드를 사용하라.

하루 벌어 하루 먹고 사는 생활은 하지 마라. 한 달 월급으로 겨우 한 달을 버티는 생활은 하지 마라. 시장의 변화, 일이 없는 때, 슬럼프, 필요한 장비 구입, 또는 다른 투자를 위해서 저축을 해 두라. 저축은 안정감을 준다. 즉 단지 월세를 내기 위해서 일을 해야 할 필요가 없다는 의미이다. 저축을 통해 당신은 자유는 더 많이 누리면서 스트레스는 더 적게 받고, 보다 나은 장기적인 결정을 내릴 수 있는 여유를 가질 수 있다. 저축이 있으면 급료는 좀 적게 받으면서 새로 시작하는 회사에 취직할 수도 있다. 대체 에너지원과 같은 것에 투자할 수도 있고, 여행을 하거나, 휴식을 취하거나, 자신만의 사업을 시작할 수도 있다. 그리고 돈 문제 때문에 남편이나 아내와 많이 싸우지도 않게 될 것이다.

자동 이체. | 자동 이체는 편하게 저축을 할 수 있는 아주 좋은 방법이다. 자동 이체를 사용하면 아예 처음부터 내 주머니로 돈이 들어오지 않고 바로 저축 계좌로 이체되기 때문에 내 주머니에서 돈이 나가는 것 같

은 느낌이 들지 않는다. 개구리 커미트를 만든 짐 핸슨이 창조한 또 다른 여자 돼지 캐릭터 미스 피기(Miss Piggy)는 말한다.

"은행을 운영하는 은행가들은 물건들을 소유하는 데 너무 집착해서 펜에도 줄을 매달아서 고정해 놓았다는 사실을 기억하는 것이 좋다고 생각해요."

오늘을 위해 살고 내일을 위해 계획하라. | 나의 모토이다.

인색함과 검소함에는 차이가 있다. | 식사 후에 팁을 5%만 준다면 이는 인색한 것이다. (서양에서는 서비스를 받으면 팁을 주는 것이 관례가 있다. 음식점의 경우에는 식사 대금의 10~15% 정도의 팁을 식당 종업원에게 준다.—역자 주) 검소함이란 1인분 가격에 2인분 제공 쿠폰을 사용하는 것이다. 그리고 팁은 할인 가격이 아니라 원래 총액을 기준으로 준다. 토머스 에디슨은 매우 검소한 사람이었다. 그는 자신의 여름 별장을 방문한 손님들에게 마당을 돌면서 전시된 발명품을 둘러보라고 권했다. 손님들은 정원에 들어가려면 한 사람씩 회전식 십자문을 통과해야만 했다. 그런데 이 회전문을 밀고 들어가는 것이 쉽지 않았다. 그래서 한 손님이 에디슨에게 물었다.

"왜 이런 것을 여기에 만들어 놓았죠? 들어가기가 너무 힘들잖아요."

그러자 에디슨이 웃으면서 말했다.

"한 사람씩 이 회전문을 밀고 정원으로 들어갈 때마다 우리 집 지붕 위의 물탱크에 물이 7갤런씩 채워진답니다."

자신의 소득보다 낮은 수준의 생활을 하라. | 에스더 다이슨(Esther Dyson)은 실리콘 밸리에서 가장 힘 있는 여성으로 일컬어진다. 그녀가 주최하는 컨퍼런스(PC 포럼)에는 매년 수백 명의 사이버 스타들이 참석하며 그녀가 발행하는 소식지(Release 1.0)는 새로운 하이테크 벤처를 만들어 내고 있다. 다른 사이버 거물들이 자가용 비행기와 요트를 수집할 때 다이슨은 아주 검소한 생활을 한다. 그녀를 길거리에서 만난다면 그렇게 성공한 사람이라고는 상상도 못 할 것이다. 그녀는 지적 호기심을 자극하고 유용하다고 생각되는 기업에 투자하는 것을 좋아한다.

"돈이 있기 때문에 나는 있어야만 한다고 생각하던 것들에 투자할 수 있습니다."

버텨라. | 부자나 유명한 사람들 중에는 어려운 시기를 경험한 사람이 많다. 마이클 J. 폭스는 집세를 내기 위해서 소파를 팔아야 했고, 공중 전화를 사무실 전화로 썼다.

그렇게 부자는 아니지만 거의 유명한 사람의 라이프스타일

아이였을 때, 도서관 대출 카드가 이국적이고 아주 먼 곳으로 당신을 데려가 줬다. 어른이 되면 신용카드가 그렇게 해 준다.

| 샘 유윙(Sam Ewing)

때때로 남보란 듯이 돈을 써야 할 때가 있다. 미래의 고객을 위해서 멋진 쇼를 해야 할 경우도 있고 상사를 감동시킬 필요도 있다. 기운을 북돋우기 위해서 스스로에게 돈을 좀 써야 하는 경우도 있다. 그런데 돈이 없는데도 돈을 써야만 하는 경우가 자주 생긴다. 나는 이럴 때는 창조력을 발휘해서 돈이 없어도 남들의 눈에는 돈을 들인 것처럼 보이도록 한다.

- 저녁 식사 대신 아침 식사를 대접하라. 아니면 티타임에 만나라.
- 요트를 사지 말고 필요하면 빌려 써라. 요트를 소유하는 것은 밑 빠진 독에 물 붓기이다.
- 단추가 없어져서 일년 내내 옷장에만 걸어 둔 옷을 수선하라.
- 벽에 걸 그림은 직접 그려라.
- 도서관에 가라.
- 조조할인을 이용하면 애지중지하던 자신의 첫 작품을 팔지 않아도 영화를 볼 수 있다.
- 사람을 위축시키는 정신과 의사보다는 지원 그룹 활동에 참여하라.

- 자신의 작품을 이용해서 생일 선물이나 크리스마스 선물을 마련하라.
- 휴가 때에는 집을 바꾸어라. 비록 같은 동네라도 다른 장소에서 생활하게 되면 당신의 관점이 바뀐다.
- 비수기에 여행하라. 비행기 마일리지를 이용해서 비행기표를 마련하라.
- 오버부킹된 비행편의 경우에는 자리를 양보하는 대신 무료 비행기 표를 달라고 제안하라.
- 기차를 타라.
- 혼자만의 드라이브인 극장을 만들어라. 차 앞에 텔레비전을 가져다 놓고 전자레인지 팝콘을 튀기고 비디오테이프를 빌려라. 짜잔!

돈 마련하기

돈을 아예 가져 본 적이 없는 것보다는 돈을 가지고 있다가 모두 잃는 것이 훨씬 더 나쁘다고들 한다. 은행에서도 대출을 거부하는 경우에 돈을 마련하는 방법이 몇 가지 있다. 물론 이 중 몇 가지는 정말 고통스러운 방법이다. 몇 가지 방법을 살펴보자.

- 차나 집을 팔아라.
- 아이디어를 팔아라. 상담을 해 줄 만큼의 전문성을 얻기 위해 당신이 해 왔던 일의 보수보다 컨설팅을 해 주고 받는 보수가 훨씬 더 높다.
- 사업체를 팔아라.
- 잡다한 물건들을 팔아라.
- 재고를 팔아라.
- 가르치거나 연설을 하라.
- 물물 교환을 하라.
- 집안 어른에게 부탁하라.
- 미리 재산을 상속해 달라고 제안하라. 미리 상속을 받으면 세금도 절약된다. 그렇지만 이 방법은 부모님이나 조부모님이 실제로 당신에게 무엇인가를 남겨 주려고

생각하고 있을 때에만 가능한 방법이다. 어른들이 저축해 놓으신 것이 있으면 더 좋고, 당신을 위해서 신탁기금을 마련해 놓으셨다면 가장 좋다.

• 집을 담보로 대출을 받아라.
• 룸메이트를 구하거나 부모님 집으로 다시 들어가라.

보수 받기

'나에게 돈을 보여 줘!' 가 아니다. '나에게 돈을 줘!' 이다.

| 해리엇 셰스터(Harriet Schechter)

대부분의 그래픽 아티스트들은 일을 착수할 때 대금의 반을 받고 작품을 납품할 때 나머지를 받는다. 많은 공연 예술가들은 처음에 계약금으로 약간의 돈을 받고 공연이 진행되는 동안 정기적으로 봉급을 받는다. 아니면 공연이 모두 끝나면 나머지를 한꺼번에 받기도 한다. 불행히도 스포츠 스타들이 받는 것과 같은 어마어마한 액수의 계약금과 같은 것은 아주 드물다. 출판사들은 보통 제안서를 받으면 3분의 1을 지급하고, 원고를 받고서 3분의 1을, 그리고 책이 출판되고 나면 나머지 3분의 1을 지급한다. 그리고 책 판매량에 따라 인세도 지급한다. 계약직으로 일하거나 아니면 정규 직원으로서 어떤 회사에서 일을 할 때에는 한 달에 한 번 또는 두 번 봉급을 받는다.

업계에 따라서 급료 지급 방법이 다양하다. 일반적인 규정의 범위만 벗어나지 않는다면 당신이 원하는 대로 급료 지급 방법을 조정할 수 있다. 그러나 어떤 상황이든지 서면 계약을 맺어라. 계약서가 있으면 소액 사건 심판부에서 좀 더 진지하게 사건을 다루어 줄 것이다. 당신의 고객도 마찬가지이다. 계약서에는 당신이 무엇을 할 것인지, 언제 그 일을 할 것인지, 그 일에 대해서 당신이 받는 보수는 어떤 형태로 언제 얼마만큼 지불될 것인지 명시되어야 한다. 계약서가 명확할수록 오해가 생길 가능성이 적어져 쓸데없는 시간과 돈의 낭비를 줄일 수 있다.

많은 창조적인 서비스에 대부분 공통적으로 사용되는 계약서는 책이나 문구점에서 쉽게 구할 수 있다. 편지나 제안서 형식으로 직접 쓰고 "착수금의 지불은 본 제안서의 완전한 수용을 의미합니다."라는 문장을 덧붙여서 계약서로 사용할 수 있다. 일을 시작하기 전에 항상 착수금을 받아라. 작업에 사용되는 비용을 대기에 충분한 액수면 더욱 좋다. 착수금을 미리 받아 두면 고객이 계약을 이행하지 못하더라도 시간과 에너지만 손해를 보면 되고 적어도 금전적인 손해는 보지 않게 된다.

큰 작업을 할 때에는 고객에게 추천이나 신용 조사를 요구해도 좋다. 평판이 좋은 회사라면 이런 요구에도 기분 나빠하지 않을 것이다. 사업의 한 부분이기 때문이다. 나는 한 번은 새로 창간하는 잡지사와 많은 일을 했었다. 나는 당시 그 잡지사 사장이 다른 주에서 파산 신고를 했던 사람이라는 사실을 몰랐기 때문에 일을 했던 것이었다. 아니나 다를까, 그는 또 파산하고 말았고 나는 두 달 치 일의 대금에다가 증언하기 위해 법정에 갔던 시간까지 손해가 막심했다.

정확하게 기록을 남겨라. 이미 대금을 지불한 사람에게 또 독촉 전화를 하거나 송장 보내기를 잊어버리거나 마감 기한을 재확인하고 싶지는 않을 것이다. 대부분의 고객들은 송장을 보내지 않으면 대금도 지불하지 않는다. 송장은 이미 만들어져 있는 것을 사용하거나 자신의 송장을 만들어도 좋다. 송장을 만드는 법은 아주 간단하다. 고객, 작업을 승인한 사람, 상세한 작업 내용, 계약된 금액, 비용(장거리 전화, 팩스, 출장, 재료비 등), 청구 총액과 지불 예정일을 적으면 된다. 내가 사용하는 송장에는 "본 송장을 수령하는 즉시 지불해 주시기 바랍니다."라고 적혀 있다. 이 말은 지금 돈을 지불해 달라는 의미이다. 이렇게 적어 놓아도 어떤 사람들에게는 지금이 "30일 이내에"라는 의미이고, 어떤 사람들은 "60일 이내에", 또 어떤 사람들은 "기회가 되면"이라는 뜻으로 알아듣는다. 보수를 받고 싶다면 송장을 보내고 확인하라. 나는 이런 대금과 관련된 확인

전화를 매달 1일에 해서 고객들이 피하지 못하도록 한다. 별로 좋아하는 일이 아니다. 이렇게 송장 때문에 일어나는 모든 귀찮은 일들을 피하려면 처음에 현금으로 대금을 모두 지불하면 요금을 할인해 주겠다고 제안해 볼 수도 있다. 그렇지만 많은 고객들은 기록을 남기기 위해서 송장을 원하기는 할 것이다. 요금 할인은 보통 장비나 물건 등에만 있고, 서비스에는 별로 없다. 그렇지만 로고 제작이 아니라 회화, 공연이 아니라 맞춤 드레스와 같은 서비스에는 가능하기도 하다.

대금을 떼어먹는 고객에 대처하는 데에는 창조적인 방법을 사용하라. 가볍게 하되 진지하게 하라. 그들이 당신에게 화를 내게 해선 안 된다. 그리고 당신도 화를 내서는 안 된다. 이것은 사업이다. 만일 그들이 보수를 지불하지 못하겠다고 하면 그들을 소액 사건 심판(5천 달러 이하, 우리나라의 경우에는 2천만 원 이하)에 회부하라. 소액 사건 심판은 변호사가 없는 형식이며 이용하기에 편리하고 어렵지도 않은 제도이다. 그러므로 이 제도를 이용하라. 필요한 서류 양식에 내용을 기재하고 재판 일자를 정한 후 판사 앞에서 자신의 이야기를 하고 상대도 자신의 이야기를 하면 판사가 판결을 해 준다. 그러나 소액 사건 심판부의 한 가지 문제는 강제력이 없다는 것이다. 즉 판결은 받았지만 돈은 받지 못하는 경우가 생길 수도 있다. 그렇지만 대부분의 사람들은 법원에서 명령을 받으면 돈을 지불하기는 한다.

최악의 경우가 발생하면 세금 신고를 할 때 대손금 항목에 적어 넣을 수 있다. 물론 아주 정확한 항목이라고는 할 수 없기는 하다. 대손금에 대해서는 구체적인 규정이 있으므로 사전에 세무사나 회계사와 상의하라.

세금

국세청: 우리는 당신이 가진 것을 빼앗기 위해 필요한 것을 가졌다.

| 자동차 범퍼용 스티커

우편함에 흰색 봉투가 들어 있었다. 보내는 사람 주소를 보니 'IRS(국세청)'이라고 적혀 있었다. 갑자기 다리가 뻣뻣해지고 머리는 텅 비고 식은땀이 흐르기 시작했다. 다시 눈을 가늘게 뜨고 혹시 다른 사람에게 배달되어야 할 편지가 실수로 나에게 배달된 것이 아닌가 확인했다. 제기랄, 그 편지에는 내 이름이 적혀 있었다. 나는 마치 불에 데기라도 한 것처럼 봉투를 떨어뜨렸다. 마음을 진정하고 마침내 봉투를 열었더니 그 내용은 내가 생각했던 것보다도 더 나쁜 것이었다. 내가 세무 감사를 받게 된 것이다. 국세청 본청으로 출두하라는 것이었다.

세무 감사의 표적이 될 가능성은 사실 거의 없다. 통계 자료에 의하면 소득세 신고분의 1%만이 감사를 받는 것으로 나와 있다. 반면 집에서 운영하는 사업체는 세무 당국의 관심을 끌기 쉽다. 자유직 종사자와 재택 사업에 대한 세금 공제 규칙은 매우 엄격하고 복잡하며 악용되는 경우가 많다.

얼마나 운이 좋은지 세 번이나 세무 감사를 받고 난 후 나는 정직하게 세금 신고를 하고 장부 정리를 잘 하고 영수증을 잘 모아 둔다면 두려워할 것이 아무것도 없다는 것을 알았다. 국세청도 물리칠 수 있는 것이다. 그렇지만 윌리 넬슨같이 세금 처리를 게을리 했거나 세금을 제대로 처리하지 못했기 때문에 모든 것을 잃어버린 사람들도 있다. 그럼 감사를 피할 수 있는 방법, 그리고 국세청에 출두했을 때 살아남는 방법을 몇 가지 살펴보자.

소득세 신고 서류를 깔끔하게 정리하라. | 국세청의 감사를 받는 가장 빠른 방법은 알아보지도 못하게 서류를 작성하는 것이다. 국세청에서는 당신이 뭔가를 감추려고 한다고 생각할 것이다. 세금 신고를 할 때 컴퓨터 소프트웨어를 사용하라. 모든 신고 양식이 프로그램에 들어 있기 때문에 4월 14일(미국 세무 보고 마감일은 매년 4월 15일이다.—역자 주)에 세무 보고 양식을 가지고 씨름할 필요도 없고, 전문적인 세무사보다는 비용이 적게 들고, 프로그램을 사는

비용은 자동적으로 장부에 기재된다. MacInTax와 TurboTax는 사용하기 굉장히 쉽고, 단계마다 도움말과 힌트도 많이 제공해 준다. 게다가 이 프로그램들은 매년 업 데이트되기 때문에 해마다 바뀌는 세금 관련법을 이해하지 못해서 세무 당국에 포착되는 경우도 방지해 준다. 그리고 MacInTax의 경우에는 신고 양식을 완전하게 작성하지 않으면 인쇄가 되지 않게 되어 있다. 국세청은 처음에는 이런 프로그램들을 의심하는 듯했지만 요즘에는 서슴없이 이런 프로그램으로 작성된 신고 서류를 접수한다.

신고해야 할 소득을 모두 적어 놓아라. | 여기에는 선불금, 로열티, 수수료, 커미션 및 국세청에 신고해야 할 모든 소득이 포함된다. 만일 당신이 누군가로부터 양식 1099(양식 1099는 우리나라의 원천 징수 영수증과 비슷한 것으로 소득세 원천 징수 의무자와 소득자, 지급액, 세액 등의 정보를 나타내는 양식이다.—역자 주)를 받았다면 이는 이미 국세청에 보고가 되었다는 의미이다. 이를 피할 방법은 없는 것이다.

재택 사업 공제는 빨간 깃발이다. | 소득에 비해 너무 많은 공제액도 마찬가지이다. 충고를 하자면 만일 자유직 소득에 대한 소득세 신고를 한다면 장부를 잘 기록해 놓아야 한다는 것이다. 한 만화가는 사무용품 비용을 평균 수준의 세 배나 신고해서 국세청의 감사를 받았다. 그녀는 영수증을 모아 놓은 상자를 가지고 가서 미술용품 비용을 사무용품 항목에 넣었다고 설명했다. 사실 미술용품 비용을 기재할 항목이 없었던 것이다. 감사는 그녀의 설명을 이해했고, 세금 신고에 "이상 없음" 판정을 받았다. 즉 국세청이 세금 신고 액수를 받아들였고 몇 년간은 감사를 받지 않을 것이라는 의미이다. 만세!

다른 사람에게 세금 신고를 맡겨라. | 문제는 세부 사항이다. 대부분의 우뇌 중심 사람들이 세금 신고 서류를 스스로 준비하는 데 시간이나 에너지를 사용하는 것은 별로 좋은 생각이 아니다. 차라리 전문가를 고용해서 상자에 모아 놓은 영수증을 정리해서 서류를 작성하도록 하는 것이 훨씬 나을 것이다. 불행히도 대부분의 세무사들은 당신이 영수증 조각들을 정리해서 총액 숫자만 알려 주기를 바란다. 어쨌든 어떻게 세금 신고를 준

비하든지 세금 신고는 지겨운 일이다. 다만 전문적인 세무사를 고용해서 얻을 수 있는 최대의 이점은 감사를 받게 되는 경우 세무사들이 함께 가서 신고한 숫자들을 증명해 줄 것이라는 점이다.

감가상각. | 당신이 프리랜서인 경우에는 이익에 대해서만 세금이 부과된다는 사실을 기억하라. 그러므로 세금이 부과되는 소득을 낮출 수 있는 일을 하라. 송장 발부를 다음 회계연도로 연기하거나 장비나 용품을 구입하거나 연금에 투자를 해서 소득을 상쇄하도록 하라.

감사를 받게 되면, 입이 가벼우면 배가 가라앉는다는 사실을 기억하라. | 그들이 물어본 정보 외에는 다른 정보를 주지 마라. 대부분의 감사는 한정적이며 출장 비용과 같은 특정 부분만 다룬다. 그러니 다른 부분은 내보이지 마라. 질문은 하지 마라. 영수증을 모두 가지고 가라. 필요한 것은 찾기 쉽도록 정리해서 가져가라. 친절하게 행동하고 시간을 지켜라. 도움이 되도록 행동하라. 총은 집에 두고 가라.

거래의 기술

당신이 받을 만한 자격이 있는 금액보다 적은 금액을 마음속에서 감수하는 순간, 그 금액보다 훨씬 더 적은 액수를 받게 된다.

| 모린 다우드(Maureen Dowd)

아마도 협상은 당신이 유능한 분야일 것이다. 그러나 동시에 협상을 아주 불편하게 생각할 것이다. 많은 창조적인 사람들은 자신들을 위해 협상을 대신해 줄 전문가를 고용하며 이는 대부분의 경우에 좋은 생각이다. 그러나 당신이 프리랜서이거나 봉급 생활자인 경우 거래를 할 때 혼자서 해야 하는 경우가 대부분일 것이다. 거래를 조금 쉽게 하기 위한 지침들을 살펴보라.

입을 다물어라. 그들이 처음 액수를 제시하도록 하라. "사인펠드 쇼"에서 크레이머가 뜨거운 커피를 쏟아서 화상을 입고 소송을 했던 것을 기억하는가? 커피 집에서는 그에게 평생 무료 커피와 고액의 합의금을 제시하려고 했는데 평생 무료 커피를 제공하겠다는 말을 듣자마자 크레이머는 "그렇게 합시다!"라는 말을 뱉어 버렸다. 당신이 조금만 인내심을 가지고 기다린다면 그들이 계속 제안을 내놓을 것이다.

웨스턴 유니언(Western Union)이 토머스 에디슨의 발명품 하나를 사겠다고 제안했을 때 에디슨은 얼마를 요구해야 할지 몰랐다. 그래서 그는 다시 생각해 볼 시간을 달라고 부탁했다. 집으로 돌아와서 에디슨은 아내에게 얼마를 받아야 할지 물어보았다. 아내는 그 발명품이 2만 달러 값어치는 있을 것이라고 말했다. 그는 매우 놀랐다. 그가 다시 얼마를 원하느냐는 질문을 받았을 때 그는 2만 달러라는 말을 입 밖으로 낼 수가 없었다. 너무 액수가 많은 것 같았기 때문이다. 그가 아무 말도 하지 못하자 웨스턴 유니언의 중역이 외쳤다.

"10만 달러는 어때요?"

윈 – 윈 해결책을 찾아라. 당신이 이기고 또 당신이 다시 이긴다. 제안을 받아들이도록 사람들을 협박하거나 우는 소리를 하거나 동의를 강요하는 것은 정말로 수준 낮은 방법이다. 어떤 협상이라도 서로 주고받는 것이 있어야 한다. 당신이 가진 것이면서 그들이 원하는 것을 그들이 가진 것이면서 당신이 원하는 것과 교환하는 것이다. 보통 서비스를 돈과 교환한다. 이상적인 경우는 모든 사람이 자신이 원하는 것을 얻고 기뻐하면서 헤어지는 것이다.

창조력을 발휘하라. 불가능해 보이는 상황을 해결하는 독창적인 방법을 찾아내는 데 창조력을 발휘하라. 그들은 당신에게 지불하는 돈을 줄이려고 한다. 그러니 그들에게 선택 사항을 주어라.

개인적으로 받아들이지 마라. 이것은 사업이다. 양측의 견해는 모두 존중받아야 한다. 그들은 되도록이면 낮은 가격에 되도록이면 많은 것을 얻으려고 한다. 이것이 바로 자본주의의 탐욕이다. 당신은 되도록이면 많은 돈을 벌려고 하면서 동시에 자신의 창조적인 자아를 활력 있게 유지하기 위한 자극을 얻으려고 한다. 영리한 사업가는 당신에게 아주 많은 자극을 주면서 돈은 조금 줄 것이다. 멋진 직함에 적은 봉급과 같은 것 말이다. 이것이 정말로 당신이 원하는 것인가? 좌뇌 중심적으로 냉정하고 현실적으로 생각하라.

악마와는 상대하지 마라. | 만약에 바른 일이 아니라고 생각되거나 당신의 가치관과 타협해야 하는 일이라면 하지 마라. 돈이 눈앞에 어른거려서 유혹을 받을 수도 있지만 결국 그 거래를 하게 되면 다른 방식으로 대가를 치러야 할 것이다. 결정을 내리기 전에 전체의 가격을 생각해 보라.

안 되면 손을 털고 일어날 생각을 하라. | 기꺼이 손을 털 생각을 가지고 있다면 필요한 힘을 모두 가지게 된다. 만일 당신이 너무 절박하면 그들은 당신을 이용하려고 하거나 당신의 실력이 별로라고 생각하게 된다. 패배자처럼 행동하면 결국에는 패배자 대우를 받게 될 것이다.

해와 달을 요구하라. | 최저선을 생각하고 있어야 한다. 정당한 가격은 얼마인가? 정당한 시장 가격은? 돈 대신 택할 수 있는 옵션은? 자신의 최저선을 명심하고 있어야 한다. 그러나 절대로 최저선 근처로는 가지 마라.

아는 것이 힘이다. | 첫번째 단계는 상대할 사람이나 기관에 대해서 최대한 많이 알아내는 것이다. 그러면 그들의 움직임을 예상할 수 있고 그들의 최저액 또는 최고액이 얼마인지, 과거에 어떻게 결정을 했는지, 그들의 목표가 무엇인지, 당신이 그들을 어떻게 도울 수 있는지 알 수 있게 된다. 계획을 미리 세우고 협상에 들어가라. 당신과 비교할 만한 사람들은 얼마나 받았는가?

자신을 가두지 마라. | 창조적인 사람들에게는 다른 사람들보다 더 빨리, 더 자주 변화가 생긴다. 그러므로 장기적인 계약은 아무리 매력적으로 보이더라도 신중을 기하도록 하라.

성공하지 못한 창조적인 사람들의 7가지 나쁜 습관

충분한 시간을 보내라. │ 처음에 제안이 아무리 좋게 들린다 해도 하루나 이틀 정도 충분히 생각할 시간을 가져라. 충동적으로 "예스."라고 말하고 나중에 후회하는 일은 만들지 마라.

자동차 영업 사원의 어투를 이용하라. │ "상사(대리인, 아무개)와 한번 이야기해 보고 다시 연락을 드리겠습니다."

그리고 나서 당신의 상사, 대리인, 아무개가 그 제안을 받아들이지 않았다고 이야기하라. 당신은 그 제안을 옹호했지만 그들이 받아들이지 않은 것이다. 그렇지만 만약에 …한다면 아마도 받아들일지도….

직관을 이용하라. │ 사람의 마음을 읽고 필요하다면 전술을 바꾸어라. 그들이 무엇을 말하느냐가 아니라 그들이 어떻게 말하느냐가 중요한 것이다. 다른 사람과 협상을 할 때 상대방의 속마음을 읽어라. 대부분의 사람들은 자신들의 본능적인 반응을 무시한다.

"가만히 있어! 지금 중요한 회의 중이란 말이야!"

사람들은 자신의 내면에 이렇게 이야기할 것이다. 하지만 본능은 다시 외친다.

"하지만…, 하지만…."

후에 당신의 본능은 이렇게 외칠 것이다.

"거봐, 내가 말했잖아. 그때는 관심도 기울이지 않더니…."

내면에 존재하고 있는 헛소리 감지기의 신호에 귀를 기울여라. 우리가 속지 않도록 보호하고 돕기 위한 장치이니 이용하라.

구두 약속은 소용없다. │ 분쟁이 생기게 되면 억지를 쓴다는 핀잔을 받기 쉽다. 일단 협상이 마무리되면 모든 사항을 합의서에 적어 놓아라.

일찍 일어나는 새는 무엇이 벌레인지 볼 수 있다. │ 편안한 상태에서 방어막이 없을 때의 상대방을 볼 수 있도록 회의 시간보다 일찍 도착하라.

타이밍이 전부이다. │ 제때에 먹이를 던져야 한다. 어떤 사람이 당신이 가지고 있는 것을 절박하게 원할 때는 당신이 주도권을 쥐게 된다. 당신의 주가가 높을 때 먹이를 던져라. 당신이 전국적으로 발행되는 잡지에서 막

소개되었다면 바로 이때 책 계약을 마무리하라.

냉정을 잃지 마라. ┃ 창조적인 사람들이 감정적이거나 비합리적이기 때문에 많은 계약이 무산된다. 당신이 최고의 위치에 있을 때에는 계약에서 많은 것을 얻을 수 있다. 유명한 스타들이 협상 조건으로 제시하는 조건들에 대해서 들어 본 일이 있을 것이다. M&M 초콜릿에서 초록색은 빼기, 전용 비행기, 전용 안마사 등. 그러나 당신이 최고의 위치에 있다 할지라도 당신이 까다로운 사람으로 소문이 나면 아무도 당신과 일하기를 원하지 않을 것이다. 비합리적인 요구와 까다로운 행동 때문에 커리어를 망친 배우들이 여럿 있다. 따돌림당하지 마라. 당신의 일을 대신할 수 있는 사람은 항상 있다.

자신감을 가져라. ┃ 베이브 루스(Babe Ruth)는 대공황 기간 동안 연봉을 줄이자는 요청을 받았다. 그는 그 전 해에 자신이 받았던 연봉인 8만 달러를 고집했다. 이 말을 듣고 양키즈의 임원이 후버(Hoover) 사장도 그만큼은 못 번다는 사실을 지적했다. 그러자 루스는 "나도 알아요. 그렇지만 나는 작년에 성적이 더 좋았잖아요."라고 말했다.

나쁜 거래

경험을 가진 사람이 돈을 가진 사람을 만나게 되면 경험을 가진 사람은 그 돈을 얻게 되고 돈을 가진 사람은 약간의 경험을 갖게 된다.

┃ 레오나드 라우더(Leonard Lauder)

대리인, 출판인, 딜러, 레코드사, 체인점, 스튜디오, 화랑들은 거래에 있어서는 모두 당신보다 경험이 훨씬 더 많다. 이들은 그 경험을 협상 테이블에서 이용하여 당신의 약점을 공략한다. 비용을 가지고 당신을 속일 것이다. 하지만 이것이 게임을 시작하는 첫번째 단계라는 사실을 명심하라. 그들은 당신을 그저 고깃덩어리로 생각한다. 사적인 문제가 아니라 사업이기 때문이다.

협상 경험을 가진 좋은 대리인을 고용하라. 대리인에게 당신의 최저선을 알려 주라. 기자들이 LA 다저스의 토미 라소다 감독에게 멕시코 출신의 투수 페르난도 발렌수엘라(Fernando Valenzuela)가 다저스와의 다음 해 계약 조건으로 어떤 조건을 원하는지 질문을 하자 토미 라소다(Tommy Lasorda)는 "그는 텍사스 주를 멕시코에 반환해 줄 것을 원합니다."라고 말했다.

딜러들은 계약이나 정식 합의서를 사용하지 않는다는 사실을 알아 두어야 한다. 모든 사항은 서면으로 남겨 두라. 특히 친구와 거래를 할 때는 더욱 그래야 한다. 조건들을 명확하고 솔직하게 명시하라. 새뮤얼 골드윈(Samuel Goldwyn)이 말했듯이 "구두 계약은 그 계약이 인쇄된 종이만큼의 가치도 없다."

계약은 항상 그 계약을 작성하는 사람에게 유리하다. 일단 계약에 서명을 하고 나면 이를 뒤집는 것은 매우 어렵다. 그러므로 당신이 원하는 것과 당신이 감수할 수 있는 것 사이의 균형을 맞추어라. 중요한 사안들은 쟁취하라. 당신의 권리는 보호하라. "만약 …라면"이라는 시나리오를 상상해 보라. 어려운 법률 용어들은 생략하고 계약을 보다 균형 있는 시각에서 바라보라. 돈이 전부가 아니다. 퍼센트는 얼마인가, 로열티, 계약 조항, 판권을 되살 수 있는 권리는 어떤가, 보수는 언제 받는가, 상대측에서 얼마만큼의 홍보를 할 것인가, 계약에서 빠져나오는 것이 얼마나 쉬운가, 소송의 경우 중재에 관한 조항이 있는가 등을 모두 살펴보아야 한다. 당신이 한 작업에 대해서 출처 제공자로 등재될 수 있는가? 대금 지불 방법은 어떤가? 퍼센트 단위로 대금을 받는다면 소매가가 기준인가, 도매가가 기준인가? 제 시간에 예산보다 적은 비용으로 작업을 완료하면 보너스를 받는가?

이해하지 못하는 것에는 서명하지 마라. 변호사에게 계약서에 작은 글씨로 명시된 부분을 읽게 하고 의심이 가는 부분을 명확히 하라.

나는 변호사가 아니다. 다시 한 번 이야기하겠다. 나는 변호사가 아니다. 텔레비전에서 변호사 역할을 하지도 않는다. 이제 당신은 당신의 아이디어를 사기당할 것이다. 미안하지만 이것은 사실이다. 만일 내가 생각하는 것만큼 당신이 재능 있고 창조적이라면 누군가가 어딘가에서 당신의 아이디어를 훔쳐갈 것이다. 그래서? 당신은 우쭐한 기분이 들어야 한다. 아이디어를 도둑맞아도 어쨌든 항상 새롭고 더 좋은 아이디어를 생각해 낼 수 있다는 것이 나의 철학이다. 옛날에 생각해 낸 아이디어는 당신이 가져라. 새롭고 향상된 아이디어로 결국에는 내가 이길 것이니까.

원하는 상표, 저작권, 특허는 모두 등록하라. 그렇지만 소송을 할 여유가 없다면 이들은 모두 무용지물이다. 그러니 좀 더 나은 아이디어를 좀 더 빨리, 좀 더 최신으로 만들어 내라. 이것이 자신을 보호하는 방법이다. 아이디어를 너무 보호하려고 하면 아이디어가 결국에는 빛을 보지도 못하게 된다. 마음을 편하게 하고 싶으면 사람들에게 비공개 계약서에 서명하도록 하라.

발명가 에드 코헨(Ed Cohen)에 관한 흥미로운 기사를 읽은 적이 있다. 에드 코헨은 백 가지 이상의 발명품을 만들어 낸 사람이다.

"시장을 새로운 제품으로 넘치게 하고 모조품이 생산될 때까지 그 제품을 팔다가 그 다음 새로운 제품으로 옮깁니다."

그는 자신이 만들어 낸 제품에 한 번도 특허를 받지 않았다. 그의 말을 빌리자면 너무 복잡하고 시간이 많이 든다는 것이다.

4. 오만 : 머리가 크면 문제도 크다

인생에 있어서 장애란 나쁜 태도뿐이다.

| 스코트 해밀턴(Scott Hamilton)

앨버트 아인슈타인은 왜 사람들이 그를 물리학 교수 이상으로 대접하는지 평생 이해하지 못했다. 그의 겸손함은 이 이야기에서도 잘 나타난

다. 한 소녀가 매일 학교에서 집에 가는 길에 그를 보려고 들렀다. 하루는 그 소녀의 어머니가 아인슈타인을 만나서 물었다.

"매일 둘이서 무슨 이야기를 하세요?"

아인슈타인은 웃으며 이야기했다.

"따님은 쿠키를 가져오고 저는 따님의 산수 숙제를 도와주지요."

셰릴 굴드(Cheryl Gould)가 NBC 뉴스 파리 지국의 라디오 특파원 기자로서 일한 지 얼마 되지 않았을 때, 그녀는 지국장의 약속 장소를 대신 예약해 달라는 부탁을 받았다. 처음에 그녀는 기분이 상했다. 그렇지만 다시 생각해 보니 상사의 마음에 들 수 있는 좋은 기회였다. 유창한 프랑스어 실력 덕에 그녀는 말끔히 일을 처리했다. 그녀의 보도 과제는 곧 배가되었고 현재 그녀는 NBC 뉴스의 부사장이 되어 있다.

처음으로 당신이 성공하게 만들어 줄 일을 하기에는 당신이 너무 잘났다고 생각해서는 안 된다. 앞으로 계속 얼마나 많은 기회를 놓치게 될지 알고나 있는가? 버트 레이놀즈(Burt Reynolds)는 "스트립 티즈"(Strip Tease)에서 미미한 역할을 맡았고, "부기 나이트"(Boogie Nights)에서는 조연을 맡았다. 그는 맡은 역할을 훌륭하게 연기해 냈고, 자신의 커리어를 되살렸다. 브루스 윌리스(Bruce Willis)는 항상 카메오 출연을 한다. "펄프 픽션"을 기억하는가? 항상 스타 역할을 맡을 필요는 없다. 다만 자신에게 주어진 기회를 최대한 이용해야 하는 것이다.

크리스 록(Chris Rock)은 이를 잘 설명했다.

"이 바닥이 어떻게 돌아가는지 알 거예요. 빨리 변하죠. 오늘 여기에 있다가 내일이면 없어져 버립니다."

올라가는 길에 만나는 사람들을 친절하게 대하라. 왜냐 하면 내려가는 길에 그들을 다시 볼 것이기 때문이다. 크리스 록은 로켓처럼 정상까지 올라갔다가 바닥으로 떨어졌다. 대리인조차 구할 수 없었던 것이다. 그는 자신을 재정비해서 다시 돌아왔고, 할 수 있는 일은 무엇이든 했다. 광고도 찍었다. 나이키 광고에서 목소리 연기도 했다. 그는 MTV 뮤직 비디오 시상식 사회를 맡았고, 작은 역할이라도 주어지기만 하면 맡았다. 결국 그는 에미상을 두 개나 탔고 커리어에 많은 탄력을 얻었다. "리셀웨폰 4"는 그를 다시 정상에 올려놓았다.

드류 캐리(Drew Carey)는 자기가 자란 클리블랜드의 검소한 동네에 침실 한 개짜리 집을 소유하고 있다.

"많은 코미디언들이 젊어서 고생할 때에는 정말 재미있었는데 돈을 벌어서 대저택을 사고 영화에 출연하게 되면서 재미없어진다는 사실을 발견했어요. 그래서 내 커리어가 성공적이든지 아니든지 나는 내 뿌리를 포기하고 싶지 않았죠."

골든 앨범 "비치"(Bitch)로 크게 히트한 메리디스 브룩스(Meredith Brooks)는 성공 때문에 자신이 변한 것은 없다고 주장한다.

"나는 친구들과 매일 이야기를 하죠. 여전히 쓰레기도 제가 버리고 침대 정리도 손수 해요."

그 반대로 짐 캐리(Jim Carrey)는 "에이스 벤츄라"(Ace Ventura: Pet Dective)를 촬영하던 중 아내와 헤어졌다. 부분적으로 그 이유는 그가 더 이상 가정생활을 감당할 수 없었기 때문이다. 그는 쓰레기봉투를 내놓는 것을 전환점으로 표현했다.

"도슨의 청춘 일기"(Dawson's Creek)의 배우 제임스 반 데어 빅(James Van Der Beek)은 1964년 발표된 비틀즈의 노래 "Hard Day's Night"와 같은 경험을 했다. 시애틀에서 대중 앞에 나섰다가 그의 옷을 찢어서 가지려는 십대 소녀들 무리에서 구출되었던 것이다. 완전히 실패한 영화 "앵거스"(Angus)에 출연한 후 그는 오랫동안 일이 잘 풀리지 않았다. 이 기억은 그가 항상 겸손함을 유지하는 데 도움을 주었다.

"저는 직업도 없고 절망적이었죠. 그때는 대리인도 없었습니다."

메리 J. 블라이즈(Mary J. Blige)는 뉴욕 주 용커스의 공영 주택에서 자라났다. 열일곱 살이 되었을 때 그녀는 쇼핑몰에 있는 노래방에 가서 노래를 녹음했다. 그녀의 양아버지가 그 테이프를 매니저에게 주었고 그 매니저

는 그 테이프를 업타운 레코드사에 가져갔다. 스무 살이 되기도 전에 블라이즈는 계약을 따냈고 커리어를 시작했다. 그녀의 데뷔 앨범은 인기 순위 1위에 올랐고 3백만 장이 팔렸다. 불행히도 그녀가 행동이 나쁘다는 소문이 그녀의 이력에 더해졌다. 그녀는 무례했고 신뢰할 수도 없고 불안정했다. 그래서 그녀는 자신의 행동을 바꾸고 주변도 정리했다. 그녀를 파멸시키던 부정적인 사람들을 모두 정리한 것이다.

"내가 너무 뚱뚱하고 못생긴데다가 노래도 못한다고 이야기하는 사람들이 있었어요. 제 주변은 부정적인 분위기로 가득했죠. 내가 가치가 있다는 사실을 알아채기 원하지 않는 사람들이 너무 많았어요."

크게 성공을 했다가 모두 날려 버린 사람들에 관한 이야기는 수도 없이 많다. 당신도 여기에 동참할 필요는 없다. 너무 큰 성공을 선택하지 않을 수도 있다. 아니면 큰 성공을 했을 때 이를 다룰 수 있도록 준비할 수도 있다.

다양한 프로젝트를 수행하라. | 새장에 들어앉아 있기는 아주 쉬운 일이다. 그렇지만 새장에만 갇혀 있으면 날개를 뻗칠 기회를 잃어버리게 된다. 한 가지 일밖에 못 하는 사람으로 알려져서는 안 된다.

자랑하지 마라. | 사람들이 멀어지고 친구들도 줄어들게 될 것이다. 당신이 자만심에 들뜨지 않도록 해 줄 사람들이 필요하다. 당신이 성공을 거두게 되면 주변에 아주 쉽게 아첨꾼들이 모여들게 된다. 그들은 당신이 성공을 유지하는 데 전혀 도움이 되지 않는다. 기꺼이 당신이 자만심에 빠져 있을 때 따끔하게 충고해 줄 수 있는 친구들과 우정을 유지하라. 그들의 충고를 귀담아 들어라. 그들이야말로 당신의 편이다.

나쁜 태도는 전염된다. | 그리고 회사에서는 그런 사람들을 빨리 없애 버리려고 한다. 무례하거나 이기적인 태도, 잔인한 태도 또는 멍청하게 행동하는 것은 바람직하지 않다. 너무도 많은 사람들은 이런 태도가 힘을 쥐고 있다는 것을 의미한다고 생각한다. 힘이란 선택권을 가지고 있는 것

이다. 바보가 되는 선택은 하지 마라.

기괴하게 되고자 하는 유혹을 조절하라. | 많은 사람들은 오늘날과 같이 무엇이든 해도 되는 사회에서 단지 남과 구별되기 위해서 더욱 심한 행동을 해야만 한다고 생각한다. 차에서 바지를 벗고 벗은 엉덩이를 파파라치에게 보여 주는 따위의 일을 하는 것이다. 이상하거나 변덕스러운 행동을 할 수는 있다. 그렇지만 이런 행동들은 자신을 즐겁게 만들고 싶을 때만 하지 남에게 감동을 주기 위해서 하지는 마라. 왜냐 하면 번지수가 틀린 사람들을 감동시키거나 번지는 맞지만 잘못된 방법으로 감동시키기 십상이기 때문이다. 딜러나 대리인, 레코드 회사의 임원들은 현실 세계에서 살고 있고 당신의 행동을 이해하지 못할 것이라는 점을 기억하도록 하라.

프로처럼 행동하라. | G. K. 체스터튼(G.. K. Chesterton)이 말했다.

"예술가적인 기질은 아마추어를 괴롭히는 질병과도 같다."

자신의 중요성에 대한 진실된 시각을 유지하기 위해, 모든 사람은 그들을 숭배하는 개와 그들을 무시하는 고양이를 가지고 있어야 한다.

자아

내가 절대로 하고 싶지 않은 한 가지는 나 자신의 힘에 취하는 것이다. 그리고 누구든지 내가 그렇게 되었다고 말하는 사람은 절대로 이 동네에서 다시 일하지 못할 것이다.

| 짐 캐리(Jim Carrey)

자만심으로 가득 찬 자아는 당신의 정신을 흐리게 하고 잘못된 결정을 내리도록 할 수 있다. 당신은 자신이 천하무적이라고 생각한다. 자신의 힘에 취한 것이다. 그리스에서는 이렇게 자신이 신과 같은 능력이 있다고 생각하는 상태를 허브리스(hubris)라고 한다. 그리스 신화에서 보면 신들은 인간들의 이런 태도에 화가 나서 사람들이 틀렸다는 것을 증명한다. 이런

사람들에게는 천둥, 번개, 고통, 실패와 같은 것들이 따르게 된다.

명성

명성이란 아주 즐거운 것이다. 그러나 명성만큼 실제 높은 부류에 속하는 것은 아니다.

| 엘버트 허바드(Elbert Hubbard)

나의 아버지는 쇼 비즈니스의 기본 법칙을 이해하셨다. 당신은 절대로 다른 사람들이 이야기하는 것만큼 훌륭한 사람이 아니라는 것이다. 일단 이 법칙을 이해하기만 하면 어느 곳에서도 살아남을 수 있다.

| 조지 클루니(George Clooney)

나는 내가 대단한 사람이라는 생각에 대해서 회의적이다. 왜냐 하면 누구도 진정 그런 사람은 없기 때문이다. 모든 사람들이 어떤 일을 아주 잘할 수 있지만 이 나라에서는 스타덤 위에 할증금이 덧붙는다.

| 스티븐 킹

5. 색욕 : 섹스, 마약, 그리고 로큰롤

나는 우리들 거의 모두가 일종의 장애를 가지고 있다고 생각한다.

| 테네시 윌리엄스(Tennessee Williams)

중독은 재능을 죽여 버린다. 마약 때문에 모든 것을 잃어버린 유명 인사들의 예가 너무 많아서 어떤 예를 들어야 할지 결정하는 것이 너무 어렵다. 하지만 더 나쁜 사실을 한 가지 더 이야기하겠다. 로버트 다우니 주니어(Robert Downey Jr.)와 같은 사람들 모두에 대한 이야기이다. 사실 재능이 뛰어난 수많은 사람들이 마약 남용으로 인해 자신의 가능성을 깨닫지 못하고, 그들의 재능을 발휘해 볼 기회조차 가지지 못한다.

중독이 되면 우리는 예술가로서 무기력해진다. 하지만 계속 이 책을 읽다 보면 어떤 사람들은 이런 무기력과 싸워 이길 수 있었지만 또한 어떤 사람들은 자신들의 커리어를 망치는 다른 방법을 찾았다는 것을 발견하게 될 것이다. 당신은 이런 유혹들을 떨치고 일어서야 한다.

자신을 심각한 문제에 빠뜨릴 헤로인 중독자가 될 필요는 없다. 잘못된 시간에 잘못된 종류의 방종한 생활을 하게 되면 당신이 큰 함정을 피했다고 우쭐한 기분을 느끼고 있는 사이에 당신 자신은 파멸의 길을 가고 있을 수도 있다. 아주 중요한 프레젠테이션 전 날이나 데드라인이 코앞인데 밤새도록 나이트클럽에서 노는 것이 바로 그런 것이다. 가진 것보다 더 많이 쓰기. 배우자 몰래 바람피우기. 고객이 결과를 기다리는데 농땡이치기. 당신의 커리어를 발전시키는 데 도움을 줄 수 있는 사람에게 무례하게 굴기. 고속도로에서 속도 줄이기와 같이 자기 파괴적인 행동들은 아주 많다. 이런 행동들은 당신의 뒷덜미를 잡는다.

섹스

나는 품행이 단정하지 못했죠. 하지만 주변에 누가 더 있나요? 당신이 2년간 계속 순회공연을 한다고 해 봐요. 극성팬들 중에서 데이트 상대를 고르고 싶지는 않잖아요.

| 새라 맥라클란(Sarah McLachlan)이 키보드 연주자와 데이트를 하고 드러머와 결혼한 사실에 대해서

휴 그랜트(Hugh Grant)의 이름을 들으면 가장 먼저 생각나는 것이 무엇인가? 그럼 본명이 폴 루벤스(Paul Reubens)인 코미디 영화 배우 피 위 허먼(Pee Wee Herman)은? 클린턴 대통령? 성공적인 커리어를 섹스 때문에 망쳐 버린 사람들이다.

냇 킹 콜(Nat King Cole)의 미망인은 그가 성실하지 못했다는 것을 인정했다.

그녀는 이것을 대단한 일이 아니라고 생각했다. 모든 배우자가 이렇게 이해심이 많지는 않다. 로니 앤더슨(Loni Anderson)과 버트 레이놀즈(Burt Reynolds), 미아 패로우(Mia Farrow)와 우디 앨런(Woody Allen)이 떠오른다. 성적으로 무분별한 행동에 따르는 것은 불행한 파경, 엄청난 위자료, 자녀들과의 이별, 우울증, 나쁜 평판, 존경심의 상실, 고객, 친구, 지지자들을 잃게 되는 것이다. 질병, 고통, 그리고 죽음은 말할 것도 없다.

로브 로우(Rob Lowe)가 미성년자, 호텔, 비디오테이프와 관련된 사건을 과거로 묻어 버리는 데는 여러 해가 걸렸다. 테드 누젠트(Ted Nugent)는 마약도 하지 않고 술도 안 마셨지만 자신이 섹스에 중독되어 있다고 이야기했다. 모나(Mona)는 촬영장에 있는 모든 사람과 잠자리를 같이하고선 왜 자신이 존경을 받지 못하는지 궁금해했다.

당신이 록 스타이거나 배우, 유명 인사일 때는 사방에서 유혹의 손길이 뻗쳐 온다. 그리고 오랫동안 집에서 떨어져 있으면 외롭기도 하다. 동료와 데이트하는 것은 한 가지 방법이 될 수 있다. 그렇지만 여기에도 위험은 도사리고 있다. 1967년 영국에서 결성된 록 밴드 플리트우드 맥(Fleetwood Mac)에게 일어난 일을 보아라. 멤버 중 연인 사이였던 커플과 부부였던 커플이 파경을 맞게 되었다.

당신의 성생활을 동료와 이야기하지 마라. 그 이야기의 문을 절대로 열지 마라. 당신의 성에 관해서 왁자지껄하게 떠벌리는 것은 절대 금물이다. 사내 연애도 별로 좋은 생각이 아니다. 특히 성희롱 금지법에 걸릴 위험을 가지고 있기 때문이다. 이 이야기를 들으니 그만두고 싶은가? 물론 그렇지는 않을 것이다. 나의 충고는 분별 있게 행동하라는 것이다. 대부분의 회사에서는 창고에서 애인과 일을 벌이다가 발각되는 것을 그다지 좋아하지 않는다. 그러니 문을 잘 살펴보도록 하라. 영화에서 보면 왜 아무도 문을 잠그지 않는 것일까?

상식을 이용하라. 만약 상식이 없다면, 상식을 갖추어라. 전날 저녁과 똑같은 옷을 입고 출근하는 것은 별로 좋은 일이 아니다. 차 트렁크에 첫

솔과 여벌의 옷을 넣어 두라.

NFL(북미 프로미식축구 리그)은 이제 막 돈과 명예, 자유를 얻은 신인들이 세미나에 의무적으로 참석하게 하는 강제 규정이 있다. 주말 동안 열리는 세미나에는 선수들이 필요한 일을 도와주는 아주 매력적인 여성이 두 명 참여한다. 여러 명의 선수들이 이 여성들과 데이트를 하기 위해서 많은 노력을 한다. 세미나가 끝날 무렵 이 두 여성이 HIV 바이러스를 가지고 있다는 사실이 발표된다. 선수들은 너무도 당황한다. 다행히도 이는 선수들에게 교훈을 주기 위해 미리 짜여진 것이다. 그렇지만 실제 세상에서는 조심해야 한다. 우비를 입어라.

마약(환각 상태)

내가 마약을 했던 이유는 오직 자기 회의를 극복하려는 것이었다. 나는 사실 창작을 위해서는 마약을 사용하지 않았다. 단지 무능하다는 느낌을 줄이기 위해서만 사용했다.

| 돈 헨리(Don Henley)

창조적인 사람들은 약물 남용에 너무나도 취약하다. 역사를 보면 이를 알 수 있다. 그렇지만 최악의 마약 문제는 많은 사람들이 자신의 커리어의 정점에 있을 때 밝혀지곤 한다. 왜 인생 최고의 시기에 있을 때 수렁에 빠져 버리려고 하는가?

성공을 이루기보다 성공을 계속 유지하는 게 더 어려운 일일 수 있다. 레니 브루스(Lenny Bruce)는 클럽에서의 공연 연주자로서 성공하기 시작했을 때 헤로인을 시작했다. 캘빈 클라인(Calvin Klein)은 결혼하고 햄턴에 저택을 사고 이터너티 향수 발매가 크게 성공하기 시작한 후 발륨(Valium)과 보드카에 중독되었다.

중독자들은 퇴보할 뿐 전진하지 못한다. 마약은 어쨌든 그들이 원했던

것의 전부는 아니다. 그럼 당신이 마약에 취했을 때 당신은 무엇을 하는가? 일? 보통 마약에 취하면 가만히 앉아서 창조적인 일을 하기에는 너무 흥분된 상태가 된다. 그래서 결국에는 집을 청소하거나 경찰이 출동할 정도로 시끄럽게 파티를 열게 된다. 마약과 알코올은 당신이 좀 더 생산적이 되거나, 재미있게 되거나 창조적이 되는 데 아무런 소용이 없다. 마약과 알코올은 당신을 괴롭히기만 하고 멍청하게 만들고 당신을 아주아주 약하게 만든다.

이런 명백한 문제들 외에도 마약이나 알코올 중독은 아주 돈이 많이 든다. 한 차례의 DUI(Driving Under Influence: 음주 운전 또는 마약에 취한 상태에서의 운전)은 결국에는 1만 1천 달러의 비용이 든다고 한다. 이런! 만일 당신이 취했을 때 사고를 낸다면 생명을 잃게 될 수도 있다. 아니면 어떤 다른 사람의 생명을 빼앗을 수도 있다. 음주 운전 때문에 인간관계가 깨질 수도 있고, 당신의 직업을 잃을 수도 있다.

코카인을 한다면 하루에 5백 달러가 든다. 물론 함께 마약 파티를 할 친구들을 위한 약값은 말할 것도 없다.

당신에게 마약을 주고 싶어서 안달인 사람들은 당신의 친구가 아니다. 그들은 사업가들이고, 당신은 자신의 커리어를 희생해 가며, 그 사람들을 성공하게 만들어 주는 것이다. 당신과 밤새도록 술을 마시려고 하는 사람들은 당신보다도 더 당신의 인생을 즐기는 사람들이다. 그들과 손을 끊어라.

당신이 약에 취해 있을 때는 나중에 분명히 후회하게 될 일과 말을 하게 된다. 당신이 좋은 사람일 수도 있지만 취했을 때에는 아무하고나 잠자리를 하고, 폭력적이 되거나 추한 말을 내뱉는다. 어떤 식으로 생각하든지간에 이는 당신 인생과 커리어를 발전시키는 데 도움이 되지 않는다.

데니스 하퍼(Dennis Hopper)는 1954년 고등학교 친구들로부터 "가장 성공할 것 같은 친구"로 뽑혔다. 그는 "이유 없는 반항"(Rebel Without Cause)에서 배역을 맡아 좋은 출발을 했다. 할리우드 언덕에서 잭나이프를 가지고 싸움하던 장면이 기억나는가? 그는 "이지 라이더"(Easy Rider)에서는 각본, 감독, 주연을 맡았다. 그 후, 알코올과 마약이 그의 최고의 시절을 빼앗아갔다. 그가 정신을 차리자 그는 미친 듯이 일해서 자신의 실수를 메우고 실패자, 괴짜, 술꾼이라는 평판을 없애려고 하였다. "슈퍼 마리오 브라더스"(Super Mario Brothers)와 같은 끔찍한 영화에까지 출연을 하였던 것이다. 그의 아들은 그에게 왜 그 영화를 찍었는지 이유를 물었다.

"너한테 좋은 신발을 사줄 수 있으니까."

데니스가 이렇게 대답하자 아들은 아버지의 눈을 쳐다보고는 말했다.

"아빠, 신발이 그렇게 아주 필요한 것은 아니에요."

마약과 알코올은 버팀목이 될 수는 있다. 이번에 잘하지 못하면 어쩌나 걱정될 수도 있고, 기록을 세우지 못하며, 당신이 엉터리라고 밝혀질까봐 전전긍긍할 수도 있다. 그래서 두려움을 떨치려고 술을 마신다. 두려움이 커지면서 당신은 더 마시게 되고 결국에는 습관적으로 음주를 하게 된다. 그리고 마약 없이는 일을 할 수 없다는 생각이 커지게 된다. 결국 당신은 일을 잘할 수 있는 능력, 기록을 세우는 능력, 당신이 사기가 아니라는 것을 증명할 능력을 잃게 된다.

다른 현상은 제임스 딘(James Dean)적인 요소이다. 그는 아주 방탕한 삶과 자기 파괴적인 행동을 멋진 것으로 만들었다.

"짧고 굵게 산다."

많은 창조적인 사람들은 너무 순간을 즐기고 살면서 미래에 대해서는 아무런 비전도 생각하지 않는다. 또한 크게 성공한 사람들은 마리화나에서 매춘부까지 원하는 것은 무한히 얻을 수 있다. 게다가 이런 것들을 살 돈도 있다. "다들 이렇게 해."라는 소리를 듣고서 주저하기란 어려운 일이다. 어떤 사람들은 이런 유혹과 싸워서 깨끗하고 맑은 정신을 유지한다. 그렇지만 다른 사람들은 그렇게 운이 좋지 않다.

"타미 보이"(Tommy Boy)는 내가 좋아하는 코미디 프로그램이다. 나는 크리스 팔리(Chris Farley)의 열렬한 팬인데, 서른세 살 때 비만과 약물 남용으로 사망했다. 크리스 팔리는 자기 파괴적인 행동의 대명사였다. 그는 불안정했으며, 역시나 마약 과다 복용으로 죽은 그의 우상 존 벨루시(John Belushi)를 모방했다. 긍정적인 역할 모델을 찾도록 하라.

재능 있고 성공적인 너무도 많은 사람들에게 중독증이 생기고 그로 인해 실패하게 된다면, 당신은 어떻게 이를 피할 수 있을 것인가? 해답은 만족스럽고 보람이 있으며 도전적인 일을 찾아 견실한 삶을 추구해서 현실에서 탈출하고 싶은 마음이 들지 않도록 해야 한다는 것이다.

"자신의 삶에 중독되라!"

나는 성자가 아니다. 나도 때때로 파티를 즐긴다. 하지만 이는 취미일 뿐 습관이 아니다. 더 이상 그런 식으로 살지 않기로 결정했다. 옛날처럼 술에서 깨기가 쉽지는 않다. 나의 젊은 시절을 되돌아보면 나는 너무나도 많은 시간을 잃어버렸다.

이 책 이전의 책을 쓰고 있을 때부터 나는 시가를 피우기 시작했다. 어떤 순간이 되자 시가가 없으면 글을 쓸 수 없는 상태가 되었다. 시가를 피우는 것은 놀랄 만큼 비싼 습관이었을 뿐 아니라 냄새도 지독했다. 처음에는 한 장을 끝낼 때마다 나 자신에 대한 상으로 시가를 피우기 시작했다. 그리고 나서는 두 페이지를 끝내는 상이 되었다. 이 책을 끝내자마자 나는 꼭 시가를 끊을 것이다. 내가 할 일은 시가를 대신할 다른 상을 찾는 것이다.

담배가 당신의 창조력을 줄어들게 한다는 사실을 알고 있는가? 담배를 피우면 두뇌로 피를 전달하는 모세혈관이 줄어들게 된다.

"부기 나이트"(Boogie Nights)의 각본을 쓰고 감독한 폴 토머스 앤더슨(Paul Thomas Anderson)은 자신의 아침 일과를 이렇게 설명했다.

"저는 아침 일찍, 새벽 6시쯤 일어납니다. 글을 실제로 쓸 수 있는 시간은 3시간밖에 안 돼요. 왜냐 하면 거의 병적으로 담배를 피우기 때문이죠."

프로는 세상을 탓하지 않는다

우리 중 하나

내 아내가 일하고 있는 호톤 플라자 앞에서 연주하고 있던 한 떠돌이 기타리스트가 나의 관심을 끌었다. 그는 몇 주 동안 그곳에 있다가 어느 날 사라졌다. 그가 사라지기 전, 나는 버거킹에서 점심을 사주면서 녹음기를 가지고 그의 이야기를 들었다. 그리고 나는 얼마 동안 그의 연주도 들었다. 그의 실력은 정말 훌륭했다.

이름부터 시작하지요.

이름은 다 똑같은 것이니 말 안 하는 것이 낫겠죠. 보호소에 있는 친구들은 저를 "젖은 개(Wet Dog)"라고 부르죠.

왜 그렇게 부르는지 물어봐도 될까요?

그 사람들 말이 나한테서 젖은 개 냄새가 난다는군요. (처음에는 치즈 와퍼를 먹고 있었기 때문에 그의 대답이 짧은 편이었다.)

다시 그 전으로 돌아가서, 보호소에 있는 친구 이야기를 했는데 거기가 사는 곳입니까?

네, 그곳에 방이 있을 때만 그렇죠. 아니면 컨벤션 센터에서 자는 것이 좋아요. 아시다시피 물이나 다른 모든 것들이 가까이 있기 때문이죠. 그렇지만 거기서 자는 게 쉽지는 않아요. 계속 쫓아내거든요. (여기에서 그는 경찰과 정치인, 큰 음모에 대해 이야기했다.)

제가 지금까지 본 사람 중 최고의 재능을 가지고 있는데 전문적으로 연주해 본 적이 있나요?

얼마 동안 고용되어서 일했습니다. L.A.에 있는 스튜디오에서 일했습니다. 최고의 음악가들과 함께 연주했지요. 몇몇 유명 음악가들을 위해 연주할 기회를 얻기도 했습니다. 정말 유명한 사람들입니다. 세계를 돌면서 연주도 했습니다. 밴드에서 리듬 기타리스트였는데 투어를 하는 동안 콘서트마다 매진사례였습니다. 제기랄, 정말 돈을 많이 벌었습니다. 아주 좋은 생활을 했습니다. 이 말이 무슨 뜻인지 알죠? 모든 것을 가졌고 결혼해서 아들도 얻었었습니다. 집도 사고 차고를 16트랙 녹음 스튜디오로 개조까지 했다니까요.

실력도 있는데 왜 이런 지경에 이르렀죠?

집도 없는 떠돌이 말이요? 맞춰 보시오.

마약을 했나요?

맞아요. 정말 할 짓은 다 했습니다. 아무래도 소위 중독적인 성격을 가지고 있는 것 같습니다. 이때가 1970~1980년대였는데 아무도 두 번씩 생각하지 않았습니다. 사방이 쓰레기였습니다. 나는 약이 큰 문제가 아니라고 생각했습니다. 사실 코카인이 중독이 안 된다고 믿고 있었습니다. 이런! 얼마 지나지 않아서 마약 주사를 맞지 않으면 연주를 할 수 없게 되었습니다. 처음에는 연주하기 전에 기분을 돋우기 위해서 아주 약간만 했었는데 헤로인에 손을 대기 시작했을 땐, 맙소사, 완전히 망가졌습니다.

그 다음에는요?

완전히 중독이 되었습니다. 같이 연주하던 사람들은 마약 파티도 했습니다. 그렇지만 나는 완전히 미친 사람 같았습니다. 너무 많은 사람들을 열 받게 했고 완전히 정신 나갔었습니다. 아무 일도 얻을 수 없었고 완전히 배척당했습니다. 왜 있잖소, 따돌림당하는 사람. 그렇지만 나는 적어도 가족이 있었습니다. 그런데 가족도 날려 버렸습니다.

그럼 부인이 떠났나요?

아닙니다. 내가 떠났습니다! 이게 말이나 되는 행동입니까? 나는 완전히 정신이 나가서는 어디에서 끝을 내야 할지 몰랐던 것입니다. 평생 최고로 멍청한 짓을 한 것입니다. 그렇지만 그때까지는 그게 최대 실수였습니다. 나는 한동안 마음을 잡고 돌아가려고 했지만 아내가 아이를 데리고 떠나더군요. 이 일이 완전히 나를 벼랑 끝으로 내몰았습니다. 그때 이래로 거리로 나왔습니다.

당신과 같이 놀라운 재능을 가졌지만 마약 때문에 모든 것을 다 잃어버릴 지경에 처한 젊은 음악가들에게 주고 싶은 충고는 무엇입니까?

솔직하게 말하면 내가 좀 더 젊었을 때 누군가가 나에게 "'마약은 안 돼요.'라고 말하세요."라고 말했다면 아마 그 사람들을 비웃었을 것입니다. 나는 천하무적이라고 생각했었습니다. 나는 잘못된 것은 아무것도 하지 않는다고 생각했습니다. 모든 것을 내가 조절할 수 있었습니다. 알죠? 근데 내가 바보였습니다. 사람들은 내가 집 없는 떠돌이이기 때문에 뭐가 뭔지 모른다고 생각합니다. 그렇지만 나도 귀가 있습니다. 라디오에서 헛소리가 나오는 것을 듣습니다. 그럼 이렇게 생각하죠. "제길, 나도 저렇게 될 수 있었는데." 나도 빅스타가 될 수 있었습니다. 내가 그렇게 안 된 것은 내가 마약에 빠졌기 때문입니다. 내 인생을 완전히 빼앗겼고 멈출 수가 없었습니다. 내가 하고 싶은 말은 만일 여러분들이 하고 싶은 대로 하고 맘대로 한다면 결국에는 나처럼 될 것이라는 것입니다. 그리고 나처럼 사는 것은 정말 최악입니다.

로큰롤

자비로움보다 힘이 있는 사람과 무력한 사람을 분명하게 구분 짓는 것은 없다.

| 셰리 쉽 코헨(Sherry Suib Cohen)

　지각의 대가는 무엇인가? 데이트 상대에게 바람맞기. 고객 놓치기. 화난 친구. 결혼식에 늦는다면? 보통 약속 장소로 떠나기 전에 몇 가지 일을 처리하느라고, 5마일을 뛰고 오느라고, 이메일에 답장을 하느라고, 나무 몇 그루를 심고 오느라고, 머리를 감느라고, 어머니에게 전화가 와서, 열쇠를 찾느라고 지각을 한다. 시계를 좀 빨리 맞춰 놓은 적이 있는가? 다이어리에 약속 시간을 적어 놓는 것은? 여벌로 자동차 열쇠를 복사해서 집 곳곳에 놓아 둔 적은 있는가?

　시계 제조사 웨스트클록스(Westclox)의 연구에 의하면, 직장인들 열 명 중 한 명의 직원이 자주 지각하고, 평균 지각 시간은 9.3분이었다. 여성과 나이가 젊은 직원들이 지각을 더 많이 한다.

　많은 사람들은 너무 일찍 도착할까 봐 두려워서 지각을 한다. 일이 잘못될 수 있으니 미리 계획하라. 교통 체증, 잃어버린 물건 찾기, 단추가 떨어진 옷 갈아입기 등과 같은 예상치 못한 일을 위해서 여유 있게 시간을 계획하라. 미리 출발해서 약속 장소에 일찍 도착하라. 일찍 가는 것이 당신에게 해가 되지 않는다. 오히려 아주 좋은 일이 될 것이다.

내 친구 한 사람이 회의에 정각에 도착했는데 아무도 준비가 되어 있지 않아서 화를 낸 일이 있었다. 그녀는 그 시간을 확인하느라고 그 전 날에 전화까지 했었던 것이다. 그녀의 얼굴이 붉으락푸르락해지자 한 동료는 자기들이 그녀가 오겠다고 한 시간은 알고 있었지만 언제 나타날지 몰랐다는 사실을 지적했다.

"내 상사는 당신이 아홉 시에 오겠다고는 했지만 당신에게 아홉 시는 열 시가 될 수도 열 시 반 아니면 열한 시가 될 수도 있는 것 아니냐고 나에게 말하더군요."

그것은 사실이었다. 그녀는 입을 다물고 다른 사람들이 도착할 때까지 한 시간을 기다려야 했다. 시간을 잘 지키는 사람이라는 평판을 받게 되면 이런 부끄러운 상황이나 화나는 일을 겪지 않아도 된다.

어떤 여자가 출근 시간에 늦어서 정신없이 출근 준비를 하고 있는 모습을 그녀의 남편이 재미있게 쳐다보고 있었다. 팬티스타킹을 신다가 그녀는 구멍이 난 것을 발견했다. 서랍에서 다른 스타킹을 꺼내 신었는데 이것도 찢어졌다. 그녀는 화가 치밀었다. 그래서 가방을 집어 들고 사무실로 달려가 아슬아슬하게 도착했다. 책상에 앉아서 가방을 열어 보니 제일 위에 깔끔하게 접혀져 있는 팬티스타킹과 남편의 메모가 있었다.

"당신이 신고 있는 스타킹 오른쪽 무릎 뒤편에 큰 구멍이 나 있어요. 이 스타킹을 신도록 해요. 좋은 하루 보내요."

우리의 인생이 공연이라고 생각하라. 때로는 코미디가, 어떤 때는 뉴스가 되도록 하라. 항상 인생에 드라마가 필요한 것은 아니다. 괴짜 행동은 사업을 하는 데는 별로 귀엽지 않다. 신뢰를 줄 수 있는 행동을 하라.

일을 완전히 끝내기까지는 당신의 생각보다 더 오랜 시간이 걸린다. 자신에게 어떤 완충 기간을 주어라. 제때 물건을 납품하지 못하는 것은 지금 당장 당신에게 피해를 줄 뿐 아니라 나중에 일을 얻을 수 있는 기회도 망쳐 버린다.

다른 사람들의 시간도 존중하라. 계속해서 시간을 바꾸는 것은 나쁜 매너이다. 당신에게 기대고 있는 사람들은 당신이 망하면 그들도 고통을 받는다. 이런 사람들도 주택 융자금이 있고 자동차 할부금, 예산, 그리고 돌봐야 할 사람들이 있다. 그들을 낙담시키면 당신도 오래 가지 못한다. 당신이 그들을 망하게 한다면 바로 낭신의 커리어라고 하는 벽에서 벽돌을 빼내는 것이나 다름없다. 벽돌을 어느 정도 빼내면 결국 모든 것이 다 무너진다.

맹목적인 야망과 자기중심적인 행동을 한 사람들은 그 대가를 치른다. 자신을 사랑하고, 다른 사람들도 사랑하라. 아이들, 배우자, 친구들과 함께 보낼 시간이 없다면, 당신의 우선순위를 다시 정하라. 바로 이 때문에 정상에 서면 외롭다고 사람들이 말하는 것이다. 공허한 승리나 불쌍한 존재가 될 필요는 없다.

다른 사람들을 도와주거나 친절하게 대하기, 관대하게 대하는 것을 두려워하거나 싫어하지 마라. 정상에는 자리가 아주 많이 남아 있다. 비록 당신이 업보를 믿지 않는다 할지라도 이것은 믿어라. 당신의 악행이 나중에 당신을 괴롭히는 것처럼 당신의 선행이 결국에는 당신을 다시 도와주게 될 것이다.

6. 자제력 부족 : 초점 상실

내가 자라던 때의 기억은 내가 항상 산만했다는 것이다. 나는 항상 집중력이 짧은 아이였다. 창조력은 나 자신을 긍정적으로 표현할 수 있게 해 주었다. 이 때문에 내가 패션 산업에 끌린 것이다.

| 토미 힐피거(Tommy Hilfiger)

토미 힐피거는 집중력 부족 때문에 자신의 사업을 거의 잃을 뻔했다. 그는 채권단에 파산 보호 신청을 해야만 했다.

"내가 계속 산만하게 일을 해 왔는데 덕분에 그 대가를 치렀습니다. 스물다섯 살에 파산을 했죠." 그는 인정했다.

"패션은 흥미진진하죠. 나에게는 완벽한 직업입니다. 항상 변화를 가져옵니다. 음악, 색감, 다른 사람들, 다른 도시, 모든 것들도 변화를 가져오게 됩니다. 이 모든 것은 미국 문화에 있어서 혁명의 시기에 견줄 수 있죠."

불행히도 힐피거는 새 디자인을 만드느라 너무 바빠서 사업의 너트와 볼트를 무시했던 것이다. 이 일은 그에게 값진 교훈을 주었다.

"아이디어는 당신을 멀리 앞서 나가게 할 수 있지요. 하지만 항상 최저선이 무엇인지 유념해야 합니다."

초점이 없으면 마치 패배자와 같은 느낌이 들 수 있다. 모든 사람들은 당신이 너무 많은 가능성을 가지고 있는데 이 가능성들이 여기저기 사방에 흩어져 있으면 실망하게 된다.

"만약에 노력만 한다면…."

사람들은 이렇게 이야기한다. 조금 더 나은 충고를 하기도 한다.

"어떤 한 가지 일에만 집중해서 할 수 있다면…."

우와! 지겹다. 안 그런가? 나는 내가 똑똑하지 못하다고 주장하는 사람들과 싸워 왔다.

"왜 네 친구들처럼 경제학을 이해하지 못하니?"

내가 그때 재치 있게 받아칠 수만 있었다면 얼마나 좋았을까. 나는 경제학에 흥미가 없었다. 경제학에서는 내 능력을 발휘할 수 없었던 것이다. 그래도 경제학에서 겨우겨우 C를 받을 수 있었다. 다시마를 채취하는 회사에 관한 리포트 때문인데 이 주제는 흥미가 있었다.

당신이 여러 가지 일을 한 번에 하기 좋아한다고 해서 나쁜 사람은 아니다. 그러나 이것이 나쁜 행동과 일을 한 번도 끝마치지 못한 것에 대한 이유는 아니다. 변명일 뿐이다. 문제는 당신이 한번에 여섯 방향으로 가려고 하면 길도 잃고 차에 기름도 떨어지고 결국에는 어느 곳에도 가지 못한다는 것이다.

초점이 없다는 것은 불성실한 결혼 생활, 잦은 이직, 약물 남용, 자동차 사고의 근본적인 원인이 될 수 있다. 비록 흥미 있어 보이기는 하지만 언제라도 제대로 된 길에서 이탈될 수 있는 가능성이 만연해 있다. 당신의 인생은 롤러코스터와 같다. 충동적이고 다양한 생활은 멋지다. 그렇지만 구체적인 목표 없이는 이런 생활에서 창조적인 작품을 만들어 낼 수는 없다. 당신의 에너지를 자제력과 질서, 방향감을 갖춰 이용하라.

 실천 사항

사전 계획 없이 일을 급하게 하는 경우가 자주 있는가?

결국에는 돈도, 시간도 낭비하게 되지는 않는가?

당신의 부주의함 때문에 실수를 하지는 않는가?

짧은 집중력 때문에 일의 품질이 영향을 받지는 않는가?

당신의 행동이 다른 사람들을 화나게 하지는 않는가?

당신이 지나간 자리는 미완성된 과제들과 잡동사니가 여기저기 흩어져 있는 난장판이 되는가?

당신은 이런 특성들이 창조적인 사람들이 선천적으로 타고나는 성격이라고 생각하는가?

당신의 특이함이 자랑스러운가?

다시 한 번 생각해 보라.

성공하지 못한 창조적인 사람들의 7가지 나쁜 습관

퀴즈

내가 학생이었을 때 나는 항상 딜레마에 빠져 있었다. 과학자가 될 것인가, 컴퓨터 프로그래머가 될 것인가, 경제학자가 될 것인가? 선택을 해야만 했다. 모든 것을 다 할 수는 없으니까. 나는 너무 많은 일을 좋아했지만 나에게 맞는 직업을 선택했다고 생각한다.

| 빌 게이츠(Bill Gates)

 퀴즈

당신은 너무 다양한 분야에 재능이 너무 많은 것뿐이다. 당신이 깨닫고 있는 것 이상으로 많은 이유들 때문에 집중력이 부족하게 되어 당신은 파멸하게 될 것이다. 다음 테스트를 해 보라.

	그렇다	아니다
• 너무 많은 일에 참여하고 있어서 나 자신과 나의 작품을 홍보하는 것이 힘들다.	___	___
• 나는 여러 분야에 흥미가 있고 재능이 있기 때문에 커리어를 결정하는 것이 힘들다.	___	___
• 나는 인생에서 어떤 것을 해야 할지 결정할 수가 없다. 왜냐 하면 결정을 내리는 것이 너무 어렵고, 또 결정을 하게 되면 틀린 결정을 한 것이 아닐지 걱정이 되기 때문이다.	___	___
• 나는 큰 위험을 감수한다. 때때로는 결실을 보지만 대부분의 경우에는 대가를 치려야 한다.	___	___
• 나는 쉽게 정신이 산만해진다.	___	___
• 프로젝트 중간에 다른 곳에 정신이 팔린다.	___	___
• 나는 충동적이다. 과거에 멈춰야 할 때 멈추지 못하고, 결과를 생각하지 않고 행동한 것 때문에 문제가 생긴 일이 있다.	___	___

- 나는 종종 다음 일을 하기 위해서 지금 하고 있는 일을 서둘러서 끝내곤 한다. 그래서 일을 하는 과정에서 최선을 다하지 않고, 부주의하고 비용이 많이 드는 실수를 하곤 한다.   ＿＿＿ ＿＿＿
- 나는 종종 에너지가 넘쳐서 잠들기 힘들 때가 있다.   ＿＿＿ ＿＿＿
- 나는 쉽게 싫증을 느낀다.
- 나는 계획성 없이 프로젝트에 접근하기를 좋아한다.
- 내가 상관하지 않거나 시도해 보지도 않는 것처럼 다른 사람들에게 보이는 일이 종종 있다. 그러나 사실은 내가 일을 하고자 하는 동기를 유지하는 데는 두 배의 노력이 든다.   ＿＿＿ ＿＿＿
- 나는 긴장을 푸는 것이 불가능하다. 그래서 나는 공백 시간을 채우기 위한 취미나 습관을 가지고 있다.   ＿＿＿ ＿＿＿
- 사람들이 나에게 이야기할 때 딴 생각을 하는 경향이 있다.   ＿＿＿ ＿＿＿

(**정답** | 이 책에 있는 많은 퀴즈들과 마찬가지로 정답이나 틀린 답이 있는 것은 아니다. 점수도 합산할 필요도 없다. 단지 몇 가지 생각을 해 보자는 것이다.)

더 좋은 것과 최고의 것 사이에서 선택하기

나는 자라서 무엇이 되고 싶은지 항상 알고 있던 사람들을 존경한다. "ER"의 스타 에릭 라살(Eriq LaSalle)의 예를 들어 보자. 그가 열 살 때 처음으로 마을에 온 무용단을 보자마자 그는 마음을 빼앗겨 버렸다. 열여섯 살이 되었을 때 친구들로부터 아주 짓궂은 놀림을 받는 것도 개의치 않고 발레 수업을 받았다. 그의 주변에는 발레 수업을 받는 사람이 없었다. 사람들은 그를 비웃으면서 진짜 남자가 맞느냐고 물어보곤 했다. 그는 자신이 원하는 것을 알았고, 결코 이를 단념하지 않았다.

모든 사람이 어떤 시점에 자신에게 가장 좋은 일이 무엇인지 정확하게 아는 것은 아니다. 당신에게 재정적으로 또 감정적으로도 가장 높은 보상을 가져다주는 것에 집중하라. 물론 아주 힘든 결정을 해야 할 때가 있을 것이다. 대부분의 경우에는 더 좋은 것과 최고의 것 사이에서 선택을 해야 할 것이다. 그럼 최고의 것을 선택하라.

피해를 입을 때까지 하지 마라. 조안 바에즈(Joan Baez)는 음악가로서뿐 아니라 반핵과 동물 보호 운동으로 잘 알려져 있다. 그녀는 초점을 잃고 난 후에 결국 자신이 음악인으로서의 커리어에 좀 더 집중해야 한다는 사실을 깨달았다.

"그때 저는 정말 거북이처럼 은둔해 있었어요. 가장 아름다운 음악을 만드는 것 외에는 어떤 일도 하고 싶지 않았죠."

일에 완전히 몰입하라. 짐 캐리(Jim Carrey)는 영화를 찍을 때, 유머 대본을 고쳐 쓸 때, 어린 시절부터 해 온 그림과 조각을 할 때에 대해서 이렇게 말한다.

"나는 집중을 하고 완전히 일에 몰두합니다. 어머니의 자궁 속으로 다시 들어간 것 같아요. 명상 같기도 하구요. 다른 것에는 전혀 신경을 쓰지 않는 거죠."

이 말을 한 사람이 학창 시절에 과제물을 재빨리 해치우고 다른 사람들이 끝내기를 기다렸던 바로 그 짐 캐리이다. 이런 놀라운 에너지 때문에 그는 쉽게 지루해졌다. 한 가지 일은 다른 일로 이어지고 결국에는 일을 마무리하지 못해서 문제가 생겼던 것이다. 어느 날 그의 선생님이 그에게 말했다.

"만일 네가 정말 자신이 재미있다고 생각한다면 여기 나와서 우리를 한 번 웃겨 보면 어떻겠니?"

그는 그렇게 했고 그때부터 코미디언이 됐다.

자신의 의식을 선택하라. | 내가 아는 사람 중 아주 창조적인 사람 하나는 점심시간에 구두를 바꿔 신는다. 나는 이렇게 물어볼 수밖에 없었다.

"신발 냄새 제거제를 쓰는 게 어때요?"

"아뇨. 이것은 제가 쉬는 방법이에요. 자신을 보고 정신을 집중하고 다시 움직이는 거죠."

나에게는 너무 심오한 이야기였지만 그녀에게는 효과가 있는 일이다.

너무 여러 곳에 정신을 분산시키지 마라. | 어떤 사람들은 한 번에 두 가지 커리어를 감당할 수 있다. 해리 코닉 주니어(Harry Connick Jr.)는 영화 배우로도 음악인으로도 성공했다. 그렇지만 그는 너무 여러 곳에 정신을 분산시키게 되는 경우의 문제점에 대해서 경고를 했다.

"한 가지 커리어를 먼저 쌓는 것이 가장 좋다고 생각합니다. 동시에 두 가지 커리어를 쌓으려고 해선 안 돼요. 만일 두 가지를 동시에 하려고 한다면 그 두 가지 모두에 못할 짓을 하는 거죠."

우산 정책을 취하라. | 다양한 흥미와 넓은 분야를 옮겨다니는 경향을 조합하라. 예를 들어, 연예의 경우 그 분야에서 너무 멀리 벗어나지 않고도 이것저것 해 볼 수 있는 여지가 많다. 같은 일을 하는 데 다른 방식을 찾아보는 것은 어떤가? 다양한 일을 위해서 각기 다른 두 밴드, 하나는 록 밴드, 다른 하나는 재즈 밴드에서 연주해 보라. 이것저것 해 봐야 직성이 풀리는 성격을 이용해 취미 생활을 해 보라. 고속도로를 달리고 있다고 생각해 보라. 제일 빠른 차선으로 달리는 것이 지루해지면 옆 차선으로 옮겨가지만 그래도 가는 방향은 같은 방향이면서 속도도 거의 비슷하게 된다. 그렇지만 재미있어 보이는 장소마다 들르면 패스트푸드로 배만 채우고 다시 속도를 내기 위해서 많은 시간과 에너지를 낭비하게 될 것이다.

공에서 눈을 떼지 마라. | 미식축구에서 공을 받는 선수가 공을 완전히 받기도 전에 공을 가지고 달리려다가 공을 놓치는 일이 많다. 코치들은 선수들에게 이렇게 이야기한다.

"손으로 공을 잡는 것까지 봐야 해!"

커리어에서도 마찬가지이다.

진탕 마시고 속을 청소하라. | 나는 마감 시한이 되면 커피를 진탕 마신다. 잠도 안 자고 카페인만 엄청나게 섭취한다. 미친 듯이 일하고 그 다음에 푹 쉰다. 나는 꼭 큰 프로젝트 사이에 충분히 회복할 시간을 둔다.

요술 연습을 하라. | 한 번에 몇 개나 되는 공을 던질 수 있을지 한계를 정하라. 만일 인간관계, 건강, 품질이라고 표시된 공들이 땅에 떨어지기 시작하면 공의 개수를 줄여야 한다.

진수성찬 아니면 굶주림. | 창조적인 일은 정기적인 경우가 드물다. 때때로 한 달 동안 해야 할 일이 한 주일 사이에 몰려들기도 하고, 어떤 주에는 일이 하나도 없어서 창문이나 닦고 영화나 보러 다니는 때도 있다. 오늘 어떤 일이 주어졌을 때 이를 거절하는 것은 어려운 일이다. 왜냐 하면 내일은 그 일이 없을 수도 있기 때문이다. 그러나 당신이 정말로 너무 바쁠 때에는 다른 일을 하려는 자신을 자제하고 집중해서 마감 시간에 맞출 수 있도록 자신을 독촉해야 한다. 나에게는 한 가지 문제가 있다. 세미나를 준비하는 데 보통 몇 주가 걸리는데 어떤 때에는 보수가 괜찮은 일이 동시에 주어진다. 이 일들을 모두 하고 싶은 유혹이 생긴다. 그렇지만 나는 그런 식으로 살고 싶지는 않다. 나는 현실적으로 내가 감당할 수 있는 만큼 일을 맡고, 나머지는 다른 연사들에게 넘기고 그 대가로 추천료를 받는다. 물론 내가 최고로 좋은 일을 맡는다. 만일 내가 너무 많은 일을 맡고 싶은 유혹에 굴복하게 되면 최고의 실력을 발휘할 수 없고 결국 내 평판에 금이 가게 될 것이다. 속도를 조절하라. 인생은 단거리 경주가 아니라 마라톤이다.

종합 선물 세트. | 그렇다. 한 번에 한 가지 일만 하는 것은 다양한 방면으로 생각을 하는 사람들에게는 충분하지 않은 것이다. 계속 일에 흥미를 유지하려면 가끔 변화를 주어야 한다. 그래서 내가 연설도 하고, 글도 쓰고, 홍보도 하고, PR도 하고, 디자인도 하는 것이다. 이 모든 것들은 서로 연관되어 있다. 그래서 중복되는 면이 많기 때문에 여러 가지 프로젝트를

할 수 있다. 실제로 할 일이 너무 없으면 나는 우울해진다.

열 배 규칙을 기억하라. | 기존의 고객을 유지하는 것보다 새로운 고객을 얻는 것이 열 배는 힘들다. 새로운 고객을 얻는 데 모든 시간을 보내지 마라. 현재의 고객을 잘 관리하도록 하라. 그들을 만족시키도록 하라. 사실상 이렇게 하는 것이 새로운 고객을 얻는 최선의 방법이다.

당신의 한계를 인식하라. | 배우 중에 음악가가 되기를 원하는 사람이 몇이나 되는가? 사실을 말하자면 거의 모는 사람이 그렇다. 어떤 사람들은 성공하지만 데이비드 하셀호프(David Hasselhoff)나 존 테쉬(John Tesh)처럼 어떤 사람들은 실패한다.

모든 것을 하려고 하지 마라. | 만약 어떤 일이 흥미가 있는데 지금 하는 일과 연관이 없거나 그 일을 할 자격이 갖추어지지 않았다면 "그 일은 내가 잘하지 못하는 일이야."라고 말하는 것을 두려워하지 말고 그 일을 넘겨 버려야 한다. 비록 당신이 그 일을 할 수 있다 하더라도 당신의 목표에서 벗어나게 된다면 거절하라. 단지 당신이 어떤 일을 할 수 있다는 것이 당신이 그 일을 해야만 한다는 것을 의미하는 것은 아니다.

균형이 필요하다. | 창조력이나 다양함에 대한 필요성을 억압하지 않고도 삶에 어떤 질서나 정해진 일과를 더할 수 있다. 자유와 질서. 고독과 고요함. 주위의 방해가 전혀 없는 한 시간은 끊임없이 전화가 울리는 며칠의 가치가 있다. 창조력을 발휘하기 위해서는 고요함과 정적이 필요하다. 외부적인 고요뿐 아니라 내면의 고요도 필요하다. 자신이 너무 바쁘거나 너무 서둘러야 하거나 또는 너무 산만해지지 않도록 하라. 당신이 가만히 있으면 인생은 당신을 당신의 예술 세계에서 끌어낼 것이다. 당신을 열중하게 할 수 있는 커리어와 당신을 자극하는 일을 선택하라.

자제력에 관한 생각

소설을 쓴다는 것은 벽돌을 한 장씩 쌓아 올려 건물을 짓는 것과 같다. 아마추어만

이 영감을 믿는다.

│ 프랭크 여비(Frank Yerby)

우리는 자제력에 대한 지침 사항 중에서 자유를 찾지 못하는가?

│ 예후디 메누힌(Yehudi Menuhin)

집중은 힘의 비밀이다.

│ 랄프 왈도 에머슨(Ralph Waldo Emerson)

전쟁의 법칙은 간단하게 한 단어로 압축할 수 있다. 바로 집중이다.

│ 바실 리델 하트 경(Sir Basil Liddell Hart)

자제

내가 처음으로 음악에 빠지기 시작했을 때 나는 강한 자제력을 길렀다. 나는 끊임없이 연습했다. 내가 인터로켄 예술 아카데미(Interlochen Arts Academy)의 음악 학교에 가게 되었을 때 나는 가장 연습을 많이 한 사람에게 주어지는 일종의 비공식적인 상을 받았다. 이곳은 전 세계의 사람들이 모인 일류 음악 학교였다. 나는 최고로 기타를 잘 치는 사람 중 하나였지만 그곳에 가 보니 나는 하나도 특별하지 않았다. 신이 주신 재능을 날려 버리는 사람을 많이 보았다. 그래서 나는 내가 가진 것을 이용하기로 결심했다.

│ 피터 스프라그(Peter Sprague)

정상에 오르는 유일한 길은 자신의 약점과 싸워 이기는 것이다. 많은 사람들에게 이는 그냥 일을 하면서 관심이 분산되더라도 그냥 그 일을 계속하는 것을 의미한다. 자신의 일을 아주 조금이라도 사랑하는 방법을 배워야 한다. 그러면 그렇게 정신이 산만해지지는 않을 것이다. 그리고 자제하는 것이 일종의 자기만족처럼 느껴질 것이다. 나는 이런 식으로 일하는 것을 좋아한다.

프로는 세상을 탓하지 않는다

습관화하라. | 비록 당신의 작품으로 돈을 벌지는 못하더라도 매일 일을 하는 습관을 들여라. 실질적인 직장 일 이전이나 이후에 만일 그 작품으로 돈을 번다면 이를 당연시하지 마라. 계속 작업하고 연습하고 새로운 것을 배워라. 당신의 실력이 구식이 되도록 하지 마라.

세세한 일도 잊지 마라. | 자잘한 집안일들도 하고 영수증을 챙기고 글자가 틀린 곳은 없는지 꼼꼼하게 살펴보기도 하라. 이런 일들은 나중에 그 효과가 나타난다. 나중에 골치 아픈 일을 줄여 준다.

매일 그날의 목표를 세워라. | 예술 작업을 몇 시간 할지, 연주 연습은 몇 시간 할지, 오늘은 글을 몇 페이지나 쓸지 정하라. 정한 목표를 다 채울 때까지는 자리를 뜨지 마라.

일을 시작하기 쉬운 상태로 만들어라. | 도구들을 밖에 내 놓아라. 작업을 언제라도 시작할 수 있도록 모든 것을 준비해 놓아라.

시간을 찾아라. | 하루 중 가장 힘이 넘치는 시간을 찾아라. 그리고 그 시간을 낭비하지 마라. 그 시간에는 당신의 작업에 집중하라. 대부분의 사람들은 생리적으로 기운이 넘치는 시간과 기운이 없는 시간이 있다. 오후 한 시에서 세 시 사이, 새벽 네 시에서 여섯 시 사이가 대부분의 사람들이 기운이 없는 시간이다. 이 시간 중에 중요한 일을 하지 마라. 차라리 이 시간에 낮잠을 잠깐 자거나 서류를 정리하라.

흥미를 가져라. | 어떤 일에 흥미가 있으면 한 번에 몇 시간 동안이나 집중할 수 있다. 돈이나 마감 시한에 너무 연연하지 마라. 그냥 일이 되어 가는 과정을 즐겨라. 재미있게 일하라. 실험해 보라.

준비를 끝내고 본격적으로 일을 시작하라. | 당신도 나처럼 어떤 프로젝트를 시작할 때 흥미와 기대로 가득 차 있는가? 브레인스토밍으로 시작해서 지칠 때까지 열심히 일하라. 지루해질 때까지 추진력을 유지하라. 할 수 있는 한 많이 일하고, 일을 잘 마무리할 수 있는 사람에게 넘겨라.

당신을 흥분시키는 것은 무엇인가? | 사람들의 인정, 남들의 의견, 다른 사람 돕기, 마감 시한? 이것들이 당신에게 주는 의욕들을 극대화할 수 있게

성공하지 못한 창조적인 사람들의 7가지 나쁜 습관

만들어 주는 일을 하라.

당신의 대사를 외워라. | 스펜서 트레이시(Spencer Tracy)는 이렇게 말했다.

"내가 젊은 배우에게 해 줄 수 있는 최선의 충고는 '대사를 외워라' 이다."

미리 준비하라. 연습하라.

접시를 비워라. | 정신을 산만하게 하는 것을 없애라. 나는 우리 집 뒷마당에서 일하는 것을 좋아한다. 뒷마당은 작은 열대의 낙원이다. 그렇지만 일이 반쯤 진행되었을 때 나는 그곳에서 더 이상 일에 집중할 수 없게 되었다. 뒷마당에 내가 해야 할 일들이 널려 있는 것이 보였기 때문이다. 그래서 나는 어느 주말에 기운을 내서 정원을 손질했고 이제 뒷마당은 내가 원하던 대로 평화로운 사색의 장소가 되었다.

목표를 설정하라. | 당신이 원하는 것에 대한 비전을 분명하게 알고 있으면 더욱 쉽게 집중할 수 있고, 방황하지 않고 목표를 향해서 계속 나아갈 수 있게 된다. 목표를 세우게 되면 당신은 자신과 자신에게 필요한 것, 당신의 꿈에 대해 정직해지게 된다. 물론 쉬운 일이 아니다. 이는 창조적인 사람들에게 처음이자 마지막, 그리고 최선의 규칙이다. 만일 당신이 이 책에서 아직까지 얻은 것이 아무것도 없다면 이것만은 명심하라.

"당신 자신을 위해서 목표를 설정하라."

당신의 꿈을 글로 옮기고 이 글을 종이에 써 놓아라. 그러고 나서 이를 크게 읽어라. 당신 자신에게만이 아니라 모든 사람 앞에서 크게 읽어라. 이를 매일 반복하라. 그리고 그 꿈을 향해서 일하기 시작하라.

7. 속임수 : 이제 정직해집시다

창조적인 사람들에게 흔한 최악의 실패이면서 또 다른 실패로 이어지는 것은 바로 부정직이다. 백화점에서 물건을 슬쩍 하는 따위의 부정직이 아니다. 사무실에서 펜 몇 자루나 복사지 뭉치를 가져오는 따위의 부정직

도 아니고, 부정직한 세금 신고나 편의점을 터는 일 따위의 부정직이 아니다. 여기서 이야기하는 부정직이란 더 나쁜 것이다. 당신 자신에게 정직하지 못한 것이 바로 그것이다.

자신을 있는 그대로 바라보라. 당신 자신이 누구인지 인식하라. 어떤 사람이 되고 싶은지, 왜 되고 싶어하는지 이해하라. 이것이 바로 목표를 설정하는 제일 처음 단계이자 가장 중요한 단계이다. 그리고 목표를 설정하는 것이 성공으로 가는 첫 단계이자 가장 중요한 단계이다.

당신이 원하는 것에 대해 솔직하라. 비록 좀 우습거나 멍청하게 혹은 불가능하게 들리더라도, 그리고 비록 세상에 어떤 다른 사람도 원하는 일이 아니더라도 솔직하라. 당신이 원하는 것을 크게 외쳐라. 다른 사람이 비웃으려고 한다면 그냥 그렇게 놔 두라. 그 사람들은 당신을 해치지 못하며 당신의 꿈이 가능한 것이라는 사실을 인정하기 두려워하는 것뿐이다. 당신이 그 꿈을 이루려면 자신이 원하는 것을 기꺼이 큰 소리로 말할 수 있어야 한다.

자신의 성공에 대한 염원, 필요, 꿈에 솔직하라. 목을 빼고 살펴보라. 괜찮은 척, 당신이 아무것도 원하거나 필요하지 않은 척 하느라고 시간을 낭비하지 마라. 이런 행동은 실패로 가는 가장 확실한 지름길이다. 그리고 어떤 면에서 보더라도 실패는 별로 멋진 것이 아니다.

당신의 실수를 인정하라. 실수를 인정해야만 실수에서 배울 수 있다. 실수를 하는 것은 잘못된 것이 아니다. 모든 사람은 때때로 실수를 한다. 그렇다. 당신은 독특하고 특별한 사람이기는 하지만 당신 역시나 인간이다. 실수는 나쁜 것이 아니다. 나쁜 것은 바로 당신의 실수를 얼버무리거나 실수하지 않은 척하고 책임을 회피하는 것이다.

당신의 약점을 받아들여라. 어떤 사람도 모든 것을 잘하는 사람은 없다. 레오나르도 다빈치조차도 자신을 홍보하는 일같이 못 하는 일이 있었다. 자신의 실패를 인정하고 그 실패를 극복하는 데 시간을 들이는 것이 가치가 있는지 아니면 그 실패를 벗어나는 데 돈을 들이는 것이 좋은지

솔직하게 결정하라.

　모든 사실을 알지 못하고서는 좋은 선택을 할 수 없으며 전체적인 그림을 보려고 하지 않는다면 모든 사실을 알 수 없다. 과거 당신의 자아를 볼 수 없으면 자신이 어떤 선택을 할 수 있는지도 알 수 없다. 자아란 좋은 것이다. 건강한 자아는 당신의 비전에 자신감을 갖게 해 준다. 그리고 건강한 자아는 어두운 면을 보고 이에 대처하는 것을 두려워하지 않는다.

　어느 누구도 항상 자신을 완전 명확하게 볼 수 있는 것은 아니다. 그렇기 때문에 친구, 가족, 지지 그룹이 필요한 것이다. 내가 아주 가까운 친구라고 생각했던 친구가 나에게 이렇게 말한 적이 있다.

　"네가 나의 친구라면 나를 지지해 줘야 하고 어떤 때라도 내가 항상 옳다고 말해 줘야 해."

　나는 어리둥절해졌다. 나에게 진정한 친구란 내가 틀렸을 때 틀렸다고 말해 주고, 그렇더라도 나를 여전히 사랑해 주는 것이다. 진정한 친구를 사귀도록 하라. 친구들에게 정직하고 솔직하게 말해 달라고 하고 또 그 보답으로 친구들에게도 솔직한 이야기를 해 주라. 때때로 기분이 상할 수 있지만 장기적으로 보면 당신에게 도움이 될 것이다.

　이제 나는 당신의 친구가 되어 창조적인 커리어에 대한 몇 가지 냉혹한 현실에 대해 이야기해 주려고 한다.

정말 어려운 일이다. | 지름길도 없고 미봉책도 없다. 하루아침에 성공했다는 이야기들은 대부분 수년간의 고난과 노력의 결과로 이뤄진 것들이다. 금전적으로 성공한 사람들의 대부분은 일주일에 70시간 이상씩 일하고, 자신들의 목표를 이루기 위해서 끊임없이 여러 해 동안 일한 사람들이다.

성공하기 위해서는 헌신이 필요하다. | 당신의 헌신뿐 아니라 당신 가족들의 헌신이 필요할 때가 자주 있다. 당신이 그 일 하기를 너무 좋아해서 그 일을 안 하고는 못 배기는 그런 마음자세가 필요하다. 또 몹시 불쾌한 일

을 해야 할지라도 목표를 이루기 위해 해야 할 일이라면 기꺼이 하는 자세가 필요하다.

그 좌뇌라는 것도 필요하다. | 그러므로 좌뇌와 친해져라. 또 좌뇌를 사용하라. 아주 흥미롭지는 않지만 당신이 가지고 있는 좌뇌적인 능력들을 모두 이용하라. 아마 자신이 생각보다 숫자를 잘 다룬다는 사실을 발견할 수도 있을 것이다. 사실 창조적인 사람들 중 많은 사람들이 생각보다 수학을 잘한다. 자신의 다른 면을 발견하게 되면 아마 매우 놀라게 될 것이다. 자신을 탐험해 보라.

당신의 성공이 꼭 돈으로만 나타나는 게 아닐 수도 있다. | 아니면 명예나 우리 사회가 존경하는 방식으로 나타나지 않을 수도 있다. 당신이 지금 하고 있는 일을 하는 것이 행복할 때가 바로 성공이다. 성공이란 개인적인 만족감이다. 자신에 대해서 책임을 지는 것이다. 성공은 어떤 형태로든 당신이 원하는 형태로 이루어진다.

성공을 위해서는 강한 성격이 필요하다. | 물질적인 성공을 다루는 데는 훨씬 더 많은 힘이 필요하다. 자신 개인의 성장에 게을리 하지 마라. 개인적인 문제를 소홀히 하지 마라. 개인적인 문제들을 그냥 흘려보내면 결국에는 돌아와서 당신의 뒷덜미를 잡을 것이다. 당신과 당신이 사랑하는 사람들을 보살펴라.

12

당신 인생의 황금기가 왔다
-PMS : 긍정적인 정신 상태(A Positive Mental State)-

어떤 사람은 컵이 반이 비었다고 생각하고 어떤 사람은 컵이 반 채워져 있다고 생각한다. 나는 컵이 너무 크다고 생각한다.

| 조지 칼린(George Carlin)

당신의 인생이 노 없이 바람 부는 대로 나아가는 배와 같다고 느낀 적이 있었는가? 직장이 없거나 자신의 적성을 살리지 않은 경우는 도움이 되지 않는다.

물 밖으로 고개를 내밀고 있어야 한다. 바위투성이 해안가는 피하고, 일반적인 충고들을 모두 시도해 봤지만 여전히 직업이나 고객을 찾지 못했더라도 긍정적인 생각으로 배가 떠가도록 하라. 당신은 자신감을 잃고 이 길이 자신에게 맞는지 확신을 갖지 못하게 된다. 비록 당신의 배가 빠르게 침몰하는 것처럼 느껴져도 자신을 불쌍하게 생각하지 마라. 계속해서 배의 물을 퍼내고 버텨라. 구명조끼라도 잡는 심정으로 현실적인 직업을 가질까 하는 생각이 들어도 그렇게 하지 마라.

이제 결정적인 순간이다. 이 선택은 계속 배에서 끝까지 버티든지 고개를 떨구고 배를 버리든지, 아주 중요한 것이다. 자신에 대한 연민은 뒤로 젖혀 두고 배를 열심히 저어라. 여기에서 에너지를 받아야 한다. 앞으로 나아가라. 열심히 하는 것이다. 인생은 공평하지 않다는 것을 나도 안다. 그렇지만 거친 바다를 헤쳐 나가는 사람이 당신만이 아니다. 당신 전에도 다른 사람들은 인생의 폭풍을 겪었고 만신창이가 됐지만 꿋꿋하게 버텨냈다. 그들은 자신들이 살아남을 것이며 낙원에 도착할 것이라는 믿음을 가지고 자신들의 배를 몰았다. 당신도 할 수 있다.

무엇이 배를 침몰시키는가? 바로 "사람들이 나에 대해서 알아낸다면" 증후군이다. 정말 사기를 치고 있는 게 아닐까 느끼는 것이 바로 창조적인 커리어를 전복시키는 길이다. 당신은 자신이 좋은 것을 얻을 가치가 있고, 좋은 것이 생겼을 때 이를 누릴 가치가 있다는 사실을 믿어야 한다. 로버트 휴즈(Robert Hughes)는 이렇게 말했다.

"예술가가 위대할수록 의심도 더해진다. 완벽한 자신감이란 재능이 적은 사람에게 주어지는 위로상과 같은 것이다."

이런 식으로 살 필요는 없지 않은가.

마음을 좀 느슨하게 가져라. 퓰리처상을 두 번이나 받은 작가 J. 앤서니 루카스(J. Anthony Lukas)는 이 시대 최고의 논픽션 작가 중 하나라는 명성을 얻고 있다. 그의 책 『공통 기반』(Common Ground)은 평론가들의 호평을 받았을 뿐 아니라 금전적으로도 아주 성공적이었다. 나이 64세에 그는 모든 것을 가지고 있었다. 그는 새 책 『큰 문제』(Big Trouble)을 마무리하던 중인 1997년 6월에 자살했다. 자살의 원인 중 하나는 자신의 새 책이 이전의 작품이 이룩한 자신의 명성에 못 미친다고 생각했기 때문이다.

당신은 제 길을 가고 있기를 바라는 것보다 조금 느리게 움직이고 있는 중일 수 있다. 다른 길로 바꾸거나 다른 목적지로 방향을 돌려야 할 수도 있다. 쉽지는 않지만 성장을 위해서 변화를 받아들여야 한다. 당신은 할 수 있다. 그리고 당신은 해야만 한다. C. W. 메트카프(C. W. Metcalf)는 묻는다.

"만일 최악의 결과를 예상하고 있고 결과도 최악이라면 두 번 고통 받는 게 아닌가?"

비극을 불러오는 "~했다면 어떨까?"라는 생각들은 없애 버리고 지금 손에 쥐어진 일에 힘써라. 모든 것이 다 잘될 것이다. 거의 항상 그럴 것이다. 이제 현실 도피는 멈추고 계획을 세워서 그 계획을 실행에 옮겨라. 지금 당신의 위치와 당신이 가고자 하는 곳에 관심을 기울여라. 이것이 중요한 것이다.

내면의 비평가 죽이기

조지, 말해 보게. 만일 다시 태어난다면 자네 자신과 다시 사랑에 빠지겠는가?

| 오스카 레반트(Oscar Levant)가 조지 거쉰(George Gershwin)에게

자신이 원하는 커리어나 인생을 창조하기 위한 여정에서는 어느 상황에서도 물 위에 떠 있을 수 있게 긍정적인 생각을 해야만 한다. 작가 앤 라모트(Anne Lamott)는 말한다.

"가만히 놔두면, 나의 정신은 있지도 않은 사람들과 대화를 나누느라 많은 시간을 보냅니다."

자신과 사랑에 빠지도록 하라. "당신 자신을 믿고 있는 것은 바로 당신입니다."라고 클로드 브리스톨(Claude Bristol)은 지적하고 있다.

자신을 신뢰하라. | 당신은 대사를 외울 것이며 연기도 잘할 것이고 훌륭하게 해낼 것이다. 이것을 믿어야 한다.

무의미한 것을 자존심이라고 부르지 마라. | 당신, 바로 당신 혼자서 당신의 생각을 책임지고 있다. 바로 이 부분은 당신만이 통제하는 부분이다. 긍정적인 사람들은 긍정적인 생각을 하고 성공하는 사람들은 성공적인 생

각을 한다. 아주 간단한 법칙이다.

지속적으로 긍지를 가져라. | 당신이 평생 동안 가져 왔던 부정적인 생각을 없애는 데에는 시간이 많이 든다. 그렇지만 과거는 과거다. 당신이 자신에 대해 신경 쓸 부분은 현재이다. 지금부터 자신을 성공적으로 볼 수 있도록 노력하라. 자신을 친절하게 대하라.

당신 자신의 길을 가라. | "내 인생은 긴 장애물 경주와도 같았습니다. 이 경주에서 최대의 장애물은 나 자신이었습니다."라고 잭 파(Jack Parr)는 인정한다. 리사 커드로(Lisa Kudrow : 시트콤 "프렌즈"의 출연자)는 다른 사람들이 그들 자신에 대해서 확신이 없을 때 그들에게 열심히 용기를 북돋워 주고 그들에게 그 것을 추구하도록 밀어준다고 말했다. 그렇지만 그녀 자신의 커리어의 문제에서는 긍정적인 면이 떨어진다.

"나는 모든 사람들이 자신에게 굉장히 쓰라린 말을 많이 하고 자신을 '패배자' 나 ' 바보' 라고 부른다고 생각했어요. 나는 변명하거나 대가를 치르게 하지 않고서 자신의 실수를 용납해 주는 방법을 배워야 했습니다."

중독자가 되지 마라. | 타고난 위험 감수자(또는 아드레날린 중독자)로서 당신은 자신을 위험에 몰아넣는 사람이 될 수 있다. 벼랑 끝과 같은 삶, 경험으로 일을 처리하는 방식은 당신이 걱정과 압력을 과다 복용할 때라야만 효과가 있다. 당신 자신의 '젖은 옷을 말릴 시간' 을 가져라. 큰 프로젝트 사이에 쉴 시간을 가져라.

우뇌, 틀린 문제. | 우뇌 중심의 사람은 문제들과 맞붙어 싸우는 것을 좋아한다. 그리고 때때로 충분히 좋은 상태, 정말로 충분히 좋을 때조차도 어떤 일들을 개선해야 할 필요가 있다고 생각하기도 한다. 당신이 꼭 세상을 구할 필요는 없다. 당신이 완벽하기를 바라는, 아니면 당신이 완벽하기를 기대하는 사람은 당신밖에 없다. 자신의 한계를 인식하라. 당신은 슈퍼맨도, 원더우먼도 아니다. 크립토나이트(Kryptonite; 슈퍼맨의 고향별에서 나오는 광물질로 슈퍼맨을 죽일 수 있다.)는 당신을 죽게 만든다.

자존심을 스스로 만들어 내라. | 만일 스스로 자영업을 하기로 결정했다면

프로는 세상을 탓하지 않는다

계속적으로 도전에 직면하게 될 것이다. 도전이란 당신이 가지고 있는 것을 끝까지 지키도록 애쓰라는 의미이다. 그리고 당신은 좌절, 거부나 실수와 같은 직업적인 함정에 대처해야 할 것이다. 이는 스스로 사업을 하는 데 따르는 대가이다. 비밀은 당신이 이런 도전들을 어떻게 다루느냐, 그리고 이 도전들을 다루는 것을 좋아하게 되는 것에 달려 있다.

당신의 시대가 올 것이다. | 모든 사람에게는 감내해야 할 힘든 시간들이 있다. 당신이 알고 있는 앞서 나가는 사람들은 이 힘든 시간을 뒤로하고 더 나은 미래를 만들어 내는 사람들이다. 자기 연민에 허우적대는 대신 그들은 Mr. T["A특공대"(*The A-Team: 1983~1987*)에 출연했던 배우]의 방식을 취하고 이렇게 말한다.

"나는 내가 원하는 것을 얻지 못하도록 방해하는 바보들을 불쌍하게 생각합니다."

주변을 둘러보면 당신보다 입맛 당기는 직업과 두둑한 통장, 더 좋은 인맥, 더 큰 계약을 얻어내고 자신이 계약을 선택할 수 있는 사람들(훨씬 더 재능이 적지만)을 보고 이렇게 말할 것이다.

"어떻게 저런 일이 일어날 수 있을까?"

당신의 자리에서 버텨라. 당신의 시대가 올 것이다.

당신이 어디에 있든, 당신보다 나은 사람도 있고 못한 사람도 있을 것이다. 이것은 중요하지 않다. 진정한 성공이란 당신의 내면에 있다. 당신의 현재 상태를 감사하라.

이 말은 무슨 말이지?

IAMNOWHERE

만약 이 글을 보고 "I am now here.(나는 지금 여기에 있다.)"라고 읽었다면, 축하해요! 만약 "I am nowhere.(나는 아무 곳에도 없다.)"라고 읽었다면, 음, 이런, 우리가 부정적인 사람이었나?

자존심이란 내면의 일이다

1990년대의 새로운 개척 분야는 인간의 내면이다.

| 페기 누난(Peggy Noonan)

　　최고의 것을 기대하라. 만일 당신이 집중할 수 있는 것이 모두 부정적인 결과뿐이라면 당신의 기회는 줄어들고 결국 당신은 전문적인 도움을 얻어야만 할 것이다. 당신 내면의 생각은 좋든 나쁘든 당신 외면의 세계에 나타나게 되어 있다. 자신들이 성공과 행복을 가질 가치가 있다고 믿는 사람들은 보통 이것들을 끌어들이게 된다. "사인펠드 쇼"의 약간 머리가 벗겨진 조지 코스탄자를 예로 들어 보자. 그는 자주 직장에서 쫓겨나고 욕구 불만인 사람이다. 하루는 조지가 상식과는 반대로 행동하기로 결심한다. 그는 자신이 결코 이전에는 해 본 적이 없는 자신의 운에 맡겨 보기로 한다. 그는 매력적인 여성에게 다가가서 말을 붙인다.

　　"안녕하세요! 제 이름은 조지인데 직업도 없고 부모님 집에서 얹혀 산답니다."

　　대답은?

　　"어머, 안녕하세요. 제 이름은 캐시예요."

　　만일 당신이 좋은 것을 누릴 가치가 있는 사람이라고 믿는다면 당신은 기회를 얻을 것이다. 만일 당신이 그 기회를 잡을 생각이 없다면 기회를 놓치게 될 것이다. 끝.

　　당신이 자신과 자신의 일을 과소평가하면 다른 사람들도 과소평가한다. 그러므로 당신이 자신의 가격을 낮춘다면 이는 당신을 속이는 일이 된다. 사람들은 돈을 더 많이 지불할수록 그들은 당신의 일을 더욱 높게 평가한다. 당신은 자신의 일에 대해 높은 보수를 받을 자격이 있다. 당신은 좋은 것을 누릴 자격이 있다. 당신은 이것을 믿어야 한다. 왜냐 하면 만일 당신이 이를 믿지 않으면 절대로 돈을 벌 수 없고 - 만일 믿는다면 그대로 이루어질 것이기 때문이다. 이제 나를 따라서 말해 보라.

"나의 일은 가치가 있다. 나는 좋은 일이 나에게 일어나기를 바랄 가치가 있는 사람이다. 나는 나의 일에 높은 보수를 받을 자격이 있다."

기분이 좋아지지 않는가?

질투는 커리어의 또 다른 방해물이다. 자신을 다른 사람과 비교하는 것은 불건전하고 결국에는 아무 의미가 없다. 나는 창조력에 관한 수업을 하고 있는데 항상 청중에게 이런 질문으로 강의를 시작한다.

"여러분 중에 자신이 창조적이라고 생각하는 분은 얼마나 됩니까?"

손을 드는 사람은 별로 없다. 몇 가지 질문들을 해서 알아보면 자신이 창조적이라고 믿지 않는 사람들은 창조적이라는 것에 비현실적인 기준을 적용하기 때문이라는 사실을 알 수 있었다. 그들은 자신들이 레오나르도 다빈치가 아니라서 창조적이지 않다고 생각한다. 나는 몇 가지 과제를 수행 중인데 과제를 끝낼 때쯤 과제에 참여한 모든 사람에게 그들 스스로를 평가하고 있던 것보다 자신들이 훨씬 더 창조적이라는 사실을 증명해 보인다. 종이비행기 경주나 크레용으로 색칠하기 등도 도움이 되지만 그들이 성공의 빛을 보이기 위해서는 평가의 기준을 약간 내리는 것이 진짜 방법이다.

인간으로 살아가는 것의 가장 좋은 점(때로는 가장 나쁜 점)은 바로 자신만의 독창성이다. 다른 사람의 실수로부터 교훈을 배워라. 그렇지만 그들이 당신보다 더 낮거나 더 못하다고 생각하는 실수를 범하지 마라. 그들은 단지 다를 뿐이다. 당신도 다르다. 이 사실을 활용하라. 그리고 이를 즐겨라.

커리어의 또 다른 방해물은 경쟁이 너무 심하고, 업계에 돌고 있는 돈이 충분하지 않으며, 정상엔 당신이 올라갈 자리가 없다는 잘못된 믿음이다. 어리석은 생각이다! 자신의 상상력을 사용하라. 틈을 찾아라. 필요를 충족시켜라. 당신의 일을 위한 공간을 만들어라. 바로 이것이 성공하는 방법이다. 세상은 넓고 모든 사람에게 충분한 공간이 있다. 당신이 해야 할 일은 당신의 영역을 표시하는 것뿐이다.

자기 자신을 더 잘 알도록 하라. 주위의 도움을 얻어라. 과거에 자신이 성취했던 것을 돌아보라. 당신이 거둔 성공을 시간을 두고 살펴보라. 자신을 연구하라. 많은 사람들은 탱탱한 엉덩이와 빨래판처럼 홈이 파인 배를 얻으려고 애쓰는 만큼 우리의 내면의 근육에 대해서는 어떤 노력도 기울이지 않는다. 당신이 장 클로드 반담(Jean-Claude Van Damme; 브뤼셀에서 온 근육질의 배우)에 대해 뭐라고 말하든지 그가 인정했듯이 근육질의 배우는 내면으로는 의지박약이며 자신의 근육에 맞는 자긍심을 높이기 위해서 노력했다.

당신을 믿어 주는 사람들을 찾아라. 내가 커리어를 쌓아 오는 동안 다른 사람들의 격려를 통해 내가 견뎌낼 수 있었던 시기들이 있었다. 내 기억 속에도 항상 헤비메탈 음악과 의심과 두려움, 불안함의 망가진 레코드를 틀어대는 스테레오 스피커가 있었다. 이럴 때 다른 사람들이 "당신은 빅스타가 될 거예요." "당신은 재능이 너무 많아서 내가 정신이 없군요." 와 같은 말을 하면 이 스피커의 채널이 자긍심의 교향곡으로 바뀌게 될 것이다. 내 주변의 사람들은 내가 보지 못하는 나 자신을 볼 수 있었다. 바로 이때 스트라빈스키(Stravinsky)가 메탈리카(Metallica)의 소리를 완전히 죽여 버렸던 것이다. 주파수를 맞추고 음악을 틀어라.

당신 머리에 이런 헤비메탈 음악만 가져다주는 사람들은 무시해 버려라. 그렇지만 건설적인 비평이나 충고를 하는 사람은 제외하라. 만일 그들이 "경쟁이 아주 심한 분야가 아닌가요?" 또는 "월마트에 아주 좋은 관리자 프로그램이 있고 거기 일자리가 있는데요."와 같은 말을 한다면 그들을 멀리하라. 만일 사람들이 "시작하는 것이 어렵다면 인턴 제도를 활용하거나 학교로 돌아가는 것은 어때요?"라고 말한다면 그들의 말을 듣고 그대로 받아들인 후 스스로 결정하라.

나는 창조적인 사람이 갖는 어려움을 이해하는 외부 사람을 찾는다는 것이 어렵다는 사실을 알았다. 그렇기 때문에 당신과 같은 사람이 지원을 받을 수 있는 지원자 그룹을 찾는 것은 아주 좋은 생각이다. 그렇지만 결국에는 당신이 자신의 지원 그룹, 당신 자신의 팬클럽의 창설자와 회장이 되어야만 한다.

실천 사항

　만일 당신의 머리에 비행기의 블랙박스나 자료 기록기와 같은 것이 있다면 대화를 하는 것이 두려울 수도 있다. 부정적인 생각들은 잘라 버리고 이들 자리에 확신을 주며 존경할 만한 생각을 채워라. 당신이 자신에게 할 수 없다고 말할 때마다 이렇게 따라 해 보라.

　"나는 할 수 있다! 나는 할 것이다!"

자존심 퀴즈

01. 칭찬을 받으면 나는
　　a. 웃으면서 알아준 사람에게 고맙다고 한다.
　　b. 칭찬을 무시하고, 오해하며, 잊어버린다.

02. 만일 내가 다른 사람과 처지를 바꿀 수 있는 기회가 주어진다면 나는
　　a. 어떤 이유에서건 누구와도 처지를 바꾸지 않을 것이다.
　　b. 기꺼이 다른 사람과 처지를 바꾸겠다.

03. 현 시점의 내 커리어에 대해, 나는
　　a. 내가 지금까지 이루어 놓은 일이 자랑스럽지만 내가 더 잘할 수 있고 또 그렇게 할 것이라는 걸 안다.
　　b. 조금 더 많이 이루고, 돈을 더 많이 벌고, 더 많이 인정을 받았으면 좋았을 것이라고 생각한다.

04. 나의 미래는
　　a. 밝고 무한한 가능성으로 가득 차 있다.
　　b. 희미하고 불확실하며 공포와 걱정으로 가득 차 있다.

05. 나는 보통

a. 어떤 순간에도 행복하고 내 인생을 즐길 수 있다.

b. 일이 잘되고 있을 때에도 행복을 느끼지 못하고 즐길 수도 없다.

06. 내가 내 인생을 돌아보면, 나는

a. 긍정적인 것들에 집중할 수 있고 후회도 별로 없다.

b. 나의 단점에 집착하고 항상 죄의식을 느낀다.

07. 만일 어떤 사람이 나의 친구에게 물어본다면 그들의 대답은

a. 내가 기본적으로 낙관적이고 함께 지내기 즐거운 사람이라고 할 것이다.

b. 나와 어울렸는지도 잘 생각이 안 난다고 할 것이다.

08. 나의 육체적인 외모에 대해서는

a. 자기 관리를 잘 하고 있다.

b. 그냥 되는대로 산다.

09. 내 일에 대한 보수를 받는 것에 대해서는

a. 나는 내가 받을 만한 금액을 요구하고 받는 데 별 문제가 없다.

b. 나는 내 일에 대해 정당한 보상을 요구하고 받는 것이 힘들다.

10. 내가 보통 함께 어울리는 사람은

a. 나와 대등하거나 내가 존경하는 사람들이다.

b. 힘들게 살거나 나를 존경하는 사람들이다.

11. 다음의 문장 중 어느 것이 더 정확한가?

a. 사람들은 나에 대해 그다지 크게 기대하지 않는다.

b. 사람들은 나에게 너무 많이 기대한다.

12. 결정 문제에 관해서는

a. 나는 내 결정을 고수한다.

b. 나는 우유부단하고 귀가 얇다.

13. 사교 장소나 회의에서 나는

a. 나의 아이디어나 의견을 이야기하는 데 문제가 없다.

b. 나의 의견이나 아이디어를 그냥 묻어 둔다.

14. 만일 내가 모든 것을 잃고 다시 시작해야만 한다면

a. 나는 다시 일어설 수 있다.

b. 맙소사. 이런 끔찍한 생각을!

15. 나의 복장에 대해서는

a. 나는 판에 박히지 않은 나만의 스타일을 가지고 있다.

b. 튀지 않는 옷을 선호한다.

16. 다음의 문장 중 나에게 더 잘 맞는 내용은?

a. 나는 평균 이상이다.

b. 나는 평균 정도이다.

17. 어려운 때를 타개하기 위해 나는

a. 정신 차리고 제한된 내용은 피하려고 한다.

b. 몽롱해져서 감각을 마비시킨다.

18. 어려움에 직면하면 나는

a. 도전에 맞서 정면 대결한다.

b. 쉽게 빠져나갈 방법을 찾는다.

19. 내 작업에 대해서는

a. 나는 사람들이 기대하는 것보다 더 잘하기 위해 노력한다.

b. 나는 그럭저럭 버틸 만큼만 한다.

20. 당신은 창조적인 사람인가?

a. 그렇다.

b. 아니다.

점수 내는 방법을 말하기 전에 당신은 매우 훌륭하고 아주 명석하며 사람들은 당신을 좋아한다는 사실을 다시 한 번 이야기하겠다. 그럼 이제 점수를 매겨 보자. 만일 'a'로 답한 질문이 10개 이하이면 자존심을 북돋위 줄 수 있는 촉진제를 사용할 수 있을 것이다. 만일 'a'로 답한 질문이 다섯 개 이하이면 전문적인 도움이 필요하다. 내가 무슨 이야기를 하더라도 당신이 가치 있는 사람이라고 설득할 수 없을 것이기 때문이다.

당신의 입에 돈을 투자하라

미국치과보철대학(American College of Prosthodontists)이 시행한 설문 조사에 의하면 응답자의 25%가 치아 또는 미소가 자신감에 가장 영향을 주는 신체적인 특징이라고 응답했다.

지금 거울을 한번 들여다보라. 가만히 있을 때 당신의 입술 끝이 자연스럽게 올라가 있는가? 내려가 있는가? 미소를 짓는 데 필요한 근육은 사실상 몇 개 안 된다. 그렇지만 미소는 당신의 인생 전체에 영향을 미칠 수 있다. 한번 웃어 보라.

진짜처럼 보이는 잘못된 증거(두려움)

두려움이란 학습되는 것이다. 그리고 두려움이 학습되는 것이라면 학습이 안 될 수도 있다.

| 칼 메닝거(Karl Menninger)

나는 차가운 바람이 휘몰아치는데 무릎을 가슴까지 끌어당기고 차가운 금속 바닥에 앉아서 손의 감각이 없어지는데도 불편하다는 것을 거의 느끼지 못했다. 그때 내가 알아차린 것은, 내가 타고 있던 작은 비행기가 급속히 서쪽으로 기울고 있다는 것이었다. 이제 몇 분 후면 내가 비행기에서 탈출하려고 뛰어내릴 참이었다. 내 마음속은 "내가 왜 멀쩡한 비행기에서 뛰어내리려고 할까?", 그리고 "보험에서 이런 것은 보상해 줄까?"와 같은 생각들로 소용돌이치고 있었다. 내 배가 딱딱하게 굳어 갔다.

나는 상어가 헤엄치는 바다에서 다이빙도 해 보았고, 열기구에서 번지 점프도 했으며, 데드 맨즈 포인트(Dead Man's Point)에서도 뛰어내렸다. 그렇지만 이것은! 이때 나는 한 번도 느껴보지 못한 두려움을 느꼈던 것이다. 우리가 정해진 점프 위치로 다가가자 교관은 내 낙하산 끈을 잡고서 내 눈을 들여다보며 비행기 프로펠러 소리보다 더 크게 소리쳤다.

"준비됐습니까, 실버?"

그는 나의 두려움을 알아챘는지 비꼬듯 말했다.

"네, 준비됐습니다!"

나는 두려움을 느끼지 않는 것처럼 가장해 외쳤다.

"그럼 해 봅시다!"

그는 나를 열려 있는 비행기 입구로 끌어당기고 '상자'라고 부르는 착륙 위치를 가리켰다. 이 높이에서는 너무 작아서 눈을 찡그리고 봐야 할 정도였다. 그리고 교관은 외쳤다.

"저기에 착륙합니다. 행운을 빕니다! 이제 비행기 바퀴 위로 가십시오."

"뭐라구요?"

내가 외쳤다. 그는 다시 비행기 바퀴 위로 올라가서 점프 위치에 대기하라고 명령했다.

이건 설명서에 없었다! 제기랄, 나는 생각했다. 내가 미끄러져서 떨어진다면 비행기에서 바로 뛰어내리는 것이나 별다를 것이 없겠지. 그래서 나는 비행기의 바퀴를 팔로 꼭 잡고 조금씩 움직였다. 교관이 소리쳤다.

"내려다보지 마십시오!"

나는 내려다봤다. 그는 소리쳤다.

"뛰어내릴 겁니까, 구경만 할 겁니까?"

내게는 뛰어내릴 때 교관에게 무례한 손짓을 하고 있는 사진이 있다. 비행기 날개에 부착된 카메라로 찍은 것이다. 나는 내 눈 속의 두려움을 보았고 사진에 침을 뱉었다.

나는 그때 이전이나 이후나 그렇게 긴장했던 적이 없는 것 같다. 그 일은 사느냐 죽느냐의 상황이었던 것이다. 다른 사람 중 하나는 비행기에서 뛰어내릴 때 너무 얼어붙어서 코스를 이탈해 멕시코에 추락했기 때문에 심한 부상을 당했다. 이제 나는 다른 종류의 두려움이 생기면 이렇게 묻는다. 이것 때문에 내가 죽을까? 그렇지 않을 가능성이 훨씬 많다. 자신의 두려움에 직면하면 직면할수록 당신은 더욱 강해진다.

대학 미식축구 코치인 바비 바우덴(Bobby Bowden)은 선수 중 최고인 학생을 이렇게 설명했다.

"이 선수는 두려움이라는 단어의 의미를 모릅니다."

바우덴은 계속해서 말했다.

"전 그의 성적을 보아 왔지만 그는 많은 단어의 뜻을 모르고 있습니다."

나는 많은 재능 있는 사람들의 꿈이 두려움 때문에 망쳐지는 것을 보아 왔다. 가장 나쁜 경우는 사람들의 최악의 두려움이 현실로 나타났을 때인데 이는 자초한 일이나 다름없다. 나는 작가들이 원고를 제때 제출하지 않는 것, 음악가들이 녹음 시간(약간의 비용이 든다)에 몇 시간씩 늦게 나타나는 것, 배우들이 청중 중에 VIP가 있다는 사실을 알고서 공연 무대에 오르기도 전에 힘을 다 소진해 버리는 것들을 보았다. 그들은 자신의 두려움을 현실로 만든 것이다.

왜? 아주 좋은 질문이다. 책임감에 대한 두려움, 자신들의 기술을 다음 단계로 발전시켜야 하는 두려움, 새로운 기대에 완벽하게 부응해야 하는 두려움일 수 있다. 자신들의 독립성을 잃는다는 두려움. 실패에 대한 두려움이 그것이다. 그렇지만 나에게 최고의 두려움이 뭐냐고 묻는다면 그것은 돈을 충분히 벌지 못할 것에 대한 두려움, 집을 잃을 것에 대한 두려움이다. 이런 두려움은 창조적인 사람에게는 항상 존재하는 두려움이다. 특히 프리랜서로 일할 때는 더욱 그렇다.

당신이 경멸하는 일을 돈 때문에 하는 것과 당신이 사랑하는 일을 사랑하기 때문에 하는 것 중 어느 것이 더 나쁜가? 당신의 열정을 따르라. 당신이 목표를 가지고 일하고 있고 자신의 재능을 사용하고 있다는 것을 알면 안정감은 따라오게 되어 있다. 오히려 당신의 꿈을 좇지 않는 것이 더 위험하다. 그 대가가 엄청나기 때문이다.

캐럴 아이클베리(Carol Eikleberry)의 『창조적이고 판에 박히지 않은 사람들을 위한 커리어 지침서』(The Career Guide for the Creative and Unconventional Person)에는 내가 한번도 생각해 보지 않은 두려움이 언급되어 있다. 그녀가 지적하기를, 만약 당신이 자신의 육체적인 안전에 대해 두려움을 가지게 되면 창조적이기 힘들다는 것이다. 만일 당신이 안전하지 않은 장소에 살고 있거나 주변 사람들에게 학대를 받는 경우 이때의 두려움은 현실적인 것으로 즉시 조치를 취해야 한다.

또 다른 두려움은 다른 사람들이 어떻게 생각하는지에 대해 심하게 걱정하는 것이다. 그들이 나의 작품을 좋아할까? 누가 이것을 돈 주고 사려고 할까? 내가 크게 성공하면 친구들과 가족들을 잃게 될까? 보통 대답은 "그렇다" "그렇다" "아니다"이다. 보통 당신을 별로 배려하지 않는, 아니면 질투를 하는 다른 사람들은 "사업은 보통 시작한 지 2년 만에 망한대." 아니면 "너는 키가 너무 작아." "신중하게 해." 이런 말들을 당신에게 한다. 신중이란 어디에도 갈 수 없는 편도 차표와 같다. 당신은 심지를 굳게 하고 그들의 배려에 대해 감사하고 움직여라.

야구에서는 압박을 받는 상황에서 기량을 더 발휘하고 생생해지는 선수들이 있다. 그들은 두려움이 없다. 그들은 긴장된 상황을 극복한 것이다. 그들은 "나한테 공을 쳐 봐."라고 말한다. 파드레스(Padres)의 외야수 그레그 바운(Greg Vaughn)이 투수들을 위압하는 것을 보는 것은 아주 즐거운 일이다. 아마도 그가 홈런 50개를 쳤기 때문일지도 모르지만 어떤 이유인지 투수들은 시속 95마일의 강속구를 그의 머리에 조준하여 던지듯 애쓰는 것처럼 보인다. 이성적인 사람이라면 누구나 그렇듯 그는 공을 피하기 위해 몸을 땅바닥에 던진다. 그렇지만 몸의 먼지를 털고 나면 그에겐 근성이 나타난다. 그레그 바운이 이렇게 몸을 던지고 난 후에 타석에 돌아와서 홈런을 쳤던 경우가 얼마나 많이 있는지 말도 할 수 없다.

많은 운동 선수들은 경기 전에 자신들은 최선을 다할 것이며 그 이후는 생각하지 않는다는 판에 박힌 대답을 하곤 한다. 사실 이 말은 아주 좋은 충고이다. 엄청나게 간단하게 들리지만, 결과는 걱정하지 말고 그 과정에 집중하라는 이 말은 너무도 강력한 말이다. 그러니 다른 사람들이 이 말을 이해하지 못하면? 그래도 당신은 최선을 다한 것이다.

알겠는가?

인생이란 항상 위험이 따르게 마련이다. 이 위험에 맞서든, 집에 앉아서 다른 사람들이 텔레비전에 나오는 것을 보든, 신문에서 우리들에 관한 기사를 읽든 말이다.

프로는 세상을 탓하지 않는다

 실천 사항

두려움 느껴라

두려움을 느끼는 것이 그렇게 나쁜 것만은 아니다. 사실 이것은 아주 정상적인 것이다. 당신은 이를 이겨내야 한다. 그리고 어떤 책의 제목에도 있듯이, '두려움을 느껴라, 어쨌든 그 일을 하라!' *(Feel the Fear and Do It Anyway.)*

- 당신의 꿈을 줄이지 마라. 다만 작게 시작하고 작은 성공에서 시작하여 기념비적인 성공을 이루어내라.

- 당신이 두려워하는 일들을 모두 적어 보라. 그리고 각각의 항목 옆에 그 일을 시작할 날짜를 적어라. 왜냐 하면 행동은 이런 두려움을 없애는 한 가지 방법이기 때문이다.

- 이 문장의 빈칸을 채워라. "나 자신에 대해 내가 항상 가지고 있는 두려움은 _____이다." 당신의 두려움을 드러나게 하고 이에 대처하라.

실현—기회

우리의 의심은 반역자들이며 시도해 보는 것을 두려워함으로써 우리가 자주 얻을 수 있는 좋은 것들을 잃게 만든다.

| 윌리엄 셰익스피어(William Shakespeare)

당신이 기회를 잡기 전까지는 아무 일도 일어나지 않는다. 위험 없이는 성공도 없다. 그렇다고 당신이 안전하게 행동할 수 없다고 해서 성상에 오를 것이라고 기대하라는 것은 아니다. 나는 당신이 무모하게 위험을 감수하라는 말은 아니다. 그렇지만 다른 사람들이 두려워하는 것에 도전하고, 다른 사람들이 실패한 곳에서 성공을 이루라는 것이다. 팻 매스니(Pat Matheny)는 이 시대 가장 위대한 기타리스트 중 하나이다. 그는 그래미상을 아홉 번이나 수상했고, 1970년대부터 나온 음반들이 연속적으로 성공을 거두었다. 그를 더욱 위대하게 만든 것은 그의 연주에 새롭고 시도되지 않았던 것들을 과감히 시도하는 능력이었다. 그는 음악에 있어서 안정된 길을 택하지 않았다. 그는 예측 불가능하고, 실험적인 사람이었으며, 지금까지는 이런 성격이 그에게 많은 도움이 되었다.

아마존닷컴의 설립자 제프 베조스(Jeff Bezos)는 자신의 꿈을 추구하기 위해 월스트리트에서의 성공적이고 안정적인 멋진 직업을 포기했다. 그는 낡은 셰비 블레이저 트럭에 짐을 싸서 아내와 개를 데리고 워싱턴 주의 벨뷰(Bellevue)로 '세상에서 가장 큰 서점'을 시작하기 위해 떠났다. 좀 황당하다. 그렇지 않은가? 더욱이 전자 상거래는 너무 새로워서 아직 검증되지 않은 분야로 생각할 경우는 더욱 그럴 것이다. 하지만 그는 다르게 생각했다. 그는 《석세스》(Success) 잡지에서 이렇게 말하였다.

"저는 이것을 후회 최소화의 방식이라고 부릅니다. 80대의 나 자신을 상상하고 인생에서 후회되는 것이 무엇인지 물었죠. 그리고 80세가 되면 월스트리트의 연말 보너스 없이 살아가는 것과 같이 당시에는 중요하게 여겨졌던 것들을 기억도 못 할 것이라는 것을 알았습니다. 그렇지만 인터넷이 막 생겨나기 시작했을 때 그 중요성을 내가 무시했다는 것과 내가 바보 같은 행동을 했다는 것을 기억하게 될 거라는 점을 알게 됐습니다."

나는 항상 나 자신에게 일어날 수 있는 최악의 상황이 무엇일까 물어본다. 내가 이 사태를 해결할 수 있을까? 좋다! 그럼 전진! 앞으로! 만일 내가 해결할 수 없다면 어떻게 이것을 약간 축소할 수 있을까?

결론은 바로 "위험이 클수록 보상도 크다"라는 속담이 진실이라는 것이다. 커리어에 관해서라면 큰 성공은 기회가 주어졌을 때 용감하게 이 기회를 잡는 사람에게 온다. 당신 주변에 있는 사람들에게는 사리에 맞지 않는 것처럼 보일 수도 있지만, 당신이 후회 없이 살기를 원한다면 당신이 해야만 하는 일인 것이다.

인생의 갈림길에서

당신의 인생에서 중요한 전환의 시점 두 번을 회상해 보라. 각 전환기에 대한 주제어를 적어라. 그리고 자신에게 물어보라. 내가 그때 어떤 느낌이었는가? 내가 두려워했는가? 지금 회상해 보면 결과가 괜찮았는가? 괜찮은 것 이상이었는가? 외면상으로는 나빠 보였지만 실상은 축복이었는가?

퀴즈: 당신은 성공을 두려워하는가?

창조적인 삶을 살기 위해서 우리는 잘못될지도 모른다는 두려움을 없애야만 한다.

| 조지프 칠턴 피어스(Joseph Chilton Pearce)

🖉 퀴즈

다음 질문에 답해 보자.

	그렇다	아니다
• 내가 시작한 일을 끝내는 것이 어렵다.	_____	_____
• 내가 성공할 것이라고 거의 확신하는 일을 할 때 나는 불안해지고 집중력을 잃는다.	_____	_____
• 나는 중요한 일을 할 때에는 자제력과 열망이 부 족해서 일을 망치고 마감 시한을 놓친다.	_____	_____
• 나는 나 자신의 일에 대해 과도하게 비판적이며 내가 맞출 수도 없는 높은 기준을 세운다. 그래서 난 일을 아예 하지 않는다.	_____	_____
• 나는 지각을 하거나 준비를 하지 않아서, 또는 최 상의 내 능력을 보여 주는 데 실패해서 나의 성공 에 방해가 된 적이 한두 번 있다.	_____	_____
• 새로운 고객이나 프로젝트가 무산되면 나는 굉장 히 안도감을 느낀다.(비통함도 느낀다.)	_____	_____
• 나는 확실한 일을 할 때에는 게을러지고 무기력해 진다.	_____	_____
• 나는 사나운 사람으로 알려져 있고, 내가 목표에 도달하는 것을 도와줄 수도 있는 중요한 사람을 멀리한다.	_____	_____
• 내가 성공적일 때는 실패했을 때보다 더 불편하다.	_____	_____
• 성공적일 때 더 많은 압력을 느낀다. 그래서 나는 과거에 한두 번 최선을 다하지 않은 적이 있다.	_____	_____

두려움에 대한 몇 가지 생각

모든 사람은 재능이 있다. 드문 것은 재능이 이끄는 어두운 곳으로 그 재능을 따라

가는 용기이다.

| 에리카 종(Erica Jong)

우리가 두려워하는 것은 우리에게 일어나지 않는다.

| 오스카 와일드(Oscar Wilde)

독창력, 용기 더하기, 일 더하기는 기적이다.

| 봅 리처드(Bob Richards)

자신감은 준비에서 나온다. 그 외의 모든 것은 우리가 어떻게 할 수 없는 것이다.

| 리처드 클라인(Richard Kline)

유명 연예인이 된다는 것은 너무 불편해서 나는 '앰프 뒤에 서 있는 것이 더 좋았을 텐데.' 라고 생각했다.

| 린다 론스태드(Linda Ronstadt)

두려움은 행동을 막는다. 행동은 두려움을 막는다.

| 마거릿 버크-화이트(Margaret Bourke-White)

핑계 대지 않기

나는 다른 사람보다 더 춤을 잘 추려고 노력하지 않았다. 단지 나 자신보다 더 잘하려고 했을 뿐이다.

| 미하일 바리시니코프(Mikhail Baryshnikov)

만일 인생이 너무 힘들어질 때는 항상 다음의 이야기들을 읽고 또 읽도록 하라. 당신에게 영감을 줄 것이다. 당신은 자신의 꿈을 성취하지 않은 것에 대해 핑계를 댈 수 없다. 특히 다른 사람들이 자신의 목표를 성취하기 위해서 직면해야 했던 것들을 생각해 보면 더욱 그렇다.

어린아이였을 때 진 미캘스키(Jean Michalski)는 사고로 고압 전선을 건드렸다. 감전 사고로 두 팔을 절단해야만 했다. 그렇지만 팔이 없다고 해서 그가 성공한 화가가 되는 데 방해가 되지 않았다. 진은 입으로 붓을 물고 발가락으로는 팔레트에 물감을 짜면서 열심히 그림을 그린다.

마리아 일레나(Maria Ilena)는 남미에 적절한 가격으로 개인용 컴퓨터를 판매할 권리를 얻으려고 했을 때 주요 컴퓨터 회사에서 모두 거절당했다. 그녀는 남미의 국가들이 너무 가난해서 개인용 컴퓨터를 구입할 여유가 없다는 말을 들었다. 마리아는 자신이 매년 십만 달러 정도의 제품을 팔 수 있다면서 한 컴퓨터 회사를 설득했다. 전화번호부를 유일한 연락처의 근원으로 삼아 그녀는 단지 3주 만에 판매 목표를 달성했다.

캐런 더피(Karen Duffy)는 어느 날 아침 견딜 수 없이 고통스러운 두통으로 잠을 깼다. 그녀는 후에 중추 신경계를 공격하는 아주 희귀하고 위험한 병이라는 진단을 받았다. 이 병이 발견됐을 때 더피는 영화 두 편에 출연하기로 되어 있었고, 디즈니 시트콤에 출연 중이었다. 그녀는 이미 "덤 앤 더머"(Dumb and Dumber), "청춘 스케치"(Reality Bites)에서 두각을 나타냈고, MTV의 DJ, 모델, 《코스코폴리탄》 잡지의 칼럼니스트이자 텔레비전 작가로 일하고 있었다. 불평하면서 "왜 하필 나지?"라고 묻는 대신 그녀는 화학 치료를 착실히 받으면서 계속 품위 있고 용기 있게, 그리고 빛나는 유머 감각을 가지고 일했다.

아일린 거쥐(Eileen Goudge)는 사회 보장 수당을 받으며 혼자서 아이를 키우는 어머니로서 냉동 오렌지 주스에 물을 더 타서 하루나 이틀 더 마실 수 있도록 만들기도 했었다. 그러나 그녀는 역경을 딛고 베스트셀러 작가가 되었다. 그녀는 끔찍했던 결혼 생활을 끝내고 작가가 되기 위해 뉴욕으로 이사했다. 그녀는 고등학교 때 영어 과목에서 높은 점수를 받았던 것을 기억하는 대학 중퇴자였다. 빌린 타자기로 글을 써서 운전 기술로 휘발유를 절약할 수 있는 방법에 대한 기사로 20달러를 벌게 되었다. 이 20달러는 식료품을 사는 데 들어갔지만 그녀가 작가가 될 수 있다는 그녀의 믿음을 더욱 강하게 해 주는 격려가 되었다. 그리고 그녀는 해냈다.

로니 밀샙(Ronnie Milsap)은 그래미상을 여러 번 수상한 싱어송 라이터이다. 그의 노래 "Any Day Now"는 빌보드의 올해의 노래로 선정되었으며, 그의 수상 행렬은 올해의 연예인에서부터 올해의 남성 가수에까지 이른다.

밀샙은 아주 재능이 많은 음악가이다. 그는 또한 가난한 집에서 맹인으로 태어나 여섯 살에 어머니에게 버림받고 낯선 사람들의 손에서 자랐다.

에이미 멀린스(Aimee Mullins)는 아름다움에 대한 사회적 통념을 바꾸고자 하였다. 그녀는 "자신감이란 여성이 가진 것 중 가장 섹시한 것이다."라고 믿는다. 팔과 다리를 절단한 사람으로서 에이미는 모델, 텔레비전 토크쇼 사회자, 그리고 사람들에게 하고자 하는 의욕을 주는 연사가 되기로 결심했다. 스물두 살의 그녀는 이미 여기저기에서 출연 요청을 받는 모델이 되었다. 그녀는 이렇게 말한다.

"모델로서 나는 사회가 가지고 있는 육체적 완벽함에 대한 인식에 맞설 수 있고 이렇게 말할 수 있어요. '이봐요, 나를 봐요. 내가 멋지다고 생각하지만 이거 알아요? 내 다리는 의족이에요!' 이상적인 육체란 없어요. 내 육체는 아주 불완전하고 나는 이것을 바꿀 수 없지만 여전히 매력적인 사람이 될 수 있답니다."

이 여성이야말로 내면과 외면이 모두 아름다운 여성이다.

그럼 당신의 핑계가 뭐였더라? 그렇다. 나도 그렇게 생각했다. 그 핑계가 무엇이든 완전히 말도 안 되는 것이다. 당신이 정말 너무도 원한다면 무엇을 하기를 원하든지 당신은 할 수 있다.

정상으로 가는 길에서의 실패

세상에 실패라는 것은 없다 – 도중에 그만두는 사람만 있을 뿐이다.

| 필리스 딜러(Phyllis Diller)

9회 초 노아웃 만루 상황이었다. 나는 컨디션이 너무 좋았고 경기 내내 아무도 내 공을 치지 못했다. 나는 거의 퍼펙트게임에 가까운 투구를 하고 있었다. 이제 경기가 거의 끝나 가고 있는데 나는 기운이 빠지기 시작했다. 나는 지쳤고 이제 던질 수 있는 공은 느린 투구밖에 없어서 스트라

이크 볼을 던질 수 없었다. 나는 절망했고 나는 절망감을 심판에게 퍼부었다. 내가 저항하면 할수록 판정은 더욱 불리해졌다. 나도 모르는 사이에 나는 사사구로 만루 상황을 만들어 버렸다. 내가 기진맥진하여 침착을 잃어 가는 것을 보고 매니저가 나와서 나를 투수석에서 끌어내렸다. 나는 침착성을 잃었다. 나는 덕아웃과 매니저에게 분풀이를 하며 집기들을 마구 부수었고 심판에게도 소리쳤다. 이건 정말 부끄러운 일이었다.

결국 심판은 나를 덕아웃 밖으로 퇴장시켰다. 나는 이 일을 바로 어제 일처럼 기억하고 있다. 왜냐 하면 이날이 나의 아버지와 할아버지가 내가 투구하는 것을 처음 보신 날이었기 때문이다. 비록 우리가 그 경기에서 지기는 했지만 그날 나는 아주 값진 교훈을 얻었다. 실패란 당신이 배울 준비만 되어 있다면 위대한 스승이다.

나의 편집자 베스 해그만(Beth Hagman)은 "자신의 실수에서 배우지 못하는 것이야말로 바로 실패이다."라고 반복해서 이야기했다.

아마 "얻는 것이 있으면 잃는 것도 있다"라는 속담을 들어 봤을 것이다. 이 속담은 스포츠에서는 더욱 잘 증명된다. 야구에서 열 번 안타를 시도해서 일곱 번 실패하는 타자는 성공적이라고 평가된다. 아니면 파드레스의 에디 윌리엄스(Eddie Williams)가 말하였듯이 "야구에서 십중팔구는 거의 언제나 고군분투하게 될 것이다." 마크 맥과이어(Mark McGuire)와 새미 소사(Sammy Sosa)가 시즌 당 최다 홈런 기록을 세웠던 해에 그들은 삼진아웃을 가장 많이 당한 선수이기도 했다. 성공하려면 실패해야 한다.

당신이 허드슨 강에 대해서 알고 있다면 살아 있는 물고기를 낚는 것만큼 죽은 시체를 낚을 가능성도 있다는 사실을 알 것이다. 내가 아버지와 함께 허드슨 강에서 낚시하고 있을 때, 아무것도 잡지 못해서 내가 낙심하고 있다는 것을 아버지가 알아채셨다. 아버지는 나에게 말씀하셨다.

"물속에 낚싯줄을 드리울 때마다 물고기를 잡는다면 고기잡기라고 하지 낚시라고 하지 않겠지."

그렇다. 당신은 실패할 것이다. 미안하지만 이것은 사실이다. 그렇지만 실패한다고 해서 당신 인생이 실패로 끝나는 것은 아니다. 작가 해럴드 쿠셔(Harold Kusher)는 이를 가장 잘 설명하고 있다.

"일이 우리가 기대한 대로 이루어지지 않을 때, 우리는 실패한 것처럼 느낀다. 우리는 우리의 꿈과 실제 생활에서 성취한 것을 비교하는 것을 멈추기 전에는 행복해지지 않을 것이다. 우리는 지금 우리의 모습이 매우 특별하다는 것을 알아차리기 전까지는 지금 우리의 모습에 편안하게 느끼지 못할 것이다."

실리콘 밸리에서는 여전히 혁신을 가져오는 실패들이 많이 일어난다. 소프트웨어 회사들은 이들에게 돈 봉투를 밀어 주듯 사람들이 열심히 일하도록 등을 떠민다. 결국 그들은 자신들이 가능하다고 생각했던 것 이상으로 발전할 수 있다. 추구해야 할 새로운 개척지를 찾아내는 것이다. 토머스 에디슨은 전구 필라멘트에 적합한 재료를 찾기 위해 2만 번이나 실패했다. 그의 실패에 대해 질문을 하면 그는 이렇게 말했다.

"나는 실패하지 않았습니다. 나는 전구를 만들지 못하는 2만 가지 방법을 발견한 것입니다."

당신이 자신을 안식처 밖으로 밀어낼 때 때때로 비틀거리거나 실패할 수 있다. 좀 더 많이 하려고 하면 할수록 더 많이 실패하게 된다. 그렇지만 더 많이 하려고 애썼기 때문에 결국에는 당신이 더 많이 성취할 수 있는 것이다. 베벌리 실즈(Beverly Sills)는 이렇게 말했다.

"실패하면 실망할 수도 있습니다. 그렇지만 시도해 보지도 않는다면 결국에는 망하게 됩니다."

만일 과거의 성공에 안주하려고 한다면 당신은 이미 실패한 것이다. 당신은 가만히 머물러 있을 수 없다. 앞으로 움직이거나 뒤에서 실패자로 남아 있어야 한다.

"내가 아는 한, 자신이 실패를 두려워한다고 생각하는 사람들은 잘못 생각한 것이다. 그들이 정말 두려워하는 것은 성공이다. 만일 진정으로 실패를 두려워한다면 당신은 아주 성공적일 것이다. 진정으로 어떤 것을 두려워하는 사람은 가능한 한 그것으로부터 멀리 떨어져 있기 때문이다."

바바라 셰어(Barbara Sher)의 말이다.

좋은 사람들에게 나쁜 일이 일어날 때 "왜 하필 나지?"라고 묻는 것은 아주 자연스러운 반응이다. 나가서 그렇게 물어라. 그렇지만 목적을 가지고 질문하라. 왜 이 일이 당신에게 일어났는가? 이 일에서 어떤 교훈을 얻어 이런 일이 다시 일어나지 않도록 할 수 있을까? 어떻게 하면 당신이 더 잘, 더 강하게, 더 빨리 될 수 있겠는가? 그 일의 의미를 찾아라. 사람들이 "모든 일은 이유가 있기 때문에 일어난다."라고 말한다는 것을 잘 알고 있을 것이다. 그 이유가 무엇인지 알아내라. 그리고 그 안에서 희망을 찾아라.

개인적으로 실패를 받아들이지 마라. 당신은 실패한 것이 아니다. 당신은 어떤 일을 하는 데 실패한 것이다. 당신은 실패자가 아니다. 이런 일로 균형을 잃어서 모두 날려 버리지 마라. 그 일에서 배우고, 그 일을 웃어넘기고, 잊어버려라. 기회를 찾고 해결책을 알아보며 가능한 한 긍정적으로 생각하라. 그럼 당신은 폐허에서 다시 일어서게 될 것이다.

만일 도움이 된다면 어려운 시기를 지속적인 실패가 아니라 일시적인 좌절로 생각하라. 이 일시적이라는 말이 열쇠이다. 당신은 이제 다시 회복하게 될 것이다. 마이클 아이즈너(Michael Eisner)의 말을 명심하도록 하자.

"실패에서 회복하는 것은 성공에서 다른 것을 이루는 것보다 더 쉽다."

마지막으로 재난에 머뭇거리기보다는 당신의 인생에 안정감을 가져오고 결실을 얻을 수 있도록 도와줄 수 있는 일을 하라. 실패 후에 당신은 통제력을 잃은 것처럼 느낄 수 있다. 당신이 승리라고 생각할 수 있는 작은 일을 하라. 내가 여기서 작다고 하는 것은 아주 작은 것이라는 의미이다. 청소나 정리, 세세한 일을 하는 것은 당신이 자신의 문제에서 정신을 다른 곳으로 돌릴 수 있게 해 주고 생활의 균형을 되찾는 데 도움이 된다.

할 수 없는 자, 할 수 있는 자를 비평하라

비평가의 동상은 세워진 적이 없다.

| 진 시벨리우스(Jean Sibelius)

어디에나 비평가는 있다. 너무도 많은 방향에서 거절을 당하기 때문에 당신은 자신이 머리를 숙여야 할지, 점프해야 할지, 달려야 할지 모른다. 때때로 저격수의 공격과 같기도 하다. 어떤 때는 이 무심한 사람들이 한 꺼번에 완전 전면 공격을 하기도 한다.

당신은 절대로 모든 사람을 다 기쁘게 할 수 없다. 그러니 자신을 만족 시키도록 하라. 열심히 일하며 앞으로 나아가라. 뒤를 향해 총을 쏘는 것 은 실수이다. 세상은 아주 위험하므로 방탄조끼와 헬멧을 착용하라. 그리 고 당신이 창조적인 예술계에서 어디든 도달하고 싶다면, 또는 당신의 발 명이나 아이디어를 뭔가 구체적인 것으로 만들기를 원한다면 사격 방향 쪽으로 향해야만 한다.

내가 워크숍 후 나에 대한 평가를 읽다 보면 부정적이고 불쾌한 말을 쓴 이 1%의 사람들이 어디에서 온 사람들인지 궁금할 때가 있다. 그들이 과연 워크숍에서 즐거운 시간을 보내고 지식을 얻었으며 재미있어했던 다른 99%의 사람들과 같은 방에 있었던 것일까?

때때로 비평가들은 당신과 개인적으로나 당신의 일의 특성과는 아무런 관련도 없는 이유로 당신에게 비평의 총을 쏜다. 단지 이 사실을 알고 있 는 것만으로도 당신의 자아에 대한 일격의 충격을 줄이는 데 도움이 될 것이다. 이런 비평에 당신이 영향을 받지 않는다고 해서 이는 큰 문제가 아니다.

조지 루카스(George Lucas)가 영화사 중역에게 자신의 영화에 로봇 배우가 둘 필요하다고 이야기했을 때 그들은 루카스를 보고 정신 나간 사람이라 고 했다. 그렇지만 "스타워즈"(Star Wars)가 완성되었을 때 최후에 웃은 사람 은 루카스였다. 시어도어 지젤(Theodore Geisel)의 첫번째 책은 23개의 출판사에서 거부당했다. 그렇지만 그의 소설 『닥터 수스』(Dr. Seuss)는 6백만 부가 판매되었다. 프레드 스미스(Fred Smith)는 대학원 지도 교수에게서 소포 배달 서비스에 대한 그의 사업 제안서는 실현 가능성이 절대로 없다는 이야기를 들었다. 거의 그럴 뻔했다. 그는 페더럴익스프레스(Fedral Express)를 설립하기 위한 자금을 구하기까지 100여 차례나 거절당했다. 지미 버펫은 내슈빌에 있는 모든 레코드사에서 거절당했고 마침내 앤디 윌리엄스(Andy Williams)에 의해 만들어진 새로운 레코드사와 계약을 하게 됐다.

건설적인 비평을 받아들여 이를 일을 개선하는 데 사용하는 것은 매우 중요하다. 구태의연한 평범한 비평을 마음속에 담아 두는 것은 비생산적인 일이다. 그럼 불공평한 거부에 대처할 수 있는 비법은 무엇일까? 당신은 화가 날 수도 있다. 그렇지만 내가 의미하는 것은 좋은 쪽으로 화를 내라는 것이다. 이 화를 당신이 더 잘하겠다는, 더 열심히 노력하고 그들이 틀렸다는 것을 증명하고자 하는 내면의 욕망을 더욱 불태우는 데 사용하라.

이를 그냥 무시할 수도 있다. 만일 당신이 배우라면 당신은 이미 당신이 너무 키가 큰지, 키가 너무 작은지, 아니면 둘 다인지 알고 있을 것이다. 당신이 듣게 되는 것은 "나는 이 역할에 충분하지 않다."이다. 만일 이런 비평 때문에 나쁜 영향을 받는다면, 당신은 자신의 가치를 유지하는 게 아주 어려워질 것이다. 여배우 캐시 베이츠(Kathy Bates: "미저리"(Misery))는 처음 일을 시작할 때 배우를 하기에는 못생겼고, 살을 빼야 하며, 다른 일을 생각해 보라는 이야기를 들었다.

"내가 처음 제작 발표회를 했을 때, 처음 내가 받은 질문은 '당신도 아시다시피 당신은 미셸 파이퍼(Michelle Pfeiffer)처럼 생기지 않았군요.' 였습니다."

그녀는 그런 질문에 동요하지 않았고 계속해서 "타이타닉"(Titanic)이나 "프라이머리 컬러스"(Primary Colors)와 같은 영화에서 좋은 연기를 보였다.

거부는 아주 많은 형태로 다가온다. 몇 가지 예를 들자면 계약의 취소,

공연에 대한 악평, 중요한 고객을 잃는 것, 해고와 같은 것들이 있다. 여기에서 요점은 이런 것들은 거의 개인적인 것이 절대로 아니라는 것이다. 이는 창조적인 사람의 전문가적인 생활의 일부이다.

때때로 비평은 당신과는 전혀 상관이 없다는 사실을 알아야 한다. 배우 미니 드라이버[Minie Driver: "굳 윌 헌팅"(Good Will Huting)]는 그녀 자신의 행복을 다른 사람들에게 의존하지 않았고 거부를 개인적으로 받아들이지 않았다고 이야기한다.

"어느 날 한 감독이 설명도 없이 프로젝트에서 나를 빼 버렸어요. 2년 후 그 감독이 그때 막 부인과 별거를 시작했고 내가 자기의 아내와 똑같아 보였다고 인정하더군요."

결론은 이렇다. 다른 사람들이 당신의 일을 인정해 줄 때까지 기다리지 마라. 아무도 알아채지 못해도 당신이 훌륭한 일을 한 것에 대해 스스로 인정과 칭찬을 해 주도록 하라. 상이나 영예와 같은 것들이 당신의 인생에 있을 수도 없을 수도 있다. 그렇지만 당신은 이 일을 상 때문에 하는 것이 아니다. 그렇지 않은가? 만일 다른 사람들이 인정해 준다면 이는 금상첨화일 것이다. 아, 물론 다른 사람들이 당신에게 당신의 작품이 가치 있다고 말하게 하는 것이 좋다는 것을 나도 인정한다. 그리고 이로 인해 당신의 일에 매길 수 있는 값이 올라가게 될 것이다. 다른 사람들의 의견을 구하라. 그리고 그 의견이 긍정적이면 그 의견을 간직하라. 이를 글로 적어 놓고 사용하라. 당신의 다이어리에 '칭찬 페이지'를 만들어라. 이를 당신 자신에게, 당신 자신을 판매하는, 또는 미래의 상사나 고객에게 보여 주기 위한 영업 도구로 사용하도록 하라.

실천 사항

　다른 사람들이 당신에게 한계를 설정하려고 할 때, 또는 당신을 낙담시키고 끌어내리려고 할 때 그들에게 아주 몹쓸 편지를 쓰도록 하라. 내 말은 정말로 나쁜 말로 가득 찬 편지를 쓰라는 것이다. 이를 큰 소리로 읽어라. 그리고 이 편지를 찢어서 화장실 변기에 버리고 물을 내려라. 엄청난 상징이지만 하수도가 막힐지도 모른다. 그리고 무시하라.

실천 사항

　최근의 해리스(Harris) 여론 조사에 의하면 50%의 X세대들은 돈에 대한 걱정 때문에 잠을 잘 못 잔다고 한다. 이에 비해 전체 성인의 32%가 재정 문제에 대한 걱정으로 휴식을 취하는 데 문제가 있다.

당신 인생의 황금기가 왔다

믿음을 지켜라

40세가 될 때까지 내가 쓴 글 중 출판된 것은 아무것도 없었다.

| 제임스 미케너(James Michener)

　전초전에만 참여하는 것은 충분하지 않다. 나는 당신이 하루 종일, 항상 나아가길 바란다. 이렇게 하면 사람들은 당신이 한 일이 모두 시간 낭비였을지라도 더 당신을 존경하게 될 것이다. 더욱이 훨씬 더 만족스러울 것이다. 내가 지금 이야기하는 것은 물론 당신의 커리어 문제에 있어서의 끈기이다. 이것은 결혼과도 같은 것이다. 좋은 때도 있고 나쁜 때도 있지

만 오랫동안 결혼 생활을 유지하는 것이다. 왜냐 하면 당신이 미친듯이 열정적으로 자신의 커리어와 사랑에 빠져 있을 때, 당신은 그 커리어가 잘되기를 바라는 마음에서 열심히 일하고 어려운 시기도 이겨내기 때문이다.

1969년 뉴욕 메츠(New York Mets)는 내셔널 리그에서 놀라움을 일으킨 팀이었다. 나는 그때 메츠의 팬이었었는데 그때 양키즈 팬이던 나의 친구들은 이 운이 없는 메츠가 월드시리즈에 나갈 수 있을지에 대해 회의적이었다. 메츠의 구원자인 터그 맥그로(Tug McGraw)는 신조어를 만들어 냈다.

"믿으세요."

그리고 이 말은 길이 남게 되었다. 1998년의 샌디에이고 파드레스에 대한 기억을 되살려보자. 항상 꼴찌를 면치 못했던 샌디에이고 파드레스였다. 이 기복이 심한 수도승들(Padres는 Fathers라는 뜻의 스페인어로, 아버지 외에 기독교의 수도자, 신부 등을 지칭하는 말이다. – 역자 주)을 눈여겨보는 사람들은 많지 않았다. 그렇지만 시즌이 끝나 갈 때가 되자 그들은 끝까지 갈 수 있을 것처럼 보였고 팬들은 이렇게 외치기 시작했다.

"힘내라."

확실히 파드레스는 환상적인 시즌을 보냈다. 당신의 커리어에 대해서도 당신이 성공할 수 있으리라는 것을 "믿어라."를, 그리고 일이 어려워지면 "힘내라."를 기억하라. 끝까지 버티면 다시 때가 올 것이다. 결국 당신은 정상에 오르게 될 것이다.

"천재란 위장된 끈기이다."라는 속담이 있다. 당신이 얼마나 영리하고 얼마나 재능이 있는지에 관계없이, 당신과 당신이 목표한 커리어 사이에는 장애물이 있을 것이다. 세상은 정글이지만 성공적인 사람들은 계속해서 나무를 쳐내고, 길을 만들고, 땀 흘려 일하며, 뱀과 열기, 함정과 싸워 결국 개척지에 도달하게 된다. 지치고 상처를 입었지만 고통에는 더욱 강해지고 고급 레스토랑의 따뜻한 식사와 고급 호텔의 편안한 잠자리 같은 자신들의 새로운 환경에 더욱 감사하게 되는 것이다.

성공한다는 것은 "아니오."라는 대답을 받아들이는 것을 거부하는 것이고, 당신이 옳다고 여기는 것을 위해 싸우는 것이다. 일단 당신이 첫번째 계약을 따내게 되면, 반은 이룬 것이다. 그렇지만 당신은 열심히 해야만 한다. 만일 일이 너무 많다는 생각이 들면 아마도 그 일을 정말 절실히 원했던 것이 아니었을 것이다.

작가 데이비드 발두치(David Baldacci)는 첫번째 책을 출판하기까지 11년의 시간이 걸렸고 1만 장이나 되는 원고가 버려졌다. 그러나 『앱솔루트 파워』(Absolute Power)는 베스트셀러가 되었으며 발다치는 백만장자가 되었다. 그리고 이렇게 되는 데 들었던 것은 11년간의 노력, 변호사로서 일하면서 밤 10시부터 새벽 3시까지 매일 습작을 했던 그 노력이었다.

L. 프랭크 바움(L. Frank Baum)은 일반적인 직업을 가지지 못했다. 그래서 그의 친구들과 가족들은 그가 중년이 될 때까지 그의 면전에서 그를 패배자라고 불렀다. 그가 소위 『오즈의 마법사』(The Wizard of Oz)라는 이야기를 단지 40분 만에 썼을 때 마침내 그는 성공을 이루었다. 바움은 그 후 「오즈 시리즈」 책을 13권이나 더 썼다.

아마도 내가 아는 사람 중에 가장 쾌활하고 절대로 낙담하지 않는 사람은 월리 에이모스(Wally Amos)일 것이다. 고등학교 중퇴자였던 그는 윌리엄 모리스(William Morris)와 함께 탤런트 대리인으로서 성공했지만 이 편한 직장을 떠나 자신의 고모 델라(Della)의 초콜릿 쿠키 제조법을 수백만 달러 가치의 사업으로 바꾸었다. 그는 부자가 되었으며 또 유명해졌다. 페이머스 에이모스(Famous Amos)는 미국의 유명 쿠키 브랜드가 되었다. 여기까지는 좋은 이야기였다. 최근 그는 회사를 잃었고 자신의 이름을 사용할 권리를 잃었으며 집까지 잃을 뻔한데다 고소까지 당했다. 그렇지만 그와 이야기해 보면 전혀 이런 일들을 알아차릴 수 없을 것이다. 그는 다시 시작했으며 이런 좌절에도 불구하고 자신이 다시 한 번 더 일어날 수 있다는 자신감을 가지고 있다. 나도 그가 다시 한 번 더 일어날 수 있으리라는 점에 추호의 의심도 없다.

내 말을 믿지 마세요

다음은 끈기에 관한 몇 가지 생각들이다.

아주 중요한 교훈은 저술이 마법이 아니라 끈기라는 것이다.

│ 리처드 노스 패터슨(Richard North Patterson)

재능 뒤에는 모두 평범한 단어들이 존재한다. 절제, 사랑, 운 – 그렇지만 무엇보다도 끈기이다.

│ 제임스 볼드윈(James Baldwin)

끈기를 가져라. 어느 누구도 당신에게 그 일은 할 수 없다는 말을 못 하게 하라.

│ 리키 레이크(Ricki Lake)

나는 선천적인 가수는 아니다. 나에게는 순전히 힘든 강행군이었다. 내가 사실 다른 사람 앞에서 노래를 할 수 있을 때까지 6주 동안의 엄청난 노력이 필요했다.

│ 줄리 앤드류스(Julie Andrews)

나는 종종 나 자신의 행운을 만들어 왔다. 당신은 모든 문을 두드려 보고, 모든 가능성 있는 기회에 긍정적인 생각과 열정을 가지고 접근해 보며, 그리고 무엇보다도 모든 좌절을 겪고서도 다시 일어섬으로써 자신의 행운을 만들어 나가는 것이다.

│ 리처드 브랜슨(Richard Branson)

나는 항상 어린 시절에 나를 좋아했던 아이들이 영화 제작자가 되어 나를 고용해 주기를 바랐다.

│ 로버트 포스터(Robert Forster)

우리는 끈기를 가지고 견딜 수 있도록 창조되었다. 이것이 바로 우리 자신이 누구인지를 알아내는 방법이다.

│ 토비아스 울프(Tobias Wolff)

만일 재능을 가지고 남을 능가할 수 없다면 노력으로 승리하라.

│ 데이브 와인바움(Dave Weinbaum)

하루 한 번의 포옹은 우울함을 몰아낸다

평균적으로 사람은 하루에 적어도 네 번의 포옹이 필요하다.

나는 괜찮지 않아요, 당신도 괜찮지 않아요, 그것은 괜찮아요

내가 저술에 재능이 없다는 사실을 알아내는 데 15년이 걸렸다. 그렇지만 그 사실을 알아냈을 때에는 너무 유명해져 있어서 포기할 수 없었다.

| 로버트 벤클리(Robert Benchley)

세상은 당신의 아이디어와 재능이 필요하다. 당신은 자신이 열망하는 모든 성공을 이룰 수 있고, 또 그렇게 될 것이다. 당신은 정말로 자신을 믿는가? 아마도 그렇지 않을 가능성이 많을 것이다. 그렇지만 내 말은 사실이다. 한 마디 한 마디가 모두 사실이다.

만일 당신이 쾌활한 모습을 유지할 수 있고 당신이 성공할 것이라는 믿음을 가지고 있다면 당신은 어떤 좌절도 이겨낼 수 있으며 미래에 대한 큰 그림에 초점을 맞출 수 있다. 르느와르(Renoir)는 이렇게 말했다.

"예술가는 망각의 고통 아래에서 자신에 대한 자신감을 가져야만 한다."

창조적인 커리어는 긍정적인 사고방식을 가진 사람들에게 있어서도 도전이며 함정으로 가득 차 있다. 그러므로 부정적인 자기 이미지를 가진 사람들에게는 불가능하다. 창조적인 예술계와 창조적인 커리어는 불안과 불확실성을 낳기 때문이다. 당신은 어디에서 끝내기를 원하든지, 대중 앞에서든 은막 뒤에서든, 자신을 지키기 위해서는 긍정적인 태도를 유지해야만 한다.

당신은 자신의 성공으로 향하는 길을 생각할 수 있다. 내가 알고 있는 굉장히 성공한 창조적인 사람들은 긍정적이고 뻗어나가는 생각을 하며 이런 마음가짐에 대한 보답을 받는다. 그들은 성공이 바로 앞에 있다고 믿는다. 그들은 성공이 이루어졌을 때를 구체적으로 상상하며 자신들을 성공한 사람으로 본다. 그리고 이런 태도는 효과가 있다. 그들은 결과를 아주 긍정적으로 믿기 때문에 자신들에게 기회가 생기고 또한 아주 열심히 일한다. 돌리 파튼(Dolly Parton)은 이렇게 말했다.

"나는 가지고 있는 재능보다 자신감을 더 많이 가지고 있었죠. 그렇지만 제가 성공을 달성할 수 있었던 주원인은 바로 자신감이었다고 생각해요."

만일 당신이 성공적인 사람인 것처럼 행동한다면 당신은 아마도 자신이 성공했다고 자신을 속일 수 있을 것이다. 다른 사람을 속이는 이보다 훨씬 쉽다. 그들은 당신의 자신감을 보고 당신을 믿게 될 것이다. 그럼 또 당신은 자신을 믿기가 더 쉬워진다. 일종의 딜레마이지만 좋은 딜레마이다.

만일 자신이 하고 있는 일과 자신이 믿고 있는 일에 좋은 느낌을 가지면 일은 잘 돌아갈 것이며 당신의 전체 인생도 훨씬 더 좋아 보일 것이다. 스트레스가 줄어들고 걱정은 좋은 일로 대체될 것이다. 사람들은 당신이 즐겁게 일한다는 것을 알게 될 것이며, 자신들도 그 일에 참여하기를 원하게 되어 당신을 도와줄 것이다. 당신은 또한 자신이 어디로 가고 있는지 알고 있다는 사실, 그리고 목을 길게 빼고 앞을 바라본다는 사실에 대해 존경을 받게 될 것이다. 당신이 성공할 것이라는 믿음은 힘든 시기에 당신을 지켜 줄 것이다.

자신과 자신의 일에 대한 믿음은 산만함이나 걱정, 분노, 질투 또는 좌절을 만들어 낼 수 있는 결점을 없애 줄 것이다. 이는 당신은 아무 일도 할 필요 없이 그냥 기다리기만 하면 좋은 일이 일어난다는 이야기는 아니다. 긍정적인 사고는 당신이 자신의 인생에 긍정적인 결과를 가져오는 데 필요한 일을 하도록 힘을 준다. 라페(Rafe)가 말했듯이 "긍정적인 사고는 어떠한 것을 위해 일하는 것이며, 그것이 일어나기를 바라는 것이다. 안이한 사고란 어떤 것을 원하면서 그 일이 일어나기를 기다리는 것이다." 분

프로는 세상을 탓하지 않는다

명히 둘 사이에는 차이점이 있다.

파래 치데야(Farai Chideya)는 작가이자 텔레비전 특파원(ABC, CNN, MTV), 《뉴스위크》지의 기자이다. 이렇게 많은 직업을 가진 그녀는 아직 서른 살도 되지 않았다. 가장 어려운 부분은 제일 처음 단계였다고 그녀는 말한다.

"하버드에 다니고 있을 때, 너무나도 원했던 《뉴스위크》지의 인턴에 지원한 것이 가장 어려웠습니다. 나보다도 더 많은 경험을 가졌을 것으로 생각되는 사람들이 너무 많았거든요. 그렇지만 나는 자신을 과소평가하지 않는 법을 배웠습니다."

그럼 약간 정신 나간 이야기를 해 볼까? 나는 내가 진짜 작가가 되기도 전에 내가 작가라고 사람들에게 소개하곤 했다. 나는 내가 작가가 될 것이라고 아주 확신했기 때문에 그냥 입에서 그런 말이 튀어나왔던 것이다. 작가가 되기란 쉽지 않았지만 난 결국 해냈다. 그렇지 않았으면 내가 거짓말쟁이가 되었을 것이다.

새라 번하트(Sarah Bernhardt)는 1906년 다음과 같은 말을 남겼다. 그렇지만 그녀의 말은 지금에도 적용된다.

"비록 커리어를 시작한 지 얼마 되지 않았더라도, 사람은 자신에 대해 완벽한 자신감을 가져야 한다. 다른 사람으로부터 기꺼이 배워라. 그렇지만 동시에 당신이 이미 가지고 있는 지식의 실제 가치도 인정하라."

아카데미상 2회 수상자이며 첨단 애니메이션 감독으로 벅스 바니(Bugs Bunny)와 같은 캐릭터를 만들어 낸 척 존스(Chuck Jones)는 자신의 급우들이 얼마나 재능이 많은지를 보고 미술 학교를 중퇴할 뻔했다. 그렇지만 그가 만들어 낸 와일 E. 코요테(Wile E. Coyote)처럼 그는 학교에 끝까지 남아 있었다.

당신 주변의 사람들에게 엄청난 일이 일어날 수 있다. 그리고 당신은 그들을 밀어내고 그들의 돈을 빼앗고 싶을 것이다. 이것은 아주 자연스러운 반응이다. 물론 이런 멋진 일들이 당신에게 일어나기를 바랄 것이다. 그것도 지금. 그리고 자신의 꿈을 이룬 사람들과 아주 가까이 지내게 되면 약간 낙담하게 될 수도 있다. 그냥 놔두면 이런 경우에 자신감이 야금

당신 인생의 황금기가 왔다

야금 사라지게 될 것이다. 대신 남의 성공을 기화로 자신의 마음에 욕망의 불을 당겨 자신을 위해서 더 많은 일을 하라. 물론 당신은 여전히 그들의 돈벌이를 망치고 그들의 고급 승용차를 빼앗고 그들의 저택을 불태워 버리고 싶을 것이다. 그렇지만 자신의 커리어에 힘쓰는 것이 훨씬 더 긍정적이고 생산적인 방법이다. 그러니 주먹을 불끈 쥐고 당신의 때가 오기를 기다려라. 그러나 당신이 충동에 따라 행동을 한다면, 아마도 감옥에 가야 할 것이다.

당신이 통제할 수 있는 생각이나 행동이 있는 반면, 정신 나간 고객이나 시장 상황, 정책이나 절차, 규칙이나 규정같이 어떤 것들은 당신이 조절할 수 없는 것도 있다. 당신은 자신이 원하는 방식대로가 아니라 있는 그대로의 방식대로 처리해야 한다. 자신의 시간이나 정력을 체제를 바꾸는데 쓸 수도 있고, 보통 헛된 노력이 되며, 재미도 없는 일이다. 아니면 상황과 체제 내에서 일이 이루어지도록 노력할 수도 있다. 당신이 바꿀 수도 없는 일을 바꾸려고 하면서 당신의 모든 정력을 낭비하지 마라. 그리고 제발, 지금 일이 잘되지 않는다고 남을 탓하는 일은 제발 하지 마라.

이제 시작할 시간

당신이 무슨 일을 해야 할지 읽어 보는 것, 그리고 우리가 여기에서 물어보고 있는 어려운 질문들에 대답하는 것이 첫번째 단계이다. 그 다음 단계는 행동을 취하는 것이다. 여기서부터는 당신에게 달려 있다.

스스로에게 한계를 정하지 마라. | 당신의 커리어에 아주 중요하게 생각하는 어떤 분야에서 당신이 부족하다고 해서 스스로에게 한계를 정하지 마라. 작곡가 폴 매카트니(Paul McCartney)는 악보를 읽을 수 없다는 것, 시나리오 작가 스티븐 캐널(Stephen Cannell)은 철자법을 모른다는 것, 배우 말리 매틀린

(Marlee Matlin)은 들을 수 없고, 작가 스티븐 호킹(Stephen Hawking)은 보조 기구 없이는 말할 수도 쓸 수도 없다는 것을 기억하도록 하라. 나는 광고업계에서 정말 그림을 하나도 못 그리는 아트 디렉터들을 많이 보았다. 하지만 그들은 어떤 것이 좋은 그림인지 안다. 그리고 그것이 바로 그들의 일이다.

시작한 것은 끝내라. | 어떤 일이 대성공을 거두었건 아니건 간에 끝까지 일을 완수해 내는 것은 어디에서도 얻을 수 없는 자긍심으로 당신을 채워 준다. 만일 역경에 직면했을 때 낙심하고 계획을 포기해 버리면 바로 이것이 당신의 자신감을 없애 버리는 것이다.

긍정적인 사람들과 어울려라. | 고군분투하는 예술가와 시간을 종일 보내는 것은 별로 건강한 일은 아니다. 당신을 믿고 있고 도움이 되는 지원을 아끼지 않는 사람들을 찾아라. 그리고는 그들이 당신에게 도움을 주도록 하라. 이미 성공한 사람들의 차를 얻어 타고 그들이 당신을 데리고 가게 하라. 그리고 당신이 혼자서 할 수 있다고 느끼게 되면 차에서 내려라. 일곱 살 먹은 한 소년이 백혈병에 걸려 화학 치료를 받게 되자 머리가 빠졌다. 그 소년의 학교 친구들과 선생님은 그들의 친구를 도우려고 자신들의 머리를 빡빡 밀고 자신들을 '대머리 독수리 클럽'이라고 불렀다. 우리 인생에는 이런 사람들이 더 많이 필요하다.

자존심을 키워라. | 여러 해 동안 당신을 괴롭혀 온 부정적인 말들 대신 자신에게 지속적으로 긍정적인 확신을 심어 줌으로써 자존심을 키우도록 하라. 나는 매우 회의적인 성격의 창조적인 사람들에게는 확신이란 단어가 지나치게 부자연스럽게 들린다는 것을 알았다. 그렇지만 이들은 아주 효과가 있다. 부정적인 생각에 중독된 사람은 생산적이지도 않고 특히 도움도 되지 않는다. 확신은 당신 내면의 대화 채널을 헤비메탈에서 이지 리스닝 채널로 바꾸도록 도와준다. 만일 마음속이 "그런 일을 해 보다니, 도대체 네가 어떤 사람이라고 생각하는 거지?" "절대로 안 될 거야." "눈이 튀어나올 걸."이라는 말들 대신 "나는 이 일을 할 수 있어." "나에게 재

능이 있다는 것을 알아." "무엇이든 나는 해결할 수 있어." "나는 내가 사랑하는 일을 찾을 자격이 있고 보수도 충분히 받을 거야."와 같은 말들로 가득 차 있다면 당신이 성공할 가능성이 더 높아지게 된다. 이런 확신에 대한 최고의 책은 에릭 마이젤(Eric Maisel) 박사의 『예술가를 위한 확신』(Affirmations for Artists)이다.

당신이 성공했을 때를 상상하라. | 자신이 원하는 것에 대한 명확한 그림을 얻으려면 목표 설정에 대한 장으로 돌아가서 다시 한 번 읽어 보라. 그러고 나서 그 이미지에 대해 당신의 정신적인 에너지를 집중하라.

자신에게 보상하라. | 이는 어떤 일이 잘되었는지에 관심을 기울이도록 도와주고 나의 작은 승리를 기념할 수 있게 해 준다. 비록 아무도 알아채지 못했다 하더라도 자신이 어떤 일을 제대로 했다면 자신에게 상을 주도록 하여라. 승리의 파티나 상과 같은 것으로 당신의 성공을 축하하도록 하라.

자유 연상. | 자신의 과거 황금기에 대해 현재의 판단 기준을 적용하지 말고 자유롭게 연상하라. 글을 쓰거나 그림을 그리거나 과거의 성공에 대한 시각적인 다큐멘터리같이 잡지를 오려서 콜라주를 만들어도 좋다. 가능한 한 많은 것들을 생각해 내도록 하라. 이런 과거의 성공에는 감춰진 중요한 메시지가 있고, 당신은 이를 메모할 가치를 느낄 것이다. 당신이 모두 생각해 냈다고 여겨지면 의자에 편히 앉아서 지금까지 자신이 인생에서 이루었던 모든 것들을 자랑스럽게 보면서 미소 짓도록 하라. 당신의 과거 성공을 상기시켜 줄 수 있는 콜라주를 만들고 이것을 'Top 10'으로 줄인 다음, 잘 보이는 곳에 걸어 두라.

기소된 바대로 유죄

1991년 연구에 의하면 사람들은 하루에 평균 두 시간 정도 죄의식을 느끼면서 보낸다. 해결책은 과거와 화해하고, 자신의 부족함을 인정하며,

이제부터는 옳은 일을 하라. 그리고 하루하루가 인생의 마지막 날인 것처럼 생활하라.

걱정 말고, 행복하게 되어라

나는 사람들이 나에게 보수를 얼마나 지불하느냐, 또는 내가 어떻게 보이느냐에 따라 나의 가치를 측정하지 않는다.

| 앨리 쉬디(Ally Sheedy)

인생은 절대로 당신이 바라는 대로 똑같이 돌아가지 않는다. 인생은 완벽하지 않다. 하지만 그렇다고 당신이 행복할 수 없다는 의미는 아니다. 당신은 모든 것이 지금과 다르기를 바랄 수는 있지만 그것은 당신에게는 그다지 좋은 일은 아니다. 만일 당신이 아방가르드 예술을 하고 있는데, 이것이 아주 훌륭한 것이기 때문에 미국의 주류 예술계에서 이를 이해하기를 바란다면, 아마도 이것은 안이한 생각일 것이다. 반면, 당신이 만일 훌륭한 작품을 만드는 데 집중하고, 다른 사람들이 어떻게 생각할지에 대해서는 신경 쓰지 않는다면, 당신은 훨씬 더 행복하고 건강하게 될 것이다. 당신은 현재 예술계의 상황에 대해 불평할 수는 있다. 하지만 어떤 것들은 당신이 조절할 수 없는 것들이며, 이런 것들은 그냥 두어야 한다. 아마도 마음의 평화를 위한 아주 좋은 충고가 될 수도 있는데 큰 문제를 해결하기 위해서 작은 것부터 시작하는 것이다. 예를 들면, 전국을 여행하던 중, 나는 도로변에 얼마나 많은 쓰레기가 버려져 있는가를 보고 깜짝 놀랐다. 이 문제는 전국적인 규모로 해결하기에도 너무 큰 문제였다. 그래서 나는 지역 차원에서 행동을 시작하면서 우리 고장을 깨끗이 하기 위해 지역 정치인과 단체와 협력해서 일하고 있다. 비록 작은 규모이지만 길에서나, 배를 타고 바다에 나가 있을 때나, 나는 쓰레기를 보면 바로 주웠다. 나는 내가 뭔가 변화시키고 있다는 기분이 들었다. 그리고 작은 규

모이기는 하지만, 나는 변화를 만들었다고 생각한다. 그래서 나는 이제 다른 고장을 방문할 때 걱정 없이 즐길 수 있게 되었다. 당신이 가진 능력으로 할 수 있는 일을 하라.

당신 인생에 때가 왔다

여정의 끝을 보는 것은 좋은 일이다. 그렇지만 결국 중요한 것은 바로 그 여정이다.

| 우슬라 K. 르 귄(Ursula K. Le Guin)

당신의 콘도, 자동차, 신용카드, 커리어를 빼앗긴다면, 그래도 자신이 가치 있다고 느낄 것인가? 우리가 생을 바쳐 가며 얻기 위해서 일했던 이런 것들은 그럴 가치가 있는 것들인가? 창조적인 사람들에게 있어서는 이 질문에 대한 대답이 아마도 "아니오."일 것이다. 예술계에서 커리어를 구축하는 데는 아주 긴 시간이 걸린다. 그러므로 돈을 좀 더 많이 벌기를, 좋은 차를 가지기를, 좋은 연주회를 할 수 있기를 기대하는 데 커리어의 초반기 시간을 낭비해서는 안 된다. 작은 승리를 기뻐하고 지금, 현재를 살도록 하라. 어떤 작은 소녀는 자신의 남동생에게 이렇게 말했다.

"어제는 과거고 내일은 미래이지만 오늘은 선물이야. 그렇기 때문에 현재를 'present' 라고 부르지."

지금까지 인류가 했던 그 어떤 말도 이 말보다 더 진실된 것은 없을 것이다.

오늘은 바로 선물이다. 당신이 열 번째 생일에 받은 선물을 풀었을 때처럼 열정을 가지고 이 선물을 풀도록 하라. 오늘에서 즐거움을 찾아라. 레코드 계약을 체결할 때까지, 백만 달러를 벌 때까지, 아니면 베스트셀러를 쓸 때까지 생활을 미뤄서는 안 된다. 왜냐 하면, 첫째, 시간이 아주 오래 걸릴 수 있고, 둘째, 당신이 이러한 것들을 얻게 됐을 때 그것들로는 충분하지 않을 것이기 때문이다. 자신이 가지고 있는 것에 만족하지 못하

프로는 세상을 탓하지 않는다

는 것이 인간의 본성이다.

우리가 이 세상에 머무르는 시간은 아주 짧다. 그리고 우리는 이 짧은 시간을 쓸데없는 일에 너무 많이 낭비하며 산다. 우리가 작은 일에 기뻐할 수만 있다면 얼마나 좋을까?

십대 딸을 혼자서 키우고 있던 아버지는 매일 아침 출근 전에 딸에게 포스트-잇에 편지를 써서 남겨 놓곤 했다. 그는 딸에게 자신이 얼마나 딸을 걱정하는지, 딸에게 얼마나 고맙게 생각하고 있는지, 딸이 자신에게 어떤 의미인지 말하는 것이 아주 중요하다고 생각했기 때문에 이 편지 쓰기를 시작했다. 이 짧은 사랑의 편지를 쓰는 데는 아주 짧은 시간이 걸리지만 딸이 이 편지를 읽건 안 읽건 그에게는 편지쓰기가 큰 기쁨을 가져다주었으며 그는 편지를 쓰는 동안 시간을 보람 있게 보내고 있다고 생각했다. 어느 날 그가 딸의 방에 들어가 자신이 지금까지 딸에게 썼던 포스트-잇 편지가 모두 딸의 방문 뒤쪽에 아주 조심스럽게 붙여져 있다는 사실을 발견했다. 그 순간 어떤 것도 문제가 되지 않았다. 그의 책을 출판한 출판사에서 책 뒤에 넣어야 할 그의 사진을 빼 버린 것도, 그의 라디오 인터뷰가 뉴스 속보 때문에 취소됐던 것도, 그의 대리인이 그를 버려서 다음 책을 출판해 줄 출판사를 찾지 못하는 것도 문제가 되지 않았던 것이다.

이제 어떤 이야기인지 그림이 잡힐 것이다. 가장 중요한 것은 바로 지금 이 순간 일어나고 있는 일이다. "저기에 도달하면 성공하는 것이다."라는 것은 없다. 단지 인생이라고 불리는 얇은 선 위에 비극적인 순간들과 마법과 같은 순간들이 서로 얽혀 있는 것이다.

나는 이 책을 쓰면서 롤러코스터와 같은 순간들을 경험했다. 계약서에 사인하고 선수금 수표를 현금으로 바꾸던 행복한 순간이 있었던 반면, 6개월 후에 완성된 원고를 제출해야 한다는 사실을 알고 난 후 근심에 휩싸였던 순간도 있었다. 게다가 내가 이 책 이전에 썼던 책의 성공 때문에 더욱 힘들어졌다. 내가 이미 썼던 책보다 더 성공적인 책을 쓸 수 있을까?

이 책도 잘 팔릴까? 독자들이 이전처럼 받아들일까? 나는 내가 이전에도 했으니 이번에도 다시 할 수 있을 것이라는 사실로 위안을 삼았지만 그래도 여전히 괴로운 시간들이었다. 나는 자신을 잊고 연구 조사를 했다. 여러 달 동안의 고생 끝에 나는 내가 이 주제에 대해서 더 많이 알아 갈수록 아는 것이 별로 없었다는 사실을 깨달았다. 그래서 나는 계속 공부를 했고, 산더미 같은 자료를 모았다. 사실 이 산더미 같은 자료들 때문에 좀 질리기는 했다. 나는 내가 말하고자 하는 말들에 깔려서 움직이지도 못하게 된 것 같은 느낌이 들었다.

좀 더 쉽게 책을 쓰기 위해, 나는 이 책을 작은 부분으로 나누기 시작했다. 나는 어떤 식으로 책을 진행할 것인가를 정하기 전에 책의 윤곽을 계속해서 바꾸었다. 그리고 나서야 나는 펜을 들고 책을 쓰기 시작했다. 나는 처음에 내가 이 책에서 하고 싶었던 말들에-나와 같은 창조적인 사람들이 그들의 재능과 열정에 중심을 둔 커리어를 찾도록 돕는 것-초점을 맞추었다. 사용할 수 있는 실용적인 힌트와 기술들을 알려 주는 것, 그리고 그들이 마음 깊이 받아들일 수 있는 충고를 주는 것이다. 그렇지만 각 장마다 너무나도 쓰는 것이 힘들었다. 이야기하고 싶은 말들이 너무 많았다. 나도 모르는 사이에 책은 내가 생각했던 것보다 100페이지나 넘어가고 있었다. 나는 내가 쓴 글을 읽어 보았다. 정말 믿을 수가 없었다. 내가 쓴 글은 바로 내가 읽고 싶어하던 그런 종류의 책, 실용적인 충고들과 긍정적인 생각들로 가득 찬 책이었던 것이다.

나는 완성된 책이 자랑스럽다. 나에게 있어서 바로 이것이 성공의 의미이다. 다른 사람들이 자신을 도울 수 있도록 돕는 것이 바로 이것이다. 이 책은 나의 인생을 바꾸었고 독자 여러분에게도 같은 도움이 되기를 바란다.

아마도 내가 '끝'이라고 쓰면서 이 책을 마무리할 것이라고 생각할지도 모른다. 그렇지만 나는 다른 점을 지적하면서 내가 외치던 것들을 한 번 연습해 보고자 한다. 이 책이 출판되면 홍보에 대한 많은 압력이 있을 것이고, 인터뷰나 토크쇼에서("오프라 쇼"면 더욱 좋고) 내 책에 대해 이야기하면서 중요한 사람이 된 듯한 느낌도 얻을 것이다. 그렇지만 홍보가 본격적으로 시작되면 나는 내 생활–책을 쓰기 전, 쓰는 동안, 쓴 후에 내가 누렸던 충만한 삶–에서 떠나게 될 것이다.

나는 이 책을 쓰는 데 8개월을 보냈다. 제출 기한을 약간 넘겼다. 그 동안 나는 좋아하는 커피 집에서, 배 위에서, 폭포 바로 옆에 있는 뒤뜰에서, 심지어는 피지, 마우이, 키웨스트에서 이 책을 쓸 수 있었다. 책을 쓰는 과정은 기쁨 그 자체였다. 이제 책이 완성되었으니 이제 지적할 수 있는 긍정적인 면도 생겼고, 또 "내가 저 책을 썼어요."라고 말할 수도 있게 되었다. 나는 또한 계속해서 책을 홍보하고, 출판하며, 다른 프로젝트를 구상할 것이다. 이렇게 계속해서 일하는 것은 나에게는 괜찮다. 왜냐 하면 나는 나의 진정한 소명을 찾았기 때문이다. 비록 이 일이 아주 힘들고, 이 일 때문에 내가 너무 너무 좌절하게 되더라도 나는 내가 하는 일을 사랑한다. 나는 이 책을 읽는 모든 사람이 내가 지금 살고 있는 삶을 경험하기를 바란다. 정열과 목표로 가득 찬 삶, 그리고 오늘이 그다지 멋지지 않더라도 어제는 멋졌고 내일도 멋지게 될 그런 삶 말이다.

내가 할 수 있다면 여러분도 할 수 있다.

나의 이름은 리 실버(Lee Silber)이며 책벌레이다. 이 습관은 없애기 아주 어렵고 비용이 많이 드는 것이 되었다. 이제 다른 사람들이 책벌레가 될 수 있도록 도와주는 사람이 되고자 한다. 아래에 소개된 책들은 커리어 매니지먼트에 대한 생각이나 아이디어를 발전시켜 줄 수 있는 것들로 한번 읽어 볼 것을 강력하게 추천한다. 나는 아래에 소개된 책들을 모두 읽었으며, 이 책을 쓰는 데 아주 도움이 되었다.

Albrecht, Donna. *Promoting Your Business with Free or Almost Free Publicity.*
  Englewood Cliffs, N.J.: Prentice Hall, 1997.

Anderson, Nancy. *Work with Passion.* San Rafael, Calif.: New World Library,
  1995. Sound advice from a seasoned career specialist.

Barkley, Nella. *How to Help Your Child Land the Right Job Without Being a
  Pain in the Neck.* New York: Workman, 1993.

Boldt, Laurence. *How to Find the Work You Love.* New York.: Penguin, 1996.

Brown, Les. *Live Your Dreams.* New York: Avon, 1992; 레스(Les)는 당신이 볼 수 있
  는 가장 훌륭한 연사들 중 하나일 것이다. 그의 책 또한 당신을 북돋워 줄 것이다.

Buchanan, Carol. *Best Small Budget Self-Promotions*. Cincinnati, Ohio: North Light Books, 1996.

Buffet, Jimmy. *A Pirate Looks at Fifty*. New York: Random House, 1998; 아직까지도 알아차리지 못했다면, 나는 카드를 가지고 다니는 앵무새 머리이다.

Buzzell, Linda. *How to Make It in Hollywood*. New York: HarperCollins, 1996; 제목에서 볼 수 있듯이 영화 산업에서 성공하는 것이 꿈이라면 이 책을 꼭 읽어야 한다.

Cameron, Julia, and Mark Bryan. *The Artist's Way*. New York: Putnam, 1992; 이 책은 좀 더 창조적인 라이프스타일을 키우는 것과 관련된 책 중 가장 좋은 책이다. 아침에 작업을 하라.

Capacchione, Lucia, and Peggy Van Pelt. *Putting Your Talent to Work*. Deerfield Beach, Fla.: Health Communications, 1996; 나는 이 책을 피지에서 휴가를 보내는 동안 읽었다.

Carlson, Richard. *Don't Worry, Make Money*. New York: Hyperion, 1997.

Dail, Hilda Lee. *How to Create Your Own Career* (Audio). Boston: Shambhala Publications, 1990.

DeLuca, Mathew, and Nanette DeLuca. *Wow! Résumés for Creative Careers*. New York: McGraw-Hill, 1997.

Drummond, Erica. *Quotes for Kids*. Rancho Santa Fe, Calif.: Polished Presentations, 1997; 에리카 드러먼드는 자신의 나이보다 훨씬 현명했다. (그녀가 이 책을 썼을 당시 14세였다.) 이 책에는 그녀의 인생에 대한 날카롭고 지혜로운 생각이 담겨 있다.

Drummond, Mary-Ellen. *Fearless and Flawless Public Speaking*. San Diego, Calilf.: Pfeiffer & Company, 1993; 이 책은 자신의 이름이 호명되어 연설을 해야 할 때 손바닥에 땀이 나는 사람에게 가장 좋은 책이다.(매리 엘렌은 에리카의 어머니이다.)

Edwards, Sarah, and Paul Edwards. *Finding Your Perfect Work*. New York: G.P. Putnam's Sons, 1996.

Eikleberry, Carol. *The Career Guide for Creative and Unconventional People*. Berkeley, Calif.: Ten Speed Press, 1995; 나는 이 책에 '엄지손가락 두 개'를 주겠다. 캐롤은 판에 박히지 않은 사람들을 이해하고 있으며, 우뇌 중심 사람들에게 경종을 울리는 탁월한 생각과 아이디어를 제공하고 있다.

Field, Shelly. *100 Best Careers for Writers and Artists*. New York: Macmillan, 1998; 창조적인 사람들의 직업 선택 기회에 대한 가장 포괄적인 정보를 제공하는 책이다.

Grappo, Gary Joseph. *The Top 10 Career Strategies for the Year 2000 & Beyond*. New York: Berkley Books, 1997.

Green, Chuck. *The Desktop Publisher's Idea Book*. New York: Random House, 1993; 내가 존경하는 영웅들이 그래픽 아트 전문가라면 나는 괴짜일까? 척 그린은 데스크톱 출판과 디자인에 있어서는 마법의 손을 가진 사람이다.

Hermann, Ned. *The Creative Brain*. Lake Lure, N.C.: The Ned Hermann Group, 1995; 우리의 '오른쪽' 정신에 대해서 내가 읽은 책 중 최고이다.

Hiam, Alex, and Susan Angle. *Adventure Careers*. Franklin Lakes, N.J.: Career Press, 1995; 만일 "안전하고 안정적인 커리어" 또는 "9시 출근, 5시 퇴근"이라는 말이 당신에게서 빛을 몰아내는 것처럼 두렵게 들린다면 반드시 이 책을 읽어야 한다.

Hooks, Ed. *The Audition Book*. New York: Watson-Guptill, 1996.

Kawasaki, Guy. *How to Drive Your Competition Crazy*. New York: Hyperion, 1995; 나는 가이가 쇼핑 목록을 적을 때에도 즐거울 것이라고 확신한다. 얼마나 멋진 재능인가!

Kragen, Ken. *Life Is a Contact Sport*. New York: William Morrow, 1994; 케니 로저스, 라이오넬 리치, 트리샤 이어우드의 커리어를 관리한 사람이 쓴 훌륭한 책.

Kremer, John. *1001 Ways to Market Your Books*. Fairfield, Iowa: Open Horizons, 1993.

Lamott, Anne. *Bird by Bird*. New York: Anchor Books, 1994; 나는 이 책을 적어도 열두 번은 읽었고 매번 새로운 것을 배우게 된다.

Levine, Michael. *Take It From Me.* New York: Perigee, 1996.

Levinson, Jay, and Seth Godin. *The Guerrilla Marketing Handbook.* Boston: Houghton Mifflin, 1994.

Lloyd, Carol. *Creating a Life Worth Living.* New York: HarperPerennial, 1997; 이 책은 내가 처음 읽었을 때 약간 위협적인 면을 발견해서 좋았다. "이 책을 어떻게 뛰어넘을까?"라고 나 자신에게 물었다. 나는 그렇게 하지 않았다. 대신 나는 새로운 분야에 대해 썼고, 이 보석은 내 책을 다 읽은 후 당신이 읽을 수 있도록 남겨 두었다.

Lois, George, and Bill Pitts. *What's the Big Idea?* New York: Bantam Doubleday Dell, 1991; 이상하다. 하지만 좋은 면에서 이상하다.

Maisel, Eric. *A life in the Arts.* New York: G.P. Putnam's Sons, 1994.

Marcinko, Richard. *Leadership Secrets of the Rogue Warrior.* New York: Pocket Books, 1996; 이 책이 가장 확실하게 자신의 본성에 얽매이지 않게 한다. 이 책을 꼭 읽어라.

Mayer, Bill. *The Magic in Asking the Right Questions.* Solana Beach, Calif.: Bill Mayer International, 1997.

Michels, Caroll. *How to Survive and Prosper as an Artist.* New York: Henry Holt, 1997; 자료, 자료, 자료. 예술가들의 대행사로부터 가상 갤러리까지 모든 것에 대한 주소와 전화번호가 100페이지 가까이 실려 있다.

Peters, Tom. *The Circle of Innovation.* New York: Random House, 1997; 대부분의 경영 서적을 지루하다고 생각하는 우리와 같은 사람들에게 신선한 공기와도 같은 책. 톰 피터스는 절대 지루하지 않다.

Richards, Dick. *Artful Work.* New York: Berkley Books, 1995.

Richardson, Bradley. *Jobsmarts for Twentysomethings.* New York: Vintage Books, 1995.

Popcorn, Faith, and Lys Marigold. *Clicking.* New York: HarperCollins, 1996; 이 책을 읽으면 당신은 마치 어떤 일이 일어날지, 적극적으로 그 일에 참여할 것인지 미래를 살짝 엿보는 듯한 기분이 들 것이다.

Rozakis, Laurie. *The Complete Idiot's Guide to Making Money in Freelancing.*

New York: Alpha Books, 1998.

SARK. *The Bodacious Book of Succulence*. New York: Simon and Schuster, 1998; SARK의 책은 손에 잡히는 대로 무조건 읽는다. 그녀는 천재이다!

Salmansohn, Karen. *How to Succeed in Business Without a Penis*. New York: Three Rivers Press, 1996; 이 책은 당신이 음경을 가지고 있건 없건 간에 아주 훌륭한 책이다.

Silber, Lee. *Time Management for the Creative Person*. New York: Three Rivers Press, 1998; 만일 당신이 세세한 일들로 가득 찬 일차원적인 좌뇌 중심의 세계에서 시간 관리에 어려움을 겪고 있는 우뇌 중심 사람이라면, 이 책은 당신이 이 세상을 파악하는 데 도움을 줄 수 있을 것이다.

———. *Aim First!* Del Mar, Calif.: Tales from the Tropics Publishing, 1994; 나는 아직도 아마존닷컴에서 이 책을 많이 주문하고 있다. 그 이유는 그저 이 책이 목표와 목표 설정에 관한 책 중에 최고이기 때문이다.

Tracy, Diane. *Take This Job and Love It*. New York: McGraw-Hill, 1994.

Tulgan, Bruce. *Work This Way*. New York: Hyperion, 1998; 나는 이 제목을 볼 때마다 스티븐 타일러가 "Work This Way"를 부르는 것을 듣는다. 좋은 책이다.

Tye, Joe. *Personal Best*. New York: John Wiley & Sons, 1997.

Weinstein, Matt. *Managing to Have Fun*. New York: Fireside, 1996; 당신의 직장을 좀 더 창조력에 도움이 되는 장소로 바꾸는 방법.

Winter, Barbara. *Making a Living Without a Job*. New York: Bantam Books, 1993; 이 책은 스스로 자신의 보스가 되는 것에 대한 책들 중 좋은 책이다.

Wycoff, Joyce. *Mindmapping*. New York: Berkley Books, 1991.

Zdenek, Marilee. *The Right-Brain Experience*. Santa Barbara, Calif.: Two Roads Publishers, 1983.

[ㄱ]

여러분의 이야기를 기다리고 있습니다. 여러분의 성공 이야기를 우리에게 들려주세요. 그리고 제가 장담하건대 여러분은 많은 성공 이야기를 갖고 있을 것입니다. 그리고 이 책이 당신의 커리어 목표에 이르는데 어떻게 도움이 되었는지 말씀해 주세요. 만일 다른 창조적인 사람들에게 도움이 될 수 있는 힌트나 기술이 있으면 그것도 전해 주십시오. 여러분의 편지를 소식지와 웹 사이트에 올리도록 최선을 다할 것입니다. 이것도 자신을 노출시키고 무료로 선전을 할 수 있는 기회랍니다.

편지를 보낼 주소는,

CreativeLee Speaking™
P.O. Box 4100-186
Del Mar, CA 92014
E-mail: leesilber@earthlink.net
홈페이지: http://www.creativelee.com

무료 소식지 CreativeLee Speaking을 받아 보시려면 봉투에 주소와 우표를 붙여서 보내 주십시오.